V&R

Novum Testamentum et Orbis Antiquus /
Studien zur Umwelt des Neuen Testaments

In Verbindung mit der Stiftung „Bibel und Orient"
der Universität Fribourg/Schweiz
herausgegeben von Max Küchler (Fribourg), Peter Lampe,
Gerd Theißen (Heidelberg) und Jürgen Zangenberg (Leiden)

Band 76

Vandenhoeck & Ruprecht

Timo Glaser

Paulus
als Briefroman erzählt

Studien zum antiken Briefroman und
seiner christlichen Rezeption in den Pastoralbriefen

Vandenhoeck & Ruprecht

Mit 6 Tabellen

Bibliografische Information der Deutschen Nationalbibliothek

Die Deutsche Nationalbibliothek verzeichnet diese Publikation in der
Deutschen Nationalbibliografie; detaillierte bibliografische Daten sind
im Internet über http://dnb.d-nb.de abrufbar.

ISBN 978-3-525-53389-5

Vorwort

Vorliegende Arbeit wurde im Wintersemester 2007/2008 vom Fachbereich Evangelische Theologie der Philipps-Universität Marburg als Dissertation angenommen und für den Druck geringfügig überarbeitet.

Für die Anregung des Themas, ihre stete anregende Begleitung sowie ihr unermüdliches Insistieren darauf, neben aller Begeisterung für die nichtchristlichen Briefromane das Werk zu einem *neutestamentlichen* werden zu lassen, gebührt aller Dank meiner Doktormutter Angela Standhartinger (εἰδὼς παρὰ τίνος ἔμαθον, vgl. 2Tim 3,14). In zahllosen Einzelgesprächen sowie im von ihr initiierten exegetischen Arbeitskreis mussten sich meine Thesen bewähren und ihre jetzige Gestalt finden. Dazu haben desweiteren die Teilnehmerinnen und Teilnehmer dieser Runde beigetragen, von denen ich namentlich bes. Dr. Sieghild von Blumenthal, PD Dr. Judith Hartenstein, Friederike Oertelt und Thomas Braun danken möchte ebenso wie Prof. Dr. Friedrich Avemarie, der zudem so freundlich war, das Zweitgutachten zu erstellen.

Außerdem danke ich den Teilnehmerinnen und Teilnehmern des Forschungsprojektes *Habent sua fata libelli* der Universität Utrecht, insbesondere den beiden LeiterInnen, Prof. Dr. Annette Merz und Dr. Teun Tieleman, in deren Runde ich meine Thesen kritisch diskutieren konnte. Martin Ruf aus diesem Kreis danke ich für seine Gastfreundschaft während meiner Utrecht-Besuche und seine zahlreichen Anmerkungen zur Manuskriptfassung des vorliegenden Buches.

Anders als viele Protagonisten der in dieser Arbeit behandelten Romane war ich nicht gezwungen, an den Hof eines fremden Alleinherrschers zu gehen, um mein Leben zu finanzieren. Allen denjenigen, die mir dies ermöglicht haben, sei gedankt, vornehmlich der Evangelischen Kirche von Kurhessen-Waldeck für die Gewährung des Bischof Velmer-Stipendiums sowie der Dr. Wolff'schen-Stiftung, Marburg. Prof. Dr. Karl Pinggéra danke ich dafür, dass ich mich als sein Wissenschaftlicher Mitarbeiter neben der paganen Antike und dem Neuen Testament in die Welt der Patristik vertiefen konnte. Schließlich danke ich der Wilhelm-Hahn-und-Erben-Stiftung für die großzügige Beteiligung an den Druckkosten.

Für die Aufnahme in die Reihe NTOA/StUNT danke ich den Herausgebern, namentlich Herrn Prof. Dr. Gerd Theißen.

Abschließend möchte ich Elizabeth Bennet für ihre langjährige Begleitung danken; mit ihrem unvergleichlichen Esprit wusste sie meine Gedanken stets in eine neue Richtung zu lenken.

Marburg, im Juni 2009   Timo Glaser

Inhalt

Inhalt 11

Einleitung: Briefromane. Und Pastoralbriefe?

1. Maskerade als Textstrategie

> Ich habe mich nicht für die Anonymität entschieden, um diesen oder jenen zu kritisieren. So etwas tue ich nie. Ich möchte anonym bleiben, weil ich mich auf diese Weise unmittelbarer an den Leser wenden kann, die einzige Person, die mich hier interessiert: ,Da du nicht weißt, wer ich bin, wirst du nicht in Versuchung kommen, nach den Gründen zu fragen, weshalb ich sage, was ich hier sage. Sage du dir einfach: Das ist wahr, das ist falsch. Das gefällt mir, das gefällt mir nicht. Ein Punkt, mehr nicht.'[1]

Die Verfasser der Texte, die im Folgenden Gegenstand der Untersuchungen sein werden, haben sich für die Anonymität entschieden. Jedoch – eine Anonymität bezüglich ihrer *Person*, nicht hinsichtlich ihres *Werkes*, das sie einem anderen Namen unterstellt haben. Aber haben sie die Pseudonymität gewählt, um „diesen oder jenen zu kritisieren" unter Berufung auf eine höhere, allgemein anerkannte Autorität? Oder dient das Schreiben unter einem anderen Namen dazu, dass die Verfasser sich direkter an ihr Lesepublikum wenden konnten und ihnen so die Freiheit ermöglichten, zu sagen: „Das ist wahr, das ist falsch. Das gefällt mir, das gefällt mir nicht"?

Das ὄνυμα, der Name, bildet in den hier behandelten Texten einen integralen Teil. Er soll nicht – so die These – als Über- resp. Unterschrift die Authentizität und Autorität des Briefes/der Briefe/der Briefsammlung verbürgen, sondern er übernimmt für das jeweilige Textcorpus die Funktion, eine Erzählung um die Hauptperson(en) aufzubauen. D.h. dass das *pseudos*

---

[1] Anonym: Le philosophe masqué, aus: Le Monde 6.4.1980. Ähnliches führt auch schon Salvian (um 440) als ein Motiv für die Wahl eines Pseudonyms für seinen Brief „an die Kirche" (*Timothei ad Ecclesiam Libri IV*) in seinem Rechtfertigungsbrief an Salonius (epist. 9,15 Lagarrigue) an. Vgl. Haefner: Quelle, 161; vgl. auch die dort Anm. 17 genannten Stellen Sir 13,21–23; Gell. XI 4 (Eur. Hec. 293).

nicht als Verlegenheitslösung figuriert – so als ob die Briefe einen *Ersatz* für eine *eigentliche* Schreibweise bildeten, als hätte etwa der Verfasser der Pastoralbriefe, wenn ihm eine unangefochtene Interpretationshoheit über die paulinische Theologie zugestanden hätte, das Gleiche z.B. in Form von Scholien zu den Paulusbriefen mit dem gleichen Resultat verfassen können, nämlich eine gültige Aktualisierung der paulinischen Theologie für seine Zeit zu bieten –, sondern als eine *unhintergehbare* literarische Form.[2]

Werden so die Briefbücher als Ich-Erzählungen gewertet, gewinnen andere Erzählungen über die gleichen Personen oder Begebenheiten an Gewicht, die in der Auslegung in Beziehung gesetzt werden müssen zu den Geschichten der Briefbücher. Hinsichtlich des damit implizierten Bildes der Lesenden ist aber zu differenzieren zwischen idealen und realen Lesern. M.E. arbeitet die Gesamtgattung Briefroman mit einer ‚Anspielungskunst‘, setzt also als ideale Leser solche voraus, die andere Geschichten kennen, woraus zu einem Großteil das Bedeutungspotenzial des jeweiligen Briefromans erwächst.[3] Zugleich ist die Gattung aber auch ‚referenzoffen‘, da die realen Leser keine anderen Geschichten kennen *müssen*: Die Texte sind im Wesentlichen aus sich heraus verständlich, auch wenn sie bisweilen verwirrend oder sogar streckenweise nichtssagend wirken können. Der Briefroman um Sokrates und die Sokratiker etwa kann recht obskur bleiben, wenn man die Indizien der Briefe nicht entschlüsseln kann und sich so eine Zuordnung der Briefe zu bestimmten Personen nicht vornehmen lässt. Die Feinheiten können verloren gehen, die Grundgeschichte jedoch wird verständlich: Sokrates war ein Philosoph und hat Schüler um sich gesammelt, die nach seiner Verurteilung weiterhin eine Gemeinschaft bildeten trotz aller Gegensätzlichkeiten. Was soeben *en passant* erwähnt wurde, ist eine weitere Besonderheit von Briefromanen: Sie sind gleichsam Detektivgeschichten, die die Leser zu Ermittlern machen, die Spuren sammeln, um den ‚Fall‘, also den Text, zu verstehen, um die Geschichte hinter den Briefen rekonstruieren zu können.[4] Dazu setzen sie die Lesenden sowohl auf die Suche nach außertextlichen Hinweisen (‚Hintergrundwissen‘) als auch nach der Fährte innerhalb des Briefbuches, der Verknüpfung von Indizien, die über die Briefe verteilt sind.

---

[2] Vgl. auch Burnet: pseudépigraphie, 77–84.

[3] Vgl. Schmitz: Literaturtheorie, 97, zur lateinischen Literatur und den griechischen ‚Vorlagen‘.

[4] Meisterhaft vorgeführt in dem philosophischen Briefroman Derridas: Die Postkarte von Sokrates bis an Freud und jenseits, Bd. 1. Envois/Sendungen, nach dem Briefromane wesentlich Detektivromane seien, vgl. a.a.O. 234. Vgl. auch Arndt: Briefroman, 76 (und Anm. 76); Doty: Imaginings, 86 und passim zu Derrida, der Gattung Briefroman und ihrer Bedeutung zur Auslegung der (echten) Paulusbriefe.

Für die Pastoralbriefe hieße dieser Ansatz nichts anderes, als dass sie fiktionale Texte sind, als solche gelesen werden wollen und keine ,hermeneutische Brille' anbieten sollen, die originalen Paulusbriefe (oder das, was der Verfasser dafür gehalten haben mag) *so und nicht anders* zu lesen.[5] Sie bieten m.a.W. eine Lesestrategie des *Paulusereignisses* an, das sie neben andere setzen. Inwiefern ihr Verfasser mit schriftlichen Quellen gearbeitet hat, lässt sich nicht immer mit Sicherheit erheben. Die literarische Abhängigkeit von einigen Paulusbriefen (Röm, 1/2Kor, Phil, Phlm) scheint relativ sicher zu sein, möglicherweise kannte der Verfasser noch mehr (etwa Eph).[6] Daneben ist jedoch auch in großem Umfang mündliche Tradition in Anschlag zu bringen, wie sie z.B. hinter Apg und den Paulus- und Thekla-Akten zum Vorschein kommt. Wenn man nach dem voraus Gesagten die produktions- um eine rezeptionsästhetische Perspektive ergänzt, stellt sich die Frage, welche Texte der Verfasser bei den Lesenden voraussetzt, und der Vergleich mit anderer Briefromanliteratur legt die Antwort nahe, dass die Pastoralbriefe mit unterschiedlich informierten Lesern rechnen: sowohl gut informierten, denen möglicherweise Sammlungen von Paulusbriefen und schriftliche Pauluserzählungen (wie Apg) vorlagen, als auch Menschen, die vielleicht nur gehört haben, dass es vorzeiten einen Gemeindegründer namens Paulus gegeben habe.[7] Je größer die Enzyklopädie[8] der Lesenden ist, desto interessanter wird dieses Paulusbriefbuch, weil so verschiedene Paulusbilder, Geschichten und Theologien miteinander ins Gespräch gebracht werden können. Aber es bliebe auch zu überdenken, was für ein Paulusbild generiert wird, wenn die Pastoralbriefe den Erstkontakt mit dem Apostel der Völker herstellen.

---

[5] So aber grundlegend Trummer: Paulustradition; ders.: Corpus; jetzt auch Merz: Selbstauslegung; dies.: Amore Pauli.

[6] Vgl. Barnett: Paul, 251–277 (die Pastoralbriefe benutzten das 10-Briefe-Corpus); stärker einschränkend Lindemann: Paulus, 135–149 (Röm, 1Kor, Eph); Trummer: Paulustradition, 241 (Röm, 1Kor, Phil, Phlm, Eph), der, sich (Corpus, 130f) nicht weiter festlegend, konstatiert, dass die Benutzung einer Paulusbriefsammlung offensichtlich werde, auch wenn sich ihr Umfang nicht genau bestimmen lasse; Roloff: 1Tim, 39f (Röm, 1/2Kor, Phil, Kol); Weiser: 2Tim, 65f (Röm, 1Kor, Phil, Kol). Vollständig lehnt dagegen Dewey: Textuality, 55, eine Kenntnis und Benutzung der Paulusbriefe durch unseren Autor ab. Trobisch andererseits erwägt, ob (zumindest 2Tim) nicht als ein Teil des Editorials (mit 2Petr und Joh 21) der kanonischen Gesamtausgabe des NT verfasst sein könnte, vgl. Endredaktion, 128; 134–136.

[7] Selbst ein Verfasser pseudepigrapher Paulusbriefe muss kein umfassendes Wissen um den Völkerapostel haben, wie es beim Verfasser des Paulus-Seneca-Briefwechsels vom Ende des 4. Jh. den Anschein hat. Diesem dürften die Paulusbriefe nur wenig bekannt gewesen sein – obwohl ihm Terminologie und Sprache des Apostels nicht gänzlich unbekannt waren –, zumindest lässt sich aus seinem Werk eine solche Kenntnis nicht erheben, vgl. Fürst: Pseudepigraphie, 103. Text und Kommentar bei Fürst u.a. (Hg.): Briefwechsel, 24–67.

[8] Zu dem von Eco entwickelten Konzept der Enzyklopädie vgl. ders.: Lector, 94–106.

2. Die Pastoralbriefe als narrativer Text

Auf den ersten Blick scheint die Zusammenstellung der Begriffe ‚Pastoralbriefe' und ‚Roman' sperrig zu sein. Auch bei einer flüchtigen, die theologischen Fragen ausblendenden Lektüre der Briefe an Timotheus und Titus
fällt es schwer, in ihnen romanhafte Züge, eine durchgängige Handlung
oder die konsistente Entwicklung einer oder mehrerer Person/en zu erkennen. Es soll in vorliegender Arbeit aufgezeigt werden, dass diese kleine
Briefsammlung, wenn man sie von (antiken griechischen) Briefromanen her
liest, solche narrativen Momente erkennen lässt und zudem eine überraschende Wendung vollziehen kann.[9] Eine solche Einreihung der Pastoralbriefe unter erzählende Literatur kann sich dabei auf vorausgehende Forschung, textimmanente Hinweise sowie die Textüberlieferung berufen.

Die Pastoralbriefe unterscheiden sich von den als echt anerkannten Paulusbriefen dadurch, dass sie nicht an eine Gemeinde, sondern an jeweils
eine Einzelperson adressiert sind. Allein mit dem Philemonbrief teilen sie,
wenn man von dessen Präskript nur V. 1 liest, diese Gemeinsamkeit. Für
ihn hat F.Chr. Baur u.a. aufgrund seines Privatbriefcharakters geschlossen,
dass er eine pseudepigraphe Schrift sei, die als eine Art Roman in Briefform
das Sklavenproblem der frühen christlichen Gemeinden thematisiere: Wie
hätte Paulus sein paradigmatisches Diktum, dass in der Gemeinde weder
Sklave noch Freier sei (Gal 3,28; 1Kor 12,13), mit seiner Mahnung, im jeweiligen Stand (κλῆσις) zu bleiben (1Kor 7,20–24), in einem konkreten
Fall verbunden, wenn z.B. aus einem christlichen Haushalt ein Sklave fliehe?[10]

Der Philemonbrief entwickle, so Baur, keinen christlichen Lehrinhalt,
sondern „er betrifft vielmehr einen concreten, besondern Lebensverhältnis-
sen angehörenden Fall".[11] Es sei ein seltsamer Zufall, dass ein aus Kolossä
entlaufener Sklave eines mit Paulus befreundeten Christen in Rom in Gefangenschaft gerate und dort mit dem Apostel zusammentreffe. Dieses
setting diene vielmehr dazu, zu entwickeln, wie die weltlich-zeitliche Trennung zwischen Sklaven und Herrn überwunden werde durch die Bekehrung

---

[9] In der Arbeit benutze ich abwechselnd die Begriffe Briefroman, Briefbuch, Briefsammlung.
Damit weise ich zum einen auf Bedeutungsnuancierungen hin, die je verschiedene Aspekte stärker
beleuchten können. ‚Briefroman' legt das Gewicht auf die narrativ-konzeptionelle Einheit im Gegenüber zu ‚Briefbuch', womit die konzipierte Struktur betont wird, ohne zugleich diese narrativ
verstehen zu wollen. ‚Briefsammlung' macht dagegen auf die Mehrzahl einzelner Briefe aufmerksam, die in einem Corpus versammelt sind. Neben diesen Nuancierungen werden die Begriffe jedoch auch promiscue gebraucht. Dadurch soll darauf hingewiesen werden, dass das jeweilige
‚Gattungs'-Verständnis ein interpretatorischer Akt ist und nicht eine den Texten objektiv zukommende Eigenschaft.

[10] Vgl. Baur: Paulus, Bd. 2, 88–94.

[11] Baur: Paulus, Bd. 2, 90.

des Sklaven, der so mit seinem ehemaligen Herrn als geliebter Bruder auf ewig verbunden sei (vgl. Phlm 15f). Den Brief mit den pseudoklementinischen Homilien vergleichend schreibt Baur:

„In diese Wiedererkennungs- und Wiedervereinigungsscenen hat die geschichtliche Erzählung dieser Homilien ihre eigentliche Spitze. Hat man sie darum mit Recht einen christlichen Roman genannt,[12] warum sollten wir nicht auch in unserem Briefe den Embryo einer gleichen christlichen Dichtung sehen dürfen? So unentwickelt das Geschichtliche, das er voraussetzt, ist, so schließt es doch die Anlage zu einer weitern geschichtlichen Entwicklung in sich.“[13]

Der Verfasser des Phlm setze also diese Geschichte voraus, ohne sie ausführlich zu erzählen; sie diene ihm als „Anknüpfungspunkt für die Idee, um deren Darstellung es ihm zu thun ist“.[14] Ohne Baurs Position hinsichtlich des nachpaulinischen Charakters von Phlm zu teilen, dienen seine Überlegungen zur embryonalen Narrativität von Briefen, die für Phlm dann N.R. Petersen weitergeführt hat,[15] hier als Ausgangspunkt. So bieten denn ähnlich auch die Pastoralbriefe „durch historische Maskierung beglaubigte[] Entwürfe des Möglichkeitssinns“,[16] wie dies bereits P.N. Harrison erkannt hat: Er sieht in ihnen Fragmente echter Paulusbriefe verarbeitet, bezweifelt aber, dass ihr Verfasser eine Täuschungsabsicht gehabt habe oder dass die ersten Lesenden über den fiktionalen Charakter der Briefe getäuscht worden seien; vielmehr habe der Verfasser, ein überzeugter Paulinist, darstellen wollen, was er und seine Leser dachten, wie Paulus, wäre er noch am Leben, auf die gegenwärtigen Herausforderungen am Anfang des 2. Jh. (zur Zeit Trajans und Hadrians) reagiert hätte.[17] Die intentionale Fiktionalisierung echten paulinischen Briefmaterials diene so der Aktualisierung des paulinischen Anliegens in neuen Kontexten.

Nicht unter einem solchen Verständnis von Pseudepigraphie (mit deren Hilfe Teile der Pastoralbriefe als authentisch ‚gerettet‘ und die Briefe damit als Ganze autorisiert werden sollen), sondern im Kontext antiker Erzählliteratur folgen zwei weitere Ansätze dieser Spur. Zum einen hat J.D. Quinn dafür votiert, die Briefe als dritten Teil einer lukanischen Trilogie zu lesen.[18] Nach dem Doppelwerk aus Evangelium und Apostelgeschichte, das

---

[12] Vgl. dazu Irmscher/Strecker: Pseudoklementinen; und jetzt v.a. Vielberg: Klemens.

[13] Baur: Paulus, Bd. 2, 93.

[14] Baur: Paulus, Bd. 2, 93.

[15] Vgl. Petersen: Paul, v.a. 43–88, die Narrativität von Phlm als echten Paulusbrief untersuchend.

[16] So Vielberg: Klemens, 131, über die Pseudoklementinen.

[17] Vgl. Harrison: Authorship, 77. Ähnlich auch Schmeller: Schulen, 224–229.

[18] Vgl. Quinn: Volume (s.u. Kap. II 5.4.2); diskutiert bei Knight: Past, 48–51. In eine andere Richtung zielt die Forschung, die Lukas als Verfasser der Pastoralbriefe ansieht, ohne die *narrativen* Gemeinsamkeiten zwischen ihnen und dem Doppelwerk zu untersuchen, v.a. Moule: Problem;

mit dem Aufenthalt des Paulus in Rom ein offenes Ende bot, fehlte zum einen die Thematisierung des Endes des Apostels, das mit 2Tim nachgereicht werde, zum anderen das Thema, dass Paulus v.a. über Briefe mit seinen Gemeinden korrespondiert habe. Die Pastoralbriefe böten dies in einem Brief-Appendix, wie er häufiger in antiker Literatur vorkommt.[19] Auch wenn die theologischen sowie sprachlichen Differenzen zwischen Lukas und dem Verfasser der Tritopaulinen zu gravierend sind, um sie und das Doppelwerk als eine Einheit zu sehen, so verweist Quinns These doch auf das narrative Potenzial der Pastoralbriefe.[20]

Neben dieser narrativen Verbindung sind sie auch in Beziehung zu den *Paulus- und Theklaakten* gebracht worden aufgrund der Beobachtung, dass beide Textgruppen ein bestimmtes Paulusbild benutzen und entwerfen, um die je eigene theologische Position zu autorisieren bzw. die der anderen Gruppe zu diffamieren.[21] Unabhängig von der Frage, ob die apokryphen Akten von den Pastoralbriefen literarisch abhängig sind oder ob beide auf den gleichen oder vergleichbaren Pauluslegenden aufruhen und entsprechend ihrer Intentionen verarbeiten, kann festgehalten werden, dass im zweiten Jahrhundert im Umkreis der Pastoralbriefe die erzählerische Aufarbeitung der Paulusbiographie und der Missionsarbeit des Apostels offensichtlich ein Bedürfnis christlicher Gruppen war.[22]

An diesen beiden Richtungen, die die Briefe in Beziehung zu narrativer Literatur setzen und ihnen damit eine gewisse Form von Narrativität zu-

---

Strobel: Schreiben; Wilson: Luke; kritisch dazu: Brox: Lukas. Die Kritik an der These aufarbeitend, aber im Ganzen unentschieden Riesner: Luke-Acts.

[19] Vgl. Quinn: Volume, 68–70; er verweist z.B. auf die *Epistula Ieremiae*, die die Jeremia-Sammlung in der Septuaginta abschließt; vgl. weiter Korenjak: Abschiedsbriefe, 59–61, zur Praxis, dass häufig Briefe den Abschluss von Werkverzeichnissen antiker Autoren bilden, z.B. Diog. Laert. III 57–62; V 60; VI 80; VII 163; 178; X 28 und auch in der Suda immer wieder zu sehen, z.B. Δ 447 (Demokrit); I 437 (Julian Apostata); Θ 124 (Themistokles). Zum Abschluss des Werkes von Ovid und Horaz durch Briefbücher vgl. Korenjak: Abschiedsbriefe, v.a. 224–229.

[20] Auch Quinn scheint sie nicht weiter verfolgt zu haben, zumindest fehlt ein näheres Eingehen auf sie in seinem Tituskommentar und in dem von seinem Schüler W.C. Wacker auf Grundlage seiner Arbeiten weitergeschriebenen Kommentar zu 1/2Tim. Vgl. Herzer: Abschied, 1272f – Quinn selbst hatte in dem Aufsatz angekündigt, dass er diese These eines lukanischen Werkes in seinem Kommentar weiter ausführen wolle.

[21] So v.a. MacDonald: Legend; kritisch dazu Häfner: Gegner; vgl. auch Rordorf: Verhältnis; ders.: Paulusakten; sowie die Aufsätze in Ebner (Hg.): Liebe.

[22] Die zeitliche Einordnung historisch-fiktionaler Erzählliteratur ist immer mit großen Unsicherheiten verbunden, da für jede einzelne Angabe geprüft werden muss, ob sie dem erzählerischen Interesse z.B. von historischer Glaubwürdigkeit entspringt oder als Einfluss der Gegenwart des Verfassers Rückschlüsse auf dessen zeitliche und räumliche Lokalisierung erlaubt. So kann etwa der in den Pastoralbriefen vorausgesetzte Stand der Gemeindeorganisation nicht als Hinweis auf eine frühe Abfassung ausgewertet werden (wie etwa von Trummer: Corpus, 137; dagegen z.B. Schenk: Briefe, 3428 Anm. 92). Da die Briefe und Apg deutlich erkennbar aufeinander bezogen sind, scheint mir jedoch eine zeitliche und räumliche Nähe beider nahezuliegen. Vgl. auch Pervo: Dating Acts, 299–301, der Apg ca. 115 datiert.

sprechen, knüpft R.I. Pervo an.[23] In seinem für die vorliegende Untersuchung wegweisenden Aufsatz *Romancing an Oft-Neglected Stone* stellt er den Bezug der Pastoralbriefe zu antiken Briefromanen m.W. erstmalig her, indem er sie mit den Chion- und den Sokratikerbriefen vergleicht.[24]

Nach einem kurzen problemorientierten Forschungsaufriss zum antiken Briefroman fragt er nach dem Nutzen einer Distinktion zwischen einer Sammlung fiktionaler Briefe und einem Briefroman:

> „How will the application of generic criteria improve the understanding of the work or works in question? What light does this enterprise shed upon such topics as function and purpose, audience and milieu, context and meaning?"[25]

Mit dieser Fragehaltung im Blick führt er einige induktiv gewonnene[26] „charactristic features" an, ohne deren exklusiven Charakter postulieren zu wollen:[27] *pseudonymous by nature;*[28] *historical in setting; characterological in orientation; philosophical/moral in aim.* Zudem müssten die Briefsammlungen, damit sie von Schulübungen oder Propagandaschriften unterschieden werden können, über zwei weitere Eigenschaften verfügen: Sie müssten eine *integrity and coherence as a body* bieten und: „Such collections will present a narrative, telling – or showing – by various means a story that is integral to their function."[29]

---

[23] Vgl. Pervo: Stone, 37. Schon Aland: Problem, 33, erwägt, ob in den Pastoralbriefen nicht „eine frühe Stufe" von frühchristlicher „Romanschriftstellerei zur Befriedigung des frommen Bedürfnisses" greifbar werde.

[24] Erste Ansätze in diese Richtung unternehmen die 1986 erschienenen Dissertationen von Fiore: Function, und Donelson: Pseudepigraphy, die zwar primär die paränetische Argumentationsweise der Pastoralbriefe untersuchen, sie allerdings auch auf dem Hintergrund pseudepigrapher Briefsammlungen, v.a. der Sokratikerbriefe, interpretieren. Zur (teilweise) zustimmenden Aufnahme von Pervos These vgl. Klauck: Briefliteratur, 243–246; Häfner: Belehrung, 11f; ders.: Corpus, 273; Wucherpfennig: Kirche, 440. Frenschkowski: Pseudepigraphie, 262, akzeptiert zwar Pervos Briefromanthese, sie zeitigt aber für seine Auslegung kaum Konsequenzen, wenn er die allgemeine Rezeption der Briefe als echte Paulinen voraussetzt und durch die Verfasserschaft des Timotheus historisch plausibel zu machen versucht, vgl. Bauckham: Letters, 494; Marshall: Past, 83–92.

[25] Pervo: Stone, 29.

[26] „A survey of the ancient texts identified as actual or possible novels in letter-form does suggest some characteristic features" (Pervo: Stone, 29). Allerdings gibt er nicht an, an welchen Textcorpora diese gewonnen sein wollen. Aufgrund der Ähnlichkeit in der Bezeichnung und der Reihenfolge vermute ich, dass er sich hier primär auf Sykutris: Art. Epistolographie, 213f, aber wohl auch auf Düring stützt, s.u.

[27] Pervo: Stone, 29 Anm. 23: „‚Characteristic features' should not be confused with ‚formal laws' or the like."

[28] Hierzu betont er, dass damit nicht ein Autoritätsanspruch impliziert sein müsse.

[29] Letzteres sei „the most difficult and elusive of the criteria", jedoch auch das konstitutive: „The narrative element, however achieved, is constitutive of at least ancient novels" (Pervo: Stone, 30).

Von den einführenden Überlegungen und Beobachtungen zum griechischen Briefroman ausgehend liest Pervo die Pastoralbriefe – in der Reihenfolge Titus–1Tim–2Tim – „as a pseudonymous, historical work that tells a coherent story and focuses upon character formation through the promulgation of a moral, ideological message".[30] Dieser Blick auf das Briefbuch lasse es als einen eigenständigen und engagierten Beitrag in der Diskussion um das Paulus*bild* deutlicher hervortreten, wie sie auch in Apg und den Paulus- und Thekla-Akten geführt werde.

Hinsichtlich der Frage, ob die Pastoralbriefe eine *story* erzählen oder nur einige Aspekte einer bekannten Geschichte beleuchteten, konzediert Pervo, dass sie nicht so ausgeprägt narrativ seien wie die Chionbriefe. Und obgleich sie für nicht-christliche Leser unverständlich seien – sie setzten mithin ein Wissen um Paulus und seine Akzeptanz als Apostel voraus[31] –, seien sie nicht konzeptionell auf andere Texte (als Ergänzung oder als Korrektur) angewiesen.[32] So ergibt sich als Paulusgeschichte, wie dieser als reisender Missionar Gemeinden gründet und dort Mitarbeiter zurücklässt, die er instruiert; über die Gemeinden erfahren die Lesenden, dass sie ständig durch Gegner bedroht sind, ohne dass ein spezifisches (theologisches) Profil der gegnerischen Front(en) deutlich würde, da es lediglich auf das Faktum der Bedrohung ankomme, nicht auf eine spezifisch inhaltliche Form der Auseinandersetzung. 2Tim aktualisiert sodann eine andere Szene der Paulusbiographie: Mit Pathos evozierender Beschreibung werde Paulus als Märtyrer Christi in römischer Gefangenschaft dargestellt,[33] der mit der gleichen Überzeugung in den Tod gehe und seinen Schüler Timotheus davon unterrichte, wie es Chion seinem Lehrer Platon im Abschiedsbrief (epist. 15) ankündigt.

Die Briefe zielten mit ihrer Gestaltung des Paulusbildes weniger auf eine Identifikation mit und Nachahmung von Paulus. Eher sollten die Leser sich mit Timotheus und Titus identifizieren (wie diese mit Paulus): Nicht als Apostel, wohl aber als (potenzielle) Gemeindeleiter werden sie angesprochen, auf jeden Fall aber als junge Christen, die ihr Leben gemäß gemeingesellschaftlichen Moralvorstellungen ausrichten sollen. Dieser letzte Punkt, der in den Pastoralbriefen, neben den Fragen von Gemeindestrukturen, dominant ist und nicht in Erzählungen, sondern in Anweisungen darge-

---

[30] Pervo: Stone, 36.

[31] Vgl. Pervo: Stone, 36.

[32] Vgl. Pervo: Stone, 40f.

[33] Pervo: Stone, 42f: „The use of pathos in 2 Timothy exhibits another literary quality of the P[astoral] E[pistles]. Paul is, to be sure, lonely and harried in his journeys, but, as the end approaches, the narrator pulls out all of the stops. One cannot doubt that the reader is to be left in tears when the abandoned and shivering apostle has finished the enumeration of his woes."

boten wird, so räumt Pervo ein, werde durch seine Lektürestrategie nicht hinreichend berücksichtigt.[34]

Er schließt mit der Bemerkung, dass die Pastoralbriefe mehr Gemeinsamkeiten mit den Sokratiker- als mit den Chionbriefen hätten: die Fragen von Tradition und Nachfolge, literarischem Erbe und dem Lehrer als Vorbild seien gemeinsame Themen, auch wenn die Pastoralbriefe kein narratives Zentrum hätten wie die Sokratikerbriefe mit dem Tod des Sokrates. Ob der Verfasser der Pastoralbriefe schließlich mit Briefromanen bekannt gewesen sei oder ob er nur die Geschichte des Paulus als Medium einer Darstellung der paulinischen Botschaft fruchtbar gemacht haben wollte, bleibe offen.[35] Die Briefe jedoch von griechischen Briefromanen her zu lesen, lasse ihre Besonderheiten im Gegenüber zu anderen paulinischen Pseudepigraphen besser erfassen:

„Any study of the P[astoral] E[pistles] needs to take into account their unity as a collection, the variety among the letters, their double focus upon both private morality and church order, the place they assign to the characterization of Paul, and their interest in narrative and circumstantial detail."[36]

Die hier eingeschlagene Richtung wird im zweiten Hauptteil der Arbeit weiter verfolgt werden, in dem v.a. die narrative Technik der Pastoralbriefe untersucht wird.[37] An diesem Punkt gilt es jedoch, sowohl hinsichtlich der Untersuchung Pervos als auch hinsichtlich der Kritik G. Häfners, der das narrative Element in den Pastoralbriefen nicht ausreichend ausgeführt sieht, zwei Monita zu benennen. Beide rekurrieren primär auf die zwei genannten Briefromane und die Forschung dazu. Häfner bringt zwar Pervos These mit den Untersuchungen von N. Holzberg zum griechischen Briefroman zusammen, wendet dessen eruierte Gattungskriterien jedoch zu statisch auf die Pastoralbriefe an, ohne sich mit den Briefromanen befasst zu haben.[38] Dagegen ist es jedoch zum einen notwendig, den Vergleich auf eine größere Textbasis (als allein auf die Chion- und Sokratikerbriefe) zu stellen und weitere mögliche Aspiranten der Gattung zu berücksichtigen. Zum anderen muss hierbei zunächst Pionierarbeit geleistet werden, da die Forschungen zum antiken Briefroman noch in den Anfängen stehen. Erst durch die eigenständige ausführliche Analyse möglicher (antiker) Briefromane kann eine angemessene Einordnung der Pastoralbriefe in das Feld des antiken Briefromans gelingen.

---

[34] Vgl. Pervo: Stone, 44f.
[35] Vgl. Pervo: Stone, 45.
[36] Pervo: Stone, 45f.
[37] Siehe auch Klauck: Rezension, 275.
[38] Vgl. Häfner: Belehrung, 11f. Zu Häfners Kritikpunkten im Einzelnen s.u. Kap. II 4.2.2.

Zusätzlich zur forschungsgeschichtlichen Begründung des narratologi-
schen Ansatzes lassen sich auch innerhalb der Pastoralbriefe Hinweise auf
Erzähltraditionen entdecken, die in ihnen aufgegriffen und verarbeitet sind,
durch die sich die Pastoralbriefe somit selbst in einen Erzähl-Diskurs einordnen: Sie spielen an auf Erzählungen von Jannes und Jambres (2Tim
3,8f);[39] auf die Erzählung von Adam und Eva (1Tim 2,13f);[40] (jüdische)
Mythen (Tit 1,14; 2Tim 4,4), Mythen und Genealogien (1Tim 1,4) und
‚Altweiberfabeln‘ (1Tim 4,7: γραώδεις μύθους) werden erwähnt; eine Er-
zählkultur steht auch hinter 2Tim 4,3f: ‚Sie‘ suchen sich Lehrer, nach denen
ihre Ohren jucken, und sie werden sich Mythen zuwenden (vgl. auch 1Tim
5,13). Nicht zu vernachlässigen ist schließlich, dass die Textüberlieferung
ebenfalls von einer narrativen Lektüre der Pastoralbriefe zeugt: Der Schreiber von Handschrift 181 (11. Jh.) erweiterte den Text von 2Tim 3,11 und
4,19 mit Angaben aus den Theklaakten.[41]

An diesem Punkt genügt es vorläufig festzuhalten, dass die In-Beziehung-Setzung der Pastoralbriefe mit erzählender Literatur kein *novum* ist,
sondern auf vorgängiger Forschung, und zu dieser kann man *cum grano
salis* auch die gerade genannte mittelalterliche Texterklärung zählen, aufbauen kann.[42]

---

[39] Die beiden sind schon vor den Pastoralbriefen als die dem Mose (Ex 7) entgegentretenden
Magier namentlich gemacht worden, die frühesten Belege sind Damaskusschrift CD 5,17–19
(Jachne und sein Bruder); Plin. nat. XXX 2,11 (Janne); vgl. auch Apul. apol. 90 (Johannes). Die
Art, wie auf die Geschichte in 2Tim verwiesen wird, deutet an, dass der Verfasser bei den Lesern
Hintergrundwissen voraussetzt. Es dürfte sich hierbei um weiter verbreitete volkstümliche Erzählungen gehandelt haben (die z.T. als Schriften umliefen, vgl. Orig. Comm. in Mt 27,9 [PG
13,1769]: *„Jamnes et Mambres liber“*; Decret. Gelas. 1,303 [PL 59,163]: ‚*liber qui appellatur Poe-
nitentia Jamnae et Mambre, apocryphus*‘; dass beide Schriften identisch sind, ist kaum anzunehmen), wie auch die diversen Namensformen nahelegen. Aus diesem Grund ist auch nicht mehr
auszumachen, welche Geschichte genau hinter der hier angespielten stehen könnte; zu den verschiedenen Möglichkeiten vgl. die Geschichten, die über den Index von Ginzberg/Cohen: Legends, Bd. 7 s.v. Jannes, 251, zugänglich sind, zu weiteren Quellen vgl. Quinn/Wacker: 1/2Tim,
727–730; ThWNT III, s.v. Ἰαννης, Ἰαμβρης 192f (Odeberg).
[40] Vgl. dazu Merz: Selbstauslegung, 339–358, mit der angegebenen Literatur zur Tradition dieser Auslegung der ‚Sündenfallgeschichte‘.
[41] In 3,11 bieten die Zeugen (neben Ms. 181 noch K 018 [eine Kommentarhandschrift aus dem
9. Jh.] sowie die syrische Harklensis [7. Jh.]) die Notiz als eine die Leiden in Antiochia erklärende
Randglosse: „d.h. was er wegen der Thekla erlitten hat; (die) von den Juden aber glaubten an
Christus (τουτεστιν α δια την Θεκλαν πεπονθεν· εξ Ιουδαιων πιστευσασι εις Χριστον)“ (Text
von K; 181 liest kürzer: „was er wegen der Thekla erlitten hat (α δια την Θεκλαν επαθεν)“ (vgl.
NA[27] und NA[26] ad loc.). In 4,19 dagegen ist die Ergänzung (von Ms. 181 und wenigen anderen
Textzeugen) in den Text eingefügt, die den Sinn verändert: „Grüße Priska und Aquila [, Lektra,
seine Frau, und Simaias und Zenon, seine Kinder,] und das Haus des Onesiphorus.“ In den *Theklaakten* (§ 2) sind dies Frau und Kinder des Onesiphorus. Warum der Schreiber hier die traditionelle Verbindung von Priska und Aquila aufgelöst hat (intentional oder Schreibfehler?), bleibt
rätselhaft, wahrscheinlich sollte sich die erklärende Glosse jedoch auf Onesiphorus beziehen.
[42] Gegen eine narrative Lektüre der Pastoralbriefe müssen sich die Auslegungen richten, die in
ihnen echte Briefe sehen, sei es als authentische Paulusbriefe (z.B. Torm: Psychologie, 52, der sie

3. Eckpunkte der Pastoralbriefforschung

Der fiktional-narrative Charakter der Pastoralbriefe könnte die Aporien der Forschung erklären, die sich in den Diskussionen darüber stets aufs Neue einstellen, ob die Briefe authentisch oder pseudepigraph sind; ob sie im letzteren Fall eine angemessene Weiterentwicklung oder eine Verzeichnung paulinischer Theologie sind; ob sie im ersteren Fall aus der vor Apg 28 liegenden Zeit stammen oder nach der ersten römischen Gefangenschaft geschrieben sind; ob sie die eigentlichsten Briefe des Apostels sind[43] oder durch einen (anderen) Sekretär verfasst sind; ob sie, wenn sie nachpaulinische Schriften sind, einen zusammenhängenden Text bilden oder drei separate Sendschreiben sind. Im Folgenden sollen diese Positionen der Forschung kurz und exemplarisch vorgestellt werden.[44]

Als offene Frage der Forschung erweist sich noch immer die Verhältnisbestimmung der Tritopaulinen[45] zu Paulus. Während es früher den Anschein eines Forschungskonsenses gab, dass die Pastoralbriefe als Pseudepigraphen zu verstehen seien, wird in letzter Zeit wieder vermehrt für deren Authentizität argumentiert, sei es *in toto*, sei es in Form der Fragmentenhypothese.[46] Dabei schwankt die Datierung der Briefe zwischen der letzten Zeit des Paulus nach der ersten römischen Gefangenschaft und erfolgter

---

explizit nicht als ein „Drama in drei Akten" verstanden wissen will), sei es als nachpaulinische Briefe (z.B. Hegermann: Ort, 51; 58: kein „Beginn legendärer oder romanhafter Verwertung der großen Vergangenheit"; siehe auch Holtz: Past, 13).

[43] Nach Prior: Paul, 37–59, unterscheiden sich die Pastoralbriefe deshalb von den anderen Paulusbriefen, weil er diesmal nicht wie sonst einem Sekretär diktiert, sondern selbst geschrieben habe.

[44] Ausführlichere Forschungsüberblicke bieten Schenk: Briefe; Harding: Pastoral Epistles; Roloff: Art. Pastoralbriefe; sowie die beiden neueren Kommentarsammelrezensionen Herzer: Abschied; Marshall: Commentaries.

[45] Der Begriff Tritopaulinen ist von Schenk: Briefe, 3405, als Bezeichnung der Pastoralbriefe in die Diskussion eingeführt worden, um anzuzeigen, dass diese auf einer späteren Stufe paulinischer Pseudepigraphie stehen als Kol, Eph, 2Thess (aber auch schon gebraucht von Trummer: Paulustradition, 228). Durchsetzen konnte sich die Terminologie allerdings nicht. In dieser Arbeit wird vorwiegend der traditionelle Begriff Pastoralbriefe (neben Pastoralen) beibehalten (der Begriff für alle drei Briefe geht zurück auf P. Anton: Exegetische Abhandlung der Pastoralbriefe Pauli … [1726/27]), wenn auch je nach Kontext oder Bedeutungsnuancierung andere Bezeichnungen gebraucht werden, neben Tritopaulinen noch der von Trummer als Äquivalent zu Corpus Paulinum eingeführte Begriff Corpus Pastorale (Trummer: Corpus). Vgl. den Überblick bei von Lips: Corpus.

[46] So urteilt Zimmermann: Unecht, 27 (mit Anm. 7), wohl etwas zu optimistisch, dass es nur noch einzelne Exegeten seien, die an der Orthonymität der Pastoralen festhielten, vgl. auch von Lips: Corpus, 70. Marshall: Commentaries, 141 und 143, verweist auf Johnson: 1/2Tim, 48–50, der über 27 Kommentare des 20. Jh. aufzählt, in denen die Echtheit vertreten wird. Vgl. auch Herzer: Abschied, und die Aufzählung der Vertreter von Pseudonymität und Orthonymität bei Weiser: 2Tim, 54–56.

Spanienmission einerseits[47] und der Frühzeit des Apostels andererseits, womit der differente Charakter der Briefe im Vergleich zu den Homologumena zu erklären versucht wird.[48]

M.E. bleibt diese Frage aus zwei Gründen virulent. Zum einen ist es der markant paulinisch-unpaulinische Charakter der Briefe, der zwei so gegensätzliche Urteile zeitigen kann, wie sie von den beiden frühesten dezidierten Vertretern des nachpaulinischen Charakters der Pastoralen getroffen worden sind: So erklärt Baur (1835) auf der einen Seite, dass sie, wäre uns ihr Briefformular nicht erhalten, niemals in Beziehung zu Paulus gesetzt worden wären,[49] dass der paulinische Charakter der Pastoralen überall evident werde, meint H.J. Holtzmann (1880) auf der anderen Seite.[50] Zum anderen sind es die Personalia, die nach wie vor – trotz der grundlegenden Untersuchung von N. Brox[51] – als Indiz echter Brieflichkeit ausgewertet werden.[52] Es ist auffallend, dass hier das Hauptinteresse der Exegeten zu liegen scheint, die im Corpus Pastorale Fragmente echter Paulusbriefe zu finden hoffen: es ist ein Interesse an der Biographie, nicht an der Theologie des Apostels.[53] Damit stehen die Pastoralbriefe allerdings in der antiken Epistolographie nicht alleine, worauf bereits 1898 U.v. Wilamowitz-Moellendorff hingewiesen und eine Beziehung zwischen unseren Briefen und dem dreizehnten Platonbrief hergestellt hat:

„Der Brief ist voll von Angaben über Platons Familie, Bekannte von ihm, seine Geldverhältnisse und dergleichen Dinge, die einen Biographen aufs höchste interessieren müßten. Wir haben recht viel von der antiken Biographie Platons: von dem, was hier steht, keine Spur. Der Brief war also entweder nicht bekannt oder er war verworfen. Beides muß ihn uns verdächtig machen. Es ist freilich sehr auffällig, eine Fälschung

---

[47] Z.B. Murphy-O'Connor: Paul, 356–371 (nur 2Tim ist echt); Ellis: Making, 422–425; ders.: Art. Pastoral Letters, 661f (alle drei Briefe sind echt).

[48] So Ponsot: Pastorales.

[49] Baur: Pastoralbriefe, 55.

[50] Holtzmann: Past, 159, vgl. auch Trummer: Paulustradition, 15.

[51] Brox: Notizen.

[52] Entsprechend häufig wird denn auch für 2Tim, der die meisten biographischen Notizen enthält, die Authentizität als echter Paulusbrief zu begründen versucht, z.B. Murphy-O'Connor: Paul, 356–368; Prior: Paul. Vgl. auch Marshall: Past, 85–87. Zu den für Fragmente echter Paulusbriefe herangezogenen Versen vgl. Miller: Pastoral Letters, 145–150. Einen Überblick über die literarkritischen Arbeiten an den Pastoralbriefen des 19. Jh. bietet Clemen: Einheitlichkeit, 142–175, der ebenfalls Fragmente echter Paulusbriefe in Tit und 2Tim entdeckt.

[53] Und eben dieses Interesse teilen die Ausleger mit dem Verfasser der Pastoralbriefe: „In den Pastoralbriefen wird die Person des Paulus dem Leser bewußt nahe gebracht und lieb gemacht", urteilt Luz: Erwägungen, 100, vgl. Dassmann: Stachel, 166, der von „einer beginnenden Paulushagiographie" spricht, vgl. überhaupt 165–168, mit Bezug auf Collins: Image, 147; 168; 173. Dagegen Holtz: Past, 13.

mit so viel biographischem Kleinkram zu finden; aber eine Parallele gibt es: die Pastoralbriefe des Paulus."[54]

Eine andere offene Frage der gegenwärtigen Forschung ist die innere ‚Kohärenz' der Briefe.[55] Neben den Positionen, die in ihnen eine Akkumulation von Traditionsmaterial mit nur geringer (logisch-argumentativer) Kohärenz sehen, bemühen sich vermehrt Exegeten darum, die argumentative Struktur der Briefe aufzuweisen. Jedoch findet bei diesen Analysen jeweils der Einzelbrief Beachtung, der Aufbau des Corpus dagegen gerät kaum in den Blick,[56] obwohl mit dem Corpuscharakter ein auffälliges Differenzmerkmal zu den pseudepigraphen 2Thess, Kol und Eph vorliegt.[57] Damit zusammen hängt die Frage, wie sich die drei Briefe zueinander verhalten. Sind in allen drei Briefen die gleichen Voraussetzungen zu machen und haben alle drei Briefe das gleiche Ziel? Ist mithin in allen drei Briefen von *einer* Gegnerfront die Rede, *eine* Kirchenstruktur anvisiert, die gleiche Haltung des Paulus gegenüber der Welt ausgedrückt und den expliziten Adressaten anempfohlen? Die Vertreter, die in den Pastoralen ein Corpus von drei Briefen sehen, bejahen die vorausgehenden Fragen i.d.R. und stellen fest, dass in ihnen keine unterschiedlichen Situationen vorausgesetzt würden. Die Vertreter der Echtheit dagegen nehmen die in den Briefen selbst gebotenen Situationsangaben als Hinweise, um die Briefe in drei verschiedenen Situationen zu lozieren, auch wenn zumeist 1Tim und Tit in engem (zeitlichem) Bezug zueinander stehen.[58] Von den Vertretern des pseudepigraphen Charakters der Briefe betont W.A. Richards die Differenzen der drei Briefe und bestreitet aufgrund der gemachten Beobachtungen ihren Corpuscharakter: sie seien drei Briefe, die zwischen 70 und 130 n.Chr. von verschiedenen Richtungen der Paulusschule in konkrete Situationen hinein geschrieben seien.[59] Auch L.K. Pietersen hält es für unwahrscheinlich, dass Tit und 1Tim mit ihrem weitgehend gleichen Inhalt an die gleiche Gemeinde ge-

---

[54] Von Wilamowitz-Moellendorff: Briefe, 496; bereits Dibelius/Conzelmann: Past, 4, verweisen auf epist. 13; vgl. auch Donelson: Pseudepigraphy, 25–27.

[55] Die ungeklärte Begrifflichkeit von Kohärenz als ‚*exegetischem* Leitkriterium' und die notwendige Differenzierung vom *textgrammatischen* Konzept der Kohäsion arbeitet Becker: Kohärenz, heraus.

[56] Ansätze hierzu bietet v.a. Fiore: Function.

[57] Vgl. zum einen Miller: Pastoral Letters, zum anderen Donelson: Pseudepigraphy; Van Neste: Cohesion. Bemüht sich Van Neste um eine sorgfältige strukturalistische Analyse der Einzelbriefe, so gerät doch der Zusammenhang der drei Briefe nicht in sein Blickfeld, ebensowenig geschieht dies bei Donelson, obwohl er die Pastoralbriefe in Beziehung zu anderen pseudepigraphen Briefsammlungen bringt.

[58] Z.B. Ellis: Making, 424f; Reicke: Chronologie, 84–88. Anders etwa Robinson: Redating, 81–85.

[59] Richards: Difference. 1Tim sei der letzte der drei Briefe und habe Tit und 2Tim verarbeitet, weshalb er Gemeinsamkeiten mit beiden Briefen aufweise. Hier modifiziert Richards Schleiermachers (Paulos) Beobachtungen (der Tit und 2Tim noch für echt hielt).

richtet gewesen sein könnten; vielmehr seien die Briefe wohl von Timotheus und Titus verfasst und an die Gemeinden in Ephesus und Kreta gerichtet gewesen.[60]

Die Frage nach der Mehrzahl der Briefe findet verschiedene Erklärungsversuche:[61] So vermuten Vertreter der Fragmentenhypothese, dass sich die Dreizahl aus drei Paulusbrieffragmenten erklären lasse.[62] Auch zahlenmystische Erwägungen werden herangezogen (die Drei als heilige Zahl).[63] Daneben wird v.a. das Argument beigebracht, dass so das Gewicht der Aussage gesteigert werden könne[64] bzw. die Briefe eine katholische Ausrichtung bekämen.[65] Legt man, bei angenommenem Corpuscharakter, das Augenmerk auf die Differenzen zwischen den Briefen, lassen sich auch unterschiedliche Schwerpunkte ausmachen, wodurch eine gewisse narrative oder theologische Dynamik in den Briefen erkennbar wird,[66] die v.a. B. Fiore ansatzweise gesehen hat durch seinen Vergleich mit der kynischen Briefsammlung der Sokratikerbriefe. Seine Beobachtungen zur Bedeutung des Briefgebrauchs zur Vermittlung kynischer Philosophie[67], die Betonung der narrativ-fiktionalen Dimension dieser Briefsammlung und die Bedeutung des Vorbildes, d.h. der Charakterisierungen der Personen, weisen bereits in die Richtung der Gattung Briefroman, der die Sokrates- und Sokratikerbriefe ebenfalls zugerechnet werden.[68]

Eine Auslegung der Briefe muss die genannten offenen Fragen der Forschung möglichst kohärent mit *einer* Lesestrategie beantworten können: Die Bedeutung, die die Personalnotizen für ihre Kommunikationssituation

---

[60] Vgl. Pietersen: Polemic, 112; Marshall: Past, 83–92. In seiner Rezension zu Van Neste kritisiert Pietersen (105) dann allerdings dessen Beschränkung auf die Analyse der Einzelbriefe und gibt zu erwägen, ob sich eine Entwicklung innerhalb des Corpus, womöglich in der Reihenfolge Tit–1Tim–2Tim, beobachten lasse. Grundsätzlich macht Pietersen dort einen Trend in der gegenwärtigen Pastoralbriefforschung aus, sie als Einzelbriefe zu verstehen.

[61] Wenn sie überhaupt bedacht wird, vgl. auch die Kritik von Miller: Pastoral Letters, 160; einen kurzen Überblick über Antwortversuche bei Trummer: Paulustradition, 74f.

[62] Z.B. Dornier: Past, 25; Miller: Pastoral Letters, 146, der jedoch in 2Tim dann zwei Briefe verarbeitet sieht (149f).

[63] So Schmithals: Erwägungen, 54; als alternative Erklärung führt er an, dass Dreierbriefcorpora typisch für das frühe Christentum gewesen seien (1/2/3 Joh), vgl. ders.: Art. Pastoralbriefe, 147, sowie ders.: Abfassung, 244f.

[64] Trummer: Paulustradition, 74 Anm. 103; Jülicher/Fascher: Einleitung, 184.

[65] Letzteres v.a. von Trummer: Paulustradition, 74; ders.: Corpus, vertreten.

[66] Vgl. Fiore: Function, 191–236; auch Wolter: Pastoralbriefe, 17–22; von Lips: Corpus, 64f.

[67] V.a. sind hier die Diogenes- und Kratesbriefe zu nennen, eine Ausgabe kynischer Briefsammlungen bietet Malherbe: Epistles.

[68] Fiore: Function, 128–132: Da kynische Philosophie weniger eine Lehre als eine Lebenshaltung sei, sei die Briefform eine „more engaging form" als der (sokratische) Dialog. Durch sie werde dem Leser ermöglicht, in den Dialog einzutreten, insofern er als (realer) Leser angesprochen wird. Zudem erscheint der Brief durch die fingierte Autodiegese gleichsam als Selbstkommentierung der Lebensweise, deren Darstellung in den (kynischen) Anekdoten vorherrsche.

spielen, ebenso wie das Neben- und Gegeneinander paulinischen und nicht-paulinischen Gedankenguts stellen eine Herausforderung dar. Die bisherigen Erklärungsansätze gehen davon aus, dass die Personalia vor allem eine Authentifizierungsfunktion hätten: Es solle der Anschein erweckt werden, dass wir hier echte Paulusbriefe vorliegen haben, um so die Anweisungen, Ermahnungen und Ketzerpolemiken mit dem Gewicht apostolischer Verfasserschaft zu autorisieren. Werde die Autorfiktion erkannt, so verlören die Briefe wesentlich an Überzeugungskraft.[69] Eine Interpretationsrichtung, die in der Linie von Harrison liegt,[70] hebt dagegen die Durchschaubarkeit der Autorfiktion hervor: Es habe nicht im Interesse des Verfassers gelegen, fälschlich als Apostel aufzutreten, sondern es sei ihm darum zu tun gewesen, die Botschaft des Paulus unter den neuen Bedingungen zu aktualisieren. Kann so auch erklärlich gemacht werden, weshalb der Verfasser paulinische mit nichtpaulinischen Vorstellungen vermengt hat, so wird doch die Funktion der massiven Autorfiktion nicht hinreichend beantwortet, wogegen im anderen Fall der markante nachpaulinische Charakter und die Unvereinbarkeit mit bekannter Paulusbiographie erklärungsbedürftig bleiben.

Sodann muss die Bedeutung der Mehrzahl der Briefe mit ihren verschiedenen Verortungen in der Paulusbiographie interpretierbar sein im Zusammenhang mit ihrem Corpuscharakter und den Differenzen zu Paulus. Nicht selten wird das Corpus Pastorale so behandelt, als hätten wir es mit *einem* Brief zu tun. Dagegen ist die Frage zu stellen, weshalb sein Verfasser drei Briefe zu schreiben sich veranlasst sah.[71] Dass durch die Konzeption als Corpus zugleich der Briefcharakter in Frage gestellt wird, das Schriftstück nicht mehr kommunikationspragmatisch als Gebrauchstext für die Beziehung Absender–Adressat im strengen Sinne angesehen und interpretiert werden kann, findet allerdings nicht immer ausreichend Beachtung.[72] So werden mit dieser Lesehaltung die Pastoralbriefe für die Rekonstruktion der Gemeindewirklichkeit von Ephesus ausgewertet, ohne den Befund hinreichend zu berücksichtigen, dass *ein* Brief nicht nach Ephesus adressiert ist.[73] Folglich muss die Frage gestellt werden, ob eine rhetorische Analyse allein

---

[69] Diese Position wird v.a. von Donelson: Pseudepigraphy, 54–61; 199; ders.: Structure, 111, vertreten.

[70] Vgl. Harrison: Authorship, 77 (s.o.).

[71] So fragten schon Jülicher/Fascher: Einleitung, 184: „Viel schwerer zu beantworten ist die weitere Frage, warum der Anonymus drei Briefe, während einer genügt hätte, hergestellt und in welcher Reihenfolge er die drei verfaßt hat."

[72] So ansatzweise auch Oberlinner: 1Tim, XXIV–XXVII; vgl. Herzer: Abschied, 1269f.

[73] Vgl. nur Schnelle: Einleitung, 380 und Anm. 190; oder auch Roloffs Hypothese, dass Kreta ephesinisches Missionsgebiet sei und deshalb Tit Aussagen über die Gemeinde von Ephesus mache, vgl. Roloff: Art. Pastoralbriefe, 57; ders.: 1Tim, 42. Thiessen: Christen, 251, schließt sich Roloff an, ohne weitere Belege anzuführen. Nach Reicke: Chronologie, 88, der die Echtheit der Pastoralen vertritt, habe Paulus Tit den Ältesten von Ephesus in Milet vorgelesen.

ausreichend ist,[74] ob mithin grundsätzlich eine Untersuchung der Argumentationsstruktur dem Corpuscharakter angemessen ist.

Die Mehrzahl der Briefe gilt es gegen eine rhetorische Untersuchung der Einzelbriefe ebenso zu würdigen wie die Einheit des Briefbuches, wenn sich zeigen ließe, dass es sich bei dem *Corpus Pastorale*, anders als bei dem *Corpus Paulinum*, um eine konzeptionelle Einheit handelt. Werden die Pastoralen unter der Perspektive des Corpus gelesen, so verfällt man leicht der Versuchung, die Angaben des einen Briefes mit denen der anderen Briefe zu ergänzen und die jeweiligen Leerstellen auszufüllen. So können die Pastoralbriefe schnell als ein hermeneutischer Schlüssel zu den Paulusbriefen interpretiert werden, wofür v.a. von P. Trummer und jetzt von A. Merz argumentiert worden ist.[75] Wird die Briefsammlung dagegen als disparate Sammlung von Einzelbriefen gelesen, wie etwa von Richards vorgeführt,[76] so werden die Differenzen zwischen den Briefen zwar genauer wahrgenommen, die Übereinstimmungen und Ergänzungen dagegen müssen dann durch literarische Abhängigkeiten oder gemeinsames Traditionsmaterial erklärt werden. Unter dem Vorzeichen der Authentizität bzw. der gleichen nachpaulinischen Verfasserschaft lassen sich Gemeinsamkeiten und Differenzen erklären durch vergleichbare Situationen (1Tim und Tit) und veränderte ‚Arbeitsbedingungen' (2Tim). So spiegle sich in den Briefen gewissermaßen eine Entwicklung des Paulus wider.

Die so konzentrierten drei Problemfelder der Pastoralbriefforschung (der paulinisch-unpaulinische Charakter, die bedeutende Rolle der Personalia und das Verhältnis ein Corpus–drei Briefe) finden, so meine These, eine integrative Lösung, wenn das Briefbuch auf dem generischen Hintergrund zeitgenössischer Briefromane gelesen wird. Eine solche literarische Lektüre erlaubt es, die ausführliche Verfasserfiktion durch Situationsangaben und Personalia erklärlich zu machen, ohne sie auf ihre vermeintliche Authentizitätsfingierung oder eine paränetische Funktion reduzieren zu müssen. Dem steht die Bewertung des theologischen und sprachlichen Charakters entgegen: Die Vermengung von paulinischem und unpaulinischem Material sollte nicht als Unvermögen des Verfassers interpretiert werden, die Theologie des Apostels zu durchdringen oder sich seine Sprache anzueignen; auch sollte sie nicht kurzschlüssig als die eigene, den ‚neuen Zeitumständen angepasste' paulinische Theologie des Verfassers interpretiert werden (für die

---

[74] So aber Harding: Tradition; Tit allein untersucht z.B. Classen: Reading, der allerdings gegen die übliche rhetorische Analyse der Pastoralbriefe die Differenzen zwischen Brief und Rede betont: Die Struktur des Briefes orientiere sich weder an Reden noch an rhetorischen oder epistolographischen Handbüchern, sondern an den echten Paulusbriefen und an den Erfordernissen der Situation.

[75] Trummer: Corpus; Merz: Selbstauslegung.

[76] Richards: Difference.

Rekonstruktion einer solchen gibt es m.E. zu gravierende Widersprüche zwischen den Briefen, v.a. zwischen 1Tim/Tit und 2Tim). Die Ambivalenz des paulinisch-unpaulinischen Gepräges ist vielmehr als literarisches Stilmittel zu bewerten, das die Verfasserfiktion sowohl aufbauen als auch gleichzeitig durchbrechen soll, wie ich im Laufe der Arbeit zeigen will. M.a.W. dient der ausgesprochen unpaulinische Charakter der Tritopaulinen als Fiktionalitätsmarker. Schließlich lassen sich die Differenzen der Briefe untereinander und die Doppelung von Tit und 1Tim, die in einem Corpus sonst schwer verständlich wird,[77] dann sachgerecht erfassen, wenn man eine explizit *narrative* Dynamik in unserem Briefbuch erkennt.[78] Die Pastoralbriefe zielen darauf, so will ich in der folgenden Arbeit zeigen, dass eine Geschichte des Paulus aufgebaut wird. Anders als die Apostelgeschichte und die Paulus- und Theklaakten wollen sie nicht die Geschichte des reisenden Missionars erzählen,[79] sondern sie greifen die eigenste Praxis des Apostels auf, indem sie ihn Briefe schreiben lassen, um davon zu ,berichten‘, wie Paulus sich um seine Gemeinden gekümmert hat, nachdem er weitergereist ist. Und sie geben einen Einblick in die letzten Tage des Apostels, indem sie die Lesenden über die Schulter des inhaftierten Märtyrers *in spe* blicken lassen, wie er an seinen vertrautesten Schüler (vgl. Phil 2,20–22) schreibt. Um diese Geschichte zu erzählen, stand dem Verfasser eine Literaturgattung zur Verfügung, die in seiner Zeit eine Blüte in der griechischen und römischen Belletristik erlebte.

4. Studien zum griechischen Briefroman

Der griechische Briefroman ist eine recht junge Gattung und zugleich eine sehr alte. Während die meisten der Briefsammlungen, die als Briefromane bezeichnet werden können, aus der Zeit des römischen Prinzipats stammen, ist das Verständnis dieser Briefbücher als Briefromane erst eine neuere Erscheinung. R. Bentley (1697) war ganz von dem Bestreben bestimmt, die Maskerade zu beenden und die Verfasser der Briefe berühmter Männer als Fälscher zu entlarven,[80] und hat damit die unabdingbare Vorarbeit geleistet,

---

[77] Z.B. Wagener: Pastoralbriefe, 663; Marshall: Past, 1.

[78] Vgl. auch Herzer: Abschied, 1275, in Kritik an Weisers Kommentar zu 2Tim: „Die Unklarheit ergibt sich zu einem großen Teil daraus, dass sowohl das Milieu als auch die Kennzeichnung der Gegner auf alle drei Briefe passen muss. Methodisch wie inhaltlich wird man hier einiges neu bedenken müssen."

[79] Vgl. Bovon: Acts of Apostles, 171.

[80] Bentley: Dissertation, 79: „It will be no unpleasant labour to me, nor, I hope, unprofitable to others, to pull off the disguise from those little Pedants, that have stalked about so long in the apparel of Hero's."

die Briefbücher angemessen lesen zu können. Allerdings wirkte sein damit impliziertes Verdikt noch lange nach und die Briefsammlungen wurden, sofern sie wissenschaftliche Beachtung fanden, dahingehend analysiert, ob Bentleys Urteil zutreffend war oder nicht: der Aufweis ihrer Un/echtheit stand so im Zentrum der Forschung. Gelegentlich fiel dabei zur Charakterisierung des jeweils untersuchten Werkes das Stichwort ‚Roman', ein Wort, das im Deutschen jedoch auch einen pejorativen Nebensinn trägt.[81] Zuweilen wurden im Rahmen dieser Untersuchungen dann auch Beobachtungen zur Erzählstruktur gemacht, bis schließlich J. Sykutris 1931 in Pauly-Wissowas Realenzyklopädie einen kurzen Abschnitt über den Briefroman publizierte.[82] Seither hat es immer wieder Untersuchungen zu einzelnen der in Frage kommenden Briefbücher gegeben, eine gattungskritische Arbeit wurde aber erst 1994 von Holzberg (*Der griechische Briefroman. Versuch einer Gattungstypologie*) in einem von ihm herausgegebenen Sammelband zum griechischen Briefroman vorgelegt. Im gleichen Jahr ist Pervos Aufsatz erschienen. Macht man sich nun an die Aufgabe, den von ihm eingeschlagenen Weg weiterzugehen, so kann man zwar auf einige wenige Arbeiten zum Briefroman zurückgreifen, es bleibt hier jedoch noch viel selbst zu erarbeiten.

Die Perspektive der vorliegenden Arbeit ist, ein Verständnis der Pastoralbriefe als narrativ-fiktionales Briefbuch, mithin als Briefroman zu entwickeln. Aufgrund der gerade kurz skizzierten Forschungssituation zum Briefroman ist es allerdings nötig, zunächst in diesem Bereich zu arbeiten, bevor man sich den Pastoralen zuwenden kann. So ergibt sich der zweigeteilte Aufbau der Arbeit. Der erste Hauptteil widmet sich dem (griechischen) Briefroman. Da die Arbeit einem primär literaturwissenschaftlich-komparatistischen Ansatz folgt, werden zur Erfassung des Phänomens immer wieder auch neuzeitliche Briefromane herangezogen werden. Grundlegende gattungstheoretische Überlegungen bilden den Ausgangspunkt, von dem her die Probleme der Gattung ‚(antiker) Briefroman' klarer gesehen werden können (I 1). Nachdem dort einige der antiken griechischen Briefromane vorgestellt worden sind, folgt auf den Forschungsüberblick eine Analyse dreier Briefbücher: die Aischines-, Euripides- und die Sokrates-/Sokratikerbriefe (I 2–4). Letztere sind bereits mit den Pastoralbriefen verglichen worden (v.a. unter paränetischen Aspekten: Fiore und L.R. Donelson, aber auch unter narrativen: Pervo). Da die Ansätze im Wesentlichen die Ergebnisse von Sykutris voraussetzen und nicht die Briefe eigenständig untersuchen, schien es geboten, die Briefe einer eingehenderen Neuuntersuchung zu

---

[81] Dies vermutet Holzberg: Vorwort, XII, als eines der Motive, die zur Bezeichnung von Briefbüchern als Briefroman, Roman in Briefform u.ä. geführt haben.

[82] Vgl. Sykutris: Art. Epistolographie, 213f, dort auch ältere Literatur.

unterziehen. Da sich jedoch die Ablehnung der These Pervos sowie dessen eigene Einschränkung wesentlich nur auf den Vergleich der Pastoralbriefe mit den Sokratiker- und den Chionbriefen stützen, sind zwei weitere, bisher kaum beachtete Briefbücher herangezogen worden, um Erzählstrukturen und die Arbeit an Personallegenden zu erheben. So bereiten diese drei Kapitel die abschließenden Überlegungen zum literarischen Ort des Briefromans (I 5) vor und dienen zugleich als Lesestücke, die helfen können, eine andere Lesehaltung einzuüben, bevor man sich den Pastoralbriefen zuwendet, die wir gewohnt sind, von den echten Paulusbriefen herkommend zu lesen.

Zu Anfang des zweiten Hauptteils, der sich mit den Pastoralbriefen befasst, steht die Frage nach der intendierten Reihenfolge der Briefe, die seit der Antike bis zur gegenwärtigen Forschung diskutiert wird. Wenn das Corpus Pastorale – und dass das Briefbuch als ein solches konzeptioniert ist, soll hier ebenfalls dargelegt werden – wirklich eine Geschichte erzählen will, dann kommt der ‚Ereignisfolge' eine bedeutungstragende Funktion für die Aussageabsicht zu (II 1). Darauf wird in drei Kapiteln untersucht, wie der Verfasser in den Pastoralbriefen Geschichten aufbaut. Dem einleitenden Gesamtüberblick (II 2) folgt die Analyse der erzählten Gegenwart des briefschreibenden Apostels, die v.a. in der Briefrahmung kommuniziert wird (II 3). Durch diesen Vergleich der je erzählten Gegenwart lässt sich die Entwicklung des ‚Völkerapostels' erheben, die wiederum die Frage nach der Aussageabsicht des Briefbuches virulent werden lässt. Schließlich wird (II 4) die besondere Erzählweise der Pastoralen gewürdigt durch den Vergleich mit anderen Briefromanen, die auf ähnliche Art Erzählung aufbauen, und andererseits ihr Profil erhoben, indem sie mit der von Holzberg aufgestellten Gattungstypologie gegengelesen werden, wodurch die Differenzen und Ähnlichkeiten sichtbar werden. Dies ermöglicht, gegen bisherige Lösungsvorschläge aus der Pseudepigraphieforschung eine neue Lesestrategie für die Pastoralbriefe zu entwickeln (II 5), da die Variation des Hauptthemas antiker Briefromane sichtbar wird und die Frage nach der Einheit des Briefbuches und der damit implizierten Aussageabsicht eine Antwort erhält.

Die vorliegende Arbeit ist daher in zweierlei Perspektive geschrieben: Einmal stellt sie einen Beitrag dar, die Frage nach der Gattung der Pastoralbriefe zu klären und damit ihre Theologie sowie frühchristliches (Gemeinde-)Leben in das kulturelle und gesellschaftliche Feld römisch-griechischer Kultur im Prinzipat einordnen zu können. Zum anderen will diese Arbeit auch einen eigenständigen Beitrag zur Erforschung des griechischen Briefromans leisten, indem sie aufzeigt, dass die Gattung Briefroman nicht erst in der Neuzeit eine nicht zu fassende Gestalt gewonnen hat, sondern bereits in der Antike je nach Bedürfnissen divergente Ausformungen erfahren hat.

I. Der griechische Briefroman

> Wie würden wir denn jemandem er-
> klären, was ein Spiel ist? Ich glaube,
> wir werden ihm *Spiele* beschreiben,
> und wir könnten der Beschreibung
> hinzufügen: ‚das, *und Ähnliches*,
> nennt man ‚Spiele‘‘. […] Aber das
> ist nicht Unwissenheit. Wir kennen
> die Grenzen nicht, weil keine gezo-
> gen sind. Wie gesagt, wir können –
> für einen besondern Zweck – eine
> Grenze ziehen. Machen wir dadurch
> den Begriff erst brauchbar?
> *(Ludwig Wittgenstein)*[1]

Stellt man die Frage nach der Gattung des antiken griechischen Briefromans („Wie würden wir denn jemandem erklären, was ein antiker Briefroman ist?"), so wird man zunächst auf die Frage verwiesen, was eine Gattung sei – und sogleich danach, was ein Briefroman. So ist das folgende,
diesen Hauptteil eröffnende Kapitel nach einem Dreischritt konzipiert: Auf
einleitende gattungstheoretische Vorüberlegungen (1.1) folgen allgemeine
Beobachtungen zu (neuzeitlichen) Briefromanen, die helfen sollen, zu erkennen, dass Briefromane ein äußerst unterschiedliches Gesicht aufweisen
und es schwer fällt, Gattungsmerkmale zu bestimmen, die auf alle Briefromane zutreffen, die in der romanistischen, anglistischen und germanisti-
schen Literaturwissenschaft als solche anerkannt werden (1.2). Erst wenn
der Blick so geweitet ist für die Diversität der Gattung Briefroman, kann
das Feld des antiken Briefromans angemessen gewürdigt werden, ohne mit
einer zu engen Konzeption von narrativer Brieffiktion an die Texte heran-
zugehen (1.3). In drei darauf folgenden Kapiteln (2–4) werden drei Briefromane genauer untersucht, bevor abschließend (5) die vorausgehenden
Beobachtungen gebündelt werden, um den literarischen Ort der Gattung
Briefroman zu bestimmen.

---

[1] Wittgenstein: Philosophische Untersuchungen § 69.

1. Zur Gattung des antiken Briefromans

Ziel dieser einleitenden gattungstheoretischen Vorüberlegungen ist es, das reziproke und kreative Aufeinanderbezogensein von Gattungsverständnis und Interpretationsakt hervorzuheben.[2] Werden die Pastoralbriefe in den Kontext der Gattung Briefroman gestellt, so verweist schon die Fragestellung auf die Problematisierung der Grenzen dieser Gattung. Aber auch ohne die Pastoralbriefe und auch ohne mögliche antike Briefromane lassen sich Gattungskriterien nur schwerlich angeben, die die Variabilität fiktionaler Briefsammlungen, die eine Geschichte erzählen, erfassen könnten. Ob das Aufstellen von solchen Gattungskriterien allerdings hilfreich ist oder nicht den Blick auch verbaut, weil man so bereits in eine bestimmte Richtung gelenkt wird, Texte zu verstehen, wird nun diskutiert.

1.1 Gattungstheoretische Vorüberlegungen

Grundlegend für die Bestimmung der Gattung ist die Bewertung des Zusammenhangs der drei Komponenten von Form, Inhalt und Funktion.[3] Ein weiteres Dreieck wird durch die Größen von Autor, Text und Leser gebildet,[4] welches das erste Dreieck überlagert. Erst in dem Zusammenspiel von Autor, Text und Leser können je Inhalt, Funktion sowie Form eruiert werden, so dass die Bestimmung von Gattung erst in einem zweiten Akt der Interpretation möglich wird.

Es mag Gattungen geben, bei denen die Bestimmung des einen oder anderen Punktes (von Form, Inhalt oder Funktion) eindeutig möglich ist (etwa beim Sonett oder einer Todesanzeige); bei komplexeren Gattungen, wie v.a. dem Roman oder auch Briefroman, kann man jede Bestimmung nur unter Vorbehalt vollziehen.[5] Gerade der Roman kann als eine Hybridgattung bezeichnet werden, der sich einer genaueren gattungstheoretischen Erfassung entzieht, was u.a. darin begründet liegt, dass ihm ein dialogisch-parodisti-

---

[2] Einen Überblick über die mit der Frage verbundenen Probleme und die einschlägigen Texte der gattungstheoretischen Diskussion des 20. Jh. bietet der von Duff herausgegebene Reader: Genre.

[3] Diese drei sind natürlich nur als basale Kategorien zu verstehen, die noch jeweils weiter – etwa nach Medium, Kommunikationsstruktur, Gesellschafts-/Wirklichkeitsbezug usw. – differenziert werden können, vgl. z.B. die von Raible: Gattungen, 342–345, aufgestellten Dimensionen.

[4] Vgl. z.B. die einführenden Bemerkungen zur Relationsbestimmung dieser drei Größen bei Jannidis/Lauer/Martinez/Winko: Autor.

[5] Bakhtin: Epic, 73f, führt einige solcher *generic characteristics with reservation* für den Roman an.

sches Element inhärent ist.[6] Der Roman, auch der antike,[7] ist jedoch nur eine Spielart eines größeren dahinter stehenden Phänomens: das der Uneindeutigkeit und Undeutlichkeit von Gattung.[8] So hat etwa D. Selden in seinen gattungstheoretischen Überlegungen die *Syllepsis*, das Zusammenfallen mehrerer Bedeutungen in einem Wort, als zentrales Charakteristikum der Literatur der römischen Kaiserzeit hervorgehoben.[9]

Auch wenn die Gattungsfrage zumeist nicht mehr im Denkhorizont von Realismus oder Nominalismus als ontologische gestellt wird,[10] wird die Gattungsbestimmung nach wie vor vollzogen mit Hilfe übereinstimmender Merkmale (von Form, Inhalt und Funktion) einzelner Texte,[11] ohne hinreichend darauf zu reflektieren, dass das Erfassen solcher Merkmale und die Differenzierung zwischen primären und sekundären, essentiellen und akzidentiellen Gattungsmerkmalen bereits ein Interpretationsakt ist. Gleichwohl werden in Textproduktion und -rezeption Elemente als gattungsspezifisch erkannt und für die Gestaltung bzw. Bedeutungsaktualisierung nutzbar gemacht. Aber gegen ein kommunikationspragmatisches Gattungsverständnis ist die grundsätzliche Offenheit der Inbeziehungsetzung (d.h. die Auswahl der gattungskonstituierenden Elemente) von Texten und Textgruppen (Gattungen) zueinander zu beachten. Diese kann m.E. eine Gattungstheorie, die sich an Wittgensteins Konzept von Familienähnlichkeiten orientiert,[12] be-

---

[6] Vgl. Bakhtin: Epic, 71f: „The novel parodies other genres (precisely in their role as genres)" und „This ability of the novel to criticize itself is a remarkable feature of this ever-developing genre". Hier hat Bakhtin Gedanken aufgegriffen, die schon Lukács skizziert hat (vgl. v.a. Theorie, 60–82). Zu Bakhtins Analyse antiker Romane v.a. mithilfe der *chronotope*, der Raum-Zeit-Strukturierung, vgl. Branham: Story, 164–181.

[7] Auch Kuch: Herausbildung, 18–28, betont die grundsätzliche Problematik einer Gattungsbestimmung. So kommt er zu einer den prozessualen Charakter der Gattung berücksichtigenden „Gattungsbeschreibung" (einer überwiegend fiktiven Prosaerzählung von nicht-mythischem Stoff, in der eine Gegenwelt zur Wirklichkeit der Leser aufgebaut wird, vgl. a.a.O. 22f; 27), und verweist (a.a.O. 25) auf die strukturalistische Gattungstheorie von J. Mukařovský (1929). Dass die (neuentdeckten) Fragmente, die Romane enthalten können, bisherige Gattungscharakteristiken des antiken Romans in Frage stellen, betonen Stephens/Winkler: Novels, 3–9; 18. Vgl. auch Doody: Story, 1–32.

[8] Selden: Genre, 39, stellt die aufsatzeröffnende Frage: „What can the prose fiction of antiquity contribute to an understanding of our own sense of generic order?"

[9] Vgl. Selden: Genre, 47–51; dieses ,Prinzip' sieht er erzählerisch entfaltet v.a. in Apul. met. IX 5–7 und Ach. Tat. I 1–2. Hinweise auf mögliche sozialgeschichtliche Ursachen bietet Selden leider nicht an. Aufgenommen bei Stephens/Winkler: Novels, 16f; 314f (bezogen auf den Alexander-Roman und auf Lollianos' *Phoinikika*). Vgl. auch Zanker: Augustus, 254.

[10] Vgl. Lamping: Art. Gattungstheorie, 659; Hempfer: Art. Gattung, 652f.

[11] Vgl. etwa Fowler: Kinds, 39, der die Orientierung an ,defining characteristics' oder ,necessary elements' zur Gattungsbestimmung auch mit dem Hinweis auf die antike Literatur in Frage stellt und auf die relativierende Auswirkung neuer Textfunde hinweist.

[12] Wittgenstein: Philosophische Untersuchungen § 65b ist einschlägig (überhaupt §§ 65–88); vgl. dazu auch Wennerberg: Begriff. Zu einer Gattungskonzeption im Anschluss an Wittgenstein vgl. auch Fowler: Kinds, 40–44, und Hempfer: Art. Gattung, 653.

rücksichtigen, da potenzielle Mitglieder von Gattungen nicht ausgeschlossen werden und die Variabilität von Gattung nicht nur durch historische Entwicklung (diachron) erklärlich gemacht wird, sondern auch synchron – so kann ein Text je nach Kontextualisierung verschiedenen Gattungen zugerechnet werden.[13] Mehrere Texte einer Gattung müssen demnach kein allen gemeinsames Set von Merkmalen aufweisen, sondern lediglich einzelne Vertreter jeweils unter sich: Sei Text 1 konstituiert durch: a b c d; Text 2 durch: b c d e; …; Text 7 durch: g h i j, so verfügen Text 1 und 7 über keine gemeinsamen Elemente,[14] sind jedoch über die Kette als zu einer Familie gehörig zu erkennen. Solange sich solche Ketten – man mag diese Ketten als literarische Tradition bezeichnen[15] – bilden lassen, scheint die Einbeziehung der Texte in eine Gattung auch plausibel – bei antiken Texten ist eine solche Kettenbildung aufgrund der Überlieferung allerdings oft kaum durchführbar (wie häufig sind nur Texte 1 und 7 erhalten?). Das Konzept der Familienähnlichkeit – und d.h. die *Möglichkeit* solcher Kettenbildung für antike Leser – wird dadurch jedoch nicht in Frage gestellt.[16]

Aus dem bisher Gesagten folgt für die Interpretation von Texten durch Gattungen zweierlei: Gattungen, so fluide sie auch sein mögen, konstituieren Texte, indem Autoren sich an bestehenden Texten und Textgruppen zur Gestaltung ihres Textes orientieren. Und Leser interpretieren Textsignale aufgrund ihrer eigenen Leseerfahrung bzw. aufgrund ihrer eigenen ‚Enzyklopädie'.[17] D.h. dass Texte immer intertextuell eingebunden sind, und zwar nicht nur in Bezug auf andere schriftliche Texte, sondern auch in Bezug auf ein allgemeines (textlich kaum fassbares) Wissen, das u.a. durch gesell-

---

[13] Exemplarisch hat Nauta: Gattungsgeschichte, Wittgensteins Konzept hinsichtlich der Bukolik aufgegriffen.

[14] Das nennt Wittgenstein die „indirekte Verwandtschaft" im Gegensatz zur „direkten Verwandtschaft", die über gemeinsame Merkmale konstituiert wird (Philosophische Untersuchungen § 67b).

[15] Fowler: Kinds, 42–44, bestimmt die Tradition als gemeinsames Konstituens von Familienähnlichkeiten hinsichtlich literarischer Gattungen: „In literature, the basis of resemblance lies in literary tradition. What produces generic resemblances […] is tradition: a sequence of influence and imitation and inherited codes connecting works in the genre" (a.a.O. 42). Das Bewusstsein der Tradition müsse jedoch nicht immer – weder bei Rezipienten noch bei Produzenten – präsent sein. Insofern könne auch die Herausarbeitung der Tradition nicht mit *source criticism* identifiziert werden.

[16] Wiederum Wittgenstein: Philosophische Untersuchungen § 76: „Die Verwandtschaft ist dann ebenso unleugbar wie die Verschiedenheit."

[17] Vgl. hierzu die Deutung des Bildes in Ach. Tat. I 1–4 durch einen Griechen als die Entführung der Europa und durch einen Phönizier als Selene/Astarte-Darstellung, vgl. Selden: Genre, 50f. Hervorragend hat für den Bereich der bildhaften Kunst Clarke: Art, die je unterschiedliche Interpretation bildlicher Darstellungen durch Angehörige der Nicht-Elite zu rekonstruieren versucht.

schaftliche oder gruppenspezifische Diskurse geprägt ist.[18] Gerade im Bereich der Romanforschung ist dieser Aspekt der Mündlichkeit stärker mit einzubeziehen, da die enge Beziehung, evtl. sogar Genese, zwischen Roman und Volkserzählung vielfach beobachtet worden ist.[19] Da wir für die Arbeit mit antiken Texten jedoch ausschließlich auf ‚Texte‘ (einschließlich Architektur, Münzen, bildhafte Darstellungen usw.) verwiesen sind, muss als methodisches Postulat gelten, dass Erzählungen/Traditionen schon vor ihrer (uns greifbaren) schriftlichen Fixierung mündlich umgegangen sein können. Dieses Hintergrundwissen, das sich quer zu allen Gattungseinteilungen verhält, kann als mögliche Enzyklopädie von Lesenden zur Interpretation sowohl von einzelnen Texten als auch von Gattungen einbezogen werden. Dass der genaue Umfang der Enzyklopädie der (antiken) Leser nicht zu eruieren ist, kann als Unsicherheit und damit negativ bewertet werden, kann jedoch auch bewusst halten, dass die Texte *grundsätzlich* rezipierbar sind für Menschen mit unterschiedlicher Enzyklopädie. Damit ist die zweite Folgerung benannt: dass Gattungszuordnung ein Akt der Interpretation bleibt, der prinzipiell unabschließbar und nicht-eindeutig ist.[20]

Für die Frage nach dem antiken Briefroman – und ob die Pastoralbriefe ein solcher sind – bedeutet dies, dass die Briefe unterschiedlich gelesen werden können: sie können (und wurden) als Einzelbriefe, als Sammlung echter oder pseudepigrapher Briefe oder auch als Briefroman gelesen werden – und zudem kann nicht eindeutig ausgemacht werden, welche Lesestrategie mit der jeweiligen Zuordnung evoziert wird.[21] Die Suche nach der Gattung eines Textes läuft stets Gefahr, dessen Sinnpotenzial und Komplexität zu minimieren, ihn handhabbar zu machen.[22] Zugleich ermöglicht diese Suche, Texte in neuen Beziehungen zu sehen, deren Wahrnehmung

---

[18] Neben J. Kristevas ursprünglichem Konzept von Intertextualität, das nicht nur auf schriftliche Texte bezogen ist, ist hier auch die Kritik am Denken in Gattungen (bzw. allgemeiner: Einheiten, Gruppierungen) durch Foucault: Archäologie, 9–47, zu benennen, der die restriktive Dimension u.a. von Gattung für die Wahrnehmung und Interpretation von Diskursen hervorhebt, vgl. auch Duff: Introduction, 16f; ähnlich Leitch: Discourse, v.a. 93f, unter Anknüpfung an J.-F. Lyotard.

[19] Vgl. etwa Bakhtin: Epic, 80; Braun: History, v.a. 14; 34f; Thomas: Novel.

[20] So wird auch Gattung verstanden als ein Kommunikationsphänomen, das aus der Interaktion von Erkenntnissubjekt und -objekt resultiere (vgl. Lamping: Art. Gattungstheorie, 659; Burridge: Gospels, 26–54). Jedoch stellt sich bei dieser Bezeichnung immer auch die Frage nach gelungener und misslungener Kommunikation. Ein solch reduktionistisches Verständnis von Literatur als Gebrauchsliteratur scheint mir jedoch zu verengt. Zudem geht damit (teils bewusst, teils unbewusst) die primäre Orientierung an der Autorintention einher, insofern das Gattungsverständnis als Kommunikationsprozess abhängig ist von einer bestimmten – erwarteten bzw. vorausgesetzten – Lesekompetenz, die an dem vom Autor gesetzten Maß orientiert ist – und somit letztlich auf den Gedanken der Objektivität von Interpretation verweist, vgl. Duff: Introduction, 14f.

[21] Aufgrund dieser Offenheit ist es grundsätzlich zwar richtig, zugleich jedoch auch problematisch, Gattung als ‚Abbreviatur von Texten‘ und damit als Lesestrategie zu verstehen, so Raible: Gattungen, 321f, der ‚Abbreviatur‘ aus der husserlschen Terminologie übernimmt.

[22] Vgl. Leitch: Discourse, v.a. 83f; 96–98.

durch (enge) Gattungsgrenzen behindert würde. Für die Untersuchung antiker Briefbücher etwa macht sich dies daran bemerkbar, dass die primäre Gattung, die das Verstehen der Texte leitet, der Brief ist; und so wird konsequent danach gefragt, welche Brieftypen jeweils aufgegriffen worden sind, ohne nach der Bedeutung zu fragen, die die Gestaltung eines Briefes nach einem bestimmten Brieftyp für die Aussagerichtung des Briefbuches haben könnte. In der Forschung zu den Pastoralbriefen wiederum ist die erkenntnisleitende Gattung die des Paulusbriefes. In beiden Fällen bleibt so zumeist die Frage nach der Bedeutung der Mehrzahl der Briefe, nach der Bedeutung der Konzeption als Briefbuch unterbestimmt, selbst wenn erkannt wird, dass eine konzipierte Einheit von Briefen vorliegt.

Inwiefern die Zuordnung eines Textes zu einer Gattung dem Text angemessen ist, inwiefern die Textsignale, die rekonstruierbare Autorenintention und die ersten Textrezeptionen durch die jeweilige Gattungszuordnung richtig gewürdigt und gewichtet werden, entscheidet je aufs Neue die Interpretationsgemeinschaft. Aus all dem folgt, wie wichtig die Suche nach der Gattung eines Textes ist, die jeweils das Textverstehen leitet. Unterbleibt die Suche, so weiß man vorher schon, was der Text zu sagen beabsichtigt.

1.2 Die Unbestimmtheit der Gattung Briefroman

Als Briefroman sei ein Text verstanden, in dem Briefe das primäre Medium zum Aufbau einer Geschichte bilden.[23] Moderne Briefromane sind i.d.R. nicht allein durch Briefe bzw. Briefwechsel getragen: Ein zentrales Element zum Aufbau der Fiktion, dass Lesende Einblick in echte Briefe bekommen, oder zur Gestaltung des Abschlusses des Briefromans bilden ein- oder ausleitende Erzählungen etwa in Form von Herausgeberkommentaren.[24] Bes.

---

[23] Vgl. zum Folgenden auch den gattungstypologischen Vergleich antiker und neuzeitlicher Briefromane (mit grundlegender Literatur zum neuzeitlichen Briefroman) bei Arndt: Briefroman. Sie weist auch auf das grundsätzliche Problem einer solchen ‚Gattungstypologie‘ hin, wenn sie bemerkt, dass die Poetiken des neuzeitlichen Briefromans nur an einem relativ geringen Textcorpus idealisierender (Liebes-)Briefromane entwickelt wurden, vgl. a.a.O. 56 Anm. 11.

[24] In Choderlos de Laclos' *Liaisons dangereuses* dienen die Vorworte dem Verwirrspiel: Während der ‚Sammler der Briefe‘ beteuert (Préface du rédacteur), dass er hier echte Briefe versammelt habe, merkt der Herausgeber an (Avertissement de l'éditeur), dass es sich wohl eher um einen Briefroman handeln dürfte. Während Rilkes *Briefe an einen jungen Dichter* (1929) eine Sammlung echter Briefe sind, die vom Herausgeber (dem Briefempfänger) eingeleitet werden, fehlen Vargas Llosas *Cartas a un joven novelista* (1997) jegliche ein- oder ausleitende Herausgeberkommentierungen, so dass letztlich unklar bleibt, ob es sich hier um echte Briefe handelt oder ob Vargas Llosa – in Anlehnung an Rilke – in Form fiktiver Briefe eine Art von Poetologie bietet. – Sauder: Art. Briefroman, 255, gibt als Definition an: „Der Briefroman wird als Folge von fiktiven Briefen eines einzelnen oder als Briefwechsel mehrerer Personen von einem fiktiven Herausgeber

der Tod des Briefschreibers samt folgender Ereignisse bietet sich für eine nachfolgende Erzählung an wie in Goethes *Werther*.[25]

In welcher Form jedoch Briefe und Erzählung miteinander verbunden sind, ist damit nicht bestimmt: So gibt es Briefromane, in denen die Handlung durch die Briefe und Briefwechsel vorangetrieben wird (die man als *dynamische Briefromane* bezeichnen kann), und es gibt solche, in denen die Handlung in den Briefen erzählt wird (die man als *statische Briefromane* bezeichnen kann).[26]

Auch der Inhalt ist damit nicht festgelegt: Gibt es zwar die Tendenz, dass neuzeitliche Briefromane hauptsächlich erfundene – und zeitgenössische – Personen in Briefkontakt miteinander bringen, so sind mit Wielands *Aristipp und einiger seine Zeitgenossen* und Hölderlins *Hyperion* auch historische Briefromane anzutreffen. Die Beobachtung, dass die erhaltenen antiken Briefromane dagegen in der klassischen Zeit Athens spielen (also im 5./4. Jh.), darf dann nicht als Ausschlusskriterium genommen werden etwa für den Alexanderbriefroman[27] oder einen möglichen Paulusbriefroman. Zudem könnte die Bewahrung von historischen Briefromanen auch mit dem Interesse der Überlieferung zusammenhängen, (scheinbar) biographisches Material von historisch bekannten Persönlichkeiten zu bewahren; Briefromane über unbekannte (erfundene) Zeitgenossen erschienen dagegen als nicht bewahrenswert. Stoffbindung oder Freiheit der Stoffgestaltung ist daher prinzipiell bei antiken wie neuzeitlichen Briefromanen eine Frage der Wahl des Themas und nicht durch Gattungskonventionen festgelegt.[28] Die a/chronologische Abfolge der Briefe ist ebenso wenig durch Gattungskonventionen festgelegt: Legt es sich grundsätzlich nahe, eine Geschichte, die durch Briefe aufgebaut wird, chronologisch zu erzählen, so muss der *ordo naturalis* nicht streng eingehalten werden, sondern es gilt wie für jede Art

---

komponiert, der für die Authentizität der Briefe eintritt. […] gegenüber einem Briefwechsel ist der Briefroman ausgezeichnet durch die Herausgeberfiktion."

[25] Vgl. nur die einleitenden Bemerkungen zur zweiten Hälfte des zweiten Buches vom *Werther* in der 2. Fassung von 1787: „Der Herausgeber an den Leser. Wie sehr wünsch' ich, daß uns von den letzten merkwürdigen Tagen unsers Freundes so viel eigenhändige Zeugnisse übrig geblieben wären, daß ich nicht nöthig hätte, die Folge seiner hinterlaßnen Briefe durch Erzählung zu unterbrechen."

[26] Jost: Novel, 346: „Correspondence ceases merely to report on happenings [sc. wie im statischen Typ]; instead, it provokes them. Facts or psychological experiences related to the antagonist engender the action which progresses thanks to that correspondence". Vgl. dazu auch Arndt: Briefroman, 68–71.

[27] So Holzberg: Briefroman, 49 Anm. 149, weil es ein Gattungsmerkmal griechischer Briefromane sei, in die Polis-Welt der klassischen Vergangenheit zu versetzen.

[28] Vgl. auch Kroll: Kreuzung, 206f. Anders Sykutris: Art. Epistolographie, 213: „Auch sonst unterscheidet sich der antike Briefroman vom modernen. Er ist ausschließlich historisch […]; daher stehen beim antiken Autor Personen und Handlungen fest, nur in Einzelheiten behält er sich freie Hand."

literarischer Produktion der *ordo artificialis:* eine Chronologie aus literarischen Erwägungen heraus.[29]

Ebenfalls ist die Intention (oder Funktion) nicht durch die Entscheidung für eine Gattung präjudiziert, ist die Bestimmung einer solchen doch selbst schon Akt der Interpretation. Dass der Briefroman – gleich ob der antike oder der neuzeitliche – rein unterhaltend sei ohne lehrhafte Absicht,[30] lässt sich m.E. an kaum einem Briefroman exemplifizieren. Mit der unterhaltenden Absicht kann unumwunden eine lehrhafte verbunden sein:[31] So verwahrte sich Richardson ausdrücklich dagegen, bei *Clarissa* (1747/8) die emotionale Identifizierung mit der Heldin (und dem ‚Helden‘, dem Schurken Lovelace) über die ‚Liebes‘geschichte als Lesestrategie zu entwickeln. Stattdessen sollte *Clarissa* eher eine ‚Predigt in Briefform‘ sein, die „mit den Mitteln des Romans" Kritik an der zeitgenössischen Romanliteratur üben wollte;[32] die ebenfalls emotional ergreifende Geschichte der *Liaisons dangereuses* (1782) ist eine Sittenkritik der dekadenten Adelsgesellschaft des Ancien Régime durch den späteren Jakobiner Choderlos de Laclos.[33] Ähnlich sind auch Montesquieus *Lettres persanes* ein Sitten- und Kulturgemälde dieser Epoche; Wielands *Aristipp und einige seiner Zeitgenossen* hat einen umfassenden Bildungsanspruch und will das s.E. falsche Bild von Sokrates zu seiner Zeit korrigieren.[34]

Literaturgeschichte als Rezeptionsgeschichte zu schreiben, so lehrt zumindest die Aufnahme vieler Briefromane, wäre gleichbedeutend mit einer Bestandsaufnahme der ‚Fehlrezeption‘ von Literatur: Richardson reagierte auf die empathische Lesehaltung seiner Zeitgenossen und Zeitgenossinnen, indem er in umfangreichen Briefwechseln seine Absicht erläuterte und Fehllektüren kritisierte; so überarbeitete er seine *Clarissa* zweimal (1749 und 1751) mit umfassenden Streichungen, Korrekturen, Fußnoten, Anmerkungen, Einleitungsbemerkungen, Zusammenfassungen, die alle darauf hinauslaufen, Komplexitäten zu reduzieren und einen möglichst eindeutigen Text zu schaffen, um seine Lesestrategie als die richtige durchzusetzen: nämlich die Geschichte als ‚christliche Allegorese‘. Eine Lesestrategie, die fast keine Leserin, kein Leser – seinen Überarbeitungen zum Trotz – be-

---

[29] In den *Liaisons dangereuses* etwa sind die Briefe achronologisch angeordnet, so dass die Lesenden die Chronologie der Handlungsabfolge erst rekonstruieren müssen, vgl. dazu Lemieux: temps.

[30] So Sykutris: Art. Epistolographie, 214: „Eine lehrhafte Absicht liegt ihm (sc. dem antiken Briefroman) fern, daher können die Xenophonbriefe kein Briefroman sein".

[31] „Ein Brief ist nützlich oder unterhaltend oder er vereint beides" (Laclos: Liaisons dangereuses, 8 [Vorwort des Sammlers]).

[32] Vgl. Liebrand: Briefromane, 344–351; „[d]er als Roman nur getarnte Anti-Roman", a.a.O. 350.

[33] Vgl. Liebrand: Briefromane, 361f.

[34] Vgl. Cölln: Philologie, v.a. 138–159.

folgt hat.[35] Ebenso sah sich Goethe genötigt, seinen *Werther* (1774) umzuarbeiten (1787) und mit Herausgeberkommentaren zu erweitern, um die Identifikation mit Werther zu verhindern,[36] anders als Richardson jedoch nicht durch Komplexitätsreduktion, sondern durch deren Steigerung: Die anfängliche empathisch-identifizierende Haltung soll in der Relektüre durchbrochen werden, um den *Werther* als autonomes ästhetisches Werk, unabhängig von Religion und Moral, verstehen zu lehren.[37] Jedoch ist zur angemessenen Wahrnehmung des *Werther* ein großes literarisch-ikonographisches Hintergrundwissen nötig; ansonsten wird die von Goethe gesteigerte Komplexität reduziert und die Lektüre verbleibt in einer empathischen Haltung und führt zur ‚Fehlrezeption'.[38] Bei neuzeitlichen Briefromanen sind die Reaktionen der Autoren auf ihre Rezeption erhalten und es wird deutlich, dass diese nicht immer mit der Autorenintention identisch waren. Solche ‚Fehlrezeption' wird mitunter dadurch bedingt, dass Leser/innen und Autor/innen über eine je andere Enzyklopädie verfügen, die unter Umständen die Gattungszuordnung infrage stellt.[39]

Gelenkt durch die grundlegende Fiktion des Briefromans (die durch Herausgeberkommentare, dass es sich um eine Sammlung echter Briefe handele, die aufgefunden wurden und nun dem geneigten Lesepublikum zugänglich gemacht würden, verstärkt werden kann), verbleibt eine edierte Briefsammlung stets uneindeutig bezüglich ihrer Authentizität – und bedient das voyeuristische Bedürfnis, an dem Privatleben anderer Menschen teilhaben zu wollen. Diese Grenze zwischen Fiktion und Historizität ist bei Briefsammlungen, in denen die Autorenfiktion Teil der literarischen Strategie ist, in der Rezeption äußerst fließend. Die Möglichkeit der ‚Verwechslung' ist als

---

[35] Vgl. Liebrand: Briefromane, 344–351.

[36] Sehr ausfallend direkt ist Goethe in einem Gespräch mit Lord Bristol, Bischof von Derby, auf den Vorwurf, sein *Werther* hätte junge Menschen zum Selbstmord getrieben: „ein Werk [.], das, durch einige beschränkte Geister falsch aufgefaßt, die Welt höchstens von einem Dutzend Dummköpfen und Taugenichtsen befreit hat, die gar nichts Besseres tun konnten, als den schwachen Rest ihres bißchen Lichtes vollends auszublasen!" (Eckermanns/Sorets Gespräche mit Goethe, unter dem Datum vom 17. März 1830). Der neue, von Luserke besorgte Paralleldruck der beiden Fassungen von 1774 und 1787 macht bequem die Druckausgaben ohne Emendationen oder Konjekturen zugänglich und ermöglicht so eine leichte Vergleichung. Vgl. weiters Lauterbach: Verhältnis.

[37] Vgl. Liebrand: Briefromane, 351–358. Passend dichtete Goethe in *„Die Leiden des jungen Werther"* an Nicolai (1775): „… Und wer mich nicht verstehen kann,/ Der lerne besser lesen."

[38] Vgl. Liebrand: Briefromane, 357. Gesammelt finden sich die Quellen zur Rezeption des *Werther* bei Müller: Goethe; Braun: Goethe.

[39] Dazu gehört auch die intertextuelle Dimension: So liegt die Fehlrezeption von Richardsons *Clarissa* mit daran, dass die Lesenden das Briefbuch von zeitgenössischer Romanliteratur und v.a. von Richardsons Erstlingswerk, dem Briefroman *Pamela. Or Virtue Rewarded* (1740/1) her gelesen haben. Goethes *Werther* ist bei der empathischen Fehllektüre fälschlich von christlicher Devotionalliteratur her gelesen worden, die auf die kritik- und distanzlose Identifikation ausgerichtet war, vgl. Liebrand: Briefromane, 347; 352.

ein „poetologisch kalkulierbare[r] und verwertbare[r] Kommunikationseffekt"[40] anzusehen.

Wenn man nun einen Briefroman liest, so weiß man, dass man einen liest, ohne zu wissen, dass man einen liest. (1) Es lassen sich kaum Ausschluss- resp. Einschlusskriterien in Form von ‚gemeinsamen Gattungsmerkmalen' finden, mit denen ein Briefroman von einer Sammlung von Briefen abzugrenzen wäre, die der eingangs benannten ‚Definition' hinzugefügt werden könnten. (2) Auch wenn man einen Briefroman liest im Bewusstsein, einen echten Briefverkehr zu lesen, liest man eine Geschichte eines oder mehrerer Menschen: Die zeitliche Distanz, die zwischen dem vorausgehenden und dem folgenden Brief liegt, fordert dazu auf, die Geschichte dazwischen zu (re)konstruieren und setzt die Suchbewegung nach Hinweisen auf diese gemeinsame Geschichte beider Briefe in Gang.[41] Um diese Beobachtung in Form einer These weiter auszuziehen: Auch die Sammlung der echten Paulusbriefe wird dann als Briefroman gelesen, wenn aus ihr heraus versucht wird, die Biographie des Paulus zu rekonstruieren. Der Übergang zwischen authentischen und unverbundenen Gelegenheitsschreiben, die zu einer Sammlung zusammengefasst sind, und einer konzipierten Einheit, die im Medium des Briefes eine Geschichte erzählen will, ist auch abhängig vom jeweiligen Lektüreinteresse.[42] Aus diesem Grund ist auch deutlich zu machen, dass für jeden Briefroman die Bestimmung als Roman problematisch sein kann, insofern ein durch bekannte Romane vermitteltes Verständnis von kohärenter Erzählung als Forderung an die Briefsammlung herangetragen wird. Der folgende Überblick über die Geschichte der Forschung zum antiken Briefroman zeigt, dass dies immer wieder als entscheidendes Kriterium angeführt wird.

1.3 Die Gattung des antiken Briefromans

Einzelne antike Briefsammlungen sind schon seit längerer Zeit als Briefromane bezeichnet worden;[43] jedoch bildeten zumeist die modernen Gattungsvertreter den interpretatorischen Referenzrahmen. Besonders einflussreich

---

[40] Schneider: Roman-Analyse, 15. Davon macht etwa Plinius in dem von ihm herausgegebenen Buch seiner Briefe (epist. I–IX) Gebrauch, s.u. Kap. II 5.4.2.

[41] Ähnlich Arndt: Briefroman, 76 (mit Anm. 76), die bei antiken Briefromanen in dieser ‚detektivischen Suchbewegung' einen Anreiz für die Lektüre antiker Briefromane sieht, deren Geschichten und Ausgänge den Lesern zumeist bekannt seien. Vgl. auch Rosenmeyer: Fictions, 232 (vgl. Zitat unten S. 47).

[42] Vgl. zu solch narrativer Auslegung der Paulusbriefe z.B. Bornkamm: Vorgeschichte 162; Petersen: Paul, v.a. 1–88; Pervo: Stone, 30 mit Anm. 27.

[43] Vgl. Holzberg: Vorwort, XIf. Eine ausführliche Bibliographie (bis 1994) zur griechischen Briefliteratur bietet Beschorner: Briefbücher.

erwies sich dabei Richardson, der als ‚Vater des Briefromans' bezeichnet wird und v.a. mit seinen beiden Briefromanen *Pamela* und *Clarissa* die Norm für zukünftige Gattungskonventionen gesetzt habe:

„The archetype of this genre for one brought up in the English cultural tradition is obviously Richardson's *Pamela*; and we expect certain criteria to be fulfilled if any other work of literature is to be classified as a member of the species."[44]

J. Sykutris ordnet in seinem Epistolographie-Artikel (1931)[45] mehrere Briefbücher dieser Gattung zu (Chion, Themistokles, Hippokrates), jedoch ohne weitere Gattungsmerkmale aufzuführen; er zieht den Vergleich mit modernen Briefromanen, wenn er konstatiert, dass bei den antiken Vertretern die „charakteristischen" Elemente wie Vorrede, Randnotizen und Nachworte des Herausgebers fehlten.[46] Als weitere Differenz zu der modernen Gattung sieht er, dass unsere Briefe rein historisch orientiert seien, Personen und Handlungen grundsätzlich also feststünden, wohingegen die neuzeitlichen Vertreter zeitgenössische Protagonist/innen schaffen würden.[47] So bilde zudem die Charakterzeichnung, die *Ethopoiia* die Wurzel der Gattung, indem „ein geschichtliches Ereignis vom Gesichtswinkel der handelnden Person" dargestellt, nicht ihr Seelenleben entfaltet werde. Die Intention der Gattung sei es – frei von lehrhaften Absichten – zu unterhalten. Zur Erzähltechnik verweist er auf die Ergebnisse von Burk (über Chion) und Nießing (über Themistokles), die „an ihnen die Kunstmittel der antiken Romanerzählung (Spannung durch προπαρασκευή und Retardierung, dramatischer Zug, Einzelbilder, ἐκφράσεις usw.) nachgewiesen" haben.[48]

R. Merkelbach (1947/1954) hat aufgrund der Beschäftigung mit zwei Papyrusfragmenten, die Briefe von und an Alexander erhalten haben, die z.T. auch im Alexanderroman des Pseudo-Kallisthenes erhalten sind, auf einen Briefroman als dessen Quelle geschlossen.[49] Selbst hat er keine Gattungsmerkmale im engeren Sinne aufgestellt, an denen man eine Zuordnung orientieren könnte;[50] entsprechend stehen bei ihm neben dem Alexander-

---

[44] Penwill: Themistokles, 84.

[45] Sykutris: Art. Epistolographie, 213f.

[46] Dazu s.u. Kap. 5.3.

[47] Neben dem schon erwähnten *Aristipp* Wielands wäre dagegen auch noch auf seinen *Diogenes* hinzuweisen und auf Hölderlins *Hyperion, oder der Heremit in Griechenland* (1797–99), Landors *Pericles and Aspasia* (1836) und Wilders *Ides of March* (1948).

[48] Sykutris: Art. Epistolographie, 214.

[49] Vgl. dazu Merkelbach: Briefroman; ders.: Quellen, v.a. 11–19, 48–55 und 70–72. Weitgehend wörtlich nach Merkelbach ist auch die Einführung in die Textausgabe des Merkelbachschülers van Thiel: Leben und Taten Alexanders von Makedonien, XXI–XXIV (vgl. X). Vgl. zudem Rosenmeyer: Fictions, 169–192; 251f.

[50] Über die Erzählstruktur können wir nur schwerlich etwas sagen, da die Rekonstruktion, die Merkelbach: Quellen, 230–252, bietet, nur hypothetisch sein kann (vgl. a.a.O. 227f). Die Textbasis

briefroman und dem des Chion, des Themistokles und der Sieben Weisen auch die Hetärenbriefe des Alkiphron.[51] Für ihn ist eine kohärente *Story*[52] und die Verbindung der Briefe durch Motivketten und Querbeziehungen hinreichend.[53]

Nach dieser gattungstypologisch recht offenen Konzeption setzte sich in der Folgezeit jedoch das von I. Düring in seiner Edition der Chion-Briefe (1951) programmatisch formulierte Diktum durch, dass diese Briefsammlung der einzig erhaltene Zeuge der Gattung Briefroman sei.[54] Die Gegenposition dazu bildet die 1954 als Dissertation eingereichte, aber erst 1981 erschienene Edition der Themistokles-Briefe durch N.A. Doenges. Er schlägt vor, dass es zur Interpretation der erhaltenen antiken Briefsammlungen möglicherweise mehr beitragen würde, sie nicht nur auf die Frage ihrer Authentizität hin zu untersuchen, sondern pseudepigraphe Briefsammlungen überhaupt als Briefromane zu lesen.[55] Damit wird der Fokus von der Bestimmung von Gattungsmerkmalen weg gelenkt auf die Frage, warum die Briefe in diesen Gruppierungen so weitertradiert sind und ob sich von daher eine neue Lektüremöglichkeit ergibt (bzw. welche Lektüren sich durch die verschiedenen Zusammenstellungen der Briefe ergeben). Interessanterweise bieten bei einer divergierenden Textabgrenzung der Gattung Doenges und Düring gemeinsame Gattungsmerkmale: (1) Die Sammlung muss ein einheitliches Werk sein: *unified work* (Doenges, 8) bzw. *coherent whole* (Düring, 7), *not a random collection* (Doenges, 11), (2) muss einen dramatischen Aufbau haben (Düring, 7: *composed like a drama*, mit *exposition*, *retardation*, *peripeteia*, *moving exodus*; bzw. bei Doenges weniger formal hergestellt durch Querbezüge, Verknüpfungen, Retardation, Erklärungs- und Abschiedsbrief, die das Ende deutlich markieren);[56] hinsichtlich der Frage nach der Intention weichen sie stärker voneinander ab: Düring

---

– zwei Papyri (P.Hamb. 129 und PSI 1285) neben den verschiedenen Textversionen des Romans – ist dafür zu schmal. Zum Weiteren s.u.

[51] Vgl. Merkelbach: Quellen, 48.

[52] Merkelbach: Quellen, 48: „die ganze Geschichte seiner Feldzüge in Briefen der handelnden Personen dargestellt".

[53] Vgl. Merkelbach: Quellen, 54.

[54] Der Eröffnungssatz, der in leichten Variationen mehrfach in seiner Arbeit wiederholt wird, lautet: „In epistolary literature the letters of Chion of Heraclea hold a unique position as the only extant example of a novel in letters" (Düring: Chion, 7, vgl. 18; 23).

[55] Vgl. Doenges: Themistokles, 48; ähnlich bereits Sykutris: Art. Epistolographie, 213.

[56] Der Hauptunterschied zwischen beiden besteht darin, dass Düring den dramatischen Aufbau v.a. auch an der Chronologie festmacht – einem Kriterium, dem die Themistoklesbriefe nicht entsprechen. Doenges dagegen sieht die Störung der chronologischen Ordnung durch eine dramatische Ordnung, die Balancen und Antithesen herstellt, als stilistisches Mittel des Verfasser an (vgl. Doenges: Themistokles, 24), und kommt so zu dem Urteil, dass die Chionbriefe weniger kunstvoll gestaltet seien als die des Themistokles (42) und dass dieses Briefbuch nicht am Anfang der Gattungsgeschichte stehen könne, sondern einer stärker „sophisticated stage" angehöre (48).

betont die moralphilosophische Tendenz der Gattung neben ihrem unterhaltenden Charakter,[57] Doenges verbindet mit der Unterhaltung vor allem die Wissensvermittlung.[58] Dagegen wendet J.L. Penwill (1978) ein, dass der freie Umgang des Verfassers mit den historischen Quellen eher ein Indiz für die moralphilosophische Abzweckung des Briefromans sei.[59] Explizit hat Penwill auch auf die *Pamela*-Kriterien für einen Briefroman hingewiesen:[60] (1) *systematic plot-development*, (2) *coherent and cohesive structure*, (3) *an identifiable series of developing themes* und (4) *consistent characterization*.[61] Darin ist ihm P. Rosenmeyer gefolgt, die in einem Aufsatz (1994) und später in einer umfassenden Monographie zu fiktionaler Briefliteratur von Homer bis zu Philostrat (2002) die Gattung Briefroman in das weite Feld (pseudepigrapher) Briefliteratur einordnet und dabei – anders als Penwill – Chion als einzigen Briefroman der Antike erkennt.[62] Zudem macht sie vor allem auf einen wesentlichen Punkt für Briefliteratur aufmerksam: Die Spannung zwischen internem und externem Leser, zwischen dem als Adressat genannten und den realen Lesern, erfordert als narratives Grundkonzept eine Enthüllungsdramatik.[63]

Rosenmeyer greift trotz ihrer reduktionistischen Gattungszuschreibung die für antike Briefromane als grundlegend anzusehende Arbeit von N. Holzberg (1994) auf, der erstmals den diffusen Gebrauch der Bezeichnung Briefroman durch Aufstellen einer Gattungstypologie klären will.[64] Er geht aus von der Beobachtung, dass einige Briefsammlungen berühmter Männer Ähnlichkeiten sowohl mit historischen Romanen als auch mit romanhaften Biographien aufweisen, sich aber keiner dieser beiden antiken Gattungen

---

[57] Vgl. Düring: Chion, 7; er lehnt auch die Genese der Gattung Briefroman aus der ethopoietischen Schulübung, den Progymnasmata, ab, da ansonsten der Verfasser der Briefe stärker auf formale und sprachliche Perfektion hätte zielen müssen (vgl. a.a.O. 23f); er verfolgte dagegen eine deutliche moralphilosophische Intention. Auch Jouan/Auger: corpus, 191f, lehnen die Schulübungsthese mit Hinweis auf die Gestaltung der Euripides-Briefsammlung ab.

[58] Vgl. Doenges: Themistokles, 40.

[59] Vgl. Penwill: Themistokles, 93 (mit Anm. 27) und die Zusammenfassung 101–103.

[60] Vgl. Penwill: Themistokles, 84 (eingangs zitiert).

[61] Ussher: Letter, 102, lehnt die Zuordnung der Themistoklesbriefe zur Gattung Briefroman durch Penwill (und Doenges) ab („not very likely"), erkennt aber neben den Chionbriefen auch die Quelle des Alexanderromans als einen solchen, ohne eine Begründung für sein Urteil anzuführen.

[62] Vor Chion gebe es nur „epistolary experimentation" (Rosenmeyer: Fictions, 234).

[63] „For an epistolary novelist, the initial withholding of information from the external reader is a generic necessity" (Rosenmeyer: Novel, 161).

[64] Der von Holzberg herausgegebene Sammelband ist aus einem (in den Jahren 1992 und 1993 gehaltenen) Münchener Kolloquium hervorgegangen und beinhaltet neben Holzbergs ‚Versuch einer Gattungstypologie' einen gattungstypologischen Vergleich zwischen antiken und neuzeitlichen Briefromanen von Chr. Arndt, die Rekonstruktionen eines Briefromans der Sieben Weisen durch N. Dührsen und eines Phalarisbriefromans durch St. Merkle und A. Beschorner sowie eine ausführliche Bibliographie zu ‚griechischen Briefbüchern berühmter Männer' von Beschorner.

zuschreiben lassen:[65] Beide spielen in einer bereits länger zurückliegenden Zeit (1), haben einen realen geschichtlichen Hintergrund (2) und Anhalt an historischen Gegebenheiten (3); steht im Zentrum des historischen Romans jedoch eine frei erfundene Person, so ist es in der romanhaften Biographie eine historische Persönlichkeit (4); der Roman zielt durch die Darstellung seelischer Vorgänge auf eine Identifikation mit dem Helden oder der Heldin, die Biographie dagegen durch die durch einen auktorialen Erzähler bewirkte Distanz auf Bewunderung (5). Die in Frage kommenden Briefbücher weisen ebenso die ersten drei Merkmale auf, im vierten Punkt stimmen sie mit der romanhaften Biographie überein, im fünften dagegen mit dem historischen Roman, so dass diese Briefsammlungen als ‚historische Romane in Briefform' bezeichnet werden könnten. Zudem würden die Briefsammlungen eine Reihe formaler und inhaltlicher Ähnlichkeiten aufweisen. Um nun eine Typologie der Gattung des antiken Briefromans aufstellen zu können (anstatt die Konzeption eines neuzeitlichen Verfassers von Briefromanen als Maßstab anzulegen), geht Holzberg induktiv vor, indem er die in Frage kommenden vollständig erhaltenen Briefbücher auf ihre narrative Struktur und Motivik hin untersucht. Die hierbei zu berücksichtigenden Texte (in der von ihm behandelten Reihenfolge) sind die Briefe des Platon, Euripides, Aischines, Hippokrates, Chion, Themistokles und die Briefe des Sokrates und der Sokratiker. Mögliche andere Briefromane, die nur fragmentarisch erhalten sind und rekonstruiert werden müssten (wie die Briefe der Sieben Weisen, des Phalaris, des Alexander und des Xenophon) lässt er, wegen des stark hypothetischen Charakters der Rekonstruktion, außer Acht.[66]

Im nachfolgenden Tableau stelle ich die Ergebnisse seiner Textanalysen zusammen, die er am Ende seines Aufsatzes unter den drei Rubriken *Stoffbehandlung*, *Erzählstruktur* und *Motive* bietet.[67]

Stoffbehandlung

1	Ausschnitt aus der Vita einer
2	bekannten Persönlichkeit des 5./4. Jh.v.Chr.;
3	die Polis ist die Orientierungseinheit der Handelnden;
4	Kommentierung von Ereignissen, die sich vor, während und nach der Abfassungszeit der Briefe zutrugen;
5	Fiktionalisierung: die Benutzung von unterschiedlichen, den Verfassern eigentümlichen Dialekten (z.B.) soll die Fiktion

---

[65] Zum Folgenden vgl. Holzberg: Briefroman, 1–8, der hier an gattungstypologische Überlegungen zum historischen Roman von Hägg: *Callirhoe*, anknüpft.

[66] Zu den Briefen der Sieben Weisen s.u.; zu dem Phalaris-Briefroman, der in der Sammlung der Phalarisbriefe aufgegangen ist vgl. Merkle/Beschorner: Tyrann.

[67] Vgl. Holzberg: Briefroman, 47–52.

der Authentizität unterstreichen; der abundante Gebrauch von Anachronismen soll demgegenüber distanzierend wirken, identifizierend wiederum die Artikulation von Empfindungen und Gedanken des ‚Ich-Erzählers' (Briefschreibers).[68]

Erzählstruktur

6 Grundsätzlich chronologisch, kann jedoch auch modifiziert werden (Ergänzung einer chronologischen Briefreihe durch Zufügung einer thematisch verbundenen, die eine erklärende Funktion hat);

7 Gliederung in Briefblöcke;

8 die erzählte Zeit kann durch Zeitsprünge aufgebrochen werden (über eingeschobene Briefe, die ‚hinterszenisches Geschehen' überbrücken) oder es kann mit mehreren Zeitebenen gearbeitet werden, die ineinander geschoben sind;

9 Enthüllungsdramatik: Vorgänge, Gedanken, Hintergründe werden stetig von Brief zu Brief aufgeklärt;

10 Briefe werden durch Motivketten miteinander verknüpft;

11 am Ende (der Briefsammlung oder einer Briefsequenz) steht ein (längerer) erklärender Brief, der die Motivketten zusammenführt; dieser Brief ist häufig ergänzt durch einen weiteren (kürzeren) Brief, der Aussagen über die Zukunft des Schreibers oder des Adressaten macht (und eine Art Epilog darstellen kann).

Motive

12 V.a. das Verhältnis zu einem Machthaber wird thematisiert (sei es zu einem Tyrannen oder zu einer Polis, i.d.R. Athen, dann ist der Protagonist zumeist in der Verbannung);

13 damit eng verbunden ist die Frage nach dem Sinn politischer Betätigung und

14 die nach dem Wert des Geldes;

15 schließlich noch die Bestimmung des Verhältnisses zu Freunden und Gegnern.

Holzbergs Kriterien sind – als Kartierungshilfe genutzt – hilfreich, das Profil antiker Briefbücher zu erheben; sie werden jedoch nicht – werden sie als Ausschlusskriterien angewandt – der Vielfältigkeit der Gattung Briefroman gerecht. Rosenmeyer fasst am Ende ihres Durchgangs durch die pseudonymen Briefsammlungen, bevor sie zu den Chionbriefen kommt, die

---

[68] V.a. in Briefromanen, die eher statisch als dynamisch konzipiert sind, übernimmt der Briefschreiber die Rolle eines Ich-Erzählers, vgl. Arndt: Briefroman, 70f.

allein der „Richardsonian definition of the epistolary novel that demands consistency in characterization and logical chronology"[69] gerecht würden, ihre Beobachtungen zusammen:

„The debate over the ‚unity' of this collection [sc. die Themistokles-Briefe] continues, but it reminds us once again of the danger of typologizing in dealing with the ancient epistolary novel. The answer one comes up with will depend entirely on the typology invented for the purpose. I have been arguing throughout this chapter that the great power of the epistolary form lies in its flexibility, its ability to contain multiple other forms: it constantly criticizes or contradicts itself, invites the reader to create yet another scenario or explanation, and always keeps us waiting for the next letter which will fill in all the gaps, as it were."[70]

Die Frage bleibt schwierig zu beantworten, wie ein Briefroman auszusehen habe. Nicht nur die antike Gattung Briefroman, auch die neuzeitliche bleibt ein „proteusartige[s] Genus"[71], das sich sowohl in seiner Form als auch in seinem Inhalt und seinen Aussageabsichten entsprechend den kulturellen, gesellschaftlichen und individuellen Umständen und Erfordernissen modifizieren lässt.

Es hängt von dem Interesse der Untersuchung ab, welcher Gattung ein Text zugeordnet wird, so Rosenmeyer. F. Jost, der die Gattung Briefroman mit der Gattung Drama vergleicht,[72] votiert dafür, den Blick nicht gattungsimmanent zu fokussieren, auch nicht bei einem genologischen Gattungsverständnis zu bleiben (was etwa hieße, pseudepigraphe Briefsammlungen epistolographisch zu lesen[73]), sondern ‚die Regalbretter der Gattungen umzusortieren' und so neue Querbezüge zu entdecken.[74]

Die Lektüre der Pastoralbriefe als Briefroman soll daher nicht *a priori* implizieren, dass sie ein Vertreter dieser Gattung ‚sind', wohl aber, dass sie so gelesen werden können.[75] Der Vergleichspunkt liegt darin, dass sie eine Sammlung pseudepigrapher Briefe sind, die, anders als die echten Paulusbriefe, an Einzelpersonen adressiert sind; dass ihre Einheit durch mehrere

---

[69] Rosenmeyer: Fictions, 233.

[70] Rosenmeyer: Fictions, 232.

[71] Kloocke: Formtraditionen, 205.

[72] Der volle Titel seines Aufsatzes: The Epistolary Novel. An Unacted Drama.

[73] Dies zeigt sich in der Literatur dann, wenn die Zuordnung der Einzelbriefe zu den Brieftypen der antiken Briefsteller auf eine Auflistung beschränkt wird, ohne zu fragen, welche Funktion dieser Brieftyp *innerhalb der Sammlung* hat, oder die Übereinstimmung mit den Brieftypen, wie sie in antiken Briefstellern gegeben werden, (lediglich) als Mittel der Authentizitätsfiktion interpretiert wird, vgl. Arndt: Briefroman, 63f.

[74] Vgl. Jost: Novel, 335f (zum Regalbretter-Vergleich) und 349: „Perhaps, however, critics should broaden their genological horizons more often. The various genres and species should be compared among themselves, an exercise which can lead to fruitful results and enrich our knowledge of the nature and function of literature."

[75] So auch Pervo: Stone, 26f.

Motivketten und Stichwortverbindungen indiziert wird; und dass der Ich-Erzähler einen Einblick in seine Biographie bietet und damit möglicherweise andere Traditionen der Paulusbiographie ergänzt, korrigiert oder verdrängt werden sollen.[76] Wenn hier der pseudepigraphe Charakter als gemeinsames Merkmal angeführt wird, so ist damit die Übereinstimmung im gebrochenen Wirklichkeitsbezug von fingierten Briefen gemeint. Dieser drückt sich einerseits aus in der indirekten Kommunikationssituation, insofern der Erzähler nicht mit dem Autor identisch ist ebenso wenig wie der implizite mit dem expliziten Adressaten, andererseits im Verhältnis von Text und Realität, insofern durch die Fiktion eine direkte Einwirkung des Textes auf die Wirklichkeit intendiert scheint, diese aufgrund der differenten Kommunikationssituation jedoch nur indirekt geschehen könnte.[77]

Die von Holzberg herausgearbeiteten ‚Gattungseigenschaften‘ sind hilfreich, gemeinsame und differierende Motive und Erzählstrukturen zu entdecken. Aus dem gleichen heuristischen Interesse sind bisher und werden im Folgenden immer wieder moderne Vertreter der Gattung Briefroman herangezogen: Durch die Einbeziehung neuzeitlicher Briefromane kann Sensibilität für die Variationsvielfalt narrativer Techniken innerhalb von Briefbüchern geweckt werden, die für die Analyse antiker Briefbücher fruchtbar gemacht werden können, wie dies Chr. Arndt in ihrem Vergleich bereits eindrücklich gemacht hat.[78]

Im Folgenden werden einige der antiken griechischen Briefromane ausführlicher behandelt. Da an dieser Stelle nicht alle in Frage kommenden Briefbücher diskutiert werden können, habe ich mich auf einige beschränkt, die teilweise kaum Beachtung gefunden haben (der Aischines- und der Euripidesbriefroman), teilweise bereits ausführlicher diskutiert worden sind, aber unter dem Blickwinkel des Briefromans noch manches Neue hergeben, wie die Sokrates- und Sokratikerbriefe, die zudem in der Pastoralbriefforschung mehrfach herangezogen worden sind, ohne dass die wirkmächtige Untersuchung von Sykutris diesbezüglich einer kritischen Revision unterzogen worden wäre. Dem voran sind kürzere Untersuchungen zu drei Briefromanen gestellt, die je auf ihre Weise interessante Aspekte zur narrativen Technik, zur Verbreitung und zur Rezeption des griechischen Brief-

---

[76] Ein genauerer Überblick über die Pastoralbriefe mit Hilfe von Holzbergs ‚Kartierungshilfe‘, der Gemeinsamkeiten und Unterschiede sichtbar macht, folgt unten Kap. II 4.2.2.

[77] Vgl. dazu die erste und vierte Dimension der Gattungsbestimmung bei Raible: Gattungen, 342–344. Vgl. auch Rosenmeyer: Novel, 147: „epistolary technique always problematizes the boundary between reality and fiction"; Glaser: Erzählung.

[78] Arndt: Briefroman.

romans bieten (die Briefromane des Hippokrates, des Alexander und der Sieben Weisen).[79]

Auf eine eingehende, separate Behandlung des Chionbriefromans[80] kann an dieser Stelle verzichtet werden, da er bereits ausführlichst Untersuchungen erfahren hat und stetiger Referenzpunkt in der einschlägigen Literatur ist. Er ist das am stärksten romanhaft ausgearbeitete Briefbuch, so dass er oftmals als der einzig erhaltene Briefroman der Antike bezeichnet wird, v.a. weil es in ihm, wie bei einigen neuzeitlichen Gattungsvertretern, um die innere Entwicklung des Helden geht.[81] Der junge Aristokrat Chion schreibt fast ausschließlich an seinen Vater Matris in Herakleia[82] von seiner Bildungsreise und seiner – durch Xenophon vermittelten – Bekehrung zur Philosophie Platons, die nicht auf ἡσυχία – so Chions Vorurteil gegenüber den nutzlosen Philosophen –, sondern auf politische Tätigkeit (πολιτεύεσθαι ist ein zentrales Stichwort des Buches) abzielt.[83] Am Ende erfährt der Leser von Chions Entschluss, seine Heimatstadt von dem Tyrannen Klearch zu befreien und sich so ewigen Ruhm zu erwerben (vgl. epist. 17,3) – zumindest wird erzählt, was Chion vorhat, und so könnte man meinen, dass der junge Platonschüler erfolgreich darin war, seine Heimat von der Tyrannis zu befreien. Ob der Schwerpunkt des Briefromans auf der Abenteuererzählung oder eher auf der Aufforderung zur politischen Aktivität liegt, ist umstritten.[84]

---

[79] Einen Überblick über die anderen Briefromane bietet Holzberg: Briefroman, 8–47; ders.: Novel-like Works, 645–653; ders.: Erzählprosa, 303–306.

[80] Die grundlegende Textedition ist die von Düring, vgl. daneben jetzt auch die französische Ausgabe von Malosse.

[81] Rosenmeyer: Fictions, 250, nennt ihn auch „epistolary ‚Bildungsroman‘". Um diesen Bildungsprozess darzustellen, ist die äußere Handlung, die historische Chronologie, die sich über 50 Jahre erstreckt (epist. 3: Begegnung mit Xenophon in Byzantion [400], epist. 10 vgl. Plat. epist. 13 [366]; epist. 12: Klearchs Machtergreifung [364/3]; epist. 17: Attentat auf Klearch [353/2]), auf etwas mehr als fünf Jahre in der Chronologie der Briefhandlung verdichtet, die zwölf Jahre zwischen Machtergreifung und Sturz des Tyrannen auf etwa ein Jahr.

[82] Von den siebzehn Briefen sind nur epist. 9; 16 und 17 an andere adressiert. Konstan/Mitsis: Chion, 261, meinen, dass dadurch die Verbundenheit des jungen Chion mit seiner Familie und seiner πόλις hervorgehoben werden solle.

[83] Die Briefe, die nicht direkt mit dem Thema verbunden sind (etwa epist. 7–9), können erzähltechnisch als retardierende Elemente verstanden werden, haben darüber hinaus jedoch noch die Funktion, „Chion im Besitz jeder denkbaren Tugenden zu zeigen" (Latte: Rezension, 47, vgl. Düring: Chion, 17f).

[84] Vgl. dazu Konstan/Mitsis: Chion, 272; Düring: Chion, 16f; 23f; Holzberg: Erzählprosa, 308f. Zur Ambivalenz der Aussage des Briefbuches s.u. S. 165f.

1.3.1 Die Briefe des Hippokrates

In diesem satirisch-kynisch[85] geprägten Briefbuch sind zwei Geschichten miteinander verbunden:[86] Zum einen (epist. 1–9) eine Auseinandersetzung zwischen dem weltberühmten Arzt aus Kos mit dem Perserkönig Artaxerxes, der anlässlich einer Seuche in seinem Reich Hippokrates bittet, die Kranken zu heilen, jedoch von Hippokrates eine Ablehnung erfährt: Weder sei er auf das Geld angewiesen,[87] noch zieme es sich einem Griechen, Barbaren zu helfen. Auf die Ablehnung reagiert Artaxerxes mit der Drohung an die Koer, ihre Insel zu erobern; dennoch lehnen die Koer ab, Hippokrates auszuliefern. Der zweite Teil (epist. 10–17) bildet die Gegengeschichte dazu: Die Abderiten bitten Hippokrates, den wahnsinnig gewordenen Demokrit zu heilen. Hippokrates lehnt zwar die angebotene Bezahlung ab, verspricht aber, Demokrit zu helfen. In den folgenden Briefen, die Hippokrates an verschiedene Empfänger schreibt, wird der Wahnsinn des Demokrit, sein Lachen, in Frage gestellt. In der Begegnung der beiden Männer, die Hippokrates retrospektiv in epist. 17 erzählt, muss er schließlich erkennen, dass Demokrit der eigentlich weise ist und Hippokrates (und der Rest der Welt) geheilt werden muss.[88] Es folgt ein Brief- und Traktatwechsel (u.a.) zwischen Demokrit und Hippokrates (epist. 18–24).

Während der erste Teil des Briefromans dialogisch konzipiert ist (wie der Briefroman um Sokrates und die Sokratiker, der um die Sieben Weisen und der um Alexander), ist der zweite Teil monologisch. Es lässt sich auch die Frage stellen, ob er ursprünglich ein einziger Briefroman war,[89] oder ob die jetzige Textfassung und Briefreihenfolge, die keinen Anhalt an der Überlieferung hat, nicht Produkt von Überarbeitung und Fortschreibung ist. Wie die einzelnen Teile jedoch zueinander stehen, lässt sich wohl kaum noch klären.

So meint W.D. Smith, dass anfangs epist. 3–9 geschrieben wurden und später, beeinflusst vom Dekret der Athener (epist. 25), um epist. 1–2 erweitert worden sei;[90] epist. 11 könnte den Nukleus der Demokritgeschichte gebildet haben, die zuerst um epist. 12–17, später noch um epist. 10 ergänzt worden sei; epist. 18–21 bildeten dann eine spätere Fortschreibung, für

---

[85] So Holzberg: Briefroman, 22; 25–28; Smith: Hippocrates, 27–29.

[86] Text und englische Übersetzung bei Smith: Hippocrates.

[87] Dieses Motiv scheint eine Reaktion auf Plat. Prot. 311a/c zu sein, wo unterstellt wird, dass Hippokrates sich den Medizinunterricht bezahlen ließ.

[88] Die innere Entwicklung des Hippokrates hebt Holzberg: Briefroman, 22–27, explizit hervor (vgl. auch Rosenmeyer: Fictions, 217), ist es doch eine häufig anzutreffende Meinung, dass dies erst typisch für neuzeitliche Briefromane sei, wie z.B. Sykutris: Art. Epistolographie, 214.

[89] So Pohlenz: Briefen, 352.

[90] Vgl. Smith: Hippocrates, 5f; 18–34. Das hieße, dass eine erste Fassung der Artaxerxes-Hippokrates-Korrespondenz schon im 2. Jh.v.Chr. bekannt gewesen sein müsse, da epist. 25 wohl in diese Zeit datiert werden kann.

deren Verfasser jedoch nicht mehr das kynische Bekehrungsdrama des Hippokrates, sondern der wissenschaftliche Austausch zweier berühmter Männer leitend gewesen sei.[91] Epist. 22–24 sind einzelne Texte, unabhängig von der Sammlung der Briefe und später hinzugefügt. Im Wesentlichen ähnlich rekonstruiert auch K. Brodersen: Zwei eigenständige Briefbücher (epist. 3–5.6a und epist. 11–17) wurden durch Einfügung von epist. 1–2; epist. 6–9; epist. 10 und schließlich epist. 18–24.25–27 erweitert.[92] Stärker von der Einheit ausgehend hält Holzberg epist. 1–17 für (ursprünglich) zusammengehörig; epist. 18–24 gehörten nicht zum Briefroman.[93] Dagegen verweist Rosenmeyer, die die Möglichkeit einer späteren Zufügung dieser Briefe nicht ausschließt, jedoch darauf, dass sie als integraler Bestandteil des Briefromans angesehen werden können, der über mehrere Querbezüge mit den vorausgehenden Briefen verbunden sei.[94]

Die bleibende Unklarheit hinsichtlich der Verhältnisbestimmung[95] mag in der Popularität des Briefromans bzw. der Briefromane begründet liegen. Die antike Textüberlieferung allein zeigt schon eine gewisse ‚Konfusion‘: So sind von den Briefen 4, 5 und 6 je zwei Versionen überliefert (bei Smith als 4, 4a; 5, 5a; 6, 6a bezeichnet). Die verschiedenen Rezensionen scheinen nahezulegen, dass sich bereits Anfang des 1. Jh.n.Chr. Hippokratesbriefromane einer größeren Beliebtheit erfreuten.[96] Neben dem frühen P.Oxy. 1184, der für die Mitte des 1. Jh.n.Chr. den Briefroman in Ägypten belegt,[97] scheint Plutarch den Briefroman gekannt zu haben: In seiner Biographie des älteren Cato erwähnt er dessen grundlegende Skepsis gegenüber griechischer Kultur, v.a. gegenüber Philosophen und Ärzten, und fährt dann fort:

---

[91] So Smith: Hippocrates, 31. Rosenmeyer: Fictions, 217 Anm. 55, verweist hier vergleichend auf den Paulus-Seneca-Briefwechsel.

[92] So Brodersen: Hippokrates, 110.

[93] Vgl. Holzberg: Briefroman, 23–25. Dazu Rosenmeyer: Fictions, 220: „they do not fit his typology of the genre".

[94] Vgl. Rosenmeyer: Fictions, 220.

[95] Für die Textüberlieferung zeigt sich diese Konfusion u.a. auch darin, dass es kaum gelingen mag, ein einheitliches Stemma für die diversen Teile der Sammlung zu erstellen, vgl. Smith: Hippocrates, 43.

[96] So schon Pohlenz: Briefen, v.a. 353; Smith: Hippokrates, 35–42. Dass bereits zu Ciceros Zeiten ein Briefbuch über Hippokrates und Demokrit bekannt gewesen sei (so Brodersen: Hippokrates, 102 mit Literatur), lässt sich aus de orat. II 235 (und Hor. epist. II 1,194–200) nicht herauslesen, vgl. zur Bewertung dieser beiden ersten Stellen zur Tradition um den ‚lachenden Demokrit‘ ferner Rütten: Demokrit, 8–12.

[97] P.Oxy. 1184 bietet 3, 4, 5, 6 (+ 4a am Rand), vgl. den Überblick bei Smith: Hippocrates, 35–37. Daraus schließt Brodersen: Hippokrates, 103–106, dass der Briefroman nur die Hippokrates-Artaxerxes-Geschichte umfasst habe; jedoch bleibt nach wie vor die Möglichkeit, dass es sich hier nur um eine Briefauswahl handelt, so Smith: Hippocrates, 19.

„Er hatte offenbar von dem Wort des Hippokrates Kenntnis, das er gesprochen hatte, als der Großkönig ihn für ein sehr hohes Honorar zu sich berief: er werde niemals griechenfeindlichen Barbaren zu Diensten stehen".[98]

M.E. hat Plutarch die allgemeine Tradition der Hellenophobie des Cato, wie sie etwa auch Plinius erwähnt[99], eigenständig (ὡς ἔοικεν) mit der Artaxerxes-Hippokrates-Korrespondenz verbunden.[100] Die Stelle weist in der Abfolge und einigen Wörtern manche Übereinstimmung mit dem Text des Dekretes (epist. 25) auf;[101] dennoch scheinen eher epist. 3–5 Plutarch zugrunde gelegen zu haben, zum einen wegen der Bezeichnung des Perserkönigs als βασιλεὺς μέγας in epist. 4 (im Dekret nur Περσῶν βασιλέως), v.a. aber weil die Ablehnung nicht mit der Griechenfeindlichkeit des Artaxerxes begründet wird, sondern alle barbarischen Menschen (epist. 5/5a) als Feinde der Griechen (ἐχθρούς) bezeichnet werden.[102]

Wenn Smith Recht zu geben ist, dass epist. 25 (das Dekret) bereits im 2. Jh.v.Chr. geschrieben wurde und den Artaxerxes-Hippokrates-Briefwechsel voraussetzt, könnte natürlich Cato auch durch diesen Text das Wissen um einen solchen Briefwechsel gehabt haben. Allerdings bleibt eine Datierung des Dekrets aufgrund stilistischer Ähnlichkeiten mit echten athenischen Dekreten des 3. Jh.v.Chr.[103] – wie bei allen pseudepigraphen Texten – unsicher.[104]

Der Hippokratesbriefroman zeigt, wie ein lebendiges Interesse an der Hauptperson – u.a. aufgrund (popular)medizinischer Diskurse[105] – Fort- und Umschreibungen bestehender Briefromane forciert, so dass die Frage nach der ursprünglichen Version kaum noch zu beantworten ist.

„Für die Rekonstruktion anderer, verlorener Briefromane macht das Ergebnis unserer Überlegungen u.a. wahrscheinlich, daß man zu Recht in den Textzeugen keine ‚ursprüngliche‘ Abfolge der Briefe angenommen hat, doch zu einem ‚Helden‘ nicht nur

---

[98] Plut. Cat. Ma. 23,4 (Übers. Ziegler): καὶ τὸν Ἱπποκράτους λόγον ὡς ἔοικεν ἀκηκοώς.

[99] Plin. nat. XXIX 14: iurarunt inter se (sc. medici graeci) barbaros necare omnes medicina.

[100] Anders Brodersen: Hippokrates, 102; 106, der eine Kenntnis des älteren Cato schon für diesen Briefwechsel – wenn auch nicht unbedingt für unseren Briefroman – annimmt. Das Dekret (epist. 25) scheint im 2. Jh.v.Chr. geschrieben zu sein und wohl auch einen Artaxerxes-Hippokrates-Briefwechsel vorauszusetzen, so Smith: Hippocrates, 5f.

[101] Der König ruft Hippokrates (im *genitivus absolutus*), bietet ihm eine Belohnung (mit ἐπί eingeleitet) und erfährt die Ablehnung, weil Hippokrates nicht zu dem den Griechen feindlichen Barbaren kommen wolle (epist. 25,19–22).

[102] Bei Plutarch jedoch πολεμίοις, im Dekret πολέμιος und ἐχθρός.

[103] Vgl. Smith: Hippocrates, 5 mit Literatur in Anm. 11.

[104] Zumindest in einer Handschrift (Codex Palatinus graecus 398) gehört das athenische Dekret hinter das koische (epist. 9) und bildet so auf andere – aber völlig analoge – Weise ein Gegenbild zu epist. 1–9, als es die Geschichte von epist. 10–17 liefert (vgl. Brodersen: Hippokrates, 107 Anm. 32; 108). Es ist also nicht grundsätzlich auszuschließen, dass epist. 25 erst viel später für epist. 1–9.10–17 geschrieben wurde.

[105] Vgl. Rütten: Zootomieren.

mit einem, sondern mit *mehreren* unterschiedliche Texte in unterschiedlicher Kombination mit unterschiedlichem Aussageschwerpunkt umfassenden, teils auch Zwischentexte bietenden ‚Romanbüchern' rechnen darf, deren spätere Zusammenstellung kein geschlossenes Ganzes ergeben muß."[106]

Ein ebensolches Bild bietet sich auch bei den nun kurz vorzustellenden Briefbüchern um Alexander den Großen.

1.3.2 Die Briefe des Alexander

Merkelbach hatte die These aufgestellt, dass Ps.-Kallisthenes für seinen Alexanderroman (3. Jh.n.Chr.) eine Briefsammlung ausgewertet habe, in der Reste eines Briefromans über Alexander enthalten gewesen seien, „in welchem die ganze Geschichte seiner Feldzüge in Briefen der handelnden Personen dargestellt war".[107] Die im Alexanderroman erhaltenen Briefe sind teilweise durch enge Motivketten und Querbezüge verbunden, offensichtlich jedoch in der ‚falschen' Reihenfolge in die Alexandererzählung eingebaut.[108] Eine Intention hinter der umgestellten Darbietung des Dareios-Alexanderbriefwechsels war wohl, die Charakterzeichnung des Dareios mit ihrer Verschiebung vom anfänglich hochmütigen

„König der Könige, Geschlechtsgenosse der Götter, mitthronend mit dem Gott Mithras, von Göttern geboren und zusammen mit der Sonne aufgehend, der große Gott, König der Perser, Dareios ..." (Βασιλεὺς βασιλέων καὶ {θεῶν συγγενὴς} σύνθρονος {τε} θεῶι Μίθραι <καὶ ἔκγονος θεῶν> καὶ συνανατέλλων ἡλίωι <μέγας> θεὸς <βασιλεὺς Περσῶν> ...)[109]

bis zum demütig bittenden „Dareios an Alexander, meinem großen Gebieter, Gruß" (Δαρεῖος Ἀλεξάνδρωι τῶι ἐμῶι μεγάλωι δεσπότηι χαίρειν).[110] Neben dem Alexanderroman haben zwei Papyri Briefe aus diesem Briefroman aufbewahrt, die z.T. bei Ps.-Kallisthenes fehlen:[111] Der Florentiner Papyrus (PSI 1285), ins 2. Jh.n.Chr. zu datieren, hat eine chronologische Sequenz aus dem Briefwechsel anlässlich der Gefangennahme der Familie des Dareios bewahrt. P.Hamb. 129 ist eine Briefanthologie, die weitere, vom Briefroman und von Alexander unabhängige Briefe bietet und auf-

---

[106] Brodersen: Hippokrates, 110 (Hervorhebung i. O.).
[107] Merkelbach: Quellen, 48.
[108] Vgl. Merkelbach: Briefroman, 144–152; ders.: Quellen, 15–18.
[109] Epist. 5 Merkelbach (= Ps.Callisth. I 36,2–5 Thiel); vgl. Merkelbach: Quellen, 118 (Anmerkungen zum Brief).
[110] Epist. 11 Merkelbach (= Ps.Callisth. II 17,2–4). Im Briefroman begann mit diesem Brief die Verhandlung über die Rückgabe der von Alexander gefangenen Familie des Dareios, im Alexanderroman dagegen beendet er die Verhandlungen, vgl. Merkelbach: Quellen, 128f; ders.: Briefroman, 148.
[111] Vgl. Merkelbach: Quellen, 11f.

grund paläographischer Beobachtungen von Merkelbach ins 1. Jh.v.Chr. datiert wird; in dieser Zeit dürfte auch der Briefroman entstanden sein.[112] Angeregt könnte der Verfasser durch die Lektüre einer Alexandererzählung gewesen sein, in der bereits ein Briefwechsel zwischen Alexander und Dareios erwähnt wurde.[113] „So wollte der Briefroman über Alexander die Geschichte des großen Königs auf neue, überraschende Art darstellen, indem er die Hauptperson selbst zu Wort kommen ließ."[114] Zudem werden durch die Erzählung auch die Stereotypen vom edlen Hellenen und unbeherrschten Barbaren bedient – wie in der Artaxerxes-Hippokrates-Geschichte –, und sie vermittelt moralische Volksweisheiten (wie ‚Hochmut kommt vor dem Fall'). Es mag keine sehr anspruchsvolle Lektüre gewesen sein, aber die Existenz verschiedener Rezensionen, die die Fluidität des Textes belegt,[115] verweist darauf, dass nicht nur später der Alexanderroman, sondern schon der Briefroman eine weite Verbreitung gefunden hatte.[116] Ein möglicherweise von diesem Briefroman inspirierter anderer Alexanderbriefroman hat sich im arabischen Sprachraum erhalten.[117]

In zwei in Istanbul befindlichen Handschriften ist uns eine Sammlung von Aristotelesbriefen in arabischer Sprache erhalten: ms. Aya Sofya 4260 und ms. Fâtiḥ 5323[118], die, trotz ihrer Unterschiede, wohl von einem gemeinsamen Archetyp abhängen und vom gleichen Schreiber stammen (Ende 10. Jh.).[119] Diese Sammlung von 16 Briefen, die einen Briefwechsel zwischen Aristoteles und Philipp bzw. Alexander umfassen, verbinden persönliche Mitteilungsschreiben anlässlich der Geburt und zukünftigen Erziehung des Prinzen Alexander[120] bis zu seiner Eroberung von Khorassan mit z.T.

---

[112] Vgl. Merkelbach: Briefroman, 153; ders.: Quellen, 55.

[113] Vgl. Iustin XI 12; Curtius III 5,12; Merkelbach: Quellen, 53f.

[114] Merkelbach: Quellen, 48.

[115] Vgl. auch Merkelbach: Brief, 280, zum Text der Briefe auf einer (illustrierten) *Tabula Iliaca* vgl. a.a.O. und Burstein: Alexander, 275f mit Abb. auf Tafel IV a.

[116] Vgl. Merkelbach: Quellen, 54. Stoneman: Metamorphoses, 121, meint, dass man von dem Roman eigentlich nicht im Singular reden könne; vgl. auch Thomas: Stories. Über das von Plutarch Alex. 1,8 erwähnte Briefbuch lassen sich keine weiteren Aussagen treffen.

[117] Schon Merkelbach: Quellen, 71 Anm. 98, verweist auf den Hinweis bei von Fritz: Rezension, 444; vgl. auch Holzberg: Novel-like Works, 649 Anm. 15.

[118] Eine kurze Beschreibung mit Inhaltsangabe von ms. Fâtiḥ 5323 bei Walzer: Aristotelesübersetzungen, 139f; vgl. auch 140 Anm. 2: „Der literarischen Form nach vergleichbar erscheinen am ehesten die ebenfalls in quasihistorische Erzählung eingebetteten Hippokratesbriefe".

[119] Vgl. Maróth: Novel, 231f; Grignaschi: roman, 213f; 218. Eine Zusammenfassung von Grignaschis Untersuchungen zum Briefroman bietet Latham: Beginnings, 154–164.

[120] Der Eröffnungsbrief, in dem Aristoteles Philipp zur Geburt seines Sohnes beglückwünscht und auf die Bedeutung der Philosophie für die Erziehung zum König hinweist, ist als Protreptikos konzipiert, der die folgenden Briefe als Art Einführung in die theoretische und praktische Philosophie motiviert, vgl. Maróth: Novel, 242f.

auch griechisch überlieferten pseudo-aristotelischen Lehrschreiben staats-
philosophischen Inhalts.[121] Das Briefbuch vereint somit zwei Funktionen:

„The whole series of letters referring to historical events is chronologically ordered,
but the continuity of the historical narrative (*macrotext*) is often broken by Ps.-Aristo-
tle's inserted treatises (*microtexts*) of philosophical nature. Consequently, reading the
letters one can get acquainted with Alexander's life story on the one hand, and the full
system of the popular philosophy of the late Antiquity on the other."[122]

Die arabischen Briefe, im 8. Jh. geschrieben, lassen sich aufgrund der Sprache, epistolographischer Konventionen und Vorstellungswelt als Übersetzungen aus dem Griechischen plausibel machen, deren Vorlage wohl ins 6.
Jh. datiert werden kann.[123] Diese Briefsammlung hat einen Aristoteles-Alex-
ander-Briefroman bewahrt, der dem Ps.-Kallisthenes vorliegenden vergleichbar gewesen sein dürfte.[124] So lässt sich nicht ausschließen, dass die
Fassung aus dem 6. Jh. auf einer noch älteren und der Quelle des Ps.-Kallis-
thenes näheren Version aufruht.

Die arabische Übertragung wurde unternommen von Sâlim Abû-l-'Alâ',
dem syrisch-christlichen Sekretär des Umaijaden-Kalifen Hišâm ibn 'Abd-
al-Malik (724–743), und dürfte als eine Art Fürstenspiegel intendiert gewesen sein.[125] Die Unterweisung des Beherrschers eines Weltreiches, Alexander, durch einen Weisen war zumindest implizit auch auf Hišâm orientiert
und sollte belehrende Unterhaltung bieten: sowohl staatspolitischer als auch
geistes- und kulturgeschichtlicher Art.[126]

Die jetzt vorliegende, von M. Maróth veranstaltete Edition des arabischen
Briefromans ermöglicht die Erforschung des nachklassischen Weiterlebens
der Gattung Briefroman auch im christlichen Kulturkreis. Die kommende
philologisch-literaturwissenschaftliche Arbeit wird die Vielschichtigkeit

---

[121] Epist. 5 = *Wasiyyat Aristû*; epist. 8 = *secreta secretorum* (ediert und untersucht von Grignaschi: influence); epist. 10 = *peri basileias*; epist. 14 = *de mundo* (dazu Stern: Translations).
[122] Maróth: Novel, 236; vgl. ders.: Theory, 159; auf die Bedeutung der Briefsammlung für die
Geschichte der (arabischen) Aristotelesbiographie hat schon Walzer: Aristotelesübersetzungen,
140, aufmerksam gemacht.
[123] Maróth: Theory, verortet die griechische Vorlage aus dem 6. Jh. in der literarischen grie-
chisch-hellenistischen Tradition und im geistesgeschichtlichen Diskurs der postimperialen Ära des
römischen Reiches. Ausführlich dazu ders.: Novel, v.a. 257–297, wo er aufgrund einiger deutlich
christlich geprägter Begriffe des Briefbuches einen syrisch-christlichen (maronitischen) Autor
erwägt. Stoneman: Alexander, 17f, ist dagegen skeptisch, ob ein griechischer Kontext für diese
Briefsammlung plausibel gemacht werden könne – er bezieht sich jedoch lediglich auf Grignaschi,
Maróths Arbeiten erschienen erst später.
[124] So vermutet Grignaschi: roman, 239. Zu den (staats)philosophischen Differenzen zwischen
beiden Briefbüchern (im Bild von Alexander als dem idealen Herrscher) vgl. Maróth: Theory,
162–168.
[125] Vgl. Gutas: Thought, 23, vgl. überhaupt passim zum geistesgeschichtlichen Kontext, sowie
Grignaschi: activité; ders.: influence.
[126] Zu weiteren Intentionen hinter der Übertragung vgl. Maróth: Novel, 312–314.

und Entwicklung der Gattung des antiken Briefromans weiter aufzeigen können. Allein die Existenz dieses arabischen Briefromans zeigt m.E., dass die Gattung in Antike und Spätantike bis ins Mittelalter hinein viel verbreiteter und bekannter war, als es bislang angenommen wird. Wenn M. Grignaschis Beobachtungen zum Text, die von Maróth gestützt wurden, richtig sind und der Briefroman über Alexander in der Kanzlei des Salim ins Arabische übertragen und umgeschrieben worden ist, dann bildet dieser den Anfang islamischer *adab*-Literatur. Dass die kultivierte arabische Prosaliteratur, die *Belles Lettres*, durch die Rezeption griechischer Literatur ihren Anfang genommen hat, ist eine weit verbreitete These innerhalb der Arabistik, ohne dass sie hätte belegt werden können. Maróth sieht in diesem Text nun den Erweis der Richtigkeit der Vermutung.[127] Aus einer (kaum wahrgenommenen) literarischen Randgattung der Antike wäre damit die Muttergattung der arabischen Prosaliteratur geworden.

1.3.3 Die Briefe der Sieben Weisen

Dieser Briefroman ist nicht als Briefbuch überliefert, sondern kann nur aus den bei Diogenes Laertios erhaltenen Briefen, die er je als Abschluss der Darstellung der alten Weisen[128] wiedergegeben hat, rekonstruiert werden.[129] Dass einige dieser verteilten Briefe zusammengehören, so etwas wie einen Briefroman bilden, ist bereits früher gesehen worden.[130] Nun hat N. Dührsen versucht, die überlieferten Briefe primär anhand von Stilkriterien auszuwählen und den verlorenen Briefroman zu rekonstruieren.

Aufgrund der Quellenlage bleibt grundsätzlich zu beachten, dass diese Rekonstruktion nur hypothetisch sein kann und damit zu rechnen ist, dass der so wiederhergestellte Briefroman fragmentarisch ist.[131] Die einzige Quelle zur Wiederherstellung des Briefbuches ist Diogenes Laertios.[132] Die bei ihm überlieferten Briefe weisen zwar deutliche Beziehungen zueinander auf, die eine mögliche Zusammengehörigkeit der Briefe indizieren; Dioge-

---

[127] Vgl. Maróth: Novel, 238 mit Literatur in Anm. 23; vgl. ders.: *adab*-Literature.

[128] Die traditionelle Bezeichnung der Sieben Weisen ist bekanntlich irreführend, da sowohl Anzahl als Zuordnung von Personen zu dieser ‚Gruppe' schon in der Antike unbestimmt bleibt, vgl. z.B. Diog. Laert. I 12f; 40–42 sowie die Zusammenstellung der Überlieferungen in der Textausgabe von Snell: Leben, 6–11. Vgl. Dührsen: Briefe, 88 Anm. 14.

[129] Im Folgenden werden die Briefe in der Nummerierung Dührsens gezählt (seine Übersetzung der Briefe dort auf den Seiten 90–95). Der griechische Text folgt der von Long besorgten Oxford-Ausgabe von Diogenes Laertios (vgl. Dührsen: Briefe, 90 Anm. 21). Für die Stellenangaben bei *Diogenes Laertios* bzw. die Nummerierung in Herchers *Epistolographi Graeci* vgl. unten den ‚Überblick über den Aufbau des Briefromans der Sieben Weisen und Briefnummern-Synopse'.

[130] Vgl. Snell: Leben, 128–139; 183f; einen Zusammenhang einiger der Briefe erkannte schon Nietzsche 1869 (*De Laertii Diogenis fontibus*), vgl. Dührsen: Briefe, 84f.

[131] Vgl. Dührsen: Briefe, 95–97.

[132] Vgl. zum Folgenden Dührsen: Briefe, 85–90.

nes jedoch gibt keine Hinweise darauf, dass er diese Beziehungen bemerkt hat oder für seine Leser bemerkbar machen wollte, so dass anzunehmen ist, dass ihm selbst nicht der Briefroman vorlag, sondern nur noch eine fragmentarische Ausgabe dessen oder eine Sammlung, in der die Briefe schon den einzelnen Weisen(-Viten) zugeordnet waren. Neben den im ersten Buch von ihm für echt befundenen Briefen der Weisen – er erwähnt auch einen unechten Brief des Epimenides an Solon (Diog. Laert. I 112) – zählen dazu noch drei zwischen Anaximenes und Pythagoras ausgetauschte Briefe, die er in Buch II und VIII am Ende der jeweiligen Biographie bietet. Das von Dührsen geltend gemachte gemeinsame Stilmerkmal aller dieser Briefe ist ihr zweigliedriges Präskript (ὁ δεῖνα τῷ δεῖνι) und die Abfassung im jeweiligen Heimatdialekt des Briefschreibers (dies ist Ausschlusskriterium für den I 112 erwähnten Brief, das Diogenes Laertios aus des Demetrios Schrift *Über die Homonymen* übernimmt). Weitere gemeinsame Merkmale sind die Kürze der Briefe (Ausnahmen bilden die wichtigen epist. 5 und 9) und dass sie einen Ausschnitt aus der Vita eines der Weisen beleuchten.

Die Briefe gäben nach Dührsen selbst Hinweise darauf, dass das Briefbuch ein Fragment sei, insofern als einige Stellen dunkel blieben. Gegen diese Bewertung ist allerdings einzuwenden, dass letztlich nicht zu entscheiden ist, ob die unklaren Anspielungen auf ausgefallene Briefe zurückzuführen sind, sie der Authentizitätsfiktion dienen, indem sie den Lesenden suggerieren, Einblick in reale Korrespondenz erhalten zu können, oder inwiefern hier mit der Enzyklopädie der Lesenden gearbeitet wird, die die ‚dunklen' Stellen mit Hintergrundwissen ausfüllen sollen. Sodann falle weiter auf, dass im Solonzyklus der Aufenthaltsort des athenischen Gesetzgebers nicht auszumachen sei, während dies sonst aus den Briefen hervorgehe. Für Dührsen ist dies ein Indiz, dass hier Briefe ausgefallen seien, die darüber Auskunft gegeben haben.[133] Schließlich wird in epist. 7 noch ein Brief des Bias an Solon erwähnt, der in der Korrespondenz jedoch nicht enthalten ist. Hieraus schließt er ebenfalls, dass der erwähnte Brief ausgefallen seien könnte.[134] Zum fragmentarischen Charakter kommt noch die

---

[133] Vgl. Dührsen: Briefe, 96f (für epist. 9–11); für epist. 5–8 (vgl. 101 Anm. 43) nimmt er den Aufenthalt des Solon in Athen an. M.E. ist die Nichterwähnung des Aufenthaltsortes des Solon in epist. 5–11 auch interpretierbar als bewusst eingesetztes literarisches Mittel: Der im Exil befindliche Solon wird hier als ein Ortloser dargestellt (vgl. ἀλᾶσθαι/ἀλατεία in epist. 6), dem seine Heimat durch die Errichtung der Tyrannis durch Peisistratos in Athen entrissen wurde (vgl. epist. 9). Wenn diese Interpretation zutrifft, bietet sich hier ein Vergleichspunkt zu dem Paulus von Tit und 1Tim an. Dieser ist zwar nicht im Exil, wird aber als eifriger Missionar dargestellt, der die Mittelmeerwelt durchreist. Entsprechend gehen die Versuche herauszufinden, wo (der fiktionale) Paulus jeweils den Brief an Titus oder Timotheus geschrieben hat, an der Intention der beiden Briefe vorbei. Anders natürlich für 2Tim, wo Paulus im Gefängnis gedacht wird.
[134] Vgl. Dührsen: Briefe, 97. Aber auch hier lässt sich der Befund literarisch erklären. In epist. 6–8 kommt es jeweils darauf an, dass die anderen Weisen sich Solon als Freunde erweisen und

chronologische Offenheit hinzu:[135] Einige der Briefe sind Antwortbriefe, deren Zuordnung zueinander damit nicht schwer fällt; andere jedoch verweisen auf parallele Abfassungszeiten, so dass ein Neben- statt ein Nacheinander der Lektüre beabsichtigt scheint. Hier muss die Reihenfolge der Briefe notwendigerweise fraglich bleiben.[136] Und schließlich kann man davon ausgehen, dass sich die Briefe grob an der (bekannten) historischen Chronologie orientieren.

Die 19 Briefe lassen sich in vier Briefblöcke aufteilen, von denen die ersten drei enger zusammen gehören und der abschließende Block in eine andere Zeit führt und eine pointierende Funktion übernimmt. Das bestimmende Thema ist die Frage, wie ein Weiser mit politischer Macht umgeht, v.a. mit nicht-demokratischer, im Besonderen mit einem Tyrannen.

Überblick über den Aufbau des Briefromans der Sieben Weisen
und Briefnummern-Synopse

Dührsen			*Diog. Laert.*	*Hercher*
Periander-Zyklus				
	epist. 1:	Solon an Periander	I 64	636,1
	epist. 2:	Thrasybulos an Periander	I 100	787
	epist. 3:	Periander an Prokles	I 100	408,2
	epist. 4:	Chilon an Periander	I 73	193
Solon-Zyklus				
	epist. 5:	Solon an Epimenides	I 64–66	636,2
	epist. 6:	Epimenides an Solon	I 113	–
	epist. 7:	Thales an Solon	I 44	740,2
	epist. 8:	Kleobulos an Solon	I 93	207
	epist. 9:	Peisistratos an Solon	I 53–54	490
	epist. 10:	Solon an Peisistratos	I 66–67	637,3
	epist. 11:	Solon an Kroisos	I 67	637,4

---

ihm anbieten, bei ihnen das Exil zu verbringen. Der erwähnte Brief des Bias in epist. 7 erfüllt genau diese Funktion, so dass sein erneuter ‚Abdruck' redundant wäre. Zudem wird durch die eingebettete Notiz auf ‚verlorene' Briefe hingewiesen, so dass bei den Lesenden auch hier wieder der Eindruck erweckt wird, Einblick in eine echte Korrespondenz zu bekommen, die immer auch fragmentarisch bleibt. Sodann wird damit auch die allgemeine Aussage des Kleobulos (epist. 8) vorbereitet, dass „Solon viele Freunde habe und überall ein Zuhause", bzw. dass „die Freunde von überallher zu Solon kommen werden". Und schließlich ermöglicht die Erwähnung des Bias-Briefes, dass Thales Solon versichern kann, selbst ihm nach Priene nachzureisen, um Gemeinschaft mit ihm zu pflegen.

[135] Vgl. Dührsen: Briefe, 97–100.

[136] Dies betrifft nicht nur einzelne Briefe, sondern auch die Beziehung von Briefgruppen zueinander. Aber es kann durchaus sein, dass mithilfe der szenischen Kompositionstechnik „mehrere, voneinander unabhängige Handlungssequenzen reflektiert" werden, so „daß der Autor bei der Nebeneinanderstellung verschiedener Briefgruppen auf eine genaue Chronologie mitunter gar keinen Wert gelegt hat" (Dührsen: Briefe, 99).

Die Treffen der Sieben Weisen				
	epist. 11:	Solon an Kroisos		
	epist. 12:	Anacharsis an Kroisos	I 105	105,10
	epist. 13:	Pittakos an Kroisos	I 81	491
	epist. 14:	Periander an die Weisen	I 99	408,1
Das Ende der Weisheit				
	epist. 15:	Thales an Pherekydes	I 43–44	740,1
	epist. 16:	Pherekydes an Thales	I 122	460
	epist. 17:	Anaximenes an Pythagoras	II 4	106,1
	epist. 18:	Anaximenes an Pythagoras	II 5	106,2
	epist. 19:	Pythagoras an Anaximenes	VIII 49–50	601,1

So erscheinen im ersten Zyklus, dem Periander-Zyklus, gleich drei Tyrannen auf der Bühne: neben Periander, der hier als Tyrann und nicht als Weiser gehandelt wird,[137] noch Thrasybulos und Prokles, Schwiegervater des Periander. Der ganze Roman ebenso wie jeder der ersten drei Briefblöcke fängt mit einem Brief des Solon an; zudem beginnt epist. 1 mit dem Hinweis auf einen vorhergehenden Brief des Periander an Solon.[138] Die ersten beiden Briefe bilden Antworten auf die Anfrage des Periander, wie er sich als Tyrann vor Nachstellungen schützen könne; Brief 3 und 4 bilden dann wieder eine Untereinheit, in der es um den Konflikt zwischen Periander und seinem Schwiegervater geht, nachdem Periander seine Frau aufgrund von (fälschlichen) Verdächtigungen hat töten lassen.[139] Die ersten vier Briefe führen somit in das Problem der Grausamkeit eines Tyrannen hinein. Beide Paare sind zudem durch ein weiteres Motiv verbunden: Ist der Grundtenor der ersten beiden Briefe, dass ein Tyrann auch vor seinen eigenen Gefährten nicht sicher sein kann, so endet epist. 4 mit der Glücklichpreisung des Tyrannen, „der bei sich zu Hause eines sanften Todes stirbt" (Übers. Dührsen).

Der zweite Zyklus (epist. 5–11) handelt vom Exil des Solon, nachdem in Athen Peisistratos[140] die Tyrannis errichtet hat.[141] Davon berichtet epist. 5,

---

[137] Nach Diog. Laert. I 41 soll schon Platon ihn (durch Myson) in der Weisenliste ersetzt haben (Prot. 343a).

[138] Epist. 1 ἐπαγγέλλεις μοι. Zur Technik, dass ein Briefroman mit dem Verweis auf vorausgehende Briefe bzw. mit einem Antwortbrief anfängt, s.u. Kap. II 3.1.

[139] Vgl. Diog. Laert. I 94f; Hdt. III 50–53; zur Zusammengehörigkeit beider Briefe vgl. Dührsen: Briefe, 100 Anm. 40.

[140] Auch Peisistratos wird z.T. zu den Weisen gezählt, vgl. Diog. Laert. I 122.

[141] Anders als bei Diog. Laert. I 49f (und damit als in unserem Briefroman) geht in der Solonbiographie Plutarchs die Auslandsreise der Errichtung der Tyrannis voraus: Nach dem Erlassen der Gesetze verlässt der Weise für zehn Jahre die Stadt und reist u.a. nach Ägypten und zu Kroisos. Nach seiner Rückkehr muss Solon erleben, wie Peisistratos, der sich im Übrigen streng an die solonischen Gesetze hält, zur Macht kommt, verzichtet jedoch explizit auf das Exil und zieht sich aus der Politik zurück (30,8 καὶ τὸ λοιπὸν ἡσυχίαν ἦγε, καὶ τῶν φίλων φεύγειν παραινούντων οὐ προσεῖχεν...).

ein Brief, den Solon an Epimenides schreibt, der in der Komposition jedoch als Rundbrief fungiert, da er nicht nur die Antwort des Epimenides (epist. 6) zur Folge hat, sondern auch epist. 7–8 von Thales und Kleobulos, die Solon je anbieten, in ihrer Heimat das Exil zu verbringen, weil er nur dort sicher sein könne vor den Nachstellungen des Peisistratos. Ein weiteres wichtiges Thema dieses Briefblocks ist die Gemeinschaft der Weisen. Neben dem Briefkontakt und dem jeweiligen Angebot des Exils heißt es auch ausdrücklich, dass die Freunde von überallher zu Solon kommen werden.[142] Weitere Hintergründe zum Charakter der Tyrannis in Athen liefern dann epist. 9–10 nach, ein Briefwechsel zwischen Peisistratos und Solon, in dem er die Einladung des Tyrannen ablehnt, nach Athen zurückzukehren. Epist. 11 ist als Überleitungsbrief konzipiert. Zum einen gehört er noch zum Solon-Zyklus, insofern Solon erklärt, dass er die Einladung des Kroisos ablehnt, dort, in einem Königtum, sein Exil zu verbringen:

„Ich schätze Dich wegen Deiner Freundlichkeit mir gegenüber. Und bei Athene, wenn es mir nicht über alles ginge, in einer Demokratie zu leben, hätte ich meinen Wohnsitz lieber bei Dir in Deinem Königreich haben wollen als in Athen (ἐδεξάμην ἂν μᾶλλον τὴν δίαιταν ἔχειν ἐν τῇ παρὰ σοὶ βασιλείᾳ ἢ Ἀθήνησι), solange Peisistratos mit Gewalt herrscht. Doch ist mir das Leben noch angenehmer an einem Ort, wo für alle Recht und Gleichheit herrschen."[143] (Übers. Dührsen)

Zum anderen gehört der Brief auch schon zum folgenden Briefblock, da Solon im nachfolgenden Schlusssatz die Einladung doch annimmt – aber weil er Gastfreund des Kroisos werden wolle.[144] Dieser Briefblock illustriert die Gemeinschaft der Weisen, in Fortführung der Exilbriefe, anhand der bekannten Geschichte von den Weisen-Symposien und ihren Treffen bei Kroisos in Sardeis, in Delphi und bei Periander in Korinth.[145] In epist. 1 und 13 antworten jeweils Anacharsis und Pittakos dem Kroisos auf seine Einladungen,[146] aber erst mit epist. 14, dem Rundbrief des Periander an die Weisen (Περίανδρος τοῖς Σοφοῖς), wird deutlich, dass vorausgehend nicht die Rede war von einzelnen Einladungen des Kroisos, sondern dass es sich um das legendäre Treffen der Weisen an seinem Hof handelte:

---

[142] So der Schlusssatz von epist. 8; vgl. zudem epist. 7: σὺν τοῖς ἑτάροις ἡμῖν καταβιούς.

[143] Dührsen: Briefe, 102, liest zwar auch epist. 11 als Überleitungsbrief, bezieht die φιλοφρο-σύνη des Kroisos aber nicht auf eine Einladung zum Exil, sondern allein auf die Einladung zum Treffen der Sieben Weisen.

[144] Epist. 11: ἀφίξομαι δ' οὖν παρὰ σέ, σπεύδων τοι ξένος γενέσθαι.

[145] Vgl. dazu die bei Dührsen: Briefe, 94 Anm. 24 genannte Literatur.

[146] Allerdings deutet epist. 12 nicht darauf, dass Anacharsis eingeladen wurde, er kündigt vielmehr seinen Besuch an: „Ich bin nun in Sardeis, weil ich großen Wert darauf lege, bei Dir zu Ansehen zu gelangen" (Übers. Dührsen).

„Viel Dank gebührt dem Pythischen Apollon, daß ich Euch bei einer Zusammenkunft vereint finde. Meine Briefe sollen Euch auch nach Korinth führen. […] Ich höre, voriges Jahr fand Eure Versammlung beim Lyder in Sardeis statt."[147]

Der abschließende Briefblock führt in eine andere Zeit hinüber und modifiziert das Thema: Erwiesen sich die vorangehenden Weisen auch als Staatsmänner, bzw. war ihr Problem die Beziehung zu Machthabern, so wird nun Kritik geübt an der Art von Weisheit, die nicht auf praktischen Nutzen ausgerichtet ist.[148] Um diesen schrittweisen Übergang zu markieren, bilden die fünf Briefe vier miteinander verschränkte Paare.[149]

In epist. 15f, einem Thales-Pherekydes-Briefwechsel, geht es um die theologische Abhandlung, die Pherekydes zurzeit schreibt, und um den wissenschaftlichen Austausch der Weisen untereinander bzw. um die Weisen als Diskursgemeinschaft[150] (Thales und Solon wollen Pherekydes besuchen kommen, bzw. sollen die Weisen (σύ […] σὺν τοῖς ἄλλοις σοφοῖς) über das Werk des Pherekydes diskutieren und bei Zustimmung publizieren).[151] In epist. 16f geht es um den Tod des Pherekydes und des Thales. Die Kritik erweist sich in der Darstellung der jeweiligen Todesart: Pherekydes, der an einem Buch über die göttlichen Dinge schreibt, wird von Würmern zerfressen; Thales, der mit dem Blick nach oben die Sterne beobachtet, stürzt einen Abhang hinunter.[152] Epist. 17f bilden als zwei aufeinander folgende Briefe von Anaximenes an Pythagoras eine Einheit. Die Selbstverpflichtung der Schüler des Thales zur Erinnerung an den Meister, den Himmelsfor-

---

[147] Übers. Dührsen. Vgl. Dührsen: Briefe, 102.

[148] Zum Themenkomplex in Bezug auf die Weisen vgl. Snell: Leben, 72–87 und die dort 183 genannte Literatur.

[149] Dührsen: Briefe, 102f, sieht diese Verzahnung der Briefe miteinander nicht deutlich, obgleich er darauf hindeutet, und hält entsprechend die „Zusammenfassung der Briefe zu einer Gruppe etwas hypothetisch", begründet sie jedoch als ‚Ionier-Briefe' damit, dass in ihnen die Betonung der ionischen Herkunft der Briefschreiber bzw. die Kultur und politischen Verhältnisse in Ionien auffallend präsent seien.

[150] Spezifischer wäre hier von einem Lehrer-Schüler-Verhältnis zu reden: Thales will (epist. 15) λεσχηνώτης des Pherekydes werden in Bezug auf die Dinge, über die er schreibt. Damit wird das gleiche Wort gebraucht wie später epist. 17 und 18 für Lehrer-Schüler-Verhältnisse, vgl. Dührsen: Briefe, 113 Anm. 84. Diese Lernhaltung ist der gleiche Grund, aus dem Thales mit Solon schon zuvor nach Kreta und Ägypten gefahren ist.

[151] Damit epist. 6–8 und 11–14 aufnehmend. Vgl. Dührsen: Briefe, 103 Anm. 47. Das gleiche Motiv der Diskussion über ein Werk eines Schulmitgliedes findet sich auch in den Sokratikerbriefen.

[152] Diese satirisch-bösartige Darstellung des Todes des Thales ist sonst in der Literatur nicht belegt (vgl. Dührsen: Briefe, 100 Anm. 38 mit Hinweis auf Blumenberg: Lachen, 38; 93), könnte also vom Verfasser in Aufnahme der Erzählung, die Platon in Tht. 174a mitteilt, bewusst neu gestaltet sein im Hinblick auf seine Aussageabsicht, vgl. Dührsen: Briefe, 112f.

scher (αἰθερολόγος), aus epist. 17[153] wird am Vorabend der Eroberung Milets durch die Perser (494 v.Chr., vgl. Hdt. VI) obsolet: „Wie also könnte Anaximenes noch im Sinn haben, Himmelskunde zu betreiben (αἰθερολογέειν), da er in Furcht vor Tod oder Sklaverei lebt?" Diese Bedrohung und die Notwendigkeit politisch-militärischer Aktivität ist das gemeinsame Thema der letzten beiden Briefe (epist. 18f. So endet der Briefroman mit des Pythagoras Mahnung an Anaximenes: „Himmelskunde (αἰθερολογίη) zu betreiben ist nicht immer angebracht, sondern anständiger ist es, der Heimat zu dienen"[154], und der Versicherung, dass sich Pythagoras auch an militärischen Operationen beteilige.[155]

Die vorangehenden Seiten sollten einen Eindruck verschaffen von der narrativen Struktur des Briefromans der Sieben Weisen. Die Gestaltung durch kürzere Sequenzen erlaubt es, die zwei Hauptthemen: die Beziehung zu politischer Macht und die Beziehung der Weisen untereinander, aus vielerlei Perspektiven in mehreren unterschiedlichen Situationen zu beleuchten. Es ermöglicht zudem, kleine Charaktertypologien darzustellen, indem die Reaktionen mehrerer auf das gleiche Ereignis brieflich dargestellt (z.B. epist. 1f; 9f; 18f oder der Vergleich der drei Tyrannen in epist. 2; 3 und 9) oder Personentypen in einem Brief gegenüber gestellt werden (Thales/Solon vs. Pherekydes in epist. 15).[156] Gerade dadurch, dass der letzte Briefblock sich von den vorausgehenden abhebt, werden die Themen konturiert: Gemeinschaft wird zur Schülerschaft und die *vita contemplativa* zugunsten der *vita activa* scharf ironisiert.[157] Demgegenüber kommt der Ausgestaltung einer narrativen Welt nur eine sekundäre Funktion zu, insofern durch sie die jeweilige Schreibsituation angedeutet werden soll.[158] Die Geschlossenheit des Werkes liegt also nicht in der Konstruktion einer durchgängigen narrativen Einheit und auch nicht in der Entwicklung eines (mo-

---

[153] Epist. 17: „Wir jedoch, seine Schüler (λεσχηνῶται), werden des Mannes Andenken bewahren, und so auch unsere Kinder und Schüler, und außerdem wollen wir seinen Reden Ehre bezeugen. Der Anfang jeder Erörterung soll Thales gewidmet sein" (Übers. Dührsen).

[154] Epist. 19 Übers. Dührsen. Umgekehrt taucht dieses Motiv in Seneca epist. 73 auf: Der Zustand gegenwärtiger Sicherheit ermöglicht es, sich den wichtigeren Dingen (*ampliora*, 73,4) zu widmen.

[155] Epist. 19: „Auch ich beschäftige mich keineswegs nur mit meinen Abhandlungen (μύθους), sondern nehme auch an Kriegen teil, die die Italioten gegeneinander austragen" (Übers. Dührsen).

[156] Dabei erfordern die Anspielungen und Hinweise ein großes Vorauswissen der Lesenden. Diogenes Laertios setzt die Briefe ans Ende seiner jeweiligen Weisen-Vita und konnte demgemäß entsprechende Andeutungen zuvor durch die Biographie erhellen, was in einem Briefroman jedoch nicht möglich ist. Diese historiographische zusammen mit der großen philologischen Akribie des Verfasser lässt Dührsen: Briefe, 114f vermuten, dass dieser Briefroman als literarisches Unterhaltungswerk für einen Kreis Hochgebildeter geschrieben worden sein könnte.

[157] Vgl. Dührsen: Briefe, 108f; 111, zur Motivvernetzung und deren Verschiebung von Briefblock 1–3 zu 4 vgl. a.a.O. 108–113.

[158] Vgl. Dührsen: Briefe, 106.

ral)philosophischen Diskurses, sondern in der Polyphonie, die dem hier
dargestellten Zweck dient. Damit sind diese Briefe dem Briefroman um
Sokrates und die Sokratiker zu vergleichen, der weiter unten ausführlich
analysiert wird.

Nachdem bisher ein Überblick über die Forschung zum antiken griechischen Briefroman geboten und erste Erkundungsgänge gemacht wurden,
sollen folgend anhand von drei weiteren Briefromanen Tiefenbohrungen
vorgenommen werden, so dass narrative Techniken, die Arbeit mit Personallegenden sowie mögliche Aussageabsichten erkennbar werden, die durch
solch eine Art von narrativer Brieffiktion jenseits der These einer besonderen Autorisierung durch die *ipsissima verba* des Weisen resp. Schulgründers verfolgt werden können.

2. Ein Briefroman des Aischines

Unter dem Namen des Rhetors Aischines (ca. 390–322/315) sind zwölf
Briefe überliefert, die sein Geschick nach der Niederlage im Kranzprozess
gegen Ktesiphon und Demosthenes (330) beleuchten. In den modernen Lebensbeschreibungen des Redners findet diese Zeit wenig Beachtung,[159] was
hauptsächlich darin begründet liegt, dass für die Rekonstruktion seiner Biographie die Forschung fast ausschließlich auf die rhetorisch eingesetzten
Angaben in den Reden des Aischines und seines Kontrahenten Demosthenes
(v.a. or. 18 und 19) angewiesen ist, Aischines nach der Flucht aus Athen
jedoch – anders als Demosthenes – politisch nicht mehr aktiv geworden und
damit dem Blickfeld seiner Zeitgenossen entzogen war.[160] Erst die (spät)an-
tiken Biographien erzählen (etwas ausführlicher) von der Flucht und seinem
Aufenthalt auf Rhodos, v.a. weil Aischines als Begründer der rhodischen
Rhetorenschule galt und einen dritten Stil zwischen dem attischen und dem
asianischen in die Redekunst eingeführt habe.[161] In diesem Kontext wird
denn auch gerne die Anekdote erzählt, wie Aischines vor den Rhodiern
seine Rede gegen Ktesiphon vorgelesen habe. Übereinstimmend notieren
die Biographen, dass Aischines nach dem verlorenen Kranzprozess Athen

---

[159] Vgl. z.B. die Lexikonartikel von Gärtner (kleiner Pauly), Kühn (Lexikon der Alten Welt),
Thalheim (Realenzyklopädie) oder die biographischen Einleitungen in den Ausgaben von Adams
(Loeb) und Martin/de Budé (Budé).

[160] Vgl. Kindstrand: Evaluation, 67.

[161] Die (spät)antiken Biographien bei Martin/de Budé: Eschine, 1–10. Zusätzlich ist Philostr.
soph. I 18 wichtig; zur Begründung der rhodischen Rhetorik vgl. weiters die Bemerkungen bei
Cic. de orat. III 213; Plin. nat. VII 110; Plin. epist. II 3,10; IV 5; Quint. inst. XI 3,7; XII 10,18f;
P.Oxy. 1800 (2./3. Jh.); Thalheim: Art. Aischines, 1059; Kindstrand: Evaluation, 75–84.

verlassen habe, nicht so eindeutig ist dagegen sein Zufluchts- und Sterbeort in der Tradition belegt sowie die Bedeutung, die Alexander für Aischines nach seiner Flucht noch gehabt haben soll.

Es zeigt sich hier, dass dieser Punkt der *Vita Aeschinis* umstritten war. Die Briefe lassen in der Diskussion die Stimme des Redners selbst vernehmlich werden.[162] Damit sind sie anderen pseudepigraphen Briefbüchern vergleichbar, die in ähnlicher Weise die Spätzeit einer großen Figur der athenischen Vergangenheit aus der Ich-Perspektive neu erzählen und z.T. eine apologetische Tendenz aufweisen wie die Euripides- und die Themistoklesbriefe. Besonders nahe stehen die Aischinesbriefe letzterem Briefbuch: Zum einen, weil auch der große Feldherr der Perserkriege aus Athen verbannt wurde und er in seinen Briefen die Erfahrungen des Exils reflektiert und seine Flucht zum Perserkönig rechtfertigt, zum anderen, weil Aischines selbst auf das Schicksal des Themistokles verweist (epist. 3,2; 7,2f; vgl. auch 11,7) und sich mit ihm parallelisiert.

2.1 Die Einheit des Briefbuches

L. Radermacher hat in seiner Rezension zu E. Drerups Edition die Einheitlichkeit des Briefbuchs in Frage gestellt und drei Teilgruppen rekonstruiert: epist. 1–9; 10; 11–12.[163] Neben sprachlichen und inhaltlichen Gründen führt er die Bezeugung der Briefe durch Photios an, der allein neun Aischinesbriefe gekannt habe, und die Anmerkung bei Philostrat, der ersten Erwähnung der Briefe überhaupt, welcher die erhaltenen, von ihm für echt gehaltenen Werke des Aischines aufzählt, neben den drei Reden (die unter dem Namen des Aischines überlieferte delische Rede verwirft er als καταψευδόμενος) führt er als viertes Werk die Briefe an (Philostr. soph. I 18 [510]):

„Es gibt aber auch ein viertes Werk von ihm, Briefe, nicht viele zwar, aber voller Gelehrsamkeit und Charakterzügen." (ἔστι δὲ καὶ τέταρτον αὐτοῦ φρόντισμα, ἐπιστολαί, οὐ πολλαὶ μέν, εὐπαιδευσίας δὲ μεσταὶ καὶ ἤθους.)

Radermacher kam zu dem Urteil, dass Philostrat kaum epist. 10 „mit seinem lasziven Inhalt" gelesen habe, weil er die Briefe dann so nicht hätte

---

[162] Über die Unechtheit der Briefe besteht kein Zweifel, aufgrund ihrer sprachlichen und stilistischen Eigenheiten werden sie in die Mitte des 2. Jh.n.Chr. datiert (*terminus ante quem* ist 238 wegen der Bezeugung durch Philostrat, vgl. Gärtner: Art. Philostratos, 781), vgl. Schwegler: epistolis, 81, bezüglich epist. 1–9. Zur Textüberlieferung vgl. Drerup: epistolae, mit umfassendem textkritischen Apparat; Schindels Überarbeitung der Blass'schen Aischinesausgabe (die neue Teubnerausgabe von Dilts bietet die Briefe nicht). Im Folgenden wird der Text der Ausgabe von Martin/de Budé herangezogen.

[163] Vgl. Radermacher: Rezension, 1432f. Diese These versucht dann in seiner Dissertation K. Schwegler weiter zu fundieren.

rühmen können.[164] Dies ist jedoch allenfalls ein Geschmacksurteil, das dem Verfasser der anekdotenreichen *Vita Sophistarum*, der teilweise satirisch-ironischen *Vita Apollonii*[165] sowie der reichlich lasziven *erotischen Briefe*[166] vielleicht nicht gerecht wird.[167]

Weiters ist die Interpretation von Photios keineswegs zwingend (Bibliotheke cod. 61, 20a, 5–9):

„Man sagt nämlich, dass allein drei [sc. Reden] von ihm echt seien und neun Briefe. Deshalb nannten einige seine Reden auch ‚die Grazien‘, sowohl wegen des Charmes seiner Rede als auch wegen der Zahl der Grazien, ‚die Musen‘ aber die Briefe, wegen der Zahl der neun Musen." (Τρεῖς γὰρ μόνους αὐτοῦ φασὶ γνησίους εἶναι, καὶ ἐννέα ἐπιστολάς· διὸ τοὺς μὲν λόγους αὐτοῦ τινες χάριτας ὠνόμασαν διά τε τὸ χαρίεν τοῦ λόγου καὶ τὸν ἀριθμὸν τῶν Χαρίτων, Μούσας δὲ τὰς ἐπιστολὰς διὰ τὸν ἀριθμὸν τῶν ἐννεα Μουσῶν.)

Zunächst ist festzuhalten, dass Photios gar nicht sagt, dass er nur neun Briefe kannte, sondern er gibt die Meinung anderer Gelehrter wieder, dass es neun Aischinesbriefe gibt, die für echt angesehen werden.[168] Wenn man die Stelle jedoch so interpretiert, dass in der Photios vorliegenden Ausgabe neun Briefe enthalten waren, dann heißt dies auch noch nicht, dass diese neun Briefe mit epist. 1–9 identisch gewesen sein müssen – z.B. könnten mehrere kürzere Briefe zu längeren zusammengefasst worden sein, was angesichts der fehlenden Briefrahmungen und der zumeist fehlenden Briefüberschriften keineswegs verwunderlich gewesen wäre oder sogar intentional hätte geschehen können, um als Parallele zu den Grazien auf die Neunzahl der Musen zu kommen. Eine Aussage über den ursprünglichen Umfang der Sammlung lässt sich weder mit Photios noch mit Philostrat treffen.[169]

Ebenso werden die stilistischen Unterschiede zwischen epist. 1–9 und 11–12 von Drerup keineswegs für so gravierend erachtet, dass eine Zu-

---

[164] Vgl. Radermacher: Rezension, 1432; ebenso auch Schwegler: epistolis, 8f.

[165] Zu diesem Charakter der Schrift vgl. die Untersuchung von Schirren: Bios.

[166] Vgl. Suda: Φ 421: ἐπιστολαὶ ἐρωτικαί. Über das Problem der Zuordnung der Schriften zu den verschiedenen möglichen Philostrati informieren die Einleitungen der jeweiligen Textausgaben, in der älteren Forschung galten (darin der Suda folgend) bei aller Uneinigkeit hinsichtlich der anderen Schriften zumindest die *Vita Sophistarum*, die *Vita Apollonii* und die *epistulae* als vom selben Verfasser (dem sog. ‚zweiten Philostrat‘). Vgl. auch Bowie: Art. Philostratos, 889–891. Zu den erotischen Briefen vgl. Rosenmeyer: Fictions, 322–338.

[167] So auch Drerup: Rezension, 1282. Thalheim: Art. Aischines, 1061, sieht in der Philostratbemerkung einen Beleg für die 12-Briefe-Sammlung.

[168] In der antiken Überlieferung werden Aischines auch 18 Briefe zugeschrieben, vgl. Studemund: Verzeichnis, 442 (Tabelle) und 445f.

[169] So Drerup: Rezension, 1282–1284, der auch die von Radermacher und Schwegler für ihre These bemühte Handschriftenüberlieferung als nicht ergiebig für diese Frage bewertet.

schreibung an verschiedene Hände notwendig wäre;[170] sie lassen sich besser durch die unterschiedlichen ‚Gattungen' erklären: Während in epist. 1–9 vorwiegend der private Briefstil dominiere,[171] finde in epist. 11 und 12, die eine Art von Staatsreden darstellen, eine Annäherung an das *genus dicendi* statt.[172] Er schließt damit, dass das Briefbuch, das durch epist. 1 eröffnet wurde, folgerichtig erst mit Brief 12 abgeschlossen worden sei:

„Dagegen sind die umfangreichen Briefe 11 und 12 an Rat und Volk von Athen nicht nur im Hinblick auf die Briefe 1–9 verfaßt, was Schw. S. 16 richtig aus XII 16/17 mit IV 2 und VII, XII 11 mit V 2, XII 11 mit IX erschließt, sondern sie bilden auch kompositionell mit ihnen eine Einheit, indem sie den Lebensroman in Briefen erst zu einer künstlerischen Steigerung (deswegen auch ihr Umfang) und zugleich zu dem nach der biographischen Überlieferung einzig möglichen Abschluss bringen."[173]

Während die Briefe 1–9 und 11–12 also deutlich die Situation des exilierten Aischines reflektieren, wirkt Brief 10 wie ein Fremdkörper in der Sammlung: Weder fällt der Name des Redners, noch findet sich eine klare (etwa durch das leitmotivische [μὴ] πολιτεύεσθαι[174]) Stichwortverbindung[175] oder die Allusion der Verbannungssituation. Auch die übrigen Namen sind singulär: Der Protagonist ist Kimon, der Briefschreiber dagegen (betroffener) Beobachter und Reisebegleiter; ebenso ist der Ort ein anderer als in der restlichen Handlung. So ist leicht einsichtig, weshalb der 10. Brief als eine eigenständige Novelle umläufig ist[176] und weit mehr Beachtung in der Forschung gefunden hat als die restlichen Aischinesbriefe.[177] Dass der Brief

---

[170] Auch Schwegler: epistolis, 75f, korrigiert hier die resolute Position Radermachers.

[171] Salomone: epistolario, 232: „In queste lettere campeggia non l'oratore Eschine, il politico coraggioso e ‚tutto d'un pezzo' che preferisce la relegazione volontaria alla sconfitta, ma un depresso proscritto ad abbandonare patria e persone care; […]. L'accento batte sulle reazioni sentimentali di un uomo e su tante piccole avventure di viaggio."

[172] Vgl. Drerup: Rezension, 1282. Zur Aufnahme von und Auseinandersetzung mit den Briefen des Demosthenes v.a. in den beiden Schlussbriefen vgl. Goldstein: Letters (s.u.).

[173] Drerup: Rezension, 1281. Auch Blass: Beredsamkeit, Bd. 3,2, 185, urteilte, dass die Briefe aufgrund ihrer gegenseitigen Bezugnahme von einer Hand seien; epist. 10 schließt er aus der Argumentation nicht aus, führt sie aber in den Beispielen nicht mit an.

[174] Das Motiv fehlt außer in epist. 10 noch in epist. 2; 4 (vgl. aber § 4); 6; 8; 9.

[175] Holzberg: Briefroman, 18, führt als die beiden Motivketten das „Verhältnis zu Ktesiphon" (epist. 1,4; 2; 3,1; 4,4; 5,6; 7,2) und das „Verhältnis zum πολιτεύεσθαι" (epist. 1,5; 3,1; 5,4f; 7,2) an.

[176] Kytzler: Briefe, 274–276; Lesky: Aristainetos, 40–42. Zu den häufigen Nachdichtungen und Bühneninszenierungen der Geschichte von Skamander und Kallirhoe im Frankreich des 17./18 Jh. vgl. Weinreich: Trug, 79–83.

[177] Wichtig v.a. Weinreich: Trug, 34–40; Stöcker: Aischines-Brief; Gallé Cejudo: relato; Puiggali: *Lettre* X (der 97 Anm. 1 allerdings auch auf die ‚störenden Beziehungen' (rapprochements troublants) zwischen epist. 10,1 und 5,3 sowie 10,10 und 1,3 verweist; vgl. auch in seinem gleichnamigen Aufsatz in Prudentia S. 37); Mignogna: Scamandro, die den Brief jedoch im Anschluss an Holzberg als integralen Teil des ganzen Briefbuches um Aischines versteht, vgl. dies.: Cimone, 316f; 323–326.

zufällig[178] oder aufgrund von Homonymität[179] in die Sammlung gerutscht ist, ist nicht grundsätzlich auszuschließen. Anstelle jedoch allein anhand von epist. 10 einen eigenständigen „Novellenkranz in Briefform" zu postulieren, „in dessen Mittelpunkt der junge Kimon und seine Streiche standen"[180], soll im Folgenden danach gefragt werden, ob die Zusammengehörigkeit der Briefe erzähllogisch begründet werden kann.[181]

Da die Briefe bisher kaum Behandlung erfahren haben und nur eingeschränkt in einer Übersetzung zugänglich sind,[182] soll zunächst ihr Inhalt referiert werden (2), bevor der Aufbau des Briefbuches anhand seiner Geo- und Chronographie illustriert wird (3 und 4). So erfahren die Argumente für die konzeptionelle Zugehörigkeit von epist. 10 zum Rest des Buches, die S. Salomone und Holzberg vorgebracht haben, weitere Fundierung. Abschließend wird danach zu fragen sein, auf welchem Hintergrund das apologetische Bild des Redners entworfen wird (5).

2.2 Überblick über den Inhalt der Briefe

Nur ein Teil der Briefe trägt in der Handschriftenüberlieferung Absender- oder Empfängerangaben,[183] z.T. sind sie deutlich rekonstruierbar (epist. 11f), z.T. müssen sie offen bleiben (epist. 4f; 8–10). Das Briefbuch baut die Fiktion des exilierten Redners auf, der gerade Athen verlassen musste und seinen Zufluchtsort auf Rhodos gefunden hat. Entsprechend wollen epist. 1–8 von dort geschrieben sein; in epist. 9 berichtet er, dass er von der Insel aufs Festland übergesiedelt ist und im dortigen rhodischen Hoheitsgebiet, in

---

[178] Vgl. Schwegler: epistolis, 19.

[179] Stöcker: Aischines-Brief, argumentiert, dass nicht der Briefschreiber, sondern der Empfänger den Namen Aischines getragen habe, allerdings der Sokratiker Aischines von Sphettos.

[180] Stöcker: Aischines-Brief, 312. Dennoch bleibt es möglich, dass der athenische Politiker und notorische ,Lüstling' Kimon (vgl. nur Anth. Gr. XI 224; Plut. Cim.) Pate gestanden hat für unseren Kimon.

[181] Die zwölf Briefe als Einheit lesen lediglich Salomone: epistolario; Holzberg: Briefroman; Mignogna: Cimone, 316f; 323–326.

[182] M.W. gibt es neben Herchers lateinischer Übersetzung nur noch die deutsche von Bremi (1829) und die französische von Martin/de Budé (1928). Beschorner: Briefbücher, 172, gibt noch eine kroatische Übersetzung an von Novacović: Fabularni, 95–104. Eine kurze Inhaltsangabe der Briefe 1–3; 5–7; 9 und 12 bietet Seibert: Flüchtlinge, 343–347.

[183] Überschriften finden sich (vgl. jeweils im Apparat bei Drerup) zu epist. 1 („An Philokrates"), epist. 2 („An Ktesiphon"), epist. 3 („Aischines an den Rat und das Volk"), epist. 6 („Aischines an Philokrates"); epist. 7 (wie epist. 3). Zur getilgten Über-/Unter(?)schrift zwischen epist. 9 und 10 („Des Aischines, des Redners, Briefe") in Codex V (Vaticanus 64) siehe Radermacher: Rezension, 1432f, und die Replik bei Drerup: Rezension, 1283.

der sog. Peraia, bei Amos[184] ein Landgut erworben habe, von wo epist. 9; 11 und 12 geschrieben sind.

Nachdem *Brief 1* hauptsächlich von der Odyssee des Aischines nach seiner Abfahrt erzählt und nur in zwei kleinen Andeutungen Hinweise auf die Ursache seiner Schifffahrt gegeben werden,[185] folgt mit *Brief 2* die sukzessive Explikation der Hintergründe. Der Brief ist an Ktesiphon adressiert, und gleich im ersten Satz wird kein Zweifel gelassen, dass er derjenige ist, gegen den Aischines den Prozess gegen die Bekränzung des Demosthenes angestrengt hatte. Hatte Ktesiphon bei der Abreise des Aischines den Eindruck erweckt, dass er ihn trotz der politischen Differenzen bemitleide,[186] so dass Aischines sogar seinen Verwandten geraten hatte, sich in Notfällen an ihn zu wenden – und auch selbst hatte er ihn schriftlich um die Erledigung wichtiger Angelegenheiten gebeten (epist. 2,2)[187] –, so musste er jetzt erfahren, dass Ktesiphon schonungslos (2,1 οὐ μετρίως) gegen Aischines und seine Familie redet und handelt. In epist. 2,2 liest man nun, dass Aischines

„aus der Vaterstadt verbannt und seiner bürgerlichen Rechte, der Stadt, der Mitbürger und Freunde beraubt wurde." (ἐκπεπτωκόσι τῆς πατρίδος καὶ ἀπεστερημένοις ἐπιτιμίας καὶ πόλεως καὶ πολιτῶν καὶ φίλων.)

Brief 3 ist an Rat und Volk von Athen adressiert, in dem Aischines weiter aufklärt, dass er in einem Prozess, den er gegen andere angestrengt hatte, selbst verurteilt worden sei. Aber weder bitte er Athen um Rückkehr, noch schimpfe er wie andere auf seine Heimatstadt, sondern er rechne sich die Verbannung zur Ehre an, weil dies der geläufige Umgang der Athener mit ihren großen Männern sei (wie Themistokles und Miltiades).

In *Brief 4* reagiert er auf die Bitte seines Briefpartners, ihm näher zu erklären, wer Kleokrates sei, von dem Aischines offensichtlich in einem früheren Brief berichtet habe. Diesen führt er auf das Geschlecht des Damage-

---

[184] In den Handschriften steht in epist. 9,1 und 12,11 Ἄμμος (in Codex Coislinianus 249 an beiden Stellen mit *spiritus asper*), damit ist jedoch der rhodische Demos Ἄμος gemeint, vgl. von Wilamowitz-Moellendorff: Lesefrüchte, 147.

[185] Nach der Ankunft in Athrone bemerkt Aischines lakonisch: „So sollten wir lernen, uns nicht darum zu kümmern, ob jemand im eigenen Vaterland nach den Gesetzen oder gegen sie bekränzt wird." Und als Abschluss des Briefes: „Lebe wohl (εὐτύχει), treibe keine Politik und meide die Konflikte sowohl mit denen, die mehr, als auch mit denen, die weniger mächtig sind als du. Lebe wohl (ἔρρωσο)."

[186] Ähnlich in P.Oxy. 1800 (2./3. Jh.n.Chr.) in Bezug auf Demosthenes: Dieser will dem gerade in die Verbannung gegangenen Aischines (wegen der Unberechenbarkeiten des Schicksals) ein Talent Silber zukommen lassen; er lehnt zwar ab, weint aber darüber, weil er eine Stadt verlassen musste, in der die Feinde mehr Mitleid haben als die Freunde.

[187] Das gleiche Motiv wird auch in dem Brief des Euripides an Sophokles (epist. 2) aufgegriffen, um die freundschaftliche Beziehung zwischen beiden zu illustrieren, vgl. auch Xen. mem. II 3,12.

tus zurück, von dem schon Pindar gesungen habe.[188] Hier fügt Aischines
noch eine kleine biographische Seitenbemerkung ein, wenn er den Adressaten daran erinnert, dass ihr gemeinsamer Lehrer Mantias[189] sie dieses Pin-
dargedicht einst gelehrt habe (epist. 4,2). Dennoch wolle er die Geschichte
noch einmal kurz erzählen, weil er wisse, dass sein Freund die Dichter
verachte und sich lieber dem Geschäft hingebe, das Aischines ruiniert habe
(epist. 4,4). Das hier vorgetragene Lob des Kleokrates wird für die Lesenden des Briefbuches erst verständlich, wenn sie zu *Brief 5* kommen.[190] Hier
berichtet Aischines von seiner Ankunft auf Rhodos und davon, dass der ihm
empfohlene Juliades, wohl ein Xenos seines Briefpartners, ihn nicht sehr
freundschaftlich aufgenommen, aber jener Kleokrates sich übermäßig um
ihn gekümmert habe (epist. 5,2).[191] Um das Thema der Kritik an politischer
Tätigkeit auch hier wieder mit einfließen lassen zu können, erzählt er zusätzlich, dass Kleokrates viel Zeit mit ihm verbringe und ihn an seiner
Weisheit teilhaben lasse: Denn dieser musste es nicht erst durch Erfahrung
vermittelt bekommen, sondern durch seine Weisheit kam er dazu, sich von
der Politik fernzuhalten.[192] Der Brief schließt mit einer Warnung vor den
Verleumdungen des Leptines, über die der Adressat mehr lachen als sich
ärgern solle, und der Bitte, Aischines zu besuchen.

Brief 6 ist ein Empfehlungsbillet für Ariston, der auf dem Weg nach Athen
ist und sich Aischines gegenüber in Rhodos freundlich erwiesen habe. Auf
diese Weise solle Ariston – und die Leser – erfahren, „dass wir nicht ganz
von Freunden verlassen sind, sondern dass die Erinnerung und das Wort des
Aischines noch etwas gilt bei den Athenern".

---

[188] Pind. O. 7; Sch. Pind. O. 7,1; vgl. auch Paus. VI 7 und Ail. var. X 1.

[189] Mit diesem dürfte wohl der athenische Rhetor und Politiker gemeint sein, vgl. zu diesem
Demosth. or. 39 und 40. Zur Zuschreibung eines Lehrers des Aischines in der biographischen
Tradition (v.a. Sokrates, Platon und Isokrates bzw. Leodamas werden hier angeführt) vgl. Kind-
strand: Evaluation, 68–75.

[190] Allerdings könnten epist. 4 und 5 in der Handschriftenüberlieferung vertauscht worden sei-
en. Von der Kommunikationssituation her scheint epist 5 vor 4 datiert werden zu müssen (vgl.
Martin/de Budé: Eschine, 128 Anm. 1). Jedoch ist die überlieferte Reihenfolge ebenso plausibel
aus erzählerischen Aspekten: Die Leser bekommen die Erzählung von Kleokrates geliefert, ohne
zu wissen, warum sie dies wissen wollen sollten. Erst im folgenden Brief wird die erzählerische
,Spannung' gelöst und werden die nötigen Informationen mitgeteilt. Da die Briefe keinen Adressaten haben, bleibt die Möglichkeit, dass Aischines an zwei verschiedene Personen geschrieben
haben soll. Eine Antwort auf die Frage nach der ursprünglichen Reihenfolge beider Briefe scheint
so nicht gegeben werden zu können, da beide Abfolgen erklärlich sind. Da die äußere Chronologie
(d.i. die Schreibsituation) nur in eingeschränktem Maße zur Rekonstruktion der Briefreihenfolge
in Briefromanen in Anschlag gebracht werden kann, scheint die erzähltechnisch motivierte Reihenfolge eher für die Textüberlieferung zu sprechen, vgl. auch Holzberg: Briefroman, 22.

[191] Die Aufzählungen der Segnungen durch Kleokrates, die Aischines in seinem Exil widerfahren sind, mit der abschließenden Klage über die Heimatferne erinnern an Hom. Od. IX 34–36.

[192] Epist. 5,4: οὐ γὰρ πολιτεύεται.

In *Brief 7* an Rat und Volk von Athen reagiert Aischines auf Schmähungen eines Melanopus.[193] In diesem Brief ist eine kurze Rede gegen ihn eingefügt (epist. 7,2f), in der Aischines noch einmal auf den Kranzprozess zurückkommt und erklärt, dass er die Bekränzung des Demosthenes für gesetzwidrig halte. In der Anrede an Rat und Volk äußert Aischines die Hoffnung, dass ihm gestattet werde, bald wieder nach Athen zurückkommen zu dürfen (epist. 7,1.4).

Brief 8 ist das negative Gegenstück zu epist. 6 und greift auf das Ende von epist. 5 zurück:[194] Aischines beklagt sich, dass ihn der Adressat trotz zahlreicher Versprechungen noch immer nicht besucht habe, obwohl andere ihn schon aufgesucht hätten und Philinos auf dem Weg zu ihm sei.

Der den ersten Teil abschließende *Brief 9* erzählt davon, wie Aischines von Rhodos auf das Festland übergesetzt und sich dort in der Nähe von Amos ein kleines Landgut gekauft hat, welches malerisch beschrieben wird. Da das alte Haus verfallen gewesen sei, habe er sich ein neues bauen müssen, wie es jemandem erlaubt sei, der nur wenig besitze (κεκτημένος βραχέα). Im letzten Satz ist die Hoffnung geschwunden, die er noch in epist. 7 ausdrücken konnte, nach Athen zurückkehren zu können.

Der darauf folgende ‚Zwischenbrief‘ berichtet von den Widerfahrnissen des Briefschreibers anlässlich einer Bildungsreise nach Troja.[195] Anstatt sich alle Gesänge der Ilias an den Orten der Schlacht zu vergegenwärtigen, dem eigentlichen Grund der Reise nach Ilion (10,1f),[196] wird er Zeuge, wie sein Reisebegleiter Kimon ein vor ihrer Hochzeit stehendes Mädchen namens Kallirhoe bei einem Übergangsritus, in dem die heiratenden Frauen ihre Jungfernschaft dem Flussgott Skamander darbringen,[197] als eben dieser Flussgott verkleidet ‚verführt‘, und muss, nachdem die Geschichte einige Tage später ruchbar geworden ist, vor der aufgebrachten Menge aus der Herberge

---

[193] *En passant* wurde er schon in epist. 4,2 als Redner in der Volksversammlung eingeführt.

[194] Die Klage „Du bist bis jetzt noch nicht zu mir gekommen" (epist. 8) hat ihr Gegenstück in der Bitte um Besuch am Ende von epist. 5: „Du aber, wenn du das Meer nicht allzu sehr fürchtest, komm einmal zu mir …". So scheint es möglich, dass beide Briefe an den gleichen Adressaten gerichtet sind, zumal in 5,6 und 8 der Adressat zusammen mit einem Philinos genannt wird, vgl. Martin/de Budé: Eschine, 132 Anm. 1.

[195] Vgl. zu diesem Brief auch Glaser: Nutzen, 41–43.

[196] Zur Beliebtheit von Bildungsreisen auf den Spuren des Achilles im 2. Jh. vgl. z.B. Puiggali: *Lettre* X, 102.

[197] So Gallé Cejudo: relato, 37f. Daneben wird erwogen, dass hier von einem Virginitätstest die Rede sei (so Puiggali: *Lettre* X, 103, der diese Art von Test allerdings für eine Erfindung erotischer Romanschriftsteller hält: „Ce genre de ‚tests‘ paraît avoir été inventé par les auteurs ‚érotiques‘ à l'image de ceux destinés à apprécier la chasteté des prêtresses", mit Verweis u.a. auf Ach. Tat. VIII 6,11–15; 12,8–9; Heliodor *Aithiopika* X 7,7–9,3). In beiden Fällen ist die Beschreibung jedoch kaum als ethnologisch zutreffend auszuwerten, wie noch die ältere Forschung meinte, vgl. die bei beiden Autoren jeweils angegebene Literatur. Weinreich: Trug, 38–40, versteht das Bad als Fruchtbarkeitsritus.

durch das Hinterhaus fliehen hin zu einem sonst unbekannten Melanippi-des,[198] von dort über das Meer zur gegenüberliegenden Küste, wo er Zu-flucht in einer Hafenspelunke findet, „in der wohl kein anderer zur See Fahrender bleiben (würde), als ein wegen eines kimonischen Verbrechens Fliehender" (10,10).[199] Nun in Sicherheit, findet der Flüchtling die Ruhe, um sein überstandenes Abenteuer brieflich mitzuteilen.

Mit *Brief 11* kehrt das Briefbuch zurück zur Erzählung von der Verban-nungs. Der Anfang dieses Briefes an Rat und Volk von Athen macht jedoch auf den Unterschied zwischen den früheren Briefen und dem vorliegenden aufmerksam: Hat er es zuvor abgelehnt, der Stadt, die ihn verbannt hat, in politischen Dingen zu raten, solange sie ihn nicht um Rat sucht, so muss er jetzt jedoch wieder in Bezug auf politische Prozesse seine Stimme erheben, da zum einen einige der früheren Ratgeber schon gestorben sind, andere sich gleich Aischines in Verbannung befinden und somit der Staat kompe-tenter Berater beraubt sei. Er wolle brieflich beratend eingreifen, weil auch andere aus der Verbannung durch Briefe auf Athen einwirken wollen (epist. 11,2; ein Hinweis auf Demosthenes, epist. 1, wie auch durch das Folgende deutlich markiert wird). Aischines hat erfahren, dass es nach dem Tode Alexanders wieder Bestrebungen gebe, Athen in einen Befreiungskrieg ge-gen Makedonien zu involvieren, von dem er nur abraten könne, da die tat-sächlichen Machtverhältnisse nicht mehr der Zeit eines Themistokles ent-sprächen. So sollten sich die Athener nicht von ihrer glänzenden Vergan-genheit blenden lassen und von der leeren Rhetorik eines panhellenischen Bundes.[200]

Brief 12 ist eine Biographie des kurz vor seinem Tod stehenden Aischi-nes (vgl. epist. 12,15),[201] in der er Rechenschaft ablegt über seine ehrenvolle Vergangenheit;[202] v.a. zielt der Brief darauf, Aischines von dem Vorwurf freizusprechen, gegen die Interessen Athens gehandelt zu haben. Nach die-sem Rückblick greift er die Exilsituation wieder auf, in welcher sich der wahre Charakter eines Menschen zeige – er jedenfalls habe auch hier nicht

---

[198] Zu möglichen Identifikationen desselben vgl. Schwegler: epistolis, 19; Stöcker: Aischines-Brief, 311f.

[199] Es bleibt offen, ob Aischines allein oder mit seinem Begleiter geflohen ist (anders Stöcker: Aischines-Brief, 308), da die nachfolgenden Verbformen, wie häufig in Briefliteratur, zwischen Singular (φεύγων ᾠχόμην) und Plural (κατήχθημεν) wechseln. Kimon spielt jedenfalls mit der Flucht keine Rolle mehr, weshalb es fraglich ist, den Briefcharakter auf die Rahmengattung zu re-duzieren (und damit die Person des Ich-Erzählers auszublenden) und von einer Kimon-Novelle zu reden.

[200] Die Polemik richtet sich hier deutlich gegen Demosth. epist. 1, der zur ὁμόνοια unter den Griechen aufruft, vgl. Goldstein: Letters, 180; 265; Salomone: epistolario, 233–235.

[201] Vgl. dazu besonders or. 2,146–152.

[202] Diese Apologie soll die Vorwürfe des Demosthenes gegen Aischines widerlegen, wie sie etwa in seiner Kranzrede vorgebracht werden, vgl. Goldstein: Letters, 169f.

Athen angeklagt und habe nicht zu Alexander (oder anderen Feinden Athens) seine Zuflucht genommen, um unter makedonischer Protektion ein angenehmes Leben zu führen (5–8). Stattdessen habe er sich im rhodischen Hoheitsgebiet niedergelassen, zuerst auf Rhodos, dann in der Nähe von Amos ein Landgut erworben, was er ironisch kommentiert: An den bescheidenen Verhältnissen erkenne man schon, dass er im Dienste Philipps und Alexanders gestanden und die Freiheit der Griechen verkauft habe (11).[203] Die vorausgehende Rechtfertigung seines Lebenswandels, die die kritische Stimme von epist. 11 ins rechte Licht rückt, war notwendig, bevor er zum aktuellen Anlass seines Briefes kommen kann: Nach der Aufzählung seines οἶκος, die mit der Erwähnung seiner drei Kinder – die als Kleinkinder vorgestellt werden[204] – abschließt, bittet er die Athener, die Kinder nach seinem Tod wieder in die Bürgerschaft aufzunehmen.[205] Brief und Roman klingen schließlich aus mit einem Lobpreis der Philanthropie Athens.

2.3 Die Grobstruktur des Briefbuches

Brief 1 ist deutlich als Eröffnungsbrief gestaltet, der in die Situation des Briefschreibers einführt: Ortswechsel von Athen nach Rhodos, Andeutungen auf die Ursache der Wegreise, Ankündigung weiterer Briefe. Zudem ist der Brief dadurch herausgehoben, dass er als einziger der Sammlung eine vollständige Briefrahmung aufweist: Αἰσχίνης Φιλοκράτει χαίρειν … Ἔρρωσο.

Ebenso markant ist das Ende des Briefbuchs in epist. 12, insofern damit die Verbannungssituation des Redners, die mit epist. 1 eröffnet wurde, abgeschlossen wird, da er ab jetzt keine Rückkehr mehr erwartet.[206] Stattdessen liefert Aischines eine Kurzbiographie mit apologetischer Tendenz und

---

[203] Vorbereitet wurde dieser Punkt schon in epist. 9; in der Ausführlichkeit ist er eine kritische Gegenstimme zur biographischen Tradition, die Aischines der Schmeichelei bezichtigte (κολακεία), vgl. explizit die Apollonios-Vita (ed. Martin/de Budé 5 Z. 24).

[204] Vgl. epist. 12,12: Bald nach ihrer Geburt seien sie ihres Vaterlandes beraubt worden (§ 12) und seien nun „als Säuglinge auf der Flucht" (φεύγουσιν ἔτι νήπιοι § 13).

[205] Es ist also von der Sache her bedingt, dass erst hier von der Familie des Aischines die Rede ist, vgl. Drerup: Rezension, 1281f. Im ersten Teil des Briefbuches (epist. 1–9) ging es primär um das Exil des Aischines und die Eitelkeit politischer Betätigung. Nach der ‚Vertreibung aus Troja' dagegen wechselt die Perspektive von Aischines weg auf das politische Geschick Athens resp. Griechenlands (epist. 11) und auf seine Nachkommen (epist. 12). Zudem wird hier der emotionale Höhepunkt des Briefbuches erreicht: Aischines ist sich sicher, im Exil zu sterben, die Emotionen sollen durch die Erwähnung der alten Mutter und der jungen Kinder verstärkt werden.

[206] Der Schlusssatz von epist. 9 ließ die aufgegebene Hoffnung schon anklingen, wird aber erst mit epist. 12 endgültig fixiert.

lässt dem Rückblick einen Ausblick auf die Lebensumstände seiner Kinder nach seinem Tod folgen, für deren Rückkehr er einzig noch bitten kann.

Neben diesen Markierungen von Anfang und Ende weist die Briefsammlung trotz ihrer Kürze weitere Strukturierungsmerkmale auf: Zunächst greift Brief 9 zurück auf Brief 1, wie durch die Fortführung der Reisebewegung von Rhodos nach Amos und durch die erneute Erwähnung der Atemkrankheit sichtbar wird. Dass zudem dem Brief eine Abschlussfunktion zukommt, indiziert der Briefabschluss, den er mit epist. 1 gemein hat (ἔρρω-σο), sowie die völlig andere Situation, in die epist. 10 hineinführt. Der erste Teil der Briefsammlung epist. 1–9 wird durch epist. 5 ein weiteres Mal untergliedert: Nachdem epist. 1 erzählt, dass Aischines nach Rhodos gekommen ist, erzählt epist. 5, wie er auf Rhodos angekommen ist. Epist. 1; 5 und 9 dienen somit als gliedernde Etappenbriefe des ersten Romanteils. Beide Zwischenzeiten (epist. 2–4 und 6–8) sind sodann gleich strukturiert durch die (überlieferten) Adressatenangaben: Auf eine Einzelperson (epist. 2: Ktesiphon; epist. 6 Philokrates) folgt ein Brief an „Rat und Volk" (epist. 3; 7) und anschließend an eine unbekannte Einzelperson (epist. 4; 8).

Der zweite Teil (epist. 10) kann als Interludium interpretiert werden, das Aischines als Bildungstourist in der Zeit seiner athenischen Verbannung zeigt, bevor der dritte Teil (epist. 11–12) von der letzten Lebenszeit des Aischines erzählt. Beide Briefe sind wiederum an Rat und Volk von Athen adressiert und greifen dadurch auf epist. 3 und 7 zurück[207] sowie durch Stichwortverbindungen auf weitere Briefe des ersten Teils.

2.4 Die Stellung von Brief 10 im Rahmen der Orts- und Zeitkonzeption der Aischinesbriefe

In dem vorausgehenden Überblick über Inhalt und Aufbau des Briefbuches ist die Bedeutung der Ortsangaben und der Reisebewegungen des Aischines schon hervorgetreten. Diese dienen nicht allein dazu, die narrative Welt aufzubauen und das Buch als eine Art von Reiseroman erscheinen zu lassen, sondern explizieren auch das Thema Exil. Darüber lässt sich zudem die Zugehörigkeit von epist. 10 zum Briefbuch an seiner jetzigen Stelle erklären.[208]

---

[207] Die Adressatenangabe ist nicht in den älteren Handschriften überliefert, lässt sich aus dem Inhalt jedoch leicht erschließen, vgl. Drerup zu epist. 11f.

[208] Weinreich: Trug, 36f, der die „völlige Sonderstellung" von epist. 10 betont, sieht in den Reiseerzählungen das verbindende Glied von epist. 10 mit den anderen Briefen, was möglicherweise die Einfügung des Briefes veranlasst habe.

2.4.1 Ortsangaben

Die Sammlung fängt mit einer für Exilbriefromane typischen Abreisenotiz an (epist. 1,1):[209]

„Nachdem wir abends in Munichia bei sehr starkem Nordwestwind[210] den Anker gelichtet hatten, kamen wir gegen Mittag nach Koressos auf Keos." (Λύσαντες ἐκ Μουνιχίας ἑσπέρας λαμπρῷ σφόδρα Σκίρωνι περὶ μέσην ἡμέραν κατήχθημεν εἰς Κορησὸν τὴν Κείων.)

Der erste Brief wird dominiert von einem permanenten Wechsel von Ortsnamen (Munichia, Keos, Delos, Kreta, Psamanthus, Athrone[211], rhodische Peraia, Rhodos), wodurch er sogleich mitten in ein Geschehen voller Dramatik einführt und durch die aufeinanderfolgenden Gefährdungen des getriebenen Protagonisten romanhaft anmutet. Das Schiff wird von verschiedenen Winden umhergetrieben (ἄνεμος, ζάλη καὶ ἄνεμος, πνεῦμα Λιβυκόν), die Reisenden begegnen auf Delos Menschen, die von einer pestartigen Krankheit (λοιμώδη τινὰ νόσον)[212] befallen sind, bevor sie schließlich in einem Hafen der rhodischen Peraia in Karien einlaufen.[213] Dort erkrankt Aischines an einer Atemnot (τὴν περὶ τὸ ἄσθμα νόσον), die ihn auch später noch belasten wird (epist. 9)[214], ohne Besserung setzt er nach dem nun rettenden Rhodos über (epist. 1,5):

„Weil die Krankheit, solange ich dort blieb, nicht nachließ, segelte ich nach Rhodos, und der Ort nahm uns freundlich auf; denn sogleich nachdem ich übergesetzt war, wurde es viel besser mit mir." (Ὡς δὲ ἐπιμείναντός μου αὐτόθι οὐκ ἐνεδίδου ἡ νόσος, διέπλευσα εἰς Ῥόδον, καὶ ἐδέξατο ἡμᾶς εὐμενῶς ὁ τόπος· εὐθὺς γὰρ ὡς διέβην, πολὺ ῥᾴων ἐγενόμην.)

Die Reisegeographie wird wieder aufgegriffen in epist. 5, indem Aischines dem (unbekannten) Briefempfänger[215] seine Lage schildert (epist. 5,1):

„Juliades, dem du am meisten vertrautest, war, als wir nach Rhodos kamen, weder gerade hier anwesend – sondern er befand sich in Lindos –, noch nahm er uns besonders freundlich auf, nachdem er nach Rhodos zurückgekehrt war, außer dass er uns das Übliche zukommen ließ [und] fragte, ob wir etwas nötig hätten." (Ὁ μὲν Ἰουλιάδης, ᾧ μάλιστ' ἐπεποίθεις, οὔτε ὅτε ἀφίγμεθα εἰς Ῥόδον παρὼν ἔτυχεν, ἀλλὰ

---

[209] Zum Folgenden vgl. auch Glaser: Nutzen, 43–45.

[210] Zu Skiron als Verkörperung des Nordwestwindes vgl. von Geisau: Art. Skiron, 230.

[211] Zur unsicheren Lesung von Athrone und den Varianten vgl. den Apparat bei Martin/de Budé; Drerup; Blass/Schindel.

[212] Villard/Weiler: dermatose, diagnostizieren Albinismus.

[213] ἀφικόμεθα εἰς ἐπίνειόν τι τῆς Ῥοδίας epist. 1,4.

[214] Vgl. auch das an Asklepios gerichtete Epigramm anlässlich der Heilung einer Kopfverletzung des Aischines in Anth. Gr. VI 330.

[215] Da epist. 5 ebenso wie 1; 4; 6; 8 und 9 über die Reise nach Rhodos und den Aufenthalt dort handeln, hat man vermutet, dass alle Briefe an Philokrates, den expliziten Empfänger von Brief 1 und 6, gerichtet seien, vgl. Martin/de Budé: Eschine, 128 Anm. 1.

περὶ Λίνδον ἦν, οὔτ' ἐπανελθὼν εἰς Ῥόδον περιττῶς ἠσμένισεν ἡμᾶς, ἔξω δὴ τοῦ τὰ κοινὰ ταῦτα προστάξαι, λέγειν εἴ τινων χρῄζομεν.)

Das positive Gegenbild dazu bildet Kleokrates, der ihm ein kleines Landgut bei Kamiros auf Rhodos vermittelt, ihn mit Lebensmitteln für mehr als ein Jahr versorgt und mit ihm die Zeit verbringt und an seiner Weisheit teilhaben lässt.

Auf diesen Brief, der mit einem Besuchswunsch beendet wird, folgen drei Briefe, die nun v.a. die Sesshaftwerdung auf Rhodos behandeln: ein Empfehlungsbrief für einen Ariston, der der erste war, der Aischines in Rhodos aufgenommen hatte, und der nun nach Athen reist; ein Brief an Rat und Volk von Athen, der eine Rede gegen Melanoppus beinhaltet und die Hoffnung auf eine baldige Rückkehr ausdrückt; und ein Beschwerdebrief über den noch nicht geleisteten Besuch. Während also im ersten Dreierblock epist. 2–4 die Verbannung und Wegfahrt im Mittelpunkt stand, wird im zweiten Dreierblock epist. 6–8 das Leben in der Verbannung mit Ausblick auf eine mögliche Rückkehr fokussiert.

Zum Abschluss kommt der erste Teil des Briefromans mit epist. 9, in dem sich die nächste Ortsverschiebung findet, wie wiederum durch den ersten Satz angezeigt wird:

„Nachdem ich mich nach Physkos habe übersetzen lassen, ruhte ich diesen Tag (dort) aus, nicht aus Faulheit, sondern die Atemkrankheit schien sich hinzuziehen …" (Περαιωθεὶς ἐπὶ Φύσκον, ἡσυχάσας ἐκείνην τὴν ἡμέραν, οὐχ ὑπ' ἀργίας, ἀλλὰ μηκυνεῖν ἔδοξεν ἡ περὶ τὸ ἄσθμα νόσος …)

Wie schon in epist. 1 tritt die Atemnot an der kleinasiatischen Küste auf; motivierte sie dort seine Überfahrt nach Rhodos, so wanderte er nun von Physkos, nachdem sie über Nacht etwas nachgelassen hatte, nach Amos und erwarb dort ein kleines Landgut. Im Rest des Briefes beschreibt er dasselbe sowie das verfallene Haus, die freundschaftliche Aufnahme dort durch Myronides und seine Sesshaftwerdung, schließt jedoch (vergleichbar epist. 5) mit einer Klage über seine Verbannung und dem Schlussgruß ἔρρωσο wie auch in epist. 1.

Von all dem schweigt epist. 10; der Rückbezug wird dann aber in epist. 11,3 hergestellt durch die Erwähnung des Aufenthaltes auf Rhodos. Im abschließenden Brief rechtfertigt er die Wahl seines Exilortes: Da er weder zu den Feinden Athens wollte, noch in der Nähe seiner Heimatstadt hätte bleiben können, habe er sich auf dem rhodischen Festland niedergelassen.

Die Nachrichten über seine Reisen lassen ein Muster erkennen. Jede Reisebewegung steht in engem Zusammenhang mit der ‚Gefährdung' des Protagonisten und nachfolgender ‚Rettung'. Der Eröffnungsbrief greift dazu diverse Romanmotive auf; epist. 5 variiert die Gefährdung als ungastliche Aufnahme durch Juliades, einen scheinbaren Xenos seines Freundes, der

ihm nur die nötigste Freundschaftsbezeugung erweist, ihn im Übrigen jedoch im Stich lässt: Erst ist er nicht in Rhodos, sondern in Lindos, nach
seiner Rückkehr aber kümmert er sich auch nicht hinreichend um den Fremden, der auf seine Unterstützung angewiesen wäre. Umso ehrenvoller hebt
sich daraufhin Kleokrates ab, wodurch dessen Lob im vorausgehenden
Brief den Lesenden verständlich wird. In epist. 9 schließlich folgt auf die
erste Reisestation wiederum die Bedrängnis durch die Atemnot, die ‚Rettung' erfolgt mit der zweiten Ortsangabe durch das Ausfindigmachen eines
Wohnsitzes und der freundlichen Aufnahme durch Myronides. Die stereo-
type Abfolge von Reise–Negativerfahrung–Positiverfahrung mit abschlie-
ßendem Zur-Ruhe-Kommen durchzieht das Briefbuch und dient auch abschließend epist. 12,10f zur Begründung des Wechsels von Rhodos nach
Amos. Dieses Muster ist nun auch in der ‚milesischen Novelle' von Brief
10 zu erkennen, deren Thema eine andere Art von Flucht ist.[216]

2.4.2 Die Strukturierung durch die Zeit

Die Briefe spielen in der Zeit nach der Verbannung des Aischines (330).
Brief 1 setzt in der Zeit unmittelbar nach der Verbannung ein, die nachfolgenden Briefe 2–9 bleiben zeitlich unbestimmt, der anhaltende Verweis auf
die Exilsituation und die damit verbundenen Widerfahrnisse implizieren,
dass der Redner schon einige Zeit exiliert ist: Er kann von Besuchen berichten und sich über nicht erfüllte Besuchsversprechen beschweren (epist. 8),
hat brieflich von Verleumdungen seiner Person durch Ktesiphon, Lepides
und Melanopus erfahren und reagiert darauf (epist. 2; 5; 7) etc. Es fehlt jedoch jeder konkrete Hinweis auf eine mögliche Datierung. Einen solchen
entdeckt der Leser erst in Brief 11 wieder in der Erwähnung von Alexanders Tod (323):

„Ich höre nämlich, dass nach dem Tod Alexanders einige euch ermuntern, aufs neue
aktiv zu werden." (Πυνθάνομαι γὰρ τελευτήσαντος Ἀλεξάνδρου προτρέπειν
τινὰς ὑμᾶς καινοτέρων ἅπτεσθαι πραγμάτων; epist. 11,5)

Hinter den ungenannten „einigen" steht auch Demosthenes, der, mittlerweile selbst im Exil (vgl. epist. 11,12f; 12,14),[217] in Kleinasien und Griechenland umherreist, um eine neue Allianz gegen Makedonien aufzubauen (vgl.

---

[216] Vgl. Holzberg: Briefroman, 21f.

[217] Demosthenes, ins Gefängnis gesetzt wegen vermeintlicher Veruntreuung, floh aus Athen,
um der Strafzahlung zu entgehen (324); bald nach dem Tod Alexanders (Juni 323) konnte er unter
dem Einfluss der antimakedonischen Partei unter Ehren nach Athen zurückkehren, seine Schulden
wurden aus der Staatskasse beglichen. Nach der Konsolidierung der makedonischen Macht durch
Antipatros entzog sich Demosthenes der Auslieferungsforderung durch Flucht und nahm sich 322
das Leben, vgl. Plut. Dem. 29f; Ps.-Plut. mor. 846f. Vgl. Goldstein: Letters, 37–63, zur Harpalus-
Affäre und dem Exil des Demosthenes.

z.B. Plut. *Demosthenes* 27). Aischines bemüht sich denn in dem Brief, Athen auf die veränderten politischen Machtverhältnisse seit der Zeit des Themistokles hinzuweisen, die eine Vormachtstellung Athens nicht mehr erlauben (epist. 11,6–13). V.a. gegen zwei von den Propagandisten eines griechischen Aufstandes gegen die makedonische Herrschaft vorgebrachte Argumente zieht Aischines zu Felde: die ruhmreiche Vergangenheit als Begründung gegenwärtiger Größe (§ 8) sowie die Suffizienz von Einmütigkeit unter den Griechen (§§ 11f). Aischines mahnt dagegen zur Begnügung mit dem *status quo*, der Akzeptanz der makedonischen Vorherrschaft und dem Bewahren einer partiellen athenischen Freiheit.

In engster zeitlicher Nähe zu Brief 11 steht Brief 12, ohne dass eindeutig eine Reihenfolge ausgemacht werden könnte. Zur Begründung seiner Bitte um die Ermöglichung der Rückkehr seiner Kinder nach seinem Tod führt Aischines als Parallelfall die Bitte des Demosthenes für die Begnadigung der Kinder des Lykurg an (epist. 12,13f). Dieser starb 324, seine Söhne wurden jedoch in Athen gefangen gesetzt, weil ihr Vater Staatsgelder veruntreut haben soll.[218] Demosthenes schrieb darauf (vgl. Aischin. epist. 12,14) den Athenern[219]. Epist. 11 und 12 führen die Leser somit in eine Zeit um 323/ 322, in die nach den Andeutungen des letzten Briefes auch der Tod des exilierten Redners fällt.

Diese Interpretation widerspricht der gängigen Datierung von Aischines' Leben. In der Rede gegen Timarchos (§ 49), die 346/5 gehalten wurde, gibt er an, 45 Jahre alt zu sein, womit sein Geburtsjahr etwa um 390 bestimmt werden kann. Nach der Tradition soll er 75 Jahre alt geworden, also um 315 gestorben sein. Der Schlussbrief hingegen, der in der Zeit vor dem Lamischen Krieg geschrieben sein will, betont den kurz bevorstehenden Tod des Aischines. Die Aischinesbiographie des Apollonios[220] bringt ebenfalls beide Daten in engen Zusammenhang:

„Es starb aber Aischines, indem er von Antipatros ermordet wurde, als dieser die Verfassung auflöste, als auch die um Demosthenes herum ausgeliefert wurden, im Alter von 75 Jahren." (ἐτελεύτησε δ' Αἰσχίνης ἀναιρεθεὶς ὑπ' Ἀντιπάτρου καταλυθείσης τῆς πολιτείας, ὅτε καὶ οἱ περὶ Δημοσθένην ἐξεδόθησαν, βεβιωκὼς ἔτη οε'.)[221]

---

[218] Vgl. Ps.-Plut. mor. 842d.

[219] Der erhaltene Brief Dem. epist. 3 ist möglicherweise echt und dann April/Mai 323 zu datieren, vgl. Goldstein: Letters, 49.

[220] Möglicherweise ist dieser Apollonios mit dem Verfassers eines Kommentars zu den Reden des Aischines identisch, der vielleicht ins 2. Jh.n.Chr. datiert werden kann, vgl. Brzoska: Art. Apollonios, 144; Susemihl: Geschichte, Bd. 2, 163 Anm. 101.

[221] Apollonios: Vita Aischinis, 63–65 (ed. Martin/de Budé 6).

Ob diese Angabe historisch auswertbar ist, weil sie eine sonst verlorene Tradition bewahrt hat, ist umstritten.[222] Apollonios zeigt aber, dass der Verfasser der Briefe nicht alleine mit einer solchen biographischen Rekonstruktion war. Dass es ihm nicht um die zuverlässige Wiedergabe eines historischen Datums zu tun war, zeigen die mit den anderen Personennotizen verbundenen eklatanten ‚Fehl'datierungen. So teilt der Redner mit, dass unter den mit ihm Exilierten auch seine dreiundsiebzigjährige Mutter (epist. 12,12)[223] sowie seine drei kleinen Kinder (epist. 12,13: νήπιοι) seien. Da diese Angaben mit der Parapresbeia-Rede nicht zu vereinbaren sind,[224] aus der sie der Verfasser jedoch aller Wahrscheinlichkeit nach entnommen hat[225] (zumindest weiß die übrige biographische Tradition nichts von den Kindern des Aischines und seine Mutter wird im Zusammenhang seines Exils auch nicht mehr erwähnt), so scheint es, dass ihnen primär eine Funktion für die Erzähldramatik zukommt. M.a.W., die greise Mutter, die sehr jungen Kinder und sein bevorstehender Tod dienen dazu, die dramatische Lage des Exils zu illustrieren.

Brief 10 kommt die Funktion zu, den Zeitsprung zwischen der Zeit nach 330 und der Zeit vor dem Tod 322 zu überbrücken. Durch die Einschaltung nach epist. 9, die mit der langsam zur Gewissheit werdenden Einsicht in die Permanenz des Exils schließt, kann der Brief, der den Exilierten nun als Bildungsreisenden an geschichtsträchtigem Ort und als mit anderen Problemen als seiner eigenen Lage Beschäftigten zeigt, dieses (scheinbare) Sesshaftwerden in der Fremde illustrieren.[226]

---

[222] Zuversichtlich Lewis: When, 108; kritisch dagegen Harris: When, 211f; offen halten dies Engels/Weißenberger: Art. Aischines, 347. Apollonios ist die einzige Quelle, die ein Alter des Aischines angibt, so dass die Zuverlässigkeit der Datierung des Todes auf 315 ebenso höchst fraglich ist, wie schon Schaefer: Demosthenes, Bd. 3, 266f Anm. 1, zu bedenken gibt: „die ganze Stelle ist so absurd, daß nichts daraus zu entnehmen ist".

[223] Vgl. die Anmerkung von Bremi: Aischines, 355. Nach Aischin. or. 2,148 ist seine Mutter mit ihrem Ehemann 404 unter der Tyrannis der Dreißig ins Exil gegangen. Möglicherweise war dieses Exil Grund für unseren Verfasser, sie auch mit ihrem Sohn ins Exil zu schicken.

[224] In or. 2,152 und 179 (gehalten 343) erwähnt Aischines seine drei Kinder, eine Tochter und zwei Söhne, vgl. Seibert: Flüchtlinge, 601 Anm. 261.

[225] Ein weiterer Anachronismus dürfte aus der Benutzung der ‚Aischinesbiographie' or. 2,146–152 herrühren: In or. 2,149 erwähnt Aischines die Gesandtschaft seines jüngeren Bruders zum persischen König; in epist. 11,3 verteidigt sich Aischines gegen den anhaltenden Vorwurf der Makedonenfreundschaft und gibt an, dass er dann lieber nach Medien und Persien gehen wolle – da noch niemand ihn der Perserfreundschaft bezichtigt hätte. 323 allerdings war diese Gegend schon Teil von Alexanders Weltreich.

[226] Zur Zentralität von epist. 10 für den Aufbau des Briefbuches vgl. Glaser: Nutzen.

2.5 Die Arbeit an der Legende

Die Loyalität des Aischines zu Athen ist schon von Demosthenes in Frage gestellt worden[227]; in der Zeit der Expansion des makedonischen Reiches musste eine auch nur ansatzweise makedonenfreundliche Position als antiathenisch und Ausverkauf der Freiheit Griechenlands erscheinen.[228] Dieser Vorwurf wurde in der biographischen Tradition weitergeschrieben: Nachdem Aischines den Prozess gegen Ktesiphon verloren hatte, sei er außer Landes geflohen, um die Geldstrafe nicht bezahlen zu müssen. Um den Zufluchtsort geht es im Folgenden. Es lassen sich hauptsächlich zwei Traditionen festmachen: Die eine berichtet, dass er nach seiner Flucht sogleich nach Rhodos gekommen sei, die andere lässt die Insel nur zweite Wahl sein.

Cicero weiß von der Flucht aus Athen und der Niederlassung auf Rhodos (de orat. III 213):

„der (sc. Aischines), als er wegen der Schande des Urteils Athen verlassen hatte und sich nach Rhodos begeben hatte, von den Rhodiern gefragt wurde …" (*qui cum propter ignominiam iudicii cessisset Athenis et se Rhodum contulisset, rogatus a Rhodiis …*)

Von Cicero möglicherweise abhängig, schreibt Plutarch in der Demosthenes-Vita (24,3) über die letzte Zeit des Aischines ebenso kurz:

„Jener verließ nun sogleich die Stadt, ging weg und lebte als Sophist auf Rhodos und in Ionien." (ἐκεῖνος μὲν οὖν εὐθὺς ἐκ τῆς πόλεως ᾤχετ' ἀπιὼν καὶ περὶ Ῥόδον καὶ Ἰωνίαν σοφιστεύων κατεβίωσε.)

P.Oxy. 1800 erwähnt ebenfalls die Flucht des Aischines (Z. 9) und die Gründung einer Rhetorenschule auf Rhodos.[229]

Diese ältesten Zeugnisse, die die Flucht und den Aufenthalt auf Rhodos unmittelbar zusammen lesen (so dann auch in der Suda übernommen), stehen einer anderen Tradition gegenüber, wie Pseudo-Plutarch explizit anmerkt in dem Aischinesabschnitt aus den Lebensbeschreibungen der zehn Redner (mor. 840a–841a): Neben dem Bericht, dass er nach Rhodos geflo-

---

[227] Z.B. Aischin. or. 3,66.215; Demosth. or. 18,51f.

[228] Dass der Vorwurf des Ausverkaufs Griechenlands und der Demokratie, dessen Demosthenes ihn angeklagt hatte (vgl. z.B. die gerade erwähnte Anmerkung in or. 18,51f), auch in der Forschung lange Zeit seine Wirkung ausgeübt hat, darauf macht Sadourny: recherche, 19f, aufmerksam und versucht, davon unbeeinflusst nach den politischen Überzeugungen des Aischines zu fragen, vgl. auch Harris: Politics.

[229] Am Ende ist der Papyrus abgebrochen und liest Γενό[μενος δὲ ἐν] Ῥ[όδῳ] σχολήν, worauf in den folgenden zwei Zeilen nur noch Ἀττικόν und Ῥοδίοις lesbar ist (ed. Martin/de Budé 10 Z. 15). Der Text scheint aber herzugeben, dass Aischines bei den Rhodiern den attischen Stil eingeführt und durch die gegenseitige Beeinflussung damit den dritten Stil in der Rhetorik begründet habe; zu den drei Stilen vgl. Cic. Brut. 13,51; orat. 8,25, ohne eine Vermittlung durch Aischines zu erwähnen, diese erst bei Quint. inst. XII 10,18f, vgl. Kindstrand: Evaluation, 80–83.

hen sei, um die 1.000 Drachmen nicht zahlen zu müssen, gebe es andere
Stimmen, die überliefern, dass er nicht freiwillig die Stadt verlassen habe,
sondern wegen des Verlustes der Bürgerrechte (ἀτιμία) nach Ephesus zu
Alexander geflohen sei.[230] Nach dessen Tod sei er aufgrund der aufflam-
menden Unruhen im Zusammenhang der Alexandernachfolge nach Rhodos
gegangen, habe dort eine Schule gegründet und sich später auf Samos niedergelassen, wo er auch gestorben sei. Hier hört es sich so an, als habe er in
Ephesus Alexander angetroffen;[231] andere Zeugen wie z.B. Philostrat dagegen geben an, dass Aischines zu Alexander (nach Susa/Babylon) wollte, in
Ephesus jedoch von seinem Tod erfahren habe und, um den Wirren in der
Nachfolge zu entgehen, nach Rhodos geflohen sei.[232]

Apollonios in seiner Aischines-Vita erzählt nun gar nichts über den
Kranzprozess, ein Exil, über einen Aufenthalt in Ephesus oder Rhodos.
Aber er weiß von dessen Tod zu berichten, von dem die übrigen Quellen
mit Ausnahme von Ps.-Plutarch schweigen. Er führt den Tod direkt nach
der Aufzählung der Schlachten an, die Aischines für Athen geschlagen hat,
so dass man fast den Eindruck gewinnen könnte, dass Aischines von Anti-
pater im Zusammenhang des Lamischen Krieges mit der Demosthenespar-
tei zusammen getötet worden sei. Dies kann jedoch kaum gemeint sein, da
er zuvor ausführlich von den engen Beziehungen zwischen Aischines und
Philipp/Alexander erzählt.[233]

Was Apollonios direkt schreibt, wird durch die ausgefallenen sieben Jahre zwischen Kranzprozess und Alexanders Tod in der bei Philostrat greifbaren Tradition erkennbar. Die Angaben zeigen nicht nur die notorische Un-
zuverlässigkeit der antiken Biographik, sondern erhellen v.a. die Tendenzi-
osität im Falle des Aischines, der als Günstling des makedonischen Hofes
dargestellt werden soll.

Gegen ein solches Aischinesbild hat der Autor des Briefbuches einen anderen Aischines gesetzt, der trotz der aufgegebenen Hoffnung auf Rückkehr
bis zum Schluss treu zu seiner Heimat steht, jedoch die politische Großwet-
terlage nicht ignorieren kann und die Machtverhältnisse (wie der Ausgang
des Lamischen Krieges zeigt) angemessener einzuschätzen wusste. Unabhängig von der Frage der Historizität knüpft der Verfasser an der älteren

---

[230] Vgl. zum Zusammenhang von ἀτιμία und φυγή als Verbannung und Emigration resp.
Flucht Grasmück: Exilium, 15–29; Seibert: Flüchtlinge, 353–361, sowie zu Aischines speziell
a.a.O. 601 Anm. 260.

[231] Vgl. auch Photios (Bibl. cod. 61, 20a, 22–26), der berichtet, dass sich Aischines zu dem in
der Asia Krieg führenden Alexander begeben habe. Eine weitgehende Parallele zu Ps.-Plutarch
findet sich bei Photios zudem cod. 264. Der Byzantiner ist der einzige weitere Zeuge, der von
einem Tod des Aischines auf Samos weiß.

[232] Philostr. soph. I 18 (509) und die beiden anonymen Viten zu Aischines, die freilich nicht zu
datieren sind (ed. Martin/de Budé 3f Z. 17–21; 6f Z. 11–14).

[233] Vgl. ed. Martin/de Budé 5 Z. 24f.

Tradition an, die Aischines sogleich nach Rhodos gehen lässt, ohne zu versuchen, ihn mit Alexander zusammenzubringen. Gleichzeitig scheint mit den Irrfahrten von epist. 1 auch die Diskussion um die Flucht des Redners aufgegriffen zu sein, wobei Ephesus und Samos möglicherweise bewusst ausgespart worden sind. Auch der Umzug des Redners von der Insel aufs Festland mag die Konkretisierung umläufiger Notizen sein (vgl. die Erwähnung Ioniens bei Plutarch, womit freilich auch Samos gemeint sein könnte, oder Kariens bei Philostrat[234]) oder Niederschlag einer fehlenden Tradition über den Tod des Redners auf Rhodos.

Aufgrund der Verbindung des Aischines mit der rhodischen Rhetorenschule und weil das Exil des Aischines auf Rhodos das Thema des Briefbuches ist, wurde vermutet, dass die Briefe dort als Produkte einer Rhetorenschule entstanden seien.[235] Man muss sie nun freilich nicht als solche in einem engeren Sinne sehen – pseudepigraphe Briefe werden gerne als Produkte von Rhetorenschulen, als Übungen in der Prosopopoiie interpretiert, womit jedoch ebenso gerne ein Werturteil als Schulübungen impliziert wird, das den Blick auf den literarisch-kunstvollen Charakter der betreffenden Briefbücher verbaut[236] –, jedoch spricht nichts gegen eine rhodische Herkunft. Der Verfasser verfügt über einige Lokalkenntnis, wie die sonst nicht in der biographischen Tradition auftauchenden rhodischen Ortsnamen Lindos, Kamiros und die zur rhodischen Peraia in Karien gehörigen Orte Physkos und Amos[237] bezeugen. Gegen die These einer Herkunft aus den Schulübungen spricht jedoch, dass Rednertätigkeit oder Schulgründung überhaupt nicht erwähnt werden. Gerade die oft erzählte Episode des Vortrags seiner Rede gegen Ktesiphon vor den Rhodiern hätte sich gut in eine solche Schulübung einbauen lassen.[238] Der gesamte Themenkomplex des Lebensunterhaltes wird in den Briefen nur in eine Richtung hin entfaltet: Aischines lebt unter bescheidenen Umständen und ist abhängig von der Aufnahme durch andere (vgl. die ausführliche Erwähnung der Sorge des Kleokrates epist. 5 und dann in verkürzter Form des Myronides in epist. 9), während er gleichzeitig seine Unabhängigkeit vom makedonischen Hof herausstreicht (v.a. epist. 12,11).

---

[234] Philostr. soph. I (481): Καρίᾳ δὲ ἐνομιλήσας καὶ Ῥόδῳ. Darauffolgend (482) konkretisiert er jedoch (historisch falsch), dass der Redner an den Hof des Maussollos gegangen sei: πλεύσαντα ἐκ Ῥόδου παρὰ τὸν Κᾶρα Μαύσωλον.

[235] U.a. Schwegler: epistolis, 81.

[236] Vgl. auch Görgemanns: Art. Epistolographie, 1168.

[237] Vgl. von Wilamowitz-Moellendorff: Lesefrüchte, 147, der dies für die rhodische Provenienz der Briefe auswertet.

[238] Dass diese Erzählung gut mit den Erzählungen der Briefe über seine Zeit auf Rhodos harmoniert, merken auch Martin/de Budé: Eschine, 2 Anm. 1, an.

Die Briefe entwerfen ein dezidiert positives Aischinesbild, wie nicht anders zu erwarten bei der Entscheidung für eine Form der Ich-Erzählung. Wenn J.A. Goldstein den Verfasser als „writer of literary or propagandistic fiction" bezeichnet,[239] so ist er ersteres auf jeden Fall; ob die Briefe jedoch als „propagandistic fiction" verstanden werden sollten, lässt zunächst danach fragen, wofür Propaganda betrieben werden soll.[240] So ist auffällig, dass nicht allein dem Vorwurf der Makedonenfreundschaft widersprochen wird, sondern die Aischinesbriefe sind durchzogen von Polemik gegen Gegner: gegen Ktesiphon (epist. 2), gegen Leptines (epist. 5), gegen Melanopus (epist. 7; 12,16f) und – sowohl explizit wie implizit durch die Aufnahme von dessen Briefen – gegen Demosthenes. Es hat eher den Anschein, dass diese Gegnerpolemik eine dramaturgische Funktion erfüllt, wird durch sie doch das Bild des Aischines als eines angefochtenen, kritisierten und verlassenen Exilanten gestaltet, das die Gefährdungen durch Stürme, Krankheiten, unfreundliche Aufnahme (epist. 5,1) und drohende Verbrennung (epist. 10,10: καταπρήσοντες ἡμᾶς πάρεισι) ergänzt. So stellte sich der Verfasser den großen Redner vor, wie er sich gegen die Anschuldigungen zur Wehr setzt und sich nicht der Larmoyanz gegen seine Heimat ergibt, welche aus den demosthenischen Exilbriefen hervorscheint.[241]

Es steht dagegen zu bezweifeln, dass die Briefe in einer aktuellen Auseinandersetzung das Wort ergreifen, um Aischines von einem Makel zu befreien,[242] der sein Andenken resp. Ansehen befleckt habe. Zwar zeigte der kurze Überblick über die biographische Tradition, dass Aischines als Makedonenfreund galt.[243] Die Legende von der Flucht zu Alexander – und damit des Verrats an der Freiheit Griechenlands –, gegen die sich der Briefschreiber mit Nachdruck wendet, hinderte die nachfolgenden Generationen etwa seit Cicero nicht daran, Aischines zu den besten und am meisten gelesenen Rednern zu zählen.[244]

---

[239] Goldstein: Letters, 78.

[240] In den popularphilosophischen Diskurs einer epikureisch/stoischen Richtung mit der Gegenüberstellung von *vita activa* und *vita contemplativa* haben Salomone: epistolario, und Puiggali: *Lettre* X, 106f, die Briefe eingeordnet.

[241] Vgl. auch Goldstein: Letters, 171.

[242] So aber z.B. Mignogna: Cimone, 315 Anm. 1: „Il corpus di 12 lettere [...] costituiscono un autoritratto fittizio, nel quale l'io narratore, oltre a tracciare un quadro della sua vita di esule, tende a offrire un bilancio giustificatorio della propria attività politica".

[243] Gleiches ist für die Euripidesbriefe vermutet worden. Der Unterschied besteht allerdings darin, dass sich eine Kritik an der Biographie des Euripides nicht festmachen lässt, s.u.

[244] Vgl. den Überblick bei Kindstrand: Evaluation, 17–66; 84–95. Die Scholien zu seinen Reden sind angesichts der geringen Werkmenge die umfangreichsten, vgl. Engels/Weißenberger: Art. Aischines, 348.

Zum einen sind die Briefe sicherlich auch als Gegenstück zu den Demos-
thenesbriefen zu lesen, von denen sie reichlich Gebrauch machen,[245] und
treten somit in das literarische Spiel der Allusion ein, durch das unter anderem Gegengeschichten zu bekannten Geschichten erzählt werden können
und die andere Seite zu Wort gebracht wird, wovon die Literatur der Zweiten Sophistik ein reichhaltiges Zeugnis ablegt.[246] Zum anderen ist auf diesem literarischen Hintergrund zu fragen, ob die beiden Hauptpunkte in der
Argumentation des Demosthenes, wie sie Aischines in epist. 11 wiedergibt
(vgl. Demosth. epist. 1) und kritisiert, nicht auf die Geisteshaltung griechischer Literaten im 2. Jh. gemünzt ist: Die verherrlichende Verklärung der
Vergangenheit Griechenlands mit der Besinnung auf seine Größe[247] und die
Bemühung um eine Art von ‚Einheitskultur' (so könnte man die ὁμόνοια
als *concordia* auch interpretieren), wie sie typisch ist für die Zweite Sophistik, erfährt hier eine kritische Hinterfragung.[248]

3. Ein Briefroman des Euripides

Das Buch der Briefe des Euripides bildet den kürzeste der erhaltenen Briefromane. Der Tragiker Euripides, der zu Lebzeiten stets hinter Sophokles
und dem verstorbenen Aischylos zurückstehen musste, war nach seinem
Tod der „meist gespielte[], gelesene[], zitierte[] und nachgeahmte[]" der
klassischen Dramenschreiber.[249] Sein Ruhm wurde jedoch, so heißt es, über-
schattet durch den (von Platon rep. 568a/b erhobenen) Vorwurf der Tyrannenfreundschaft, dessen historischer Anhaltspunkt darin bestehe, dass der

---

[245] Vgl. nur Aischin. epist. 11 mit Demosth. epist. 1; Aischin. epist. 12 mit Demosth. epist. 2
und 3; Aischin. epist. 7 mit Demosth. epist. 4; Aischin. epist. 3 mit Demosth. epist. 3 und Aischin.
epist. 2 mit Demosth. epist. 5; Goldstein: Letters, 78; 127f; 265f; Salomone: epistolario, 233–235.

[246] Zu weiteren literarischen Aufnahmen und Verfremdungen (von Homers Epen, Romanen,
Komödien und Mimen) v.a. in epist. 10 vgl. Mignogna: Cimone.

[247] Vgl. epist. 11,8: „Und nicht sollen sie als Rhapsoden eitel singen und unsere Vorfahren loben und das Land, weil in ihm die Götter geboren sind und sie um es gekämpft haben." Vgl. zur
Übersetzung auch Martin/de Budé: Eschine, 138. Anders Bremis Übersetzung: „... [unsere Ah-
nen], daß Diese in demselben und für dasselbe geboren waren [sc. also die Athener als Autochtho-
ne bezeichnet werden], und auch die Götter sich darin aufhielten."

[248] Vgl. auch Brent: Background; ders.: Ignatius, 231–311. Zur Bemühung in der Zweiten Sophistik, eine normative ‚Einheitskultur' und ‚-sprache' zu etablieren und damit Machtverhältnisse
zu festigen, vgl. die Untersuchung von Schmitz: Bildung.

[249] Matthiessen: Tragödien, 9. Zur Wirkungsgeschichte vgl. Funke: Euripides; Kuch: Euripides-Rezeption. Die Papyrusfunde belegen die starke Verbreitung – und damit Beliebtheit – von
Euripides-Stücken, wovon auch das erhaltene Dramenfragment der *Exagoge* des Tragikers Ezechiel zeugt (etwa 3./2. Jh.v.Chr.), das einen sowohl sprachlichen als auch stilistischen und dramaturgischen Anschluss an (die späteren) Euripides-Stücke aufweist, vgl. Gauly u.a.: Musa, 219.

etwa 70-jährige[250] Euripides Athen um 408/7 Richtung Pella verlassen habe, um an den Hof des Makedonenkönigs Archelaos zu gehen, wo er nach etwa 1½ Jahren gestorben sei.[251] Vor diesem Hintergrund sind die Briefe geschrieben. Sie setzen mitten in der Briefkorrespondenz zwischen Euripides und Archelaos ein (epist. 1,2: καὶ πρότερον ἤδη ἐπεστείλαμέν σοι)[252] und enden mit einem Brief des Euripides aus Pella an Kephisophon, der in Athen Euripides vor diversen Vorwürfen verteidigen soll. Darum scheint es der Sammlung zu tun zu sein: Eine nachträgliche Apologie des Dichters zu liefern (und evtl. eine Rehabilitierung des Archelaos[253]).

Bereits der Herausgeber der Briefe, H.-U. Gößwein, hat eine Beziehung zwischen den Euripidesbriefen und dem griechischen Briefroman erkannt: „Für unsere Sammlung wäre diese Bezeichnung zweifellos Hochstapelei; dennoch gibt es eine Art roten Faden, der sie zusammenbindet."[254] Und dieser ,rote Faden' ist vornehmlich ein erzählerisch gewobener, sind sie doch „mehr biographisch als philosophisch" bzw. „mehr erzählerisch als gedanklich ausgerichtet".[255] Gößwein zeigt daraufhin, dass die Briefe auf der biographischen Tradition aufbauen und sie ergänzen, und zieht den Schluss, dass diese auch bei den Lesenden als Hintergrundwissen vorausgesetzt werde.[256] Der Vergleich des in den Euripidesbriefen entworfenen Bildes des Dichters mit den erhaltenen Personaltraditionen, v.a. fokussiert auf die Beziehung zwischen Euripides und Archelaos, wird jedoch zeigen, dass die oben angeführte gängige Interpretation nicht das Hauptthema der Briefsammlung erfasst, sondern hier die Briefe als Verstehenshorizont für die Lektüre euripideischer Biographien wirksam sind. M.a.W. erarbeiten die Euripidesbriefe erst in einem gewissermaßen dialektisch zu nennenden Verfahren ein Bild des Dichters, das so nicht in der Tradition vorgegeben ist, von dem sie sich dann selbst distanzieren.

---

[250] Zu den Datierungsproblemen des Geburtsjahres, das mehr aus symbolischen Gründen bestimmt wurde (480 Schlacht bei Salamis, 484 als Aischylos seinen ersten Sieg im Dramenagon gewann), vgl. von Wilamowitz-Moellendorff: Euripides, 4f.

[251] Vgl. allgemein Matthiessen: Euripides.

[252] Diese Fiktion ist ein häufigeres Stilmittel, vgl. Sokr. epist. 1; Chion epist. 1; der Platonbriefroman beginnt (epist. 1.309a) mit der Erinnerung an die erst kürzlich eingetretene räumliche Trennung, vgl. Tit 1,5; 1Tim 1,3; ähnlich (nicht explizit, aber implizit) in den beiden Verbannungsbriefromanen des Themistokles und des Aischines, die mit Reiseschilderungen beginnen.

[253] So Gößwein: Euripides, 23; 30. Die Rehabilitierung eines Tyrannen ist Thema eines aus den Phalarisbriefen rekonstruierbaren Briefromans, vgl. Merkle/Beschorner: Tyrann, 116f; 163f.

[254] Gößwein: Euripides, 20. Holzberg: Briefroman, 16, nennt das Briefbuch aufgrund seiner Kürze eine „epistolary novelette", die dennoch mit den „wichtigsten narrativen Techniken" des Briefromans arbeite: Enthüllungsstrategie, erklärender Schlussbrief, Motivketten, Überbrückungsbrief, sowie das Motiv der Beziehung zu einem Machthaber.

[255] Gößwein: Euripides, 22 und 23.

[256] Vgl. Gößwein: Euripides, 23f.

Gehören die biograpischen Traditionen um Euripides zur Enzyklopädie der Lesenden, rückt die Verschiebung in ihr Blickfeld, welche dann als Hauptthema des Briefbuches bezeichnet werden kann, insofern es die notwendig vorauszusetzende Charakterqualität vor Augen führt, die es einem Intellektuellen erst erlaubt, in einen produktiven Austausch (u.a. von Geistesgaben und Macht) mit einem Potentaten zu treten. Wird das Briefbuch als eine literarische Einheit gefasst, zeigt sich, inwiefern es die Möglichkeiten auszuloten versucht, die einem Intellektuellen, hier konkret einem Künstler, im Umgang mit einem Alleinherrscher zu Gebote stehen, und wer von wem wie profitieren kann.

Um die hier vorgestellte These zu begründen, wird im Folgenden zuerst nach der Einheit des Briefbuches gefragt, hat Gößwein doch vorgeschlagen, epist. 2 als spätere Interpolation zu verstehen (1). Daraufhin soll in einem nacherzählenden Durchgang durch die Briefe ihr Aufbau und ihre Einheitlichkeit erkennbar werden (2), worauf die Erfassung des sozialen Feldes des Euripides folgt, das ein wesentliches Element der Neuschreibung seiner Biographie ausmacht (3). Schließlich soll, um den zuletzt genannten Aspekt zu verdeutlichen, die bisher primär textimmanente Ebene verlassen und die biographische Tradition als Diskussionshorizont in den Blick genommen werden (4), bevor abschließend die Euripidesbriefe mit zwei weiteren Briefromanen in Beziehung und in einen größeren moralphilosophischen Kontext gesetzt werden (5).

3.1 Die Einheit des Briefbuches

Die Briefe des Euripides teilen das Schicksal vieler Briefsammlungen berühmter Männer der Antike seit der epochalen Arbeit R. Bentleys: Sie wurden kaum noch wahrgenommen, nachdem er ihren pseudepighaphen Charakter herausgearbeitet hatte.[257] So ist es das Verdienst Gößweins, mit einer textkritischen Edition die Briefe wieder der Forschung zugänglich gemacht zu haben. Ist Bentley vornehmlich durch sein grundsätzliches Misstrauen gegen antike Briefliteratur und speziell aufgrund des vermeintlich nichteuripideischen Inhalts zu seinem Urteil gelangt, so untersucht Gößwein die Briefe unter sprachlichen Gesichtspunkten[258] und kommt zu einem Bentley bestätigenden Urteil: Die Briefe sind deutlich pseudepigraph und stammen aus dem 1. oder 2. Jh.n.Chr. (mit einer Bevorzugung des 2. Jh.). Gegen

---

[257] Vgl. dazu Gößwein: Euripides, 3–5; Bentley: Dissertation, 114–134. Allgemein zu den Einleitungsfragen vgl. Gößwein: Euripides, 6–30.

[258] Er knüpft hier an Tudeer: Remarks, an, der aber in seiner Klassifizierung zu grob vorgehe, zur Kritik an Tudeer vgl. Gößwein: Euripides, 12–15.

Bentleys Pauschalaburteilung knüpft er jedoch an das methodologische Vademecum von U.v. Wilamowitz-Moellendorff an, nach dem gelten müsse, jeden einzelnen Brief einer Sammlung gesondert auf seine Echtheit hin zu untersuchen, da Sammlungen durch spätere Zusätze erweitert sein können.[259] Dieses Phänomen sieht Gößwein hier gegeben: Epist. 2 lässt er etwa hundert Jahre später interpoliert sein. Das Hauptgewicht der Datierung liefert ihm das in epist. 2,2 gebrauchte εἰδέτωσαν.[260] Die ohnehin spärlichen Belege für die Verbindung der Endung -τωσαν mit dem Stamm εἰδ- sind erst ab dem 3. Jh.n.Chr. verifizierbar. Deshalb sei es „schwer vorstellbar", epist. 2 ins 2. Jh. zu datieren; denn dann wäre sie – „und zwar mit beträchtlichem Vorsprung" – der erste Beleg für diese Kombination.[261] Diese Datierung, die nach Gößwein nur hypothetisch sein kann, stehe nach H. Kuch „allerdings auf einer sehr schmalen Basis".[262] Ebenso hält es L.O. Tudeer für problematisch, sprachlichen Beobachtungen für die Datierung ein zu großes Gewicht beizumessen.[263] So beobachtet er denn auch das späte Vorkommen des Wortes und konzediert, dass man dieses nicht völlig ignorieren dürfe. Seine Konsequenz ist eine Datierung in das 2. Jh.[264]

Die einzige Bezeugung der Briefe in der Antike findet sich in der ins 3. Jh. zu datierenden *Arat-Vita* eines Achilleus, in der es heißt, dass nach der Meinung eines Apollonides Kepheus ein Sabirios Pollo neben den Aratbriefen auch Euripidesbriefe gefälscht haben soll.[265] Der Wert dieser Notiz ist freilich gering: So bleibt zum einen die Identität der drei genannten (Achilleus, Apollonides Kepheus und Sabirios Pollo[266]) unbekannt, zum anderen ist unsicher, ob mit den hier genannten Briefen überhaupt die erhaltenen Briefe gemeint sind. Gößwein macht darauf aufmerksam, dass die Euripidesbriefe hier, anders als die Aratbriefe, ohne Artikel stehen, also vielleicht nicht die Gesamtheit, sondern nur ein Teil der Euripidesbriefe gefälscht sei. Und schließlich heißt es an der Stelle auch, dass Apollonides der einzige

---

[259] Vgl. Gößwein: Euripides, 5; von Wilamowitz-Moellendorff: Briefe, 492.

[260] Gößwein: Euripides, 97.

[261] Vgl. Gößwein: Euripides, 97; vgl. auch 16f. Auf Seite 17 ist Gößwein vorsichtiger: hier erscheint eine spätere Entstehungszeit (als 1./2. Jh.) „möglich".

[262] Kuch: Rezension, 241.

[263] Vgl. Tudeer: Remarks, 20; auch Düring: Chion, 15.

[264] Vgl. Tudeer: Remarks, 33. S. 35 verweist er zudem auf den Sprachvergleich mit anderen fingierten Briefsammlungen berühmter Männer und sieht die Euripides- in enger Nähe zu den Sokrates- und den Aischinesbriefen, die auch ins 2. Jh. zu datieren seien; weiter entfernt dagegen seien die Euripides- von den Chionbriefen, die ins 1. Jh.n.Chr., und die Hippokratesbriefen, die ins 1. Jh.v.Chr. datiert werden.

[265] τοῦ δ' αὐτοῦ τούτου φησὶν εἶναι ἐπιγεγραμμένας Εὐριπίδου ἐπιστολάς (Gößwein: Euripides, 6; Westermann: Biographoi, 56).

[266] Über die sonst nicht belegte Namensform und Versuche einer Rekonstruktion informiert Gößwein: Euripides, 6–11; er folgt hier Bentley und liest Sabidius Pollio. Vgl. dazu auch Jouan/Auger: corpus, 186f.

(μόνος) sei, der die Aratbriefe für gefälscht halte, wogegen fast alle anderen (πάντων σχεδόν) von ihrer Echtheit ausgingen, so dass er ebenso im Fall der Euripidesbriefe eine Minoritätenmeinung vertreten haben könnte.[267] Der Text bleibt somit mit zu vielen Fragen behaftet, als dass er einen *terminus ante quem* bieten könnte, aber aufgrund der Sprachbeobachtungen, die Gößwein und Tudeer machen, scheint die Datierung der Briefe ins 2. Jh. gesichert.[268] Sie weichen lediglich in der Bewertung von epist. 2 und der dort anzutreffenden Form εἰδέτωσαν voneinander ab.

Weshalb Gößwein diesem einen Wort eine so große Bedeutung beimisst, liegt an der für ihn sperrigen Position des Briefes in der Gesamtkomposition. Epist. 2, ein Brief des Euripides an Sophokles anlässlich dessen Schiffbruchs vor Chios, steht zwischen zwei Briefen des Euripides an Archelaos, in denen es um die Freilassung zweier jungen Makedonen geht.[269] Epist. 2 sprenge diesen engen Bezug und sei zudem der einzige Brief, in dem die Beziehung Euripides–Archelaos nicht thematisch ist. Des Weiteren sei die historische Fiktion des Briefes problematisch: Von einer Reise des Sophokles nach Chios ist nur die als Stratege im Samischen Krieg 441/0 bekannt. In der Fiktion dieser Briefe allerdings müsste Sophokles mit über 90 Jahren etwa um 413/2[270] eine Schiffsreise unternommen haben. All diese Schwierigkeiten zusammengenommen lassen sich für Gößwein durch die Annahme von zwei Verfassern lösen:

„Er mochte mit der Konzeption des Vorgängers großzügiger umgehen und ließ sich durch kleine Widersprüche nicht beirren. Vor allem aber machte es ihm nichts aus, den Zusammenhang zwischen dem ersten und dem dritten Brief zu unterbrechen, wenn nur der Fremdkörper eigener Manufaktur auf diese – etwas brutale – Weise so eng mit dem restlichen Corpus verklammert wurde, daß seine Authentizität garantiert sein mußte."[271]

Fraglich bleibt allerdings, wieso der Brief derart eng mit dem restlichen Corpus verklammert sein kann, wenn er so offensichtlich störend in der Gesamtkonzeption steht. Gerade dies würde dem Authentizitätsanspruch

---

[267] Die Einwände bei Gößwein: Euripides, 11f. Die Briefe jedenfalls sind nicht in der biographischen Tradition verarbeitet und unabhängig von den Dramen des Euripides überliefert worden. Dies könnte ein Hinweis darauf sein, dass sie von Anfang an als nicht authentische Zeugnisse (sei es als ein Euripidesroman, sei es als Fälschung) betrachtet worden sind, vgl. Gößwein: Euripides, 3 Anm. 1; 24; 28.

[268] Vgl. auch Gößwein: Euripides, 29.

[269] Eine ähnliche Geschichte findet sich – ohne trennenden Zwischenbrief – in Sokr. epist. 10f. Auf die Bitte des Sokratikers Aischines an den in Syrakus weilenden Aristipp, sich bei Dionysios für befreundete lokrische Jünglinge einzusetzen (epist. 10), antwortet Aristipp im darauf folgenden Brief 11 mit der erfolgten Freilassung.

[270] Diese Datierung ergibt sich daraus, dass dem Brief bereits eine Korrespondenz zwischen Euripides und Archelaos, der seit 413 an der Macht war, vorausgegangen ist.

[271] Gößwein: Euripides, 22.

zuwider stehen. Mit der Fokussierung der Frage auf die (Widerlegung der) Authentizität der Briefe und der damit zusammengehenden literarkritischen Perspektive vernachlässigt Gößwein die Konzeption der Sammlung und eine Antwort auf die Frage, warum epist. 2, wenn tatsächlich ein späteres Produkt, zwischen epist. 1 und epist. 3 eingefügt wurde und welche Bedeutung der Brief für die Gesamtkonzeption haben könnte.[272]

3.2 Aufbau und Inhalt des Briefromans

Den Aufbau sowohl der einzelnen Briefe als auch der Sammlung in den Blick zu nehmen, lässt die Zusammengehörigkeit und Einheitlichkeit der Briefe erfassen.[273] Diese entgeht Gößwein, da er skeptisch bleibt, ob eine Beachtung der literarischen Struktur zum Verständnis beitragen könne: Die Briefe seien so kurz, dass der Aufbau keine Schwierigkeiten bereite, und der Brief (auch der fiktive) als Improvisationsform mache keinen Anspruch auf besondere Komposition.[274] Untersucht man jedoch die Komposition des Briefbuches, so lassen sich – neben intendierten Lesestrategien – auch Hinweise darauf erheben, dass epist. 2 für die Gesamtkomposition der Sammlung zwar nicht zentral, aber ihr doch konzeptionell inhärent ist.

Der Eröffnungsbrief enthält bereits alle Themen der Briefsammlung, die in den folgenden Briefen weiter ausgeführt werden (und z.T. theoretisch reflektiert werden in epist. 4): Die *Generosität des Mäzens Archelaos*, die *Unabhängigkeit des Dichters*, sein *Einfluss auf den Herrscher* und seine *Philanthropie* hinsichtlich der eigenen Freunde, aber auch fremder Menschen. Entsprechend programmatisch fällt der Einleitungssatz aus:

> „Das Geld, das mir Amphias überbringen sollte, habe ich Dir wieder zurückgeschickt, nicht weil ich eitlem Ruhm nachjagte, sofern ich nicht überhaupt der Meinung war, Du würdest darüber sogar eher unwillig sein als mich deswegen belobigen und die anderen würden ebendies besonders zu verdächtigen trachten, als ob solches Verhalten mehr eine Prahlerei und Heuchelei gegenüber der Masse wäre, durchaus keine echte Seelengröße." (Übers. Gößwein)

Im ersten Kapitel des zweigeteilten Briefes[275] begründet Euripides die Ablehnung des ihm von Archelaos zugesandten Geldes durch Anführung von Gründen, die für ihn nicht bestimmend gewesen seien: weil er leerem Ruhm

---

[272] Diese Kritik wird auch von Holzberg: Briefroman, 16, geübt.
[273] Vgl. Holzberg: Briefroman, 13–17.
[274] Vgl. Gößwein: Euripides, 20.
[275] περὶ δέ in 1,2 korrespondiert dem τὸ μέν in 1,1, so auch Gößwein: Euripides, 91.

(δόξαν κενήν) nicht nachjage;[276] obwohl Archelaos ihn eher tadeln (ἀχθεσ-θήσεσθαι) als loben (ἀποδέξεσθαι)[277] werde; obwohl die anderen (οἱ ἄλλοι) mutmaßen werden, dass die Ablehnung eher Prahlerei (ἐπίδειξις) und Heuchelei (πρόσχημα) vor den Vielen (οἱ πολλοί) sei als wahre Seelengröße (μεγαλοφροσύνη); und auch nicht, obwohl Kleiton, der über Einfluss am Hof des Archelaos verfügt (vgl. epist. 5,5), ihm bei Nichtannahme des Geldes zürnen würde.

Bestimmend für die Ablehnung sei dagegen, dass ihm und seinen Freunden das Notwendige zur Verfügung stehe[278] und überdies das Geld von so großer Menge gewesen sei, dass ihm die Inbesitznahme nicht zugekommen sei und er es nicht sicher hätte aufbewahren können.

Im zweiten Kapitel wechselt Euripides zu einem bereits früher behandelten Thema:[279] Er legt erneut Fürbitte für zwei Jünglinge aus Pella ein, die Archelaos ins Gefängnis hat werfen lassen, und begründet die Bitte mit allen drei Zeitebenen: Sie scheinen kein Unrecht getan zu haben (ἀδικεῖν; *Vergangenheit*[280]); zumindest werden sie in *Zukunft* keinen Schaden mehr anrichten (βλάψειν); und es sei angebracht (μέτριον[281], dem bittenden Euripides eine Gnade zu erweisen und sich des Vaters der beiden zu erbarmen, der zu den Angesehensten Pellas gehört und nach Athen zu Euripides geflohen ist in der Hoffnung, dieser habe Einfluss auf Archelaos (δύνασθαι; *Gegenwart*). So schließt er mit der Aufforderung epist. 1,2: „Handle also mir gegenüber nicht unedler, als jener annahm." (ἀλλὰ μὴ φαυλότερος γένῃ περὶ ἡμᾶς ἢ ἐκεῖνος ὑπέλαβεν; Übers. Gößwein).

Der zweite Brief behandelt *in extenso* das Thema der Fürsorge des Euripides für andere, wie sie im ersten Brief hinsichtlich seiner Freunde und hinsichtlich der Pellaier schon angesprochen wurde, führt also einen Teil des vorherigen Briefes weiter aus und verlangsamt die Auflösung der Pellaier-Geschichte und der Frage, ob der Dichter auf den Herrscher Einfluss auszuüben vermag.[282] Überbrückt dieser Brief also den Zeitsprung zwischen

---

[276] Dass δόξα hier negativ als κενή bewertet wird, in epist. 3 jedoch positiv, wenn sie Reaktion auf vorbildliches Verhalten/Handeln ist, könnte daher meinen, dass von diesem Verhalten des Euripides, der Annahme der Geldgeschenke, niemand (materiellen) Nutzen ziehen könne – anders als durch seine spätere Annahme von Geschenken in epist. 5.

[277] Vgl. zu dieser Bedeutung Gößwein: Euripides, 89.

[278] Epist. 1,1: ἀλλ' ὡς τὸ μὲν αὔταρκες ἡμῖν τε καὶ τοῖς φίλοις παρόν. Zur Konstruktion der Anknüpfung mit ἀλλ' ὡς vgl. Gößwein: Euripides, 90f.

[279] Ebenso wie das finanzielle Unterstützungsangebot verweist also auch die Pellaiergeschichte darauf, dass es in der Kommunikation zwischen Archelaos und Euripides eine Vorgeschichte gibt.

[280] Gößwein: Euripides, 92: „Präsens mit Perfekt-Bedeutung".

[281] Eine selten Bedeutung, Gößwein: Euripides, 92, verweist auf Xen. symp. 8,3 und Plat. Tim. 18b.

[282] Diese retardierende Funktion erkennt Gößwein: Euripides, 18, nicht, obwohl er epist. 1 und 3 als zwei Akte eines „Kurzdramas" fassen kann und auch epist. 2 zutreffend charakterisiert als „kuriose[s] Intermezzo, das den Zusammenhang unterbricht".

epist. 1 und epist. 3 und bietet er einen Vorblick auf epist. 5,5f, so eröffnet er dennoch nicht ein völlig neues Thema.[283] Da es zudem in diesem Brief um die Rettung des Sophokles geht, wird der Brief auch begrifflich durch σῴζειν mit den Briefen 1 und 3 verbunden:

1,2 (15)	Euripides bittet Archelaos, die Söhne zu retten	Ausblick auf Rettung
2,2 (18)	Euripides freut sich über die Rettung des Sophokles	Bericht einer Rettung
3,1 (14)	Euripides hat die Söhne gerettet	Bestätigung der Rettung

Im ersten Teil des Briefes geht es um die Reaktion auf die Nachricht vom Schiffsunglück des Sophokles auf seiner Reise nach Chios. Der Abschnitt ist chiastisch aufgebaut, insofern er allgemein anfängt (die ganze Stadt Athen, d.h. Gegner und Freunde, nimmt Anteil an Sophokles' Unglück), dann speziell auf die Reaktion des Euripides eingeht (er selbst sieht die Rettung des Sophokles samt seiner Freunde und Diener (θεραπόντες) als „Akt göttlicher Vorsehung"), um schließlich wieder allgemein zu enden mit der rhetorischen Frage, wer den Verlust der Stücke des Sophokles nicht für einen gemeinsamen Verlust ganz Griechenlands[284] halten könne.

Der zweite Teil des Briefes wird bestimmt von Ratschlägen des Euripides (Sophokles solle sich vor der anstrengenden Rückfahrt nach Athen erst auskurieren) und der Bestätigung der Ausführung der Aufgaben, um die Sophokles brieflich gebeten hatte.[285] Abgeschlossen wird dieser Brief durch ein für diese Briefsammlung singuläres, sonst aber mehr als übliches Element von Briefliteratur, den Grüßen.[286] Dass sie nur in diesem Brief formu-

---

[283] Vgl. auch Holzberg: Briefroman, 16, zum Charakter von epist. 2 als Zwischenbrief, der die Zeit zwischen Bitte (epist. 1) und Erfüllung (epist. 3) überbrückt und zugleich die Beziehung des Euripides zu Sophokles in epist. 5 vorbereitet. Ohne diese Vorbereitung wäre die Neubestimmung der Beziehung zwischen beiden gegen die Tradition (s.u.) in epist. 5 völlig unvermittelt eingeführt, anders Gößwein: Euripides, 20f.

[284] Die Schlussbemerkung, dass der Verlust zu verschmerzen sei, da Sophokles überlebt habe (man muss gedanklich wohl ergänzen: ‚und du somit neue Stücke schreiben kannst'), erinnert an den bei Diogenes Laertios dem Antisthenes zugeschriebenen Aphorismus: „Man muß seinen Reisebedarf so einrichten, dass er sich auch mit dem schwimmenden Schiffbrüchigen retten kann" (Diog. Laert. VI 6 Übers. Apelt; vgl. auch VI 5); zu einer möglicherweise kynischen Tendenz dieser Briefsammlung s.u.

[285] Bentley: Dissertation, 127, mokiert sich an dieser Stelle darüber, dass Euripides als Factotum des Sophokles dargestellt werde, wenn er dessen Haushalt in seiner Abwesenheit führe. Mit dieser kleinen Begebenheit will der Verfasser dagegen die enge Freundschaft zwischen beiden betonen, vgl. Xen. mem. II 3,12.

[286] Der pointierte Gebrauch der Briefformalia, speziell der Grüße und Schlusswünsche, lässt sich häufiger beobachten: Die Chion- ebenso wie die Themistoklesbriefe beenden nur den letzten Brief – und damit das gesamte Briefbuch – mit einem Schlusswunsch. Das Fehlen des Briefformulars am Ende von 1Tim markiert den Übergang zu 2Tim, s.u. Kap. II 1.3.2.

liert sind, verdeutlicht die Absicht des Verfasser: die durchweg[287] positiven Beziehungen des Euripides zu seinen Mitmenschen (die sogar die Sorge um die Dienerschaft des Sophokles einschließt) darzustellen.[288]

Der dritte Brief nimmt den Fall der Pellaier wieder auf und beginnt mit der freudigen Nachricht, dass der Greis mit seinen freigekommenen Söhnen bei Euripides, der dies bewirkt hat[289], eingetroffen ist. Nach der Beschreibung der gegenwärtigen Lage (dem freudestrahlenden Greis mit seinen Söhnen) folgt die Erinnerung an die Situation vor wenigen Tagen, als der Greis „so ganz und gar ohne Hoffnung"[290] mit struppigen Haaren[291] und ungepflegt durch die Gegend irrte. Und so wie nach der ersten Darstellung der veränderten Situation des Greises die Versicherung des großen Ruhmes (Z. 6) folgt, die Archelaos dadurch erlangt habe bei allen Bekannten des Euripides und allen Athenern, die es gesehen haben, die ihn wegen seiner φιλανθρωπία bewundern und ihm alles Gute wünschen, so folgt der zweiten Darstellung des freudestrahlenden Mannes die Erwähnung des Ruhmes, den Euripides wegen seines Einflusses und den Athen, weil sie solche Bürger wie Euripides hervorbringe, durch den Greis erhalten habe.

Im zweiten Abschnitt des Briefes richtet Euripides sein Augenmerk auf die Beziehung zu Archelaos, nachdem im ersten Teil beide jeweils getrennt in den Blick kamen. Er betont, dass er jetzt nicht weiter aufzählen wolle, inwieweit Archelaos sich selbst mit seiner Philanthropie genutzt habe,[292] sondern ihn stattdessen seines Dankes versichern wolle, weil die Hoffnung, die der Greis in Euripides gesetzt hatte, und die Hoffnung, die Euripides in Archelaos gesetzt hatte, nicht enttäuscht wurden. Dass mit den in Aussicht gestellten Dankesgaben (χαριστήρια) die literarische Produktion des Euripides in Makedonien und vornehmlich sein Archelaos-Drama gemeint ist,

---

[287] Negative Töne werden nur durch die Erwähnung der Gegner evoziert (allerdings hier des Sophokles), die jedoch im Brief zusammen mit den Freunden in positiver Beziehung zu Sophokles stehen. Dass seine Gegner, zumindest partiell, identisch sind mit denen des Euripides, wird in epist. 5,5f deutlich, s.u.

[288] Zu den erwähnten Namen und ihrer vermutlichen Funktion s.u.

[289] Z. 4f: δι' ὃν ταῦτα ἐγένετο; vgl. auch am Ende des ersten Abschnitts in Z. 14f: ὅτι σώσαιμι αὐτῷ τοὺς υἱέας.

[290] So die Übersetzung Gößweins, im Griechischen steht (Z. 11): πάνυ λιτῇ τινι ἐλπίδι, was nach Kuch: Rezension, 242, dem Greis noch ein klein wenig Hoffnung übrig lasse. Von der Hoffnung des Greises war schon am Ende von epist. 1,2 (21) die Rede (er hofft, dass Euripides Einfluss auf Archelaos haben werde), und darauf wird auch wieder am Ende von epist. 3,2 (24) rekurriert: als Dank für die erfüllte Hoffnung.

[291] Dieser Trauerbrauch lässt sich nicht in klassischer Zeit belegen, dort war eher das Scheren der Haare üblich, allein Plut. mor. 267b (vgl. auch 168d und 609b) gibt es einen Hinweis auf eine solche Praxis für die Kaiserzeit, vgl. Gößwein: Euripides, 16f und 99f.

[292] Dies reicht er nach in epist. 4, vgl. Gößwein: Euripides, 101.

ist zumindest möglich.[293] Holzberg bemerkt einen Bezug dieser Stelle auf epist. 5, in der Euripides sich ungeneigt zeigt, Dramen (für Archelaos) zu dichten, und schließt daraus, dass die ‚Erweise der Dankbarkeit' in epist. 3 nicht unbedingt auf Tragödienproduktion zielen müssen.[294] Das ist allerdings eine Interpretation, die erst von epist. 5 – die somit auch hier ihren Aufklärungscharakter erweist – her vorgenommen werden kann, die aber noch nicht in epist. 3 hinreichend deutlich zu Tage tritt.

Ist in diesem Brief der Einfluss des Dichters auf den Herrscher und der Nutzen, den auch der Herrscher von seinem Verhalten und aus dieser Beziehung ziehen kann, an dem konkreten Fall der Pellaier illustriert, so folgt im vierten Brief eine eher moralphilosophische Grundlegung, die an die Literatur der Fürstenspiegel erinnert. Der Brief lässt sich gliedern in die drei Teile: (a) eine Außenperspektive (4,1), (b) die Frage nach Herkunft, Vergänglichkeit und Aufgabe von (königlicher) Macht (4,2–3), welche schließlich (c) konkretisiert wird an der kulturpolitischen Verantwortung des Mäzenatentums (4,4).

Dass 4,1 eine eigene abgrenzbare Einheit bildet, wird neben der erneuten vokativischen Anrede (ὦ βέλτιστε Ἀρχέλαε 4,1 und 4,2) auch durch die Rahmung deutlich: Werden förderungs*würdige* Menschen in den letzten beiden Briefen mit ἄξιος beschrieben, so hier als ἐπιεικεῖς (Z. 4[295] und 13). Zudem wird das Handeln des Archelaos jeweils gleichsam formelhaft bezeichnet mit πεπολίτευταί σοι καλῶς (Z. 3) bzw. σε καλῶς πεπολιτευμένον (Z. 13).[296]

(a) Außenperspektive bedeutet, dass auf die Wirkung für die Nutznießer ebenso wie auf den auf Archelaos zurückwirkenden Ruhm verwiesen wird. Zuerst wird die Pellaiergeschichte aufgegriffen, diese sogleich aber nur als ein Beispiel von vielen möglichen qualifiziert:

„Sowohl die Angelegenheit der Leute von Pella, mein bester Archelaos, wie auch vieles andere ist von Dir trefflich erledigt worden, mir gegenüber und auch im Verhältnis zu vielen anderen rechtschaffenen und des Interesses werten Menschen." (Z. 2–5 Übers. Gößwein)

---

[293] So auch Gößwein: Euripides, 102 und 115f; allgemein wird in der Euripides-Forschung die Meinung vertreten, dass Euripides das (verloren gegangene) Archelaos-Drama seinem Gastgeber als Dank geschrieben habe, Matthiessen: Tragödien, 256, vermutet jedoch, dass er das Stück schon vor seiner Reise nach Makedonien geschrieben haben könnte, um die Gunst des Archelaos zu erwirken. Zum Drama vgl. Harder: Kresphontes, 125ff.

[294] Vgl. Holzberg: Briefroman, 15f.

[295] Hier zusammen mit ἀξίους: πρὸς ἑτέρους ἐπιεικεῖς τε καὶ σπουδῆς ἀξίους πολλούς.

[296] Zur allgemeineren Bedeutung von πολιτεύεσθαι als ‚handeln' (statt des terminologischen ‚politischen Handelns') vgl. Gößwein: Euripides, 103f, der dort auch auf die synonyme Verwendung von πέπρακταί σοι καλῶς (Z. 6) hinweist.

Die Fortführung „sowohl mir als auch anderen gegenüber" verweist zum einen vor auf den letzten Abschnitt epist. 4,4, in dem das Mäzenatentum des Archelaos thematisiert wird (und damit auch zurück auf epist. 1,1), ist aber zugleich auch eine weitere Explikation der Pellaiergeschichte. Euripides betont stets, dass der Nutzen, den er aus der Beziehung mit Archelaos zieht, nicht primär materieller Natur ist, was er in den folgenden Zeilen auch zum Ausdruck bringt: Er freut sich, wenn er hört, wie Archelaos nicht nur ihm, sondern auch anderen nützt, weil es dem Ansehen[297] des Archelaos förderlich ist und er die Gegenwart eines solchen (man muss wohl ergänzen: rechtschaffenen[298]) Menschen genießt.

(b) Die folgenden zwei Abschnitte behandeln die Frage von Herkunft, Vergänglichkeit und Aufgabe (königlicher) Macht. Archelaos hat seine Macht von Gott bekommen,[299] was konkret heißt, dass sein Leben voller Mühen und Sorgen ist,[300] ihm jedoch *ein* Gut gegeben sei: Wohltaten zu erweisen (εὖ ποιεῖν) – jedoch sollen allein die Würdigen (ἄξιοι) Nutznießer sein. Dieses eine Gut ist allein beständig, denn alles kann der Gott wieder nehmen, jedoch nicht die schon an vielen vollbrachten Wohltaten (πολλοὺς εὖ πεποιηκέναι, Z. 20). So, als die Möglichkeit für einen Mächtigen bestand, nicht gehandelt zu haben, aber zu wollen, wenn die Macht vom Gott entzogen ist, erfüllt mit Reue und tiefstem Schmerz (μεταμέλεια καὶ πολυωδυνία, Z. 21f), stellt für Archelaos jedoch keine Möglichkeit mehr dar: Der Gott wird ihm seine Gegenwart nicht entziehen – an dieser Stelle verschiebt sich die Perspektive von der Person des Archelaos hin zu einer allgemeinen Aussage –, „sondern er wird immer gegenwärtig sein und Beistand leisten, wenn man nur würdig ist und seine Gnadengaben recht gebraucht" (Übers. Gößwein).[301]

Nachdem nun die Möglichkeit des Machtverlustes als Folge der Unwürdigkeit und des falschen Umgangs mit der Macht angesprochen wurde, folgen in 4,3 zwei weitere (hypothetische) Möglichkeiten: zum einen durch Tod, zum anderen durch Rücktritt. In beiden Fällen ist das Bewusstsein

---

[297] εὐδοκιμέω (Z. 8), vgl. 3,1 (6): δόξα.

[298] So auch Gößwein: Euripides, 104. Zur ausführlichen Kritik an dessen Interpretation („Hier findet sich eine versteckte Spitze gegen philosophische Kreise, die Archelaos als Musterbild des Tyrannen verabscheuten und deshalb auch diejenigen angriffen, die sich – wie Euripides – ihm anschlossen.") s.u.

[299] Eine gängige Konzeption, vgl. dazu etwa auch die Königsreden des Dion Chrysostomos (or. 1–4): Zeus wird hier als Urbild des Königs dargestellt, der Macht verleiht und wieder nimmt, wenn sie nicht recht gebraucht wird.

[300] Z. 15f: πολλοὺς πόνους καὶ πολλὰς φροντίδας.

[301] Die letzten Worte von 4,2 χρωμένῳ ταῖς ἑαυτοῦ χάρισι δεξιῶς werden einige Zeilen später in einer direkten Ermahnung an Archelaos wieder aufgenommen (4,3 [39f]): δεξιῶς χρῆσθαι τῇ παρούσῃ δυνάμει („die verfügbare Macht recht zu gebrauchen") – die Gnadengaben werden somit auch schon hier in 4,2 als die (königliche) Macht verstanden.

vom Anteilhaben an der Wohltat (ἀπόμοιραν τῆς σῆς εὐπραξίας, Z. 31f) für die Nutznießer (und für, im Falle des Rücktritts, Archelaos) ein immer bleibender Besitz und Quell beständiger Freude sogar bei Schicksalsschlägen.[302] So endet der Abschnitt mit einer direkten Ermahnung (παρακελεύομαι) an Archelaos, nicht müde zu werden im guten Handeln, um gleich zu versichern, dass er dies ja auch nicht tue. Der Nutzen, wieder mit einem kurzen Beispiel, ist selbst für den kurz vor der Hinrichtung Begnadigten nicht größer als für Archelaos selbst: nämlich die Freude über eine solche Charaktergröße.[303]

(c) Schließlich folgt in epist. 4,4 die Auseinandersetzung mit der Rolle als Mäzen und wie er in Beziehung zu den Künstlern steht. Zuerst spricht Euripides die umfassende Förderung griechischer Künstler[304] durch Archelaos an,[305] die in der finanziellen Absicherung und weiteren Freundschaftsbezeugungen (Z. 49 φιλοφροσύναι) besteht. Gleich darauf wird die Beziehung zwischen Förderern und Künstlern umgekehrt, indem diese den Schmeichlern und Schmarotzern gegenübergestellt werden, mit denen Archelaos sein Haus nicht fülle: Anstatt sich von ihnen huldigen (θεραπεύεσθαι) zu lassen, ziehe er es vor, selbst den Künstlern zu dienen (θεραπεύειν Z. 54f), denn, und das wisse Archelaos und gebe es öffentlich zu, diese prägten seinen Charakter nicht unwesentlich, um dessentwillen er später[306] gerühmt werden wird. Schließlich wird noch einmal *expressis verbis* die Unabhängigkeit der Künstler betont: allein ihre Künste reichen ihnen als vollkommener Reichtum, Ruhm und Genuss.[307]

---

[302] Z. 35f: ἀλλὰ ἀρκοῦν τοῦτο καὶ ἐν δυσπραξίαις ἡδονὰς παρέχειν.

[303] Ähnlich auch Sen. clem. III 24,5: „Jenes Glück, vielen Rettung zu verschaffen, sie unmittelbar vom Tod zum Leben zurückzurufen und sich mit Milde zu verdienen den Bürgerkranz." (*Felicitas illa multis salutem dare et ad vitam ab ipsa morte revocare et mereri clementia civicam*; Übers. Rosenbach); vgl. auch dort im Proömium I 1, wo Freude und ein gutes Gewissen als Lohn guter Taten in Aussicht gestellt werden (die fernerhin, ebenso wie in den Euripidesbriefen, ein gutes Ansehen zeitigen; zudem III 11,4; 15,3: *maxima gloria*).

[304] „Was aber schließlich anlangt, daß Du diejenigen unter den Griechen, die irgendwie und wo auch immer Ansehen und Beachtung verdienen (τοὺς ἀξίους), von überall her zu Dir berufst, vor allem solche, die in den Künsten Wertschätzung genießen (σπουδαζομένους) ..." (Z. 44–46 Übers. Gößwein). Die beiden Qualifizierungen über ἄξιος und σπουδάζειν binden diesen Abschnitt zurück an die Eröffnung des vierten Briefes (Z. 4, so auch Gößwein: Euripides, 109) und verdeutlichen, dass das Mäzenatentum ein Unteraspekt von Archelaos' Philanthropie ist, wie auch der summarische Schluss des Briefes zeigt.

[305] V.a. diese ist es, mit der Archelaos in späterer Zeit (d.h. etwa zeitgleich zu unserer Briefsammlung) in Verbindung gebracht wird, vgl. zu Personen und Quellen ([Ps.-]Plutarch, Aelian, Athenaios) Gößwein: Euripides, 109–111.

[306] D.h. wohl wieder (vgl. vorangehende Fußnote) zur Zeit der Entstehung der Briefsammlung, wenn nicht gar damit auf die Genese dieser Briefsammlung angespielt wird. Hier wäre etwa der Chionbriefroman (epist. 17,3) vergleichbar, wenn Chion kurz vor dem geplanten Attentat darauf hinweist, dass seine Tat zukünftig gerühmt werde und demgegenüber sein Leiden nur kurz währe.

[307] Z. 60f: καὶ πλοῦτον αὐτάρκη καὶ δόξαν εἶναι καὶ ἡδονὴν τὰς τέχνας.

Der Brief schließt ab mit einem Lobpreis des Archelaos „wegen all dieser Dinge", d.h. nicht nur wegen der Förderung von Künstlern, sondern auch z.B. wegen der Freilassung der Pellaier: Denn hinsichtlich der Philanthropie ist Archelaos seiner Umwelt weit überlegen – was alle wüssten –, der Königstitel hindere ihn daran auch nicht, sondern die damit verbundene Macht (ἰσχύς) sei dieser Einstellung im Gegenteil überaus nützlich.[308]

In dem die Sammlung abschließenden fünften Brief wird das Mäzenatentum schließlich auf Euripides hin konkretisiert: In 5,1 schildert dieser seine frischen makedonischen Impressionen; in 5,2–6 dagegen, auf Kritik aus Athen eingehend, die ihm von Kephisophon mitgeteilt worden ist,[309] wird die Unabhängigkeit des Künstlers vom Herrscher betont ebenso wie seine Selbstlosigkeit und Sorge um die Freunde (mit Erinnerung an Sophokles).

Kannte Euripides bisher nur aus der Entfernung und ansonsten nur vom Hörensagen die Behandlung von Kulturschaffenden durch Archelaos, so teilt er nun Kephisophon seine direkten Eindrücke mit: Er wurde von Archelaos bei der Ankunft mit Geschenken und Freundesbezeigungen überhäuft – wobei wiederum sofort betont wird, dass er erstere nicht gesucht habe, letztere von einer selbst für Könige singulären Art seien.[310] Mit dem schon aus epist. 1 bekannten Kleiton und mit Archelaos verbringt er seine Zeit und wirkt an deren Tätigkeit mit;[311] sogleich kommt er jedoch auch auf die weniger angenehme Seite dieses Förderprogramms zu sprechen: Beide bedrängen ihn in gleicher Weise, dichterisch tätig zu werden,[312] so dass er dies als Bezahlung der von Archelaos gewährten Geschenke versteht.[313] Die

---

[308] Wie es auch Seneca in *de clementia* für Nero projektiert (s.o.). Eine entgegengesetzte Meinung spricht Epiktet (diss. IV 6,20) aus: „Hast du noch nie gehört, Kyros, dass es Königsschicksal ist, gut zu handeln und doch in schlechtem Ruf zu stehen?"

[309] Epist. 5,2: περὶ δὲ ὧν ἐπέστειλας ἡμῖν σύ…

[310] Epist. 5,1: οὐ δωρεαῖς μόνον, ὧν οὐδὲν ἐχρῄζομεν ἡμεῖς, ἀλλὰ καὶ φιλοφροσύναις, ὧν οὐδ᾽ ἂν εὔξαιτό τις μείζους παρὰ βασιλέων. Von den δωρεαί und den φιλοφροσύναι war schon in epist. 4,4 die Rede.

[311] Hier ist wohl vor allem der Einfluss des Euripides auf die Politik gemeint: πρός τε τοῖς ἔργοις οὐδὲν κωλυόμεθα τοῖς τούτων γίγνεσθαι (Z. 11f). Gößweins Vermutung (Euripides, 115) zielt wieder nicht auf die Frage der Intention für die Briefe, sondern er fragt nach der historischen Glaubwürdigkeit: „Ob etwas Wahres daran ist, läßt sich nicht feststellen; doch wenn man das grüblerische, reflektierende Naturell des Euripides bedenkt, wie es aus den Dramen ersichtlich wird, klingt es eher unwahrscheinlich". Er beachtet nicht, dass es *durchgehend* Intention der Briefsammlung ist, Euripides als vorbildlichen Staatsbürger bzw. den Künstler als in politischer Verantwortung stehend darzustellen.

[312] Zu den (möglicherweise) in Pella entstandenen Stücken des Euripides vgl. Gößwein: Euripides, 115f; Iph. A., Bacch.; sowie die verlorenen Dramen *Alkmaion in Korinth* und *Archelaos*. Matthiessen: Tragödien, 16f (ohne den *Alkmaion*), vgl. auch 256: der *Archelaos* könnte schon vorher in Athen geschrieben sein.

[313] „… indem sie mich bei jeder Gelegenheit nötigen, stets in meiner gewohnten Sphäre zu entwerfen (φροντίζειν) und zu dichten (ποιεῖν), so daß, wie mir scheint, Archelaos ein gern, aber

zuletzt genannte üppige Bewirtung sei ihm, so betont er, und damit überleitend zum apologetischen Teil, alles andere als angenehm.

Den Anfang des apologetischen Teils bilden Lob und Tadel des Kephisophon: Zum einen habe er gut daran getan (Z. 19: εὖ ποιεῖς), Euripides die Vorwürfe zu berichten, zum anderen habe er Euripides gegenüber Unrecht getan (Z. 23: ἀδικήσαις), überhaupt auf das Geschwätz von Agathon, Mesatos und Aristophanes einzugehen. Nicht diesen, höchstens den Würdigen dürfe Kephisophon antworten, wenn sie wissen wollen, warum Euripides entgegen seinen früheren Ablehnungen doch nach Makedonien gegangen sei. Wenn sie die wahren Gründe kennten, dann vermuteten sie auch nicht mehr Geldgier. Aufgrund dieser ‚Kommunikationsverweigerung‘[314] ist es zumindest nicht ganz ‚glatt‘, den Brief als apologetisch zu bezeichnen.

Hierauf folgt die Aufzählung möglicher Gründe und ihre Ablehnung (5,3).[315] Da offensichtlich sein dürfte, dass nicht Machtstreben Euripides bewogen habe, müsse es doch wohl der von Archelaos gewährte Reichtum sein. Aber sollte er, der in jungen und mittleren Jahren diesen abgelehnt hat, und auch als er greifbar nahe war,[316] nun in seinem Alter danach streben und sich der Schande aussetzen, im barbarischen Land zu sterben, und zudem Archelaos noch weiteres Vermögen hinterlassen?

In 5,4 folgt darauf die erneute Versicherung seiner Unabhängigkeit: Die von Archelaos angebotenen 40 Talente Silber kurz nach der Ankunft habe er abgelehnt, obwohl er sich damit den Unwillen des Archelaos zugezogen habe (vgl. epist. 1,1), die anderen Geschenke, die er von Kleiton oder Archelaos bekommen hat, übersende er jedoch durch die Briefboten, damit sie seinen Gefährten und Bekannten in Athen zugute kämen.

Nach der Widerlegung der Unterstellung, dass er des Geldes wegen zu Archelaos gegangen sei, folgt die Auseinandersetzung mit der unterstellten Geltungssucht und seinem vermeintlichen Machtstreben. Den Einfluss (δύναμις) auf Archelaos[317] habe er schon gehabt, als er noch in Athen war, womit auf die Pellaiergeschichte zurückverwiesen wird[318]; dafür also hätte

---

nicht ohne Mühe gewährtes Entgelt sich bezahlen läßt für die Geschenke, die er mir gleich bei der Ankunft machte, ...“ (epist. 5,1 Übers. Gößwein).

[314] Ähnlich in Aischin. epist. 5,7; Tit 3,9; 1Tim 6,20; 2Tim 2,14.16.23f.

[315] Gößwein: Euripides, 119–121, hebt hervor, dass der Autor der Briefe rein negativ vorgeht, indem er mögliche Gründe ablehnt, sich aber einer positiven Bestimmung enthält.

[316] Ist hiermit auf die Ablehnung in epist. 1,1 angespielt?

[317] Vgl. epist. 5,5: ἡ μὲν δύναμις ... ἡ παρὰ Ἀρχελάου (der von Archelaos gewährte Einfluss) mit 1,2: δύνασθαί τι παρὰ σοί ([der Greis hoffte,] ich hätte einigen Einfluss auf dich).

[318] Dass diese Geschichte als Illustration für das ganze Thema „Einfluss auf einen Machthaber" zu verstehen ist, lässt sich auch aus der übrigen (vgl. vorherige Fußnote) Verwendung von δύναμαι/δύναμις in der Briefsammlung vermuten. Während in epist. 4 δύναμις in Z. 21, 31 und 40 als die Macht des Herrschers verstanden wird (hierher gehört dann auch das Verb in Z. 17: Gutes tun zu können), bezeichnet das Verb in epist. 5 (Z. 60, 63, 71) bzw. das Substantiv in Z. 61, 67 (zweimal) den Einfluss (des Euripides bzw. des Kleiton). Interessant ist in diesem Zusammenhang auch

er nicht seine früher gewählte Lebensweise ändern müssen, um dann im Ausland zu sterben und „für alle Zukunft denen Material in die Hand zu geben, die mich verleumden wollen".[319] Geändert hat sich in dieser Hinsicht nun nicht viel, er schränkt zudem ein, dass er, wenn er überhaupt nach Einfluss gestrebt hätte, dann diesen „erstens im Interesse der Stadt, zweitens zum Nutzen der Freunde" gebrauchen würde. Hinsichtlich der Geltungssucht gilt ähnlich: Wenn er vor jemandem etwas gelten wolle,[320] dann doch vor den Freunden und v.a. den Feinden.

Hier schließt die Erinnerung an Sophokles an: Sowohl Freunden wie Feinden gegenüber (aber auch in Bezug auf seine Arbeit) sei er nie unbeständig gewesen (εὐμετάβολον 5,5 [71]) – allein Sophokles bilde hier eine Ausnahme, von dem er früher ein falsches Bild gehabt habe. Auch wenn er ihn zwar nie gehasst, sondern eher bewundert habe, habe er ihn nicht immer in gleicher Weise geliebt, da dieser ihm zu ehrliebend (φιλοτιμότερον) erschienen wäre.[321] Seit er aber auf Euripides zugekommen sei, um den Streit zu schlichten, seien sie einander eng verbunden und ließen sich nicht durch Gerüchte und sie gegeneinander ausspielende Schmeichler (θεραπεύοντες; 5,6 [85]) entzweien.

Schließlich kommt Euripides, mit erneuter direkter Anrede an Kephisophon (Z. 86, vgl. Z. 2), auf die eingangs (in 5,2) thematisierten Gerüchte zurück, indem sich zwei Kreise überschneiden. Dies wird markiert durch eine sprachliche Unklarheit (Z. 85–87):

„Auch jetzt, mein bester Kephisophon, weiß ich, dass diese es sind, die der Masse gegenüber die Gerüchte über uns ausstreuen." (καὶ νῦν, ὦ βέλτιστε Κηφισοφῶν, οἶδ᾽ ὅτι οὗτοί εἰσιν οἱ τοὺς περὶ ἡμῶν λόγους ἐμβάλλοντες εἰς τοὺς ὄχλους; Übers. Gößwein).

Einige Zeilen zuvor sind es die Gegner des Euripides und Sophokles gewesen, die Gerüchte ausstreuten (ὑπονοίας ἐμβάλλειν Z. 83f) und so bezieht Gößwein das pluralische Personalpronomen auf Euripides und Sophokles.

---

das unspezifisch gebrauchte δύναμαι in 4 (47), wo es die in ihren jeweiligen Künsten fähigen Dichter und Literaten bezeichnet: Evtl. meint der Verfasser der Briefsammlung, dass die in diesem Bereich besonders Qualifizierten auch in der Lage sind (oder sein sollten), qualifiziert Einfluss auf einen Herrscher auszuüben (vgl. auch die Konzession des Archelaos, dass er in vielem seinen Charakter dem Umgang mit diesen Menschen verdanke, epist. 4,4).

[319] Epist. 5,5 Übers. Gößwein.

[320] Bzw. Einfluss haben in den Augen der Freunde und Feinde (ἀλαζονείας τε ἕνεκα πολὺ ἂν μᾶλλον ἐν ὄψει τῶν τε φίλων καὶ οὐχ ἥκιστα τῶν ἐχθρῶν δύνασθαί τι ἐβουλόμεθα).

[321] Vgl. Jouan/Auger: corpus, 193. Auch wenn ein anderes Wort gebraucht wird, ist hier wohl noch einmal die Ablehnung des Vorwurfs der Geltungssucht (ἀλαζονεία) mitzulesen: Da er sie schon früher an anderen gehasst habe, werde sie auch nicht sein Motiv für die Reise gewesen sein.

Ebenso kann es aber auch alleine auf den Briefschreiber bezogen werden.[322] Der Fortgang zeigt, dass damit (auch) der Briefanfang aufgegriffen wird: So wie die Gegner, die hiermit auch mit den namentlich genannten aus 5,2 (Agathon, Mesatos und Aristophanes) identifiziert werden, schon damals bei Euripides und Sophokles erfolglos blieben, so werden sie es auch jetzt sein – sich selbst sogar damit schaden. Der Brief endet entsprechend mit der Wiederholung der Mahnung an Kephisophon, dass er Euripides selbst Unrecht tue (Z. 94, vgl. Z. 23), wenn er sich mit denen auseinandersetze (ἀντιλέγω), die es nicht wert seien.

3.3 *Dramatis personae*

Die Übersicht über den Aufbau hat ergeben, dass die Einheit der Briefsammlung inhaltlich bestimmt werden kann und dass das Hauptthema griechischer Briefromane, wie es Holzberg bestimmt hat (die Beziehung zu einem Machthaber), eng verbunden ist mit dem zweiten, dem sozialen Feld des Euripides. Der folgende Überblick über das Personeninventar dient dazu, die Darstellung der Beziehungen des Euripides zu erhellen und die Verschiebungen gegenüber den Traditionen, die hierbei hervortreten. Dabei wird sich zeigen, dass das *Namedropping* nicht allein ein pseudepigraphes Stilmittel der Autorenfiktion ist, sondern eine weitere Funktion erfüllt.

Die namentlich genannten Personen sind in verschiedenem Grad zwischen den beiden Polen von historischen und rein fiktionalen Personen zu verteilen, wobei eine eindeutige Zuordnung nicht immer möglich ist.[323] Die erwähnten Personen illustrieren als literarische Personnage entweder die Beziehung des Euripides zu Archelaos oder die zu Sophokles, wobei sich beide Kreise, wie soeben gezeigt, durch die Identifizierungen von Aristophanes, Agathon und Mesatos mithilfe des opak bleibenden ἡμῶν überschneiden.

Amphias, der Briefbote aus epist. 1, der das Geld zurückbringen soll, stellt das namentliche Pendant zu den namenlosen Briefboten aus epist. 5 dar, die die Geschenke, die Euripides bekommen hat, nach Athen bringen werden. Er fungiert zudem ebenso wie Kleiton als Verbindungsglied zwischen Euripides und Archelaos. *Kleiton* wird erstmalig in epist. 1,1 erwähnt

---

[322] Wie in Briefliteratur üblich, wechselt der Gebrauch der 1. Plur. mit der 1. Sing. häufig. Das kann als Aufnahme der Umgangssprache gewertet werden, vgl. Borkowski: Socratis, 73, oder der Pluralgebrauch ist als *Pluralis modestiae* zu verstehen, vgl. Gößwein: Euripides, 88.

[323] Gößwein: Euripides, 24, unterscheidet vier Kategorien zwischen historisch und fiktional, die jedoch primär an der Frage der Historizität orientiert sind; entsprechend sind auch seine Anmerkungen zu den Namen (vgl. jeweils im Kommentar zu den Stellen) auf die historische Identifizierung konzentriert.

mit der Bemerkung, dass er Euripides zürnen würde, wenn dieser das Geld nicht annähme. Erst in epist. 5 erscheint er wieder und erweist sich als *Xenos* des Euripides, mit welchem er in Pella die meiste Zeit verbringt. Dass Euripides von ihm Geschenke annimmt, von Archelaos dagegen zur Annahme überredet werden muss (epist. 5,4), erhellt ihr ungebrochenes Verhältnis. Die Mittelsfunktion des Kleiton wird daran deutlich, dass er Einfluss auf Archelaos hat, Euripides wiederum Einfluss auf ihn.

Im Zusammenhang mit Sophokles werden vier Namen genannt, die ebenfalls als fiktiv anzusehen sind und die in zwei verschiedenen Kontexten auftauchen. Zum einen als namentlich genannte Reisegefährten *Chionides* und *Laprepes*. Gößwein, der epist. 2 in Verbindung bringt mit der Chiosfahrt des Sophokles im Samischen Krieg, vermutet hinter Chionides den Aristot. poet. 3.1448a genannten Dichter und assoziiert dazu auch Laprepes[324]. Als Berufsgenossen könnten beide Freunde und Reisegefährten des Sophokles gewesen sein. Dass die zwei hier Genannten Reisegefährten des Sophokles auf der Chiosfahrt von epist. 2 sind, die in der fiktiven Chronologie der Briefe etwa 412 stattgefunden haben soll, steht außer Frage, in welcher Beziehung sie jedoch zu Sophokles gestanden haben (d.h. ob sie zur Gruppe der Freunde oder zur Gruppe der Diener (2,1) gehören), ist ungewiss. Euripides' Versicherung, „daß ich nicht zuletzt auch über ihre Rettung Freude empfinde" (2,2 Übers. Gößwein), kann zum einen herausheben, dass seine Sorge auch die erwähnten Diener mit einschließt, oder aber es ist ein Hinweis darauf, dass zuvor zwischen ihnen und Euripides kein freundschaftliches Verhältnis bestanden hat, welches er nun gerne begründet sähe. In beiden Fällen wird Euripides als ein nicht allein im Binnenraum Denkender in Szene gesetzt. Die mit Chionides und Laprepes eröffnete Grußliste wird fortgeführt mit dem *Arzt Antigenes* und den *Söhnen des Kratinos*. Im Kontrast zur eher beiläufigen Erwähnung der letzten[325] fällt die Ausführlichkeit der Vorstellung des Antigenes auf,[326] aber auch bei ihm lässt sich eine Zuordnung nicht vornehmen. Die Heraushebung in der Grußliste und die Betonung seiner Vortrefflichkeit[327] dürfte durch die Logik

---

[324] Bzw. Leoprepes, vgl. dazu Gößwein: Euripides, 96.

[325] Gößwein: Euripides, 98, vermutet in Krates den athenischen Komiker, dessen Söhne als Mitkämpfer im Samischen Krieg Sophokles begleitet haben könnten. Da sie aber von der Gruppe der Reisegefährten durch die Erwähnung des eindeutig in Chios (oder Rhodos) anzusiedelnden Antigenes getrennt werden, liegt es näher, sie als *Xenoi* des Euripides auf Chios zu verstehen.

[326] Epist. 2,2: „Auch den Arzt Antigenes, falls Du ihn noch in Chios antriffst und er noch nicht unterwegs nach Rhodos ist, sollst du grüßen (laß Dir sagen, daß er ein trefflicher Mensch ist) und die Söhne des Kratinos" (Übers. Gößwein).

[327] βέλτιστος in Eur. epist. nur noch in den vokativischen Anreden 3 (3); 4 (2; 14); 5 (2; 86).

der Briefsituation begründet sein: Dem gesundheitlich angeschlagenen Sophokles wird ein dem Euripides bekannter und guter Arzt anempfohlen.[328]

Bei zwei der historisch verortbaren Personen fällt die Verschiebung des
Bildes auf. *Kephisophon*, der in der biographischen Tradition, die Anspielungen des Aristophanes ausführt, als Haussklave des Euripides Anteil
gehabt habe an der Genese der Tragödien sowie an der Frau des Euripides,[329] erscheint allein im Briefbuch als ein guter Vertrauter des Dichters.[330]
Hinweise auf Spannungen irgendwelcher Art fehlen völlig. Wird hier die
Neuschreibung nicht als solche kenntlich gemacht, liegt es anders bei dem
ähnlich gelagerten Fall mit *Sophokles*. Die biographische Tradition hat
beide zu Antitypen stilisiert:[331] hier der einzelgängerische Misanthrop, dort
der von allen geliebte Sophokles; hier der seine Vaterstadt Verlassende,
dort der in seiner Vaterstadt Bleibende.[332] In den Briefen dagegen[333] ist auch
Sophokles eine in Athen angefeindete Persönlichkeit, beide setzen sich für
das Wohl der Polis ein – Sophokles jedoch in den Augen des Euripides
nicht immer mit ausreichender Bescheidenheit (vgl. den φιλοτιμία-Vor-
wurf in 5,6). Aber da dies eine z.T. falsche Wahrnehmung des Euripides
gewesen sei, wie sich durch das Freundschaftsangebot des Sophokles erwiesen habe, änderte sich deren Beziehung.

Dient die Umgestaltung des Sophoklesbildes dazu, Euripides in einem
anderen Licht erscheinen zu lassen, so wird mit der Erwähnung von *Aristophanes*, *Agathon* und *Mesatos* ein Hinweis darauf gegeben, wo die despek-

---

[328] Ähnlich motiviert auch die Erwähnung von Lukas dem Arzt in Kol 4,14, vgl. Standhartinger: Studien, 159.

[329] So Aristoph. Ran. 1452f und das im *Euripides-Genos* (1 [29] Kovacs; I 6,9–7,1 Dindorf)
erhaltene Aristophanes-Fragment (= frg. 596 Kassel/Austin); Satyros frg. 39 XII (= 4 Kovacs),
vgl. auch Gößwein: Euripides, 113f.

[330] Kovacs: Verna, 16f, zeigt auf, wie die biographische Literatur die Anspielungen der Alten
Komödie (Aristophanes) fehlinterpretiert und Kephisophon zum Sklaven des Euripides gemacht
hat. Es dürfte jedoch wahrscheinlicher sein, dass er ein Schauspieler des Euripides war (so die
Notiz bei Thomas Magister, 12./13. Jh.). Die relevanten Texte a.a.O. 15.

[331] Vgl. Jouan/Auger: corpus, 193.

[332] Vgl. *Sophokles-Genos*: „Und, um es kurz zu sagen, die Anmut seines Wesens war so groß,
daß er überall und von allen geliebt wurde." (§ 7) und: „Mit so großer Liebe aber hing er an Athen,
daß er seine Vaterstadt nicht verlassen mochte, wiewohl viele Könige ihn zu sich beriefen" (§ 10
Übers. Willige).

[333] In der Ausgabe von Kovacs: Euripidea, findet sich abgesehen von unseren Briefen 2 und 5
nur ein weiterer Beleg für eine gewissermaßen positive Beziehung der beiden Dichter: Im *Genos*
(1 [20] Kovacs; I 5,6–10 Dindorf) – und von hier übernommen bei Thomas Magister (3 [15]
Kovacs; I 13,5–8 Dindorf) – wird eine respektvolle Reverenz des Sophokles anlässlich der Nachricht vom Tod des Euripides berichtet: Sophokles ließ bei den Dionysien den Chor unbekränzt
auftreten und legte selbst ein Trauergewand an. Ob man in diesem einzigen Zeugnis eine verlässliche Nachricht von der freundschaftlichen Beziehung der zwei herauslesen kann, wie Gößwein:
Euripides, 94, es will, scheint jedoch zweifelhaft.

tierliche Euripidesdarstellung herrührt.[334] Ob aber Mesatos und Agathon als athenische Komödiendichter historisch greifbar sind, ist in der Forschung umstritten. Die Existenz eines Mesatos wird in letzter Zeit als sicher angenommen.[335] Mit Agathon könnte entweder ein unbekannter Komödiendichter gemeint[336] oder der zeitgleich mit Euripides in Pella weilende Agathon nach Athen relokalisiert sein.[337] Die Verbindung mit dem Urheber des Tratsches, mit Aristophanes, ließe sich verstehen von der Darstellung des Agathon bei dem Komödiendichter als *Dragqueen*,[338] die in Verbindung mit dem (ebenfalls schon bei Aristophanes belegten, s.u.) Hinweis auf seine Anwesenheit in Pella dazu geführt haben könnte, Euripides und Agathon eine Liebesbeziehung zu unterstellen.[339]

Die namentliche Identifizierung von Gegnern unterscheidet auch auf syntaktischer Ebene die verschiedenen Kategorien, indem die Gegner nicht als eine Gruppe eingeführt werden (epist. 5,2):

„... laß Dir aber sagen, dass mir um nichts mehr daran liegt, was nun ein Agathon, ein Mesatos sagt, als mir, wie Du weißt, jemals an dem Geschwätz des Aristophanes lag." (ἴσθι μέντοι μηδὲν μᾶλλον ἡμῖν ὧν νῦν Ἀγάθων ἢ Μέσατος λέγει μέλον ἢ τῶν Ἀριστοφάνους φληναφημάτων οἶσθά ποτε μέλον; Übers. Gößwein).

Nimmt die Erwähnung des Aristophanes das Euripidesbild der Komödien und deren Einfluss auf die Biographik auf und kritisiert diese, so könnte es sich bei Agathon und Mesatos um zwei vom Verfasser erfundene Personen handeln, um die Kritiker namhaft werden zu lassen. Denkbar wäre jedoch auch der Vorschlag von F. Jouan/D. Auger, diese Stelle aus 5,2 in Verbindung mit 5,6 zu lesen, wo es heißt, dass die Polemik auf ihre Urheber zu-

---

[334] Vgl. Jouan/Auger: corpus, 193f.

[335] In der Realenzyklopädie (Stoessl: Art. Mesatos, 866f) werden von den vier zur Begründung möglichen Texten die zwei letzteren (Sch. Aristoph. Vesp. 1502 und die Siegerliste der Dionysien IG II² 2325 [hier ist nur die Endung -τος erhalten, was neben Mesatos auch Meletos zuließe]) als nicht hinreichend verworfen. Auch P.Oxy. 2256 frg. 3 bliebe wegen seines Charakters problematisch, jedoch in Verbindung mit Eur. epist. 5,2 (da die dieser Stelle zugrunde liegende Euripides-Biographie sicherlich einen alten Komödienscherz aufnehme) ergäbe sich eine gesicherte Existenz dieses Dichters, von dem allerdings nichts weiter erhalten ist als sein Name. So auch im Neuen Pauly (Zimmermann: Art. Mesatos, 15): „Griechischer Tragiker, mehrfach nach 468 v. Chr. an den Dionysien erfolgreich (TrGF I 11)." Vgl. Gauly u.a.: Musa, 25, und Gößwein: Euripides, 117.

[336] So Gößwein: Euripides, 117.

[337] Jouan/Auger: corpus, 198 Anm. 47, halten es für unwahrscheinlich, dass die Lesenden von Eur. epist. bei Agathon nicht an den sich mit Euripides in Makedonien befindlichen gedacht haben. Statt einen neuen Agathon einzuführen, müsse die Neugestaltung des Agathon mit der von Sophokles und Kephisophon zusammengesehen werden. Eine Auswahl an Zeugnissen über Agathon und die erhaltenen Fragmente seiner Stücke sind abgedruckt bei Gauly u.a.: Musa, 96–109.

[338] Thesm. 101ff, ähnlich auch bei Plat. Prot. 315d/e.

[339] Vgl. Ps.-Plut. mor. 177a/b: „Als aber Euripides den schönen (aber schon barttragenden) Agathon beim Gastmahl umarmte und küsste, sprach er zu den Freunden: ‚Verwundert euch nicht; denn der Schönen Herbst ist auch schön.'" Weiter Ps.-Plut. mor. 770c, Ail. var. XIII 4; II 21.

rückfallen werde: So wie Agathon und Mesatos nun über Euripides herziehen, so wird (später) Aristophanes diese in seinen Komödien verspotten[340] bzw. wird Agathon später selbst nach Pella kommen.[341]

Nicht eigentlich als greifbare Einzelpersonen sind der *Greis und seine Söhne* aufzufassen, da sie namentlich nicht identifiziert werden. Dies kann als Stilmittel der Pseudepigraphie angesehen werden – sie mussten nicht genannt werden, da Archelaos gewusst habe, um wen es gehe –,[342] zugleich jedoch wird dadurch auch der exemplarische Charakter dieser Geschichte hervorgehoben.

3.4 Diskussionshorizont

„… schließlich aber nicht für alle Zukunft denen Material in die Hand zu geben, die mich verleumden wollen.“[343] – so beendet Euripides eine Reihe von Begründungen, weshalb er nicht des Einflusses wegen zu Archelaos gegangen sei. Der Verfasser der Euripidesbriefe scheint hier von Traditionen zu wissen, welche die Pella-Episode als dunklen Fleck im Bild des großen, beliebten Tragödiendichters verstehen. So vermutet denn Gößwein, dass die Intention (von ihm „Tendenz“ genannt) der Briefsammlung eine Apologie des Euripides gegen den Vorwurf der Tyrannenfreundschaft sei – und damit zugleich auch eine (Re-)Humanisierung des Archelaos. Er wendet jedoch zu Recht später ein, dass diese Intention – wenn überhaupt – nur zweitrangig sein könne, da dieser Vorwurf zur Abfassungszeit nicht mehr virulent gewesen sei.[344] Um eine Antwort auf die Frage nach dem (literarisch fassbaren) Hintergrund zu finden, vor dem der Briefroman geschrieben worden ist, warum also die Beziehung zwischen Euripides und Archelaos eine literarische Ausformung fand, die sie vorher in einem solchen

---

[340] Vgl. Jouan/Auger: corpus, 198 Anm. 57, die mit den Scholien den Aristoph. Vesp. 1501f genannten „Sohn des Karkinos, den Mittleren" (υἱὸς Καρκίνου ὁ μέσατος) als Tragiker Mesatos verstehen.

[341] Nach Gauly u.a.: Musa, 282 Anm. 6, kann man aus den erhaltenen Zeugnissen, „[w]enn man in ihnen einen wahren Kern vermuten darf", das Jahr 407 für die Abfahrt zu Archelaos rekonstruieren.

[342] Völlig identisch in der Parallelgeschichte Sokr. epist. 10f.

[343] Epist. 5,5 Übers. Gößwein.

[344] „Aber selbst wenn des Autors Zeitgenossen sich Platons Vorwurf längst nicht mehr zu eigen machten und eine Rechtfertigung insofern überflüssig sein mochte …" (Gößwein: Euripides, 30). Weniger einschränkend ist Knox: Rezension, 179: „… it has a clear *Tendenz* – to defend Euripides' reputation against the charge, specifically leveled at him in Plato's *Republic* (568ab), that he was a propagandist for tyranny." Auch Jouan/Auger: corpus, 190, sehen dies als eine Intention an („Il a sans doute voulu défendre le poète contre l'accusation d'avoir abandonné sa patrie pour le palais d'un tyran."), schränken ihre Aussage jedoch aufgrund des Vergleichs mit der biographischen Tradition wieder ein, s.u.

Umfang noch nicht hatte, werden nun die Texte herangezogen, die eine Bewertung des Euripides oder des Archelaos erkennen lassen oder die diese Beziehung (wertend) thematisieren.[345]

3.4.1 Das Euripides- und Archelaosbild im 5./4. Jh.

Zwar erwähnt Gößwein, dass die Zeitgenossen über die Emigration des Euripides aufgebracht gewesen seien,[346] in seinem Kommentar zu epist. 5,2 (25) jedoch kommt er über eine hypothetische Rekonstruktion nicht hinaus: Sokrates, der viel auf Euripides gehalten habe, „reagierte deshalb vielleicht besonders enttäuscht" auf dessen Annahme der Einladung des Archelaos, die er selbst abgelehnt habe.[347] Und „[s]o dürften es insbesondere die von Sokrates beeinflussten jungen Moralisten gewesen sein, denen die Emigration des Euripides ein Stein des Anstoßes war."[348] Allerdings ist keine zeitgenössische Kritik an dem Dichter überliefert, in deren Zentrum sein Weggang zu Archelaos gestanden hätte, von einer Enttäuschung des Sokrates ganz zu schweigen.[349]

In diesem Kontext gehört die Frage nach der Beurteilung des Euripides durch Aristophanes. In den *Fröschen* gibt es eine Stelle, die als eine Kritik an der Hinwendung von athenischen Kulturschaffenden zu Archelaos[350] verstanden werden könnte, hier allerdings auf den Dichter Agathon bezogen.[351] Ist auch häufig die Meinung anzutreffen, dass Aristophanes zu den schärfs-

---

[345] Eine (thematisch geordnete) Zusammenstellung von Quellen über das Leben des Euripides bietet mit englischer Übersetzung Kovacs: Euripidea, einschließlich der Briefe (128–141).

[346] „..., der wegen seiner Emigration den Unwillen nicht nur der Zeitgenossen, sondern auch der Nachgeborenen erregt hatte" (Gößwein: Euripides, 23).

[347] Eine Einladung des Sokrates durch Archelaos erwähnt Aristoteles (rhet. 1398a 24–26); weitere Zeugnisse berichten davon erst wieder im 1./2. Jh.n.Chr., also in einer Zeit, in der sich auch die Briefe des Themas annehmen: Sen. benef. V 6,2ff, Dion Chrys. 13,30, Diog. Laert. II 25 und Ail. var. XIV 17.

[348] Gößwein: Euripides, 119.

[349] Zur negativen Bewertung bei Philodem De vitiis XIII 7ff s.u. S. 109. Die erhaltenen Grabepigramme (Anth. Gr. VII 43–51) geben keine Hinweise auf eine Datierung, auch der von Pausanias (I 2,2) beschriebene Kenotaph vor Athen (samt Inschrift) ist nicht datierbar.

[350] Gößwein: Euripides, 109f, gibt einen kurzen Überblick über Künstler u.a., die nach der Tradition an Archelaos' Hof geweilt haben. Seine Bewertung dieser Tradition als „zuverlässig bezeugt" (110) ist freilich schwer begründbar.

[351] „*Herakles*: Und wo ist Agathon? *Dionysos*: Der lief mir fort: Ein guter Dichter und den Freunden lieb. *Herakles*: Weh! – Und wohin? *Dionysos*: Zum Schmaus der Seligen." (Ran. 83–85 Übers. Seeger/Newiger).
Vgl. dazu die Scholien (ed. Chantry), die ἐς μακάρων εὐωχίαν entweder auf die Insel der Seligen beziehen, d.h. auf seinen Tod, oder auf die Gelage am Hof des Archelaos. Der Vorwurf der Geldgier bzw. des Strebens nach Luxus, der hier im letzten Vers auftaucht, ist ein geläufiger Topos in der Kritik an Künstlern, die an den Hof eines Monarchen gehen. Vgl. zum Problemkreis der Beziehung Dichter–Machthaber Weber: Poesie, v.a. 72.

ten Kritikern des Euripides gehört haben soll,[352] so setzt sich doch in der neueren Forschung eine positive In-Beziehung-Setzung beider durch. Euripides war sicherlich eine umstrittene Figur in Athen – nicht zuletzt, weil er dramaturgisch neue Wege beschritt und dem Kulturgeschmack in Vielem nicht gemäß war –, aber gerade das ist ein willkommener Anlass für die Rezeption durch Satiriker wie Aristophanes.[353] Hier den Kritikpunkt ansetzen zu wollen, hieße, die Figur des Archelaos zu stark von dessen Darstellung in Platons *Gorgias* zu verstehen. Immerhin war es allein dank Archelaos Athen möglich, weiterhin im verlängerten Peloponnesischen Krieg über Holz für Schiffe zu verfügen.[354] Es erscheint eher im Gegenteil, dass Archelaos fast durchweg positiv in Athen gesehen wurde:[355] Erhalten ist ein Athener Dekret (aus den Jahren, als Euripides an seinem Hof weilte: 407/6), das ihm und seinen Söhnen aufgrund der Versorgung mit Holz den Status eines πρόξενος und εὐεργέτης verlieh.[356]

---

[352] Vgl. etwa Funke: Euripides, 233; Gößwein: Euripides, 118, meint, dass in den Fröschen „zweifellos die schärfste Abrechnung" des Aristophanes mit Euripides stattfinde. Dagegen weist von Möllendorff: Ästhetik, 260, darauf hin, dass Dionysos Aischylos erst als Sieger aus dem Agon hervorgehen lässt, als dieser „in nicht zu übersehender Weise charakteristische Züge des Euripides angenommen hat". Auch Segal: Euripides, 252f, urteilt, dass Aristophanes einer der größten zeitgenössischen Verehrer des Euripides gewesen sei, worauf auch der Neologismus εὐριπιδαριστοφανίζειν des zeitgleichen Komikers Kratinos (frg. 307,2 Kock) hinweise.

[353] Vgl. etwa Matthiessen: Euripides, 16–20, und v.a. die Aristophanes-Interpretation P.v. Möllendorffs, der die Alte Komödie auf dem Hintergrund der Lachkultur, d.h. literaturwissenschaftlich im Anschluss an Bakhtin, interpretiert (grundlegend: Ästhetik, und ders.: Aristophanes, v.a. 170–180, zu den *Fröschen* 155–164 und zu den *Thesmophoriazusen* 143–155). Von Möllendorff weist hinsichtlich der zahlreichen Invektiven des Aristophanes gegen bekannte Persönlichkeiten auf deren Funktion für die Komödie hin: „Je intensiver eine Verspottung Anteil an der Inszenierung gewinnt, desto geringer wird ihr ‚Wirklichkeitsbezug' und desto bedeutsamer wird ihre Funktionalisierung auf den dramatischen Zweck hin" (a.a.O. 176).

[354] Vgl. Borza: Shadow, 162f.

[355] Vgl. den kurzen Überblick über den Ruf des Archelaos in Athen bei Errington: Geschichte, 30–32. Er weist dort auch auf die Rede des Andokides (or. 2,11) hin, die dieser etwa 408 gehalten hat, in der er sich rühmt, dass er, in einer *Xenos*-Beziehung zu Archelaos vom Vater her stehend, die Holzlieferung vermittelt habe. Zutreffend auch: Harder: Kresphontes, 125 Anm. 1: „pro-Macedonian mood in Athens", vgl. a.a.O. 129–131. Dagegen redet Borza: Shadow, 162 Anm. 3, von einer „anti-Archelaos propaganda in Athens"; a.a.O. 175f kann er jedoch, abgesehen von der *Gorgias*-Stelle, keine zeitgenössischen Belege anführen.

[356] In IG I³ 117, zudem mit Kommentar bei Meiggs/Lewis: Selection, Nr. 91, S. 277–280. Allerdings bleibt diese Interpretation aufgrund des fragmentarischen Charakters des Textes unsicher. So sind sowohl der Name Archelaos (in Z. 24 und 32) nicht erhalten (lässt sich aber u.a. durch die (erhaltene) Nennung Makedoniens [Z. 15] erschließen) als auch die Titel *Proxenos* und *Euergetes*. Gavrilov: Euripides, 41 Anm. 13, will die Bewertung der athenisch-makedonischen Beziehung von der Person des Archelaos mit dem Hinweis darauf lösen, dass Makedonien schon länger Athen mit Holz beliefert hätte. Er lässt damit aber außer Acht, dass nach dem Verlust von Amphipolis im Peloponnesischen Krieg Athen über so gut wie kein eigenes Holz mehr verfügte – für eine Seemacht fatal – und dass der Holzexport Monopol des makedonischen Königs war, vgl. dazu Meiggs/Lewis: Selection, 278; Hammond: History, 137.

Eine zeitgenössische Kritik an Archelaos überliefert Clemens von Alexandrien in den *Stromata* (VI 2,16,5f). Dort zitiert er aus der verlorenen Schrift *Über die Larisäer* des sophistischen Rhetors Thrasymachos aus Chalkedon, der im Anschluss eines Euripides-Zitates („Griechen seiend sollen wir Barbaren dienen?" *Telephos* frg. 719) formuliert: „Dem Archelaos sollen wir dienen, die wir Griechen sind, – einem Barbaren?"[357] Historischer Hintergrund ist, dass Archelaos versucht hat, Thessalien zu erobern.[358] Augenscheinlich ist auch die Qualifizierung des Archelaos als Barbar, die er selbst versucht hat aufzuheben. Mit seinem Kulturprogramm (der Anwerbung griechischer Künstler und der Gründung makedonischer olympischer Spiele in Dion, am Fuß des Olymp) und der Genealogie, die das Herrscherhaus der Argeaden auf die Argiven und schließlich auf Herakles zurückführt, zielte ein Großteil der Politik des Archelaos auf die Anerkennung der Ebenbürtigkeit.[359]

Textlich lässt sich die These nicht halten, dass Archelaos zum literarischen und philosophischen Thema in Athen wurde,[360] weil der fremde Tyrann, der sich den Weg zum Thron gemordet habe, sich nun zum eigenen Ruhm die Größen Griechenlands an den Hof holen wolle.[361] Ebenso ist auch die Aussage, dass Platon Archelaos zum Idealbösen, zum Gegentypus zu Sokrates (beide sind im gleichen Jahr gestorben) stilisiere, nicht haltbar.[362]

Im *Gorgias* verhandelt Platon u.a. die Frage nach der Eudaimonia. Gegen den Gegenredner Polos, einen jungen Schüler des Gorgias, verteidigt Sokrates seine Meinung, dass Eudaimonia nicht aus der Ungerechtigkeit hervorgehen könne, sondern dass nur die wahrhaft gerechten Menschen diese erlangen könnten (470c–479e).[363] Polos führt als Beispiel dafür, dass mit uneingeschränkter Macht auch die Glückseligkeit zusammengehe, ein erst kürzlich geschehenes Ereignis an (470c/d), nämlich wie der Tyrann

---

[357] Vgl. DK II (Seite 324) 85 B 2: [Clemens:] Καὶ μὴν ἐν Τηλέφῳ εἰπόντος Εὐριπίδου· Ἕλληνες ὄντες βαρβάροις δουλεύσομεν; Θ[ρασύμαχος] ἐν τῷ ὑπὲρ Λαρισαίων λέγει· Ἀρχελάῳ δουλεύσομεν Ἕλληνες ὄντες βαρβάρῳ;

[358] Vgl. Borza: Shadow, 164f.

[359] Vgl. Weber: Poesie, 67.

[360] Eine weitere (positive) Erwähnung des Archelaos findet sich in der *Geschichte des Peloponnesischen Krieges* (II 100,2). Hier würdigt Thukydides, der möglicherweise selbst am Hof in Pella war, dessen Verdienste um die Etablierung einer Infrastruktur in Makedonien und den Ausbau des Heerwesens, vgl. Hammond: History, 137.

[361] Vgl. dazu Borza: Shadow, 175–177, Weber: Poesie, 64–67.

[362] Vgl. dazu klassisch den Kommentar von Dodds: Plato Gorgias, 241f, dessen Bewertung sich u.a. auch Borza: Shadow, 177, anschließt.

[363] Gegen die landläufige Vorstellung, die etwa auch Euripides in seinen *Phönizierinnen* (549) Iokaste (allerdings kritisch) äußern lässt, indem sie die Tyrannis als glückliches Unrecht (ἀδικίαν εὐδαίμονα) bezeichnet. Vgl. auch Schütrumpf: Vorstellungen, v.a. 44, zur Diskussion dieses Themas in Platons *Politeia*.

Archelaos, ein eventuell illegitimer Sohn des Königs Perdikkas II.,[364] die konkurrierenden Thronanwärter beseitigt haben soll.[365] Archelaos steht hier allerdings keineswegs im Mittelpunkt einer Polemik, vielmehr fungiert er, wie einige Bemerkungen indizieren, als Typos.[366] Joachim Dalfen vermutet in seinem Kommentar zudem, dass der *Gorgias* kurz nach der Rückkehr Platons von seiner ersten Sizilienreise (als [politische] Programmschrift für die Akademie) geschrieben sei und in der Zeichnung des Archelaos seine Erfahrung mit Dionysios reflektiere.[367]

Auch der allgemein als Euripides-Kritik angeführte Abschnitt rep. 568a–d zielt nicht so sehr auf Euripides, sondern muss von Platons allgemeiner Dichterkritik her verstanden werden.[368] Er zitiert unter dem Namen des Euripides den Ausspruch, dass Tyrannen weise seien durch den Umgang mit Weisen,[369] und wirft ihm (zugleich mit den anderen Dichtern, 568b) die Verherrlichung der Tyrannis (und der Demokratie) vor. Weil sie durch ihre Aufführungen und Gedichte die Verfassungen zur Tyrannis bzw. Demokra-

---

[364] Aufgrund der Reihenfolge der Namen in einem Bündnisvertrag zwischen Makedonien und Athen von 422 ist es wahrscheinlich, dass Archelaos designierter Nachfolger des Perdikkas war, vgl. Dalfen: Platon. Gorgias, 271. Allerdings ist diese Datierung umstritten: Neben einer Frühdatierung (Errington: Geschichte, 31: „um 440") und der späteren 423/2 (Bengtson/Werner: Staatsverträge, Nr. 186, S. 109–113), kommt Hammond: History, 134–136, in Auseinandersetzung mit den früheren Datierungen zu einer Spätdatierung um 415 (u.a. weil er die Darstellung im *Gorgias* für historischen Reflex nimmt). Auf die ungeklärte Praxis der Thronsukzession in Makedonien macht auch Borza: Shadow, 161f, aufmerksam.

[365] Man muss bedenken, dass Platon der einzige Zeuge für eine solche Rekonstruktion ist und selbst Hinweise darauf gibt, dass die Darstellung des Polos zumindest in Athen nicht allgemein bekannt war, wahrscheinlich aber auch nicht historisch ausgewertet werden darf, sondern eine literarisch-philosophische Funktion für den Dialog hat, vgl. folgende Fußnote und auch Frede: Verfassungen, 259–262, die auf die Verzeichnungen von Oligarchie, Demokratie und Tyrannis in Platons *Staat* hinweist, die die Funktion haben, „die Staatsformen und Charaktere ihrer Bürger jeweils in *Reinkultur*" darzustellen (a.a.O. 262).

[366] Vgl. 479e: εἴτε Ἀρχέλαος εἴτ' ἄλλος ἀνθρώπων, oder 525d: ὧν ἐγώ φημι ἕνα καὶ Ἀρχέλαον ἔσεσθαι, εἰ ἀληθῆ λέγει Πῶλος, καὶ ἄλλον ὅστις ἂν τοιοῦτος τύραννος ᾖ („Von denen, sage ich, wird auch Archelaos einer sein, wenn Polos recht gesprochen hat, und wer sonst noch ein solcher Tyrann sein mag."). Auf den eher typologischen Charakter weist auch Dalfen im Kommentar zu beiden Stellen hin (Platon. Gorgias, 304; 492), wenn er betont, dass Sokrates hier andeute, dass die Darstellung des Polos von der Machtergreifung des Archelaos nicht historisch sein muss, und zudem auf die beiden typologisch gezeichneten Tyrannen Gyges und Ardiaios/Aridaios in rep. 359b–360d, 615c–616a verweist, denen ähnliche Verbrechen wie Archelaos zugeschrieben werden.

[367] Vgl. Dalfen: Platon. Gorgias, 115f.

[368] Vgl. etwa Halliwell: Critiques.

[369] Der Vers wird auch Sophokles zugeschriebene (TrGF IV frg. 14 Radt: σοφοὶ τύραννοι τῶν σοφῶν ξυνουσίᾳ). Über diese und andere ‚Versverwechselungen' bzw. Mehrfachbezeugungen des gleichen Verses bei Sophokles bzw. Aischylos und Euripides wundert sich schon Aulus Gellius (XIII 19). Wegen der recht breiten und schon zeitgenössischen Bezeugung (vgl. dazu die Anmerkung bei Radt S. 120f, z.B. bietet auch Aristoph. Thesm. 21 einen ähnlichen Ausspruch) vermutet Sansone: Plato, 66, dass dieser (oder ein ähnlicher) Vers sowohl bei Sophokles als auch bei Euripides zu finden war, so auch Joyal: Aias.

tie verführten – und von den Tyrannen bzw. Demokratien dafür Belohnungen und Ehrenbezeugungen erhielten –, müssten sie aus der idealen Verfassung ausgeschlossen werden. So involviert Platon Euripides in einen Diskurs über die Aufgabe von Tragödiendichtern im Staat und weist auf die Gefahren hin, denen diese erliegen können, da ihre Kunst vor allem suggestiv operiere (Platon redet davon, dass sie durch die schönen, starken und einschmeichelnden Stimmen locken[370]) und sich dem rationalen Diskurs entzöge bzw. ihn unterminiere. Jedoch weiß sich Platon auch Euripides verpflichtet, den er häufig zitierend oder anspielend heranzieht.[371]

Auswirkungen haben diese Worte gleichwohl gehabt – am frühesten und direktesten in dem pseudoplatonischen Dialog *Theages*, der bald nach dem Tod Platons geschrieben wurde, etwa zwischen 345–335.[372] Hier wird dieses vermeintliche Euripides-Wort aufgegriffen (Thg. 125b und d) und die Frage thematisiert, worin die Tyrannen weise seien durch den Umgang mit Weisen. Zu einer deutlichen Antwort hingegen kommt es nicht, weil der Dialog bald darauf hinsteuert, die Beziehung des Sokrates zu seinem Daimonion zu behandeln. In Thg. 124d findet sich Archelaos in einer Aufzählung von mehreren Tyrannen, ohne besonders hervorgehoben zu sein.[373]

Bei Aristoteles (pol. 1311b 30–34), findet sich eine kleine Szene geschildert, die vielleicht das einzige historische Moment aus der Makedonien-Zeit des Euripides ist.[374] Dekamnichos, der sich am Hof über den Mundgeruch des Euripides mokierte, wurde von Archelaos dem Dichter zum Auspeitschen übergeben, was der Grund dafür gewesen sei, dass er später den Sturz des Tyrannen betrieben habe. Diese Schilderung findet sich in einer Auflistung von Ursachen für den Sturz eines Tyrannen. Unabhängig von der Frage nach der Historizität lässt sich hier eine negative Bewertung im Verhal-

---

[370] 568c: καλὰς φωνὰς καὶ μεγάλας καὶ πιθανάς.

[371] Vgl. dazu die Auflistung im Anhang bei Sansone: Plato, 61–67. Sansone legt dar, wie großen Einfluss (die Stücke des) Euripides auf (den jungen) Platon gehabt haben und dass einige Szenen in den platonischen Dialogen Szenen von Euripides nachgestaltet sind (etwa der Tod des Sokrates in Anlehnung an den Tod der Alkestis, vgl. a.a.O. 46–53). Auch die aporetische Gestaltung der Dialoge lasse sich mit Stücken wie *Medea*, den *Bakchen* oder *Orestes* vergleichen, in denen Identifizierungen und Gewissheiten mit fortschreitendem Handlungsverlauf immer stärker in Frage gestellt würden, vgl. a.a.O. 59–61.

[372] Zur Datierung vgl. Joyal: *Theages*, 154f.

[373] Im ebenfalls pseudoplatonischen *Alkibiades 2* (etwa ins 3./2. Jh.v.Chr. zu datieren) findet Archelaos noch einmal Erwähnung im Kontext, dass das Streben nach Macht nicht zur Eudaimonie führe, sondern im Gegenteil zum Verderben: Aber hier ist Archelaos nicht Täter, sondern Opfer: Weil der Liebhaber des Archelaos selbst an die Macht will (er liebt die Macht so sehr wie Archelaos ihn), tötet er den König, nur um drei oder vier Tage später selbst einem Anschlag zum Opfer zu fallen.

[374] So jedenfalls urteilt Gavrilov: Euripides, 45ff, der sich mit der Arbeit von Lefkowitz: Lives, auseinandersetzt, die (fast) nichts für historisch zuverlässig hält.

ten des Archelaos festmachen: Die übertriebene (angedrohte[375]) Bestrafung für ein falsches Wort.[376]

3.4.2 Euripides in den späteren Jahrhunderten

Dieser umfassendere Überblick über das Euripides- und Archelaosbild im 5. und 4. Jh. war notwendig, um aufzuzeigen, dass die Vermutung einer Kritik an Euripides lediglich über einige Anhaltspunkte verfügt und keineswegs mit Selbstverständlichkeit vorausgesetzt werden kann. Es ist nun die Frage, welches Bild sich von beiden Protagonisten etwa zur Entstehungszeit des Briefromans ergibt.

Die biographische Tradition (v.a. die fragmentarisch erhaltene *Vita* des Satyros aus dem 3. Jh.v.Chr. [P.Oxy. 1176] und das *Genos Euripidou*[377]) haben Jouan und Auger mit den Euripidesbriefen verglichen und festgestellt, dass es kaum Übereinstimmungen zwischen beiden Strängen gibt.[378] Entnimmt die biographische Tradition ihre Angaben über Euripides im Wesentlichen seinen Stücken und den Komödien,[379] um so ein mythischromantisches Bild des Poeten zu entwerfen,[380] so sei eine Intention des Verfassers der Briefe, die Ursprünge dieses Euripides diskreditierenden Tratsches zu enttarnen (nämlich Aristophanes): So werde aus dem von allen gehassten Misanthropen ein *Citoyen par excellence*.[381] Ob allerdings die biographische Tradition so durchweg negativ beurteilt werden kann, wie es Jouan/Auger tun (*malveillant*), und ob demgemäß die Briefe eine dagegen gerichtete Polemik bilden[382] – die beste Methode sei es, Euripides selbst zu

---

[375] Gavrilov: Euripides, 49, hält es für nicht wahrscheinlich, dass Euripides die Strafe ausgeführt habe. Zudem vermutet er, dass hier der Anhaltspunkt für die in Eur. epist. 1 und 3 gestaltete Szene liege, vgl. a.a.O. 50 Anm. 34.

[376] Die apophthegmatische Tradition hat die Szene so umgestaltet, dass Archelaos als wortgewandter und weiser Herrscher auf diese Beleidigung mit dem Ausspruch reagiert habe, dass kein Mund süßer als Honig und so verführerisch wie der Gesang der Sirenen sei wie der des Euripides, vgl. Gavrilov: Euripides, 46f.

[377] Diese (sowie Aulus Gellius, der Suda-Artikel und die Angaben bei Thomas Magister) finden sich bei Kovacs: Euripidea, 1–29 griechisch/lateinisch–englisch.

[378] Vgl. Jouan/Auger: corpus, 191.

[379] Vgl. das diese Art der Biographik parodierende Gedicht *Leontion* des Hermesianax (s.u.); zur (positiven) Bewertung des Satyros als Biograph (auch wenn seine Angaben nicht historisch auszuwerten sind) vgl. Lefkowitz: Satyrus; zudem dies.: Vita.

[380] Vgl. Jouan/Auger: corpus, 191, die sich auf die Arbeit von Lefkowitz: Vita, und Delcourt: Biographies, beziehen.

[381] Jouan/Auger: corpus, 192: „un citoyen modèle". „L'auteur des Lettres, loin de s'appliquer à suivre les Vies, a le souci d'opposer à la représentation traditionnelle du poète une figure construite comme une antithèse."

[382] Jouan/Auger: corpus, 192: „Cette dimension polémique, et elle seule, permet, nous semble-t-il, de rendre compte des contradictions flagrantes qui apparaissent entre le texte des Lettres et les biographies."

Wort kommen zu lassen, um durch sein authentisches Wort dem gehässigen Tratsch der Biographien den Boden zu entziehen[383] –, erscheint fraglich angesichts der Beliebtheit des Euripides.[384] Jedoch ist eine Schlussfolgerung, die sie aus dieser Beobachtung der Differenz ziehen, wichtig: Dass diese Briefe kaum als prosopopoietische Schulübungen anzusehen sind, weil sie nicht, wie zu erwarten wäre, traditionelles Material bestätigend aufgreifen und ausformulieren, sondern ein Gegenbild entwerfen wollen.[385] Die grundsätzliche Hochschätzung des Euripides tritt aus zahlreichen knappen Erwähnungen hervor, die sich in der zu den Briefen zeitgenössischen Literatur finden.[386]

In dem Fragment *Über die Untugenden* bemerkt Philodem (ca. 110–40 v.Chr.), dass dem zu Archelaos gegangenen Euripides[387] die Athener nicht nachgetrauert hätten.[388] Die Gegengeschichte dazu findet sich etwa 300 Jahre später in der Vita, die Aulus Gellius in seinen *Attischen Nächten* anführt: Die Athener sollen eine Gesandtschaft nach Makedonien geschickt haben, um den Leichnam zu holen, blieben allerdings wegen der großen Euripidesverehrung in Makedonien erfolglos.[389] Etwa zeitgleich berichtet Pausanias in den *Reisebeschreibungen* (I 2,2) von einem Kenotaph vor den Toren Athens zu Ehren des Euripides.[390]

Lukian lässt in dem Dialog *Über den Parasiten* Simon verschiedene Philosophen[391] aufzählen (Par. 31–38), die als Parasiten am Hof großer Männer gelebt haben, u.a. Euripides (35) und, der die Kunst des παρασιτεῖν aber so schlecht beherrschte, dass er zweimal erfolglos aus Syrakus zurückkehren

---

[383] Vgl. Jouan/Auger: corpus, 193.

[384] Die literarische Euripidesrezeption ist umfassend dargestellt bei Funke: Euripides, und Kuch: Euripides-Rezeption, der sich auf die Frage nach den Gründen der Beliebtheit des Dichters im Hellenismus konzentriert.

[385] Vgl. Jouan/Auger: corpus, 191f.

[386] ,Zeitgenössisch' ist in einem weiteren Sinn von etwa 200 Jahren beiderseits der Datierung der Briefe (Anfang 2. Jh.n.Chr.) zu verstehen, so dass sich eine Spannweite von etwa 1. Jh.v.Chr. bis 3. Jh.n.Chr. ergibt. Vgl. grundsätzlich ähnlich, jedoch einen engeren Rahmen ziehend, Downing: aristos, 214f. Den Zeitrahmen nicht zu eng zu fassen, scheint mir – nicht nur aufgrund der Unsicherheit der Datierungen – nötig, um auch Personaltraditionen greifen zu können, die erst zu einem späteren Zeitpunkt schriftlich fixiert worden sind, jedoch schon längere Zeit umläufig gewesen sein können.

[387] Der Name fehlt allerdings in dem vorangehenden Fragmentteil.

[388] De Vitiis XIII 4–8: διὸ καὶ φα[σ]ίν ἀχθόμενον αὐτὸν ἐπὶ τῷ σχεδὸν πάντας ἐπιχαίρειν πρὸς Ἀρχέλαον [ἀπ]ελθεῖν.

[389] XV 20,10: *quamobrem cum legati ad eos ab Atheniensibus missi petissent, ut ossa Athenas in terram illius patriam permitterent transferri, maximo consensu Macedones in ea re deneganda perstiterunt.*

[390] Zudem folgt eine Aufzählung von Dichtern, die an den Hof von Königen gegangen sind. Im *Genos* (18) wird das darauf eingeschriebene Epigramm dem Thukydides oder dem Dichter Timotheus zugeschrieben.

[391] Zur Tradition von Euripides als Philosoph vgl. Nesselrath: Parasitendialog, 384–386.

musste, Platon (34). *Wie man Geschichte schreiben soll* eröffnet Lukian mit
einer kleinen Erzählung über das sogenannte Abderitenfieber: Die Abderiten, als sie an einem heißen Tag den Tragödienschauspieler Archelaos die
Andromeda des Euripides aufführen sahen, wurden so von der Aufführung
und der Hitze befallen, dass sie im Fieberwahn durch die Stadt liefen und
das Stück deklamierten.[392] Aber hier handelt es sich nicht um Euripideskri-
tik, dessen Verse am Ende der Geschichte gelobt werden.[393]

Im *Deipnosophistes* (XIII 598d/e) des Athenaios (Ende 2. Jh.n.Chr.) zitiert einer der Anwesenden einen Vers von Hermesianax, nach dem Euripides, von allen gehasst, ein Frauenfeind und abhängig vom Verwalter[394] des
Archelaos, von Hunden zerrissen worden sei. Diese Anekdote steht in einem 98 Verse langen Auszug aus dem drei Bücher umfassenden Gedicht
Leontion des Hermesianax (um 300 v.Chr.), in denen der (katastrophale)
Einfluss der Liebe auf Dichter und Philosophen dargestellt wird. Aufgrund
der Themenbehandlung wird vermutet, dass Hermesianax die zeitgenössische Biographik karrikiert habe, die aus den Texten willkürlich Geschichten
über ihre Dichter konstruiert.[395]

Die wohl stärkste positive Bewertung findet sich bei Plutarch in seiner
Aufnahme und Ausgestaltung einer Erwähnung von Satyros (frg. 39 XIX),
nach der Euripides auf Sizilien so sehr verehrt wurde, dass Schiffbrüchigen
und Reisenden, wenn sie Verse des Dichters aufsagen konnten, geholfen
wurde, Sklaven freigelassen wurden (Nic. 29).[396] Zudem erzählt Plutarch,
dass Archelaos bei einem Gastmahl um einen goldenen Becher gebeten
wurde, den er darauf jedoch Euripides geschenkt habe mit der Bemerkung,
dass demjenigen, der nichts erbitte, gegeben werde.[397] Hier ist deutlich die
Anspruchslosigkeit des Euripides und die Generosität des Archelaos dargestellt, wie sie auch in den Euripidesbriefen thematisch wird. Schließlich
erzählt er am Ende seiner Lykurg-Biographie, dass das Grab des Euripides
in Makedonien von einem Blitz getroffen wurde, was seine Verehrer als

---

[392] Zur Funktion dieser Eröffnungsgeschichte für das Thema der Schrift vgl. Homeyer: Lukian,
167–170.

[393] Die Geschichte greift den Anfang von Aristophanes' *Fröschen* (52–72) auf: Durch die Lektüre der *Andromeda* wird Dionysos so verrückt nach Euripides, dass er ihn wieder aus dem Hades
herausholen will. Auf die Verbindung dieser beiden *Andromeda*-Rezeptionen hat Sansone: Plato,
38 Anm. 15, hingewiesen.

[394] ταμίην kann sowohl maskulin (ὁ ταμίης) als auch feminin (ἡ ταμίη) sein, Kovacs: Euripidea, 65 (Text 64) übersetzt *serving girl*.

[395] Zur Einschätzung der *Leontion* vgl. Bing: *Bios*-Tradition, 624–631: Hermesianax „has
dramatized (and thereby satirized and discredited) the biographical method" (a.a.O. 631).

[396] Unter Hinweis darauf, dass Euripides v.a. außerhalb Athens Beachtung erfahren habe, wird
im *Genos* (27) auch auf die Notiz bei Hermippus verwiesen (3. Jh.v.Chr.), dass Dionysios von
Syrakus Leier und Schreibmaterial des Euripides erworben habe.

[397] Mor. 531d (*De vitioso pudore*); die Szene ist wieder aufgenommen und umgestaltet bei Ps.-
Plut. mor. 177a (*Regnum et imperatorum apophthegmata*).

Zeichen göttlicher Rechtfertigung des Dichters verstehen.[398] Dass Plutarch hier von Rechtfertigung (ἀπολόγημα) redet, legt nahe, dass es auch eine Notwendigkeit für sie gab. Worin aber die Kritik bestand, wird nicht weiter erwähnt, am wahrscheinlichsten dürfte damit auf den gegen Euripides erhobenen Asebievorwurf verwiesen sein.[399]

3.5 Der Denker bei Hofe

Aufgrund des vorangehenden Überblicks über die Personaltraditionen ist es möglich, zwei Schlüsse zu ziehen: So lässt zunächst die eklatante Abweichung des Euripidesbildes der Briefe von der sonst bezeugten Euripidesdarstellung die These einer Abfassung der Briefsammlung als Schulübung unwahrscheinlich werden. Und sodann: Obwohl die Briefe explizit apologetisch wirken, konstruieren sie erst durch die Ablehnung das entsprechende Negativ-Bild von Euripides (und Archelaos). Ein solches kann zwar an vorgängigen Texten anknüpfen (v.a. Aristot. pol. 1311b; Plut. Lyc. 31,3), aber für sich gelesen weisen diese Texte kein negatives Euripidesbild auf. Es kann nicht ausgeschlossen werden, dass die Traditionen, die deutlichere Kritik an Euripides und Archelaos geübt haben, verloren sind und den Bezugspunkt der Briefe gebildet haben. Die herkömmliche Beurteilung dieser Epoche des Tragikers jedoch, und das heißt: das Verständnis der anderen Texte diesbezüglich, verdankt sich, so scheint es, in nicht unerheblichem Maße dem Einfluss des Briefromans, der gleichsam als hermeneutische Brille fungiert.

Ist die eingangs referierte Tendenz-Vermutung Gößweins nicht haltbar, so ist die Frage nach der Intention der Briefe erneut zu stellen. Aus der Spannung zwischen der in ihnen selbst geäußerten Befürchtung, dass der Aufenthalt des Euripides bei Archelaos den Dichter diskreditieren könnte, und der textlich zu erfassenden ‚Wirklichkeit‘ (also den Raum, den Euripides als literarische Figur bildet) lässt sich vermuten, dass Euripides als Typus, dass die erzählte Geschichte zur Illustration eines grundsätzlichen Themas dient.

---

[398] „Daher dient dies den Verehrern des Euripides als eine Rechtfertigung und ein starkes Zeugnis für ihn, dass ihm allein nach seinem Tode widerfuhr, was früher nur dem gottgeliebtesten und heiligsten Manne widerfahren ist" (Lyc. 31,3). So auch im *Genos* (19) und in einem Epigramm, vgl. Anth. Gr. XII 49.

[399] Neben diesem ist ein weiterer negativer Aspekt des Euripidesbildes, der jedoch ebenso nicht in unserem Briefbuch thematisch wird, der Antidosis-Prozess, in den er verwickelt war; zu den Quellen vgl. Kovacs: Euripidea, 20f; 60–63 (Antidosis und Asebie: Aristot. rhet. 1416a 28–35; Asebie: Satyrus frg. 39 X und P.Oxy. 2400 [3. Jh.n.Chr.]), vgl. jedoch die Anmerkung bei Kovacs (Seite 63), in der er den Asebievorwurf hier aufgrund des Kontextes und der Syntax nicht historisch wertet, sondern als ein fiktionales Deklamationsthema.

Kuch hat in seiner Rezension zu Gößwein darauf hingewiesen, dass nach zeitgenössischen Anlässen zu fragen ist: Die Beziehung Intellektueller–Herrscher sei ein tagespolitisches, kein literaturgeschichtliches Thema,[400] aus der Fülle der Literatur aus der Zeit des Prinzipats sei hier nur auf die kleine Abhandlung Plutarchs verwiesen *Maxime cum principibus philosopho esse disserendum* (mor. 776a–779c). Für eine Weiterarbeit hinsichtlich der Intention der Briefe bietet Gößwein einige wichtige Beobachtungen, nämlich dass hier häufiger Begriffe und Denkfiguren gebraucht sind, die auf einen kynischen Hintergrund weisen.[401] Damit rücken die Briefe in eine noch größere Nähe zu den kynisch-geprägten Sokrates- und Sokratikerbriefen, als sie ohnehin aufgrund des gewählten Themas stehen.

Der Anfang der Euripidesbriefe verweist zugleich auf die Sokrates- und Sokratikerbriefe wie auf die Platonbriefe: Auch Sokrates hat einen zweiten Einladungsbrief von Archelaos erhalten, auf den der erste Brief des Briefbuches negativ antwortet.[402] Die früher gegebene Ablehnung des Sokrates hatte Archelaos so interpretiert, dass dieser mit mehr Geld umzustimmen sei. Gegen eine solche Interpretation seiner abschlägigen Antwort verwehrt sich darauf Sokrates explizit. Bei Platon ist es nicht Archelaos, sondern Dionysios, und es ist keine Werbung zu kommen, sondern das ‚Entlassungsgeld', das Dionysios Platon mitgegeben hatte, als ihm aus Syrakus „ein Abschied zuteil [wurde], wie Ihr beschämender einen Bettler nicht hättet ausweisen und fortschicken können" (epist. 1.309b):

„Den generösen Geldbetrag, den Du mir zum Abschied überreichtest, bringt Dir Bakcheios mit diesem Brief, zurück. Für die Reisekosten reichte er nicht aus, und für meine sonstigen Bedürfnisse könnte er mir nichts nützen; dafür würde Dir als dem Geber die Spende sehr viel Schande machen und mir, wenn ich sie annähme, kaum geringere. Deshalb schlage ich sie aus." (epist. 1.309c, Übers. Irmscher)

---

[400] Vgl. Kuch: Rezension, 241. Auch Jouan/Auger: corpus, 194, sehen hier einen Beitrag der Euripidesbriefe: In der aktuellen Debatte um die Beziehung Intellektueller–Souverän (und der um die Tugenden eines Herrschers) zeichnen sie einen ‚neuen Euripides', der als eine Art ‚kynischstoischer Held' erscheint. Sie datieren den Briefroman um das 2. Jh. in einer größeren Stadt, Athen oder – wahrscheinlicher – Rom. Das allerdings bleibt Spekulation. Die Auseinandersetzung mit dem Thema war überall gleichermaßen möglich und nötig angesichts der Allgegenwart des Prinzeps durch Statuen, Kult und Stellvertreter.

[401] Er stellt sogar die Vermutung an, dass der ‚philosophischste' Brief der Sammlung (epist. 4) evtl. umgearbeitete Fragmente aus der verlorenen Schrift *Archelaos oder: Über die Königsherrschaft* des Antisthenes (vgl. Diog. Laert. VI 18) enthalten könne, vgl. Gößwein: Euripides, 26–28. Möglicherweise hat Dion von Prusa in seiner dritten Rede den *Archelaos* verarbeitet, vgl. die Rekonstruktion bei Brancacci: Struttura, 3331–3334.

[402] Dieses Motiv der Einladung findet sich häufiger in fiktionaler Briefliteratur: z.B. neben Hippokr. epist. 1–9 noch Diog. epist. 4; Heraklit epist. 1f; Pythag. epist. 1; Phalaris epist. 23; 56f; 74; vgl. Holzberg: Novel-like Works, 650.

Ist es hier zu wenig Geld, so bietet Archelaos dem Euripides zu viel an.[403] Sokrates lehnt kategorisch – um nicht dem ‚Sophistenvorwurf' ausgesetzt zu sein – Geld als indiskutabel ab:

> „– ich, der ich der Meinung bin, daß es grundsätzlich nicht richtig ist, mit philosophischen Gesprächen Geld zu verdienen, und für mich ganz und gar unpassend." (Sokr. epist. 1,1, Übers. Borkowski)

Sokrates bildet als Lehrer der Sokratiker, um die es in den nachfolgenden Briefen immer gehen wird, das Orientierung bietende Idealbild. Wie die Grundsätzlichkeit dieser Ablehnung zu verstehen sei und wie und ob Philosophen mit Machthabern umgehen können, wird zwischen den Sokratikern diskutiert. Die Euripidesbriefe nehmen in einer solchen Diskussion die Seite ein, die Aristipp vertritt.[404] Zudem stellen sie eine ausführliche Erzählung zum letzten Platonbrief dar. In diesem wird, im Gegensatz zu den Briefen 1–12, das Gelingen der Beziehung zwischen Philosoph und Machthaber vorgeführt.[405] Erst nach einer ausführlichen Analyse aller drei Briefsammlungen und ihrer Einordnung in den literarischen, gesellschaftlichen und moralphilosophischen Diskurs des Prinzipats könnte die Frage beantwortet werden, inwieweit und mit welcher Absicht in den Euripidesbriefen kynisches Gedankengut aufgenommen wird.

4. Ein Briefroman um Sokrates und die Sokratiker

Die Idee des schreibenden Sokrates ist seit Platon belegt. Im *Phaidon* erzählt Sokrates, dass er in der Muße des Gefängnisses angefangen habe, einen Lobgesang (προοίμιον) auf Apollon zu schreiben und Fabeln des

---

[403] Vgl. Holzberg: Briefroman, 13f, zu den Parallelen zwischen beiden Briefbüchern und der Kritik, die die Euripides- an den Platonbriefen üben, die Holzberg mitbedingt sieht durch die ‚Kritik' an Euripides in rep. 568a–c.
Das Zuviel/Zuwenig von angebotenem Geld ist auch in Sen. clem II 4,2 Thema: Der Weise bietet den Armen ausreichend Geld „wie ein Mensch einem anderen aus gemeinsamem Besitz" (Übers. Rosenbach), nicht als eine den anderen erniedrigende Spende. Zudem führt Seneca als weitere Hilfen des Weisen an: dem Verbannten Gastfreundschaft anzubieten und den gefangenen Sohn der weinenden Mutter zurückzuschenken. Die Freilassung der Pellaier und die großzügige Aufnahme des Euripides lassen Archelaos im Briefroman – v.a. im kritischen Vergleich mit Dionysios – als *sapiens* erscheinen.
[404] Ob es literarische Abhängigkeiten zwischen den Euripides- und den Sokrates-/Sokratikerbriefen gibt und in welche Richtung eine mögliche Abhängigkeit verlaufen könnte, lässt sich gegenwärtig kaum beantworten. Die Briefbücher dürften ungefähr zeitgleich entstanden sein in der ersten Hälfte des 2. Jh.
[405] Epist. 13, an Dionysios von Syrakus gerichtet, zeichnet das Ideal in der Beziehung zwischen Philosoph und Machthaber, und bietet damit einen kritischen Kontrapunkt gegen die vorausgehend dargestellte Entwicklung des Scheiterns einer fruchtbaren Beziehung zwischen Platon und Dionysios. Vgl. auch Längin: Erzählkunst, 109.

Äsop in Verse zu übertragen (60c–61b), von denen Diogenes Laertios einige Zeilen zitiert (II 42).[406] An anderer Stelle verweist dieser darauf, dass Sokrates auch philosophische Schriften verfasst habe: Nach einem seiner Gewährsmänner[407] stammten die Dialoge des Aischines in Wahrheit von Sokrates, Xanthippe habe sie dem Freund der Familie nach dem Tod ihres Mannes übergeben. Jedoch scheint Diogenes Laertios diesen Gerüchten nicht ganz zu trauen, bemerkt er doch in der Einleitung, dass Sokrates, *nach dem Zeugnis einiger*,[408] zu den Philosophen gehört habe, die nichts geschrieben hätten.[409] Eine weitere Erwähnung des schreibenden Sokrates findet sich in den von Arrian verfassten Gesprächen Epiktets (II 1,32): „Hat Sokrates nicht geschrieben?" – „(Ja) und wer so viel (wie er)?" – „Aber wie?" Darauf antwortet Epiktet, dass Sokrates, da er nicht immer jemanden zur Verfügung gehabt habe, an dem er im Gespräch seine Urteilsfähigkeit hätte testen können, sich durch das Schreiben selbst getestet und geprüft habe (ἤλεγχεν καὶ ἐξήταζεν). W.A. Oldfather erwägt in seiner Anmerkung zur Stelle, ob hier gemeint sei, dass Sokrates privat, d.h. ohne Publikationsabsicht, geschrieben habe, so wie es auch Epiktets Erwähnung des kunstlosen, nicht literarisch ambitionierten Stils des Sokrates vermuten lassen könnte.[410] In unserem Briefbuch findet sich ebenfalls der Hinweis auf Sokrates als Verfasser philosophischer Schriften; diesmal jedoch nicht als Vorwurf von anderen (gegen Aischines), sondern als Bescheidenheitsgeste: In Sokr. epist. 15 heißt es, dass Platon behaupte, die von ihm vorgetragenen Dialoge stammten nicht von ihm, sondern seien in Wahrheit „von Sokrates, der jung und schön sei" (15,3 Übers. Köhler),[411] ein direktes Zitat aus dem

---

[406] Für echt hält die Verse Ludwich: Apollonhymnos; kritisch dagegen Schanz: Sokrates.

[407] Diog. Laert. II 60 (vgl. auch II 62). Apelts Übersetzung nennt Menedemos, den Eretrier, der diese Verleumdung gegen Aischines hervorgebracht habe. In der Anmerkung zu Apelts Übersetzung berichtigt K. Reich (Seite 307), dass neben Menedemos noch andere diese Anschuldigungen erhoben hätten.

[408] Zu diesen gehört z.B. Dion Chrys., vgl. 54,4 und 55,8.

[409] Diog. Laert. I 16: οἱ δ᾽ ὅλως οὐ συνέγραψαν, ὥσπερ κατά τινας Σωκράτης …

[410] Vgl. Oldfather: Epictetus, Bd. 1, 222 Anm. 1; Döring: Exemplum, 68f.

[411] Zur Textgrundlage: Da es mittlerweile eine kritische Ausgabe der Sokratesbriefe von Borkowski gibt, ist deren Text für epist. 1–7 zugrunde gelegt; für die Sokratikerbriefe fehlt eine solche Ausgabe noch immer, so dass hier auf den Text von Köhler: Briefe, rekurriert wird, die die Schlussbriefe 33–35 (aufgrund der Textkorruptionen) zwar ediert, nicht aber übersetzt hat. Für epist. 35 sei auf die Textrekonstruktion und Übersetzung von Sykutris (Briefe, 101f) verwiesen. In der zweisprachigen Ausgabe, die Malherbe (Epistles) herausgegeben hat (übersetzt von Stowers [epist. 1–25] und Worley [epist. 26–35]), wird der Text von Köhler (ohne textkritischen Apparat) wiedergegeben, epist. 35 jedoch folgt der Rekonstruktion von Sykutris (die kleineren Abweichungen von Köhler in den anderen Briefen werden leider nicht als solche kenntlich gemacht).
Ich werde, der Einfachheit halber, summarisch von ‚Sokratikern' sprechen, auch wenn am Ende der Briefsammlung die „Enkelschüler" (Sykutris: Art. Sokratikerbriefe, 982), also Speusipp, Xenokrates und Dionysios, als Briefschreiber auftreten, vgl. Sykutris: Briefe, 45; anders Döring: Exemplum, 125 Anm. 31, der die Briefe 28ff nicht mehr zu unserem Buch zählt.

zweiten Platonbrief (314c). Ist der schreibende Sokrates nun durch die Tradition bezeugt, so ist unser Text doch der erste, der Sokrates als Briefschreiber zeigt.[412]

So ist im Folgenden zu fragen, weshalb der sonst im Gespräch gezeigte athenische Philosoph bei unserem Autor zu einem Briefschreiber geworden ist, was also durch die Brieffom besser ausgedrückt werden kann als durch die *viva vox*. Eine erste Antwort ergibt sich bereits aus der auffallenden Komposition des Briefbuches, das sich zunächst formal in zwei Teile untergliedern lässt: In den ersten sieben Briefen liegt ein monologischer Briefroman vor, in dem Sokrates der einzige Briefschreiber ist; daran schließt sich mit den folgenden 28 Briefen ein dialogischer Briefroman an, der die Schüler und Enkelschüler des Sokrates in Kommunikation zeigt und der die sich durch die Zeit erstreckenden Nachwirkungen des Sokrates-Ereignisses sozusagen ‚aus erster Hand‘ illustriert. Warum der Briefroman im zweiten Teil sogleich mit einer handfesten Streiterei beginnt (epist. 8–13), in der sich zwei Sokratesparteien unversöhnlich gegenüber stehen, wird zunächst ausführlich untersucht werden (4), bevor der Kasus in die dahinter stehende Grundkonzeption eingeordnet wird, nämlich die Sokratiker als Diskussionsgemeinschaft verschiedener philosophischer Richtungen zu zeigen (5 und 6). Zuvor muss allerdings wegen der besonderen Überlieferungslage der Handschriften die wahrscheinlich ursprüngliche Reihenfolge der Briefe rekonstruiert (1) und nach der Funktion des zweigeteilten Aufbaus gefragt werden (2 und 3).

4.1 *Socratis quae feruntur epistulae* – Handschriften und Briefreihenfolge

Wohl im 2. Jh.n.Chr. verfasst, könnte das Briefbuch Anfang des 3. Jh. schon bekannt gewesen sein. In diese Zeit ist ein Papyrus zu datieren, der den Bestand einer Privatbibliothek in Memphis aufführt. In den ersten zwei Zeilen heißt es dort: „(des …estius[413]) Sammlungen sokratischer Briefe/ Briefe von Sokratikern“ ([..].εστίου Σωκ[ρα]τικῶν ἐπιστολ[ῶν] συναγωγαί).

---

[412] An die von unserem Briefroman ausgehende Tradition knüpft Derrida mit seinem philosophischen Briefroman *Die Postkarte von Sokrates bis an Freud und jenseits* an, vgl. die Illustration des schreibenden Sokrates dort Bd. 1, 300 unter dem Datum vom 23. August 1979 (MS. Ashmole 304, fol. 31v, Bodleian Library, University of Oxford), die ab S. 15 (4. Juni 1977) immer wieder in Postkarten kommentiert und ausgelegt wird.

[413] Zur Rekonstruktion eines Personennamens auf -estius (als ‚Fälscher‘/Verfasser oder als Herausgeber der Sammlungen?) vgl. Crönert: Rezension, 147–150, dort auch der Text; vgl. ansonsten zum Papyrus Mitteis/Wilcken: Grundzüge, Bd. I.2, 182f.

Welchen Umfang diese Textausgabe gehabt hat, ob es sich hier um unser Briefbuch handelt oder ob erst der Besitzer verschiedene Briefsammlungen (συναγωγαί) zusammengetragen hat, lässt sich nicht erhellen;[414] auch nicht, ob er hier überhaupt die Briefe des Sokrates meint oder nicht z.B. die des Platon, des Xenophon und anderer Sokratiker,[415] die nicht mit denen aus unserer Sammlung identisch sind. Sollte allerdings unser Briefbuch hier aufgeführt sein, hätten wir einen Beleg für dessen recht schnelle Verbreitung, zeigt doch diese Bücherliste, „daß solche Schätze bei den obskursten Leuten in der Provinz zu finden waren".[416]

Im 4. Jh. nimmt Libanios in seiner *Apologie des Sokrates* Bezug auf dessen Einladung durch die drei Tyrannen Eurylochos, Skopas und Archelaos und seine Ablehnung (decl. 1,163–166), um ihn gegen den Vorwurf der Tyrannenfreundschaft zu verteidigen (165 Foerster):

„Die Briefe selbst wären zwar nötig – in ihnen könntet ihr den Menschen am schönsten erkennen –, vielmehr aber: Was sind Schriften nötig, die seine Tat rühmen?" (αὐτῶν ἔδει μὲν τῶν ἐπιστολῶν, ἐν ἐκείναις τὸν ἄνθρωπον κάλλιστα ἂν εἴδετε, μᾶλλον δέ, τί δεῖ γραμμάτων τοῦ πράγματος αὐτοῦ βοῶντος;)

Die Stelle als *sicheren* Beleg für unsere Briefsammlung oder für den Ablehnungsbrief (epist. 1) zu bewerten, sehe ich mit Bentley keine Notwendigkeit.[417] Die Briefsammlung gibt keinen Hinweis auf Einladungen anderer Tyrannen (die drei Tyrannen zusammen erwähnt nur noch Diog. Laert. II 25), jedoch ist es denkbar, dass Libanios hier die Notiz aus Diogenes Laertios mit unseren Briefen zusammengebracht und den Briefwechsel zwischen Archelaos und Sokrates auf die anderen beiden ausgedehnt hat: In decl. 1,166 gibt er zu erkennen, dass diese mehrfach Briefe an Sokrates geschickt haben (οὐ τοίνυν ὡς καλοῦντες διήμαρτον, ἀφίσταντο τῆς πείρας), trotz seiner Ablehnung: „er verlachte nämlich, oh Männer (sc. Athens), die drei Tyrannen und ihre Gaben und die Weichlichkeit und die vielfachen Lüste".[418] So bleibt auch hier letzten Endes fraglich, inwiefern

---

[414] Sykutris: Briefe, 111f, meint, dass „gar kein Grund vor[liegt], die Identität mit unserer Sammlung [sc. epist. 1–7] zu bestreiten". Die Sokratesbriefe datiert er noch vor dem 1. Jh.n.Chr. Den Papyrustext zitiert er jedoch falsch, wenn er Ἐπιστολαὶ Σωκράτους schreibt (in Art. Sokratikerbriefe, 983, richtig zitiert).

[415] Vgl. die Texte bei Hercher: Epistolographi Graeci; zu Aristipp vgl. Diog. Laert. II 84, zu Aischines Diog. Laert. II 63.

[416] Mitteis/Wilcken: Grundzüge, Bd. I.2, 183.

[417] So Bentley: Dissertation, 91f, gegen Allatius; später gegen Bentley etwa: Crönert: Rezension, 146f; Döring: Exemplum, 125.

[418] τριῶν γάρ, ὦ ἄνδρες, κατεγέλασε τυράννων καὶ δώρων τῶν παρ' ἐκείνων καὶ τρυφῆς καὶ ποικίλων ἡδονῶν (1,165).

Libanios auf unsere Briefe zurückgreift und welchen Umfang seine Sammlung von Sokrates- (und Sokratiker-?)briefen gehabt haben könnte.[419]

Können die Briefe somit nicht auf eine stehende Tradition des Briefe schreibenden Sokrates zurückgreifen, so bleibt doch kein Zweifel an der Identität des Verfassers der ersten sieben Briefe. Zwar hat der älteste Textzeuge, der *Codex Vaticanus graecus 64* (= V) aus dem Jahr 1269/70, keine Überschriften,[420] jedoch gibt sich Sokrates gleich zu Anfang des ersten Briefes namentlich zu erkennen, so wie er sich auch im letzten Sokratesbrief (epist. 7) beim Namen nennt. Ob die Briefe überhaupt jemals in Form eines Präskriptes Überschriften enthalten haben, die Verfasser sowie Adressaten und Adressatinnen kenntlich gemacht haben, lässt sich nicht mehr sagen, auch wenn das Hinzufügen solcher Angaben erklärlicher scheint als deren Tilgung. Der Text der Briefe lässt sich jedoch zur Identifizierung auswerten: So werden in den Briefen die Namen z.T. explizit genannt, z.T. sind die Hinweise in den Briefen so deutlich, dass eine eindeutige Zuschreibung leicht fällt, z.T. bleiben sie aber auch so vage, dass eine gesicherte Zuordnung nicht vorgenommen werden kann.[421] Die fehlenden Überschriften und das Spektrum der Namenshinweise geben so einen ersten Hinweis auf das bevorzugt intendierte Lesepublikum: Die Briefe setzen gut informierte Leser voraus, die die Anspielungen und Hinweise in den Briefen verstehen können, um ‚erraten' zu können, wer wem schreibt.

Bevor der Inhalt der Briefe näher untersucht werden kann, ist zunächst die Reihenfolge der Briefe zu klären.[422] Die handschriftliche Überlieferung lässt sich wesentlich auf zwei Varianten reduzieren:[423] V, als ältester Textzeuge, bietet auf den Seiten 207ᵛ–208 epist. 21–23, gefolgt von Isokratesbriefen;[424] erst darauf folgen (fol. 215–224ᵛ) 1–7; 8–20; 24–29; 33–34; 30–

---

[419] Dazu bedürfte es einer eingehenden motivgeschichtlichen und quellenkritischen Untersuchung von decl. 1,163–166 und des Textvergleichs mit v.a. Sokr. epist. 1; 6; 8–13; 21, den Briefen, in denen die Themen Sokrates und die Macht bzw. der Reichtum explizit werden.

[420] Z.T. sind die Überschriften (vor epist. 21–23) von späterer Hand eingefügt worden, vgl. Sykutris: Überlieferung, 1285. In der Folgezeit sind immer mehr einzelne Briefe von den byzantinischen Gelehrten einzelnen Verfassern oder Adressaten zugeordnet und als Überschriften über die betreffenden Briefe gesetzt worden. Vgl. dazu den genannten Artikel von Sykutris sowie die Kommentare von ihm (Sykutris: Briefe) und von Köhler (Briefe) jeweils zum entsprechenden Brief.

[421] Vgl. den Überblick in der nachfolgenden Tabelle. Ist der Name des Schreibers/Empfängers unterstrichen, so ist er explizit benannt, ist ein Name dagegen in Klammern gesetzt, so ist die Zuordnung fraglich. Ohne weitere Kennzeichnung bedeutet, dass die Identifizierung relativ sicher ist.

[422] In der Briefnummerierung folge ich der Ausgabe Köhlers. Zu der unterschiedlichen Zählung zwischen Hercher und Köhler s.u. S. 119 Anm. 432.

[423] Vgl. die Beschreibung der Handschriften bei Borkowski: Socratis, 18–21 sowie das Stemma dort auf Seite 32.

[424] Unsere Briefe finden sich in zum größten Teil epistolographischen Handschriften bewahrt, die noch weitere Briefsammlungen tradiert haben.

32; 35. Die andere Reihe ist die von *Codex Guelferbytanus 902/Helmstadi-
ensis 806* (= G, um 1420/30), der auf den Seiten 185ᵛ–203 nur 19 unserer
Briefe enthält und zwar 1–7; 21–23; 8–13; 14–15; 18. Alle anderen Manu-
skripte sind von einer dieser Handschriften abhängig und bieten die Briefe
in ihren Reihenfolgen. Ob G von V abhängig ist oder ob beide eine gemeinsame Vorlage verarbeitet haben, kann hier offen bleiben.[425] Zu erklären,
wieso G und V so unterschiedlich viele Briefe bieten, fällt in jedem Fall
schwer. Die Reihenfolge in G jedoch scheint mir nach alphabetischem
Gesichtspunkt konzipiert zu sein: So folgen auf die Briefe des Sokrates die
dem Aischines zugeschriebenen (21–23); darauf folgt die Aristipp-Korrespondenz (8–13) und schließlich die Briefe des Xenophon (14–15 und 18).
Vielleicht bietet auch die Art der Handschrift einen Hinweis auf die in der
Vorlage belegte Reihenfolge der Briefe. Der Schreiber von G, der Diakon
Georgios Chrysokokkis, hat sehr sorgfältig geschrieben und gearbeitet.
Dass er sich nicht eng an seine Vorlage gehalten hat, zeigt z.B., dass er den
dorischen Dialekt der Briefe 9, 11, 13 und 16 attisch geglättet hat.[426] Der
Schreiber von V dagegen hat sehr flüchtig und mechanisch gearbeitet, wor-
auf u.a. die zahlreichen Fehler und unsinnigen Buchstabenfolgen, die er
abgeschrieben hat, hindeuten.[427] M.E. lässt sich daraus der Schluss ziehen,
dass eine planvolle Gestaltung oder Konzeption eher Chrysokokkis zuzu-
trauen ist als dem Abschreiber von V, dass V somit eher die ursprüngliche
Reihenfolge und Briefanzahl bewahrt hat als G.

Diese ursprüngliche Reihenfolge findet sich im *Codex Barberinianus
graecus 181* (= A), deren Abschreiber der Sokrates- und Sokratikerbriefe
Leon Allatius ist, zugleich der Veranstalter der *Editio princeps* der Sokra-
tes- und Sokratikerbriefe.[428] Die einzige Abweichung hinsichtlich der Reihenfolge von A gegenüber V besteht darin, dass die Briefe 21–23 an ihrer
jetzigen Stelle stehen, also: 1–29; 33–34; 30–32. In der Mitte von epist. 32
bricht der Text ab, es ist aber wahrscheinlich, da A V folgt, dass auf den
zweiten Teil von 32 noch epist. 35 folgt. Die Eigentümlichkeit, dass in V
epist. 21–23 vor die Isokratesbriefe gerückt sind, lässt sich am leichtesten
mit einer Blattvertauschung erklären.[429]

In seiner Ausgabe hat Allatius eine weitere Änderung vorgenommen: Er
hat epist. 33 und 34 hinter epist. 32 gesetzt, da er diese, wie auch epist. 35,
aufgrund der korrupten Textlage nicht übersetzen konnte. Diese Reihenfol-

---

[425] Ersteres Sykutris (Briefe, 7f; Art. Sokratikerbriefe, 981) gegen seine frühere Meinung (Überlieferung, 1289f), dass V und G unabhängige Textzeugen darstellten. Dass V und G eine gemeinsame Vorlage, den Archetyp α haben, vertritt Borkowski: Socratis, 28–32.
[426] Vgl. Sykutris: Überlieferung, 1291.
[427] Vgl. Sykutris: Überlieferung, 1286.
[428] Allatius: Socratis (Paris 1637).
[429] So Sykutris: Briefe, 7.

ge haben J.C. Orelli[430] und R. Hercher,[431] ebenfalls ohne Übersetzung, übernommen; Orelli hat seiner Ausgabe zwei Platonbriefe zugefügt (epist. 25 und 26 in der Zählung Herchers), die Hercher um einen Brief des Sokrates an Platon (epist. 7*) ergänzt hat. L. Köhler hat für ihre Ausgabe die zusätzlich eingefügten Briefe, die in keiner der Handschriften der Sokrates- und Sokratikerbriefe bezeugt sind, nicht übernommen, aber die Reihenfolge von Allatius beibehalten. So ergeben sich die Abweichungen in der Zählung zwischen Köhler und Hercher.[432] Die älteste textgeschichtlich zu rekonstruierende Reihenfolge der Briefe bietet somit V in der Korrektur der Blattverschiebung durch A. Diese Reihenfolge (nach der Nummerierung Köhlers: epist. 1–29; 33–34; 30–32; 35) liegt dem Folgenden zugrunde.[433] Die Lektüre wird ergeben, dass diese Reihenfolge auch erzähllogisch begründbar ist.

1. Hauptteil: Die Sokratesbriefe

1	<u>Sokr.</u>–Archelaos:	Antwort- & Begründungsbrief	(Ablehnung der Einladung)
2	Sokr.–Xenophon:	Empfehlungsbrief	(für Chairephon)
3	Sokr.–[Chairephon]:	Empfehlungsbrief	(für Mneson)
4	Sokr.–Kriton:	Mitteilungsbrief	(Ausbildung des Kritobulos)
5	Sokrates –Xenophon:	Beratungsbrief	(die Anabasis)
6	Sokr.–[Aischines]:	Antwort- & Begründungsbrief	(über sokratisches Leben)
7	<u>Sokr.</u>–Chairephon:	Antwort- & Aufmunterungsbrief	(Opposition gegen die Dreißig)

2. Hauptteil: Die Sokratikerbriefe (1. Generation)

(i) 3 Paare Athen–Syrakus (Aristipp-Korrespondenz)

8	Antisthenes–Aristipp:	Tadelbrief	(das Leben am Hof des Dionysios)
9	Aristipp–<u>Antisthenes</u>:	Antwortbrief	(Wohlstand in Syrakus vs. Armut in Athen)
10	Aischines–Aristipp:	Bittbrief	(Rettung der Jünglinge)
11	Aristipp–Aischines:	Antwortbrief	(Erfüllung)
12	Simon–Aristipp:	Tadelbrief	(wg. Verspottung)
13	Aristipp–Simon:	Antwortbrief	(Apologie)

---

[430] Orelli: Socrates (Leipzig 1815).

[431] Hercher: Epistolographi Graeci (Paris 1873).

[432] Herchers Zählung findet sich z.T. noch immer in der Literatur. Auch in Borkowskis Ausgabe stiftet die unterschiedliche Zählung einige Verwirrung: Bei den Manuskripten P und V folgt er der Zählung Herchers, bei A dagegen benutzt er Köhlers Nummerierung (vgl. Borkowski: Socratis, 19f). Es gilt also, dass epist. 25 und 26 Hercher kein Gegenstück bei Köhler haben und epist. 27–37 Hercher = epist. 25–35 Köhler.

[433] Zur Bedeutung der Unterstreichung bzw. Klammern s.o. S. 117 Anm. 421. Für die Zuordnungen sei verwiesen auf die Kommentare zu den Briefen bei Sykutris: Briefe, und Köhler: Briefe. Zur Adressierung von Brief 6 an Aischines s.u. S. 139 Anm. 515. Zu den Brieftypen vgl. zudem Fiore: Function, 126f.

(ii) 2 Paare Sokratik in der Krise

14	[Aischines]–<u>Xenophon</u>:	Mitteilungsbrief	(Prozess und Tod des Sokrates)
15	<u>Xenophon</u>–Sokratiker:	Antwortbrief	(Aufgabe der Sokratiker)
16	Aristipp–[Aischines]:	Antwortbrief	(Schicksal der Sokratiker: Flucht)
17	[Aisch.]–[Euthydemos]:	Mitteilungsbrief	(Tod der Ankläger: Rückkehr)

(iii) Die Gemeinschaft der Sokratiker

18	Xenophon–Sokratiker:	Einladungsbrief	(zum Artemisfest auf sein Gut)
19	<u>Xenophon</u>–[Aischines]:	Einladungsbrief	(zum Artemisfest auf sein Gut)
20	Simias & Kebes– Antisthenes:	Lob- & Mitteilungsbrief	(sokratisches Leben und Lehre in Athen und Theben)
21	Aischines–<u>Xanthippe</u>:	Trost- & Tadelbrief	(Unterstützungsangebot)
22	[Aisch.]/[Xenophon]– <u>Simmias & Kebes</u>:	Lob- & Mitteilungsbrief	(Freundschaftshilfe und literar. Sokrateserinnerungen)
23	<u>Aisch.</u>–[Eukleides & Terpsion]/[Simmias & Kebes]:	Mitteilungsbrief	(Freundschaft und Streit unter den Sokratikern; Publikation sokr. Dialoge)

(iv) Platon

24	Pl.–[Dion]/[Dionysios]:	Antwort- & Mitteilungsbrief	(Rückzug aus Athen)
25	Phaidros–<u>Pl.</u>:	Bittbrief	(Rückzug aus der Lehre)
26	[Kriton]/[Phaidros]–<u>Pl.</u>:	Freundschaftsbrief	(Platon in Ägypten)
27	<u>Aristipp</u>–Arete:	Abschieds-/Testamentsbrief	(Kindererziehung, Besitz, Verbun- denheit mit Sokrates)

3. Hauptteil: Die Akademikerbriefe (2. Generation)

28	Speusipp–Philipp:	Empfehlungsbrief	(Kritik an Isokrates und Enkomion auf Philipp)
29	[Platon]/[Speusipp]– Philipp:	Beratungsbrief	(der gute Herrscher)
33	Speusipp–Dion:	Beratungs- & Mahnbrief	(weise Herrschaft)
34	Dionysios–<u>Speusipp</u>:	Antwortbrief	(iron. Kritik/Kommentierung)
30	Speusipp–Xenokrates:	Bittbrief	(Übernahme der Akademieleitung)
31	Speusipp–Xenokrates:	Bitt- & Mitteilungsbrief	(bevorstehender Tod; Übernahme der Akademieleitung)
32	Xenokrates–Speusipp:	Antwortbrief	

Epilog

35	<u>Adrastos</u>–	Begleitbrief	(pythagoreische Esoterik)

Die Genese der Briefsammlung ist nach wie vor unklar; die Rekonstruktion von J. Sykutris (und E. Bickermann) wurde von der nachfolgenden For-schung zu den Sokratikerbriefen immer wieder aufgenommen und sei des-halb hier kurz dargestellt:[434] epist. 28 (Speusipp an Philipp) sei ein echter Brief (geschrieben 343/2); epist. 1–7 seien im 1. Jh.n.Chr. verfasst; durch epist. 28 angeregt (evtl. auch durch epist. 1–7) habe der Autor dann epist.

---

[434] Vgl. Bickermann/Sykutris: Speusipps Brief, 78–82; Sykutris: Briefe, 106–122, zusammen-gefasst bei Malherbe: Epistles, 27, und Fiore: Function, 102f.

8–34 geschrieben (um 200 n.Chr. oder später); schließlich sei epist. 35 zu einem späteren Zeitpunkt von einem Pythagoreer hinzugefügt worden. Köhler[435] hält dagegen epist. 28 zusammen mit den übrigen epist. 1–35[436] für Produkte *einer* Rhetorenschule. Holzberg vermutet ebenfalls die ursprüngliche Zusammengehörigkeit der Briefsammlung;[437] zu epist. 28 gibt er zu bedenken, dass dieser Brief vielfach mit dem Rest des Corpus verbunden sei, was ein Hinweis auf seine Entstehung im Zusammenhang mit dem ‚Sokratesroman' sein könne;[438] ebenso enthält er sich zu epist. 35 eines Urteils, fordert aber, dass die Nichtzugehörigkeit erst durch eine eingehende literaturwissenschaftliche Untersuchung erwiesen werden müsse.[439] Geht man nun von der Einheit des Briefbuches aus, ergibt sich für die Datierung etwa die Mitte des 2. Jh. Der *terminus post quem* ist durch die Benutzung plutarchischer Schriften gegeben,[440] der *terminus ante quem* durch das ägyptische Bücherverzeichnis (Anfang 3. Jh.), Lib. decl. 1 (beide wie gezeigt unsicher), v.a. jedoch durch das Zitat aus Sokr. epist. 12 bei Stob. III 17,10 um 400 definitiv belegt.

Dass die Briefe des Sokrates und der Sokratiker eine Art von Briefroman bilden, ist ausführlich von Holzberg begründet worden,[441] wurde jedoch auch schon früher gelegentlich geäußert.[442] Wird die Einheit der Briefsammlung als eine narrativ konzeptionierte verstanden, kommt dem Aufbau des Briefbuches eine interpretatorische Relevanz zu.

---

[435] Vgl. Köhler: Briefe, 4f.

[436] Zu epist. 35 äußert sie sich nicht, bringt ihn jedoch in eine gewisse Nähe zu Speusipp, vgl. Köhler: Briefe, 129 und 4f, und betont zudem die Einheit: „Die Sokratikerbriefe [sc. epist. 1–35] lassen sich in mehrere geschlossene Gruppen teilen" (a.a.O. 4).

[437] Vgl. Holzberg: Briefroman, 39.

[438] Vgl. Holzberg: Briefroman, 46 Anm. 139. Vgl. außerdem Fiore: Function, 104f.

[439] Vgl. Holzberg: Briefroman, 46 Anm. 141.

[440] Neben Plut. *de tranquilitate animi* in epist. 10 (mor. 470f) und epist. 27 (mor. 469c) noch *de adulatore et amico* in epist. 23 (mor. 67c–e) und epist. 33 (mor. 69f–70a), vgl. Sykutris, Briefe, 51; 86; 75–77; 95f.

[441] Vgl. Holzberg: Briefroman, 38–47.

[442] Köhler: Briefe, 5, bezeichnet alle 35 Briefe als „Sokratesroman". Sykutris: Briefe, 114, meint, dass man die Sokratikerbriefe (epist. 8–34) einen „Roman in Briefen" nennen könne, jedoch nicht im engeren Sinne des Wortes, da hier weder die Forderung des Romans nach der Einheit der Handlung noch nach der der Personen (zu den Sokratikern treten am Ende die Akademiker) erfüllt werde; vgl. ders.: Art. Sokratikerbriefe, 984: „Er will einen ‚Briefroman' schreiben, in dem alle Personen ihr in der biographischen Tradition feststehendes Individualethos zum Vorschein bringen." Dörrie: Art. Sokratiker-Briefe, 257, will nur die Sokratikerbriefe im engeren Sinne (epist. 8–27) als eine romanhafte Einheit sehen: „Sie dienen dazu, das Vacuum um das Ende des Sokrates mit Fakten zu füllen; sie kommen einem Briefroman nahe, da sie alle Personen um Sokrates in Aktion zeigen."

4.2 Aufbau und Inhalt des Briefromans

Die Briefsammlung ist in drei Hauptteile und in sechs Episoden (sieben, wenn man das ‚Nachwort des Herausgebers' epist. 35 mitzählt, s.u.) aufteilbar. Jeder Hauptteil beginnt mit dem Thema der Beziehung eines Philosophen zu einem Machthaber (epist. 1: Sokrates–Archelaos; epist. 8: Aristipp–Dionysios; epist. 28: Speusipp–Philipp);[443] die sieben Episoden fügen je einen neuen Aspekt zur Geschichte der Sokratiker hinzu und unterstreichen auf diese Weise den zeitlichen Verlauf.

Im ersten – monologischen – Teil (epist. 1–7), der auch als Exposition zum gesamten Briefroman gelesen werden kann,[444] bieten epist. 1 und epist. 6 das moralphilosophische Programm des Sokrates, das in den anderen fünf Briefen (Empfehlungs-, Mitteilungs- und Beratungsbriefe) in kleinen Szenen illustriert wird: Sokrates erweist sich hier als ein aktiv an athenischer Politik beteiligter Bürger, der ein Netz von Sozialbeziehungen stiftet und unterhält.[445] Das Briefbuch wird eröffnet mit der ablehnenden Reaktion des Sokrates auf eine Einladung durch Archelaos,[446] deren einer Punkt seine Selbstgenügsamkeit und Unabhängigkeit ist.[447] Der programmatische Charakter des Briefes wird durch seine bewusst konzipierte Architektur, u.a. die sechsfache Anrede an Archelaos und die vierfache Begründung der Ablehnung, hervorgehoben.

Die Frage, inwiefern der Philosoph ohne Unterstützung durch einen Mäzen auskommt, wird dann ausführlich in epist. 6 in einer typologischen Gegenüberstellung entfaltet.[448] Die Briefe knüpfen an verschiedene aus der Sokratesbiographie bekannte Situationen an (die Schlacht vor Potidaia; die am Delion; Xenophons Entschluss, am persischen Bruderkrieg teilzunehmen; Sokrates, Leon und die Dreißig),[449] ohne sich an der äußeren Chrono-

---

[443] Vgl. Holzberg: Briefroman, 44 und 46.

[444] Vgl. Holzberg: Briefroman, 41; Holzberg bietet auf den Seiten 39–47 v.a. einen Überblick über die engen Beziehungen, die zwischen den Sokrates- und den Sokratikerbriefen bestehen, da er die Einheit der Briefsammlung trotz ihrer von den anderen Briefromanen abweichenden Erzählstruktur aufweisen will. Ergänzend konzentriere ich mich auf die Struktur des zweiten Teils. Zu den häufigen Zitaten, Anspielungen und Parallelen (v.a. Platon und Diogenes Laertios) vgl. die Nachweise in den Editionen von Köhler und Borkowski sowie Sykutris: Briefe.

[445] Ein Hinweis darauf bietet auch der exponierte Gebrauch von Personennamen in den ersten sieben Briefen: In epist. 2, 3, 4 und 6 („die beiden Gastfreunde") werden die Personen, über die Sokrates schreibt, mit dem ersten Wort des Briefes benannt, in epist. 5 und 7 ist es das anredende „Du". Es handelt sich hier weniger um eine „[g]esuchte Anfangsstellung des Eigennamens", wie Borkowski: Socratis, 89, insinuiert, sondern um ein bedeutungstragendes Stilmittel.

[446] Zu den wichtigsten Texten, die auf die Einladung Bezug nehmen, s.o. S. 103 Anm. 347.

[447] Vgl. zum Näheren Holzberg: Briefroman, 40f.

[448] Vgl. dazu unten Seite 130–134.

[449] Zu den Sokrateslegenden vgl. Gigon: Sokrates; Döring: Exemplum.

logie zu orientieren,[450] und bieten so einen Einblick aus einer neuen Perspektive auf bereits Bekanntes.

Der folgende Teil der Briefsammlung (epist. 8–27) erzählt davon, wie die Sokratiker miteinander in Kontakt treten bzw. bleiben und wie sie die Moralphilosophie ihres Lehrers in ihrem Leben praktizieren. Dieser Teil ist in vier Unterkapitel aufgeteilt, die eine Zeitspanne von etwa einem halben Jahrhundert ausfüllen.[451] Die ersten drei Briefpaare (8–13) sind in der Zwischenzeit zwischen dem letzten Wort des Sokrates und seinem Tod geschrieben. Es wird weder explizit, dass Sokrates noch lebt – seine Nichterwähnung spricht eher dagegen –, noch wird sein Tod erwähnt. Die Lesenden begegnen schon hier den Sokratikern ohne Sokrates – und erfahren erst im nachfolgenden Brief 14, dass diese in der Chronologie des Briefbuches seinem Tod vorausgehende Episode der Briefe 8–13 für das Folgende den grundlegenden Denkhorizont der Sokratiker angibt: die Abwesenheit des Meisters.[452] In dieser Zwischenzeit[453] also geraten Antisthenes bzw. Simon und Aristipp, der am Hof des Dionysios in Syrakus weilt, aneinander über die Frage nach der wahren philosophischen Existenz: Ist es für einen Vertreter sokratischer Philosophie möglich, mit den Mächtigen und ihrem Luxus zu verkehren, ohne korrumpiert zu werden? Die Briefreihe 8–13 ist in epist. 8 und epist. 13 mit jeweils einer Negation als erstem Wort des Briefes gerahmt, die durch diesen exponierten Gebrauch die Kontroverse unter den Sokratikern zusätzlich hervorhebt und auf die Eröffnung des Briefbuches in epist. 1 rekurriert.[454]

Darauf folgt (epist. 14–17) die Nachricht von der Verurteilung des Sokrates. Xenophon, der mit Brief 5 von ihm zum Kyrosfeldzug aus Athen ‚entlassen‘ wurde, wird von Aischines über die Umstände vom Tod des

---

[450] S.u. Kap. II 1.2.

[451] Epist. 8–13 stehen in der Chronographie des Briefbuches noch vor 399, vor dem Tod des Sokrates, Brief 27 schreibt Aristipp kurz vor seinem Tod (ca. 350) an seine Tochter Arete; epist. 28 (Speusipp an König Philipp) ist nach Platons Tod (349/8) zu datieren, er würde in die politische Situation 343/2 passen, so Bickermann/Sykutris: Speusipps Brief, 29f, die für die Echtheit des Briefes argumentieren.

[452] Auch wenn das hier Erzählte, der Aufenthalt des Aristipp bei Dionysios, in der sonstigen Literatur erst in die Zeit nach 399 gelegt ist, kann dies dennoch nicht mit Sykutris (Briefe, 7 Anm. 1: epist. 9[sic]–13 gehörten hinter epist. 17) eine Umstellung der Briefe rechtfertigen. Anhaltspunkte an der äußeren Chronologie sind für fiktionale Literatur wenig ergiebig, vielmehr müssen innere Gründe für Umstellungen gefunden werden, so auch Holzberg: Briefroman, 44.

[453] Die Funktion der Briefgruppe zur Zeitüberbrückung, die das Geschick des Sokrates ins hinterszenische Geschehen verlagert, hat Holzberg: Briefroman, 43–45, hervorgehoben und darauf verwiesen, dass diesen Briefen zudem die Funktion einer zweiten Exposition zukommt: Hier geht es nun explizit um die „Darstellung der Rezeption der Moralphilosophie des Sokrates durch die Sokratiker" (a.a.O. 44), die noch vor seinem Tod als (diskutierende) Gruppe eingeführt werden sollten.

[454] S.u. Kap. II 1.3.1 zur näheren Bedeutung der Brieferöffnungen für diesen Briefroman.

Meisters benachrichtigt.[455] Als Reaktion darauf formuliert Xenophon die Aufgabe der Sokratiker in dieser neuen Situation:

„Es scheint mir fürwahr, daß wir aufschreiben müssen, was immer jener Mann gesprochen und getan hat. Und das möchte wohl die beste Verteidigung für ihn sein jetzt und später, wenn wir nicht vor dem Gerichtshof streiten, sondern für alle Zeit die Tugend des Mannes vor Augen führen. Und ich sage, daß, wenn wir nicht gerne darüber schreiben, wir der gemeinsamen Freundschaft und, wie jener sagte, der Wahrheit gegenüber Unrecht tun." (epist. 15,2 Übers. Köhler)

Anschließend erfahren die Lesenden, wie es in Athen zur Verfolgung der Sokratiker gekommen ist, und von ihrer Flucht nach Megara – und dass sie, nachdem Athen durch Sparta über die Bedeutung des Sokrates belehrt wurde, wieder zurückkehren konnten.

Der dritte Teil (epist. 18–23) erzählt, wie die Gemeinschaft der Sokratiker in räumlicher Trennung zur Verbreitung der sokratischen Sache beiträgt und dennoch in regem Austausch miteinander bleibt. Am Ende zeigen sich allerdings, von Aischines noch als ‚Kinderscherze‘ abgetan, erneut Spannungen (hier zwischen Platon und Aristipp). – Insofern entspringt das Urteil Holzbergs, dass nach dem Tod des Sokrates die Sokratiker, die bis dato noch eine aggressivere Streitkultur pflegen konnten, sich stärker zu einer Gruppe entwickeln,[456] einer m.E. etwas zu irenischen Lektüre.

Damit ist übergeleitet zum letzten Unterkapitel (epist. 24–27) des zweiten Hauptteils, in dem Platon, der bisher nur in einzelnen Briefen Erwähnung fand, selbst zu Wort kommt und sich dabei zugleich entzieht. So wie epist. 8–13 hat auch dieser Teil eine überleitende Funktion, der durch das Thema des Entzugs auf die nachfolgende Generation vorbereitet. Epist. 27, der Abschiedsbrief des Aristipp an seine Tochter Arete, der zuerst als Fremdkörper in dieser Platon-Korrespondenz erscheint, expliziert, indem er von der Krankheit des Aristipp und seinem bevorstehenden Tod berichtet, das, was von Platon noch nicht erzählt, mit epist. 28 aber vorausgesetzt wird: den Tod Platons und die Übernahme der Schulleitung durch dessen Neffen Speusipp. Zudem wird mit der Übertragung der kyrenaischen Lehre an seine Tochter und der Aufgabe, den jungen Aristipp zu unterrichten, auf die explizite Thematisierung von Schulleitung und ‚Amtssukzession‘ vorbereitet, die den letzten Hauptteil dominiert.[457]

---

[455] Zu den engeren Verknüpfungen zwischen epist. 5–7 und epist. 14f vgl. Holzberg: Briefroman, 42f.

[456] Vgl. Holzberg: Briefroman, 45f.

[457] Motivlich ist epist. 27 weiterhin verbunden mit der Akademikerkorrespondenz durch die Krankheit des Schulleiters: in epist. 33 benannt und in epist. 34 ironisch kommentiert, wird in epist. 30–32 diese als dringender Grund für die baldige Übernahme der Schulleitung durch Xenokrates angeführt.

Die Akademiekorrespondenz (epist. 28–34) beginnt mit einem Briefwechsel zwischen Speusipp und Philipp bzw. Dion/Dionysios, in dem der
gegenwärtige Leiter der Akademie seine beratende Funktion ausüben will
(epist. 28–29; 33–34). Darauf folgen die drei Briefe, in denen die Akademieleitung von Speusipp auf Xenokrates übertragen wird (epist. 30–32).
    Der letzte Brief der Sammlung hat die Funktion eines Epilogs. Der Brief
beginnt:

> „Diese Dinge sind es, die Adrastos von Kleinias empfangen hat. Mich dünkt es aber,
> sie verdienen es nicht von uns jedem beliebigen in den Schoß geworfen zu werden,
> denn sie sind lange Zeit für uns aufbewahrt."[458]

Wenn die Einleitung mit ταῦτά ἐστιν auf zuvor Gesagtes verweist,[459] könnte mit Adrastos der Schreiber (oder Sammler) unserer Briefsammlung gemeint sein. Ob dieser identisch ist mit dem peripatetischen Philosophen aus
dem 2. Jh.n.Chr., der sich eingehend mit pythagoreischer Philosophie aus-
einander gesetzt hat,[460] mag offen bleiben. Wenn mit dem genannten Kleinias weiterhin ‚unzweifelhaft' der tarentinische Pythagoreer gemeint sein soll
(vgl. Iambl. v.P. 267), der ein Zeitgenosse Platons war,[461] so ließe sich dieser Satz entsprechend den Herausgeberkommentaren moderner Briefromane lesen, in denen die Echtheit der nun der Öffentlichkeit zugänglich gemachten Briefkorrespondenz beteuert wird: Adrastos hat hier auf ihn gekommene echte Briefe herausgegeben, die Kleinias gesammelt hat.
    Ein Thema, das im Laufe der Briefsammlung mit behandelt wird, erhält
von diesem Epilog her eine deutliche Kontur. Begründet Sokrates u.a. seine
Ablehnung an Archelaos im ersten Brief damit, dass er allen zugänglich
öffentlich in Athen seine Gespräche führt (anders als Pythagoras), so bekräftigt der Schreiber des letzten Briefes unter Hinweis auf pythagoreische
Schultradition, dass die Öffentlichkeit nicht bereit für die Philosophie sei,
und zieht damit (für die Lesenden gleichsam als Moral der Geschichte) *eine*
Konsequenz aus den erzählten und nur in Notizen angedeuteten Erfahrungen, die Sokrates, die Sokratiker und die Akademiker gemacht haben.[462] So

---

[458] Übers. Sykutris: Briefe, 102.

[459] ταῦτα ist zumeist rückbezüglich, in unserer Briefliteratur vgl. z.B. Tit 3,8; Chion epist. 3,7
(19); Plat. epist. 13.361e7 oder Krates epist. 10,1 oder auch das trotzige, briefabschließende ταῦτα
Theons: P.Oxy. 119, vgl. Text, Übersetzung und Abb. bei Deißmann: Licht, 168f.

[460] Vgl. Sykutris: Briefe, 104.

[461] So Sykutris: Briefe, 104.

[462] Zudem finden sich in den Briefen zuhauf pythagoreische Motive oder Hinweise. Am deut-
lichsten wird dies hier sicherlich durch die Ägyptenreise des Platon (epist. 26) markiert, daneben
besonders auffallend die namentliche Erwähnung zweier Pythagoreer/innen: Archytas auf Sizilien
(epist. 24,1), ein mit Platon befreundeter Pythagoreer (vgl. auch Nails: People, s.v. Archytas, 44f)
und Lasthenia, möglicherweise (so vermutet Gigon: Erzählungen, 13) die Lehrerin des Speusipp
und nicht seine Schülerin, die er von Platon übernommen habe (Diog. Laert. IV 2; III 46; vgl.
Swift Riginos: Platonica, 184).

erscheint m.E., dass epist. 35 als beigefügter Brief[463] die Geschichte vom
öffentlichen Philosophieren des Sokrates bis zur Philosophenschule rekapi-
tuliert. Der Brief endet mit dem Gruß: „Du bist mein Gefährte (συνοδός) in
der Philosophie, und darum brauche ich nichts anderes zu sagen, als daß ich
dich grüße. Leb wohl (ἀλλ' ἔρρωσο)."[464] – und bietet damit zugleich eine
abschließende Zusammenfassung des Themas des gesamten Briefbuches, in
dem es um die Gefährten in der Philosophie ging.

4.3 Polyphone Erzählstruktur und diskursive Dynamik

Eine formale Besonderheit der Sammlung der Sokrates- und Sokratikerbriefe ist ihre Polyphonie.[465] Anders als bei den Alexander- und Hippokratesbriefen, aber vergleichbar mit dem Briefbuch der Sieben Weisen, ist, dass
es keine Person, keinen Briefschreiber gibt, auf den hauptsächlich fokussiert würde und der die Einheit des Briefbuches garantiert. Nicht nur vermittels der Stimme *eines* Menschen ‚hören' die Lesenden, wie eine Geschichte entfaltet wird, sondern es ergibt sich ein ‚Konzert' verschiedener
Ansichten, indem Briefe von mehreren Personen an mehrere Personen im
Mit- und Gegeneinander als eine literarische Einheit dargeboten werden.[466]
Dadurch wird der Blick auf die Gemeinschaft der Briefschreiber und den
Akt, wie Gemeinschaft zustande kommen und bewahrt werden kann, gelenkt. Diese narrative Dynamik bildet das Integrationsmoment des Briefbu-
ches.

Die inhaltliche Bedeutung der formalen Beobachtung ergibt sich, wenn
die ersten sieben Briefe als Exposition des Buches gelesen werden. So
erweist sich Sokrates, auch wenn er nicht mehr durch Briefe präsent ist, als
das gemeinschaftsbildende Element – die Beziehung zwischen ihm und den
Sokratikern stellt das Gegenüber von Urbild und Abbildern dar: In den
ersten sieben Briefen erfahren die Lesenden aus der Feder des Sokrates, wie
sokratische Existenz aussieht; in den folgenden Briefen kann man lesen,

---

[463] Dass in epist. 35 der Verfasser der Sammlung die Fiktion verlässt und sich selbst beim Namen nennt, könnte auch eine Erklärung dafür sein, weshalb wir hier ein anderes Dorisch vorfinden
als in den Briefen 9, 11, 13 und 16. Sykutris hat somit – in einem anderen Sinn als er meinte –
recht, wenn er konstatiert, „daß der Brief [nicht] von dem Verfasser der anderen Sokratikerbriefe
stammen kann" (Sykutris: Briefe, 104), weil er die Prosopopoiie verlassen hat.

[464] Übers. Sykutris: Briefe, 102.

[465] Dass der Verfasser hier bewusst komponiert hat, ist m.E. deshalb zu vermuten, da er mindestens die Platonbriefsammlung, die allein aus der Perspektive des Platon geschrieben ist, gekannt hat (vgl. die zahlreichen Belege jeweils zu den Briefen bei Sykutris: Briefe, und Köhler:
Briefe), evtl. sogar noch weitere Briefromane (Euripides?). Allerdings muss man durchaus nicht
(wie Köhler: Briefe, 4) annehmen, dass er die Platonbriefe für echt gehalten habe.

[466] Vgl. Holzberg: Briefroman, 39.

wie verschiedene seiner Schüler (einschließlich Xanthippe und Arete) ihre Form sokratischer Existenz verwirklichen, verteidigen oder auch die Existenz des Sokrates deuten. Auf solche Weise wird den Lesenden ein Bild vermittelt von der Verbreitung und vielfältigen wie konfliktreichen Fortführung der sokratischen Sache von der Zeit der Wirksamkeit des Sokrates in Athen bis zu den Nachfolgeregelungen der Akademie unter Speusipp.

Die Briefe greifen die Sokratesbiographie auf und gestalten sie z.T. neu,[467] jedoch weder als rein literarästhetisches Spiel mit historio- bzw. doxographischer Couleur, noch um eine bestimmte moralphilosophische Botschaft – auch wenn der Verfasser eine dezidierte Meinung von sokratischer Existenz hat – durch die „Maske des Sokrates"[468] hindurchzusprechen; vielmehr ist es ihr Anliegen, wie im Folgenden gezeigt wird, den Schulraum als Diskussionsraum darzustellen, dessen ideelles Zentrum Sokrates (als Identifikationsfigur) bildet, und die Veränderungen philosophischer Existenz aufgrund neuer Erfahrungen nachvollziehbar zu machen.[469]

Die durch Sykutris' Arbeiten geprägte und in fast sämtlicher Sekundärliteratur zu den Sokrates- und Sokratikerbriefen aufgenommene Position lässt sich so zusammenfassen:[470] Dem Verfasser der Sokratesbriefe sei das *fabula docet* wichtiger als die *fabula* selbst, dementsprechend finde sich kaum Biographisches in ihnen. Er zeige in seiner Gestaltung des Sokrates als eines ethischen Vorbildes eine paränetische Tendenz im Geist der kynisierenden Popularphilosophie. In den Briefen der Sokratiker hingegen sei deren Geschichte das Thema, die ihr Verfasser mit einem konziliatorischen Bestreben zu einer Einheit verbinde. Den Gegensatz zwischen Antisthenes bzw. Platon und Aristipp habe er freilich nicht verschweigen können[471] – wäh-

---

[467] Vgl. gegen Borkowski: Socratis, 14: „Im Gegensatz zu den Sokratikerbriefen ist in den Briefen des Sokrates kaum ein Interesse am biographischen Detail zu spüren.", jedoch Imhof: Sokrates, 73, der festhält, dass unsere Briefe (einige wenige) Motive enthalten, die sonst in der Sokratesliteratur nicht oder nur schwach belegt seien.

[468] So aber Sykutris: Briefe, 18.

[469] So jetzt auch Rosenmeyer: Fictions, 201f. Der Briefwechsel biete die Möglichkeit, Invektiven gegen die anderen auszuteilen und Propaganda für die eigene Position zu betreiben. Dieser Briefwechsel zeige also „debates in progress" (202). In einem früheren Aufsatz (Rosenmeyer: Novel, 151) war sie noch viel stärker von Sykutris' Position bestimmt und betonte wie er die harmonisierende Tendenz der Briefsammlung.

[470] Zum Folgenden vgl. Sykutris: Briefe, 106–122.; auch ders.: Art. Sokratikerbriefe. Aufgenommen bzw. zusammengefasst bei: Malherbe: Epistles, 27–31; Döring: Exemplum, 125f; Fiore: Function, 102–107; Borkowski: Socratis, 14f; Rosenmeyer: Novel, 151.

[471] Ein Konflikt zwischen kynischer und hedonistisch/kyrenaischer Lebensweise ist sicherlich von Anfang an klar erkennbar gewesen (anders McKirahan: Origins, die eine größere Nähe der Positionen zwischen Antisthenes und Aristipp sieht), jedoch findet sich die Personalisierung dieses Konfliktes auf Antisthenes und Aristipp, abgesehen von unserem Text, nur noch Gramm. lat. VI p. 273, 15ff (= frg. 52C Mannebach) und bei Aug. civ. XVIII 41 (= frg. 182 Mannebach). Ersterer Text ist eine ursprünglich von Diogenes erzählte Anekdote, die auf Antisthenes übertragen worden ist (vgl. Diog. Laert. II 68 und Hor. epist. I 17 [13ff] = frg. 52A+B Mannebach, vgl. auch Manne-

rend er den zwischen Platon und Aristipp aber herunterspiele, ergreife er in dem anderen Konflikt eindeutig Partei zugunsten des Aristipp; durch dessen ‚liebevolle Darstellung' zeige sich die Abneigung des Verfassers gegen die Kyniker.

Dagegen hat Köhler in der Einleitung zu ihrer Edition die Einheit der Briefsammlung stärker betont[472] und auf die popularphilosophisch-kynische Grundtendenz des gesamten Buchs hingewiesen. Darüber hinaus hat später R.F. Hock in einem Aufsatz über Simon den Schuster instruktiv aufgezeigt, dass in unserem Briefbuch in der Auseinandersetzung zwischen Antisthenes/Simon und Aristipp der Diskurs zwischen hedonistischem und strengem Kynismus dargestellt wird.[473] An diese Beobachtungen knüpft B. Fiore an,[474] der die moralphilosophische Dimension des zweiten Teils der Sammlung näherhin untersucht. Zudem hat er klar gesehen, dass die Schulsituation selbst in den Briefen thematisch wird. Aber er liest, v.a. durch die Vorgaben von Sykutris geprägt, eine starke harmonisierende Tendenz in die Konstruktion des Schulkontextes hinein und achtet zu wenig auf die diskursive Dynamik, die durch die Verfasser- und Empfänger-/innenfiktion hergestellt wird. Das diskursive Element erschließt sich jedoch erst dann voll, wenn die Einheit konzeptionell berücksichtigt und für die Interpretation fruchtbar gemacht wird, wie es die Lektüre als Briefroman ermöglicht.

Dieses diskursive Element wird im Folgenden besondere Aufmerksamkeit erhalten, indem der Entwicklung einer Schulkonzeption und der bewegten Gemeinschaft der Sokratiker in den Briefen nachgegangen wird. Die Debatte um den Kynismus ist ein Aspekt dieses umfassenden Problemkreises, die nun analysiert werden soll. Hierbei erweist es sich als zentral, die Einheit des gesamten Werkes (also die Zusammengehörigkeit von Sokrates- und Sokratikerbriefen) vorauszusetzen, da erst so die Auseinandersetzung zwischen Aristipp und Antisthenes sowie die Haltung der Xanthippe vom Ideal des Sokrates her ersichtlich und richtig beurteilt werden können.

---

bachs Anmerkungen dazu auf Seite 71, der als Parallele zu frg. 52C auch nur auf unsere epist. 8 verweisen kann), wie es ähnlich auch mit epist. 8–13 geschehen ist, die ihr Vorbild in Diog. epist. 29 und 32 haben. Bei Augustin wird auf die Differenz der philosophischen Richtungen von Aristipp und Antisthenes hingewiesen, nicht aber eine persönliche Kritik zwischen beiden berichtet.

[472] Vgl. Köhler: Briefe, 4f, die sie jedoch nicht als Werk eines Verfassers ansieht, sondern als Gemeinschaftsarbeit einer Rhetorenschule.

[473] Hock: Simon, zur älteren Literatur über diese Debatte vgl. dort 48 Anm. 43 und 44.

[474] Vgl. Fiore: Function, 101–163, v.a. 116–126.

4.4 Die Debatte um den Kynismus

Die Debatte um die rechte Sokratesnachfolge, die auch als Debatte zwischen einem strengen und einem gemäßigten Kynismus verstanden werden kann, wird in den Briefen v.a. in zwei Episoden inszeniert. Einmal in dem Briefwechsel 8–13 zwischen Antisthenes, Aischines, Simon und Aristipp[475] und dann in den Briefen, in denen Xanthippe in den Blick rückt: in dem an sie adressierten Brief 21 und in dem Abschiedsbrief Aristipps an seine Tochter Arete (epist. 27).

4.4.1 Antisthenes/Simon vs. Aristipp/Aischines

Epist. 8–13 bilden drei Briefpaare, deren einer Gesprächspartner stets Aristipp ist. So setzte sich in der Forschung die Meinung durch, dass dieser ein besonderes Interesse des Verfassers genossen habe und gleichsam zur Identifikation angeboten werde. In einem näheren Textvergleich lässt sich diese Position jedoch nicht halten. Die ganze Sequenz wird von polemischen Briefwechseln gerahmt: zwischen Antisthenes und Aristipp einerseits (epist. 8f), zwischen Simon und Aristipp andererseits (epist. 12f). Dazwischen steht der Briefwechsel zwischen Aischines und Aristipp.

4.4.1.1 Vom Nutzen der Macht (epist. 10–11)

Aischines schreibt an Aristipp, der sich bei Dionysios befindet:

„Ich habe auch an Platon geschrieben und ihn aufgefordert, daß Ihr alles tut, um die lokrischen Jünglinge zu retten; [...]. Du kennst meine Verbundenheit mit ihnen und weißt, daß Dionys sich täuscht, wenn er meint, sie täten ein Unrecht." (epist. 10 Übers. Köhler)

Im Antwortbrief kann Aristipp beruhigen:

„Sie werden aus der Haft befreit werden, die lokrischen Jünglinge, von denen Du mir schreibst, und werden nicht sterben; und sie werden auch nichts von ihrem Geld verlieren, obwohl sie schon sehr nahe am Tod waren." (epist. 11 Übers. Köhler)

Der Verfasser dürfte die lokrischen Jünglinge aus dem 13. Platonbrief genommen haben, die Szenerie erinnert aber stärker an den ersten und dritten der Euripidesbriefe. Ebenso hat das Motiv der Rettung kurz vor dem Tod seine Entsprechung in den Euripidesbriefen mit dem allgemeinen Kommentar, dass der eigentliche Nutznießer der gnädige König sei (Eur. epist. 4,3).

---

[475] Zur inner-kynischen Debatte in epist. 8–13 vgl. neben Hock: Simon, auch Sellars: Simon, 215.

In Sokr. epist. 10f wird, wie es auch Thema der Euripidesbriefe ist, die positive Einflussmöglichkeit des Weisen auf den Herrscher geschildert. Aber anders als in den Euripidesbriefen, in denen allein das Drängen des Archelaos, literarisch tätig zu werden, der Beziehung einen negativen Beigeschmack vermittelt (epist. 5), ist diese Problematik in den Sokratikerbriefen dominant, wird doch dieser Nutzen des Verkehrs mit Mächtigen gerahmt durch die bittere Polemik in epist. 8f und 12f und bestimmt die Antwort des Aristipp an Aischines im zweiten Teil von epist. 11: „Sage das dem Antisthenes nicht, daß ich die Freunde gerettet habe. Denn ihm gefällt es nicht, Tyrannen zu Freunden zu haben, …" (Übers. Köhler).

Nicht zuletzt durch diese kurze Sequenz der Briefe 10f dürfte das Aristipp-Bild in der Forschung zu den Sokratikerbriefen geprägt sein, wenn es heißt, dass dieser liebevoll gezeichnet werde und mit gewissem Witz auf die Angriffe von Antisthenes und Simon reagiere.[476] Eine solche Zeichnung kann man jedoch nur erkennen, wenn man die Sokratikerbriefe von den Sokratesbriefen abtrennt und sich so den Blick darauf verbaut, dass die von Aristipp abgelehnte Position die des Sokrates ist, als dessen wahre Ebenbilder Antisthenes und Simon der Schuster erscheinen.

4.4.1.2 Von der Sokratesnachfolge (epist. 8–9; 12–13)

Schon durch den Anfangssatz des Briefes, mit dem Antisthenes dem Aristipp, der zu Dionysios nach Sizilien gegangen ist, Vorhaltungen macht, verweist der Verfasser auf das Vorbild des Sokrates. Wie in epist. 1 mit betonter Eröffnungsstellung der Negation[477] wird die Unvereinbarkeit von philosophischer und parasitärer Existenz erklärt:

„Es ziemt sich nicht für einen Philosophen, seine Zeit bei Tyrannen und an sicilischen Tafeln zu verbringen; er soll vielmehr im eigenen Land (ἐν τῇ ἰδίᾳ) und bescheiden (αὐτάρκων) leben." (Übers. Köhler)

Der Verweis auf die Bindung des Philosophen an die Heimat und an die Autarkie erinnert das ‚4-Punkte-Programm' des Sokrates, mit dem er die Einladung abgelehnt hatte (epist. 1). Indiziert diese Parallele in der Begründung schon eine Orientierung des Antisthenes an Sokrates, wird die Rollenzuordnung vollends offensichtlich, wenn man die Typologie des Philosophen und ‚Antiphilosophen', die Sokrates in epist. 6 liefert, mit der Darstellung von Aristipp und Antisthenes vergleicht. Der Text lautet:

„Nun, mir (ἐμοὶ μέν) genügt es völlig, [1] die einfachste Speise zu mir zu nehmen und [2] sommers wie winters dasselbe Gewand zu tragen; [3] Schuhe (ὑποδήμασι)

---

[476] Vgl. z.B. Fiore: Function, 116–126, die ältere Literatur aufnehmend.
[477] Ausführlicher dazu s.u. Kap. II 1.3.1.

brauche ich überhaupt nicht. [4] Auch erstrebe ich kein Ansehen in der Bürgerschaft (πολιτικῆς δόξης) außer dem, das aus meiner Besonnenheit und Gerechtigkeit (ἐκ τοῦ σώφρων καὶ δίκαιος) erwächst.

Wieviele aber (ὅσοι δέ) gibt es, [1'] die auf nichts an einer aufwendigen (πολυτε-λείας) Lebensweise verzichten, [2'] sondern darauf aus sind, nicht nur im Laufe eines Jahres, sondern sogar an einem und demselben Tag verschiedene Gewänder (ἐσθῆ-τας δὲ διαφόρους) zu tragen, sich vielfachen verbotenen Vergnügungen (ἡδοναῖς) hingeben, und vergleichbar denen, die ihre natürliche Hautfarbe entstellen und sich mit aufgetragenen Schminkfarben herausputzen, [4'] jenes wahre Ansehen, das billi-gerweise jedem aus seiner Tüchtigkeit (τὴν ἐξ ἀρετῆς ἀληθινὴν δόξαν) erwächst, ruiniert haben und deshalb ihre Zuflucht zu dem nehmen, das aus der Gefallsucht (ἀρεσκείας)[478] erwächst, indem sie mit öffentlichen Speisungen und Spenden an das ganze Volk den Beifall bei den Massen (τῶν πληθῶν) zu erregen versuchen! Dies führt, wie ich meine, begreiflicherweise dazu, daß sie viel benötigen (πολλῶν αὐτοῖς δεῖσθαι); …"[479]

In seinen Selbstaussagen gibt Aristipp offen zu, dass er bei dem Tyrannen [1] täglich reichlich (πολυτελείᾳ) isst und trinkt (9,1); [2] er trägt lange tarentinische Gewänder (ἐσθῆτας 9,1) und [3] Schuhe (13,2). Auch ist er der ἡδονή (und Bequemlichkeit ῥαστώνη 13,2) nicht abgeneigt.[480] Die Schminkpraxis findet keine direkte Entsprechung, wohl aber eine indirekte, insofern er sich parfümiert (9,1).[481] Dass er viel benötigt, sagt Aristipp nicht, wohl aber, dass er viel bekommt (neben vielem Geld [ἀργύρια πάμπολλα] auch drei schöne Sizilianerinnen 9,1); ebenfalls findet er regen Zulauf durch die Sizilianer, die aus allen Städten zu ihm kommen – aber wohl nicht, weil er sich durch öffentliche Geschenke beliebt zu machen versucht (9,3). In zwei weiteren Punkten folgt er nicht dem Vorbild des Sokrates in dem Ant-wortbrief an Antisthenes: Zum einen wolle er nicht Hunger oder Kälte er-leiden oder Unehre (ἀδοξεῖν 9,3) – Sokrates hingegen stellt den Hunger als

---

[478] Bemerkenswerterweise wird ἀρεσκ* in dieser Briefsammlung nur noch in Zusammenhang mit Aristipp gebracht, epist. 11: „Es gefällt Antisthenes nicht, mit Tyrannen befreundet zu sein" fällt *ex inverso* zurück auf Aristipp: Ihm gefällt es. In epist. 27,2 „gefällt es den Sklaven/Frei-gelassenen des Aristipp, bei ihm zu bleiben".

[479] Epist. 6,2–3 (13–23) Übers. Borkowski; die Ziffern in eckigen Klammern dienen im Fol-genden als Verweishilfe.

[480] Diese Einstellung ändert sich auch nicht nach dem Tod des Sokrates: In epist. 18 erzählt Xenophon von seinem prächtigen Landgut, das Aristipp bewundere, in epist. 27 an seine Tochter Arete ist ἡδονή bzw. πολυτέλεια ebenfalls dominant, s.u. Diese Luxusliebe des Aristipp mag auch der Grund gewesen sein, weshalb der Verfasser ihn und Xenophon in ein freundschaftliches Verhältnis zueinander gebracht hat, gegen die Tradition (vgl. Diog. Laert. II 65; Athen. XII 544d, aus Xen. mem. II 1 und III 8 interpretiert), vgl. Köhler: Briefe, 111, und Sykutris: Briefe, 69.

[481] Diese Beschreibung gibt Lukian. Vit. Auct. 12 von Aristipp; vgl. auch D.Mort. 20,5, vgl. Sykutris: Briefe, 48 Anm. 3.

Lehrer zur Einsicht hin[482] und ebenso ermahnt auch Simon in epist. 12 Aristipp, „Hunger und Durst nicht zu vergessen, denn sie vermögen viel für diejenigen, die der Besonnenheit folgen"[483]. Zum anderen verkehrt Aristipp nicht mit so einfachen Menschen wie Schustern (epist. 9,4; vgl. auch epist. 11):

„Über die anderen Dinge aber geh und berate dich mit Simon dem Schuster, in dem du jemanden hast, der größer an Weisheit ist als sonst jemand. Mir aber ist es nämlich verboten, zu Handwerkern zu gehen, weil ich unter einer anderen Macht stehe." (τὰ λοιπὰ δὲ παρὰ Σίμωνα τὸν σκυτοτόμον βάδιζε διαλεγόμενος, οὗ μεῖζόν σοι ἐν σοφίᾳ οὐδ' ἔστιν οὐδ' ἂν γένοιτο. ἐμοὶ μὲν γὰρ ἀπηγόρευται τοῖς χειροτέχναις προσιέναι, ἐπειδὴ ὑφ' ἑτέρων ἐξουσίᾳ εἰμί.)

Zum einen handelt er damit anders als Sokrates, von dem er in dem Brief an Simon (epist. 13) zugibt, dass dieser bei Simon verkehrte, zum anderen erweist sich der Hinweis auf ‚die andere Macht', unter der Aristipp steht, als die Folge, weshalb Sokrates unter anderem abgelehnt hatte, an den Hof des Archelaos zu gehen – so konnte er sich seine Eigenständigkeit/παρρησία bewahren (epist. 1,12). Ebendarin folgen die Kyniker dem Vorbild des Sokrates, aus ebendiesem Grunde lehnt Simon die Einladung durch Perikles ab, wie Diogenes Laertius berichtet (II 123).[484] In der Aristipp-Vita gibt es hinreichend Illustrationen, wie ‚die andere Macht', unter der Aristipp bei Dionysios steht, zu verstehen ist (vgl. Diog. Laert. II 67; 73; 78).[485]

Antisthenes auf der anderen Seite gleicht im Äußeren Sokrates, wie er sich in epist. 6,2 dargestellt hat: Aristipp sagt von ihm, dass er [3] keine Schuhe trage (13,2) und [2] den gleichen dreckigen Mantel sommers und winters;[486] [1] als Speise reichen ihm getrocknete Feigen, kretisches Brot und, die wolle Aristipp ihm noch schicken, Bohnen (9,2 und 4) ebenso wie

---

[482] Epist. 6,5: „… als jemand unter dem Druck der Armut, wenn auch nicht jetzt, so doch künftig irgendwann einmal zur Einsicht gelangen wird, …" (ὅσον ὁ μὲν ἀναγκασθεὶς ὑπὸ πενίας, εἰ καὶ μὴ νῦν, αὖθίς ποτε φρονήσει; Übers. Borkowski). Vgl. auch das ‚Sprichwort', mit dem Aischines (Xenophon?) seinen Brief an Kebes und Simias eröffnet (epist. 22,1: Niemand ist reicher als ein Armer.).

[483] Epist. 12: μέμνησο μέντοι λιμοῦ καὶ δίψης· ταῦτα γὰρ δύναται μέγα τοῖς σωφροσύνην διώκουσιν.

[484] Auf diese Legende spielt deutlich epist. 13,1 an, wenn es dort heißt, dass selbst Perikles in Simons Werkstatt gekommen wäre, wäre er nicht verhindert gewesen, vgl. Hock: Simon, 43–46.

[485] Vgl. Hock: Simon, 46. In Herm. sim. I 1,3 und Dion. Hal. ant. VII 70,4 ist das Sein ὑφ' ἑτέρων ἐξουσίᾳ Ausdruck von Abhängigkeit und willenlosem Ausgeliefertsein. Auf die Gefahr der Überschätzung der eigenen Fähigkeiten angesichts einer anderen Macht weist auch des Sokrates Auslegung des Bellerophontes-Mythos (epist. 1,11f) hin.

[486] Epist. 9,2: τὸν αὐτὸν τρίβωνα θέρους τε καὶ χειμῶνος ἔχε ῥυπῶντα. Die Übereinstimmung mit epist. 6,2 ἐσθῆτι θέρους τε καὶ χειμῶνος τῇ αὐτῇ ist so auffallend, dass ihre bisherige Nichtbeachtung in der Literatur verwunderlich ist.

einfaches Wasser (in dem er sich zuvor auch wasche).[487] Von sich selbst
sagt Antisthenes, dass er, statt zu einem fremden Herrscher zu gehen, lieber
im eigenen Land bliebe (epist. 8: ἐν τῇ ἰδίᾳ), autark bleiben wolle, Geld für
ihn nicht notwendig sei (οὔτε γὰρ χρήματα ἀναγκαῖά ἐστιν) und er auf
Freundschaft mit der Masse oder Tyrannen[488], weil beide ungebildet (ἀμα-
θεῖς) seien, verzichten könne (vgl. [4']). Letzteres bescheinigt ihm auch
Kebes oder Simias: Weder strebe er nach πλοῦτος noch nach δόξα, sondern er zeichne sich vielmehr durch καρτερία (Disziplin) aus (epist. 20).
Diese hebt Sokrates zusammen mit der ἀφιλοχρηματία (Verachtung des
Geldes/Uneigennützigkeit) in epist. 5,2 (15) als die zwei Tugenden hervor,
die Xenophon im Krieg besonders berücksichtigen müsse. Die Beziehung
auf den Krieg war für Sykutris unklar, der allein auf den allgemeinen Hintergrund kynischer Popularphilosophie verweisen konnte.[489] Auch wenn
ἀφιλοχρηματία wenig verbreitet[490] und auch in epist. 20 nicht benutzt ist,
ist die Sache doch genannt. Antisthenes ist somit der einzige, dem diese
beiden von Sokrates explizit genannten Tugenden zugeschrieben werden.
Ebenfalls parallel zu Sokrates kann man die Beschreibung sehen, dass Antisthenes in Athen umhergeht (epist. 20 vgl. epist. 1,1 [8]) – und auch, was
Aristipp ihm vorhält, mit dem Schuster Simon Umgang pflegt (epist. 9,4
vgl. auch epist. 11 und epist. 13).

Nun in die Debatte eingeführt in der Verspottung des Antisthenes durch
Aristipp (epist. 9,4) und wieder bespöttelt im Brief des Aristipp an Aischines (epist. 11), reagiert Simon mit einem Mahnbrief an jenen (epist. 12).[491]
Darauf antwortet Aristipp (epist. 13) – aber sein Brief zeigt an, dass er von
einem Schuster kaum Verstand erwartet: Simons Philosophie wird auf
Lederschneiden reduziert, der die Konsequenzen seiner Bewunderung für
Antisthenes und ähnliche schuhverachtende und läusebefallene ‚Philosophen' für seinen eigene Berufsstand nicht erfassen könne – ansonsten würde er den schuhtragenden und prunkliebenden Aristipp verehren.[492]

---

[487] Hier zählt der Verfasser typisch kynische Nahrungsmittel auf, vgl. Sykutris: Briefe, 49f.
Bohnen und Feigen ihm zu schicken, bittet Diogenes den Krates in Diog. epist. 26, vgl. Krates
epist. 7.
[488] Die Abneigung gegen Geld und mächtige Freunde bestätigt ihm auch Aristipp in dem Brief
an Aischines (epist. 11).
[489] Vgl. Sykutris: Briefe, 31. Vgl. auch Kebes *Pinax* 16,2 zu καρτερία, sowie Fitzgerald/White:
Tabula, 148 Anm. 53.
[490] Vgl. Borkowski: Socratis, 96: Plut. Comp. Agis Gracch. 41,6; Philo Omn Prob Lib 84.
[491] Simon ist hier als Repräsentant des strengen Kynismus zu verstehen (so auch Hock: Simon;
Sellars: Simon), nicht wie sonst in der Forschung vertreten als gemäßigter Kyniker, so etwa von
Wilamowitz-Moellendorff: Phaidon, 190; Fiore: Function, 121.
[492] Auch hierin erweist sich Aristipp als unverständig, was sokratisches Philosophieren angeht:
nicht abhängig zu sein von weiteren Interessen, sondern allein orientiert am philosophischen
Diskurs, so auch Sellars: Simon, 213.

Nach diesen beiden Gegenüberstellungen, die die Positionen von Aristipp und Antisthenes verdeutlichen, fällt die Positionierung zu Sokrates auf: Aristipp sieht sich selbst als treuen Bewahrer der sokratischen Lehre,[493] und im Testamentbrief an seine Tochter stellt er seine enge Verbundenheit mit Sokrates heraus. Diese ist häufiger belegt in der Literatur[494] – jedoch bemerkenswerterweise zumeist als Selbstaussage des Aristipp. Aufgrund der Darstellung des eklatanten Widerspruchs in der Lebensweise beider durch unsere Briefsammlung kann der Eindruck entstehen, dass der Briefroman um Sokrates und die Sokratiker sich u.a. gegen eine Vereinnahmung des Sokrates durch die Kyrenaiker resp. durch einen hedonistisch geprägten, milden Kynismus richtet.[495] Ein weiteres Moment lässt vermuten, dass es bei Aristipp mit der engen Verbundenheit und der treuen Bewahrung der sokratischen Sache nicht allzuweit her sein kann: seine Reaktion auf den Tod des Sokrates. Weil er selbst nicht anwesend war (epist. 14,9),[496] schreibt er später an die anderen Sokratiker (epist. 16) und drückt sein Unverständnis über die Haltung des Sokrates aus: Da er zu Unrecht verurteilt worden war, hätte Sokrates fliehen können, ohne gegen die Gerechtigkeit zu handeln. Aber, so fährt er fort, er wolle Sokrates nicht tadeln, denn auch wenn sein Verhalten schlecht und unvernünftig (κακὰ καὶ ἄφρονα) war, so war es doch gerecht (δίκαια). Antisthenes hingegen (der beim Tod anwesend war, 14,9) bezeichnet sich nicht selbst als treuen Sokratiker, sondern wird von Simmias und Kebes als treues Abbild (ἀπεικόνισμα) des Meisters gelobt (epist. 20).[497]

---

[493] λόγων ἐπιμελητὴν τῶν Σωκρατικῶν (epist. 9,1) formuliert Aristipp als Meinung des Dionysios.

[494] Siehe Aristot. rhet. 1398b 29–33; Plut. mor. 516c; Diog. Laert. II 65 und 76 (= frg. 104, 2,1 und 102 Mannebach), vgl. Döring: Sokratesschüler, 5f.

[495] Explizit macht dies Simon in seiner Antwort an Aristipp (epist. 12): Er wolle Lederriemen schneiden „zur Zucht unvernünftiger Menschen, *die noch dazu glauben,* so in vollem Luxus nach den Lehren des Sokrates zu leben" (οἰομένων ζῆν παρὰ τὴν Σωκράτους βουλήν; Übers. Köhler). Auch Sellars: Simon, 215, weist auf den Selbstanspruch des Aristipp, der wahre Sachverwalter der sokratischen Lehre zu sein, und das „counterexample" Simon hin.

[496] Die Liste der An- und Abwesenden hat der Verfasser aus Platons *Phaidon* 59c übernommen, vgl. Köhler: Briefe, 105.

[497] Hier ist ein weiterer Punkt, der die kritische Position des Verfassers gegenüber Aristipp zum Ausdruck bringt: Aristipp ist der einzige in den Briefen, der sich selbst als Vorbild hinstellt (epist. 27,2 und 3, vgl. epist. 13,2, wo Aristipp von Simon bewundert/θαυμάζω werden will). Auch Sokrates ist keine Ausnahme: „Ich weiß aber, dass es im Leben weniger Übel gäbe, würden auch die übrigen Menschen so eingestellt sein" (epist. 1,10 Übers. Borkowski), vgl. noch epist. 6,3 und 6,6. Es ist jedoch keineswegs Sokrates, der als Vorbild nachgeahmt werden soll (gegen Fiore: Function, 136f), sondern Sokrates verweist hier auf eine grundlegende Geisteshaltung (Erkenntnis des Guten und Ausrichtung daran: hier konkret die Beschränkung auf das, was man kann), die erstrebt und als Maxime des Lebens befolgt werden soll. Wenn Fiore nun, nachdem er die Selbstempfehlung des Aristipp als Vorbild in epist. 27 angeführt hat, schreibt (a.a.O. 142): „Most often in this section of the letter collection [sc. epist. 8–27; 29–34], however, the letters hold up other

Die gleiche Diskrepanz lässt sich auch beobachten in der Einschätzung der Xanthippe, die Aristipp äußert, der seiner Tochter Arete anempfiehlt, eine (hedonistisch-philosophische) Lebensgemeinschaft mit des Sokrates Witwe zu gründen. Ebenso erweist sich Aischines, der in enger Verbundenheit mit Aristipp steht, hier als voreingenommen und erfasst das sokratische Vermächtnis nicht recht. Xanthippe erscheint viel stärker als Kynikerin, die dem Leben des Antisthenes und des Simon – und damit des Sokrates – gerechter wird als jene zwei Schüler.

4.4.2 Xanthippe – beißende Hündin

Das in den Sokrates- und Sokratikerbriefen entworfene Bild der Xanthippe weicht merklich von den sonstigen Xanthippeerwähnungen ab, die hauptsächlich zwei Tendenzen aufweisen: Zum einen ist sie (geprägt durch Xenophons Darstellung symp. 2,10[498] und mem. II 2) der ,Hausdrache' des Sokrates, an dem dieser sich bewährt und einübt; zum anderen ist sie neutrale Stichwortgeberin für seine Aussprüche oder Handlungen.[499] Nach H. Dörrie zeigt sich in dieser Zuordnung die frauenfeindliche Instrumentalisierung von Xanthippe zwecks Hervorhebung der kynischen Qualität des Sokrates.[500]

Überblickt man, in welchen Kontexten Xanthippe in dem Briefroman Erwähnung findet – es sind die drei Briefe 4, 21 und 27 – so zeigt sich, dass die ihre Figur nicht nur inhaltlich different gefüllt wird, sondern auch ihre Stellung eine andere ist: Ist sie sonst Stichwortgeberin oder Folie, auf der Sokrates profiliert wird, so gewinnt sie hier (im Vergleich) eine schon fast eigenständige Rolle.

Eine erste Erwähnung findet sich in dem kurzen Brief 4, mit dem Sokrates Kriton[501] über die politische statt philosophische Neigung seines Sohnes Kritobulos unterrichtet und ihn daher an in Politik Kundige weitervermit-

---

figures rather than the authors of the letters themselves.", so bleibt er weitere Belege für seine Lesart schuldig. Dass diese fehlen, liegt m.E. an der Intention des Verfassers.

[498] Xanthippe wird hier (von Antisthenes) als „die unverträglichste (χαλεποτάτη) Frau von allen, die es gibt – ja, ich glaube, sogar von allen, die es gegeben hat und geben wird" bezeichnet (Übers. Stärk).

[499] Eine umfassende und gute Übersicht bietet immer noch Dörrie: Art. Xanthippe; vgl. zusätzlich die Erwähnungen des Themas im Stichwortverzeichnis bei Döring: Exemplum, 173, und auch Gigon: Sokrates, 113–123.

[500] Vgl. Dörrie: Art. Xanthippe, 1339f; die stoische Xanthippedarstellung komme ohne den diffamierenden Zug aus (Cic. Tusc. III 31; Ail. var. IX 7): Xanthippe sei die beste Zeugin für die ἀπάθεια des Sokrates wegen ihrer täglichen Beobachtung. In epikureischer Tradition sei Xanthippe die Mittlerin der Schriften des Sokrates, die sie dem Aischines übergeben habe (Diog. Laert. II 60; Athen. XIII 611d/e).

[501] Vgl. Sykutris: Briefe, 28, der die Erwähnung der Xanthippe und der Kinder darin motiviert sieht, dass Kriton „Gaugenosse und Familienfreund des Sokrates" war (ebd. Anm. 2).

teln werde, von denen gerade mehrere in Athen weilten. Der Brief endet mit
der Mitteilung:

„Was aber mich und die Meinen betrifft, so sind Xanthippe und die Kinder wohlauf
(τὰ παιδάρια ἔρρωται); mir selbst geht es so wie zur Zeit, als Du noch hier warst."
(epist. 4, Übers. Borkowski)

Auf diese Weise unscheinbar eingeführt, wird die Familie des Sokrates und
ihr Wohlergehen in Brief 6 und später in Brief 21 zum lebenspraktischen
Testfall der Verantwortlichkeit sokratischer Existenz. Bevor allerdings der
Brief des Aischines an Xanthippe näher untersucht wird, durch den Xanthippes kynische Lebensweise deutlich zu Tage tritt, soll erst auf den in der
Abfolge des Briefbuches zeitlich späteren Abschiedsbrief[502] Aristipps verwiesen werden, in dem eine kyrenaische Indienstnahme der Xanthippe ent-
gegentritt. Hier erinnert Aristipp seine Tochter Arete:

„Wenn Du nach meinem Tode meinen Wunsch erfüllen willst, so gehe, wenn Du den
Aristipp so gut wie möglich erzogen hast, nach Athen und achte dort am meisten
Xanthippe und Myrto,[503] die mich oft gebeten haben, Dich zu den Mysterien zu führen. Indem Du mit diesen ein angenehmes Leben (ἡδὺ βιότευμα) hast, [...]; versuche
mit Xanthippe und Myrto zu leben, wie ich gerne mit Sokrates lebte, indem Du durch
jene Freundschaft Dich immer mehr schmückst; dort ist Stolz und schnödes Betragen
nicht heimisch." (epist. 27,3 Übers. Köhler)

Dieser Wunsch ist eingebettet in das philosophische Vermächtnis, das an
einem konkreten juristischen Fall thematisiert wird (27,1–3): Arete hat
ihren Vater gebeten, ihr zu helfen, weil *Episkopoi/Archonten* sie enteignen
wollen und ihr eigener Mann zu unfähig, schüchtern und unpolitisch sei.
Aristipp entgegnet darauf, dass Arete sich an dem, was sie hat, genügen
lassen und den Überfluss verachten solle. Die beiden verbleibenden Gärten
und auch das Gut in Berenike[504] würden reichen, ihr ein angenehmes Leben
(πολυτελεῖ βίῳ 27,2) zu sichern – und weder nach ihrem Leben würden die

---

[502] Ein Motivator für den Brief ist wohl die Tradition gewesen, dass Aristipp einen Brief an
seine Tochter geschrieben habe, vgl. Diog. Laert. II 84. Zu epist. 27 und zum ‚Philosophentesta-
ment in Briefform' vgl. Sykutris: Briefe, 85, weiter s.u. Crönert: Kolotes, 86 Anm 426, macht auf
„die deutlichen epikurischen Anklänge" von epist. 27 im Allgemeinen (evtl. ist so die Erwähnung
der Gärten/κῆποι in epist. 27,2 motiviert) und auf die Parallelen zum Epikurtestament (Diog.
Laert. X 16–21) im Besonderen aufmerksam und vermutet, dass der Verfasser von epist. 27 dieses
als Vorlage benutzt habe (zu den Parallelen zählen Notizen über freigelassene Sklaven, die Verer-
bung des (Land-)Besitzes, Anweisungen bezüglich der Sorge um Kinder). Auch ist auf den Abschiedsbrief Epikurs an Idomeneus hinzuweisen (Diog. Laert. X 22; frg. 138 Usener).

[503] Die wichtigsten Texte zur Lebensgemeinschaft von Sokrates mit Myrto (bzw. mit Myrto
und Xanthippe): Diog. Laert. II 26; Plut. Arist. 27; Athen. XIII 555d–556b, vgl. ansonsten noch
die weiter unten erwähnten Literaturtitel.

[504] Einer der zahlreichen Anachronismen, die für die Unechtheit der Briefe ausgewertet wurden: Diese Stadt gibt es erst seit der Ptolemäerzeit, vgl. z.B. Köhler: Briefe, 115.

Episkopoi trachten noch ihr die Philosophie nehmen können (27,5). Der zweite Teil des Wunsches (27,4) besteht darin, dass sie die philosophische Erziehung des kleinen Aristipp, ihres Sohnes, nicht vernachlässigen solle – denn dies ist das Vermächtnis, das Aristipp seinem Enkel hinterlassen kann –, damit sie ihn zu einem guten Mann mache.[505]

Arete wird hier als Philosophin und kompetente Philosophielehrerin dargestellt.[506] In zweierlei wird sie Xanthippe gleichgestellt: Einmal werden beide als „gute Frau" angeredet (21,1: ὦ ἀγαθή bzw. 27,5: ὦ ἀγαθὴ γύναι), zudem wird beidemale die Philosophie als Reichtum verstanden: Xanthippe lehnt die Unterstützung durch andere ab, weil sie reich ist (21,3); Arete solle sich an dem Reichtum freuen, der in ihr liege (27,5).[507] Auch wird die Lebensgemeinschaft der Frauen parallel zur Lebensgemeinschaft des Aristipp mit Sokrates gesetzt. Aristipps Meinung allerdings, Arete könne mit Xanthippe (und Myrto[508]) zusammen ein angenehmes Leben führen, entspricht nicht ganz Xanthippes Vorstellung eines sokratesgemäßen Lebens, wie die Lesenden seit dem Brief des Aischines an Xanthippe wissen.

In epist. 21 erscheint Xanthippe zum einen wiederum klassisch als Folie für Sokrates und die Sokratiker, indem an ihr verifiziert wird, was Sokrates in epist. 6 ausführlich erläutert hat: Dass er für die Seinen sorgt, indem er sich um Freundschaft kümmert, weil seine Freunde dann nach seinem Tod sich um seine Kinder (und um Xanthippe) kümmern werden. Darüber hinaus gewinnt hier die Person Xanthippe eine eigenständige Gestalt. Der Ver-

---

[505] In diesem Brief wird zudem der Sokratessohn Lamprokles erwähnt: Ihn soll Arete, wenn er zu ihr nach Kyrene kommt, aufnehmen und wie ihren eigenen Sohn behandeln. Evtl. ist hier Xen. mem. II 2 aufgenommen, wo von dem schwierigen Verhältnis zwischen Lamprokles und Xanthippe erzählt wird.

[506] Vgl. Diog. Laert. II 86: Arete ist die Schülerin ihres Vaters Aristipp und ihr Schüler ist ihr Sohn Aristipp, der deshalb *Metrodidakt*/Mutterschüler genannt wird, vgl. auch Diog. Laert. II 72. Nach Strab. XVII 3,22 soll sie die Leitung der Schule in Kyrene nach ihres Vaters Tod übernommen haben.

[507] So wird Reichtum auch in Krates epist. 28 gebraucht: Krates ermahnt seine Frau Hipparchia, sich nun nicht ihres Mannes und des Reichtums (d.h. des bereits auf dem Weg der Philosophie erreichten) zu rühmen, sondern weiter den Weg der kynischen Philosophie zu gehen, ähnlich die Ermunterung des Diogenes an Hipparchia Diog. epist. 3.

[508] Sykutris: Briefe, 87, meint, dass vor allem Myrto philosophisch interessiert gewesen sei. „Dies ist m.E. der Grund, warum sich der Verfasser hier nicht mit Xanthippe begnügt, wie im 21. Brief" (a.a.O. Anm. 5). Belegstellen für diese These kann er freilich nicht beibringen, sie dürfte er aus der Xanthippe diffamierenden Tradition geschlossen haben. Allerdings hat er recht, wenn er nach dem Grund für die Erwähnung der Myrto allein in diesem Brief fragt. M.E. dürfte er darin zu suchen sein, dass durch die Dreizahl der Frauen der Gemeinschafts- oder Gruppenaspekt stärker ausgedrückt wird als nur durch eine ‚Paarbeziehung'. In den anderen Briefen, in denen die Familiensituation des Sokrates Beachtung findet, wäre ihre Erwähnung dann nicht nötig. Zu den historischen Fragen einer Lebensgemeinschaft mit Myrto und der möglichen Herkunft dieser biographischen Tradition (von Aristoteles Schrift *Über den Adel*/περὶ εὐγενείας) vgl. Dörrie: Art. Xanthippe; Fitton: Lady; Woodbury: Socrates; Bicknell: Mistress.

fasser greift das Bild der trauernden Witwe aus Platons *Phaidon* 60a auf, um den Brief des Aischines an sie zu motivieren, der sie ermahnt, ihrer Trauer Einhalt zu gebieten.[509] V.a. aber erscheint sie als Exempel kynischer bzw. sokratischer Selbstgenügsamkeit: So werden ihr von Aischines Gerstenmehl, acht Drachmen und ein neuer Mantel für den Winter (ἐξωμίδα καινὴν τὸ χεῖμά σοι διαγεγεῖν 21,1) geschickt, und sie wird ermahnt, das Übersandte anzunehmen. Auffallend ist sowohl die Bezeichnung des Mantels wie der Hinweis auf den Winter, der in den Briefen zuvor zweimal vorkam – ebenfalls in Beziehung auf einen Mantel: Zunächst in epist. 6 zur Begründung der Bedürfnislosigkeit des Sokrates: „Nun, mir genügt es völlig, die einfachste Speise zu mir zu nehmen und sommers wie winters dasselbe Gewand zu tragen" (καὶ ἐσθῆτι θέρους τε καὶ χειμῶνος τῇ αὐτῇ; 6,2 Übers. Borkowski); und wiederum in der karikierend-beleidigenden Antwort des Aristipp an Antisthenes, „denselben dreckigen Mantel Sommer und Winter" zu tragen (τὸν αὐτὸν τρίβωνα θέρους τε καὶ χειμῶνος ἔχε ῥυπῶντα; epist. 9,2 Übers. Köhler).[510]

Die Art des Mantels (ἐξωμίς) im Brief an Xanthippe findet innerhalb der Kynikerbriefe weitere Erwähnung in den Kratesbriefen.[511] Zuerst in einem Brief des Krates „an die Reichen", der folgendermaßen beginnt:

„Geht zum Teufel, weil ihr, obwohl ihr Lupinen und Feigen und Wasser habt und Hemden aus Megara (ἐξωμίδας),[512] zur See fahrt und viele Ländereien bestellt und betrügt und euch als Herren gebärdet und mordet und tut, was es sonst noch derartiges gibt, während ihr doch allen Anlaß hättet, zufrieden zu sein." (epist. 7 Übers. Müseler)

Die zwei weiteren Stellen finden sich in Briefen des Krates an Hipparchia: In epist. 30 schickt er ihr die ἐξωμίς zurück, die sie ihm gewebt hat: Zum einen zieme es sich nicht für jemanden, der sich in Standhaftigkeit (χαρτερ-ρία) übt, eine neue ἐξωμίς zu tragen, zum anderen solle Hipparchia ihre Zeit besser nutzen als mit Webereien – nämlich sich weiter in der Philosophie einzuüben, wegen der Krates sie geheiratet habe. Inhaltlich gleich ist

---

[509] Auf die Stelle macht auch Sykutris: Briefe, 72 mit Anm. 3, aufmerksam, übersieht aber, dass die Aufforderung, dem Trauern Einhalt zu gebieten, in Phaid. 117c–118a nicht an Xanthippe, sondern an Kriton und die anderen Männer ergeht.

[510] Hier hat wohl der Verfasser Diog. epist. 32 aufgenommen und von Diogenes auf Antisthenes übertragen. Diogenes schreibt an Aristipp: „Wie ich höre, betreibst du üble Nachrede gegen uns und lästerst ständig bei dem Tyrannen über meine Armut […]. Ich wundere mich, du Seltsamer, wie du denen, die nach Höherem streben, ihre Armut vorhalten kannst, und zumal als Schüler des Sokrates: Der hat im Winter und Sommer und auch sonst denselben alten Mantel (τρίβων) getragen […]" (Übers. Müseler).

[511] Zudem auch in Sokr. epist. 11: diejenigen, die dicke Mäntel in Athen vermieten.

[512] Die megarischen Mäntel könnten dadurch motiviert sein, dass – nach Xen. mem. II 7,6 – „die meisten Megarer sich mit der Herstellung von Sklaventrachten durchbringen" (Μεγαρέων δ' οἱ πλεῖστοι ἀπὸ ἐξωμιδοποιίας διατρέφονται; Übers. Preiswerk).

epist. 32,[513] der jedoch eine Erklärung für den neuen Umhang liefert: „dass ich ihn trage gegen das Winterwetter" (ἐξωμίδα καινήν […] ἵνα ἔχοιμι ἐς τὰ χειμάδια; epist. 32 Übers. Müseler). Sykutris hat auf diese Parallelen schon hingewiesen, wertet die Beobachtung jedoch allein zur Beantwortung der Quellenfrage aus: Der Verfasser habe offensichtlich die Kratesbriefe benutzt; aber während in Krates epist. 32 das Motiv gut begründet sei, mache es in Sokr. epist. 21 keinen Sinn, dass Aischines Xanthippe einen Mantel schicke, da sie als Frau ihn selbst hätte weben können.[514]

Der Vergleich zwischen dem Brief an Xanthippe und dem Antwortbrief des Sokrates (epist. 6) auf die Anfrage bzw. Mahnung eines Freundes,[515] die Kinder nicht zu vernachlässigen, lässt Xanthippe deutlich als getreue Sokratikerin erscheinen, die seinen Worten und seinem Vorbild gemäß lebt. Sokrates verwahrt sich dagegen, Geldgeschenke von seinen Freunden anzunehmen (6,1)[516] – Xanthippe muss von Aischines ermahnt werden, Geldgeschenke und Naturalien anzunehmen (21,1), der dies u.a. damit begründet, dass Eukleides und Terpsion (die wohl die Geber waren[517]) ihr (und Sokrates) wohlgesonnen seien (εὔνους), eine Eigenschaft, die nach Sokrates in epist. 6,10 (82) echte Freunde kennzeichne.

Von hier beleuchtet rückt Xanthippe in ein anderes Licht: Sie ist nicht allein Objekt der Fürsorge der Sokratiker, sondern eigenständige Kynikerin, die mit dem alten Mantel, den sie hat,[518] zufrieden ist und ihn (so kann man gemäß epist. 6 ergänzen) sommers wie winters trägt und keinen neuen

---

[513] Ob beide Briefe reine Dubletten sind (so Müseler: Kynikerbriefe, Bd. 1, 2) oder ob die Hipparchia-Korrespondenz eine innere Struktur aufweist, bleibt hier unberücksichtigt. Zu letzterem vgl. Rosenmeyer: Fictions, 221–224, die dies für Krates epist. 28–33 annimmt, Krates epist. 1 und Diog. epist. 3, die ebenfalls beide an Hipparchia adressiert sind, nimmt sie aus. Ähnlich auch Sykutris: Briefe, 71, der ein zeitliches Nacheinander in der Reihenfolge epist. 32–30 anzunehmen scheint, da Krates erst in epist. 30 die ἐξωμίς zurückschickt.

[514] Vgl. Sykutris: Briefe, 71f, der auch darauf verweist, dass „die ἐξωμίς ein spezifisch kynisches Kleid" sei (72), vgl. Diog. epist. 29,2: ὁ ἐξωμεύς = der Kyniker; auch Lukian. Vit. Auct. 7,3; Sext. Pyrrh. I 153; daneben ist τρίβων (sonst in den Diogenesbriefen gebraucht) typische Bezeichnung des Kynikermantels.

[515] M.E. ist auch Brief 6 als an Aischines geschrieben gedacht, wie die annähernd gleichen Mahnungen bezüglich des Kinderwohls an Sokrates und Xanthippe vermuten lassen. Aufgrund der engen Beziehung zwischen Aischines und Aristipp lässt sich erahnen, aus welchem Geist die an Sokrates und an Xanthippe gerichtete Anfrage herkam. Entsprechend reagiert Sokrates in seiner Antwort, indem er sich ausführlich mit der Lebenseinstellung des Aristipp auseinandersetzt, ohne ihn explizit zu nennen.

[516] So Borkowski: Socratis, 98f, gegen Sykutris: Briefe, 32, der δωρεάς als Geschenke aller Art versteht.

[517] Vgl. Sykutris: Briefe, 71 Anm. 3, der anmerkt, dass Aischines selbst zu arm war, um Xanthippe diese Geschenke zukommen zu lassen.

[518] Nach Diog. Laert. II 37; Ail. var. VII 10 hat sie den Mantel mit Sokrates geteilt, nach der Briefsammlung jedoch ist Sokrates mit ihm begraben worden (epist. 14,9).

benötigt.[519] Auch die Ermahnung, die ihr zuteil wird, sich selbst nicht zu vernachlässigen, damit die Kinder ihrer Mutter nicht verlustig gingen – sie also von den Kindern her in die Pflicht zu nehmen –, entspricht weder der sokratischen Lebenseinstellung, wie sie v.a. in epist. 1, 6 und 7 verteidigt wird, noch kann sie für eine Kynikerin wirklich relevant sein: In epist. 33 reagiert Krates in einem Brief an Hipparchia auf die Nachricht, dass sie ein Kind geboren hat, und ermuntert sie nun, dieses ,Hündchen' (σκυλάκιον) zu erziehen und es, sobald es sprechen und laufen kann, mit Stab, Mantel und Ranzen auszustatten und ihm nach Athen zu schicken. Im Gegensatz zu den Sokratikern in Megara (zumindest im Gegensatz zu Aischines und Aristipp) erweist sich Xanthippe als eine Kynikerin, die sich nicht durch andere Männer auf die Rolle der Frau reduzieren lässt, sei es, dass sie ihre Mäntel selbst weben soll, sei es, dass sie sich allein um die Kinder kümmert.[520]

So lässt sich festhalten, dass die Diskussion zwischen einem Kynismus strenger Observanz und einem kyrenaisch-hedonistisch gefärbten in dem Briefroman nicht dahingehend harmonisierend aufgelöst wird, dass der Verfasser eine milde Form des Kynismus propagiere, wie oft behauptet. Die Widersprüche, die zwischen Aristipp und Sokrates bzw. zwischen Xanthippe und Arete (so wie Aristipp es ihr ,vor-schreibt') beobachtet werden konnten, erweisen sich für eine solche Interpretation als zu stark. Wie die eigene moralphilosophische Verortung des Autors war, bleibe dahingestellt. Zumindest hatte er eine spezifische Vorstellung von sokratischer Existenz – davon wie Sokrates gelebt hat und wie eine an Sokrates orientierte Lebensführung auszusehen habe. Gleichwohl weiß er auch um den Nutzen, der aus der Partizipation an der Macht erwachsen kann, wie er an epist. 11f exemplifiziert. Die dargestellte Diskussion um sokratische Existenz und um den Kynismus ist eine Konkretisierung der das Briefbuch durchziehenden Thematik von Einheit trotz Vielheit: Damit illustriert der Verfasser, wie die Gemeinschaft trotz dogmatischer Differenzen der ,Sekten'/αἱρέσεις (epist. 32,3) funktionieren kann. Dieses Konzept der Schule als Diskussionsraum soll im folgenden Durchgang durch die Briefe verfolgt werden.

---

[519] Hier widerspricht die Xanthippe-Darstellung explizit den Anekdoten, nach denen sie eine eitle Frau sei, die sich von Reichtum habe blenden lassen, vgl. Ail. var. IX 29; VII 10; auch Dion Chrys. 54,3.

[520] Dass von Krates' ,Feminismus', den er in epist. 28 noch zu Tage legte (αἱ γυναῖκες ἀνδρῶν οὐκ ἔφυσαν χείρους), nicht mehr viel übrig geblieben sei, sobald Hipparchia ein Kind geboren hat, darauf weist Rosenmeyer: Fictions, 223f (mit Anm. 66) hin. Hier erweisen sich Sokrates und Xanthippe als weniger ,bürgerlich'.

4.5 Bei Sokrates in die Schule gehen

Bei Diogenes Laertius ist zu lesen, dass der Platonschüler und -biograph Hermodorus die Nachricht übermittelt habe, dass Platon und andere Sokratiker nach dem Tod des Sokrates aus Furcht vor der Gewalt der Herrschenden zu Eukleides nach Megara geflohen seien (Diog. Laert. II 106 und III 6). Diese Notiz,[521] zusammen mit dem Bestreben der antiken Philosophiegeschichtsschreibung, die Pluralität der philosophischen Schulen durch eine Sukzessionskette auf einen gemeinsamen Punkt vor der Diversifikation zurückzuführen,[522] ließ es naheliegend erscheinen, aus den Philosophen, die von Sokrates beeinflusst worden waren, eine Schulgemeinschaft um diesen einen Lehrer zu gestalten, wie es von der Akademie, dem Peripatos oder dem Kepos her bekannt war.[523] Finden sich in den antiken Quellen zwar auch immer wieder Bemerkungen über Beziehungen zwischen einzelnen Sokratikern, so ist doch vorliegende Briefsammlung einzig in dem Bestreben, die Genese und Geschichte dieser Gemeinschaft darzustellen.[524]

4.5.1 epist. 1–7
Um die Art der Gemeinschaft, die Sokrates nach epist. 1–7 gestiftet hat, zu erfassen, bietet es sich an, v.a. auf zwei Themen zu achten: zum einen auf die Aussagen, die Sokrates über seine Tätigkeit macht (v.a. in epist. 1), zum anderen auf die Bemerkungen zu den persönlichen Beziehungen zu den Sokratikern. Diese ordnet er zumeist in ein Freundschaftskonzept ein (der häufigste Begriff ist φίλοι[525]), zudem sind epist. 2 und 3 (als Empfehlungsbriefe) und auch epist. 4 Ausdruck praktizierter Freundschaft bzw. widmen

---

[521] Über ihre historische Wahrscheinlichkeit urteilt Dörrie: Art. Sokratiker, 257, kritisch; Döring: Art. Sokratiker, 690, dagegen hält sie für zuverlässig, zumindest die Tatsache der Flucht, nicht jedoch das Motiv – auch bleibe die Frage offen, wer mit den ‚anderen Sokratikern' gemeint sei, vgl. Döring: Sokrates, 181.

[522] Einen Überblick darüber gibt etwa Diogenes Laertios im Proömium (I 1–21).

[523] Morrison: Xenophon, v.a. 197, hält die Gruppenstruktur für historisch. So habe Sokrates gegenüber denen innerhalb und außerhalb seiner ‚moral community' ein unterschiedliches Verhalten an den Tag gelegt.

[524] Vgl. auch Dörrie: Art. Sokratiker-Briefe, 257: „Insofern spiegelt diese Brief-S[ammlung] die These wider, daß die S[okratiker] eine Art Gemeinde gewesen seien, die in freundschaftlicher Verbindung miteinander standen." Gigon: Art. Sokratiker, 2826, vermutet, dass in den Schriften *Über die Sokratiker* des Aristotelesschülers Phainias von Eresos (vgl. Diog. Laert. VI 8) und des Epikurschülers Idomeneus (vgl. Diog. Laert. II 20) die Sokratiker bereits als Gruppe aufgefasst wurden. Die Testimonien und biographischen Überlieferungen zu den Sokratikern hat Giannantoni: Reliquiae, zusammengestellt.

[525] V.a. in 1,4 (31); 2 (6); 6,1 (8); 6,8 (65f); 6,12.

sich dem Stiften von Freundschaften.[526] Mit epist. 6 ändert sich die Situation. Als Testamentsbrief[527] führt er zwar diese Linie fort, bindet das Beziehungskonzept aber ebenso wie die Art seiner Tätigkeit in einen schulischen Rahmen ein, wie ein Vergleich mit dem Eröffnungsbrief zeigt.

Gegenüber Archelaos betonte Sokrates stark den informellen Charakter seiner Art von philosophischer Unterweisung (epist. 1,1–2): Er lehrt in aller Öffentlichkeit und nicht gegen Geld, womit er sich von Pythagoreern und Sophisten abgrenzt. Hier kennzeichnet er seine Tätigkeit durch die drei Begriffe παιδεία, διατριβή und φιλοσοφία. Zum ersten Begriff jedoch verhält er sich negativ: Weder sei er „Bildungskrämer" (Z. 5: παλιμπράτην παιδείας), noch verkaufe er philosophische Reden (Z. 9: τοὺς ἐν φιλοσοφίᾳ πιπράσκειν λόγους).[528] Stattdessen betreibt er öffentlich διατριβή.[529] Stärker auf die Tätigkeit als auf den Inhalt verweist auch das Verb φιλοσοφεῖν, was zu tun ihm der Gott befohlen habe.[530] Hierzu gehört auch die Beschreibung seiner Tätigkeit als ‚zum Nachdenken bringen' bzw. ‚anstacheln' (1,6).[531]

In epist. 6,9–11 hingegen wird die sokratische Tätigkeit stärker in den Schulkontext eingezeichnet: Um zu erklären, weshalb seine Freunde sich auch nach seinem Tod um seine Kinder kümmern werden, betont er den langwierigen Nutzen, den sie aus dem Umgang mit ihm zögen (6,9), und fährt dann fort:

---

[526] In epist. 2 (5f) ist die Beziehung in beide Richtungen hin deutbar: Xenophon unterstützt zum einen einen Freund des Sokrates, zum anderen wird er aber auch dadurch Chairephon als Freund gewinnen. „Wenn Du Dich um diese Dinge kümmerst, wirst Du in ihm einen Freund vor Unheil bewahren und zugleich mir einen sehr großen Gefallen erweisen" (ὧν ἐπιμεληθεὶς ἐκεῖνόν τε σώσεις ἄνδρα φίλον καὶ ἡμῖν τὰ μάλιστα χαριῇ; Übers. Borkowski). ἄνδρα φίλον nimmt das zwei Zeilen zuvor stehende ἀνδρὶ φιλοσόφῳ wieder auf.

[527] So auch schon Fiore: Function, 161–163. Epist. 6 muss aber noch mit epist. 14 ergänzt werden. Testamentarische bzw. Abschiedsbriefe finden sich in unserer Literatur häufiger, z.B. bei den Sokratikerbriefen noch epist. 27, evtl. epist. 30 und 35; Chion epist. 17; 2Tim; Sap. epist. 16 Dührsen (= Diog. Laert. I 122). Von Epikur hat Diogenes Laertios das Testament und einen Abschiedsbrief bewahrt (X 16–22). Lukian. Peregr. 41 erwähnt, dass auch Peregrinus solche Briefe an alle größeren Städte geschrieben haben soll, dem Inhalt nach Testamente, Ermahnungen und Vorschriften (διαθήκας, παραινέσεις, νόμους).

[528] Dass beide Wendungen synonym verstanden sein wollen, sieht auch Imhof: Sokrates, 10 Anm. 7, und Borkowski: Socratis, 72, der auf Imhof verweist.

[529] Hier in epist. 1,1 (8) und auch in 1,2 (12) als Tätigkeit des Sokrates inhaltlich gefüllt zu verstehen als „Sokrates' philosophisches Gespräch […] im Auftrag des Gottes", Borkowski: Socratis, 72, vgl. auch 73.

[530] Auf welche Version der Berufung des Sokrates damit angespielt ist, bleibt offen, ob auf das Chairephon-Orakel oder auf den Spruch der Pythia am Apollonheiligtum, das „Erkenne dich selbst"; zu den verschiedenen Berufungstraditionen vgl. Gigon: Erzählungen, 3–10, und ders.: Sokrates, 93–112.

[531] Letzteres ist seit Plat. apol. 30e als Tätigkeit des Sokrates ein stehender Begriff, vgl. auch Imhof: Sokrates, 2 und 11f.

„(10) Ich habe aber das Gefühl, daß das, was ich meinen Freunden (ἑταίροις) mit-
zugeben habe, ihnen mit zunehmendem Alter noch wertvoller erscheinen wird (gerade deshalb verlange ich ja auch keine Bezahlung [μισθοὺς] von ihnen, weil ich für
die Philosophie, von der Freundschaft [φιλία] abgesehen, keine angemessene Gegenleistung [ἀντικατάλλαγμα] kenne und weil nicht auch ich wie die Sophisten in
Angst um meine Habseligkeiten lebe); [...] Von den ehemaligen Schülern wird es [sc.
was er ihnen mitgegeben hat] deshalb dann am meisten geschätzt (ὑπὸ τῶν μαθόν-
των στέργεται) und der Urheber (πατήρ) herbeigesehnt, der es hervorgebracht hat.
Zu seinen Lebzeiten also wird ihm Ehre (τιμή) zuteil, nach seinem Tod aber hält man
es für geboten, sich seiner zu erinnern (μνήμη). Und wenn er irgendeinen Verwandten (τῶν οἰκείων τινα) hinterlassen hat, dann kümmern sie sich um diesen wie Söhne
oder Brüder (ὡς υἱεῖς ἢ ἀδελφοί) und bringen ihm dabei jedes nur erdenkliche Wohl-
wollen entgegen, sind sie ihm doch durch eine Verwandtschaft verbunden, die nur
irgendwie anders ist als die naturgegebene (τρόπον τινὰ ἕτερον συγγενείας τῆς
κατὰ φύσιν). (11) [...] Die Seelenverwandtschaft (τὸ ἐν τῇ ψυχῇ συγγενές) nämlich
zwingt sie wie einen vom selben Vater abstammenden Bruder, dem Sohn des Verstorbenen beizustehen, indem sie an seinen Vater erinnert und die Vernachlässigung
des Sohnes als eigene Schande betrachtet." (Übers. Borkowski)

Die Testamentssituation erscheint deutlich antizipiert[532] durch den Hinweis
auf den Tod. Neben das φίλος -Motiv, das eine offene Freundschaftsstruk-
tur impliziert, wird das der Seelenverwandtschaft gestellt, die Sokrates als
‚Vater‘ zwischen seinen Kindern und seinen Schülern, aber auch unter
seinen Schülern stiftet.[533] Damit erscheinen die Sokratiker als eine von
anderen abzugrenzende Gemeinschaft. Die Freundschaft ist ausreichende
Bezahlung und Gegenleistung für die Philosophie, womit er sich gegen die
Sophisten wendet, wie schon in epist. 1. Zudem erscheint hier die Philosophie nun aber als Tauschgegenstand, die Sokrates anbietet, anders als zuvor,
wo es um Gespräche ging, die er in der Öffentlichkeit hält (τὴν Ἀθήνῃσι
διατριβήν 1,1 [8] bzw. τὰς διατριβὰς ἐν κοινῷ ποιούμεθα 1,2). Der dritte
Punkt, der hier neu ist und auf das Folgende vorausweist, ist die Ehrerweisung dem ‚Vater‘ gegenüber: Ehre zu Lebzeiten, Erinnerung nach seinem
Tod. Neben dem damit gemeinten Totenkult[534] wird hier auch die Ver-

---

[532] Man kann nur sagen, dass diese Situation antizipiert wird, weil der Briefschluss (beim
nächsten Treffen erkläre Sokrates seine Meinung gerne ausführlicher) anzeigt, dass ein nächstes
Treffen möglich ist (wie übrigens auch 2Tim).

[533] Vgl. auch Borkowski: Socratis, 113.

[534] Der Totenkult wird in Philosophenschulen i.d.R. den Schülern übertragen, vgl. Bruck: Totenteil, 256–266. Meinte Bruck, dass diese nicht in Entsprechung zu Familienvereinen organisiert
seien, sondern nach religiösen Kultvereinen, so wird hier jedoch die Gemeinschaft über Familien-
terminologie definiert. Zu religiösen Kultvereinen vgl. Ebel: Attraktivität, 1–150; zur Familien-
terminologie 203–213. Zudem scheinen hier auch epikureische Vorstellungen von Schulgemeinschaft mit eingeflossen zu sein, zu diesen vgl. Krautz: Nachwort, 168f.

schriftlichung der *Sokratikoi logoi*[535] alludiert: Die schriftlichen Erinnerungen[536] sind in den folgenden Briefen ein immer wiederkehrendes Thema.

4.5.2 epist. 8–13

Ist zuvor die Gemeinschaft auf Sokrates als deren Urheber fokussiert, kommt nun als neues Element die Diskussionsgemeinschaft der Sokratiker hinzu. Dass weniger erkenntnistheoretische Fragen eine Rolle spielen[537] als eher die der rechten Lebensweise, der praktische Teil der Moralphilosophie, ist dabei der popularphilosophischen Tendenz im Prinzipat geschuldet.[538]

Neben der durch den Briefwechsel in Szene gesetzten Diskussion zwischen Antisthenes/Simon und Aristipp wird auch die Praxis des philosophischen Gesprächs erwähnt: In epist. 9,4 wird die Gesprächskultur zwischen Simon und Antisthenes als διαλέγεσθαι bezeichnet (so wie auch die Tätigkeit des Sokrates im Gefängnis in epist. 14,5 [7].6 [12].7 [23])[539] und in epist. 13 bezieht sich Aristipp auf eine Diskussion zwischen Simon und dem Sophisten Prodikos von Keos über dessen Herakles-Enkomion[540].

Auch die Abwesenheit des Lehrers (in der Fiktion der Briefsammlung rein räumlich begründet, aber den möglichen Tod aus epist. 6 und 7,2 aufnehmend und schon auf epist. 14 vorausdeutend) findet indirekte Erwähnung: Aristipp wird von Dionysios als Verwalter (ἐπιμελητής)[541] der *Sokratikoi logoi* angesehen (epist. 9,1). Die μνήμη des Meisters beginnt schon vor seinem Tod – ebenso wie der Anspruch, ihn authentisch wiederzugeben.

---

[535] Als eigene Gattung zuerst bei Aristot. poet. 1.1447b 11 erwähnt; vgl. Clay: Origins.

[536] Die ἀπομνημονεύματα/*Memorabilien* werden in 18,2 und 22,2 erwähnt, vgl. auch die Unsicherheit des Xenophon, sich der sokratischen Gespräche recht zu ,erinnern' (15,3) – jedoch ist der Text verdorben, so dass diese Interpretation unsicher bleibt.

[537] Diese dürften eines der Hauptprobleme unter den Sokratikern gewesen sein, vgl. Döring: Sokratesschüler, 27–32 und 66f.

[538] Darin liegt es wohl auch begründet, dass v.a. der xenophontische Sokrates rezipiert worden ist (vgl. z.B. mem. I 2,18: „Ich sehe indessen, daß alle Lehrer auf die Lernenden zweifach wirken: als Vorbild, indem sie das tun, was sie lehren, ferner dadurch, daß sie mit ihren Reden Anleitungen geben." Übers. Preiswerk), vgl. auch Vander Waerdt: Introduction, 12, und Döring: Exemplum, v.a. 12–17, der S. 16f auf den politischen Kontext unter Nero und den Flaviern hinweist.

[539] Dass dies aus der Sicht Aristipps ironisch zu verstehen ist, erhellt seine Bemerkung gegenüber Aischines, dass Antisthenes den Simon hoffiere/θεραπεύειν (epist. 11).

[540] Vgl. Plat. symp. 177b; nacherzählt bei Xen. mem. II 1,21–34. Dass Prodikos die allseits respektierte intellektuelle Persönlichkeit war, betont Nails: People, 255; zum sprichwörtlichen Charakter der Weisheit des Prodikos vgl. Sykutris: Briefe, 55f.

[541] Dies ist als Amt in den philosophisch-religiösen Kultvereinen bezeugt, vgl. Bruck: Totenteil, 259. Zu vergleichen ist die Mahnung des Paulus an Timotheus, die παραθήκη treu zu bewahren (1Tim 6,20; 2Tim 1,14).

4.5.3 epist. 14–17
Mit dem nun berichteten Tod des Sokrates treten seine Freunde/Schüler in eine neue Phase ein, die schon vorbereitet war durch den Vermächtnisbrief 6. Die Sokrates zukommende Ehre erweisen sie ihm nach seinem Tod durch die Bestattung (gegen seinen Willen 14,9f). In epist. 15 formuliert Xenophon (an die Gruppe der Sokratiker[542]) die ihnen jetzt zukommende Aufgabe: zu loben (ἐπαινεῖν), wie besonnen (σωφρόνως), heilig (ὁσίως) und fromm (εὐσεβῶς) er gelebt habe (15,1)[543], überhaupt:

„Es scheint mir fürwahr, daß wir aufschreiben müssen, was immer jener Mann gesprochen und getan hat. Und das möchte wohl die beste Verteidigung für ihn sein jetzt und später, wenn wir nicht vor dem Gerichtshof streiten, sondern für alle Zeit die Tugend des Mannes vor Augen führen.[544] Und ich sage, daß, wenn wir nicht gerne darüber schreiben, wir der gemeinsamen Freundschaft (ἑταιρίαν) und, wie jener sagte, der Wahrheit gegenüber Unrecht tun." (15,2 Übers. Köhler)

Platon habe bereits angefangen, solche Schriften über Sokrates zu verfassen, wie Xenophon in Megara lesen konnte. Den Abschluss des Briefes kann man als implizite Selbstrechtfertigung des Briefeschreibers sehen: Platon leugne ihm gegenüber (15,3), dass er diese Dichtung geschrieben habe, und gebe Sokrates als den Verfasser seiner Schriften an, der „jung und schön sei".[545] Ein Motiv für Pseudepigraphie wird hier erwähnt, das vielleicht auch konkret auf die Briefsammlung zu beziehen ist: die Verehrung des Lehrers und Bewahrung seines Andenkens.[546]

Die Einschätzung seiner Freunde, die Sokrates in epist. 6 gegeben hat, erweist sich hier und in der Folgezeit als zutreffend: Die gegenseitige Unterstützung wird immer wieder thematisiert. So bietet Xenophon den Gefährten an zu helfen, falls sie etwas bedürfen (15,2), ebenso wie Aristipp und Kleombrotos in epist. 16: Selbst noch in Aegina (vgl. epist. 14,9), haben sie brieflich Mitteilung erhalten, dass die Sokratiker[547] wegen drohender

---

[542] Codex Guelferbytanus 902/Helmstadiensis 806 (G) bietet als Überschrift: Ξενοφῶν τοῖς Σωκράτους ἑταίροις, vgl. Sykutris: Überlieferung, 1291.

[543] Die Einleitung hierzu („Wir müssen gute Männer werden …") nimmt deutlich die Mahnung des Sokrates an Xenophon aus epist. 5,2 auf, vgl. Holzberg: Briefroman, 42. Möglicherweise steht hinter dieser Auflistung der Tugenden (v.a. der letzten) auch ein politisches Interesse. So nimmt z.B. Seneca in seinen Briefen die Philosophen in Schutz gegen die Verleumdung, sie seien Aufwiegler und Staatsfeinde. Er (ver)zeichnet sie als dem Herrscher gegenüber dankbar, weil er ihnen Ruhe und Sicherheit zum Philosophieren ermögliche (v.a. epist. 73, vgl. auch epist. 5), und warnt damit zugleich die stoischen Oppositionellen, nicht zu sehr (und zu offen) gegen die Princeps Position zu beziehen, vgl. Billerbeck: Demetrius, 41–47.

[544] εἰς ἅπαντα τὸν βίον παρατιθέντων τὴν ἀρετὴν τἀνδρός.

[545] Σωκράτους μέντοι νέου καὶ καλοῦ ὄντος ist eine fast wörtliche Übernahme aus Plat. epist. 2.314c, vgl. auch Sykutris: Briefe, 65 Anm. 2.

[546] Vgl. Speyer: Fälschung, 34f.

[547] Epist. 16: οἱ Σωκράτους ἐρασταί τε καὶ φιλόσοφοι.

Verfolgungen von Athen nach Megara fliehen mussten. Dorthin wollen die beiden Briefschreiber bald nachkommen und die Freunde unterstützen. Die Sokratiker erscheinen hier als eine geschlossene Gruppe, die in regem Austausch miteinander stehen und am Geschick der anderen Anteil nehmen. So endet auch der folgende Brief, in dem Aischines einem anderen Sokratiker (Euthydemos?) mitteilt, wie es zur Verurteilung von Anytos und Meletos kam, mit der Benachrichtigung, dass die Sokratiker nach Athen zurückkehren werden, „um dort *wie früher* zusammenzukommen"[548].

4.5.4 epist. 18–23

In den folgenden Briefen wird die Aufspaltung der Sokratiker und damit auch die Verbreitung der sokratischen Sache thematisch, wie untenstehende Tabelle zusammenfasst. Xenophon bittet die Sokratiker,[549] ihn auf seinem Gut in Lakonien anlässlich des Artemisfestes zu besuchen, und zwar sollen möglichst alle kommen, wenn nicht, so doch einige (18,1), aber zumindest sollen sie ihm schreiben (18,2). Nicht zu den Angeredeten gehören Aristipp und Phaidon, da ihr früherer Besuch explizit erwähnt wird; beiden hätten, so führt er weiter aus, seine *Erinnerungen* gut gefallen, welche er, sobald er mit ihnen zufrieden sei, den adressierten Sokratikern zusenden wolle.[550] Auch Aischines erscheint herausgehoben, da er mit epist. 19 eine eigene Einladung und die Zusicherung der Unterstützung erhält.

Brief	Namen	Orte		
		(der Absender)	(der Empfänger)	(erwähnter Personen)
18	Xenophon (1)	Lakonien		
18	Sokratiker		Athen	
18	Aristipp (1)			Lakonien
18	Phaidon			Lakonien
18	Simon			Athen
19	Xenophon (2)	Lakonien		
19	Aischines (1)		Megara	
20	Simmias/Kebes (1)	Theben		
20	Antisthenes		Athen	
21	Aischines (2)	Megara		
21	Xanthippe		Athen	
21	Eukleides/Terpsion (1)			Megara

---

[548] Epist. 17,4: „Wiederum nun werden wir in Athen zusammenkommen wie früher, die wir unwürdig vertrieben worden waren" (πάλιν οὖν συνελευσόμεθα Ἀθήναζε οἱ ἀναξίως ἀνασεσοβημένοι ὡς τὸ πρόσθεν).

[549] Diese Gruppe scheint in Athen lokalisiert zu sein, wie die Grüße an Simon am Briefende nahelegen.

[550] Zur traditionellen Feindschaft zwischen Xenophon und Aristipp vgl. Bentley: Dissertation, 102.

22	Aischines (3) oder:	Megara		
	Xenophon (3)			
22	Simmias/Kebes (2)		Theben	
22	Platon (1)			Italien/Sizilien
23	Aischines (4)	Sizilien		
23	Simmias/Kebes (3) oder:		Theben oder:	
	Eukleides/Terpsion (2)		Megara	
23	Aristipp (2)			Sizilien
23	Platon (2)			Sizilien

In epist. 20 loben Simmias und Kebes[551], die in Theben die sokratischen Lehren unter den Jünglingen weiterverbreiten, Antisthenes, der als Abbild (ἀπεικόνισμα) des Sokrates in Athen lebt. Die für die Umschreibung der Weiterverbreitung verwendeten Worte (παραδιδόντες οὓς ἠκούσαμεν) sind terminologisch für die Traditionsvermittlung.[552]

Brief 21 verortet einige der Sokratiker (mindestens Aischines als Brief-schreiber sowie Eukleides und Terpsion) in Megara, während Xanthippe in Athen ist: Sie wollen Xanthippe unterstützen und damit den Erwartungen des Sokrates entsprechen, die er an echte Freunde (epist. 21,3) gestellt hat; zudem ermahnt Aischines Xanthippe (und die Sokratiker), sich an Sokrates zu erinnern (epist. 21,1):

„Erinnere dich nämlich an die Worte, die Sokrates gesagt hat, und versuche, seinem Lebenswandel und seinen Reden zu folgen ..." (ἀναμιμνήσκου γὰρ ὧν ἔλεγε Σωκράτης καὶ τοῖς ἤθεσιν αὐτοῦ καὶ τοῖς λόγοις πειρῶ ἀκολουθεῖν [...].)

Und zum Ende des Briefes (epist. 21,3):

„... verwerfe nichts von den guten Eigenschaften des Sokrates, wissend, wie groß für uns dieser Mensch war; und denke an ihn, wie er gelebt hat und wie er gestorben ist. Denn ich meine, dass auch sein Tod groß und schön war, wenn man ihn so betrachtet, wie er betrachtet werden sollte." ([...] μηδὲν καταβάλῃς τῶν Σωκράτους καλῶν εἰδυῖα, ὡς μέγα τι ἡμῖν ἐγένετο οὗτος ὁ ἄνθρωπος· καὶ ἐπινόει αὐτὸν ὁποῖα ἔζησε καὶ ὁποῖα ἐτελεύτησε. ἐγὼ μὲν γὰρ οἶμαι καὶ τὸν θάνατον αὐτοῦ μέγα τε καὶ καλὸν γεγονέναι, εἰ δή τις καθ' ὃ χρὴ σκοπεῖν σκοποίη.)

Sowohl sein Leben als auch sein Tod sind mittlerweile zum Gegenstand philosophisch-religiöser Betrachtung geworden.

Brief 22, wohl von Aischines[553] (in Megara) an Simmias und Kebes (in Theben) geschrieben, thematisiert die (finanzielle) Unterstützung unterein-ander als Freundschaftsdienst, v.a. aber handelt der Brief von der Ver-

---

[551] Im ersten Satz steht das Subjekt im Singular (θαυμάζω), im zweiten und dritten Satz ist das Subjekt Plural (ἡμεῖς bzw. ἡμῖν), es sollen also wohl beide als Autoren gedacht sein, vgl. Sykutris: Briefe, 70.

[552] Vgl. Sykutris: Briefe, 70, der auch den Schulcharakter anmerkt. Vgl. ThWNT II, s.v. παρα-δίδωμι 173f (Büchsel) und LSJ s.v. παραδίδωμι I.4, 1308.

[553] Vgl. Sykutris: Briefe, 73, anders Köhler: Briefe, 112 (Xenophon).

schriftlichung der Sokrateserinnerungen und der damit verbundenen Verantwortung, da eine Schrift, einmal publiziert, nicht wieder ‚vom Markt genommen‘ werden kann. Die Gefahr liegt darin begründet, dass durch un-
sachgemäße (wohl auch: literarisch weniger anspruchsvolle) Darstellung
der Tugend des Sokrates sein Ruhm geschädigt werden könne, die Chance
jedoch, wie an Platon exemplifiziert, in der großen ‚Missions‘wirkung:
„Platon vermag durch seine Schriften viel, obwohl er abwesend ist" – und
ist nun schon in ganz Sizilien und Italien bekannt und bewundert (22,2).
Das πάρειμι–ἄπειμι-Motiv erscheint hier und erinnert stark an die platoni-
sche Kritik der Schriftlichkeit im *Phaidros* (274b–279c) und in den Platonbriefen (epist. 2.314a–b; epist. 7.341a–345c)[554], wenn Aischines seine Literatur lieber nur in Anwesenheit vorträgt.

Brief 23 behandelt neben den beiden Themen Freundschaftsdienste (Aristipp führt Aischines bei Dionysios ein) und Missionswirkung der Schriften
(Dionysios ist von den Schriften des Aischines begeistert) noch ein Thema,
das den Anfang der Sokratikerkorrespondenz wieder aufnimmt, die Spannung zwischen den Sokratikern und die Anwesenheit auf Sizilien: Aischines schreibt von Sizilien (an Simmias und Kebes in Theben oder Eukleides
und Terpsion in Megara[555]) von den Streitereien zwischen Aristipp und
Platon (epist. 23,3):

„Die gegenseitigen Kinderspielchen – Kinderspielchen nämlich muss man das nennen
– ermahnte ich sowohl Aristipp als auch Platon zu unterlassen wegen der Meinung,
die sie bei der Menge haben." (τῆς μέντοι παιδιᾶς τῆς πρὸς ἀλλήλους – παιδιὰν
γὰρ αὐτὸ χρὴ λέγειν – παρεκάλουν αὐτοὺς παύσασθαι τόν τε Ἀρίστιππον καὶ τὸν
Πλάτωνα διὰ τὴν πρὸς τοὺς πολλοὺς δόξαν.)[556]

4.5.5 epist. 24–27

Nachdem Platon am Hof des Dionysios für die Lesenden im vorausgehenden Brief 23 eingeführt wurde[557] und er dort, nach den nur namentlichen
Erwähnungen in den früheren Briefen, mit direkter Rede selbst zu Wort
kam (23,3), eröffnet schließlich ein Brief aus Platons Hand die Reihe der
Akademiebriefe.

---

[554] Zur Diskussion, wie Platon (und im Fall von epist. 2 und 7 evtl. ein Platoniker) diese Kritik
verstanden haben könne, vgl. Frede: Mündlichkeit, 33–48.

[555] Dass eines dieser beiden Paare als Adressat zu denken ist, lassen die Dualformen vermuten.
Die Zuschreibung von G Φαίδωνι dürfte falsch sein, vgl. Sykutris: Briefe, 74, der Eukleides und
Terpsion bevorzugt, da Aischines bald zu ihnen zurückkehren wolle – was eher auf Megara als auf
Theben hinweise.

[556] Stöcker: Aischines-Brief, 310, nennt epist. 23 zutreffend eine „novellistische Erzählung [.]
nicht ohne Humor".

[557] Fast erschrocken bemerkt Aischines in epist. 23,2: „Als ich vorlas, war Platon zugegen –
bald hätte ich vergessen Euch das zu schreiben! – ..." (Übers. Köhler).

Die erwähnte Wirksamkeit Platons durch seine Schriften wird weitergeführt (er habe momentan nichts, was er seinem Freund Archytas, einem
Pythagoreer, über Dion/Dionysios[558] schicken könne). V.a. aber geht es in
diesem Brief um die φιλία-Diskussion: Des Zusammenseins mit der Menge
überdrüssig (24,1 ἐγὼ μισῶ νῦν συνεῖναι τοῖς πολλοῖς), halte er weder
etwas von den Privatmenschen noch etwas von denen, die öffentliche Aufgaben übernehmen, da alle sich als gleichermaßen unverständig in jeder
Beziehung[559] erwiesen – und könne immer mehr Timon verstehen, der als
Misanthrop *par excellence* sich aus der Welt zurückgezogen hat.[560] Die
Schwierigkeit des Philosophen, Freundschaft zu pflegen, erscheint hier angesprochen. Darauf reagiert Phaidros im nächsten Brief, der seit frühester
Jugend mit „sokratischen Wiegenliedern, wie man sagen könnte" (Σωκρα-
τικοῖς ὡς ἄν τις εἴποι βαυκαλήμασιν; epist. 25,2), erzogen wurde – sei es
in der Akademie, im Lykeion oder am Ilissos. So bittet er Platon wieder
zurückzukommen:

„Aber beim Zeus, dem Schützer der Freundschaft und Kameradschaft (πρὸς Διὸς
φιλίου τε καὶ ἑταιρείου), Platon, und bei Sokrates […], dulde es nicht, daß wir vollkommen ungebildet werden, sondern, wenn wir durch jenen göttlichen Mann zu
einem gewissen Fortschritt gekommen sind, dann erhalte uns den und führe ihn zu
einem gewissen Ziel." (25,1 Übers. Köhler)

Die Bedeutsamkeit der Gemeinschaft wird hier hervorgehoben, ebenso wie
die Notwendigkeit der Stetigkeit für die Unterweisung: Obwohl Phaidros
schon seit frühester Jugend an auf dem richtigen Weg sei, sei er noch lange
nicht zum Ziel gelangt, sondern stehe gleichermaßen in Gefahr, ‚vollkommen ungebildet' zu werden. (Sokratische) Philosophie bleibt ein Erkennt-
nisweg, der in gemeinschaftlichem Miteinander begangen werden muss und
unter Führung eines Lehrers. Wenn Platon sich nun entziehe, sei die Vollendung (für Phaidros) gefährdet.

Nicht in der Einsamkeit seines Landgutes in Hephaistiadai (epist. 24),
sondern auf Bildungsreise in Ägypten befindet sich Platon, als er Brief 26

---

[558] Ob Dion oder Dionysios als Empfänger gedacht werden soll, geht aus dem Brief nicht hinreichend hervor.

[559] Epist. 24,1: ἀμαθαίνουσι δὲ κατ' ἰδέαν πᾶσαν ἀφροσύνης. Vgl. auch Plat. epist. 1.309b.

[560] Ob mit dem Rückzug nach Hephaistiadai hier in epist. 24 auf die Akademiegründung angespielt wird (so Sykutris: Briefe, 79), bleibt vage Vermutung. Die Erwähnung des Timon im Zusammenhang mit Platon kommt noch einmal in der Platonvita bei Olympiodorus (6. Jh.) vor: Nach
ihr gestattete Platon allein Timon in der Akademie bei ihm zu sein (Text bei Sykutris: Briefe, 79
Anm. 2, der eine Abhängigkeit des Olympiodor von unserem Brief bestreitet; vgl. auch Swift
Riginos: Platonica, 162 Anm. 35). Das Grundstück in Hephaistiadai wird ansonsten erwähnt im
Platontestament Diog. Laert. III 41. Zum Testament vgl. Glucker: Antiochus, 231–234, der es in
den Grundzügen für echt hält. Glucker zeigt auch, dass schon Pausanias in seinen Reisebeschrei-
bungen (I 29–30) keine genaue Kenntnis mehr von dem Grundstück Platons und dem Ort der
Schule hatte (a.a.O. 242–255) ebensowenig wie Olympiodorus (a.a.O. 227 Anm. 4).

(von Phaidros oder Kriton) erhält: In diesem Brief teilt Platon mit, dass er sowohl das Gespräch mit den ägyptischen Weisen sucht als auch die Kunst- und Bauwerke, über die der Absender des Briefes gerne mehr erfahren würde. Das novellistische Moment der reizvollen Fremde dient hier zusätzlich dazu, erneut eine Beziehung zu Pythagoras herzustellen (und dürfte zudem erst aus der Pythagoras-Vita auf Platon übertragen worden sein[561]): So wie Pythagoras hat auch Platon von der ägyptischen Weisheit die Lehre über die Natur, die Geometrie und die Zahl gelernt (26,1).

Der Abschiedsbrief des Aristipp an seine Tochter Arete (epist. 27) ist ebenfalls durch das Entzugsmoment bestimmt. Damit verbunden ist die Konstituierung einer ‚Schultradition': Arete solle ihren Sohn Aristipp gemäß den Unterweisungen ihres Vaters erziehen – in der alten Diskussion, ob Aristipp d.Ä. oder Aristipp d.J. Gründer der kyrenaischen Schule ist, will der Brief also erstere Position vertreten[562] – und wird damit zur ersten Schulleiterin ernannt. Auch soll durch den Rat, zu Xanthippe und Myrto nach Athen zu gehen, die Kontinuität zwischen kyrenaischer und sokratischer Schule hervorgehoben werden. Der angekündigte Tod, gewissermaßen die Weitergabe der ‚Schulschlüssel', bildet damit den Übergang zur nächsten Generation der Sokratiker, die nun mit der Akademie als konstituierter Schule illustriert wird.[563]

4.5.6 epist. 28–34

Die ersten beiden Briefe (epist. 28f), von Speusipp an Philipp von Makedonien geschickt,[564] geben für unsere Fragestellung kaum etwas her (einmal wird in epist. 28,2 erwähnt, dass Isokrates Platon nicht geschont habe, was man als Topos, den Schulgründer zu ehren, lesen könnte[565]), da hier zu-

---

[561] Zur Ägyptenreise des Platon und der damit verbundenen pythagoreischen Beeinflussung vgl. Dörrie: Platons Reisen, v.a. 99f, und Swift Riginos: Platonica, 64f.

[562] Vgl. Eus. Pr. Ev. XIV 18,31f, der berichtet, dass erst der Enkel die Lebensweise des Großvaters durch ein konsistentes philosophisches Konzept begründet habe. Döring: Sokratesschüler, v.a. 62–70, argumentiert dafür, den wesentlichen Kern der kyrenaischen Lehre schon auf Aristipp d.Ä. zurückzuführen.

[563] Zum institutionellen Charakter der Akademie und ihren zwei ersten Scholarchen Speusipp und Xenokrates vgl. Krämer: Akademie, 4–55 (mit umfangreicher Literatur).

[564] Evtl. will epist. 29 auch von Platon geschrieben sein, so vermutete Allatius in seiner Ausgabe wie auch Sykutris: Briefe, 88f. Vgl. Köhler: Briefe, 123, die Speusipp für wahrscheinlicher hält. Wenn man Platon als Verfasser denken will, böte sich die Vermutung von Allatius an, dass Speusipp seinem eigenen Brief an Philipp (epist. 28) dieses kurze frühere Schreiben Platons (erwähnt in epist. 28,12) beigelegt habe „zur Begründung des Satzes, daß er Platon eigentlich seine Herrschaft verdanke" (Köhler: Briefe, 123, die auf Ritter: Untersuchungen, 382ff als Beleg für diese Ansicht von Allatius verweist). So auch Holzberg: Briefroman, 46 Anm. 139.

[565] Ähnlich epist. 28,12, wo zudem die Bedeutung Platons für die Errichtung der makedonischen Herrschaft unter Perdikkas (Z. 7f) und dessen Sorge um die *humanitas* der Herrschaft in

nächst (wie schon in epist. 1 und 8) die Beziehung zwischen Philosoph und Herrscher thematisiert wird, ebenso wie auch die darauf folgenden Briefe 33 und 34:[566] Speusipp schreibt an Dion einen Brief, der von Dionysios abgefangen und ironisch kommentiert wird. Mit diesen brieflichen Ermahnungen, sich in der Herrschaft über Syrakus an die durch Platon vermittelte Tugend zu halten,[567] führt er dem jungen Dion vor Augen, dass sein Verhalten auf den Ruf der Akademie Auswirkungen hat.[568] – An dieser Stelle könnte der Briefroman eine Erklärung dafür bieten, weshalb Dion nach dem Sturz des Dionysios selbst zum Tyrannen geworden ist: er hat diese brieflichen Ermahnungen niemals erhalten.[569]

Den Abschluss bilden die drei Briefe, die sich mit der Nachfolgeregelung der Akademie[570] befassen. Dass eine neue Generation von Sokratikern angebrochen ist, wird spätestens mit diesem Brief deutlich: Platons Name fällt in epist. 30 fünfmal;[571] er ist nun das Vorbild und die Autorität, die zuvor Sokrates eingenommen hatte. Motiviert wird dieser Briefwechsel durch die in den vorangehenden zwei Briefen (epist. 33–34) erwähnte Krankheit Speusipps: eine weiterschreitende Lähmung, die ihn zwingt, durch Athen getragen zu werden. Wegen dieser Krankheit schreibt Speusipp an Xenokrates, dass er zur Akademie kommen und die Leitung der Schule übernehmen möge.[572]

Makedonien (Z. 9f) hervorgehoben wird (letzteres ist Inhalt der Ermahnungen an Philipp in epist. 29).

[566] Zweifellos hat Sykutris recht, wenn er schreibt, dass epist. 33 dem Brief an Philipp (epist. 28) an die Seite gestellt ist (vgl. Briefe, 92), er wertet dies aber nicht für die Briefreihenfolge aus.

[567] Das ist wohl gemeint mit der Formulierung epist. 33,3 πάνυ δὲ πολλοῦ ἐτιμησάμην […] θεωρεῖν, πότερον ἐκεῖνο τὸ σχῆμα διατελεῖς ἔχων ("Vor allem aber würde ich gerne sehen, ob du jene Haltung, die du hattest, bewahrst"). Vgl. Plut. mor. 69f; Sykutris: Briefe, 95f. Zum Einfluss Platons auf Dion vgl. z.B. Plat. epist. 3.316c; Plat. epist. 4 und 7 (v.a. 327a), sowie Plut. Dion, der freilich die Platonbriefe benutzt hat.

[568] Worley übersetzt die entsprechende Stelle epist. 33,3: „And you will adorn the Academy so that its fame spreads as far as the morning light reaches".

[569] Der Platonbriefroman versucht, diese Entwicklung Dions durch Zeitsprünge und Perspektivwechsel zu vertuschen, vgl. Holzberg: Briefroman, 10f.

[570] Die Akademie wird in diesen drei Briefen mehrfach erwähnt, hinzu kommt noch περίπατος allgemein als Schule (vgl. Köhler: Briefe, 124) und διατριβή (vgl. auch Glucker: Antiochus, 163f).

[571] Der Name des Sokrates, der epist. 12–23 in jedem Brief erwähnt wurde, verschwindet langsam im Platonzyklus (nur noch epist. 25 [zweimal], 26 [einmal] und 27 [zweimal], letzterer zählt allerdings nicht zum Platonzyklus im engeren Sinn) und findet in den Akademiebriefen keine Erwähnung mehr.

[572] Sykutris: Briefe, 89, vermutet, dass die ursprüngliche Reihenfolge 31–32–30 gewesen sei: Auf die kurze Bitte, wegen seiner Krankheit die Schulleitung in Athen zu übernehmen, habe Xenokrates ablehnend reagiert. Erst durch den damit veranlassten längeren Brief, in dem Speusipp die Autorität des Platon anführe, habe Xenokrates zugestimmt. Dass epist. 32 eine Ablehnung ist, kann ich nicht im Text lesen. M.E. ist die Reihenfolge dieser drei Briefe beizubehalten, vgl. auch Holzberg: Briefroman, 39 Anm. 113. Die Doppelung der Briefe an Xenokrates ohne Zwischenantwort ließe sich auch vom Enthüllungsmoment her verstehen. Die Krankheit wird in epist.

In den Briefen werden einige Motive von Sokrates auf Platon übertragen – wie dies mit der geforderten Ehrerweisung dem Schulgründer gegenüber schon in den Briefen an Philipp und an Dion angeklungen war. Auch hier wird Xenokrates dazu ermahnt, Platon Ehre zu erweisen und der Hochschätzung der Akademie durch Platon entsprechend die Akademieleitung zu übernehmen. Die Ehre gebühre Platon deshalb, weil er sich gegenüber seinen Schülern (οἱ συνόντες) wie ein Erzeuger (γονεύς bzw. γεννήσας), wie ein Wohltäter (εὐεργέτης) und wie ein Gott (θεός) verhalten habe (epist. 30,2). Die Stellung des Sokrates, die in epist. 6[573] durch eine πατήρ-Beziehung bezeichnet wurde, wird hier noch überstiegen.[574] So schließt er den Brief ab (epist. 30,3):

„Ich rate dir aber, weil ich meine, dass es schön und gerecht ist, dem Platon den größten von allem [möglichen] und jenem am meisten zukommenden Dank zurückzugeben. Du gibst ihn aber zurück, wenn du, zur Akademie kommend, die Schule zusammenhältst.“ (συμβουλεύω δὲ καλὸν ἡγούμενος καὶ δίκαιον εἶναι χάριν ἀποδιδόναι σε Πλάτωνι πασῶν μεγίστην κἀκείνῳ μάλιστα ἁρμόζουσαν· ἀποδοίης δ' ἂν εἰ παραγενόμενος ‹εἰς› τὴν Ἀκαδημίαν ‹τὸν περίπατον συνέχοις›.)

Von einigem Interesse ist hier die Betonung der Qualifikation des Xenokrates. Es gab eine Tradition, die Platon den Xenokrates zumindest kritisch beurteilen lässt, er sei (verglichen mit Aristoteles) von einem trägen Verstand (Diog. Laert. IV 6 und V 39) – peripatetischer Ursprung ist hier recht wahrscheinlich.[575] Unsere Briefe dagegen zeichnen ein durchweg positives Bild dieser Beziehung und der Person des Xenokrates. In epist. 30 berichtet Speusipp, dass der sterbende Platon seine Schüler verpflichtet habe, Xenokrates, wenn dieser gestorben sei, neben ihm in der Akademie zu begra-

---

33 und 34 kurz (im letzteren: spöttisch) eingeführt. Zu Anfang von epist. 30 erwähnt Speusipp seine Krankheit („Und so glaubte ich, Dir schreiben zu müssen, wie es mir körperlich geht …“ Übers. Köhler), wie schwer die Krankheit jedoch ist, wird nicht deutlich, so dass die Lesenden erst mit epist. 31 aufgeklärt werden, wieso Xenokrates dringend nach Athen kommen solle. Die Abfolge der Briefe ist hier weniger auf den fiktionalen Briefempfänger hin konzipiert als mehr auf die realen Lesenden des Briefbuches.

[573] Epist. 6,10: ὁ γεννήσας [.] πατήρ. Zum popularphilosophischen Charakter dieser Bezeichnungen vgl. Sykutris: Briefe, 91 Anm. 2 mit Verweis auf die Epigramme Anth. Gr. XVI 31, Diog. Laert. III 44. Cic. Att. 89,3 (= IV 16,3) benennt Platon als *deus ille noster*.

[574] Sie entspricht jedoch der späteren Bewertung des Sokrates in epist. 17 (die Verehrung des Grabmals des Sokrates durch einen spartanischen Jüngling) und seiner Benennung in epist. 25,1: „bei Sokrates, sei es, daß er auf Erden in einem Paradiese der Frommen weilt, sei es unter den Sternen – was ich am ehsten glaube“ (Übers. Köhler) und anschließend dessen Bestimmung als δαιμόνιον ἄνθρωπον.

[575] Zur Beurteilung und weiteren Texte vgl. Swift Riginos: Platonica, 136–138. Vgl. etwa weiter z.B. Plut. mor. 141f; 769d; Ail. var. XIV 9. Die Hochschätzung des Xenokrates bei Val. Max. IV 1 ext. 2; auch Diog. Laert. IV 11 und Ail. var. III 19; vgl. Sykutris: Briefe, 91 Anm. 1.

ben.[576] Eine Sterbebettszene findet sich zwar noch einige wenige Male in der Platontradition,[577] am ähnlichsten Plutarch *Gaius Marius* 46,1: Platon preist sich unter anderem deswegen glücklich, weil er zur Zeit des Sokrates geboren wurde.[578] Jedoch werden die letzten Worte auch hier nicht explizit als an seine Schüler adressiert formuliert. Der Unterschied zu epist. 30 ist zudem, dass bei Plutarch Sokrates als Lehrer des Platon fokussiert wird, in epist. 30 jedoch dessen Nachfolger in der Akademie. Als Sterbebettszene bekommt sie noch ein zusätzliches Gewicht.[579] Hier wird die Treue des Xenokrates zu Platon betont („er dachte, du würdest niemals die Akademie verlassen"), so wie am Ende des Briefes: Zuverlässigkeit (βεβαιότης) und Treue (πίστις) werden als die zwei wesentlichen Eigenschaften bezeichnet, mit denen sich Akademiker, v.a. aber der Schulleiter, von den anderen Menschen abheben müssten (epist. 30,3: τῶν ἀνθρώπων διαφέρειν), wie es Xenokrates überdurchschnittlich zu tun scheine.

Dieser Treue zur Akademie widerspricht Xenokrates scheinbar durch den Rückzug in die Einsamkeit, der in epist. 32 erklärt wird: Er verhielt sich sein Leben lang treu gegenüber Platon, sein ἦθος ist Maßstab für das Verhalten des Schülers. Nach dessen Tod jedoch, „da ging jeder von uns weg nach der Richtung (αἱρέσεις), die er gewählt hatte" (epist. 32,2 Übers. Köhler). Und da Xenokrates eher Ruhe und Muße bevorzugt (vgl. Plut. *de exilio* 10 [mor. 603b/c]), hat er in ihr sein Wesen erforscht, wie er es erreichen könnte, sich gegenüber allen anderen Menschen auszuzeichnen (epist. 32,3: τῶν ἄλλων ἀνθρώπων διάφορος γίνομαι) – und schließt affirmativ: „Es muß also offenbar werden, daß ich so bin, wie ich sage, daß ich bin, besonders, da das, mit Gott gesagt, leicht ist" (32,3 Übers. Köhler).

Aufgrund der Parallelität zum vierten Platonbrief[580] und der Aufnahme der vom Akademiker geforderten Überlegenheit über die anderen Menschen scheint es, dass Xenokrates nicht, wie Sykutris annahm, die Auf-

---

[576] Zu den verschiedenen Versionen vom Tod des Platon und ihrer Bewertung vgl. Swift Riginos: Platonica, 194–198.

[577] Hier könnte man an Tert. *de anima* 52,3 und Suda Π 1707 denken (Platon starb im Schlaf) oder an die Szene, die im *Academicorum philosophorum index Herculanensis* col. III 40 und V 1–19 (13–15 Mekler) zu finden ist (Platon stirbt im Bett, während er Musik hört). Stellen und Texte bei Swift Riginos: Platonica, 194–196.

[578] Ähnlich auch Lact. inst. III 19,17 und opif. 3,19. Zur Einordnung dieser Tradition und zu Parallelstellen vgl. Swift Riginos: Platonica, 58f.

[579] Vgl. – neben Platons *Phaidon* – noch Xen. Kyr. VII 7,6–28; Plut. Lyc. 29; Dion Chrys. 30,6–44; persifliert bei Sen. apocol. 4,2f. Zum *exitus illustrium virorum* und den *ultima verba* vgl. Berger: Gattungen, 1257–1259; zur Transformation in eine eigene Gattung vgl. Winter: Vermächtnis, 9–36; 199–213; Saldarini: Words.

[580] Der 32. Brief hat viele Anlehnungen und Zitate aus dem vierten Platonbrief (Platon an Dion); die oben zitierte Stelle ist teils wörtlich übernommen mitsamt dem Kontext der Auszeichnung vor anderen Menschen: „Es muß also deutlich werden, daß wir das sind, worauf wir Anspruch erheben, und mit Gottes Hilfe wird das nicht einmal schwer sein" (320c Übers. Irmscher).

forderung des Speusipp mit diesem Brief ablehnt, sondern vielmehr das Urteil des Speusipp über ihn bestätigt und sagt, dass sein Rückzug notwendig gewesen sei, um der Forderung Platons vollkommen zu genügen.[581]

4.6 Die Schule als Diskussionsraum

Der Durchgang durch die Briefe[582] hat ergeben, dass Philosophie in eine Gemeinschaft von Freunden führt, aber auch aus der Gemeinschaft heraus. Die Sammlung partizipiert an der φιλία-Diskussion, ob der Weise, ob der Kyniker Freunde haben kann oder nicht.[583] Wie schwer es dem Weisen ist, mit den Unverständigen und der Masse zusammen zu sein, bringen sowohl Antisthenes und Aristipp als auch Platon zur Sprache. Zudem betonen die Briefe, dass Freundschaft einen Nutzen hat, der nicht (nur) in finanzieller Absicherung begründet liegt, sondern auch darin, dass durch sie ein Raum für Gespräche, auch für Diskussionen eröffnet wird, der neue Perspektiven einbringt[584] und in dem eine Erinnerungskultur möglich wird.

In diesem Briefbuch kommt ein weites Spektrum philosophischer Schultraditionen zusammen: Neben den drei weiten Raum einnehmenden Richtungen von Kynismus, Kyrenaismus und Platonismus finden sich pythagoreische und epikureische Motive:[585] Die Tradition des Kepos wird hier nicht allein durch das Aufgreifen des testamentarischen Abschiedsbriefes (vgl. epist. 27; 30f mit Epikurs Brief an Idomeneus frg. 138 Usener), sondern auch durch die dargestellte Kommunikation in der Schulgemeinschaft durch das Medium des Briefes vergegenwärtigt.[586]

Da der Brief das Medium ist, das Abwesenheit (in all ihren Spielarten) thematisiert,[587] bot sich die Briefform – etwa im Gegenüber zur Gattung des

---

[581] Ähnlich argumentiert auch Seneca in seinen Briefen (v.a. epist. 7,6-8; 10,1; 25,6f; 32): Er empfiehlt dem (in der Philosophie) jungen Lucilius, sich zeitweise aus der Welt zurückzuziehen, um nicht unter schlechten Einfluss zu geraten. Dieser Rückzug dürfe freilich nicht dauerhaft und Ausdruck von Misanthropie sein, siehe dazu Billerbeck: Demetrius, 16f.

[582] Zur Funktion von epist. 35 als ‚editorisches Nachwort des Herausgebers' s.o. S. 125f.

[583] Vgl. z.B. Billerbeck: Demetrius, 17f; dies.: Epiktet, 127f, zur stoisch(-kynischen) Bewertung von Freundschaft; allgemein auch Konstan: Friendship.

[584] Sogar durch Reiseerfahrungen von anderen (epist. 26).

[585] Es fällt auf, dass Aristoteles oder der Peripatos keine Erwähnung finden – jedoch könnte es sein, dass der mögliche Verfasser der Briefe, Adrastos, der Absender des begleitenden Briefes 35, ein (pythagoreischer) Peripatetiker war.

[586] Vgl. Krautz: Nachwort, 146. Fiore: Function, 106, macht auf die Stärke der Briefform aufmerksam: Die Transposition der Anekdoten über die einzelnen Sokratiker in einen gemeinschaftlichen Briefwechsel lässt diese als eine Gruppe erscheinen.

[587] Neben dem gängigen πάρειμι-ἄπειμι-Topos der Briefliteratur (vgl. Ps.-Liban. epist. charakt. 2; 58) sei hier nur verwiesen auf die bekannte Beschreibung des Briefes als ‚die eine Hälfte des Dialogs' (Demetr. Eloc. 223, vgl. Cic. fam. II 4,1; XII 30,1; Sen. epist. 75,1f).

Dialogs – an, um neben der räumlichen Trennung (vgl. Sokr. epist. 18,2), die durch die Ausbreitung gegeben ist, auch die zeitliche Erstreckung einbeziehen zu können, durch die es möglich war, die Abfolge von zwei Generationen von Sokratikern: seinen direkten Schülern und EnkelschülerInnen (die in unserem Briefbuch durch die Kyrenaiker und die Akademiker vertreten sind), darzustellen.[588]

Die Frage nach der Einheit der Gemeinschaft wird nicht durch dogmatische Einheit beantwortet. Die Offenheit für verschiedene Richtungen (αἱρέσεις) je nach eigenen Bedürfnissen bleibt. Das einigende Band ist die Ehrerweisung und Erinnerung an den Schulgründer,[589] die durch Publikationstätigkeit – sowohl mit ‚missionarischem‘ Aspekt als auch mit innergemeindlicher Zielrichtung, zwecks Vergewisserung, Bewahrung der Erinnerung und auch Unterhaltung – praktisch wird. Offene Kritik am Inhalt des Geschriebenen findet sich in den Briefen nicht.[590] Vielleicht ist dies ein Hinweis darauf, dass es weniger auf den Inhalt ankommt als auf den Akt des Schreibens, einer Form praktizierter Erinnerung, selbst. Die Unterlassung solcher Kritik, wie sie nach einer Erwähnung des Aristoteles etwa Aristipp an Platon geübt habe,[591] lässt sich nicht mit der häufig herangezogenen harmonistischen Tendenz der Briefe begründen. Antisthenes, Simon und Xanthippe auf der einen Seite, Aristipp und Aischines auf der anderen stehen sich nicht sehr versöhnlich gegenüber, ebensowenig wie Aristipp und Platon. Im Rahmen der ‚Kinderspielchen‘ zwischen beiden, wie Aischines ihr Verhalten genannt hat, wäre auch die Kritik an den Schriften unterzubringen gewesen.

Moralphilosophisch indifferent sind die Briefe mitnichten, sie legen das Schwergewicht jedoch nicht auf die Grundlagen, die δόγματα, sondern auf die Orientierung der Lebensführung am Vorbild des Schulgründers. Antis-

---

[588] Fiore: Function, 128–132, sieht (im Gegenüber zum Dialog) stärker die zur Reaktion herausfordernde Wirkung des Briefes als Ursache für die Wahl der Form in den Sokratikerbriefen maßgeblich, was natürlich auch darin begründet liegt, dass er auf die (moralisch) unterweisende Dimension der Briefe abhebt, wogegen hier die narrative Dimension stark gemacht worden ist.

[589] Vgl. auch Fiore: Function, 121f.

[590] Die einzige Stelle in unseren Briefen sind die Selbstzweifel (bei Xenophon bzw. Aischines), ob das Geschriebene gut genug sei, die Tugend des Sokrates zu verdeutlichen.

[591] „Dergleichen hat unser gemeinsamer Gefährte aber nichts gesagt" (rhet. 1398b 29 = frg. 104 Mannebach). Fiore: Function, 106 Anm. 12, meint, dass in epist. 15,3 „some skepticism over Plato's use of Socrates" durchscheine. Leider ist der fragliche Text verdorben, so dass der Sinn nicht sicher zu erheben ist: Xenophon berichtet, dass er eine Schrift von Platon („a rather significant dialogue") gelesen habe, und kommentiert: „At any rate, I believe that I have read in Megara....Nevertheless, we are not saying that we have not heard such things, but that we are not able to recount them. For we are not poets as he indeed is [...]" (Übers. Stowers). Der Text vor ‚Nevertheless‘ ist nicht mit Sicherheit wiederherzustellen (vgl. jedoch Sykutris: Briefe, 64f Anm. 5). Ich meine jedenfalls, dass an dieser Stelle keine Kritik explizit wird, evtl. aber auf die Aristoteles-Notiz Bezug genommen wird.

thenes wird in der Auseinandersetzung mit Aristipp entsprechend dem Vorbild des Sokrates dargestellt, dessen getreues Abbild zu sein ihm Simmias und Kebes (epist. 20) attestieren. Xenokrates hat die Wichtigkeit des Platon für seine Lebensführung Speusipp gegenüber explizit betont. In der Positionierung zum Leben des Sokrates, der für die erste Generation verpflichtenden Charakter hatte, wird auch die moralphilosophische Tendenz der Briefsammlung erkennbar. Im Gegenüber zum Gros der Forschung sah ich sie eher als Vertreterin einer strengeren Form des Kynismus, wie durch die zwei Konfliktfälle (in Kap. 4.4) deutlich zu machen war. Oder, wenn der Briefroman auch nicht dezidiert den strengen Kynismus propagiert, so setzt er doch zumindest mit Sympathie dessen Exponenten in Szene. Vielleicht war das, neben dem in der Schulthematik gebotenen philosophiehistorischen Abriss, eines seiner Ziele: die Kritik an denjenigen Philosophen (wie Epikur und Seneca z.B.[592]), die unter Berufung auf Sokrates ein angenehmes Leben führen und nicht „sommers wie winters den gleichen Mantel tragen".

5. Der literarische Ort des Briefromans

Nach den vorausgehenden grundsätzlichen Überlegungen zur Gattung des Briefromans und den eingehenderen Untersuchungen sollen abschließend einige der Beobachtungen systematisch zusammengefasst werden, um den literarischen Ort des Briefromans mithilfe der Aspekte von Herkunft, Wirkintention, Authentizitätsfiktion und Lesepublikum zu bestimmen.

5.1 Herkunft

Bei Theon, einem Grammatiklehrer wohl aus der Zeit Quintilians (1./2. Jh.n.Chr.), heißt es, dass ein Teil der Übungen in der Charakterdarstellung, der Prosopopoiie, das Briefeschreiben umfasst:

„Unter diese Gruppe der Übungen (sc. der Progymnasmata) fällt [...] auch (sc. die Gattung) der Briefe." (ὑπὸ δὲ τοῦτο τὸ γένος τῆς γυμνασίας [sc. προσωποποιίας] πίπτει [...] καὶ τὸ τῶν ἐπιστολικῶν [sc. εἶδος].)[593]

Die Briefe sind damit grundsätzlich den Reden vergleichbar, wenn geübt werden soll, wie eine bestimmte historische Person in einem bestimmten

---

[592] Vgl. zur Bedeutung des Sokrates als Vorbild für beide Döring: Exemplum, 18–42 (Seneca), 43–79 (Epiktet). Vgl. besonders die Kritik, die Epiktet in seiner sog. Kynikerdiatribe (diss. III 22) gegen den strengen Kynismus übt.

[593] Theon: Progymnasmata 115,11 Spengel.

historischen Moment wohl gesprochen hätte. Ganz so historisch muss es dabei freilich nicht immer zugehen: Das erste Beispiel, das Theon für die Prosopopoiie anführt, ist, *was ein Mann zu seiner Frau sagt, bevor er auf Reisen geht'*.[594] In der Schullaufbahn befinden sich die Schüler hier schon in einem fortgeschritteneren Stadium, in dem es nicht mehr darauf ankommt, die grundlegenden Merkmale der einzelnen Brieftypen zu beherrschen,[595] sondern sich in andere Charaktere hineinzuversetzen, historisches Wissen präsent zu haben und kreativ umzusetzen. Daneben ist die aktive Beherrschung verschiedener regionaler Dialekte und Spracheigentümlichkeiten der klassischen Autoren für gelungene Prosopopoiie erforderlich. Es ist leicht denkbar, dass aus solchen Übungen nicht nur einzelne Briefe entstanden sind, sondern ganze Briefreihen, so dass in diesen Schulübungen die Wurzeln des Briefromans liegen.[596]

Diese Praxis scheint noch in den Sammlungen der Kynikerbriefe, bei einigen kleineren Reihen innerhalb der Diogenes- oder Kratesbriefbücher etwa, fassbar.[597] Aber die Übergänge dürften nicht leicht, mitunter gar nicht auszumachen sein. So muss bei jedem einzelnen Briefbuch die Frage gesondert gestellt und abgewogen werden. Wie sich z.B. an den Euripides- oder den Sokrates-/Sokratikerbriefen wahrscheinlich machen ließ, ist deren Herkunft damit nicht zu fassen. Zudem läuft die Herleitung aus dem Schulbetrieb Gefahr, ihre Wirkintention auf den Übungs- und Nachahmungsaspekt hin zu reduzieren[598] und ihre literarischen Qualitäten ebenso wie ihre Kreativität (auch zu verstehen als ihre neue Legenden erschaffende Kraft) zu vernachlässigen.[599]

---

[594] Ein weiteres Beispiel für die Verarbeitung eines Themas sowohl in Brieffiktion als auch als Rede: Alkiphron (epist. II 38) lässt einen Bauern in einem Brief einem Freund über seinen Sohn klagen, der sich zur (kynischen) Philosophie gewandt hat und die Arbeit auf dem Feld vernachlässigt. Als Redethemen erwähnt z.B. bei Quint. inst. IV 2,30; vgl. Ps.-Quint. decl. 283; Doxopatres II 500,3–9 Walz; zu weiteren Stellen vgl. Hock: Cynics, 770, sowie allgemein Heusch: Ethopoiie.

[595] Vgl. dazu einleitend Malherbe: Theorists, 2–7; Thraede: Grundzüge, 23f; zur Entwicklung literarischer Briefbücher aus Schulübungen auch Rosenmeyer: Fictions, 259–261.

[596] So Sykutris: Art. Epistolographie, 213, der auch auf die moderne Parallele verweist: Richardsons erster Briefroman, *Pamela*, ist aus der Arbeit an einem Briefsteller erwachsen. Vgl. Merkelbach: Quellen, 48, Speyer: Art. Pseudepigraphie, 510; Malosse: Ethopée.

[597] Zur großen Beliebtheit gerade der Diogenesfigur in rhetorischer Praxis und Schulübung siehe die Indices bei Hock/O'Neil: The Chreia in Ancient Rhetoric, 349, und dies.: The Chreia and Ancient Rhetoric, 383; Hock: Cynics, v.a. 764–772; 770f auch zu den Übungen von Ethopoiie in Briefform; jedoch werde, nach Hock, die Bestimmung der Diogenes- und Kratesbriefe als Schulübungen (so v.a. Stirewalt: Studies, 43–64) ihrem anspruchsvollen Charakter (,*more sophisticated*') nicht gerecht. Zu den Hipparchia-Krates-Briefen vgl. Rosenmeyer: Fictions, 221–224 und s.o. Kap. 4.4.2.

[598] So kritisiert auch Düring: Chion, 23f, vgl. auch 16f.

[599] Auch Görgemanns: Art. Epistolographie, 1168, verweist auf den künstlerischen Aspekt der pseudepigraphen Briefliteratur: „Eher sind sie als unterhaltsamer Lesestoff anzusehen; es bestehen

Neben solchen einzelnen und Sammlungen von ‚Kunst-‘ und ‚Schulbrie-
fen‘ gehören auch noch Sammlungen (vermeintlich) echter Briefe zu den
Inspirationsquellen des Briefromans.[600] Eine Sammlung von (für echt gehaltenen) Platonbriefen mag dazu angeregt haben, ebendiese Sammlung zu erweitern zu einem durch Platons Briefe erzählten Bild der Geschichte der
Ereignisse in Syrakus. Im 1. Jh.n.Chr. ist die Edition der dreizehn Platonbriefe durch Thrasyllos bezeugt (Diog. Laert. III 61). Darauffolgend erwähnt
Diogenes Laertios (III 62), dass Briefe auch schon zur Platon-Werkausgabe
des Alexandriners Aristophanes von Byzanz (um 200 v.Chr.) gehört hätten.
Ob er schon alle dreizehn (uns bekannten) Briefe herausgegeben hat oder
ob diese erst später (von oder vor Thrasyllos) als Buch publiziert worden
sind, lässt sich kaum klären. Dass hier ein Überarbeitungs- und Fortschrei-
bungsprozess stattgefunden hat, scheint jedoch nicht abwegig.[601]

Und schließlich dürften auch Prosaerzählungen, in denen Briefen und
Briefwechseln eine (bedeutungstragende) Funktion zum Aufbau und zur
dramatischen Gestaltung des Geschehens zukam, zur Erzählung einer Geschichte (fast) ausschließlich im Medium des Briefes angeregt haben, wie
Merkelbach es für die Genese des Alexanderbriefromans vermutete.[602]

Diese unterschiedlichen Einflussmöglichkeiten, mit denen die Entwicklung der Gattung Briefroman erklärt werden kann, verweisen auf unterschiedliche Ausgestaltungsspielräume, Motivationen und Intentionen. Der
Briefroman fluktuiert zwischen Erzähllust, moralphilosophischer Unterweisung, historischer resp. doxographischer Präsentation sowie Selbst-[603] resp.
Fremddarstellung.

5.2 Wirkintentionen

In dem Bedürfnis nach Legendenbildung dürfte eine der Wirkintentionen
liegen: So hat etwa hinsichtlich der Hippokratesbriefe Smith darauf hingewiesen, dass sie „turn the profession into a personality that experiences

---

manche Berührungen mit dem Roman. […] Sofern eine Handlungsstruktur vorliegt, kann man von
‚Briefroman‘ sprechen.“

[600] Hierher gehört auch der Bereich der lateinischen Epistolographie, die v.a. durch Cicero angeregt ist (vgl. aber Lebrecht Schmidt: Anfänge, 576) und mit Seneca und Plinius zwei ihrer
Höhepunkte erreicht hat. Möglicherweise wurden die Autoren der Verbannungsbriefromane des
Aischines und Themistokles auch von Ovids *Briefen aus der Verbannung* inspiriert, die bereits auf
der Grenze von autobiographischen Briefen bzw. Versepisteln und einem Briefroman sind.

[601] Vgl. auch Holzberg: Briefroman, 8; 47f; ders.: Novel-like Works, 649f.

[602] S.o. S. 54.

[603] Briefliche Selbstdarstellungen, die durch die Gestaltung der herausgegebenen Briefbücher
romanhafte Züge annehmen, legen etwa Plinius und Bettina von Arnim vor, s.u. Kap. II 5.4.2.

problems and triumphs".[604] Die hippokratischen Pseudepigrapha sind die einzigen biographischen Notizen, die über Hippokrates erhalten sind. Sie scheinen nicht ältere Personallegenden oder historisches Wissen zu verarbeiten[605] und prägen das Hippokratesbild der folgenden Generationen bis heute.[606] Bei anderen Briefsammlungen sieht das Bild anders aus: Zum Teil arbeiten sie Bekanntes breit aus (wie die Platonbriefe, wenn der 7. Brief echt bzw. nicht erst für das Briefbuch geschrieben ist, der das einzige alte Zeugnis von Platons Aufenthalt bei Dionysios auf Syrakus ist[607]), zum Teil knüpfen sie frei an Bekanntem an (wie die Sokrates- und Sokratikerbriefe), zum Teil gestalten sie aber auch neu bzw. bewusst gegen bekannte Traditionen (wie die Euripidesbriefe).

Dies geschieht jedoch nicht nur aus biographischem Interesse an bekannten Persönlichkeiten, sondern deren Vergegenwärtigung ist zumeist noch in größere Kontexte eingebunden: in fachspezifische Diskurse ebenso wie in gesamtgesellschaftliche Selbstvergewisserungsprozesse. Mit dem Hippokrates-Demokrit-Briefroman verfolgte der Verfasser die Begründung und Legitimation der Zootomie durch Rückführung auf Hippokrates/Demokrit innerhalb des Diskurses um die Sektion von Lebewesen in den Jahrhunderten um die Zeitenwende zwischen Dogmatikern, Empirikern, Methodikern und der Laienmeinung (vgl. etwa den Vorwurf der Gottlosigkeit Apul. apol. 25–41; Tert. *de anima* 10,4).[608] Im Rahmen der gesamtgesellschaftlichen Selbstvergewisserung[609] lässt sich der medizinhistorische Briefroman lesen als Ausdruck der Überlegenheit des menschlichen (und göttlichen) Verstandes über die Natur, aber auch als Ausdruck der Überlegenheit des Griechentums (Hippokrates, die Koer) über das Barbarentum (Artaxerxes),[610] wie dies auch im Alexanderbriefroman thematisch wird.

---

[604] Smith: Hippocrates, 1.

[605] So Smith: Hippocrates, 2. Die ältesten Zeugnisse sind Plat. Prot. 311b/c; Phaidr. 270c/d; Aristot. pol. 74.1326a 15–16; dann erst wieder Varro rust. I 4,5, die jedoch nicht biographisch interessiert sind; weitere Stellen bei Pinault: Lives, 5 Anm. 4.

[606] Vgl. Pinault: Lives, 5–93, für die griechisch-römische Vitentradition.

[607] Vgl. Swift Riginos: Platonica, 70–92; die erste Bezeugung des Syrakusaufenthaltes – abgesehen von epist. 7 – bietet der *Index Herculaneum* (1. Jh.v.Chr.).

[608] Vgl. neben Smith: Hippocrates, 1; 25f, v.a. Rütten: Zootomieren, 577–582; aus dem gleichen legitimatorischen Grund wurden die Briefe im 17./18. Jh. wieder in der Anatomiedebatte repristiniert, vgl. a.a.O. 561–572.

[609] Vgl. Swain: Hellenism, 101–131, der die Funktion des antiken Liebesromans als Selbstvergewisserung der griechischen Identität im römischen Imperium beschreibt.

[610] Vgl. Smith: Hippocrates, 1.

5.3 Authentizitätsfiktion

Um darüber zu entscheiden, ob die Briefe, wenn sie eine Autorität der Vergangenheit in einen gegenwärtigen Diskurs eintragen, als ‚tendenziöse Fälschung' angesehen werden können, muss darüber befunden werden, inwiefern sie darauf angelegt sind, als echte Briefe zu wirken und inwiefern sie
ihre Fiktionalität durchschaubar machen. Holzberg hat auf den abundanten
Gebrauch von Anachronismen als Mittel des Bruches der Fiktion der Authentizität hingewiesen.[611] Auch wenn in einer ‚kürzlich entdeckten' Sammlung von Briefen einer bedeutenden historischen Persönlichkeit diese Ereignisse ganz anders berichtet werden, als sie durch die Tradition vorgegeben sind, muss durch das ‚autoritative' Wort des Briefschreibers nicht
grundsätzlich die bisherige Tradition als falsch bewertet werden,[612] sondern
kann auch Zweifel an der Echtheit der Briefe aufkommen lassen.[613] Grundsätzlich bleibt natürlich immer anzufragen, über welche Enzyklopädie die
Lesenden verfügt haben und ob sie Querbezüge herstellen und Widersprüche feststellen konnten.[614]

Gleichwohl ist die Authentizitätsfiktion wesentlicher Bestandteil einer
fiktiven Briefsammlung. Das Aufnehmen des Briefformulars persischer
Herrscher, wie es durch griechische Inschriften und literarische Werke bekannt war, und der Korrespondenzwege über Statthalter kann den Artaxer-
xesbriefen im Hippokratesbriefroman oder den Dariusbriefen im Alexanderbriefroman den Anschein der Echtheit verleihen.[615] Einen solchen Eindruck soll auch die Beteuerung des Plinius (epist. I 1) hinterlassen, die
folgenden Briefe nicht geordnet herauszugeben, sondern so, wie sie ihm zur
Hand gekommen seien: Das vorliegende Buch enthalte ‚echte' Gebrauchs-

---

[611] S.o. Tableau, Nr. 5.

[612] Vgl. etwa die Troja-Romane der ‚Augenzeugen' Diktys, einem Griechen, und Dares, einem
Trojaner, die beide gegen Homer die ‚wahre' Geschichte des Trojanischen Krieges erzählen
wollen (dazu Merkle: Truth, 577–580; ders.: Ephemiris; Beschorner: Untersuchungen, v.a. 245–
249). Zur Datierung der hinter den lateinischen Texten stehenden griechischen Originale ins 1./2.
bzw. Anfang 3. Jh.n.Chr. vgl. Merkle: Ephemiris, 243–246, bzw. Beschorner: Untersuchungen,
242f; 250–254. Allerdings meint Merkle: Ephemiris, 51–55; 81f, dass durch die Aufnahme der
Gattung ‚Augenzeugenbericht' und durch den Beglaubigungsapparat die *Ephemiris* darauf angelegt gewesen sei, als historisch zuverlässig gelesen zu werden, und die Fiktion von den Lesenden
nur schwer zu durchschauen gewesen wäre.

[613] Vgl. die tendenzkritische Analyse der Berichte über die Geschichte der Aristoteles- und
Theophrastwerke (Strab. XIII 1,54; Plut. Sulla 26; Porph. Plot. 24) durch Georgi: Andronikus, 52–
63.

[614] Dazu merkte schon Aristoteles an, dass ein Dichter sich nicht treu an den überlieferten Stoff
(τῶν παραδεδομένων μύθων) halten müsse: „Ein solches Bestreben wäre ja auch lächerlich, da
das Bekannte nur wenigen bekannt ist und gleichwohl allen Vergnügen bereitet" (poet. 9.1451b
23–26).

[615] Vgl. Brodersen: Hippokrates, 104f.

und keine Kunstbriefe, und ermögliche daher einen authentischen Einblick in die Person des Plinius.[616]

Hierzu gehört sodann die Frage einer möglichen Einbettung der Briefe in einen narrativen Zusammenhang, vereinfachend als ‚Herausgeberkommentar' bezeichnet.[617] Wie oben erwähnt, sieht die Forschung hier ein Hauptdifferenzmerkmal zwischen antiken und neuzeitlichen Briefromanen, obgleich die Quellenbasis dafür zu spekulativ ist. In ihren Rekonstruktionen von Briefromanen aus narrativen Prosatexten haben B. Snell, Dührsen[618] und Merkelbach[619] ein- und überleitende Anmerkungen nicht mit aufgenommen. Im Fall der anderen Briefromane können solche durch das Sammelinteresse (‚echte' Briefe im Rahmen von Werkausgaben oder von Anthologien zu bieten) nicht mit überliefert sein; einige antike Textzeugnisse jedenfalls haben solche Anmerkungen bewahrt: P.Oxy. 1184 (für Hippokr. epist. 4 und 5[620]); zudem könnte auch ein neu publiziertes Fragment einer *Tabula Iliaca*, das den Rest eines Briefes aus dem Alexander-Roman mit nachfolgendem narrativen Text enthält, ein weiterer Beleg für einen Briefroman mit Kommentar sein.[621] Auch der arabisch erhaltene Alexanderbriefroman weist eine Herausgebereinleitung, Briefüberschriften und einen abschließenden Brief auf. Einen solchen bietet m.E. auch der Briefroman um Sokrates und die Sokratiker (epist. 35), in dem der ‚Verfasser' des Briefromans (gleich ob der reale Autor oder der Herausgeber als Textstrategie) sich mit einem Begleitbrief an den Adressaten wendet (gleich ob den historischen Adressaten oder den Adressaten als Textstrategie).

Schließlich mag noch ein Ausblick erlaubt sein auf die Grenze zwischen Briefroman und Prosaerzählung. In der *Abgarsage* haben wir den Fall, dass eine kleine Erzählung durch einen Briefwechsel motiviert wird. Euseb[622] leitet den Briefaustausch zwischen Jesus und König Abgar ein mit einer typischen Brieffindungslegende. Die syrischen Briefe habe er, so berichtet Euseb HE I 13,5 und 21, in einem Archiv in Edessa entdeckt und wörtlich ins Griechische übersetzt, die er nun in seiner Kirchengeschichte bieten wolle. König Abgar bittet darin Jesus, zu ihm zu kommen, um ihn von seiner Krankheit zu heilen. Die Antwort Jesu besteht in einer Absage: Er könne nicht kommen, weil er ‚hier' (d.h. in Jerusalem) alles erfüllen und

---

[616] Ähnliches lässt sich auch über Senecas *epistulae morales* sagen, s.u. Kap. II 5.4.2.

[617] Davon zu unterscheiden ist die Einbettung von Briefen innerhalb anderer Großgattungen wie v.a. dem Roman, vgl. dazu Rosenmeyer: Fictions, 133–192; Létoublon: lettre.

[618] Snell: Leben, 128–139; 183f; Dührsen: Briefe, 90–95.

[619] Zum Alexanderbriefroman s.o.

[620] Vgl. schon Sykutris: Art. Epistolographie, 213; Brodersen: Hippokrates. Text und Übersetzung auch im Apparat bei Smith: Hippocrates, 52f.

[621] Vgl. kritisch Holzberg: Briefroman, 7; Merkelbach: Brief, und Burstein: Alexander.

[622] Eus. HE I 13; II 1,6–8. Vgl. zu Einleitungsfragen und Übersetzung Drijvers: Abgarsage, 389–395; Illert: Abgarlegende.

aufgenommen werden müsse zu dem, der ihn gesandt habe. Jesus verspricht jedoch, nach seiner ‚Aufnahme' einen seiner Jünger zu Abgar zu senden. Nach diesen zwei Briefen folgt eine Prosaerzählung, die von der Sendung des Thaddäus/Addai nach Edessa erzählt. Es soll nicht behauptet werden, dass die Abgarsage ein Briefroman ist, jedoch fällt die Ähnlichkeit mit den Hippokratesbriefen auf. Und dass nach dem Tod des ‚Helden' die Geschichte eines Briefromans in einer Erzählung zu Ende geführt werden kann, ist auch gängig.

5.4 Lesepublikum

Der kreative Umgang mit Tradition setzt ein gewisses Maß an Bildung voraus. Wie sieht es jedoch mit den Rezipienten und Rezipientinnen aus? In der Forschung zum antiken Roman war es lange Zeit *communis opinio*, u.a. beeinflusst von einem gewissen Verständnis der Zielgruppe des modernen Romans, dass er sich an ein weniger gebildetes Publikum, vornehmlich an Frauen, gerichtet habe, u.a. weil Frauen die tragenden und stärker ausgearbeiteten Rollen in antiken Romanen übernehmen. V.a. die Beobachtungen zur literarischen Struktur, zur Anspielungstechnik und die Auswertung der Papyrusfunde – die Papyri, die uns Romane erhalten haben, sind nicht so weit verbreitet und in einem qualitativ besseren Zustand, als man es von populärer Literatur erwarten könnte –, haben jedoch zur gegenwärtig dominierenden Meinung beigetragen, das Lesepublikum[623] eher in der gebildeten (und nun primär männlichen) Oberschicht zu sehen.[624]

Allerdings sind die Romanpapyri auch dahingehend auszuwerten, dass ihr Text, so mehrere Papyri von einem Roman erhalten sind, oft ein hohes Maß an Varianz bietet: So scheinen die Romane weniger eine feste Textform zu haben als ‚lebendige' Texte zu sein, wie es neben den *Apokryphen Apostelakten* v.a. der *Alexanderroman* und auch die Briefromane um Ale-

---

[623] Wiefern (Brief-)Romane als Lese- oder als Hörtexte anzusehen sind, darüber ist je nach Roman unterschiedlich geurteilt worden. Zur Erfassung aller Subtilitäten und Erzählstrukturen ist sicherlich eine mehrfache aufmerksame Lektüre notwendig (selbst bei Xenophons *Ephesiaka*), die Verfolgung der Haupthandlung und der einzelnen Handlungssequenzen jedoch dürfte auch beim Hören möglich sein. Hägg: Eros, 119–121, hat Lesezirkel erwogen, die die Romane dadurch auch ungebildeten Kreisen zugänglich gemacht hätten; kritisch dazu Treu: Publikum, 189 Anm. 24, der am Ende seines Aufsatzes (196) jedoch auch solche „Rezitation im geselligen Kreise" erwägt – die Mosaiksäle, in denen Szenen aus bekannten Romanen dargestellt sind, böten ein angemessenes Ambiente.

[624] Vgl. Bowie: Readership; Stephens: Who, v.a. 410–415 zu den Papyrusfunden.

xander und Hippokrates nahelegen.[625] Zudem führt eine Umbewertung der narrativen Techniken dahin, die Romane wieder verstärkt im Zusammenhang von Volksliteratur zu sehen.[626]

Die narrative Technik von Briefromanen: das Fehlen einer Einleitung mit Vorstellung von Personen, Umständen und raum-zeitlicher Verortung; Enthüllungsdramatik; eingeschränkte Perspektive bzw. Polyperspektivität; fragmentierte Erzählweise[627] sowie umfassende Verarbeitung historisch-biographischer Traditionen lässt vermuten, dass ihr intendiertes Zielpublikum[628] über ein höheres Maß an Vorwissen und Bildung verfügen muss.[629]

So meint Th. Rütten hinsichtlich der Einschätzung des Demokrit durch die Abderiten (in Hippokr. epist. 10), dass den Lesern die Tradition des lachenden Demokrit bereits vertraut sein müsse, „damit sie den Grad der Verkennung seitens der Abderiten überhaupt durchschauen und als amüsanten Schildbürgerstreich belächeln können".[630] Jedoch scheint mir, dass der Briefroman auch für sich hinlänglich verstehbar ist; selbst wenn der Leser in epist. 10 noch nicht weiß, was es mit dem ,Wahnsinn' des Demokrit auf sich hat, so wird er durch epist. 11–16 doch in den Prozess des Infragestellens mit hineingenommen und erhält durch epist. 17 die Aufklärung. Auch ohne Hintergrundwissen bleibt der Leseakt amüsant und der Leser kann hinterher über sich selbst lachen, falls er sich in epist. 10 mit den Abderiten ,identifiziert' haben sollte. Angesichts des Bildes der Abderiten als Schildbürger der Antike (vgl. etwa Lukian. Hist. Conscr. 1f) dürfte für antike Ohren schon von Anfang an, selbst wenn man wenig von Demokrit weiß, eine gewisse Skepsis mit dem Namen Abdera verbunden gewesen sein.[631]

---

[625] V.a. Thomas: Stories; dies.: Novel, 89–92. Auch Stephens/Winkler: Novels, 277–288, die mit *Antheia* eine Parallelüberlieferung zur uns erhaltenen *Ephesiaka* beibringen. Zur Textüberlieferung des Alexanderromans vgl. auch Stoneman: Metamorphoses.

[626] Vgl. Hägg: Orality; auch schon ders.: Eros, 120f. Nach wie vor wichtig Braun: History.

[627] Diese Erarbeitungsleistung müssen jedoch auch die Leser von Heliodors *Aithiopika* erbringen, vgl. Treu: Publikum, 185; vgl. auch Glaser: Erzählung.

[628] Wenigstens einen realen Leser eines Briefromanes können wir plausibel erschließen: den Umaijaden-Kalifen Hišâm als Leser des Alexanderbriefromans, s.o. S. 55.

[629] Auch für die antiken Romane ist die Anspielungstechnik als interessesteigerndes Rate- und Suchspiel erkannt worden, das Hinweise auf (mit)intendierte Zielgruppen liefert, vgl. Stephens/Winkler: Novels, 8f; Pervo: Stone, 46. Für die Briefromane gilt, was Sykutris: Briefe, 116, bezüglich der Sokratikerbriefe gesagt hat (bei ihm freilich als Aussage hinsichtlich der narrativen Qualität): „Das macht das Verständnis der Briefe und den Quellennachweis dafür sehr schwer; denn es verlangt eine genaue Kenntnis aller Einzelheiten und ein wachsames Ohr für jedes Wort, das eine ganze Geschichte in sich bergen kann."

[630] Rütten: Zootomieren, 577, vgl. 574.

[631] So wohl seit dem Komödiendichter Machon (3. Jh.v.Chr.), den Athenaios (VIII 349b/c) zitiert, vgl. Gigon: Art. Abderiten, 2; Rütten: Zootomieren, 574. Der sprichwörtliche Charakter wird bei Cicero deutlich, wenn er Abdera stellvertretend für ,wahnwitzige, karnevaleske Situationen' gebraucht: Att. 91,3 (= IV 17): *hic Abdera*; 130,4 (= VII 7,4): *id est* Ἀβδηριτικόν; vgl. auch Mart. X 25.

Der Briefroman der Sieben Weisen, den Dührsen aus den bei Diogenes Laertios erhaltenen Briefen rekonstruiert hat, scheint für ein hochgebildetes Lesepublikum geschrieben zu seien. Diogenes Laertios hat die Briefe jeweils an den Schluss seiner Weisen-Viten gesetzt, so dass die Anspielungen der Briefe verständlich werden.[632] Ohne ein solches Vorwissen jedoch bleiben sie eine sehr opake Lektüre. „[D]ie künstliche Archaisierung mit ihrer manchmal schon fast manieristischen Ausgefallenheit des Sprachgebrauchs, die zahlreichen gelehrten Anspielungen auf ältere griechische Autoren, die Treue in vielen historischen Details, nicht zuletzt auch der immer wieder spielerische, z.T. ironische Umgang mit der Überlieferung" lassen vermuten, dass „die gelungene sprachliche und historische Nachahmung vielleicht schon Selbstzweck war". Der Unterhaltungswert läge dann in „dem versierten Spiel mit literarischen Reminiszenzen und Inhalten der historischen Überlieferung".[633]

Auch die Zuordnung von Briefen zu Briefschreibern bzw. -empfängern kann als anspruchsvolles literarisches Rätselspiel verstanden werden – v.a. in den Sokratiker- und den Aischinesbriefen, bei letzteren lassen sich kaum noch Identifizierungen vornehmen. Dass z.T. den Briefen die Präskripte fehlen, muss nicht allein der Textüberlieferung angelastet werden, sondern kann auch von Anfang an zum Briefroman gehört haben: So wird dazu herausgefordert, in den Briefen selbst nach Anspielungen zu suchen, die eine Identifizierung ermöglichen, wie es dann später v.a. die byzantinischen Philologen unternommen und so in den Textausgaben rekonstruierte Präskripte überliefert haben.

Allerdings schränkt die Frage nach dem intendierten[634] Lesepublikum den Blick unnötig ein, da sie als literarische Texte offen sind für verschiedene Zielgruppen.[635] Je nach Vorwissen und Bildungsstand kann man etwas anderes aus ihnen ‚herausziehen', kann der Unterhaltungs- oder Nutzwert anders bestimmt werden.[636] Man muss nicht mit Schulstreitigkeiten zwi-

---

[632] Vgl. Dührsen: Briefe, 85.

[633] Dührsen: Briefe, 114f. Ähnlich setzen auch die *Ephemeris* des Dictys Cretensis und die *Acta diurna* des Dares Phrygius Lesende voraus, die die Abweichungen von Homer in der Darstellung des Trojanischen Krieges erkennen können, vgl. dazu: Merkle: Ephemeris, 286f Anm. 119; Beschorner: Untersuchungen, 245f.

[634] Treu: Publikum, macht auf den Unterschied zwischen intendierten und realen Lesern aufmerksam: Literarische Strukturen und Anspielungsreichtum verweise auf (höher) gebildete Leser als intendierte, jedoch seien die Texte auch auf anderen Bildungsniveaus rezipierbar und rezipiert worden.

[635] Vgl. Reardon: Introduction, 9–11; Pervo: Fiction, 242–245; 251f.

[636] Vgl. Hägg: *Callirhoe*, 189f; 196f: Je nach Bildungsstand können historische Romane in unterschiedlichen Graden als ‚historisch wahr' gelesen werden, und was er zu Chariton sagt, trifft auf das Gros der (Brief-)Romanschriftsteller zu: „his aim was precisely to create that titillating sensation peculiar to historical fiction, which is the effect of openly mixing fictitious characters and events with historical ones" (a.a.O. 197). Vgl. auch Holzberg: Historie, 100f.

schen einem gemäßigten und einem strengen Kynismus vertraut sein, um zu verstehen, dass sich in den Sokratikerbriefen die Schüler des Sokrates gegenseitig z.T. herb beschimpfen. Man muss auch nicht die Kritik an der Schriftlichkeit verstehen, die Platon im 7. Brief äußert, um zu verfolgen, was Platon über sein Deasaster in Syrakus erzählt. Aber je nach Vorwissen kann die Aussage eines Textes – wie oben anlässlich der Rezeption von Richardsons und Goethes Briefromanen schon angemerkt – kippen.

Um noch einmal die bereits angeführte Eröffnungsszenerie von Achilleus Tatios zu bemühen: Mit einem griechischen Hintergrund (wie ihn der Ich-Erzähler hat) kann man das Bild als Raub der Europa interpretieren und damit den Stier als den über die Frau Macht Habenden verstehen (I 1,2–2,1). Mit einem phönizischen Hintergrund (wie ihn Kleitophon hat) kann man das gleiche Bild jedoch auch als Darstellung der Göttin Astarte/Selene lesen, die über den Stier Macht ausübt und auf ihm reitet (I 4,3).[637] In den Chionbriefen kann sich die Aussage je nach Vorwissen ebenso ins Gegenteil verkehren: Sie können gelesen werden als die Entwicklung eines jungen Mannes zu einem moralisch integren Polisbürger, der seiner politischen Verantwortung nachkommt und den Tyrannen seiner Heimat, Klearch, töten will. So könnten die Chionbriefe sogar als eine Propagandaschrift der stoischen Opposition unter Domitian verstanden werden.[638] Wenn man die Geschichte um Chion jedoch kennt,[639] kann sich die Aussage ins Gegenteil verschieben:[640] Das Attentat ist geglückt, Klearch wurde von Chion und zwei weiteren getötet – Chion auch, wie er in seinen Briefen angekündigt hat; zudem wurden – so berichtet es Memnon in seiner Geschichte Herakleias (1./2. Jh.n.Chr.), die eine Quelle des Briefschreibers gewesen sein könnte[641] – sämtliche Angehörige der Attentäter sowie viele Unschuldige

---

[637] Vgl. Selden: Genre, 50f.

[638] Zur Diskussion um die philosophische Verortung der Briefe (stoisch oder [neo]platonisch) vgl. Düring: Chion, 8f; 20–25; Düring hält eine direkte Beziehung der Briefe auf die Opposition zu Domitians Prinzipat für nicht im Text belegbar, hält jedoch die Möglichkeit offen, dass ein platonisch historisierender Verfasser dadurch angeregt worden sein könnte. Konstan/Mitsis: Chion, 278f, sehen hier weniger die stoisch geprägte Opposition gegen Domitian reflektiert als eher die Behandlung des platonisch geprägten Widerstandes der Republikaner um Cicero herum (vgl. etwa Cic. Att. 173 [= IX 4]), jedoch nicht als Zeitzeugen einer aktuellen Debatte, sondern aus einer weiteren historischen Perspektive heraus (etwa Anfang des 2. Jh.n.Chr.).

[639] Düring: Chion, 9–13, bietet die (wenigen) Zeugen, die die Geschichte bewahrt haben, bricht aber mit dem geglückten Attentat und der Tötung Chions ab, ohne die Folgegeschichte mitzuzitieren, wie sie Memnon bietet.

[640] „Just how much of this complex exploitation of multiple traditions would actually have resonated with an ancient reader it is impossible to say, but we cannot escape the impression that there is often more to this text than meets the eye." Konstan/Mitsis: Chion, 277, bezogen auf andere Traditionen um Klearch; im Folgenden verweisen sie auch kurz auf die oben genannte Lektüremöglichkeit wie auch Rosenmeyer: Fictions, 249; dies.: Novel, 162f.

[641] Vgl. Düring: Chion, 13: Memnon (erhalten bei Phot. cod. 224) ist die einzige Quelle, die den Namen von Chions Vater angibt.

ermordet oder eingesperrt und enteignet. Klearchs Bruder wurde an seiner statt Tyrann und ein noch grausamerer als Klearch.[642] Moralphilosophie ist gut und schön für junge Männer, muss sich jedoch dem Diktat der Realpolitik beugen – kann eine andere Aussage dieses Briefromans sein.[643] – Eine ähnliche Verkehrung der Textaussage durch Hinzunahme des historischen Wissens lässt sich an einem erhaltenen fiktiven Hannibalbrief (P.Hamb. 129) beobachten:[644] Aus einem Zeugnis antirömischer Polemik kann so ein (wenn nicht prorömisch, so doch zumindest staatsstabilisierend) spielerisch-eskapistischer Unterhaltungstext werden:

„Die von Rom propagandistisch ausgenutzte Troja-Ideologie wird auf den Kopf gestellt, der hehre Anspruch der Römer läßt sich gegen sie selbst kehren. Doch wenn eine Herrschaft der Römer auch nicht die Erfüllung aller Wünsche ist – die Alternative Hannibal ist das noch viel weniger."[645]

5.5 „Wie würden wir denn jemandem erklären, was ein Briefroman ist?"

Im vorangehenden ersten Hauptteil konnte gezeigt werden, dass das Feld des antiken griechischen Briefromans eines voller Unebenheiten ist und stets Neues entdecken lässt. Der eingangs zitierte Wittgenstein lässt sich, nun entsprechend umformuliert, erneut zitieren:

„Wie würden wir denn jemandem erklären, was ein Briefroman ist? Ich glaube, wir werden ihm *Briefromane* beschreiben, und wir könnten der Beschreibung hinzufügen: ,das, *und Ähnliches*, nennt man ,Briefroman'. […] Aber das ist nicht Unwissenheit. Wir kennen die Grenzen nicht, weil keine gezogen sind. Wie gesagt, wir können – für einen besondern Zweck – eine Grenze ziehen. Machen wir dadurch den Begriff erst brauchbar?"

---

[642] Phot. cod. 224, 222b–223a; FGH III B 434, 1–3, vgl. FGH III b, 267–273 zu Datierung und Quellenbenutzung.

[643] Auch wenn die in den Briefen erzählte Geschichte aus sich heraus im gegensätzlichen Sinn kohärent und verständlich ist, so implizieren einige (Platon, Xenophon und auch Chion) ironisierende Züge für den aufmerksameren Leser eine nicht in der Textoberfläche aufgehende Lesestrategie. Neben den von Konstan/Mitsis: Chion, 276f, genannten sei noch darauf verwiesen, dass Chion zum Philosophiestudium bei Platon angeregt wird durch Xenophon, denen traditionell Feindschaft zueinander nachgesagt wird (vgl. Gell. XIV 3; Athen. XI 504e–505b; Diog. Laert. III 34), die jedoch von Gellius und Athenaios nicht für historisch gehalten wird, vgl. Swift Riginos: Platonica, 108–110.

[644] Ob dieser Überrest eines Briefromans ist, lässt sich nicht beantworten, vgl. Leidl: Historie, 152 Anm. 7 (Literatur); 156 Anm. 25; 166f; grundsätzlich kritisch Gauger: Orakel, 64 Anm. 49 (Literatur); 66.

[645] Leidl: Historie, 168f; allgemein zur Frage nach einer antirömischen Polemik im Hannibalbrief 162–169; vgl. auch Gauger: Orakel, 64–67.

M.E. lassen sich keine Ausschlusskriterien für die Gattung Briefroman entwickeln, die sich wie in der Neuzeit so auch in der Antike als äußerst fluide erweist. Je nach Bedürfnissen und Intentionen der Autorinnen und Autoren können hier andere Wege beschritten werden. Die Unterscheidungen zwischen monologischen und dialogischen resp. statischen und dynamischen Briefromanen finden sich über die Jahrhunderte hinweg; Gleiches gilt für die Distinktion von historischem und zeitgenössischem Briefroman.[646] Es konnte zudem wahrscheinlich gemacht werden, dass mit dem Alexanderbriefroman die ‚schöngeistige' Literatur im arabischen Sprachraum angefangen hat, dass die Gattung Briefroman möglicherweise eine größere Verbreitung gefunden hatte, als bislang angenommen, und dass sie zur Vermittlung kulturellen Wissens und moralphilosophischer Unterweisung diente. Dies gilt fraglos nicht für alle Briefromane der Antike, aber eine solche Funktionalisierung der Gattung findet sich etwa auch bei Wielands Briefromanen (sowie seiner im Herausgebervorwort anempfohlenen Lesestrategie von La Roches *Fräulein von Sternheim*). Auch konnte verfolgt werden, auf wie vielfältige Weise Personaltraditionen aufgenommen und verändert werden, im Fall des Euripidesbriefromans sogar, wie erst im Roman durch die ‚Apologie' des Dichters ein negatives Euripidesbild aufgebaut wird, das sich zuvor in der Überlieferung so nicht bestätigt findet; oder es ließ sich im Aischinesbriefroman verfolgen, wie eine sonst fast gänzlich unbekannte Epoche aus dem Leben einer historischen Person mit reichlich Farbe ausgemalt wird, ohne dass man daraus auf eine zuverlässig bezeugte ältere Tradition schließen könnte. Es ist in jedem Einzelfall mithilfe anderer umläufiger Traditionen danach zu fragen, inwiefern es sich um historische Erinnerungen handelt und inwiefern das Bild des Helden eine literarische Funktion für das Werk übernimmt.

Im folgenden Hauptteil soll erneut das Milieu gewechselt werden, um zu untersuchen, inwiefern mit den Pastoralbriefen der christliche Verfasser die Gattung Briefroman aufgenommen und entsprechend seinen Vorstellungen modifiziert hat.[647]

---

[646] Im Fall von Ovids *Briefen aus der Verbannung* haben wir so etwas wie einen autobiographischen Briefroman (wenn man *Tristia* und *Epistulae ex Ponto* getrennt betrachtet, sogar einen Fortsetzungsroman), dessen historischer Wahrheitsgehalt bis heute nur schwer zu bestimmen ist. Mit Philostrats *Erotischen Briefen* verhält es sich ähnlich, vgl. Rosenmeyer: Novel, 149: „may be read as fictional erotic autobiography in letters".

[647] Zur Aufnahme und Variation des griechischen Liebesromans bei der Gestaltung des jüdischen Romans *Joseph und Aseneth* vgl. Standhartinger: Frauenbild, v.a. 20–26; vgl. grundlegend Wills: Novel.

II. Die Pastoralbriefe als Briefroman

> Diese oder jene Person wird sich
> später als anders enthüllen, als sie
> im [ersten] Band erscheint, ver-
> schieden von dem, wofür man sie
> hielt, wie es übrigens im Leben
> recht oft vorkommt.
> *(Marcel Proust)*[1]

Im vorangegangenen, ersten Hauptteil ist für die grundsätzliche Offenheit der Gattung Briefroman argumentiert worden, die je nach Sinn und Geschmack des Verfassers wie nach thematischen und gesellschaftlichen ‚Erfordernissen' für die Textgestaltung akzentuiert werden kann. Nun ist die Frage zu stellen, inwieweit die Pastoralbriefe als Aktualisierung der Gattung Briefroman verstanden werden können. Die grundlegende Gemeinsamkeit zwischen diesem Paulusbriefbüchlein und Briefromanen ist auf den ersten Blick gegeben: es handelt sich um mehrere Briefe an Einzelpersonen,[2] die zusammen gelesen werden können und eine Geschichte – wie fragmentiert auch immer – ergeben. Die Adressierung der Briefe an Einzelpersonen durch die *adscriptio*, an Timotheus bzw. Titus, hebt sie von den anderen kanonischen Paulusbriefen ab,[3] unabhängig davon, inwiefern der Inhalt die gesamte Gemeinde betrifft und ihr vorgelesen werden soll.[4] Dass die Briefe zusammen gelesen werden *können* und *inwiefern* sie eine Geschichte konstruieren, deren Held, der Apostel der Völker, eine Entwicklung durchläuft und sich am Ende des Buches ‚als verschieden von dem

---

[1] Proust: Werke I.3, 352; im Text heißt es: ‚im vorliegenden Band' und bezieht sich auf *Du côté de chez Swann*, dem ersten der *Recherche*.

[2] Die Adressierung an Einzelpersonen ist zwar der Regelfall in den Briefromanen, es gibt jedoch auch Briefe an Personengruppen, z.B. Aisch. epist. 7; 11; 12 an Rat und Volk von Athen; Sokr. epist. 15 und 18 an die Sokratiker; Plat. epist. 8 und 9 an die Verwandten und Bekannten Dions; Hippokr. epist. 8 an die Koer, 11 an die Abderiten.

[3] Phlm, adressiert an Philemon, Apphia, Archippus und die Gemeinde in Philemons Haus (Phlm 1f), macht hier keine Ausnahme.

[4] 1Tim ist hier – im Gegensatz zu Tit und 2Tim – am stärksten auf der Grenze zwischen Gemeindebrief und Brief an eine Einzelperson, insofern Paulus z.T. deutlich Ermahnungen an die Gemeinde ergehen lässt (2,1.8.12), ohne Timotheus als Vermittler anzusprechen; die Briefsituation wird dann aber wieder in dem die Paränese abschließenden Teil in der Anrede 3,14: ταῦτά σοι γράφω … (vgl. 1,18) aufgefangen, vgl. zur Gliederung etwa Dibelius/Conzelmann: Past, 10; Schenk: Briefe, 3430; anders Quinn/Wacker: 1/2Tim, 47 und 306f.

erweist, der er zu Anfang war', soll in diesem zweiten Hauptteil dargestellt werden. Die Basisdefinition von Briefroman, wie ich sie oben gegeben habe,[5] kann mithin als erfüllt gelten.

Im Laufe der Untersuchungen zu einzelnen Briefromanen konnte oben beobachtet werden, dass sie oftmals biographisch-legendarische ‚Leerstellen' besetzen. Es sind jedoch keine Leerstellen, die durch das Vorwissen der Lesenden entstehen, da sie im vorliegenden Text durch Nichterwähnung von Erwartetem als solche markiert würden, sondern erst durch die Auffüllung wird die Leerstelle geschaffen:[6] Der Text evoziert bei seinen Lesern, dass ihr vorgängiges Wissen etwa um die Paulusbiographie lückenhaft war, da sie z.B. von dessen Aufenthalt in Nikopolis noch nichts gewusst hatten. So ist immer wieder v.a. die Spätzeit des Handlungsträgers Gegenstand der biographischen Ausmalung: die Flucht des Aischines nach Rhodos, die Zeit des Euripides am Hof des Makedonenkönigs oder eben die Zeit des Apostels vor seinem erwarteten Tod. Aischines bietet im Abschiedsbrief nach Athen einen Lebensrückblick (epist. 12; vgl. auch Eurip. epist. 5), in dem er sein Handeln rechtfertigt. Vergleichbar ist hier 2Tim, in dem Paulus ebenso rechtfertigend seinen Lebenslauf Revue passieren lässt, der von den Vorfahren her bis zur Verleihung des Siegeskranzes bruchlos geführt wurde.

Die Intention hinter solch einer z.T. ankedotenreichen Ausgestaltung kann dabei ganz unterschiedlich sein. Es können anderweitige Personaltraditionen kritisiert werden, die den eigenen ‚Helden' in negativem Licht erscheinen lassen (z.B. Aischines gegen die Demostheneskritik verteidigen oder – wenn es einen solchen gegeben haben sollte – Euripides von dem Vorwurf der Tyrannenfreundschaft lossprechen). Die biographischen Erzählungen können aber auch als Rahmenhandlung für (moral)philosophische Unterweisungen (wie in den arabischen Aristoteles- und Alexander-Briefen, in den Sokrates-/Sokratikerbriefen oder denen der Sieben Weisen) dienen.

Wenn im Folgenden nach der Konzeption der Pastoralbriefe als Briefroman gefragt werden soll, um von ihrer konzeptionellen Einheit auf ein mögliches Aussagegefälle zu schließen, so ist zunächst danach zu fragen, ob und inwiefern aus den Briefen ihre intendierte Reihenfolge rekonstruiert werden kann (Kap. 1.1–3) und welche ersten Hinweise der Corpuscharakter des Briefbuches auf die Bedeutung der Ähnlichkeiten und Unterschiede zwischen den Briefen bietet (Kap. 1.4). Im Anschluss daran wird in drei Kapiteln untersucht werden, wie in den Pastoralen Geschichten um Paulus,

---

[5] S.o. S. 37.

[6] Der Begriff Leerstelle bezeichnet im engeren Sinne „diejenigen Positionen literarischer Texte, an denen bestimmte erwartete Informationen ausgespart sind" (Spree: Art. Leerstelle, 388). Die Ermöglichung zur Freisetzung von Kreativität durch (gewollte oder ungewollte) Leerstellen hat Goethe schon bemerkt (Gespräche mit Eckermann, 14.3.1831).

seine Mitarbeiter und seine Gemeinden entstehen. Auf einen allgemeinen
einleitenden Überblick (Kap. 2), in dem die Erzählsplitter der Briefe zunächst erhoben werden, bevor sie miteinander und mit anderen Paulustraditionen zusammengelesen werden, wodurch bereits erste Beobachtungen
hinsichtlich der narrativen Technik ermöglicht werden, folgt die ausführliche Untersuchung der Rahmenerzählung des Briefbuches (Kap. 3). V.a. in
der Briefrahmung wird die Geschichte von der gegenwärtigen Lage des
Völkerapostels erzählt, während er den Lesern und Leserinnen als Briefschreiber vor Augen geführt wird. In einem die Erzählweise zusammenfassenden Kapitel wird dieser Briefroman sodann mit anderen Briefromanen
verglichen werden (Kap. 4): sowohl mit einem neuzeitlichen (Montesquieus
Lettres persanes) als auch mit antiken, bevor sie schließlich mit N. Holzbergs Gattungstypologie gegengelesen und so in das Feld des antiken Briefromans eingeordnet werden können, wodurch ihr spezifisches Profil sichtbar wird. Sodann wird danach zu fragen sein, welche Intention hinter der
Abfassung dieses pseudepigraphen Briefbuches steht (Kap. 5). Hier soll das
Beobachtete gebündelt und eine neue Lesestrategie für die Tritopaulinen
entwickelt werden, indem zunächst das von Holzberg erarbeitete Hauptthema des griechischen Briefromans mit der Gattungsfrage der drei Briefe
in Beziehung gesetzt (Kap. 5.1) und darauf der Bruch zwischen Tit/1Tim
und 2Tim als hermeneutischer Schlüssel zum Verständnis des Buches hinsichtlich einer in der Forschung breit diskutierten Frage, der nach der Rolle
und Position von Frauen in den Tritopaulinen, Anwendung findet (Kap.
5.2). Eine solche Lesestrategie evoziert die Frage nach der Funktion des
pseudepigraphen Charakters der Briefe: Wollten und sollten sie von Anfang
an als echte Paulusbriefe gelesen werden, damit ihre Paränese und ihre
vorgebliche Selbstdeutung des Paulus zu überzeugen vermag (Kap. 5.3)?
Innertextliche Hinweise sind hier ebenso zu berücksichtigen wie die frühe
Rezeption; gleichwohl muss gerade bei fiktionalen Briefbüchern das intentionale Verwirrspiel des Autors wie die notorische ‚Fehlrezeption' bedacht
werden. Abschließend sollen die Briefromane in das weitere literaturgeschichtliche Umfeld fiktionaler Briefbücher im frühen Prinzipat eingeordnet
(Kap. 5.4) sowie eine Hypothese aufgestellt werden, wie aus einem Paulusbriefroman echte Paulusbriefe werden konnten (Kap. 5.5).

1. Reihenfolge der Pastoralbriefe

Wenn die Pastoralbriefe als eine Einheit konzipiert sind, wie in der Forschung immer wieder behauptet wird,[7] stellt sich die Frage, in welcher Rei-

---

[7] Am Ende des Kapitels wird diese Frage ausführlicher aufgegriffen.

henfolge sie gelesen werden wollen.[8] Wir sind gewohnt, sie in ihrer kanonischen Anordnung zu lesen, die die Briefe gemäß ihrer Länge und nach Adressaten geordnet bietet, die inhaltlichen Vorgaben der Briefe dagegen nicht beachtet: 2Tim schreibt Paulus kurz vor seinem (erwarteten) Tod und erwähnt Titus als Missionar in Dalmatien (4,10), während Tit dagegen von Paulus – als freiem Richtung Nikopolis Reisenden – an Titus adressiert ist, der mit dem Gemeindeaufbau auf Kreta betraut ist (1,5). Unter Einbeziehung der Chronologie der Pastoralbriefe haben J.D. Quinn und R. Pervo dagegen vorgeschlagen, die Briefe in der Abfolge Tit–1Tim–2Tim zu lesen und verweisen dazu auf den *Canon Muratori* und Ambrosiaster.[9] Wie, so die Frage der nächsten Seiten, sind Handschriftenüberlieferung und textinterne Chronologie miteinander in Beziehung zu setzen und inwiefern können sie für die Rekonstruktion der intendierten Reihenfolge der Pastoralbriefe ausgewertet werden?

1.1 Die Handschriftenüberlieferung

In seiner Untersuchung zu den Sammlungen der Paulusbriefe versucht D. Trobisch, von den überlieferten Handschriften aus die Genese der Paulusbriefsammlung bis zu einer vermeintlich von Paulus selbst veranstalteten Autorenrezension zu rekonstruieren. Die Handschriftenüberlieferung lasse nach Trobisch keine andere Reihenfolge für die Pastoralbriefe erkennen als die kanonisch bezeugte, d.h. für die Briefe an Einzelpersonen eine Anordnung nach Adressaten.[10] M.E. bleibt es allerdings methodisch problematisch, die Textüberlieferung für die Anfänge einer paulinischen Briefpublikation auszuwerten (zumal bezüglich der Pastoralen, für die die kanonische Reihung erst ab dem 4. Jh. bezeugt ist[11]), immerhin liegen mehr als hundert Jahre zwischen dem Briefe schreibenden Paulus bzw. seinen frühen Nachahmern und den frühesten Textzeugen P[32, 46, 87] und zudem erweist sich der

---

[8] Vgl. Wolter: Pastoralbriefe, 20f; Herzer: Abschied, 1272. Anders jedoch Oberlinner: 1Tim, XLII, der die Frage nach der Abfolge der drei Briefe für nicht beantwortbar hält und sie für die Interpretation als belanglos erklärt; dennoch vermutet er hier als vom Verfasser intendierte Reihenfolge Tit–1Tim–2Tim, im zweiten Band des Kommentars (2Tim, 5) dann wieder anders 1Tim–2Tim–Tit.

[9] Vgl. Quinn: Tit, 3; Pervo: Stone, 36, erwähnt Ambrosiaster nicht, dafür Codex Claromontanus, hier dürfte es sich jedoch um ein Versehen handeln.

[10] Zur Anordnung nach Adressaten vgl. Trobisch: Entstehung, 57; 109–113. Die Stellung des Hebr ist in den Sammlungen und Kanonverzeichnissen variabel, z.T. schließt er als letzter Brief die Paulusbriefsammlung ab, wie im Kanonverzeichnis von Amphilochios' *Jamben an Seleukos*, V. 306f (Ende 4. Jh., vgl. Oberg: Lehrgedicht), z.T., wie im 39. Osterfestbrief des Athanasius, schließt er die Gemeindebriefe ab und steht zwischen 2Thess und 1Tim.

[11] Die ältesten Zeugen der kanonischen Reihenfolge stammen aus dem 4. Jh.: Sinaiticus und der 39. Osterfestbrief.

fragmentarische Charakter der erhaltenen Textzeugen als sperrig für eine einlinige Rekonstruktion.[12] Von daher sollen im Folgenden Hinweise auf andere Reihungen nicht als Devianzen von der Norm bewertet werden, sondern als mögliche Relikte anderer früher Reihenfolgen, d.h. als Zeugen einer Diskussion um die (richtige) Reihenfolge interpretiert werden. Besonders die Angaben des Muratorischen Fragments und des Kommentars des Ambrosiaster sind hierfür wichtig, es muss allerdings auch kurz auf zwei koptische Papyri sowie die Paulushandschrift P[46] eingegangen werden.[13]

Aus der *koptischen Textüberlieferung* sind zwei sahidische Fragmente für unsere Fragestellung interessant.[14] Das bei Metzger als Nr. 3 geführte Fragment aus dem 3./4. Jh. enthält soweit rekonstruierbar in folgender Reihenfolge: Joh, einen unbekannten Text, 1Kor, Tit, Pss, Jes.[15] Bei Metzger als Nr. 11 angeführt lesen zwei Papyrusblätter (aus dem 4./5. Jh.) den Text von 1Tim 4,12–5,2.4.10.11.13–18 und Tit 1,9–2,14. Aufgrund der noch erhaltenen Seitennummerierung des Titusfragments, die die Zahlen 836 und 837 lesen lässt, könnte es sich wegen des zu vermutenden Umfangs des Codex um eine Gesamtausgabe des NT gehandelt haben.[16] Während der letzte Textzeuge zu fragmentarisch ist, um einen Schluss aus ihm ziehen zu können, zeigt der erste, dass die Pastoralbriefe nicht als Corpus rezipiert werden mussten. Tit erscheint dem Besitzer offensichtlich ein bedeutsamer und aus sich selbst heraus verständlicher Paulusbrief gewesen zu sein.[17]

Der älteste erhaltene Zeuge einer Sammlung von Paulusbriefen ist *P[46]*, ein Fragment, um 200 zu datieren,[18] das mit Röm 5,17 einsetzt und hinter 1Thess 5,28 abbricht. Aufgrund der erhaltenen Seitenzählung kann man schließen, dass am Anfang und am Ende sieben Bögen fehlen, nach 1Thess 5,28 also noch 14 Seiten zu beschriften waren. Was der Codex auf diesen Seiten bot, ob durch ein immer engeres Schriftbild noch Platz für 2Thess,

---

[12] Trobisch versucht zudem, „für die Rekonstruktion der Vorgeschichte des Corpus Paulinum[] möglichst wenige selbständige überlieferte Teilsammlungen anzunehmen" (Entstehung, 133f). Im Blick auf die Pastoralbriefe zeitigt das z.B. das Urteil, dass sich keine zwingenden Belege für eine von einer Sammlung von Paulusbriefen unabhängige Existenz der Briefe nachweisen lasse (vgl. a.a.O. 27; 61; 134).

[13] Zu weiteren Handschriften, die Sammlungen der Paulusbriefe bieten, siehe die Darstellung bei Trobisch: Entstehung, 14–29.

[14] Vgl. Trobisch: Entstehung, 37.

[15] Vgl. Metzger: Versions, 111.

[16] Vgl. Metzger: Versions, 113; Kahle: Bala'izah, Bd. 1, 382.

[17] Welchen Status diese Handschrift hatte, lässt sich nicht festmachen, es dürfte jedoch wahrscheinlich sein, dass es sich hier um eine Privathandschrift handelt, vgl. zum damit zusammenhängenden Problemkreis auch Epp: Oxyrhynchus, v.a. 14–31; Kraus: Bücherleihe.

[18] Zur fast einhelligen, aber andererseits unsicheren Datierung des Papyrus vgl. Trobisch: Entstehung, 26 Anm. 60, und ders.: Endredaktion, 40 und 19 Anm. 12, wo er auf die Kritik an der Spätdatierung von Kim: Dating, hinweist, der den Codex ins 1. Jh. datiert. Eine Auseinandersetzung mit Kims Frühdatierung bieten Comfort/Barrett: Text, 193–197.

Pastoralbriefe und Phlm gewesen sein könnte, ist umstritten.[19] Quinn hat demgegenüber die These aufgestellt, dass P[46] eine Edition der paulinischen Gemeindebriefe gewesen sei, deren Komplementärstück eine eigenständige Edition der Paulusbriefe an Einzelpersonen bildete, die möglicherweise im zeitgleichen P[32] (der Teile von Tit 1f bietet) fragmentarisch bewahrt blieb.[20] Die Hinzufügung von Überschriften in P[46], die jeweils eine Gruppe als Empfänger eines Paulusbriefes angeben, verweise auf das Sammelinteresse, Briefe an Gemeinden in einer Sammlung zusammenzufassen.[21] Dass eine solche Zweiteilung der Paulusbriefe in Empfängergruppen (Gemeinden resp. Einzelpersonen) im zweiten Jahrhundert verbreitet war, darauf verweise zum einen Tertullian in seiner Kritik am Kanon Markions (Marc V 21,1: *ad unum hominem litteras factas*),[22] zum anderen auch der im Muratorischen Fragment erhaltene Kanon.[23] Ob dann Markions ‚Kanon‘ wirklich intendiert war, zwei separat umlaufende Sammlungen von Paulusbriefen, Gemeindebriefe und Briefe an Einzelpersonen, in abgekürzter Form zusammenzufügen (indem er allein Philemon, nicht aber die Briefe an Timotheus und Titus aufgenommen habe), mag dahin gestellt bleiben.[24]

Schließlich bleiben noch zwei mögliche Textzeugen übrig: das schon erwähnte *Muratorische Fragment* (FM) und der Kommentar Ambrosiasters. In FM 59–63 heißt es:

---

[19] Vgl. Duff: Pastorals; Trobisch: Entstehung, 27f, die für eine Handschrift mit Pastoralbriefen votieren, anders z.B. Quinn: Canon; Hahneman: Fragment, 115f.

[20] Quinn: Canon; er weist zwar nicht auf den ebenfalls zeitgleichen P[87] hin, möglich wäre aber auch hier, dass es sich um ein Fragment einer solchen Edition handelt. Zur Untersuchung dieses Papyrus, der Reste von Phlm und einen möglichen, aber höchst unsicheren Hinweis auf einen nachfolgenden Tit bietet, vgl. Römer: Philemonbrief, mit Abbildung (Tafel Ib).

[21] Dies gibt auch Trobisch: Entstehung, 60, als ‚einheitliches‘ Sammlerinteresse an, der jedoch 1/2Tim, Tit und Phlm zum Bestand von P[46] rechnet (vgl. a.a.O. 27f).

[22] Markion bietet in seinem Apostolikon unter den Paulusbriefen die Pastoralbriefe nicht. Es ist deshalb vermutet worden, dass er sie noch nicht gekannt hat, entweder weil sie erst als Reaktion auf ihn hin geschrieben worden waren oder weil sie zu seiner Zeit noch nicht so weit verbreitet waren (bzw. noch nicht als anerkannte Paulusbriefe), vgl. von Campenhausen: Polykarp, 204–206, ersteres hält er für wahrscheinlicher wie Bauer: Rechtgläubigkeit, 228f, ihnen folgend Koester: Introduction, Bd. 2, 307f. Tertullian wirft demgegenüber Markion vor, die Pastoralbriefe nicht aufgenommen zu haben, weil er nur die Briefe an Gemeinden als allgemeingültig anerkannt habe und damit inkonsequent gewesen sei, da er Phlm aufgenommen hat: „On the Epistel to Philemon. This epistle alone has so profited by its brevity as to escape Marcion's falsifying hands. As however as he has accepted this letter to a single person, I do not see why he has rejected two written to Timothy and one to Titus about the church system. I suppose he had a whim to meddle even with the number of the epistles" (Marc V 21,1, Übers. Evans).

[23] Quinn: Canon, 381 Anm. 15, verweist zudem darauf, dass *adversus Marcionem* und Canon Muratori neben der Betonung des persönlichen Charakters dieser vier Briefe auch in der Hervorhebung ihrer kirchlichen Funktion und ihrer Anzahl übereinstimmen. Das Muratorische Fragment datiert Quinn (a.a.O. 382 Anm. 21; ders.: Captivity, 291) mit dem Gros der Forschung in das 2. Jh., also etwas früher als Tertullians Schrift (ca. 207/8). Zu einer anderen Datierung s.u.

[24] So Quinn: Canon, 383.

„Aber an Philemon einer und an Titus einer und an Timotheus zwei, aus Zuneigung und Liebe (geschrieben), sind doch zu Ehren der katholischen Kirche zur Ordnung der kirchlichen Zucht heilig gehalten." (*uerū ad filemonem una·et at titū una et ad tymotheū duas pro affecto et dilectione In honore tamen eclesiae catholice In ordinatione eclesiastice d(e)iscepline s̃cificate sunt*).[25]

Die meisten Forscher datieren das Fragment ans Ende des 2. Jh., jedoch haben v.a. A.C. Sundberg und G.M. Hahneman auch plausibel für eine Entstehung im 4. Jh. argumentiert.[26] Unabhängig von Kanons- und Datierungsfrage[27] jedoch bleibt die Reihenfolge der Paulusbriefe interessant. In diesem Kanonsverzeichnis sah man lange Zeit die Anordnung einer Textausgabe der Paulusbriefe wiedergegeben.[28] Dagegen hat N.A. Dahl versucht, die ungewöhnliche Reihenfolge (FM 42–61: Kor, Gal, Röm; Kor, Eph, Phil, Kol, Gal, Thess, Röm; Phlm, Tit, Tim) mit der Doppelung von Kor, Gal und Röm durch eine chronologische Anordnung erklärlich zu machen: Der Verfasser wolle gesagt haben, dass die kanonische Reihenfolge grundsätzlich chronologisch geordnet sei, allein die zuvor genannten drei Briefe würden von der kanonischen Anordnung abweichen.[29] Dementsprechend erkläre sich die Reihenfolge der Briefe an Einzelpersonen: Phlm stehe, wegen seiner Zusammengehörigkeit mit Kol, am Anfang der Gruppe, 2Tim als Abschiedsbrief an deren Ende und der Rest sei evident.[30] Dahls Argumentation bleibt gerade am Punkt unserer Fragestellung markant unbestimmt. Sein „Das übrige ergab sich dann von selbst" offenbart mehr die Verlegenheit als eine hinreichende Erklärung. Es bleibt zwar fragwürdig, von einem „mit Kolosser zusammenhängenden Philemon"[31] zu reden, wenn beide Briefe – und doch wohl auch chronologisch[32] – durch Gal, 1/2Thess, Röm getrennt werden. Jedoch ist, unter der Annahme einer chronologischen Reihung der Paulusbriefe, die Stellung des Phlm nach Röm (als Zeugnis der

---

[25] Übersetzung nach NTApo I 29 (Schneemelcher); Text nach Hahneman: Fragment, 7. Das (e) in *d(e)iscepline* ist von einem Korrektor getilgt und durch das i ersetzt worden. Die Tilden über den Buchstaben bezeichnen Abkürzungen.

[26] Sundberg: Canon; Hahneman: Fragment (er bestätigt im Wesentlichen Sundbergs Einschätzungen und Analysen, datiert jedoch das Fragment etwas später gegen Ende des 4. Jh.).

[27] Die Einschätzung des *status quaestionis* erscheint schwierig, wenn man die Aussagen in ABD (Robbins: Art. Muratorian Fragment, 929: Sundbergs These „has won considerable acceptance and further confirmation") mit der in RGG[4] (Frenschkowski: Art. Muratorisches Fragment, 1588: „eine Spätdatierung konnte sich nicht durchsetzen") vergleicht. Zur neueren Debatte vgl. Hill: Debate; Verheyden: Canon.

[28] Genau genommen ist dies wissenschaftliche *communis opinio* seit Zahn (Geschichte, Bd. 2.1, 60–61), vgl. Dahl: Ordnung, 45f.

[29] Dahl: Ordnung, 45f. Ihm folgend auch: Trobisch: Entstehung, 42–45.

[30] Dahl: Ordnung, 48f.

[31] Dahl: Ordnung, 48.

[32] Kol sei aus ephesinischer Gefangenschaft geschrieben (vgl. die Angabe im marcionitischen Prolog zu Kol), Phlm aus römischer, vgl. Dahl: Ordnung, 46f; 51f.

römischen Gefangenschaft) plausibel. Und da der Verfasser von der Spanienmission des Paulus ausgeht (Z. 38f), füllen Tit und 1Tim die Zeit zwischen dieser und der zweiten römischen Gefangenschaft, als dessen Zeuge für FM 2Tim anzusehen ist. Für die Vorordnung des Tit vor 1Tim dürften jedoch weniger chronologische Erwägungen ausschlaggebend gewesen sein als die Adressatenangabe – ebenso wie bei den Korinther- und Thessalonicherbriefen auch keine historische Verortung des jeweils zweiten Briefes vorgenommen wird. Nach Dahl biete FM – aufgrund der chronologischen Umstellung der Briefe – auch für diese Briefgruppe keinen Beleg für eine andere als die kanonische Reihenfolge. Die Leerstelle seiner Argumentation bleibt jedoch, dass er für die Umgruppierung der Gemeindebriefe auf die vorausgehende (doppelte) Erwähnung dieser verweisen kann (Z. 42–44), ein entsprechender Hinweis für die Briefe an Einzelpersonen jedoch unterbleibt. So bleibt die Folgerung, dass auch für diese Briefgruppe die kanonische Anordnung vorauszusetzen sei, stark hypothetisch. Mit etwas Verve könnte man sogar das Gegenteil aus Dahls Argumentation folgern: Wenn der Verfasser von FM überzeugt war, dass die kanonische Reihung im Wesentlichen chronologisch stimmig sei, einzig Kor, Gal und Röm davon abwichen, dann müsste gelten, dass seine Anordnung der Briefe an Einzelpersonen die – für den Verfasser von FM – kanonische sei, also in seiner Bibelhandschrift vorgelegen habe.

Eine weitere Frage ergibt sich aus den Exzerpten des Canon Muratori, die in vier Handschriften aus dem 11. und 12. Jh. im Benediktiner-Kloster von Monte Cassino gefunden wurden: Sie zitieren aus dem Muratorischen Fragment den Abschnitt über die paulinischen Gemeindebriefe und fügen umfangreiche Erweiterungen an, in denen Hebr mitaufgenommen ist. Es fällt auf, dass sich weder im Zitat aus FM (Z. 1–9.28–40) noch in dem eigenständigen Text der Fragmente (Z. 9–28.40–47)[33] ein Hinweis auf die Pastoralbriefe und auf Phlm findet, obwohl sie in der ihnen vorausgehenden Liste der 14 Paulusbriefe aufgezählt und auch in der anschließenden Paulusbriefsammlung aufgeführt sind. Sundberg vermutet, dass diese Briefe fehlen, weil es in dem Exzerpt samt Erweiterungen um das Sieben-Gemeinde-Konzept gehe[34] und die Briefe an Einzelpersonen eben nicht an Gemeinden gerichtet sind.[35] Das Latein der Exzerpte ist eklatant besser als das des Muratorischen Fragments, was entweder vermuten lässt, dass sie ihre Vor-

---

[33] Text bei Harnack: Excerpte, 132; Hahneman: Fragment, 9f.

[34] Vgl. FM 56–59; mit dem 7-Gemeinde-Konzept soll die Spannung zwischen der Partikularität von Briefen an Einzelgemeinden in einer historisch einmaligen Situation und der Allgemeingültigkeit des apostolischen Wortes ausgeglichen werden, vgl. weiter dazu Dahl: Particularity.

[35] Vgl. Sundberg: Canon, 40: Die Intention der Exzerpte liege jedoch gerade darin, das Sieben-Gemeinde-Konzept durch die Einfügung des Hebr zu erweitern.

lage, nämlich FM bzw. eine Abschrift davon, korrigiert haben,[36] oder es eröffnet die Möglichkeit, dass die Quelle der Exzerpte nicht FM war, sondern dessen Archetyp[37] oder eine von FM unabhängige Version.[38] Dann könnte man erwägen, ob sich durch die Fragmente nicht eine andere (ältere?) Tradition bewahrt hat, nach der die Briefe an Einzelpersonen nicht Teil einer Ausgabe von Gemeindebriefen gewesen sind, wofür P[46] ein Zeuge sein kann.

Schließlich bleibt noch die Reihenfolge der Paulusbriefe im Kommentar des von Erasmus abfällig so genannten *Ambrosiaster*.[39] Dieser Kommentar zur altlateinischen Übersetzung der Paulusbriefe (ohne Hebr), in den 370ern in Rom geschrieben, der mehrfach vom Verfasser selbst überarbeitet worden ist, bietet die Paulusbriefe in einer z.t. eigentümlichen Reihenfolge, die jedoch nicht mehr sicher zu rekonstruieren ist.[40] Für die Pastoralbriefe bietet die Mehrheit der Handschriften[41] den Titus- vor den Timotheusbriefen – zwar sehr häufig, jedoch nicht immer in der Reihenfolge Tit–1/2Tim, sondern auch mit einem zwischengeschalteten Brief (zumeist Kol[42] oder auch Kol, 1/2Thess); Phlm schließt sich meist an den letzten der Pastoralbriefe an, in Handschrift Z (Florenz) aus dem 8. Jh. steht er jedoch zwischen 1/2Tim und Tit. Die Vorschaltung des Tit vor den Timotheusbriefen bleibt auffällig, zumal sie mit der Angabe im Canon Muratori übereinstimmt und beide in zeitlicher Nähe zueinander entstanden sind bzw. der Canon Muratori in der zweiten Hälfte des 4. Jh. in Rom übersetzt worden ist, wenn man an der Frühdatierung festhalten will. Aber die Handschriftenüberlieferung des Ambrosiaster verweist auf die Schwierigkeit, daraus die Reihenfolge der Paulusbriefe einer Handschrift zu rekonstruieren.[43] Der Kommentar des Ambrosiaster liefert leider auch keinen Hinweis zur Begründung der Reihenfolge.

Der Überblick über die von der kanonischen Reihenfolge (möglicherweise) abweichende Anordnung des Corpus Pastorale hat bestätigt, dass die Handschriftentradition zwar keine eindeutigen Anhaltspunkte für die An-

---

[36] So Harnack: Excerpte, 133.

[37] So Sundberg: Canon, 39f, der auf Harnack verweist; Harnack erwägt dies zwar, kommt aber zu dem zuvor genannten Ergebnis.

[38] So Hahneman: Fragment, 10.

[39] Vgl. zur Person ‚Ambrosiasters‘ Vogels: Corpus, 10–13; ders.: Überlieferung, 107–112.

[40] So jedenfalls Vogels: Überlieferung, 112. Seine Textausgabe der durch den Kommentar überlieferten altlateinischen Übersetzung der Paulusbriefe orientiert sich demgemäß (entgegen der Handschriftenüberlieferung) an der kanonischen Reihenfolge.

[41] Vgl. den Überblick bei Vogels: Corpus, 19–26, sowie ders.: Überlieferung, 115–118.

[42] So in der ältesten erhaltenen Handschrift M (Monte Cassino 150) aus der Mitte des 6. Jh.

[43] So lehnt auch Trobisch: Entstehung, 15 Anm. 10, Kommentarhandschriften als Quelle zur Rekonstruktion der Reihenfolge in Paulusbriefhandschriften ab, da die Reihenfolge der Kommentierung sich nicht an bestehenden Bibelhandschriften orientieren müsse.

ordnung der Pastoralbriefe bietet, wohl aber Hinweise liefert, dass die Reihenfolge keine feststehende war und diskutiert wurde. Der Verweis von Pervo und Quinn, die den Titusbrief vor den Timotheusbriefen lesen, auf das Muratorische Fragment (und Ambrosiaster) kann zwar die Beweislast für die originäre Reihung der Pastoralen nicht tragen, jedoch kommt auch dem Rekurs auf die kanonische Reihenfolge kein argumentatives Gewicht zu, da sie erst ab dem 4. Jh. durch Sinaiticus und Athanasius belegt ist. Die anders bezeugten Reihenfolgen durch FM und Ambrosiaster müssen damit gleichberechtigt neben der (bzw. wenn FM ins 2. Jh. datiert wird sogar vorgängig zur) kanonischen stehen. Da in beiden Quellen jedoch keine Begründung für die Vorordnung von Tit vor 1/2Tim geboten wird, bleiben wir auf die Spekulation angewiesen, die Dahl bezüglich der Reihenfolge im FM angestellt hat – dass diese Ordnung sich an (textimmanent erhobenen[44]) chronologischen Gesichtspunkten orientiere.

1.2 Anordnung mithilfe der inneren Chronologie?

Damit ist man nach diesem Überblick zurückgewiesen auf textinterne Signale, die die Leseordnung indizieren. Hier inhaltlich vorzugehen, setzt bereits ein Vorverständnis voraus, das dann durch die Beobachtungen bestätigt wird. Dies zeigt sich etwa in der Forschung, wenn eine Zuordnung der Tritopaulinen zur Paulusbiographie (nach den Homologumena bzw. nach Apg) vorgenommen wird. Antworten finden sich schematisiert in drei Richtungen. Wird die Echtheit der Pastoralbriefe vertreten, sei es als Ganzes, sei es in Form der Fragmentenhypothese, so bieten sich zwei historische Verortungen an: (1) Ihre Angaben können mit denen der anderen Paulusbriefe und der Apostelgeschichte harmonisiert werden und bilden so Mitteilungen des Paulus aus der Zeit der *3. Missionsreise* (Tit/1Tim) bzw. der röm. Gefangenschaft (2Tim). Hier ist oft die historische Abfolge der Briefe 1Tim–Tit–2Tim.[45] (2) Oder die Briefe werden als *Spätwerk* zu Zeugnissen des Paulus aus der Zeit nach der ersten römischen Gefangenschaft (und evtl. nach der Spanienmission).[46] Sie bieten somit einen – bei Vertretern der Fragmentenhypothese: fiktional angereicherten[47] – Einblick in die letzten Lebensabschnitt des Paulus, der Apg 28 nachfolgte. Aus dieser Rekonstruk-

---

[44] Vgl. Dahl: Ordnung, 51, unter Hinweis auf *volentibus intellegere* (Z. 41).

[45] So z.B. van Bruggen: Einordnung; Reicke: Chronologie.

[46] Robinson: Redating, 72, der die Briefe im Anschluss an Reicke während der dritten Missionsreise unterbringt, kritisiert die Versuche, die Briefe nach Apg 28 zu datieren, als Ausdruck von Beliebigkeit: Nach der bekannten Paulusbiographie könne man Paulus alles machen lassen.

[47] Wie prominent Harrison: Authorship, 77.

tion ergibt sich oftmals als Reihenfolge: Tit–1Tim–2Tim.[48] (3) Vertreter der
Pseudepigraphie dagegen verzichten auf eine Einordnung in die Paulusbiographie. Die Anspielungen auf bekannte Episoden und ihre Modifikation
(seien sie literarisch über Apg oder Homologumena, seien sie über mündliche Paulustraditionen vermittelt) sei nicht ungewöhnlich.[49] Entsprechend
verzichten sie auch häufig auf eine Änderung der kanonischen Reihenfolge
der Briefe.[50]

Mit der Frage nach der Reihenfolge der Briefe und der damit implizierten Frage nach ihrer Chronologie (während der dritten Missionsreise oder
nach der ersten römischen Gefangenschaft) enden die unterschiedlichen
Verortungen allerdings nicht: So ist auch die Frage umstritten, ob Paulus
kurz vor dem Schreiben des 1Tim in Ephesus war[51] oder nicht.[52] Auch wird
die Frage, ob Paulus auf Kreta Mission betrieben habe, unterschiedlich beantwortet: J.v. Bruggen und B. Reicke z.B. lehnen das ab, W. Michaelis,
Quinn und H. Koester dagegen sehen Paulus als Missionar auf Kreta.
Schließlich sind auch die Hinweise auf die Gefangenschaft im 2Tim Gegenstand der Diskussion: Als Orte der Gefangenschaft werden neben Rom

---

[48] Quinn: Captivity; Roller: Formular, 93–99. Michaelis: Einleitung, 249f; 259f; Spicq: Past,
121–146 (1Tim–Tit–2Tim). Nach Ellis: Making, 282–284; 424f, sind 1Tim und Tit annähernd
zeitgleich nach der Rückkehr aus Spanien geschrieben, 2Tim darauf aus römischer Gefangenschaft. Dagegen bleibt darauf hinzuweisen, dass die Pastoralbriefe selbst keine vorausgehende
römische Gefangenschaft erzählen (vgl. Dibelius/Conzelmann: Past, 3); jedoch wird mitunter 2Tim
4,16 („die erste Verteidigung") entsprechend als Hinweis erklärt, so seit Eus. HE II 22,3 (vgl.
Knight: Past, 17–20; 468f), dagegen jedoch Spicq: Past, 818: bezogen auf die *prima actio* des
aktuellen Prozesses. Ähnlich auch Quinn: Captivity, 295–297, der die Verse 4,16f dahingehend zu
interpretieren scheint, dass Paulus in seiner Erinnerung den aktuellen Prozess (der mit der *prima
actio* in Troas begann) mit seiner früheren, ersten römischen Gefangenschaft vermischt.
Eine Sonderstellung nimmt Koester ein. Die Pastoralbriefe hätten eine Tradition bewahrt, nach der
Paulus aus der römischen Gefangenschaft freigekommen und wieder in den Osten zurückgekehrt
sei. Dort habe er dann in Philippi das Martyrium erlitten, vgl. Koester: Paul, 62f. Über den historischen Wert der den Pastoralbriefen zugrunde liegenden Tradition jedoch lasse sich keine Aussage
machen, vgl. Bakirtzis/Koester: Introduction, 3.
[49] Vgl. Dibelius/Conzelmann: Past, 13: „Daß eine bekannte Situation angedeutet, aber doch
zugleich modifiziert wird, ist in legendaren Apostelgeschichten nichts Unerhörtes". Auch a.a.O. 3:
„So setzen ITim Tit einfach die Situation der (aus Act bekannten) Mission, IITim die der (römischen? cäsareensischen?) Gefangenschaft voraus, und die Unstimmigkeiten gegenüber der wirkli-
chen historischen Situation ergeben sich aus der Tatsache der literarischen Fiktion."
[50] Vielhauer: Geschichte, 219f; 223, rekonstruiert die Briefreihenfolge 1Tim–Tit–2Tim aus den
vorausgesetzten Briefsituationen: 1Tim spiele auf Apg 19f (Ephesus–Makedonien) an, Tit auf Apg
27 (Kreta), 2Tim auf Apg 28 – und betont zugleich, dass sich die Briefe aber nicht in die bekannte
Paulusbiographie einpassen ließen, womit er der vorausgenannten Einschätzung von Dibelius/
Conzelmann folgt.
[51] So Koester; van Bruggen. Reicke meint, dass 1Tim kein privates Schreiben an Timotheus
sei, sondern einen allgemeinen Charakter trage. Paulus habe den Brief als Rede an Timotheus und
die Gemeinde in Ephesus gehalten (par. zu Apg 20,17ff). Was dann aber der Anlass gewesen sein
soll, die ‚Rede' als Brief zu formulieren, erwägt er nicht weiter.
[52] So Michaelis: Einleitung, 235; Quinn: Captivity, 293.

(M. Dibelius/H. Conzelmann; N. Brox; C. Spicq; v. Bruggen; E.E. Ellis) gehandelt: Cäsarea (v. Bruggen; Reicke; J. Robinson; Dibelius/Conzelmann); Philippi (Koester); Troas (Quinn); damit muss nicht der Abfassungsort des 2Tim identisch sein: v. Bruggen sieht in 4,16 einen Rückblick auf die Gefangenschaft in Cäsarea, lässt den Brief aber aus Rom (vgl. 1,17) geschrieben sein;[53] bei Quinn wird Paulus in Troas gefangen genommen (Anspielung in 4,16), bevor er nach Rom weitergeleitet wird, von wo aus er den Brief geschrieben habe.

Diese differierenden Positionen der Forschung verweisen auf das grundsätzliche Problem, die Pastoralbriefe anhand ihrer eigenen – explizierten oder implizierten – Chronologie ordnen zu wollen, setzt dies doch bereits eine Entscheidung über die Paulusbiographie voraus, in die die Tritopaulinen als Dokumente einzuordnen möglich sei. Eine solche Lesestrategie geht von der Einschätzung der Briefe als historisch auswertbaren Dokumenten aus, entweder weil sie echte Paulusbriefe seien oder weil sie verlässliche Traditionen bewahrt hätten, so dass sie zur Rekonstruktion der Geschichte des frühen Christentums (in Ephesus[54]) bzw. der Paulusbiographie dienen könnten. Es sind jedoch gerade diese Schwierigkeiten,[55] die, wenn sie nicht als Ärgernis betrachtet werden, ein wertvolles Indiz zur intendierten Lesestrategie bieten können:[56] Sie legen nahe, die Pastoralbriefe stärker als bisher unternommen von fiktionaler Literatur her zu lesen, um ihre Besonderheiten zu erfassen.

In antiken Briefromanen ist es keine Besonderheit, die Handlung auch gegen die historisch-kritisch rekonstruierbare Chronologie zu entwickeln. Zum einen stellt sich natürlich die Frage, wieweit den Verfassern damals

---

[53] Erbes: Zeit, 137f; 214–218, greift hier zu literarkritischen Operationen, s.u. S. 267.

[54] So Thiessen: Christen, 248–341; eine grundlegende methodische Reflexion auf die Auswertbarkeit der Pastoralbriefe unterbleibt. Stattdessen wird gesetzt, dass die drei Briefe zusammen als Gebrauchsbriefe direkt auf die ephesinische Gemeinde einwirken wollten. Ephesus als Bestimmungsort wird aus den fiktiven Angaben des Aufenthaltsortes des Timotheus erschlossen. Da Tit in dieses Konzept nicht hineinpasst, wird eine von Ephesus ausgehende Kretamission postuliert sowie die Gleichartigkeit der Gegnerbedrohung von Mutter- und Tochtergemeinde (a.a.O. 251). In Grundzügen ähnlich Trebilco: Ephesus, 205–209; 227f, der jedoch vorsichtiger ist, was die Auswertbarkeit von Tit für die ephesinische Gemeindesituation anbelangt. Hervorragend jetzt Witetschek: Enthüllungen, 228–243, der den pseudepigraphen Charakter der Pastoralen ernstnimmt und so dem Schluss kommt, dass sie zur Rekonstruktion des frühchristlichen Ephesus wertlos seien.

[55] Neben den Schwierigkeiten der historischen ist auch auf die einer theologischen Einordnung hinzuweisen, v.a. hinsichtlich der Gegnerfrage. Vgl. Lindemann: Paulus, 45: „… eine einheitliche Front läßt sich nicht erkennen. Das macht die Datierung praktisch unmöglich." Vgl. auch a.a.O. Anm. 10: „Bei keiner anderen Schrift schwanken die Datierungsvorschläge [sc. zwischen 65 und 140] so stark wie hier."

[56] Vgl. Cohn: Kennzeichen, 106, deren Distinktion zwischen fiktionalen und nicht-fiktionalen (u.a. historischen) Texten jedoch sehr scharf ist. Zu den fließenden Grenzen und den daraus entwickelten Hybridgattungen in moderner Literatur vgl. Stanzel: Historie. Zur Antike: Holzberg: Historie.

die ‚richtige' Chronologie bekannt war,[57] zum anderen ist für nicht streng historiographische Werke ohnehin der *ordo artificialis* unabhängig vom *ordo naturalis* und Ausdruck der Freiheit des Schriftstellers, den Stoff nach eigenen – erzähltechnischen, dramaturgischen, moral-pädagogischen usw. – Erfordernissen umzugestalten.[58] Dies bedeutet zugleich auch, dass die hinter den Briefen stehenden ‚historischen Fakten' nicht zur Briefanordnung dienen können.

In den *Sokratesbriefen* etwa, die eine Art philosophischen Prolog zu den Sokratikerbriefen bilden, geht die zeitliche Anordnung völlig durcheinander: Das Sokrateskapitel (epist. 1–7) fängt an mit der ablehnenden Antwort des Sokrates auf die Einladung durch den Makedonenkönig Archelaos, der Brief muss somit datiert werden zwischen der Thronbesteigung 413 und dem Tod des Sokrates 399. Im zweiten Brief empfiehlt Sokrates den Chairephon, der als Gesandter Athens in die Peloponnes unterwegs ist, einem dort befindlichen Freund. Wenn bei diesem an Xenophon gedacht wird,[59] dann käme erst die Zeit ab 392 in Frage. Die weiters erwähnten Unruhen, die die Reise von Athen auf die Peloponnes unsicher machen,[60] könnten durch den Korinthischen Krieg (395–387) motiviert sein und würden damit ebenfalls eine Datierung des Briefes in die Zeit nach dem Tod des Sokrates (und des Chairephon) nahelegen. Brief 3, den Sokrates von der Schlacht vor Potidaia an Chairephon nach Athen schickt, rekurriert auf die Zeit um 424[61] oder 432–429.[62] Im fünften Brief reagiert Sokrates auf die Absicht des Xenophon, mit einem griechischen Söldnerheer Kyros in seinem Bruderkrieg

---

[57] Das Wissen um die absolute und relative Chronologie kann man nicht immer voraussetzen. So gibt es z.B. eine Tradition, nach der Euripides seinen *Palamedes* in Pella/Makedonien geschrieben habe, nachdem er erfahren habe, dass die Athener Sokrates zum Suizid verurteilt hätten, vgl. Diog. Laert. II 44, Diogenes fährt fort: „Dem mag sein, wie ihm wolle. Philochoros aber berichtet, Euripides sei vor Sokrates gestorben (sc. 406)" (Übers. Apelt). Nach einer anderen Tradition soll er – noch später nach des Sokrates Tod – Platon auf seiner Ägyptenreise begleitet haben (vgl. Diog. Laert. III 6).

[58] Zu den Erzählstrukturen antiker Romane vgl. Stark: Strukturen; Hägg: Technique, 306–335. Zur antiken Historiographie s.u. S. 271 Anm. 490.

[59] Vgl. Borkowski: Socratis, 89, mit Hinweis auf Laskaris und Musuros, die so vermutet haben. Vgl. auch Sykutris: Briefe, 26.

[60] Epist. 2 (5): τὰς αὐτόθι νῦν ταραχὰς ὑπαρχούσας. Vgl. Borkowski: Socratis, 90.

[61] So Köhler: Briefe, 95, die die im Brief erwähnten Hinweise mit „dem Abfall von Amphipolis zu Sparta" in Zusammenhang bringt.

[62] So Borkowski: Socratis, 91, gegen Köhler. Das Problem in der nicht eindeutigen Zuordnung liegt darin begründet, dass im Brief selbst zwei Ereignisse des Peloponnesischen Krieges, die Belagerung Potidaias (432–429) und der Abfall von Amphipolis (424), miteinander verbunden werden, um einen Kontext für Sokrates als Empfehlungsbriefschreiber zu schaffen. Vgl. Borkowski: Socratis, 90: „An unserer Stelle ist Mneson aus Amphipolis historische Fiktion und gehört wie die übrigen Einzelheiten des Briefes in den Breich der Legende." (Vgl. auch Sykutris: Briefe, 27.) Eine ähnliche Amalgamisierung verschiedener historischer Daten lässt sich auch in Charitons *Kallirhoe* beobachten, vgl. Hägg: *Callirhoe*, 196 Anm. 65.

um den persischen Thron zu unterstützen (401).[63] Der siebte Brief schließlich ist in die Zeit der sog. Tyrannis der Dreißig gesetzt (404), in dem Sokrates Chairephon, der sich in Theben im Exil befindet und den Umsturz
plant, über die Möglichkeiten zum Sturz der von Sparta eingesetzten und
nun verlassenen Dreißig berichtet.

Der Anschein, dass die *Euripidesbriefe* einem chronologischen Schema
folgen, wird dadurch evoziert, dass sie selbst kaum Hinweise auf eine äußere Chronologie bieten. Neben der Datierung des letzten Briefes (um 408/7),
den Euripides kurz nach seiner Ankunft bei Archelaos aus Pella absendet,
bietet allein epist. 2 einen Ansatzpunkt. Hier reagiert Euripides in einem
Brief an Sophokles auf dessen Schiffbruch vor Chios, rät ihm, den befreundeten Arzt Antigenes zu konsultieren, und versichert, dass er sich in Athen
um sämtliche Angelegenheiten, um die Sophokles ihn brieflich gebeten
hatte, gekümmert habe. Da im vorausgehenden Brief Euripides auf ein Ge-
schenk des Makedonenkönigs Archelaos reagiert, müsste epist. 2 nach 413
geschrieben sein. Zu dieser Zeit wäre Sophokles jedoch schon weit in den
Achtzigern und eine Schiffsreise wohl unwahrscheinlich.[64] Von Sophokles
ist jedoch eine solche nach Chios im Zusammenhang mit dem Samischen
Krieg (441/440) bekannt, allerdings ohne Schiffbruch.[65] Es ist durchaus
denkbar, dass der Verfasser der Euripidesbriefe an diese Episode aus der
Sophoklesbiographie gedacht hat und sie zur Ausgestaltung der Freund-
schaftsbeziehung zwischen den beiden athenischen Dichtern in seine Brieferzählung eingebaut hat.

Anders als die bisher erwähnten Beispiele, in denen die Erzählung – trotz
gelegentlicher Rückblicke – chronologisch entwickelt wird, ohne sich an
eine vorgegebene äußere Chronologie zu halten, ist die achronologische Erzählweise der *Themistoklesbriefe* Teil der dramaturgischen Konzeption.[66]
Entsprechend hat es nicht an Versuchen gemangelt, die Briefsammlung um-
zustellen.[67] Typisch für fiktionale Briefliteratur ist die Schwierigkeit in der

---

[63] Gleichzeitig scheint der Brief aber auch vorauszusetzen, dass in Athen noch die von Sparta
eingesetzten Dreißig regieren: „denn für Athener, so sagen sie, sei es unwürdig, Kyros zu unterstützen, durch dessen Schuld sie von den Spartanern der Herrschaft beraubt worden seien …"
(epist. 5,1 [5f]) und Zeile 7f: „… wenn nach Änderung der politischen Lage …" (Übers. Borkowski), vgl. Borkowski: Socratis, 94f; Sykutris: Briefe, 30 Anm. 3.

[64] Vgl. Gösswein: Euripides, 21.

[65] Vgl. Ion von Chios bei Athen. XIII 603e–604d; Gösswein: Euripides, 21; 25f Anm. 93.

[66] Vgl. Doenges: Themistokles, 11–20; Holzberg: Briefroman, 35–37; vgl. ders.: Erzählprosa,
304: „Obwohl die Briefe nicht durchgehend chronologisch angeordnet sind, vermittelt sie, wenn
man sie nacheinander liest, den Eindruck einer dramatischen Geschehensabfolge. Denn der Autor
dieser Sammlung räumte seiner Darstellung der seelischen Entwicklung des in den Briefen ‚ich'
Sagenden den Vorrang vor dem Nachzeichnen der äußeren Handlung ein." Zur ähnlichen Erzähltechnik der Platonbriefe vgl. Längin: Erzählkunst, 106; 110.

[67] Doenges: Themistokles, 21–24, diskutiert den Versuch einer chronologischen Umordnung
der Briefe, die Caryophilus in seiner Ausgabe der Themistoklesbriefe (1625) vorgenommen hatte,

Forschung, die in den Briefen alludierten Situationen auszuwerten, um den jeweiligen Einzelbrief raum-zeitlich fixieren zu können. Damit wird die Konstruktion ihres narrativen Raumes und ihrer fiktionalen Chronologie erschwert. So ist es etwa umstritten, ob Themistokles, während er epist. 9 und 11 schreibt, in Argos gedacht werden soll[68] oder in Ephesus.[69] Aber auch wenn die umstrittenen Briefe anders loziert werden, bleibt die Sammlung in zwei Sequenzen geteilt: epist. 1–12 und 13–21, die zwar in sich jeweils chronologisch geordnet sein können, aber mit epist. 13 einen Bruch aufweisen.[70]

Ebenso wie die handschriftliche Überlieferung bietet auch die innere Chronologie keine hinreichende Deutlichkeit, die Reihenfolge der Briefe zu rekonstruieren. Fiktionale Briefbücher gehen in großer Freiheit mit historischen Vorgaben wie der äußeren Chronologie um. Eines jedoch erweist sich als weitgehend konstant: Ist der Verfasser einmal tot, schreibt er keine Briefe mehr, und so sind es häufig Abschiedsbriefe, die auf den eigenen Tod hinweisen, die den Abschluss einer Briefsammlung bilden. In den Pastoralbriefen wäre dies 2Tim, der auch vom (wohl) chronologisch arrangierenden Verfasser des Canon Muratori ans Ende der Paulusbriefe gesetzt wurde. So soll im Folgenden nach kompositorischen Hinweisen in den drei Briefen gesucht werden, die ihre implizierte Reihenfolge erhellen können. Hier erweist sich v.a. das Präskript von Tit und der Briefschluss von 1Tim als Indiz einer Abfolge von Tit über 1Tim zu 2Tim, welcher im Vergleich mit Schlussbriefen anderer Briefromane seinen Charakter als Abschiedsbrief deutlich zutage treten lässt.

1.3 Komposition des Briefbuches

1.3.1 Tit 1,1–4 als Gesamteinleitung
Der Titusbrief weist, während er der kürzeste der drei Briefe ist, mit seinem 65 Wörter umfassenden Präskript das längste aller drei Pastoralbriefe auf

---

und einen eigenen Vorschlag, kommt jedoch zu dem Schluss: „Not only does a chronological arrangement not make the story clearer, but it tells that story less effectively because it destroys the basic dramatic balances and antitheses in the manuscript order of the letters" (a.a.O. 24).

[68] So Doenges: Themistokles, 22, im Kommentar jedoch: epist. 9 aus Ephesus (308), epist. 11 aus Kyllene (313f).

[69] So, gegen Doenges, Penwill: Themistokles, 84f, der primär aufgrund der Erzähllogik zu dieser Einschätzung kommt: Da epist. 8 in Ephesus geschrieben ist, epist. 10 kurz vor der Abfahrt aus Ephesus nach Susa und epist. 12 aus Susa, läge es nahe, epist. 9 aus Ephesus und epist. 11 entweder zeitgleich mit epist. 10 aus Ephesus oder auf dem Weg nach Susa geschrieben zu denken. Für Penwill ist eine gradlinige Chronologie auch deshalb wichtig, weil sie eines der an Richardsons *Pamela* entwickelten Briefromankriterien ist.

[70] So Penwill: Themistokles, 84f.

(1Tim 32 Wörter; 2Tim 29 Wörter). Quinn fragt: „Is this flamboyant, baroque entrance to a mere three chapters of text no more than a nervous apology for a pseudonymous composition?"[71] Als Einleitung zum ganzen Corpus Pastorale jedoch gelesen, verweist Tit 1,1–4 voraus auf mehrere Themen und Stichwörter, die in den drei Briefen entfaltet werden.[72] Die Technik, durch den eröffnenden Satz das Thema der Briefsammlung anzugeben, lässt sich des Öfteren beobachten.[73] Im Unterschied zu Tit 1,1–4 jedoch erfolgt dies bei den Briefromanen nicht im Präskript, welches kaum die klassische dreigliedrige Formulierung überschreitet,[74] wenn es nicht gänzlich fehlt.[75] Insofern könnten die folgenden Beispiele eher mit den Situationsangaben Tit 1,5 bzw. 1Tim 1,3 verglichen werden, v.a. bei den beiden Exilromanen des Themistokles und des Aischines, da hier wie dort die aktuelle Ortsveränderung Ausgang für die weitere Korrespondenz ist. Funktional stimmen jedoch die Einleitungssätze der Briefromane mit dem Tituspräskript überein, insofern sie eine leselenkende Rolle übernehmen.

In Themist. epist. 1,1 teilt *Themistokles* Aischylos mit, dass er auf dem Weg nach Delphi sei und so lange fort bleiben werde, wie es die Athener verlangten.[76] Dass Themistokles durch Ostrakismos verbannt wurde und weshalb, wird dann im Laufe der Briefsammlung in einem vielschichtigen Aufbau erzählt. Auch die *Aischinesbriefe* fangen mit der Benachrichtigung

---

[71] Quinn: Volume, 72, der dann die Parallelen zwischen dem Tituspräskript und dem Ende der Apg aufzeigt, die, so seine These, als eine Einheit geschrieben seien.

[72] Vgl. Quinn: Tit, 7; 19f; ders.: Volume, 72; 63 Anm. 7. An letztgenannter Stelle verweist Quinn zudem darauf, dass die in Tit angesprochenen Themen im 1Tim wieder aufgegriffen und weiter, umfassender entfaltet werden.

[73] Neben den im Folgenden genannten Beispielen sei auch noch verwiesen auf den programmatischen Eröffnungssatz von Senecas *Epistulae morales*: „So handle, mein Lucilius: nimm dich für dich selbst in Anspruch, und die Zeit, die (dir) bis jetzt entweder weggenommen oder entwendet wurde oder einfach verlorenging, halte zusammen und behüte." (*Ita fac, mi Lucili, vindica te tibi, et tempus, quod adhuc aut auferebatur aut subripiebatur aut excidebat, collige et serva*; Übers. Rosenbach). Vgl. Abel: Seneca, 748: „Der Skopos des Werkes enthüllt sich, wie seit langem erkannt, im ersten Satz des eröffnenden Briefes".

[74] Z.B. Aisch. epist. 1: Αἰσχίνης Φιλοκράτει χαίρειν.

[75] Es fehlt z.B. in Sokr. epist. 17. Bei der in Briefsammlungen auch häufig zu findenden reduzierten zwei- (oder auch ein-)gliedrigen Form aus *superscriptio* und/oder *adscriptio* ohne *salutatio* (z.B. Themist. epist. 1: Θεμιστοκλῆς Αἰσχύλῳ) bleibt zu fragen, ob das Präskript ursprünglich dazu gehörte oder erst in der späteren Handschriftenüberlieferung, etwa als gelehrte Ergänzung durch die Byzantiner, hinzugefügt worden ist, wie sich das an mehreren der Briefüberschriften in den Sokratikerbriefen nachweisen lässt, vgl. Sykutris: Überlieferung. Auch die Briefüberschrift τῷ αὐτῷ (z.B. Chion epist. 2–8) stellt vor diese Frage, vgl. auch Düring: Chion, 45 Anm. 1.

[76] „When I left, I had decided to go to Delphi to live in Delphi as long as the Athenians decree" (Ἀπερχόμενοι μὲν εἰς Δελφοὺς καταίρειν διεγνώκειμεν ὡς ἐν δελφοῖς, ἐφ' ὅσον δοκεῖ Ἀθηναίοις βιωσόμενοι; Übers. Doenges). Vgl. auch Doenges: Themistokles, 230 und 32: „The tone of the whole collection, indeed, is set by the antithesis in the opening sentence of ep. 1: Ἀπερχόμενοι μὲν εἰς Δελφοὺς ... καθ' ὁδόν δέ ..."

über die Reiseroute an, um dann im folgenden Briefverkehr die Verbannung und ihre Gründe zu enthüllen.

Stärker thematisch ausgerichtet ist der umfangreiche Eröffnungssatz der *Euripidesbriefe*, der programmatisch beginnt: „Das Geld habe ich dir sogleich wieder zurückgeschickt ...“[77] Er enthält bereits wichtige Themen der Briefsammlung, die in den folgenden Briefen weiter ausgeführt (und z.T. [in epist. 4] ‚theoretisch‘ reflektiert) werden: Die Generosität des Mäzens Archelaos, die Unabhängigkeit des Dichters sowohl gegenüber Machthabern als auch gegenüber der öffentlichen Meinung und die Frage, was wahre Seelengröße sei. Die schwierige Frage, ob Kulturschaffende bzw. Intellektuelle[78] Geld von einflussreichen Personen annehmen können, ohne ihre Unabhängigkeit zu verlieren, und ob es ihnen möglich sein kann, positiv auf deren Machtausübung einzuwirken, ist die Hauptfrage der kleinen Briefsammlung.

Sehr viel konzentrierter erscheint schließlich der Anfang der *Sokrates- und Sokratikerkorrespondenz* – wird hier doch schon durch das erste Wort, durch die Negation οὐ, das große Problem aufgerollt: Verstehensprobleme unter den Sokratikern, was es heißt, Sokrates nachzufolgen, was Sokrates-Mimesis bedeutet (v.a. in der Debatte zwischen Antisthenes und Aristipp epist. 8–13[79]), werden im Eröffnungssatz auf die Beziehung zwischen Archelaos und Sokrates vorverlegt (οὐ μοι δοκεῖς καλῶς τὴν ἐμὴν συνιέναι γνώμην ...) und ähnliche Fragen diskutiert, wie im Euripidesbriefroman, die jedoch im zweiten Teil der Sammlung (epist. 8–35), der Sokratikerkorrespondenz, um das wichtige Thema ergänzt werden, ob und wie die Sokratiker trotz aller Diversität eine Gemeinschaft bleiben können.

In den *Pastoralbriefen* erfolgt die Einleitung durch das Präskript. Damit greifen sie die theologische Aufladung des Briefeingangs durch Paulus auf, wie sie v.a. in Röm 1,1–7 und Gal 1,1–5[80] zu beobachten ist.[81]

---

[77] Τὸ μὲν ἀργύριον ἀνεπέμψαμέν σοι πάλιν ... S.o. S. 88.

[78] Das dichterische Schaffen des Euripides ist auffallenderweise kaum Thema der Briefsammlung – allein zu Sophokles wird die Dramenschreiberei erwähnt (in epist. 2,1). Euripides scheint hier eher als Typus des Intellektuellen bzw. des Philosophen zu fungieren, vgl. z.B. auch Lukian. Par. 35.

[79] Die gesamte Briefreihe 8–13 (in der Chronologie noch vor dem Tod des Sokrates, der in epist. 14 berichtet wird) wird durch briefeinleitende Negationen in epist. 8 und epist. 13 gerahmt. Durch diesen exponierten Gebrauch der Negation erscheint die Kontroverse unter den Sokratikern verstärkt. Auch epist. 24 fängt mit einer Negation an und verstärkt die Ablehnung Platons, sich weiter am öffentlichen Leben zu beteiligen.

[80] Eine weitere Gemeinsamkeit zwischen den drei Briefen besteht auch darin, dass die *superscriptio* nicht in der 3. Person verbleibt, wie eigentlich üblich, sondern ergänzt wird durch eine Angabe in der 1. Person (Gal 1,2; Röm 1,5; Tit 1,3), vgl. Klauck: Briefliteratur, 237.

[81] Vgl. etwa Schnelle: Einleitung, 53–58; Reiser: Sprache, 122; Lohfink: Theologie, 72–74. Vgl. jedoch auch die Funktion, die dem Präskript in den Briefen im Alexander-Roman zukommt (v.a. im Briefwechsel zwischen Alexander und Dareios, I 36.38.40; II 10.17 – die Briefe waren

„(1) Paulus, Knecht Gottes, Apostel aber Jesu Christi gemäß dem Glauben der Erwählten Gottes und (gemäß) der Erkenntnis der Wahrheit, die der *eusebeia* entspricht,
(2) aufgrund der Hoffnung des ewigen Lebens, das verheißen hat der nichtlügende
Gott vor ewigen Zeiten, (3) er hat aber in unserer Zeit sein Wort offenbart in der Verkündigung, die mir anvertraut ist gemäß dem Befehl unseres Retters, Gottes, (4) an
Titus, den rechtmäßigen Sohn gemäß der gemeinsamen *pistis* (Glaube/Treue/Über-
zeugung), Gnade und Friede von Gott Vater und Christus Jesus, unserem Retter." (Tit
1,1–4)

Hier werden mehrere Begriffe eingeführt, die für die Sprache und Theologie der Pastoralbriefe fundamental sind (wie πίστις, εὐσέβεια, σωτήρ) und
im Verlauf des Titus- und der zwei Timotheusbriefe thematisch entfaltet
werden. Einige dieser Spuren sollen hier verfolgt werden.

Die *Rolle des Paulus* als Knecht Gottes und Apostel ist zentrales Thema
der Pastoralbriefe. Dabei erscheint der Aposteltitel in ihnen, abgesehen von
den drei Präskripten, nur noch in der parallelen Formulierung 1Tim 2,7 und
2Tim 1,11: „für das[82] ich eingesetzt bin als Verkündiger und Apostel und
Lehrer". Die mit dem Apostolat übertragene Verkündigungstätigkeit, wie in
Tit 1,3 vorbereitet, wird weiter entfaltet:

dem Paulus anvertrautes/ durch Paulus erfülltes κήρυγμα	*die Aufgabe des Paulus als* κήρυξ	*in Vergangenheit*[83] *und Zukunft*[84]: κηρύσσω
Tit 1,3	1Tim 2,7	
	2Tim 1,11	1Tim 3,16
2Tim 4,17		2Tim 4,2

Mit dem Begriff δοῦλος θεοῦ andererseits wird eine ganze Assoziations-
kette eröffnet, die Paulus in die Linie der herausragenden Gottesmänner der

---

möglicherweise einmal Teil eines Briefromans, s.o.), Gleiches lässt sich sagen über den Hannibalbrief (P.Hamb. 129), vgl. Leidl: Historie, 151. Hier spiegelt sich sicherlich auch der Gebrauch des
Präskripts in Königs- und Kaiserbriefen wider, vgl. P.Lond. 1912 (Claudius, 41 n.Chr.) und SIG[3]
831 (Hadrian, 117 n.Chr.), beide bei Klauck: Briefliteratur, 83–93, mit Hinweis auf die paulinischen Präskripte. Vgl. auch Hoogendijk/van Minnen: Kaiserbriefe, 63–66 (allg. zu Kaiserbriefen);
68f (Liste von Kaiserbriefen auf Papyrus).

[82] Bezogen in 1Tim auf das Zeugnis von der Mittlerschaft Christi Jesu (2,5f), in 2Tim auf das
Evangelium (1,8–10).

[83] Der Vers ἐκηρύχθη ἐν ἔθνεσιν (1Tim 3,16) kann dabei sowohl die Verkündigung des Christus vor Paulus meinen als auch die durch Paulus (Paulus als Lehrer der Völker zuvor in 2,7, später
noch in 2Tim 4,17), vgl. Roloff: 1Tim, 207f.

[84] Durch die Beauftragung des Timotheus in 2Tim 4,2.

Geschichte Israels wie Abraham, Mose, David, Daniel einreiht[85] – später ist dieser Begriff auch zu einem Synonym allgemein für Israel (bzw. für die Christen) geworden.[86] Der mit dem δοῦλος-Begriff verbundene Gehorsamscharakter erscheint positiv in der Sklavenparänese (Tit 2,9; 1Tim 6,1f), negativ in der (vergangenen) Knechtschaft unter den Begierden (Tit 2,3; 3,3) und – als δοῦλος κυρίου – als moralisches Verhalten erfordernde Titulatur für Gemeindeleiter[87] oder für jeden Christen (2Tim 2,24).[88]

Ein weiteres zentrales Thema ist die Frage nach der *Erkenntnis der Wahrheit*:[89] ἐπίγνωσις ἀληθείας aus Tit 1,1 wird wiederholt in 1Tim 2,4; 2Tim 2,5; 3,7 – „diejenigen, die die Wahrheit erkannt haben" (1Tim 4,3) steht synonym zu den Gläubigen, die Kirche ist entsprechend der Garant der Wahrheit (1Tim 3,15 ἑδραίωμα τῆς ἀληθείας); die Folge davon ist, dass die Wahrheit zu sagen Verpflichtung der Gläubigen ist (2Tim 2,15; vgl. auch 1Tim 2,7). Entsprechend ist die Opposition dazu die Abwendung von der Wahrheit (Tit 1,14; 1Tim 6,5; 2Tim 2,18; 3,8; 4,4) – und so ist wohl auch die Stelle aus 1Tim 6,20 zu verstehen: Die „Antithesen der fälschlich so genannten ‚Gnosis'/Erkenntnis" (ἀντιθέσεις τῆς ψευδωνύμου γνώσεως) dürften als Oppositionsbegriff zur ἐπίγνωσις ἀληθείας zu verstehen sein.[90]

Inhaltlich wird diese Wahrheit in Tit 1,1 qualifiziert durch die Attribuierung τῆς κατ' εὐσέβειαν. Zum einen verweist das Aufgreifen dieses Terminus zu Anfang des Titusbriefes auf die fundamentale Bedeutung, die der *Eusebeia* in diesem Briefbuch als Akkomodation an die Staatsideologie des Imperium Romanum (im Unterschied zu Paulus, aber in Anknüpfung an die Akkomodationsbemühungen (hellenistisch-)jüdischer Theologen und Philosophen) zukommt.[91] Daneben wird damit die Wahrheit aber auch verbunden

---

[85] Vgl. auch Jak 1,1; zu AT-Stellen etc. vgl. Dibelius: Jak, 65f; Quinn: Tit, 51f; 60–62.

[86] Ob damit auch an den deuterojesajanischen Gottesknecht von Jes 52,13–53,12 angespielt wird, ist fraglich (wird der doch als παῖς θεοῦ bezeichnet), aber möglich, da die Differenzierung zwischen παῖς und δοῦλος θεοῦ oft nicht gemacht wird. In der Aquila-Version steht in Jes 52,13 (statt des sonst bezeugten ὁ παῖς μου) ὁ δοῦλος μου. – Wenn dem so wäre, könnte dies auch schon als ein Hinweis auf die Gefangenschaft und den Tod des Paulus interpretiert werden. Zu anderen Assoziationen s.u. S. 216.

[87] Darauf beschränkt Brox: Past, 251, den Ausdruck.

[88] Auf 1Tim 6,11 (und 2Tim 3,17) mit der Bezeichnung ἄνθρωπος θεοῦ als Parallele weisen Dibelius/Conzelmann: Past, 85, hin, ebenso wie im Kommentar zur Stelle (S. 66f) auf die Ambiguität der Wendung, die oben benannt ist.

[89] Vgl. dazu von Lips: Glaube, 31–40.

[90] So hat Schlarb: Miszelle, 280f, gezeigt; gegen Bauer: Rechtgläubigkeit, 228f; von Campenhausen: Polykarp, 204–206; Koester: Introduction, Bd. 2, 305f. Allerdings muss diese Opposition von 1Tim 6,20 zu Tit 1,1 etc. nicht notwendigerweise eine kritische Bezugnahme auf Markions Schrift ausschließen.

[91] In den Past kommt εὐσέβεια mit ihren Derivaten 13mal vor (im NT sonst noch viermal in Apg, fünfmal in 2Petr). Vgl. zur neueren Diskussion um Herkunft und Bedeutung für die Pastoralbriefe D'Angelo: Εὐσέβεια; sowie die diskursanalytische Studie von Standhartinger: *Eusebeia*.

mit der ‚gesunden Lehre' (1Tim 6,3: τῇ κατ' εὐσέβειαν διδασκαλίᾳ).[92] Für das ‚Handlungsgefälle' der Pastoralbriefe ist interessant, die pointierte Stellung des jeweils mit ζῆν verbundenen zugehörigen Adverbs wahrzunehmen: In Tit 2,12 wird das christliche Leben in der Welt bestimmt als besonnen, gerecht und gottesfürchtig (ἵνα ... σωφρόνως καὶ δικαίως καὶ εὐσεβῶς ζήσωμεν ἐν τῷ νῦν αἰῶνι), in 2Tim 3,12 dagegen wird das Scheitern dieses Programms deutlich: „Auch werden alle aber, die gottesfürchtig in Christus Jesus leben wollen, verfolgt werden" (καὶ πάντες δὲ οἱ θέλοντες ζῆν εὐσεβῶς ἐν Χριστῷ Ἰησοῦ διωχθήσονται).

Neben diesem ‚neuen' theologischen Begriff werden auch die anderen die Theologie der Tritopaulinen prägenden Begriffe hier im Präskript eingeführt: die πίστις, die Epiphanie-Christologie sowie die Bezeichnung Gottes bzw. Jesu Christi als σωτήρ. Der sprachliche Befund bei der Verwendung des σωτήρ-Begriffs, der im Präskript zweimal benutzt wird und zwar in beiden eigentümlichen Verbindungen, einmal auf Gott bezogen (1,3), einmal auf Christus Jesus (1,4),[93] verweist, zusammen mit anderen Texthinweisen, auf die Bedeutung der *Gruppenkonstruktion* in den Pastoralbriefen, wird er doch fast ausschließlich mit dem Possessivpronomen der ersten Plural verbunden.[94] Allein in 1Tim 4,10 wird anders konstruiert und die Fokussierung auf die eigene Gruppe durchbrochen: Der „lebendige Gott" wird bestimmt als „σωτήρ aller Menschen – am meisten der Gläubigen". Jedoch ist diese Form der Fokussierung nicht exkludierend zu verstehen, sondern dient, wie neben 1Tim 4,10 v.a. auch 1Tim 2,3f und Tit 2,10f mit ihrem Bezug von σωτήρ/σωτήριος/σῴζω auf ‚alle Menschen' deutlich machen, der Einbindung und Einbettung der christlichen Gemeinden in das umfassende Sozialwesen.[95] Dieses ‚Inkulturationsprojekt' ist das durchge-

---

[92] Die ‚gesunde Lehre' in Tit 1,9; 2,1; 1Tim 1,10; 2Tim 4,3. Im oben erwähnten Vers 1Tim 6,3 werden zuvor, parallel zur διδασκαλία, die ὑγιαίνοντες λόγοι erwähnt. Vgl. über die enge Beziehung zwischen διδασκαλία und ἀλήθεια sowie deren Relationsbestimmung von Lips: Glaube, 38–40: Wenn die διδασκαλία ἀλήθεια als Inhalt und Gegenstand hat, ist sie ὑγιαίνουσα διδασκαλία und damit zu ἀλήθεια parallel verwendbar.

[93] Im Corpus Pastorale hält sich der Bezug auf Gott bzw. auf Jesus Christus die Waage, in Tit wechselt die Bezeichnung stets: 1,3 (Gott)–1,4 (Christus Jesus); 2,10 (Gott)–2,13 (Jesus Christus); 3,4 (Gott)–3,6 (Jesus Christus); in 1Tim dann auf Gott bezogen (1,1; 2,3; 4,10), in 2Tim auf Jesus Christus (1,10).

[94] Die fast durchgängig konstante Konstruktion scheint auf eine geprägte Formel zu verweisen (vgl. Ps 64,6; 78,9; PsSal 8,33): τοῦ σωτῆρος ἡμῶν θεοῦ (Tit 1,3; 2,10; 3,4; 1Tim 2,3) bzw. θεοῦ σωτῆρος ἡμῶν (1Tim 1,1); τοῦ σωτῆρος ἡμῶν Ἰησοῦ Χριστοῦ (Tit 2,13; 2Tim 1,10) bzw. Χριστοῦ Ἰησοῦ/Ἰησοῦ Χριστοῦ τοῦ σωτῆρος ἡμῶν (Tit 1,4; 3,6). – In 2Petr, der zweiten neutestamentlichen Schrift mit einer ausgeprägten Soter-Christologie, wird auffallend ähnlich, aber modifiziert konstruiert: τοῦ θεοῦ (1,1) bzw. κυρίου (1,11; 2,20; 3,18) ἡμῶν καὶ σωτῆρος Ἰησοῦ Χριστοῦ.

[95] Vgl. ThWNT VII, s.v. 1017f (Foerster). Aus diesem Grund bin ich skeptisch, ob μάλιστα explikativ zu verstehen ist, wie Skeat: Note, 174f, meint belegen zu können.

hende Thema der ersten beiden Briefe, wie programmatisch in der Wendung κατὰ κοινὴν πίστιν in Tit 1,4 hervorgehoben wird[96] und über die Bezeichnungen der Adressaten als ordnungsgemäße, rechtmäßige, verlässliche Kinder (γνησίῳ τέκνῳ ἐν πίστει/κατὰ κοινὴν πίστιν) sowie durch den ‚Befehls'- (und damit Gehorsams-)charakter, der durch κατ' ἐπιταγὴν τοῦ σωτῆρος ἡμῶν θεοῦ (Tit 1,3; 1Tim 1,1) impliziert ist und formgebend für beide Briefe durch die Aufnahme der *mandata principis* war,[97] weiter evoziert wird. Der Verweis auf die Gründung der christlichen ‚Religion' in der Vorzeit: πρὸ χρόνων αἰωνίων (Tit 1,2), auch wenn sie erst ‚in unserer Zeit' offenbart worden ist (Tit 1,3: ἐφανέρωσεν δὲ καιροῖς ἰδίοις τὸν λόγον αὐτοῦ ...),[98] bedient sodann gesellschaftlich gängige Vorstellungen über die Verlässlichkeit des Althergebrachten.

Mit diesem kurzen Überblick sollte gezeigt werden, dass schon in Tit 1,1–4 zentrale Themen und Stichwörter der Pastoralbriefe angeführt werden, so dass vom Präskript her eine Theologie der Tritopaulinen *in nuce* entworfen werden könnte.[99]

1.3.2 1Tim als Einleitung des Briefbuches?

J. Roloff und M. Wolter argumentieren – je unterschiedlich – für die Primärstellung von 1Tim in der Sammlung. Konzediert Roloff, dass hinsichtlich der Frage der Reihenfolge eine „abschließende Klarheit" kaum möglich sei, so spreche doch für die Vorrangstellung von 1Tim, dass Timotheus als Paulusmitarbeiter ein größeres Gewicht habe[100] und Tit ein „ergänzendes und begleitendes Zeugnis zu dem längeren, gewichtigeren und aufgrund der Stellung seines Adressaten hervorgehobenen 1Tim" sei.[101] Wolter dagegen argumentiert stärker von der Struktur her, indem er nicht vom Präskript ausgeht, sondern von der umfassenden Selbstvorstellung des Paulus in 1Tim 1,12–17, die in der Mitte der Sammlung (bei Primärstellung des Tit, wie Quinn sie vorschlägt) wenig Sinn machen würde. Für die Endstellung des 2Tim in der Sammlung verweist er auf den Abschluss der Chionbriefsammlung mit einem Abschiedsbrief (s.u.); da er jedoch nicht ihre narrative Struktur weiter auswertet, entgeht ihm, dass auch in den Chionbriefen keine

---

[96] S.u. Kap. 5.1.1.

[97] S.u. Kap. 5.1.2.

[98] Die Stelle ist also als eine Verstärkung des Einst-jetzt-Schemas (vgl. auch 2Tim 1,9f und Röm 16,25f; 1Kor 2,7; Kol 1,26; Eph 3,9) aufzufassen.

[99] Vgl. Redalié: Paul, 133–149, der in Tit 1,1–4, die jeweils zuvor untersuchten 1Tim 1,3–20 und 2Tim 1,3–18 wieder aufgegriffen sieht.

[100] Vgl. auch Oberlinner: 1Tim, XXVII–XXIX, der dies aber nicht für die Reihenfolge der Briefe auswertet, und v.a. Ollrog: Mitarbeiter, (20–)23; 33–37.

[101] Roloff: 1Tim, 45.

umfassende Selbstvorstellung am Anfang der Sammlung steht, sondern man erst im Lauf der Lektüre ein Bild von Chion gewinnt. Ebenso in den Pastoralbriefen: Selbst 1Tim 1,12–17 wird mit den Anspielungen erst verständlich im Gesamtrahmen des Buches, bildet also keine ‚umfassende Selbstvorstellung'. Allein wenn man das Corpus Pastorale bis zum Ende, dem kurz bevorstehenden Tod, gelesen hat, gewinnt man ein umfassendes Bild von dem Apostel, der sich am Anfang von Tit als δοῦλος θεοῦ bezeichnet hat. Zur näheren Erfassung der Bedeutung dieser ‚Selbstvorstellung' ist es hilfreich, eine Beobachtung von G.B. Conte zur Komposition von Dichtung seit der hellenistischen Zeit aufzugreifen.[102] Er hat festgestellt, dass sich seit Kallimachos bis hin zu Vergil und Späteren in der Mitte umfangreicherer Werke ein zweites Proömium ausmachen lässt. St. Nimis hat diese Beobachtung aufgegriffen und für die antiken Romane ebenfalls nachgewiesen.[103] Durch das zweite Proömium reflektiert der Schriftsteller nicht allein auf die Bedingungen des Schreibens, so Nimis, sondern gibt seinem Werk auch teilweise eine neue Richtung.[104] Wie der Überblick in Kap. 2 zeigen wird, lässt sich auch in den Pastoralbriefen hinsichtlich der Darstellung der religiösen Vergangenheit des Paulus eine Bewegung notieren, für die das ‚zweite Proömium' 1Tim 1,12ff zentral ist.

Wolter bringt zudem noch ein zweites, ein inhaltlich motiviertes Argument für die Reihenfolge bei: Lese man von 1Tim über Tit zu 2Tim, so könne man eine sich verstärkende Linie der Abwesenheit entdecken (1Tim: Paulus will zurückkommen; Tit: eine Rückkehr wird nicht mehr erwähnt, stattdessen soll Titus Paulus nachreisen; 2Tim: endgültiger Abschied kurz vor dem Tod). Kann so eine interessante Dimension der Briefsammlung sichtbar gemacht werden, reicht diese inhaltlich getragene Argumentation allein noch nicht hin.[105]

Dafür, dass 1Tim eng mit 2Tim verbunden ist – und somit eine Zwischenstellung des Tit unwahrscheinlich wird –, gibt das Ende von 1Tim

---

[102] Vgl. Conte: Proems, 150–158, wo er Ennius *Annales* VII 213–219 (Vahlen) sowie Vergil *georg.* III 3–22 und den Anfang von Buch VII der *Aeneis* anführt.

[103] Nimis: Beginning. Durchgeführt an Charitons *Chaireas und Kallirhoe* (IV 7,3–V 1,2) sowie an Longus' *Daphnis und Chloe* (Anfang von Buch 3).

[104] Nimis: Beginning, 269: „Like Chariton's *Callirhoe*, Longus' novel starts out with something ingenious and remarkable, only to redirect itself towards a rather unremarkable ‚happy ending'. That shift could be the result of indolence, or it could be something intended from the start as an ideological act, or it could be the result of mixed motives."

[105] Vgl. Wolter: Pastoralbriefe, 20f. Ähnlich inhaltlich motiviert ist ein bei Quinn: Tit, 20, beigebrachtes Argument, das auf eine Interpretationsmöglichkeit verweist: Tit als primär im jüdisch geprägten Kontext Kretas spielend, 1Tim als primär an heidnisch geprägte Gemeinden gerichtet, biete eine literarische Anwendung des paulinischen Ἰουδαίῳ τε πρῶτον καὶ Ἕλληνι (Röm 1,16; 2,9f), das Lukas auf seine Weise in der Apg gestaltet habe.

einige Anhaltspunkte:[106] So fällt auf, dass 1Tim keine Grußliste enthält, sondern ‚abrupt'[107] abbricht mit dem Gnadenwunsch.[108] Ganz so abrupt ist der Bruch dennoch nicht, greift 1Tim 6,20f doch auf Kap. 1 zurück und verweist vor auf 2Tim 1: Es fängt an mit der namentlichen Anrede – „Timotheus" kommt nur noch in 1,2.18[109] und 2Tim 1,2 vor. Die Verbindung von παραθήκη und φυλάσσω findet sich auch nur noch in 2Tim 1,12.14.[110] ἐκτρέπω (1,6[111]; 5,15; 2Tim 4,4) und βέβηλος (1,9; 4,7 und in 2Tim 2,16 – ebenso wie hier in der Konstruktion βεβήλους κενοφωνίας) verbinden den Anfang bzw. das Briefcorpus von 1Tim mit 2Tim. Die Schlussmahnung 6,20f dient somit gleichsam als Scharnier zwischen 1Tim und 2Tim.[112] Irritierenderweise macht Wolter die gleiche Beobachtung und interpretiert 1Tim 6,20f ebenfalls als Scharniere zwischen 1Tim und 2Tim.[113] Wie sich dieser Befund für ihn jedoch mit der Zwischenstellung von Tit decken lässt, bedenkt er nicht weiter, sondern übergeht den Brief.

---

[106] Ein Hinweis auf die Vorrangstellung des Tit vor 1Tim könnte zudem noch sein, dass Tit mit dem Schlussgruß endet: „Grüße, die uns lieben ἐν πίστει" (3,15) und der nachfolgende Brief adressiert ist an „Timotheus, das wahre Kind ἐν πίστει" (1Tim 1,2). Die Bedeutung dieser Wendung wird dann hauptsächlich in diesem Brief expliziert – kommt sie doch hier sechsmal vor (in 2Tim einmal), sonst noch einmal in Gal und zweimal in Jak.

[107] So Quinn: Volume, 63 Anm. 7, mit Verweis auf Doty: Letters, 40 Anm. 48.

[108] Der in den beiden Timotheusbriefen identisch ist und in seiner verkürzten Form mit dem des Kol übereinstimmt (ἡ χάρις μεθ' ὑμῶν); die paulinischen Homologumena bestimmen, auf je leicht differierende Art, die χάρις als die des Herrn Jesus Christus. – Tit fügt noch πάντων ein und stimmt damit mit Hebr 13,25 überein. – Während der Plural des Gnadenwunsches in 2Tim 4,22 und Tit 3,15 gerechtfertigt ist durch die zuvor ergangenen Grußaufträge, bleibt der Plural in 1Tim unmotiviert, so dass er in der Textüberlieferung häufiger (als im Fall von Tit und 2Tim) in den Singular geglättet wurde (siehe NA[27] ad locos), vgl. Oberlinner: 1Tim, 311; Quinn/Wacker: 1/2Tim, 561. Roloff: 1Tim, 375, sieht in dem Plural nicht den Hinweis auf einen größeren Leserkreis (z.B. Pervo: Stone, 37 Anm. 56; Brox: Past, 222), sondern „eine Folge der Tenazität liturgischer Formulierungen".

[109] Neben der Verbindung über die Namensnennung ist 6,20 auch motivisch mit 1,18 (ταύτην τὴν παραγγελίαν παρατίθεμαί σοι) verbunden, vgl. etwa Roloff: 1Tim, 371; Wolter: Pastoralbriefe, 118f; Schlarb: Lehre, 235.

[110] An letzterer Stelle ebenso als Imperativ an Timotheus formuliert. παραθήκη überhaupt im NT nur an diesen drei Stellen.

[111] Auch ist die Konstruktion in 1,6: ὧν τινες ἀστοχήσαντες ἐξετράπησαν εἰς ματαιολογίαν der in 6,20f zu vergleichen: ἐκτρεπόμενος τὰς βεβήλους κενοφωνίας καὶ ἀντιθέσεις τῆς ψευδωνύμου γνώσεως, ἥν τινες ἐπαγγελλόμενοι περὶ τὴν πίστιν ἠστόχησαν.

[112] Zudem ist es möglich, dass die τινες, die von der πίστις abgeirrt sind (1Tim 6,21), als Antipoden zu verstehen sind zu „Timotheus, dem rechten Kind in der πίστις" (1Tim 1,2).

[113] Vgl. Wolter: Pastoralbriefe, 241.

1.3.3 Der Abschluss der Einheit mit 2Tim

Die Grußliste in 2Tim 4,19–21,[114] die die umfangreichen Personalnotizen aus 4,9ff beendet – eine gewisse Form von Ringkomposition wird auch daran deutlich, dass der Abschnitt von der Bitte an Timotheus gerahmt wird, bald zu Paulus zu kommen (V. 9 und 21a)[115] –, bildet den passenden Abschluss für die Briefsammlung.[116] Zudem ist häufig die (inhaltliche, weniger formale) Parallele zur Testaments- und Abschiedsliteratur gesehen[117] und der Brief auch mit Abschiedsbriefen verglichen worden, die sich in anderen Briefsammlungen finden.

Der zumeist genannte ist hierbei der letzte Brief aus der Sammlung der *Chionbriefe*,[118] in dem Chion an seinen Lehrer Platon schreibt, dass er die staatspolitischen Konsequenzen aus der platonischen Philosophie zieht und den Tyrannen Klearch in seiner Heimatstadt Herakleia während einer Prozession töten will. Dabei rechnet er mit seinem eigenen Tod,[119] ist jedoch sicher, seine Tat ausführen zu können und den Siegeskranz[120] zu gewinnen. Der Brief, und die Sammlung, endet mit den Worten: „Ich grüße dich aber zum letzten Mal, so bin ich überzeugt" (προσαγορεύω δέ σε ὕστατα, ὡς πείθομαι).

Weiters endet auch das *Aischinesbriefbuch* mit dem Vorverweis auf den eigenen Tod: Der von Athen Verbannte bittet Rat und Volk, wenigstens seinen Kindern das Los der Verbannung zu ersparen und sie wieder in die Polis aufzunehmen (12,13–17): „Nach meinem Tod erinnert euch meiner, und gebt den Bitten statt, indem ihr jetzt an uns denkt" (12,15).

---

[114] Hierzu können auch die Notizen über Erastos und Trophimos aus V. 20 gerechnet werden, gewissermaßen als negative Grußnachrichten, insofern Paulus erklärt, weshalb er von ihnen keine Grüße übermittelt.

[115] Die Aufforderung in V. 9 ist identisch mit der an Titus in Tit 3,12. Dies, zusammen mit der Erwähnung des Titus im folgenden Vers, lässt es möglich erscheinen, dass hier am Ende bewusst der Anfang der Sammlung, der Titusbrief, wieder aufgenommen wird und zwar dessen Anfang (der Name Titus nur dort im Präskript) sowie dessen Ende (3,12).

[116] Die Endstellung des 2Tim wird i.d.R. nicht bestritten. Wird jedoch eine Fragmentenhypothese zugrunde gelegt bzw. ist die Annahme, dass die drei kein Corpus bildeten, sondern als Einzelbriefe kursierten, dann muss 2Tim (bzw. die in ihm enthaltenen Fragmente) nicht chronologisch als letztes angesetzt werden. Z.B. Richards: Difference, wertet 1Tim als eine Kompilation von Tit und 2Tim. Hegermann: Ort, 58, lässt 2Tim vor 1Tim geschrieben sein, der die allgemeineren Ermahnungen des 2Tim in „eine[r] andere[n] Situation kurz vor dem Ende des Paulus" konkretisiere.

[117] Vgl. Knoch: Testamente, 44–64; Wolter: Pastoralbriefe, 140f; 222–242; Weiser: 2Tim, 34–40; Martin: Testamentum, v.a. 43–52; 198–238.

[118] Vgl. Wolter: Pastoralbriefe, 21 Anm. 51; Weiser: 2Tim, 39f.

[119] Epist. 17,2: „I know that I shall be killed, and my only prayer is that I shall not suffer death until I have done away with the tyrant" (οἶδα μὲν οὖν ὡς ἀναιρεθήσομαι, τελειώσας δὲ μόνον τὴν τυραννοκτονίαν τοῦτο παθεῖν εὔχομαι; Übers. Düring).

[120] Z. 7 νικητήριον; Z. 12 ἀναδεῖν με κοτίνῳ καὶ ταινίαις („bekränzte mich mit wildem Ölbaumzweig und Kopfbinde").

Im letzten Brief des *Themistoklesromans* bittet Themistokles, der sich im persischen Exil in Magnesia aufhält, Temenidas, ihm die vier größten silbernen Kratere, die goldenen Räucherfässer (θυμιατήρια), die mit altassyrischen Schriftzeichen versehen sind, ebenso wie „die Hälfte der eisernen Brustpanzer von jenen, die Du mir gezeigt hast, die dem Admetos gehören", zu schicken, und betont die Dringlichkeit dieser Bitte.[121] Aufgrund der Tradition, dass Themistokles, der in der Schlacht bei Salamis die Flotte der Perser geschlagen hat, sich, statt mit dem persischen Heer nun gegen die Athener zu ziehen,[122] selbst bei einem Opfer das Leben genommen hat (vgl. schon Aristoph. Equ. 83f; Thuk. I 138,4–6),[123] kann vermutet werden, dass in diesem Brief, in dem er um Opfergeräte bittet, auf seinen Suizid angespielt wird.[124] Auch wird dies durch den Abschiedsgruß (ἔρρωσο) angedeutet, der sich in der Briefsammlung allein hier findet und damit den Roman abschließt und keine weiteren Briefe mehr erwarten lässt.[125]

Abschiedsbriefe, bzw. Briefe, die auf den Tod vorausweisen, können auch Briefgruppen innerhalb eines umfassenderen Briefromans abschließen. So deutet in den *Sokratesbriefen* epist. 7, die das Sokrateskapitel abschließt, den Tod an, indem die Gefährdung des Sokrates durch die Dreißig erwähnt wird;[126] nach den Zwischenbriefen epist. 8–13, die Sokrates ins hinterszenische Geschehen verlegen, wird dann in epist. 14 der Tod des Sokrates berichtet.[127] Zwei Abschiedsbriefe im engeren Sinne sind ebenso in der Sammlung enthalten: Epist. 27 schreibt Aristipp an seine Tochter Arete und gibt ihr letzte Anweisungen bezüglich der philosophischen Ausbildung des Enkels – damit wird der zweite Hauptteil der Sammlung abgeschlossen: das Sokratikerkapitel (epist. 8–27, die erste Generation nach Sokrates). In zwei Briefen (epist. 30f) bittet Speusipp Xenokrates, die Nachfolge in der Leitung der Akademie zu übernehmen, da er krank sei und kurz vor dem Tod stehe. Hier haben wir den Fall, dass ein Abschiedsbrief nicht eine Sammlung direkt abschließen muss, folgt den beiden Briefen doch noch ein Ant-

---

[121] Epist. 21,2: μὴ βραδέως … ἀλλὰ τάχιστα …

[122] Das hat er explizit am Ende von epist. 20 abgelehnt, vgl. auch epist. 13,10.

[123] Zu den verschiedenen Traditionen über den Tod des Themistokles vgl. Doenges: Themistokles, 403–409; Lenardon: Saga, 194–200.

[124] Anders Penwill: Themistokles, 98f, der durch die Beschreibung der angeforderten Dinge eher auf die Ausstattung eines (Kybele-?, vgl. Plut. Them. 30,6) Tempels durch Themistokles schließt und somit epist. 21 als Ausdruck seiner Frömmigkeit versteht: „The virtuous hero is to be last seen fulfilling his obligations to the gods" (a.a.O. 99).

[125] Vgl. auch Doenges: Themistokles, 410–413.

[126] Sokr. epist. 7,2: „Meinst du denn, Sokrates, dass dir kein Übel widerfahren könne, wenn du so selbstgefällig redest?" (ἤπου οὐδέν, ὦ Σώκρατες, ἡγῇ κακὸν δύνασθαι παθεῖν οὕτως αὐθάδως διαλεγόμενος).

[127] Vgl. Holzberg: Briefroman, 43.

wortbrief des Xenokrates (epist. 32), der erst den Schlusspunkt des Akade-
mikerkapitels (epist. 28–32, die zweite Generation nach Sokrates) setzt.[128]
    Einige der erwähnten Motive finden sich auch in 2Tim, wie die Andeu-
tung des bevorstehenden Todes (4,6) und die Verleihung des Siegeskranzes
anlässlich der Bewährung in Leben und Sterben (4,8).[129] Ob auch die Bitte
um Übersendung einiger Gegenstände, wie bei Themistokles, hier: Bücher
und Mantel (4,13), einen Bezug auf den bevorstehenden Tod haben, bliebe
zu überlegen.[130]
    Aufgrund der Beobachtungen zur Struktur (Tit 1,1–4 als Gesamteinlei-
tung; 1Tim 6,20f als Scharnier zwischen den beiden Timotheusbriefen), die
durch die inhaltlichen Ähnlichkeiten hinsichtlich des Abschiedsbriefes ergänzt werden können, legt sich m.E. nahe, als konzeptionierte Reihenfolge
der Pastoralbriefe Tit–1Tim–2Tim anzusehen. Ob hinter der so bezeugten
Reihung im *Muratorischen Fragment* bzw. in einigen Ambrosiasterhand-
schriften eine (noch im 4. Jh. greifbare) Texttradition steht oder ob die
Briefe sehr schnell nach ihrer Entstehung nicht mehr als komponierte Einheit wahrgenommen worden sind,[131] sondern als eine weitere Sammlung
von einzelnen Paulusbriefen, die entsprechend anderer Kriterien umgrup-
piert werden konnten, lässt sich jedoch nicht mehr feststellen.
    Werden die Briefe als koordinierte Teile *eines* Briefbuches gelesen, so
stößt man jedoch auf einige Ungereimtheiten und Widersprüche zwischen
ihnen, die das Konzept einer intendierten Einheit infrage stellen lassen.
Nach dem Corpuscharakter des Briefbuches und nach der Funktion der
Widersprüche für die Aussageabsicht des Buches wird nun zu fragen sein.

1.4 Die Pastoralbriefe als Briefcorpus

Die Einheit der Pastoralbriefe wird im Allgemeinen seit H.J. Holtzmann
gesehen. Gemeinsame Sprache, Stil, Theologie, Weltvorstellung verbinden
die drei Briefe und sondern sie von den anderen unter dem Namen des

---

[128] Zur Umstellung der Briefreihe 28f; 33f; 30–32 und dem Charakter von epist. 35 als Epilog
des Verfassers zum gesamten Briefroman s.o.
[129] Natürlich wird der Siegeskranz (στέφανος) hier dem Paulus vom κύριος verliehen (ἀποδώσει), während Chion von einer ‚Frau von ziemlicher Schönheit und Größe bekränzt wird‘
(γυνή, θεῖόν τι χρῆμα κάλλους καὶ μεγέθους, ἀναδεῖν epist. 17,2), der personifizierten Tugend.
Zu solchen Personifizierungen vgl. etwa die populäre zeitgenössische *Tabula Cebetis*.
[130] Sokrates ist nach epist. 14,10 in seinem Mantel begraben worden.
[131] Ähnliches gilt z.B. auch für Horazens zweites Epistelbuch, dessen abschließender dritter
Brief an die Pisonen bald als eigenständige Stilkunde unter dem Namen *Ars poetica/De arte
poetica* gelesen wurde, vgl. Frischer: Paradigms, 5–17; zur ursprünglichen Zusammengehörigkeit
der drei Briefe jedoch Kilpatrick: Poetry, 34f; 55–57; Holzberg: Horaz, 34–37.

Paulus überlieferten Briefen ab.[132] Auf einige die Pastoralbriefe verbindende Stichwörter, die im Präskript des Titusbriefes eingeführt werden, wurde oben verwiesen.

Daneben sei hier nur an das Syntagma der ‚gesunden Lehre' u.ä. erinnert, das zwar schon seit Homer (Il. VIII 524) geläufig ist, sich unter den frühchristlichen Schriftstellern aber allein in den Pastoralen findet.[133] Gleiches gilt für die Wendung πιστὸς ὁ λόγος, die hier ebenfalls einzigartig in den Tritopaulinen bezeugt,[134] ansonsten jedoch spätestens seit Dion. Hal. (1. Jh.v.Chr.) belegt ist.[135] Spicq vermutet, dass es sich um eine geläufige Formel der hellenistischen Rhetorik handele[136], wogegen Marshall darauf hinweist, dass die Wendung als Formel zuerst in den Pastoralen begegne.[137]

Auch Vertreter der Echtheit sehen diese Gemeinsamkeiten zumeist und erklären sie mit einem bes. Altersstil des Apostels oder, bei angenommener Sekretärshypothese, mit dem bes. Stil des Sekretärs[138] (oder eben jetzt des Paulus selbst[139]). Daneben mehren sich jedoch die Positionen, die die Gemeinsamkeiten der drei Briefe für zu gering erachten, um sie als eine Gruppe interpretieren zu können. Zumeist unter Berufung auf F.D.E. Schleiermacher, der den nichtpaulinischen Charakter von 1Tim u.a. durch Abgrenzung von Tit und 2Tim herausgearbeitet hatte, werden so die Briefe zu drei

---

[132] Vgl. den Überblick bei Richards: Difference, 20f; Murphy-O'Connor: 2 Timothy, 403f (die beide die Differenzen hervorheben) sowie bei von Lips: Corpus, 61–65 und 62: „Die gemeinsamen Linien sind aber so offensichtlich, daß von einer bewußten Gemeinsamkeit dieser Briefe auszugehen ist – anders gesagt, daß sie nicht nur als verwandte Einzelbriefe zu verstehen sind, sondern als zusammengehörige Briefgruppe oder Briefcorpus geschaffen wurden." Zur erneuten Verteidigung des Corpuscharakters vgl. jetzt Häfner: Corpus.

[133] Die ‚gesunde Lehre' (Tit 1,9; 2,1; 1Tim 1,10; 2Tim 4,3); das ‚gesunde Wort' (Tit 2,8; Plur. 1Tim 6,3; 2Tim 1,13); ‚gesunden im Glauben' (Tit 1,13; 2,2). Vgl. die Stellen im Exkurs bei Dibelius/Conzelmann: Past, 20f.

[134] Tit 3,8; 1Tim 1,15; 3,1; 4,9; 2Tim 2,11 (vgl. dazu auch Schlarb: Lehre, 206–214). Vgl. noch Offb 21,5, wo über „diese Worte" gesagt wird, dass sie „treu/zuverlässig" seien; Quinn: Tit, 232, merkt zudem an, dass in den Paulinen das Adjektiv nur auf Personen resp. Gott bezogen ist, wogegen in den Pastoralbriefen mit dieser Wendung also der Gebrauch von πιστός markant abweicht, vgl. auch EWNT 3, s.v. 232f (Barth).

[135] Vor den Past zu datieren sind Dion Hal. ant. III 23,17,10; VII 66,2; IX 19,3,13; Ios. ant. Iud. XIX 132 und Dion Chrys. 45,3. Spicq: Past, 193, verweist darauf, dass die Wendung dem lat. *verum illud verbum* entspräche; zu weiteren Belegen vgl. a.a.O. 277 Anm. 2. Vgl. noch Arr. an. II 7,2 sowie Sch. Hom. Il. II 302b; IV 95; XVIII 377b (Erbse); Sch. Hom. Od. IV 169 (Dindorf).

[136] Vgl. Spicq: Past, 277 Anm. 2; Quinn: Tit, 230–232.

[137] Marshall: Past, 327; vgl. Weiser: 2Tim, 171. Die Verwendung bei Galen (De motu musculorum II [Kühn 4,440,6]; De causis pulsuum IV [Kühn 9,108,7]) und Cass. Dio (LVII 22,3) scheint mir dagegen schon auf formelhaften Gebrauch zu weisen.

[138] Vgl. z.B. Roller: Formular, 20–22.

[139] So die Abwandlung der Sekretärshypothese durch Prior: Paul, 37–59: Während Paulus in den anderen Briefen einem Sekretär die Freiheit der Formulierung gelassen habe und die Briefe zudem stark durch seine in den Präskripten genannten Mitautoren geprägt seien, greife er nun selbst zum Schreibrohr.

einzelnen Sendschreiben in drei divergierenden Situationen: z.B. wird 2Tim für echt paulinisch gehalten (J. Murphy-O'Connor[140]; M. Prior), oder die drei Briefe werden als drei Vertreter unterschiedlicher nachpaulinischer Theologie verstanden wie bei W.A. Richards. Die zuletzt genannten Ausleger haben dazu verholfen, wieder berechtigterweise das Augenmerk auf die Differenzen zu richten und nicht (stillschweigend) die Widersprüche zu übergehen bzw. die Leerstellen durch die anderen Briefe aufzufüllen. Jedoch darf andererseits nicht übersehen werden, dass die Briefe auch in beträchtlichem Maße durch gemeinsame Sprache, gemeinsamen Stil und theologische Vorstellungen zusammengehalten werden und als solche distinkt von den anderen Paulinen zu verorten sind. So hatte P. Trummer zuerst die These vertreten, dass die Briefe nicht nur eine theologische und sprachliche Einheit bilden, sondern dass die Verbindungen zwischen ihnen so stark seien, dass man daraus schließen könne, dass sie von Anfang an als einheitliches Corpus konzipiert worden und entsprechend zu interpretieren seien.[141]

1.4.1 Die Verzahnung des Briefbuchs durch das Präskript

Inwiefern verweisen die Briefe selbst auf ihren Corpus-Charakter? Der deutlichste und erste Hinweis auf ihre Zusammengehörigkeit ist das Präskript: Die *adscriptio* verklammert die drei Briefe miteinander:

Tit 1,4	Τίτῳ	γνησίῳ	τέκνῳ	κατὰ κοινὴν	πίστιν
1 Tim 1,2	Τιμοθέῳ	γνησίῳ	τέκνῳ	ἐν	πίστει
2 Tim 1,2	Τιμοθέῳ	ἀγαπητῷ	τέκνῳ		

Die *salutatio* der drei Briefe stimmt fast wörtlich überein: Tit 1,4 χάρις <u>καὶ</u> εἰρήνη ἀπὸ θεοῦ πατρὸς καὶ Χριστοῦ Ἰησοῦ τοῦ <u>σωτῆρος</u> ἡμῶν unterscheidet sich von der identischen Formulierung in 1/2Tim 1,2 durch zwei Veränderungen: χάρις <u>ἔλεος</u> εἰρήνη ἀπὸ θεοῦ πατρὸς καὶ Χριστοῦ Ἰησοῦ τοῦ <u>κυρίου</u> ἡμῶν. Während Titus im zweigliedrigen Segenswunsch mit den anderen Paulinen übereinstimmt (wobei er aufgrund der Adressatenfiktion das ὑμῖν nach dem Gnadenwunsch auslässt), erweitern die Timotheusbriefe den Segenswunsch um ein drittes eingeschobenes Glied. In der Näherbestimmung Jesu Christi als κύριος andererseits folgen die Timotheusbriefe

---

[140] Im genannten Aufsatz (2 Timothy, 418) zieht er noch nicht diese Konsequenz, so dann später in seiner Paulusmonographie (vgl. Paul, 356–359).

[141] Vgl. Trummer: Corpus.

gegen Titus[142] den Paulinen (mit Ausnahme von 1Thess und Kol). Allen drei wiederum gemeinsam gegen die anderen Paulinen ist die Verschiebung des Possessivpronomens ἡμῶν. Während (Ps.-)Paulus sonst die persönliche Beziehung zwischen den Gläubigen und Gott Vater betont, ist hier anders akzentuiert und das Possessivpronomen ans Ende gesetzt.[143] Sodann stimmen die drei Briefe gegen alle anderen paulinischen *salutationes* überein in der Reihenfolge ‚Christus Jesus‘, die auch in der *superscriptio* von 1/2Tim begegnet. Diese Reihung findet sich in der *superscriptio* auch in allen anderen Paulinen, mit Ausnahme von Gal, Kol, Eph, die wie Tit 1,1 ‚Jesus Christus‘ lesen, und von 1/2Thess, in denen sie fehlt.[144]

Weiter weisen die *superscriptiones* Verbindungen zueinander auf: die ‚Hoffnung des ewigen Lebens, das verheißen hat …‘ (Tit 1,2: ἐπ᾽ ἐλπίδι ζωῆς αἰωνίου, ἣν ἐπηγγείλατο …) klingt an in 2Tim 1,1 mit der ‚Verheißung des Lebens‘ (κατ᾽ ἐπαγγελίαν ζωῆς), wie auch die Hoffnung in 1Tim 1,1 aufgenommen ist. In 2Tim 1,1 wird der Apostolat des Paulus begründet mit dem Willen Gottes (διὰ θελήματος θεοῦ) wie 1/2Kor (vgl. Gal), Kol, Eph. In 1Tim wird er dagegen durch den Befehl Gottes begründet: κατ᾽ ἐπιταγὴν θεοῦ σωτῆρος ἡμῶν, eine Formulierung, die in Tit 1,3 die Verkündigungstätigkeit des Paulus begründet.[145]

Diese Übereinstimmungen der Pastoralen untereinander und die Abweichungen von den anderen Paulinen lassen nicht so sehr eine literarische Abhängigkeit von diesen vermuten. Ebenso verweisen die Abweichungen der Pastoralen untereinander nicht auf literarische Abhängigkeiten, sondern indizieren im Gegenteil eine bewusste Bezugnahme aufeinander, wobei sie zugleich versuchen, jedem Brief ein eigenes Gepräge schon im Präskript zu geben.

---

[142] Der Kyrios-Titel fehlt in Tit ganz.

[143] Roloff: 1Tim, 55 Anm. 9, sieht die Geprägtheit der liturgischen Wendung κύριος ἡμῶν als Grund der Neuformulierung an, ohne dem eine theologische Bedeutung zuzumessen. Für Weiser: 2Tim, 84, ist dagegen durch die Endposition des Possessivpronomens sowohl Gott als Vater als auch Christus als Retter/Herr in Bezug auf die Glaubenden hervorgehoben.

[144] Vgl. zur Ähnlichkeit und Umgestaltung des Präskripts Weiser: 2Tim, 75–84; Roller: Formular, 99–124; Quinn: Tit, 51–76. Quinn/Wacker: 1/2Tim, 53, halten die Übereinstimmungen für nicht eng genug, um eine literarische Abhängigkeit der Pastoralen von den anderen Paulinen bezeugen zu können: „The resemblances and the differences are more explicable in terms of a Christian community that had a living memory of the Pauline apostolate and perhaps one Pauline letter, such as Romans, which they read and upon which they reflected."

[145] Tit 1,2 weist einige terminologische und offenbarungstheologische Ähnlichkeiten mit Röm 16,25f auf. Kannte der Verfasser diese Schlussdoxologie des Röm schon oder stammt sie gar von ihm? Lindemann: Paulus, 27, situiert beide im gleichen theologischen Milieu, vgl. auch a.a.O. 25f; 137, zur Glosse 1Kor 14,33b–36; vgl. von Lips: Corpus, 68f.

1.4.2 Die Differenzen zwischen Tit/1Tim und 2Tim und ihre Bedeutung
Neben den Gemeinsamkeiten und die durch die Präskripte angezeigte Zusammengehörigkeit der drei Briefe lassen sich eine Reihe von Unterschieden zwischen Tit/1Tim einerseits, 2Tim andererseits feststellen, von denen
Murpyh-O'Connor über 30 angeführt hat.[146] Bei der Auswertung dieser
Differenzen muss unterschieden werden zwischen solchen, die sich aus der
unterschiedlichen Brieffiktion erklären lassen, und solchen, die auf eine
echte sprachliche, stilistische oder theologische Differenz hinweisen. Wie
z.B. die Besonderheit des Tit zu bewerten ist, dass er den κύριος-Titel nicht
gebraucht, oder ob die Wendungen der „gesunden Lehre" bzw. der „Erkenntnis der Wahrheit" in 1Tim/Tit tatsächlich eine dezidiert andere Bedeutung tragen als in 2Tim[147] und wie diese Differenz entsprechend zu erklären ist, bedarf einer näheren Untersuchung.

So lassen sich etwa die Bezeichnung des Adressaten als ‚rechtmäßiges
Kind' und die Rückführung des Apostolats auf den ‚Befehl Gottes' in Tit
und 1Tim einerseits, die Anrede als ‚geliebtes Kind' und der Bezug auf den
‚Willen Gottes' in 2Tim andererseits durch die unterschiedlichen Brieftypen und den in den Briefen kommunizierten Inhalt erklären:[148] Der Anschein von Geordnetheit und Institutionalität christlicher Gemeinden in
ihrer Struktur und durch die normative Verbindlichkeit ihrer Tradition, der
u.a. durch die beiden Stichworte γνήσιος und ἐπιταγή evoziert wird,[149]
spielt auch im weiteren Verlauf von Tit/1Tim, die den *mandata principis*
vergleichbar sind, eine Rolle, die stärkere subjektive, emotionale Beziehung
zwischen Paulus und Timotheus dagegen in 2Tim, der als Freundschaftsbrief zu charakterisieren ist.[150] Es wird weiter zu fragen sein, welche Bedeutung dem zukommt, dass die ersten beiden Briefe, die besonders markant
inhaltlich durch ihre Gemeinde-/Hausordnungen (vgl. Tit 1,7–9; 2,1–3,2
mit 1Tim 2,8–3,13; 4,6–5,2.17–20; 6,1f) als „ein Zwillingspaar"[151] erscheinen, als ein *Briefblock*[152] zu verstehen sind und nicht als eine Doppelung[153].

---

[146] Vgl. Murphy-O'Connor: 2 Timothy, 405–418. Er arbeitet hier die Beobachtungen von Prior: Paul, 61–67, weiter aus. Vgl. auch Richards: Difference, 22–24; 189–244, der allerdings auch
die Differenzen zwischen 1Tim und Tit für zu gravierend hält, um sie einer Hand zuzuschreiben.
Neuerdings auch Herzer: Abschied, 1280f.

[147] Vgl. Murphy-O'Connor: 2 Timothy, 412–414.

[148] Vgl. Wolter: Pastoralbriefe, 140–156; von Lips: Corpus, 63f; Richards: Difference, 23.

[149] Darauf hat auch Murphy-O'Connor: 2 Timothy, 405f, hingewiesen.

[150] Vgl. dazu Wolter: Pastoralbriefe, 178–214, sowie unten Kap. 5.1.2 und 3.

[151] Zahn: Einleitung, Bd. 1, 437; zum Verständnis beider Briefe als Briefblock vgl. z.B. Kümmel: Einleitung, 324; Schnelle: Einleitung, 383–385.

[152] Vgl. Holzbergs Tableau (s.o. S. 46) Nr. 7.

[153] Das Argument der Doppelung wird häufig angeführt, um die Unwahrscheinlichkeit des
Corpus-Charakters zu belegen. So hält Wagener: Pastoralbriefe, 663, sie zwar für eine theologische und ethische Einheit, nicht aber für eine literarische, da mit Tit und 1Tim zwei verschiedene
Adressaten angesprochen seien. Vgl. auch z.B. Marshall: Past, 1. Roller: Formular, 98, verweist

Trummer, der die Rede vom *Corpus* pastorale unter Aufnahme von bei A.E. Barnett zu findenden Überlegungen[154] in die exegetische Literatur eingeführt hat, begründet den Corpus-Charakter der Briefe v.a. mit ihrer Verzahnung, wie sie verbatim oben im Präskript deutlich wurde. Tit und 1Tim bildeten dann aufgrund ihrer gemeinsamen Thematik eine Einheit, wohingegen 1Tim und 2Tim aufgrund ihres gemeinsamen Adressaten zusammenzufassen seien, so dass 1Tim nach ihm die verzahnende Zwischenstellung einnehme. Für die Reihenfolge hat er seine Beobachtung allerdings nicht weiter ausgewertet.[155] H.v. Lips, der Trummer aufnimmt, geht noch einen Schritt weiter: „Für den Charakter als Briefcorpus ist wichtig, daß die drei Briefe je ihre Eigenart haben und sich so insgesamt zu einem wohl konzipierten Ganzen zusammenfügen."[156] Darauf führt er einige Beispiele an: Die anzitierten oder auch frei formulierten kerygmatischen Traditionen fokussieren in den drei Briefen auf je unterschiedliche Weise das gemeinsame Grundanliegen („Betonung paulinischer Tradition gegen die Irrlehre").[157] So biete 1Tim die grundlegende Christologie mit einer antignostischen Ausrichtung.[158] 2Tim dagegen färbe die christologischen Aussagen eschatologisch ein.[159] Tit habe dann eine primär ethische Ausrichtung mit den Fragen von Bekehrung und Taufe (worauf die soteriologischen Texte 2,11–14 und 3,4–7 zuliefen) und der Zielperspektive der guten Werke (3,8.12).[160]

Die Untersuchung anderer Briefromane kann hier erhellen, wie Briefblöcke benutzt werden können, um thematische Variationen durch die Briefe innerhalb eines Blockes zu bieten,[161] und wie das Gegen- und Nacheinander von Briefblöcken das Interesse unterschiedlich fokussieren kann.[162] Schließ-

---

dagegen auf die gemeinsame Stimmung von 1Tim und 2Tim (u.a. werde in ihnen kein „Gehorsam gegen die römische Obrigkeit" mehr gefordert), die beide Briefe von Tit temporal distanziere.

[154] Vgl. Barnett: Paul, 251; 277; Trummer: Corpus, 123.

[155] Vgl. Trummer: Corpus, 127.

[156] Von Lips: Corpus, 64.

[157] So ist ihm m.E. gegen Murphy-O'Connor: 2 Timothy, 408, Recht zu geben, der z.B. hinsichtlich der Christologie meint, dass „the formulations reflect an unconscious habitual phraseology and thus betray different mindsets" (zwischen Tit/1Tim und 2Tim).

[158] Von Lips: Corpus, 64, verweist auf „2,4 Rettung für alle, 2,6 Tod Jesu für alle – also nicht nur für einen begrenzten Personenkreis wie in der Gnosis", ebenso wie auf die Betonung der „Abwehr des ἑτεροδιδασκαλεῖν (1,3; 6,3)" und die explizite Erwähnung von *Gnosis* in 6,20.

[159] Von Lips: Corpus, 64: „Parusie und Gericht 4,1.8"; „die durch die Auferstehung Jesu (2,8) begründete Hoffnung auf das Leben (1,9f; 2,11–13)"; und „daß nur im 2Tim eine falsche Lehre über die Auferstehung angesprochen wird (2,18)" und damit die Aspekte von Tod und Leben zusammenfließen mit den Leidensmahnungen in 2Tim.

[160] Vgl. dazu auch von Lips: Haustafel, 265–276, mit Vergleich von Tit und 1Petr.

[161] S.o. zu dem rekonstruierten Briefroman der Sieben Weisen.

[162] Z.B. im Platonbriefbuch epist. 13 als Gegenstück zum Scheitern von epist. 1–12. Vgl. ähnlich auch der das Briefbuch der Sieben Weisen abschließende Block epist. 15–19 Dührsen, durch den ein Kontrast zwischen den alten und den neuen Weisen aufgebaut wird.

lich ermöglichen diese Briefblöcke auch Zeitsprünge, die so frühere Positionen aufgrund neuer Erfahrungen hinterfragen lassen.[163]

Welche Bedeutung kann der ‚Block-Setzung' der Pastoralbriefe zugesprochen werden? Die Bezeichnung als Blöcke mag angesichts der Kleinheit des Briefbuches unangebracht erscheinen, und ob durch ein einzelnes Element ein Block gebildet werden kann, ist ebenso fraglich, allerdings ist dies nur eine Frage der Terminologie. In der Forschung werden – bei anerkanntem Corpuscharakter – Tit und 1Tim als von 2Tim distinkter und auch methodisch abtrennbarer Briefblock behandelt. Berechtigt ist dieses Vorgehen aufgrund der gemeinsamen Gattung. Aus dem Blick gerät dann freilich allzu häufig die Begründung für die Wahl eines anderen Brieftyps für 2Tim. Es wird zumeist angeführt, dass das Aufgreifen der Testamentsgattung der Verstärkung des autoritativen Gewichtes der Briefsammlung dienen solle, weil das letzte Wort des ‚Patriarchen' zwar seine früheren Äußerungen relativieren bzw. korrigieren könne, selbst aber nicht mehr einer solchen Revision unterliegen würde.[164] Entsprechend konstatiert Trummer, dass 2Tim als Schlusswort des Apostels jede weitere paulinische Pseudepigraphie verunmögliche. Weder ist diese Aussage historisch zutreffend (mit 3Kor und dem Paulus-Seneca-Briefwechsel besitzen wir solche, und es ist immer möglich, dass neue Paulusbriefe aus einer früheren Episode seines Lebens ‚auftauchen'),[165] noch will 2Tim so dicht vor dem Tod des Paulus geschrieben sein, dass es nicht noch möglich sein sollte, weitere Briefe dazwischen zu erdichten.[166]

Das Argument, dass 2Tim das autoritative Gewicht des Briefbuches verstärken solle, kann allerdings nicht hinreichend die Divergenzen zwischen den ‚Briefblöcken' erklären. Man sollte doch vermuten, wenn 2Tim die Aussagen aus 1Tim und Tit bekräftigen solle, dass der Brief dann eben diese verstärkt herausstreichen müsse oder zumindest nichts Gegenteiliges sagen dürfe. Es lässt sich dagegen nicht nur eine (durch die andere aufgenommene Gattung zu erklärende) thematische Schwerpunktverschiebung feststellen (von allgemeingemeindlichen Anweisungen und Belangen hin zur personalen Beziehung zwischen Apostel und Schüler), sondern es lassen sich explizit Widersprüche entdecken, so dass m.E. die Kategorie des

---

[163] Während das als Entwicklungsbriefroman zu charakterisierende Briefbuch des Chion diese Entwicklung mitgehen lässt, nutzen die Aischinesbriefe Zeitsprünge (von epist. 1–9 zu epist. 10; von diesem zu epist. 11–12), um die Verwandlung des Redners darzustellen (s.o.).

[164] Vgl. von Nordheim: Lehre, Bd. 1, 237–239; Bd. 2, 91.

[165] Diese Kritik wird auch von Wolter: Pastoralbriefe, 240 Anm. 15, gegen Trummer: Corpus, 129; ders.: Paulustradition, 246, vorgebracht.

[166] Paulus erwartet immerhin, dass Timotheus noch zu ihm kommen werde, wenn dieser sich beeilt (2Tim 4,9.21), der Tod nimmt ihm also noch nicht die Feder aus der Hand, wie er es bei Roxanne in Montesquieus *Lettres persanes* tut (s.u.); ähnlich auch Sokr. epist. 31, die der sterbende Speusipp an Xenokrates schreibt.

Bruchs angemessen zur Beschreibung der Relation zwischen den Briefblöcken angewendet werden kann. Freilich ist dieser Bruch nicht radikaler
Natur, er ist nicht als Abbruch, sondern eher als ‚Einbruch' zu charakterisieren – als Einbruch der Realität in die Utopie (wobei beides natürlich
ausschließlich auf der Ebene der Erzählung verbleibt und keinesfalls die
historische Situation des Verfassers in direkter Weise reflektiert[167]). Murphy-O'Connor ist hier Recht zu geben, wenn er angesichts der Differenzen
festhält: „If the texts are accepted at face value what they prove is that the
authors of 1 and 2 Tim are not the same person, and that the two letters
reflect different ecclesial situations."[168]

Freilich geht er von einer außertextlich differenten Wirklichkeit aus, die
sich in den Briefen niederschlage, wogegen m.E. dies nur für die narrative,
die innertextliche Welt Gültigkeit hat: Einmal ist der Schreiber der in Freiheit befindliche Missionar und Apostel, der seine Gemeinden dazu anhält,
ein unauffälliges Leben im römischen Reich zu leben. Und dann ist der
Briefschreiber der in Rom gefangene und den Tod erwartende Märtyrer, der
seinen engsten Vertrauten – und durch ihn alle Lesenden – zu ebensolcher
Leidensbereitschaft auffordert, da Christsein heißt, verfolgt zu werden.[169]

Es ist meine These, dass an dieser Bruchstelle im Corpus Pastorale das
Hauptthema der Briefromane sichtbar wird, wie es in einer den historischen
Bedingungen und Wahrscheinlichkeiten in der ersten Hälfte des 2. Jh. plau-
siblen Modifikation entsprechend christlicher Existenz im römischen Reich
variiert ist. Dass Christen direkt am Hof von Herrschern als Ratgeber auftreten, schien hier noch nicht denkbar. Erst in späterer Zeit konnte man
diese Konstellation auf Jesus übertragen (in der Abgar-Sage [3./4. Jh.[170]]),
bzw. ist durch den Seneca-Paulus-Briefwechsel (4. Jh.[171]) noch eine vermit-
telnde Instanz zwischengeschaltet. Könnte man mit einigem Vorbehalt die
klassischen Briefromane als ‚höfische Dichtung' bezeichnen, ist die christliche Variante eher als ‚bürgerlicher Roman' zu fassen, insofern er reflektiert, wie Christen und Christinnen im alltäglichen Umgang mit ihren Nach-
barn leben können und sollen.

So führt denn das kleine Briefbuch vor Augen, dass der Völkerapostel
eine Entwicklung durchgemacht hat. Anstatt jedoch den Prozess der Entwicklung durch eine sich über längere Zeit erstreckende Korrespondenz den

---

[167] D.h. dass in Tit/1Tim nicht die Erfahrung gelingender Integration wiedergegeben werde,
wogegen 2Tim aus der Erfahrung einsetzender Verfolgungen resultiere.

[168] Murphy-O'Connor: 2 Timothy, 411, vgl. auch 418.

[169] Vgl. Quinn: Captivity, 194: „With *II Timothy* an abrupt, dramatic change of scene and at-
mosphere has occurred."

[170] Die älteste erhaltene Fassung überliefert Euseb HE I 13; II 1,6–8. Drijvers: Abgarsage, 392,
vermutet die Entstehung der ältesten Form der Sage am Ende des 3. Jh.

[171] So Römer: Briefwechsel, 45.

Lesenden nachvollziehbar zu machen, wird mit Briefblöcken gearbeitet, die den Zeitsprung betonen und damit den Kontrast stärker hervortreten lassen. Im Folgenden soll diese These weiter ausgearbeitet werden. Der erste Schritt dahin besteht in der Untersuchung, wie in den Briefen eine Pauluserzählung aufgebaut wird.

2. Geschichten entstehen (1).
Überblick über den Aufbau von Erzählungen in den Pastoralbriefen

An diesem Punkt erweist es sich als unabdingbar, nicht mit einem Verständnis von ‚Erzählung' an den Briefroman heranzutreten, das von nichtbrieflicher romanhafter Erzählliteratur vorgeformt ist,[172] sondern das Verständnis von ‚Erzählung' muss sich an der narrativen Grundfiktion von Briefromanen orientieren, nach der der Eindruck erweckt werden soll, in real geführte Korrespondenz Einblick zu gewähren. Da die Briefpartner auf eine gemeinsame Zeit, auf eine gemeinsame Geschichte zurückblicken können, dienen die Briefe dazu, diese gemeinsame ‚Erzählung' zu supplementieren und zu kommentieren. So gilt, dass in Briefromanen die Geschichte oftmals eher vorausgesetzt als erzählt wird. Holzberg hat die in antiken griechischen Briefromanen benutzte Technik des Handlungsaufbaus mit ‚Enthüllungsdramatik' umschrieben und meint damit, dass erst im Lauf der Lektüre die uneingeweiht Lesenden die Geschichte, in die die Briefe eingebettet sind, (re)konstruieren können.

Auf dem Hintergrund dieser Anmerkungen kann in den Pastoralbriefen durchaus die Entwicklung einer Geschichte gelesen werden: Paulus, der Ich-Erzähler, steht an drei Punkten seines Lebensweges (Tit–1Tim–2Tim); er erzählt von Timotheus in zwei verschiedenen Situationen seiner Biographie (1Tim–2Tim) und ebenso von Titus (Tit–2Tim). Die Momentaufnahmen, die dieser Ich-Erzähler zur Zeit des Briefschreibens vermittelt, sind in allen drei Fällen nicht identisch: In aller Ähnlichkeit bieten Tit und 1Tim Einblicke in zwei gegensätzliche geographische Räume mit je spezifischen Gemeindestrukturen und Herausforderungen[173] und unterscheiden sich

---

[172] „Erzählung" ist nicht nur aufzufassen „als eine zeitlich organisierte Handlungssequenz, in der mindestens eine Figur einen dynamischen Situationswechsel erlebt", die von einem „Erzählsubjekt" wiedergegeben wird, sondern es können auch solche Texte als Erzählung gewertet werden, die „‚Zustände, Befindlichkeiten usw. ohne inhaltszeitlich vermittelte Abfolge' aneinanderfügen" (Schmeling/Walstra: Art. Erzählung, 517 mit Zitat von Stempel: Frage, 9). Von daher ist Erzählung in unserem Paulusbriefbuch nicht nur in der Rahmenhandlung zu finden, sondern es können auch die Anweisungen bezüglich der Gemeinden, die Notizen über die Gegner etc. als eine solche verstanden werden.

[173] Vgl. dazu Pervo: Stone, 38–45; s.u. Kap. 3.2.2.

grundlegend von den in 2Tim erzählten Widerfahrnissen des Paulus. Diese Grundgeschichte wird primär in der jeweiligen Briefrahmung aufgebaut, wo der Briefschreiber Auskunft über seine aktuelle Situation gibt (vgl. Kap. 3).

Innerhalb der einzelnen Briefe gewährt Paulus Einblick in seine Gegenwart und Vergangenheit, die seines jeweiligen Adressaten und die der bezüglichen Gemeinde, ebenso wie er Mutmaßungen über die Zukunft anstellt. Diese Geschichten sollen im vorliegenden Kapitel erhoben werden. Zunächst werden die in den drei Briefen mitgeteilten Informationen gesammelt (2.1), bevor sie synoptisch zusammengestellt werden (2.2). Der anschließende Vergleich mit anderen Erzählungen zu den gleichen Daten gibt zu erkennen, wie in den Pastoralbriefen die Erzählungen um Paulus akzentuiert sind (2.3). Als vorläufiger Ertrag sollen die Beobachtungen zu vier Kennzeichen der Erzählweise des Verfassers dieses Paulusbriefbuches zusammengefasst werden (2.4).

Die hier behandelten gemeinsamen Themen und Motive werden teils variiert, teils lassen sie eine Entwicklung erkennen. Die *Motivvariationen* betreffen v.a. die innerchristlichen Beziehungsstrukturen: das Verhältnis des Paulus zu seinem jeweiligen Adressaten, die Beziehung jeweils zwischen Paulus/Timotheus/Titus und der Gemeinde und auch die Relationen zwischen der Gemeinde, ihren ‚Ämtern‘ und den Gegnern. Die Ähnlichkeiten in den diversen Punkten hat oftmals in der Literatur die Konsequenz gezeitigt, das Briefbuch als homogenes Dokument aufzufassen, dessen Notizen aus dem einen Brief mit Notizen aus den anderen Briefen ergänzt werden können, so dass die vermeintliche Gemeindestruktur bzw. das Irrlehrerprofil in Kleinasien an der Wende vom 1. zum 2. Jh.n.Chr. eruiert werden konnte. Dagegen sollte eine andere Beobachtung zur Vorsicht gemahnen, lässt sich doch nicht allein eine Variation feststellen, sondern auch eine *Motiventwicklung*: Die Beziehung zwischen Gemeinde und Herrschern bzw. zwischen Gemeinde und Öffentlichkeit durchzieht alle drei Briefe und in beiden Motiven lässt sich die gleiche Verschiebung beobachten. Dieser Punkt führt zur Modifizierung des von Holzberg als typisch bezeichneten Themas antiker griechischer Briefromane, der Beziehung des ‚Helden‘ zu einem ‚Machthaber‘ (vgl. Kap. 5). Bevor jedoch diese Frage nach Aussageabsicht und literarischem Ort des Briefbuches gestellt werden soll, wird zuvor die spezifische Erzählweise des Paulusbriefromans bestimmt und mithilfe von Holzbergs Gattungstypologie in das literarische Feld des antiken Briefromans eingeordnet (vgl. Kap. 4).

2.1 Überblick

Holzberg hat in seiner Typologie des griechischen Briefromans als gattungskonstituierende Merkmale u.a. angeführt, dass in den Briefen Einblick gewährt wird in die Biographie des Protagonisten und Ereignisse kommentiert werden, die sich vor, während und nach der Abfassung der Briefe zugetragen haben.[174] Wenn nun der Versuch unternommen wird, die Geschichte des Paulus, wie sie in den Pastoralbriefen erzählt wird, zu rekonstruieren, so muss man zunächst textimmanent arbeiten und anhand der so erhobenen Daten ihre zeitlichen und sachlichen Relationen untereinander sowie die den Pastoralbriefen spezifische Darstellung, ihre besondere Erzählweise, aufzeigen. Entsprechend werden in einem ersten Schritt die biographischen und weitere raum-zeitlich auswertbare Angaben der Briefe zusammengestellt, damit die Chronographie der Pastoralbriefe sowie die Bausteine ihrer Erzählung freigelegt werden können. Im Anschluss daran werden zusammenfassend die gemeinsamen Themen der drei Briefe verglichen (2), um so zu erheben, inwiefern Gleiches anders formuliert wird, Neues hinzukommt oder Früherem widersprochen wird. Dann erst (3) sollen einige der Erzählungen der Pastoralbriefe mit ihren andernorts belegten Varianten gegengelesen werden, v.a. den paulinischen Homologumena und Apg, um so das *novum* oder *aliud* der Brieferzählung sichtbar werden zu lassen. Abschließend (4) wird das hier durch kursorische Lektüre Beobachtete hinsichtlich der Erzählweise ausgewertet, bevor die Erzählungen zur Gegenwart des Briefschreibers auf diesem Hintergrund näher untersucht werden.

2.1.1 Titusbrief

Der kurze Brief an Titus hat nur wenige Angaben zur Geschichte von Paulus, Titus oder der Gemeinde, bietet aber dennoch Hinweise auf die baldige Zukunft, die Gegenwart und die Vergangenheit: Paulus blickt zurück auf die *unmittelbare Vergangenheit*, als er Titus auf Kreta mit Anweisungen installiert hatte, die Titus seitdem bis zu seiner in *baldiger Zukunft* liegenden Reise zu Paulus nach Nikopolis, nachdem dieser Artemas oder Tychikus nach Kreta geschickt haben wird, ausführen soll (1,5 und 3,12). Neben den im Brief weiterführenden Anweisungen erteilt Paulus ihm zusätzlich einen konkreten Auftrag, nämlich der Ausrüstung von Zenas und Apollos zur (Weiter-)Reise (3,13).[175]

---

[174] S.o. S. 45 Nr. 1 und 4 des Tableaus.
[175] Zur ausführlicheren Analyse dieser Angaben s.u. Kap. 3.1.1.

Sodann blickt Paulus auf zwei Daten der *weiteren Vergangenheit* zurück: In 1,3 schreibt er, dass ihm die Verkündigung anvertraut wurde nach dem Befehl Gottes (κηρύγματι, ὃ ἐπιστεύθην ἐγὼ κατ' ἐπιταγὴν τοῦ σωτῆρος ἡμῶν θεοῦ), womit vermutlich auf das Damaskusereignis angespielt wird.[176] In 3,3–7 greift er auf die dem zuvor liegende Zeit zurück in unbestimmt verallgemeinernder Ausdrucksweise:

„Auch wir nämlich waren einstmals unverständig, ungehorsam, irrend, vielfältigen Begierden und Lüsten dienend (ἀνόητοι, ἀπειθεῖς, πλανώμενοι, δουλεύοντες ἐπιθυμίαις καὶ ἡδοναῖς ποικίλαις), in Schlechtigkeit und Neid lebend, verhasst, einander hassend. Als aber die Güte und Menschenliebe unseres Retters, Gottes, erschienen ist, nicht aufgrund von Werken der Gerechtigkeit, die wir getan haben, sondern entsprechend seinem Erbarmen …" (3,3–5).

Der Verfasser knüpft hier nicht an die Redeweise des Paulus an, wenn er auf seine Zeit vor der Berufung zu sprechen kommt. Stattdessen trifft er eine allgemeine Aussage über die menschliche Existenz vor der Erscheinung der Menschenliebe Gottes (V. 4),[177] d.i. die Ausschüttung des Geistes durch Jesus Christus (V. 6) – gleichzeitig kann sie jedoch auch Gültigkeit für die biographische Konkretion der ‚vorchristlichen' Vergangenheit des Paulus besitzen.[178]

Die *Anweisungen,* die Paulus seinem Delegaten übermittelt, betreffen zunächst Gemeindeinterna, v.a. die Einsetzung von Presbytern (1,5) sowie die Unterweisung der Gemeindeglieder (2,1–10.15; 3,1f.8): Titus solle sich selbst zum Vorbild guter Werke machen (2,7) und nicht verachtet werden (2,15). Daneben kommt die Gefährdung der Gemeinden Kretas in den Blick: in 1,10–16 werden die Gegner als Kreter und z.T. als Juden identifiziert. Diese Bedrohung ist als gemeindeinterne Gefährdung durch Insubordination und Falschlehre (V. 10f) vorgestellt, auf die Titus (V. 13) bzw. der Episkop (V. 9) durch Zurechtweisung (ἐλέγχω) der ‚Widersprechenden'

---

[176] In der Konstruktion ebenso in 1Tim 1,11: τὸ εὐαγγέλιον … ὃ ἐπιστεύθην ἐγώ, wobei das Objekt hier mit dem in den beiden bei Paulus belegten Wendungen übereinstimmt, vgl. 1Thess 2,4 πιστευθῆναι τὸ εὐαγγέλιον; Gal 2,7 ὅτι πεπίστευμαι τὸ εὐαγγέλιον …

[177] Vgl. etwa zum jüdisch-hellenistischen Hintergrund dieser Stelle (bes. im Vergleich mit Philo) Mott: Ethics, 35f. Zum hier gebrauchten Bild der Umkehr als Ausdruck allgemein-hellenistischer Moralvorstellung vgl. Kebes *Pinax* (v.a. §§ 3–6): Die ins Leben eintretenden Seelen sind dem Daimon(ion), der ihnen den Weg zur *Eudaimonia* zeigt, ‚ungehorsam' (ἀπειθής kommt nicht vor, vgl. aber 32,5), trinken den Trank der Täuschung (*Apate*), irren daraufhin ziellos umher (πλανάω, 5,2; 6,3 u.ö.) und hängen „Begierden und Lüsten" (6,2) an. Schließlich wird ihnen durch die Begegnung mit der *Metanoia/Umkehr* (§§ 10f) und mit der *Paideia/Bildung* sowie ihren Töchtern *Aletheia/Wahrheit* und *Peitho/Überzeugung* (§ 18) die Möglichkeit eröffnet, den Weg zur *Eudaimonia* (§ 21) zu finden. Vgl. auch Feldmeier: *Paideia*, 162.

[178] So auch Quinn: Tit, 200f. Oberlinner: Tit, 166, verweist auf die sachliche, nicht sprachliche Parallele 1Tim 1,12–16, lehnt jedoch einen Bezug auf die Vergangenheit des Paulus an unserer Stelle ab, vgl. auch Marshall: Past, 305–308.

reagieren soll. An ihn ergeht weiterführend der Auftrag, sich von theologischen Disputen fernzuhalten (3,9) und ‚Ketzer' (αἱρετικὸν ἄνθρωπον) nach zweimaliger Zurechtweisung abzuweisen/auszustoßen (παραιτέομαι)[179]. Zugleich scheinen jedoch auch außerhalb der Gemeinde Stehende im Blick zu sein, wenn vor dem Widersacher gewarnt wird, der der Gemeinde schaden wolle (2,8).[180]

2.1.2 Der erste Brief an Timotheus

In einer anderen Situation erscheint Paulus, während er 1Tim schreibt: Hier gibt er an, dass er auf dem Weg nach Makedonien sei (1,3) und bald zu Timotheus nach Ephesus zurückkehren wolle (3,14; 4,13). In dem Rückblick auf eine *unbestimmte Zeit vor Abfassung des Briefes* erwähnt Paulus, dass er (als er [mit Timotheus zusammen?] in Ephesus war?) Hymenaios und Alexander dem Satan übergeben habe (1,20).

In Bezug auf *Timotheus*, der *zur Zeit der Abfassung des Briefes* als jung (4,12) und chronisch (magen)krank (5,23) gekennzeichnet wird, macht Paulus weitere Aussagen zur *Vergangenheit*: Timotheus wurde im Glauben erzogen (4,6) und ihm wurden unter Weissagungen die Hände der Ältesten aufgelegt (4,14, hier wird nun der Anlass der bereits in 1,18 erwähnten Weissagungen nachgeliefert). Diesen Glauben, so versichert ihm einerseits Paulus, habe er bewahrt (4,6 παρηκολούθηκας), ermahnt ihn andererseits zugleich, darin nicht nachzulassen und „die gute *Paratheke* zu bewahren" (6,20 φύλαξον, vgl. auch 5,21f; 6,14). Zudem erwähnt er rückblickend (6,12), dass Timotheus, der „Mensch Gottes"[181], das gute Bekenntnis abgelegt habe (ὡμολόγησας τὴν καλὴν ὁμολογίαν) „vor vielen Zeugen". Aufgrund der Parallelität zur folgenden Aussage über Christus Jesus, „der das gute Bekenntnis vor Pontius Pilatus bezeugt hatte" (V. 13 μαρτυρήσαντος ἐπὶ Ποντίου Πιλάτου τὴν καλὴν ὁμολογίαν)[182], legt sich zunächst nahe,[183] dass auf eine zurückliegende Verteidigung des Timotheus vor Gericht angespielt wird,[184] die ansonsten hier zwar nicht weiter erwähnt

---

[179] Vgl. Diog. Laert. VI 82 (= Entlassung); ThWNT I, s.v. αἰτέω195 (Stählin).

[180] Vgl. zu den verschiedenen Möglichkeiten der Zuordnung dieses ‚Widersachers' Marshall: Past, 256; Oberlinner: Tit, 118 mit Lit.

[181] Nicht zuletzt durch diese Anrede, die atl. Sprachgebrauch aufnimmt (z.B. Dtn 33,1; Ps 89,1; ep Ar 140; Philo Gig 61), erhält Timotheus eine ‚typologische' Funktion: Im Apostelschüler wird die Haltung des Gemeindeleiters sowie jedes Gemeindegliedes im Vorhinein abgebildet, so dass die folgenden Angaben nicht ausschließlich biographisch ausgewertet werden können, vgl. Dibelius/Conzelmann: Past, 66f; Brox: Past, 214; Roloff: 1Tim, 342; 345f; Quinn/Wacker: 1/2Tim, 525.

[182] Als opake Anspielung bereits Tit 2,14.

[183] So auch Brox: Past, 214.

[184] Ob hier μαρτυρέω schon im technischen Sinne gebraucht ist, ist umstritten, zustimmend ThWNT IV, s.v. 504 (Strathmann); Holtz: Past, 142; Bauer/Aland s.v. ὁμολογία 1153 und s.v.

wird, durch die jedoch die in 2Tim (v.a. 3,10–12) zum Vorschein kommende Notwendigkeit des Bewahrens des anvertrauten Gutes unter Verfolgungen im Voraus angedeutet wird. Es bleibt aber auch möglich, hier ein weiteres Glied der fortschreitenden Ordinationsanamnese zu sehen (1,18; 4,14;
vgl. 2Tim 2,2). Innertextlich auf einen Taufkontext zu schließen, liegt m.E.
dagegen weniger nahe, da die Taufe in 1Tim kaum Thema ist (vgl. höchstens 3,6 [νεόφυτος], möglicherweise auch hinter 4,6 [als *terminus a quo*]
oder 5,22[185] stehend).[186]

Zwischen dem in 6,13 durch die Erwähnung des judäischen Statthalters
gegebenen Datum und der Handauflegung des Timotheus stehen noch zwei
Punkte aus der *paulinischen Biographie*, die bereits in Tit Erwähnung gefunden haben: So bekennt Paulus von sich, früher ein „Gotteslästerer, Verfolger und Gewalttäter"[187] sowie überhaupt der erste der Sünder gewesen zu
sein (1,13.15); die Aussage ist eingebettet in die Notiz seiner Rettung und

---

μαρτυρέω 1.d, 999, vgl. auch Spicq: Past, 570f; ablehnend u.a. Baumeister: Anfänge, 199f; Läger:
Christologie, 57; Quinn/Wacker: 1/2Tim, 532. Die Objektanbindung spricht eher gegen technischen Gebrauch, der eindeutig erst in späterer Zeit belegt ist, vgl. Lampe s.v. μαρτυρέω II, 828.
Gleichwohl erhält der ganze Passus eine martyrologische Konnotation durch die Erwähnung von
Pontius Pilatus und zudem wird eine strenge Trennung zwischen Wort- und Tatzeugnis, wie
zumeist zwecks terminologischer Klarheit eingefordert, kaum der semantischen Entwicklung
gerecht, wie sie Schwemer: Prophet, nachgezeichnet hat (vgl. a.a.O. 344f zu 1Tim 6,13).

[185] Im Rahmen der Taufparänese zitiert Tertullian de bapt. 18,1 1Tim 5,22 . Er kann auf den
gleichen Vers jedoch auch anlässlich der Rekonziliationspraxis rekurrieren (de pudic. 18,9). Neben
diesen findet der Vers auch für die Ordination Anwendung, auf die er heute meist bezogen wird
(vgl. z.B. Roloff: 1Tim, 313–315), für weitere Verwendungen der Stelle vgl. Quinn: Tertullian;
Quinn/Wacker: 1/2Tim, 470–474.

[186] Damit ist nicht ausgeschlossen, dass der Verfasser hier Wendungen aus Tauf- oder Ordina-
tionsliturgien aufgenommen haben könnte. Vgl. Spicq: Past, 569f; Roloff: 1Tim, 341–343; von
Lips: Glaube, 177–180; Läger: Christologie, 55–62, zur forschungsgeschichtlichen Debatte über
die Einordnung des Abschnittes (Verfolgung des Timotheus, Tauf- oder Ordinationsparänese). Die
Auslegungen favorisieren die Aufnahme einer Tauf- oder Ordinationsliturgie in 6,11–16 (die z.T.
vom Verfasser frei aufgenommen bzw. beide durch ihn miteinander verschmolzen wurden), wogegen der Bezug auf die Verteidigung vor Gericht zumeist abgelehnt wird, für den argumentieren:
Baldensperger: témoignage; Cullmann: Glaubensbekenntnisse, 20f; Holtz: Past, 141f.

[187] Zumeist wird ὑβριστής mit ‚Frevler' übersetzt, was jedoch den gewalttätigen Aspekt des
Wortstammes vernachlässigt, vgl. LSJ s.v. ὕβρις κτλ. 1841. Aufgrund der Erinnerung an die
Verfolgungstätigkeit scheint die Bedeutung ‚Gewalttäter' näherzuliegen, vgl. auch im Rückblick
auf Verfolgungssituationen bei Paulus 1Thess 2,2; 2Kor 12,10. Wolter: Paulus, legt dar, dass
durch die Zusammenstellung von ὕβρις und βλάσφημος Paulus als Gottesfeind gekennzeichnet
werde, wodurch eine nähere semantische Festlegung beider Begriffe nicht nötig sei (vgl. a.a.O.
50f; 58). Auch der Verweis auf ihr Erscheinen in Lasterkatalogen (Röm 1,30; 2Tim 3,2, vgl.
Collins: Image, 167f; Roloff: 1Tim, 93) scheine zu unspezifisch (vgl. Wolter: Paulus, 57). Gleichwohl bleibt festzuhalten, dass beide Begriffe nicht unmittelbar nebeneinander erscheinen, sondern
durch διώκτης gesperrt sind, mithin der letzte auch durch den vorangehenden Begriff eine spezifische Bedeutungsnuance erhalten kann. Zudem verweist ihr Auftauchen in Lasterkatalogen darauf,
dass der hier so durch seine Biographie qualifizierte Paulus auch schon in Tit 3 biographisch
gesprochen hat, was durch eine einlinige Herleitung der Begriffe von der Theomachos-Vorstellung
verdeckt wird.

Einsetzung als Verkündiger, Apostel und Lehrer der Völker (1,11–16; 2,7). Im Unterschied zur Tit-Version ist die Angabe hier nun deutlich biographisch konzipiert. Fehlte dort der Hinweis auf die Verfolgungstätigkeit, so wird sie hier explizit erwähnt und verteidigt bzw. begründet mit seinem ,Nichtwissen im Unglauben' (1,13).

Vom Punkt des Briefschreibens aus liegt unmittelbar *zukünftig* die Absicht des Paulus, zu Timotheus zurückzukehren – mit der Einschränkung jedoch, dass Paulus verhindert werden könnte (3,14f; 4,13). Für die weitere Zukunft, das Ende der Zeiten, kündigt Paulus schließlich den Abfall einiger vom Glauben an (4,1–3). Dies ist einer der Hauptpunkte des Briefes, setzen doch die Anweisungen an Timotheus bereits mit der Ermahnung ein, das Anderslehren zu unterbinden (1,3f.6f), und solch Scheitern am Glauben ist durchgängig Thema (vgl. v.a. 1,19f; 5,14f.24; 6,3–5.20f). Hinzu kommen Mahnungen, die auf gemeindeexterne Anfeindungen eingehen (2,1f; 3,6f).

2.1.3 Der zweite Brief an Timotheus

Immer wieder rekurriert Paulus im Laufe des Briefes auf seine gegenwärtige Lage, die Gefangenschaft in Rom, in der er sich bereits seit einiger Zeit befindet: So konnte ihn die *familia* des Onesiphorus in Rom bereits aufsuchen (1,16f)[188] und er hat die erste Apologie auch ohne Unterstützung überstanden (4,16).

Die Verlassenheitsaussage in 4,10 bezieht sich wohl auf die *unmittelbare Vergangenheit* während seiner Gefangenschaft (wie auch die in 4,12 und 16f mitgeteilten Begebenheiten), wogegen die aus 1,15 nicht näher fixiert werden kann: Die Abwendung der Gemeinden der Asia bzw. seiner Anhänger dort, besonders des Phygelus und Hermogenes[189], kann sowohl auf einen konkreten Konflikt mit Paulus bezogen sein aus der Zeit seiner letzten Wirksamkeit dort, könnte jedoch auch in (zeitlichem bzw. sachlichem) Zusammenhang mit der Gefangenschaft stehen.[190]

Gegen Ende des Briefes blickt Paulus auf sein Leben zurück, wie das Perfekt-,Stakkato' (ἠγώνισμαι … τετέλεκα … τετήρηκα) deutlich macht,

---

[188] Wagener: Timotheus, 2324 Anm. 770, hebt hervor, dass grammatikalisch nicht zu entscheiden ist, ob Onesiphorus oder sein οἶκος Paulus aufgesucht habe. Die Syntax lege es nahe, nicht das Genitiv-Attribut (Onesiphorus) zum Subjekt des untergeordneten Satzes zu machen, sondern das Dativ-Objekt als Ganzes. Eine Andeutung in diese Richtung bei Oberlinner: 2Tim, 60f.

[189] Vgl. Collins: Timothy, 374 Anm. 31: „The way in which the names of Phygelus and Hermogenes are cited in 2 Tim 1,15 makes it likely that they are two individuals who were expected to be loyal to Paul even when others were not." Vgl. auch die Charakterzeichnung von Hermogenes (und Demas) in Act Pl et Thec 1; 4; 11–16.

[190] Dann würde οἶδας τοῦτο 1,15 auf eine briefliche oder mündliche Benachrichtigung des Timotheus von der Gefangenschaft des Paulus verweisen, wovon möglicherweise auch die 1,4 genannten Tränen zeugen, s.u.

und kann festhalten, dass er den Glauben resp. die Treue bewahrt habe
(4,7). Anders als in dem vorausgehenden Brief ist der *Anfangspunkt* dieser
Treue nicht mit der Einsetzung als Verkündiger etc. (vgl. 2Tim 1,11) bzw.
mit der Berufung (vgl. 1,9) gesetzt, sondern Paulus betont, dass er „Gott
von den Vorfahren her dient mit reinem Gewissen" (1,3). In die nicht weiter
zu bestimmende *Zwischenzeit* fällt die Bewährung in diesem Glauben, die
Paulus u.a. in den Verfolgungen und Leiden in Antiochia, Ikonion und
Lystra erwiesen hat (3,11), ebenso wie seine (möglichen) Aufenthalte in
Ephesus (1,18), Troas (4,13), Korinth und Milet (4,20) und der Konflikt mit
Alexander (4,14f).[191] In die *unbestimmte Zukunft* greift Paulus ebenso voraus und erwartet für seinen Lebenskampf die Bekränzung durch den Herrn
(4,8), denn er ist sich sicher, dass in seinem Leiden der Herr ihm „das Anvertraute bis an jenen Tag bewahren werde" (1,12). In *näherer Zukunft*
(noch vor dem Winter) hofft Paulus jedoch, Timotheus zu sehen, der ihm
die in Troas zurückgelassenen Gegenstände samt Markus mitbringen solle
(1,4; 4,9.11.13.21). Zeitlich unbestimmt ist auch der erwartete Tod des
Paulus, da er – trotz der gerade genannten Hoffnung – sich bereits jetzt (4,6
ἤδη ... ἐφέστηκεν) als Sterbender versteht.

Wie im vorangehenden Brief erwähnt Paulus auch hier (2,22) die Jugend
des Timotheus,[192] an den er ununterbrochen denkt (1,3). Ebenso wird auf
dessen religiöse *Vergangenheit* zurückgeblickt: Von Kindheit an ist er im
Glauben und in den Schriften unterwiesen (1,5; 3,14f), anders als in 1Tim
wurden ihm die Hände nicht vom Presbyterium, sondern von Paulus aufgelegt (1,6), der ihm auch die „gesunden Worte" vermittelt habe (1,13). Weiterhin erwähnt Paulus den Aufenthalt seines Delegaten in Ephesus (1,18,
ein Rückverweis auf 1Tim?), wo er sich möglicherweise noch immer aufhält (vgl. 4,19[193]), sowie dessen Tränen (1,4) – ob sie jedoch mit der Abreise
des Paulus in Verbindung stehen oder als Reaktion auf die Gefangennahme
bzw. -schaft des Paulus, wird nicht ersichtlich.[194] In 3,10f scheint möglicherweise auf Verfolgungen und Leiden verwiesen zu sein, die Timotheus
mit Paulus zusammen erlitten hat. Bezüglich der Gegenwart warnt Paulus
ihn vor diversen Falschlehrern und Gegnern, sowohl gegenwärtigen (wie
Hymenaios und Philetos [2,16–18] oder Alexander dem Schmied [4,14f])

---

[191] Es scheint jedoch, dass dieses alles zwischen seinem Aufenthalt in Ephesus (seinem letzten
persönlichen Kontakt zu Timotheus?) und seiner Gefangenschaft stattgefunden habe, der Konflikt
mit Alexander ereignete sich möglicherweise in Ephesus oder in Troas, so Quinn, s.u. S. 258 Anm.
423.

[192] Übereinstimmend wird sie in beiden Fällen als etwas angesehen, was seiner Autorität bzw.
Glaubensstärke abträglich sein könnte, vgl. zur Bewertung der Jugend Philo *Hypothetica* 11,3 (ed.
minor, Bd. 6, 198); Sobr 6–29; Barclay: Old, 232–235; 238f.

[193] Zur Auswertung der Grüße für die Lokalisierung des Timotheus s.u. S. 255f.

[194] S.u. S. 245f.

als auch denen der Endzeit, die jedoch bereits jetzt wirken (3,1–5[195], vgl. 1Tim 6,3f). Timotheus soll angesichts der heraufkommenden Schwierigkeiten das Charisma Gottes in sich entfachen und sich nicht der Ketten seines Lehrers schämen sowie stark sein und für Christus mit leiden (1,8; 2,1.3). Die Nachfolge Pauli umfasst sodann das Bewahren der Lehre (1,13f; 3,14f), das Lehren und Zurechtweisen von Anderslehrenden (2,14f.23; 4,2) und die Weitergabe des Lehrauftrags an „treue Menschen" (2,2).

2.2 Zusammenstellung der Paulusnotizen der drei Briefe

Die so gewonnenen Daten der Briefe lassen sich schematisiert in einer Tabelle zusammenfassen, die es erlaubt, einen ersten Eindruck von den Dubletten mit ihren Übereinstimmungen und Differenzen zu gewinnen.

	terminierbare Vght.	unbestimmte Zeit	unmittelbare Vght.	Ggwt.	unmittelbare Zukunft	unbest. Zukunft
Tit (Paulus)	[Hingabe Jesu] sündhafte Existenz & Werke der Gerechtigkeit; Einsetzung durch Gott		Installation des Titus auf Kreta	*Brief* Anweisungen an Titus und für die Gemeinde	will nach Nikopolis	
(Titus)			auf Kreta		soll nach Nikopolis	
(Mitarb.)				Ausrüstung von Zenas und Apollos zur Reise	Artemas oder Tychikus nach Kreta	
1Tim (Paulus)	[Jesus vor Pilatus] Verfolgung der Gemeinde Gottes; Berufung durch Christus	Konflikt mit Hymenäus und Alexander	Reise nach Makedonien; Installation des Tim. in Ephesus	*Brief* Anweisungen an Tim. und für die Gemeinde	will nach Ephesus	
(Tim.)		relig. Vght. des Tim.	Angaben zu Tim.	in Ephesus		
(Gegner)						endzeitl. Abfall

<hr/>

[195] Vgl. die Rahmung dieses Abschnitts: „Dies wisse, dass in den letzten Tagen schwere Zeiten eintreten werden. Es werden sein … Und davon wende dich ab!"

2Tim					
(Paulus)	gläubige Vght.; Berufung durch Gott	Reisen, Konflikte und Verfolgungen	römische Gefangenschaft / *Brief* Anweisungen an Tim.	erwartet Hinrichtung	Bekränzung durch den Herrn
(Tim./ Titus)	relig. Vght. des Tim.		in Ephesus / Angaben zu Timotheus / Titus in Dalmatien	soll nach Rom	
(Mitarb./ Gegner)			Abwendungen von Paulus | Aufenthalte von Mitarbeitern / (eschatologische) Falschlehrer & Abfall	Markus nach Rom	

Der vorangehende Überblick hat gezeigt, dass der Großteil der Nachrichten nur unzureichend chronologisch fixiert werden kann. G. Genette hat für solche „Ereignisse, die jeder Zeitbestimmung entbehren und sich in bezug auf die sie umgebenden Ereignisse in keiner Weise situieren lassen", den Terminus der *Achronie* eingeführt.[196] Dabei hat er gezeigt,[197] wie bei oberflächlicher Lektüre der *Recherche du temps perdu* solch achronische Erzählungen in eine Chronologie eingefügt werden, die nur durch eine genaue literaturwissenschaftliche Analyse entwirrt werden kann. Ähnlich verhält es sich mit der Erzählung der Pastoralbriefe. Durch die zahlreichen, z.T. scheinbar konkreten Angaben können die Lesenden Ereignisabfolgen konstruieren, die durch die Chronographie der Briefe jedoch nicht gedeckt werden. Sicher terminierbar bzw. in die bekannte Paulusbiographie einzuordnen sind nur wenige Notizen, die meisten können nur (mit unterschiedlichen Plausibilitätsgraden) zwischen den Fixpunkten Berufung, Moment des Briefschreibens und unmittelbare Zukunft oder jenseits von diesen lokalisiert werden.

Die gleiche Unbestimmtheit gilt für die jeweilige Schreibsituation der Briefe. Von den Angaben des 1Tim aus kann nicht entschieden werden, ob Paulus ihn vor oder nach dem an Titus geschriebenen Brief abgesandt hat. Allein dass er gleichzeitig beide Briefe verfasst hat, wird durch die Reisenotizen unwahrscheinlich gemacht: Von einem vorausgehenden Aufenthalt auf Kreta oder einer geplanten Überwinterung in Nikopolis ist in 1Tim ebenso wenig die Rede wie andere Mitarbeiter erwähnt werden, die Paulus in seinen Gemeinden installiert hat (z.B. Titus). Gleiches gilt entsprechend bei einer Nachordnung von Tit, in dem sich keine Hinweise auf 1Tim finden. Diese Unbestimmtheit erklärt die differierenden rekonstruierten historischen Abfolgen beider Briefe in der Forschung. Dagegen bezieht sich

---

[196] Genette: Erzählung, 57: „ein Ereignis ohne Alter und Jahr"; vgl. ders.: Fiktion, 73.
[197] Vgl. Genette: Erzählung, 57–59.

2Tim (1,18) *möglicherweise* auf 1Tim zurück. Bevor sogleich einige Punkte aus den Biographien von Paulus, Timotheus und Titus in ihren verschiedenen Darstellungen in den Briefen verglichen werden, muss zuvor noch der Gebrauch der Zeitdimension des Briefbuchs erläutert werden.

Ausdehnung der Zeit: Hier lässt sich beobachten, wie die Zeitspanne von Brief zu Brief weiter ausgedehnt wird. In Tit ist Paulus mit der Gegenwart beschäftigt, seine Einsetzung als Apostel wird kurz (1,3) erwähnt, die Zukunft kommt nur bis zum nächsten Winter in den Blick (3,12). Es finden sich freilich Angaben beiderseitig jenseits der innerzeitlichen Markierungspunkte durch die Aussagen der Hoffnung auf ewiges Leben sowie des Ratschlusses Gottes vor ewigen Zeiten (1,2; 2,14; 3,7), sie dienen aber nicht dazu, die Zeit im Wirken des Paulus oder im Leben der Gemeinde auszufüllen, auch wenn Hoffnung sowie Ratschluss natürlich grundlegend für beides sind.[198] In Tit 2,14 wird außerdem vage auf die Kreuzigung Jesu hingewiesen, wenn es heißt, dass „er sich selbst für uns gegeben hat". Dieser Punkt wird in 1Tim aufgegriffen (2,6) und historisch fixiert durch das dem vorausgehende Bekenntnis Jesu vor Pontius Pilatus (6,13), vorwärts geht der Blick bis in die letzten Zeiten, in denen einige vom Glauben abfallen werden (4,1–3). Die Vergangenheit gewinnt dadurch an Leben, dass die religiöse Biographie des Timotheus thematisch wird. 2Tim geht noch etwas weiter in die Vergangenheit, indem die Vorfahren des Paulus sowie Großmutter und Mutter des Timotheus ge- und benannt werden. Die Geschehnisse der Endzeit werden weiter ausgefüllt, neben dem Auftreten von Falschlehrern wird auch die Bekränzung des Paulus angekündigt/erwartet. Zudem wird die Zeit dadurch weiter ‚aufgebläht', dass die Anzahl der mitgeteilten historischen Ereignisse von Brief zu Brief stark zunimmt.

Vergleicht man die Doppelaussagen der Briefe miteinander, so zeigt sich, dass einige Aussagen aus früheren Briefen aufgegriffen werden, um sie zu spezifizieren oder um den Fokus zu verschieben.

Religiöse Vergangenheit des Paulus: In Tit spricht Paulus zunächst in allgemein anthropologischer Ausdrucksweise von der sündhaften Vergangenheit des Menschen sowie von seiner Erwählung nicht aus Werken der Gerechtigkeit. Die um die Paulusbiographie Wissenden können dahinter bereits einen Hinweis auf das Damaskuserlebnis erkennen. Paulus selbst verweist auf in den Gemeinden umlaufende Erzählungen über die Zeit, in

---

[198] Collins: Timothy, 368, verweist darauf, dass in Tit 1,2f. und damit das Briefbuch einleitend, durch die drei zeitlichen Markierungen (das ewige Leben – vor ewigen Zeiten – in den eigenen Zeiten) das gesamte Heilshandeln Gottes abgeschritten wird. Paulus erscheint in dieser Konzeption der Pastoralbriefe als Schwellengestalt, der eine eminente soteriologische Funktion zukommt, vgl. Redalié: Paul, 231–256; 241: „Dans les pastorales, Paul est ainsi le pivôt de l'actualisation de la sotériologie, non seulement par les énoncés qu'il transmet et dont il est le garant […], mais aussi parce qu'il est le lieu concret, exemplaire et premier, où s'articulent parénèse et sotériologie."

der er die „Gemeinde Gottes" verfolgt hatte (Gal 1,13.23), so dass m.E.
damit zu rechnen ist, dass die allgemeine Formulierung in der 1. Plur. in Tit
3,3 aufgrund solch umläufigen Wissens auch als biographische Selbstaussage des Paulus verstehbar ist.[199] Ist hier jedoch diese Bedeutung nur impliziert, so wird in 1Tim der Bezug explizit hergestellt, freilich ohne ausführlich zu werden, wenn Paulus auf seine frühere Verfolgertätigkeit verweist.
Spätestens zu diesem Zeitpunkt merken die Lesenden, dass die von Paulus
in Tit ‚beschriebene' vorchristliche Zeit in dieser Qualifikation auch auf ihn
selbst zutrifft.[200] 2Tim dagegen kehrt die Aussage um (und greift damit auf
die „Werke in Gerechtigkeit" aus Tit zurück), indem Paulus seine Tadello-
sigkeit (im Glauben) von den Vorfahren her beteuert (1,3; vgl. aber V. 9,
der die Rechtfertigungslehre aus Tit beibehält).[201]

Auch diejenigen unter den Lesenden, die kaum auf Hintergrundwissen
um Paulus zurückgreifen können, werden so in die Lage versetzt, ein facettenreiches und widersprüchliches Bild des Apostels allein aus den drei
Briefen aufzubauen, indem sich sowohl eine von Tit zu 1Tim erfolgende
Aufklärung beobachten lässt als auch ein durch 2Tim gesetzter Kontrapunkt, nach dessen Bedeutung sogleich zu fragen sein wird.

Reisetätigkeit des Paulus: Bezüglich der Reisetätigkeit des Paulus klärt
2Tim weiter auf, was in den beiden vorausgehenden Briefen jeweils angedeutet wird durch die briefeinleitenden Situationsangaben sowie durch die
Erwähnung von Nikopolis in Tit: Paulus ist ein Wanderapostel, seine Biographie ist durch die Abfolge von Ortsnamen geprägt, wie die zahlreichen
Nennungen von Orts- und Provinznamen in 2Tim belegen, in dem er sein
Leben, nun zum Stillstand in Rom gekommen, Revue passieren lässt.

---

[199] Zu den mündlichen Erzählungen von den Verfolgungen und der Berufung/Bekehrung des
Paulus vgl. Burchard: Zeuge, 47–51; 121–128.

[200] Vgl. ἀνόητοι (unverständig, Tit 3,3) mit ἀγνοῶν (unwissend, 1Tim 1,13) – das Nebeneinander beider Begriffe z.B. bei Lukian. Lex. 17; Nec. 6.; Ps.-Plat. Hipparch. 225a –; ἐν κακίᾳ καὶ
φθόνῳ διάγοντες, στυγητοί, μισοῦντες ἀλλήλους (in Schlechtigkeit und Neid lebend, verhasst,
einander hassend, Tit 3,3) mit βλάσφημον καὶ διώκτην καὶ ὑβριστήν (Lästerer, Verfolger und
Gewalttäter, 1Tim 1,13, vgl. auch mit Tit 3,2: „...niemanden zu lästern, streitlos zu sein, gütig,
alle Sanftmut erweisend gegenüber allen Menschen" [μηδένα βλασφημεῖν, ἀμάχους εἶναι, ἐπιεικεῖς, πᾶσαν ἐνδεικνυμένους πραΰτητα πρὸς πάντας ἀνθρώπους]); ἀπειθεῖς, πλανώμενοι, δουλεύοντες ἐπιθυμίαις καὶ ἡδοναῖς ποικίλαις (ungehorsam, irrend, vielfältigen Begierden und
Lüsten dienend, Tit 3,3) mit ἐν ἀπιστίᾳ (in Unglauben, 1Tim 1,13).
Marshall: Past, 305f, scheint die Aussage Tit 3,3 nur auf die Lesenden zu beziehen, ohne zu
berücksichtigen, dass damit auch das Paulusbild qualifiziert wird, ein Bild, von dem Lindemann:
Paulus, 48, gemeint hat, dass Tit es nicht habe.

[201] „Ich danke dem Gott, dem ich von [meinen] Vorfahren her diene mit reinem Gewissen ..."
(2Tim 1,3). In den Past kann das (reine) Gewissen annähernd bedeutungsäquivalent zu πίστις
gesehen werden. An den anderen Stellen des Briefbuches wird συνείδησις mit πίστις zusammengestellt (1Tim 1,5.19; 3,9; 4,1f; Tit 1,15); 2Tim 1,3 wird πίστις zwar nicht erwähnt, in der parallelen Aussage bezüglich Timotheus zwei Verse später steht jedoch πίστις. Vgl. auch Dibeli-
us/Conzelmann: Past, 17; ThWNT VII, s.v. σύνοιδα 917 (Maurer); Weiser: 2Tim, 90f.

Konfliktgeschichte des Paulus: Die Konflikte des Paulus nehmen von Brief zu Brief zu: In Tit finden sich, trotz der auch hier präsenten Gegnerpolemik, noch kaum Hinweise auf persönliche Auseinandersetzungen (am ehesten könnte hinter Tit 1,10f; 2,8 Entsprechendes vermutet werden), wogegen 1Tim 1,20 namentlich Hymenaios und Alexander anführt, die Paulus dem Satan übergeben habe. 2Tim dagegen ist voll mit Erinnerungen an solche Konfliktfälle, die namentlich gemacht werden mit Phygelus und Hermogenes (1,15), Hymenaios und Philetos (2,17) sowie Alexander (4,14), möglicherweise auch Demas und Titus (4,10)[202]. Weiter wird neben der Gefährdung der Gemeinden durch innergemeindliche theologische Streitigkeiten die Perspektive auf die Außenrelation intensiviert: Werden die moralischen Anweisungen z.T. begründet durch den zu wahrenden Ruf der Gemeinde vor den Augen der Welt und klingen einzelne Angriffe von außen an, so wird durch die Gefangensetzung des Apostels und seiner erwarteten Hinrichtung diese sowohl personalisiert als auch durch 3,12 generalisiert – der Widerstand gegen die christliche Botschaft von beiden Seiten frisst um sich wie ein Krebsgeschwür (2,16f) ‚die schlechten Menschen und Betrüger machen Fortschritte zum Ärgeren' (3,13). Gleichzeitig wird jedoch auch das missionarische ‚Netzwerk' des Paulus deutlicher: Was durch die Notizen in Tit 3,12f anklingt, wird durch die zahlreichen Namensnennungen in 2Tim bestätigt: Paulus hat – zumindest hatte – einen großen Mitarbeiterstab zu seiner Verfügung (Phygelus, Hermogenes [1,15], Demas, Kreszens, Titus, Lukas, Markus, Tychikus, Erastus, Trophimus, Eubulus, Pudens, Claudia usw. [4,10ff]).

Religiöse Vergangenheit des Timotheus: Timotheus wird in 1Tim 4,6 daran erinnert, dass er im Glauben erzogen worden ist: „aufgezogen in/ernährt mit (ἐντρεφόμενος) den Worten des Glaubens und der guten Lehre, der du gefolgt bist/die du dir angeeignet hast (ᾗ παρηκολούθηκας)". 2Tim expliziert sodann, was das heißt: Er hat den Glauben von seiner Großmutter Lois und seiner Mutter Eunike vermittelt bekommen und kennt die heiligen Schriften von Kindheit an (1,5; 3,14f). Aber auch Paulus hatte seinen Anteil an der religiösen Unterweisung des Timotheus (1,6.13f; 3,10f), wie hin-

---

[202] Es lässt sich aus dem Text 2Tim 4,10 schlechterdings nicht entnehmen, dass Paulus Titus zu Missionszwecken nach Dalmatien geschickt oder anderweitig beauftragt habe (wie aber z.B. Schröter: Kirche, 85; Quinn/Wacker: 1/2Tim, 799–804; Jeremias: Past, 52, meinen); ebenso wäre es plausibel, daran zu denken, dass selbst Titus ihn verlassen habe, wie auch Phygelus und Hermogenes als frühere Mitarbeiter nicht zu ihm gestanden haben. So z.B. Harnack: Mission, 86: „Die letzten Worte über seine Mitarbeiter, die wir von Paulus besitzen [sc. in 2Tim 4,9ff], sind nicht erfreulich. [...] Man würde aber doch unrecht tun, die Mitarbeiter des Apostels nach diesen unmutigen Worten zu beurteilen. Augenscheinlich haben sie nicht getan, was er wollte, aber die Gründe ihrer Entschlüsse kennen wir nicht."

sichtlich der Handauflegung im Widerspruch zu 1Tim mitgeteilt wird;[203] so ist jedoch zugleich erklärt, warum Paulus Timotheus als sein „Kind" (1Tim 1,2.18; 2Tim 1,2) bezeichnen kann. Ist in 1Tim 1,18 zunächst von den Weissagungen die Rede, die früher über Timotheus ergangen sind, so wird später im selben Brief (4,14) der Umstand genannt, unter dem diese über ihn ergangen sind: während der Handauflegung durch das Presbyterium und der Mitteilung des Charismas. Auch 1Tim 6,11ff kann als Glied dieser Kette von Ordinationsanamnesen gelesen werden. Es ist jedoch ebenso möglich, hier einen ersten Hinweis auf die Bewährung vor Gericht gegeben zu sehen. Wenn man den Passus 1Tim 6,12 mit V. 13 und 2Tim 3,10–12; 4,16f zusammen liest, ergibt sich, dass das Festhalten am Bekenntnis vor Gericht eine stets wiederkehrende Erfahrung ist:[204] so wie Christus Jesus vor Pilatus, so wie Timotheus vor Gericht, so wie Paulus in den Verfolgungen in Antiochia, Ikonion, Lystra, so wie Paulus während seiner ersten Apologie, so werden alle Christen in die Situation kommen, angesichts von Verfolgungen und drohenden Verurteilungen an ihrem Bekenntnis festzuhalten. Für den Bezug auf eine Verfolgungssituation scheint weiter zu sprechen, dass der Abschnitt sprachlich und thematisch in engem Bezug zu 2Tim 4,7f steht, wo das Spannungsfeld von Kampf, Ausdauer bis zur Erscheinung Christi und ewigem Leben als Verheißung im Kontext von Gefangenschaft und bevorstehendem Tod steht. Zudem wird in 1Tim 6,13–15 eine politische Dimension durch die Erwähnung von Pontius Pilatus sowie der Gottesattribute „der allein Mächtige", „König der Könige"[205] und „Herr der Herren"[206] eröffnet, die im Rahmen des 1Tim alleine noch nicht zwingend auf eine Konfliktsituation mit politischen Machthabern verweisen, von 2Tim als erklärendem Schlussbrief rückgelesen jedoch diese (z.B. auf 2Tim 3,10–12) vorausweisende Bedeutung bekommen können.[207] Je nachdem, welcher Referenzrahmen für die Aussage von 1Tim 6,11ff gewählt ist, ergibt sich ein anderes Verständnis: sowohl die Verteidigung vor einem

---

[203] Zu den verschiedenen Wegen, diesen Widerspruch aufzulösen – etwa Paulus sei Teil des Presbyteriums gewesen (Spicq: Past, 517f; 728f); mangelnde Sorgfalt des Verfassers (Brox: Past, 180f) –, vgl. Roloff: 1Tim, 258f; Weiser: 2Tim, 108f mit Literaturangaben.

[204] Das heben auch z.B. Käsemann: Formular, 104; Brox: Past, 213–217; von Lips: Glaube, 178f, hervor und verstehen den Abschnitt als Paränese zum Standhalten in drohenden Verfolgungen.

[205] Das ist z.B. ein Vorwurf gegen Paulus in Thessalonich in Apg 17,7; ebenso im *Paulusmartyrium*, § 2, s.u. S. 293 Anm. 588. In den Prozessakten der Märtyrer von Scili (vom 17.7.180) werden § 6 ebenfalls Wendungen aufgegriffen, die an 1Tim 6,15f erinnern.

[206] Vgl. z.B. Epikt. diss. IV 1,12: ὁ πάντων κύριος Καῖσαρ; IvEph. II 599: Ῥώμα ἡ παμβασίλεια τὸ σὸν κράτος οὔποτ᾽ ὀλεῖται (dazu Price: Rituals, 120).

[207] Zur Bedeutung der politischen Sprache und Vorstellungen als „Rezeptionsfolie" christobzw. theologischer Termini vgl. Heininger: Umwelt, 68.

Richterstuhl als auch die Erinnerung an die Taufe bzw. an die Amtseinset-
zung (1,18; 4,14; vgl. auch 2Tim 2,2a) wäre möglich.

Nachrichten über Titus: Gerade im Vergleich mit Timotheus fällt das
Schweigen über Titus auf. Die Lesenden erfahren, dass Titus auf Kreta eingesetzt worden ist, um dort Älteste einzusetzen, und bald nach Nikopolis
kommen soll. Am Ende des Briefbuches wird mitgeteilt, dass er nach Dalmatien abgereist sei, ohne dass aufgeklärt würde, von wo (von Nikopolis,
Rom, …?) oder unter welchen Umständen (ob als Delegierter des Paulus
oder ob er im Streit von ihm gegangen ist). Über die Vergangenheit dieses
Paulusmitarbeiters hingegen verlieren die Pastoralbriefe kein Wort. Von
1Tim her gelesen ergibt sich aber eine zusätzliche Eintragung in die Perso-
nenkennzeichnung des Titus: Die Ermahnung an ihn direkt nach denen an
junge Männer (Tit 2,7f) lässt bereits die Vermutung aufkommen, dass er
selbst jugendlich ist. Durch die Ergänzung der Ermahnung „Niemand soll
dich verachten" (μηδείς σου περιφρονείτω; Tit 2,15) mit „aufgrund deiner
Jugend" (μηδείς σου τῆς νεότητος καταφρονείτω; 1Tim 4,12) wird die
Parallelität der Lebenssituation dann jedoch implizit hergestellt.[208]

Durch sukzessive Enthüllungen und widersprüchliche Angaben entwickeln die Briefe ein reichhaltiges und schillerndes Bild von Paulus und
seinen Mitarbeitern. Obwohl die Angaben der Briefe zumeist unspezifisch
hinsichtlich ihrer zeitlichen Fixierung bleiben, wird durch die Art der Präsentation ein Bild von Paulus an drei verschiedenen Punkten seiner Biographie entworfen sowie sein Leben als Ganzes in einem Rückblick gewertet.

2.3 Vergleich mit anderen Erzählungen

Von den großen Orientierungsmarken der Paulusbiographie – Damaskuserlebnis, Apostelkonzil, antiochenischer Zwischenfall, Kollektenreise, geplante Spanienmission, Verhaftung in Jerusalem und römische Gefangenschaft – werden in den Pastoralbriefen nur die beiden Eckpunkte sichtbar.
Dies macht es, neben der genannten Uneindeutigkeit der Mitteilungen
selbst, schwierig, die Nachrichten sowie auch nur die Abfassungszeit der
Briefe mit hinreichender Sicherheit auf dieser Zeitschiene zu verorten. Entsprechend divergierend sind denn auch die Versuche, die Tritopaulinen mit
anderen Paulustraditionen, v.a. den Homologumena und Apg, zu harmonisieren bzw. von dort her zu erklären. Die vom Autor gewählte Schreibsituation der Briefe wird im nachfolgenden Kapitel ausführlicher untersucht,
hier sollen nur einige der biographischen Daten der Vergangenheit des
Paulus bzw. Timotheus mit anderen Paulustraditionen verglichen werden.

---

[208] Vgl. auch Redalié: Paul, 334f; 443f.

Damaskusereignis. Der Rückgriff auf die ‚vorchristliche' Existenz des Paulus und seine Berufungserfahrung verbleibt in punktueller Andeutung: Hier scheint m.E. deutlich zu werden, dass der Autor ein Wissen um Paulus(legenden) voraussetzt. Die Zeit vor der Christusbegegnung bewertet er in 1Tim und 2Tim in gegensätzlicher Weise. Zunächst heißt es 1Tim 1,13:

„... der ich früher ein Lästerer war und ein Verfolger und ein Gewalttäter, aber ich habe Erbarmen gefunden, weil ich es unwissend getan habe in Unglauben" (τὸ πρότερον ὄντα βλάσφημον καὶ διώκτην καὶ ὑβριστήν· ἀλλὰ ἠλεήθην, ὅτι ἀγνοῶν ἐποίησα ἐν ἀπιστίᾳ).

Gleichwohl schützt er seine Unwissenheit nicht vor, sondern bezeichnet sich als „den ersten der Sünder" (V. 15). 2Tim 1,3 dagegen vernimmt sich ganz anders:

„Ich danke Gott, dem ich diene von [meinen] Vorfahren her in reinem Gewissen" (Χάριν ἔχω τῷ θεῷ, ᾧ λατρεύω ἀπὸ προγόνων ἐν καθαρᾷ συνειδήσει).

Die Bedeutung dieses Rekurses auf die Vorfahren bleibt in den Briefen unbestimmt. Aus ihnen geht nicht hervor, ob der Völkerapostel Jude gewesen ist oder einer aus den Völkern. Bringt man das entsprechende Hintergrundwissen mit, so kann dieses allerdings bereits in Tit 1,1 durch die Selbsttitulatur als δοῦλος θεοῦ für das Briefbuch programmatisch aktualisiert werden, sofern die Wendung als Hinweis auf die Einreihung unter die Knechte Gottes Mose (Mal 3,24), David (Ez 34,23) usw. interpretiert wird, eine freilich nicht zwingende Aktualisierung, ist die Wendung doch auch pagan belegt (z.B. Soph. Oid. T. 410; Eur. Ion 309).[209]

In den Auslegungen wird immer wieder auf den eklatanten Unterschied zwischen 1Tim 1,13f und Phil 3,4–9 bzw. Gal 1,13–16 hingewiesen.[210] 2Tim 1,3 findet hier kaum Beachtung, stattdessen wird der Vers jeweils an anderer Stelle primär unter dem Vorzeichen der Traditionsbewahrung interpretiert,[211] ohne dass damit hinreichend die Spannung beider Aussagen innerhalb eines Textcorpus erklärlich würde. Diese in den Tritopaulinen zu beobachtende Unausgewogenheit in der Bewertung der vorchristlichen Vergangenheit des Apostels kann jedoch durch dessen eigene Zeugnisse motiviert sein. Paulus selbst hätte sich zwar kaum als βλάσφημον oder gar als ‚Gottesfeind' bezeichnet. Im Gegenteil rühmt er sich – ganz so, wie es in 2Tim erscheint – seiner Vergangenheit (Gal 1,14; Phil 3,5f) und betont sein

---

[209] Vgl. Dibelius: Jak, 65; Quinn: Tit, 60–62.

[210] Vgl. Dibelius/Conzelmann: Past, 23; Brox: Past, 110f; Oberlinner: 1Tim, 36–42; Lindemann: Paulus, 46; Redalié: Paul, 73–83.

[211] Vgl. Dibelius/Conzelmann: Past, 72f; Brox: Past, 225; Oberlinner: 2Tim, 14–17 (Lindemann: Paulus, 138f); Redalié: Paul, 108–110.

Auserwähltsein „von Mutterleib an" (Gal 1,15: ὁ ἀφορίσας με ἐκ κοιλίας μητρός μου). Und doch fährt Paulus in Phil 3,6ff fort, seine Erkenntnis vor der Berufungserfahrung abzuqualifizieren (vgl. auch 1Kor 15,9f). M.E. versucht nun der Verfasser, die Spannung, die sich aus Paulus und den Paulus-legenden (Gal 1,23 zeigt, dass solche schon recht bald umläufig waren) ergibt, aufzunehmen und erklärlich zu machen,[212] wie es dazu kommen konnte, dass Paulus die Gemeinde Gottes verfolgt hat. Seine Antwort war, vielleicht nicht so different von der des Paulus,[213] dass er noch nicht erkannt hatte[214] – und insofern[215] im ‚Unglauben' war –, was die Erscheinung Gottes in dem Gekreuzigten als dem Christus bedeute.[216]

Im Gegensatz zur Apg jedoch und in Übereinstimmung mit Paulus (Gal 1,12–16; 1Kor 9,1; 15,8) wird dessen Berufungsvision nicht ausgemalt, sondern verbleibt in Andeutungen und dient der theologischen Entfaltung resp. Argumentation.[217] Ebenso als Fortführung des in Gal Mitgeteilten, aber in Abgrenzung zu dem durch Apg Bekannten erscheinen keine vermittelnden Instanzen, die Paulus weiter unterwiesen hätten. Hier zeigt sich wie noch häufiger in den Pastoralbriefen der exklusive Paulinismus, der gänzlich auf Paulus fixiert und keine anderen kirchlichen Autoritäten neben ihm erwähnt.[218]

Frühere Verfolgungen. Während in Tit und 1Tim mit keinem Wort frühere Verfolgungen Erwähnung finden (mit der möglichen Ausnahme 1Tim 6,12f), erinnert Paulus Timotheus in 2Tim 3,10f an die gemeinsame Zeit und wie Timotheus sich Paulus in allem zum Vorbild genommen habe. Das Itinerar der Verfolgungen und Leiden in Antiochia, Ikonion und Lystra stimmt überein mit dem von Apg 13,13–14,19. Dort wird nach den anfänglichen Erfolgen der sog. ersten Missionsreise in steter Steigerung die Ver-

---

[212] Vgl. auch Redalié: Paul, 80.

[213] So unter vielen z.B. Lindemann: Paulus, 46, der hier jedoch – anders als Collins: Image, 168 – kein apologetisches Motiv sieht, das gegen etwa hinter Barn 5,9 stehende Stimmen gerichtet sei, die Paulus seine frühere Verfolgungstätigkeit vorgeworfen haben (vgl. a.a.O. 277).

[214] Vgl. auch Burchard: Zeuge, 51 Anm. 39. Das Nicht-Erkennen bzw. Nicht-Wissen ist zudem typisch für Bekehrungsschilderungen (z.B. Test Jud 19,3; Philo Vit Mos I 273; JosAs 13,9 Philonenko); an unserer Stelle solle, so Wolter, durch den Verweis erklärlich gemacht werden, warum der Gottesfeind Paulus nicht dessen typisches Schicksal geteilt habe, vgl. Wolter: Paulus, 59f mit weiteren Belegen.

[215] In den Tritopaulinen ist Glauben und Erkennen annähernd synonym gebraucht, wie programmatisch Tit 1,1 (und in polemischer Abgrenzung 1Tim 6,20) hervorgehoben wird. Unglaube bezeichnet also allgemein den Zustand außerhalb der Christuserkenntnis, vgl. Bultmann: Theologie, 318; 533f; ThWNT VI, s.v. πιστεύω 205 (Bultmann). Zu der unseren Abschnitt 1Tim 1,12–17 beherrschenden Redundanz, für die das Nebeneinander von ἀπιστία und ἀγνόω nur ein Beispiel ist, vgl. Collins: Image, 166; 168.

[216] Vgl. Bornkamm: Paulus, 45f.

[217] Vgl. Wischmeyer: Paulus, 103–105, zu den Implikationen dieses Gegensatzes zwischen der Erzählverweigerung des Paulus und der erzählenden Apostheologie von Apg.

[218] Vgl. Collins: Image, 156.

folgung der Predigt des Paulus durch die Juden eingeführt: von der Vertreibung in Antiochia zur Vertreibung und versuchten Steinigung in Ikonion,
der sich die Apostel durch Flucht entziehen, bis zur Steinigung des Paulus
und seinem vermeintlichen Tod in Lystra. Wieweit hinter dem Erzählten
historische Erinnerungen (vgl. die Erwähnung einer Steinigung 2Kor 11,25)
oder kursierende Pauluslegenden stehen, kann offen bleiben. Auffallend ist
jedoch, dass von der anschließenden Rückreise von Derbe durch die zuvor
genannten Städte keine Konflikte mehr mitgeteilt werden.

Anders als in Apg werden an unserer Stelle die Urheber der Verfolgungen nicht kenntlich gemacht, stattdessen schließt Paulus den Rückblick mit
der allgemeinen Einsicht, dass „alle, die fromm leben wollen in Christus
Jesus, verfolgt werden werden" (2Tim 3,12). Auch werden diese früheren
Verfolgungen nicht weiter ausgemalt, sondern es wird ganz auf die gegenwärtige Situation der Gefangenschaft des Apostels fokussiert, in der er sich
bewährt und wie Christus Jesus das ‚gute Bekenntnis' vor den Machthabern
ablegt (vgl. 2Tim 4,7f.17f mit 1Tim 6,13f). Die von D.R. MacDonald beobachtete Jesus-Mimesis des Paulus durch die Gestaltung pseudepigrapher
Paulusbriefe als Gefangenschaftsbriefe (d.h. der literarischen Ausgestaltung
des Bildes vom leidenden Apostel in Nachahmung der Passion Jesu, vgl.
v.a. Kol 1,24; Eph 3,13; 3Kor 3,34; Laod. 6–8)[219] ist in 2Tim sicherlich am
stärksten ausgebaut.[220] Gleichwohl ist das Grundmotiv des Leidens um des
Evangeliums willen bei aller Paulushagiographie als Rezeption paulinischer
Kreuzestheologie zu interpretieren.[221] Dies zeigt sich bes. deutlich im Gegenüber zu den anderen Literaturarten, die Pauluslegenden aufgreifen und
weiterführen, nämlich Apokalypsen und Apostelgeschichten.[222] In beiden
steht die Erweisung der Befähigung des Apostels im Mittelpunkt, sei es
durch Wunder[223] oder begeisternde Reden,[224] sei es durch eine *revelatio
specialissima*.[225] In 2Tim (ebenso wie in 1Tim und Tit) wird hinsichtlich

---

[219] Vgl. MacDonald: Narratives, 69f; 337 Anm. 58.

[220] Vgl. auch Lindemann: Paulus, 47.

[221] Vgl. die Replik auf MacDonald von Stowers: Unpauline, 73f.

[222] Vgl. MacDonald: Narratives. Damit soll freilich nicht in Abrede gestellt werden, dass das
Leiden des Apostels auch in Apg zentrales, die Erzählung bestimmendes Motiv ist, vgl. Baumeister: Anfänge, 119–137; Schwemer: Prophet, 329–336; Schröter: Kirche, 89–96.

[223] Für Kollmann: Paulus, 95, lassen sich keine erkennbar gravierenden Unterschiede zwischen
dem lukanischen Paulus und den Selbstaussagen des Paulus erkennen. Heininger: Dunstkreis,
286–291, wiederum erkennt in der lukanischen Darstellung eine Trennung von Wunder und Magie
und eine Distanzierung des Paulus von letzterer.

[224] Heininger: Tarsus, 141, hat gezeigt, dass Lukas Paulus nicht als ‚Naturtalent' in der Redekunst darstellt (anders als Petrus), sondern dass er eine umfassende Rednerausbildung erhält:
„Studium in Tarsus, Referendariat in Antiochien mit Barnabas als Betreuungslehrer, schließlich
eigenverantwortliche Lehrtätigkeit in verschiedenen großen Städten des römischen Reiches".

[225] Georgi, und im Anschluss an ihn Köster, hat gezeigt, dass hinter dieser Art der Legitimation
des Apostels (durch Wunder, Visionen und Predigt) eine Theologie steht, die Paulus im 2Kor

Wundertätigkeit oder visionärer Befähigung des Apostels kein Wort laut. Paulus erweist sich in den Pastoralbriefen nicht durch Machtkennzeichen als legitimer Apostel, sondern durch die Beauftragung durch den Herrn zur missionarischen Verkündigungstätigkeit.[226]

Verfolgungen des Timotheus. In der Aufzählung von Verfolgungen und Leiden 2Tim 3,11 scheint eine Spannung auf: Zuerst heißt es, dass Timotheus sich Paulus in allem zum Vorbild genommen habe, abschließend dann jedoch: „die Verfolgungen und Leiden, die *mir* geschehen sind in Antiochia, Ikonion und Lystra". Zieht man die Erzählung Apg 13f heran, so fallen zwei Widersprüche auf: Zum einen ist es dort nicht Paulus allein, sondern mindestens noch Barnabas, mit dem er von der antiochenischen Gemeinde auf die Missionsreise geschickt worden ist. Und sodann stimmt die einleitende Erinnerung an Timotheus nicht mit der Erzählung der Apostelgeschichte überein, da sie erst in einer späteren Zeit – aber wieder an den Orten der Verfolgung in Lystra und Ikonion – Paulus und Timotheus zusammenführt (Apg 16,1f).[227] Geht man von der *narratio* der Apg aus, so kann hier Paulus Timotheus nicht an die Verfolgungen erinnern, die er nicht im Beisein des Paulus erlebt hat.[228] Die Differenzen zwischen Apg und 2Tim an dieser Stelle scheinen am einfachsten dadurch erklärlich zu sein, dass beide Autoren die Ortsliste aus einem (in mündlichen Erzählungen umlaufenden?) Peristasenkatalog aufgenommen haben.[229] Es ist vermutet worden, dass der Verfasser der Apg diese Reise (samt Verfolgungen und Steinigung) an falscher Stelle in die Paulusbiographie eingeordnet hat.[230] Der Verfasser von 2Tim könnte diese Erwägung bestätigen, insofern er vorauszusetzen scheint, dass Timotheus auf jener Reise anwesend war und die Verfolgungen miterlebt hat, vom Text 3,11 aus jedoch wohl nur als Zeuge, nicht als Verfolgter. Das aber könnte aus der Tendenz resultieren, im Abschiedsbrief ganz auf Paulus und seine Leiden als urbildliche zu fokussieren

---

bekämpft und die durch die Jesus-Darstellung der Evangelien (v.a. Lk) wirkmächtig geworden ist, vgl. Georgi: Gegner, v.a. 205–219; Köster: Jesus, 176–178.

[226] Vgl. Heininger: Rezeption, 328f; 332–335.

[227] Vgl. Collins: Image, 171. Jedoch wird (zwecks Harmonisierung von Apg und paulinischer Selbstdarstellung [1Kor 4,17]) auch erwogen, dass Paulus Timotheus bereits auf der ersten Missionsreise ‚bekehrt' haben könnte, vgl. Gillman: Art. Timothy, 558; Spicq: Past, 782. Dass 1Kor 4,14–21 allerdings nicht unbedingt biographisch ausgewertet werden darf, sondern eine rhetorische Funktion übernimmt, hebt Collins: Timothy, 370f, hervor.

[228] Dass 2Tim jedoch hilfreiches Hintergrundwissen implizieren kann, um Apg zu verstehen, d.h. wie die Brieffiktion Geschichten generieren kann, zeigt die am Ende dieses Kapitels referierte Auslegung von Spicq zur Stelle.

[229] Allerdings lassen sich andere direkte Widersprüche zwischen den Pastoralbriefen und der Apostelgeschichte aufweisen, die m.E. nicht durch den Rückgriff auf beiden zugrunde liegende Erzählungen zu erklären sind, sondern durch eine bewusste literarische Bezugnahme aufeinander, s.u. S. 263f; 294–296.

[230] Vgl. Haenchen: Apg, 422f; Bornkamm: Paulus, 63f.

und Timotheus als nachgeordneten und nachahmenden Schüler erscheinen zu lassen.[231]

Gleichwohl zeigt sich m.E. in 1Tim 6,12, dass der Verfasser von einer Bewährung des Timotheus vor Gericht gewusst hat. Die weitere Tradition um Timotheus weiß von Verfolgungen des Apostelschülers nichts, ohnehin verschwindet er mehr oder weniger aus dem Blickfeld, abgesehen von der Notiz des Euseb (HE III 4), dass er (von Paulus, wie Const. Apost. VII 46 expliziert) zum Bischof von Ephesus eingesetzt[232] und, so die Timotheus-Akten (ca. 4.–6. Jh.), schließlich während des Katagogienfestes gelyncht worden sei.[233] Die briefabschließende Notiz Hebr 13,23 jedoch scheint ebenfalls von einer Verhaftung des Timotheus, aus der er freigekommen (ἀπολελυμένον) ist, zu wissen.[234] Ob beide Notizen, Hebr 13 sowie 1Tim 6, jedoch von den jeweiligen Verfassern (im Anschluss an Phil 1,1; Phlm 1[235]; Kol 1,1?) *ad hoc* frei erfunden sind, aus Timotheus- bzw. Pauluslegenden stammen oder historisches Wissen wiedergeben, muss offen bleiben, obgleich es wahrscheinlich ist, dass Timotheus in der Begleitung des Paulus

---

[231] Vgl. auch Schröter: Kirche, 102 Anm. 76; 94f.

[232] Die Notizen des Euseb über Timotheus und Titus beschränken sich darauf, dass sie die ersten Bischöfe von Ephesus bzw. Kreta waren. Der Text erweist sich deutlich als Auslegung von Tit bzw. 1Tim (III 4,5) und gibt keine Anhaltspunkte, eine Benutzung davon unabhängiger (mündlicher) Traditionen zu vermuten. Im Gegensatz zeigt der Vergleich mit der Erzählung über den Apostel Johannes als Bischof von Ephesus (III 23), die Euseb aus einer Schrift des Clemens Alexandrinus zitiert (*Quis Div. Salv.* 42), keine Kenntnis einer timotheischen Personaltradition.

[233] Act Tim 43ff Usener (für historisch zutreffend hält dies Keil: Martyrium, ohne überzeugen zu können). Die Timotheusakten sind vielsagend schweigsam: Zum Großteil erzählen sie nicht von Timotheus, sondern von Johannes als erstem Bischof von Ephesus und versuchen, die Traditionen von Paulus und Johannes in Ephesus zu harmonisieren, indem sie Timotheus zum Schüler beider Theologen machen. Vgl. auch Lipsius: Apostellegenden, Bd. 2.2, 372–400. Zum Brief des Dionysius Areopagita an Timotheus (9. Jh.?), in dem er dem ‚engsten Schüler des Paulus' von dessen Köpfung in Rom berichtet (Timotheus war in dieser Tradition also offensichtlich nicht mit in Rom), vgl. a.a.O. Bd. 2.1, 227–231.

[234] Daneben kann das Verb ἀπολύω auch einfach bedeuten, dass er abgereist ist. Zu den Einzelfragen vgl. Gräßer: Hebr III, 411f; Attridge: Hebr, 409. Gillman: Art. Timothy, 560, bezieht die Notiz auf eine nach 2Tim liegende Zeit: Der nach Rom gekommene Timotheus sei dort in Gefangenschaft geraten und später wieder freigelassen worden. Völlig spekulativ ist die historische Auswertung durch Ollrog: Mitarbeiter, 23f Anm. 87.

[235] Die Nennung des Timotheus als Mitabsender in Phil 1,1; Phlm 1 (vgl. Kol 1,1) kann wohl nicht als Hinweis auf die Mitgefangenschaft des Timotheus gelesen werden, da Paulus in Phil 2,19–24 explizit ankündigt, Timotheus nach Philippi zu senden, sobald sich seine, des Paulus', Situation weiter geklärt habe; vgl. auch Gillman: Art. Timothy, 560; Wengst: Phlm, 40; Reinmuth: Phlm, 23. Dies setzt allerdings voraus, dass Phlm und Phil 2 annähernd gleichzeitig geschrieben sind, da Timotheus natürlich auch vor Paulus aus der Haft hätte freigelassen werden können (entsprechend Hebr 13,23). So interpretiert auch Attridge: Hebr, 409, Phlm 1 im Sinne einer Gefangenschaft des Timotheus.

auch zusammen mit ihm in Gefangenschaft oder zumindest in die Gefahr einer Gefangenschaft geraten ist, worauf 1Thess 2,2 hinzuweisen scheint.[236]

2.4 Eine erste Auswertung

Der vorausgehende einleitende Überblick über die Genese von Erzählungen in unserem Briefroman hat gezeigt, wie durch die für Briefromane übliche Anspielungstechnik Erzählungen generiert werden. Streckenweise lesen sich die Pastoralbriefe wie Ergänzungen und Kommentierungen zu dem in Apg Erzählten (z.B. hinsichtlich der Verfolgungstätigkeit des Paulus). Dass sie deshalb diese voraussetzen, ist damit nicht angezeigt, wohl aber, dass die eingangs angeführte Bestimmung brieftypischer Erzählweise hier Anwendung findet. Die den fiktiven Adressaten über die Schulter Lesenden sehen, dass die Briefe Geschichten voraussetzen und dazu Stellung beziehen. Im Idealfall kennen die Lesenden solche Geschichten ebenfalls (wie z.B. durch Apg), Verstehensvoraussetzung ist dies m.E. jedoch nicht.

Versucht man, die Erzähltechnik zu beschreiben, so lassen sich v.a. vier Aspekte unterscheiden.

1. Verstärkung. Zum einen werden von Brief zu Brief Andeutungen verstärkt: Etwa die Bedrohung der Gemeinden sowohl durch innergemeindliche Opposition und Falschlehrer als auch eine äußere Gefährdung werden zunächst in Tit angedeutet, in 1Tim verstärkt (u.a. durch die programmatische Beauftragung 1,3) und erreichen mit 2Tim schließlich ihren Höhepunkt in den durchgängigen Klagen über die Verlassenheit einerseits und die Gefangenschaft andererseits.

2. Aufklärung. Daneben lässt sich eine sukzessive Aufklärung bzw. Erläuterung von zuvor undurchsichtigen Anmerkungen beobachten. Dass Titus wohl als ein markant jüngerer Mensch als Paulus gedacht werden soll, findet eine Andeutung in Tit selbst, wird aber erst durch die Näherbestimmung des Timotheus und die Parallelität beider Apostelschüler greifbarer. Auch kann man die Verfolgungstätigkeit des Paulus in Tit angedeutet sehen, die sodann in 1Tim explizit gemacht wird. Der Tod Jesu sowie seine Auferstehung erfahren erste Andeutungen in Tit 2,13f, werden näher konkretisiert in 1Tim 2,6; 3,16; 6,13 und in 2Tim wiederholt anzitiert (1,10f; 2,3f.8.11f.17f u.ö.)

3. Unbestimmtheit. Es verbleiben aber auch einige Aussagen unerklärt im Fortgang des Briefbuches. So ist oft nicht zu ersehen, wie die mitgeteilten

---

[236] Oder bezieht sich, so Gillman: Art. Timothy, 558, der Rückblick auf Verfolgungen in Philippi in 1Thess 2,2 nur auf Paulus und Silvanus, wie in Apg 16,23–40 erzählt? Aber diese Einschränkung geht aus 1Thess nicht hervor.

Begebenheiten in die Paulusbiographie einzuordnen sind, wann sie in Bezug auf den Moment des Briefschreibens stattgefunden haben sollen (in unmittelbarer Vergangenheit oder schon zu einem früheren Zeitpunkt; erzählt Paulus dem Timotheus etwas Neues z.B. über Alexander oder erinnert er ihn nur an Bekanntes?). Auch sachliche Relationen werden nicht immer deutlich gemacht, wie v.a. die Abwendungen von Paulus in einem Zusammenhang mit der Gefangennahme bzw. -schaft stehen können oder nicht.

4. Widersprüche. Schließlich lassen sich unvereinbare Angaben in den Briefen erheben. Die divergierenden Bewertungen der ‚vorchristlichen‘ Vergangenheit des Paulus, die in Tit angelegt sind und in verschiedene Richtungen in 1Tim und 2Tim ausgezogen werden, sind ein auffallendes Beispiel. Weiter ist die widersprüchliche Erinnerung an die ‚Ordination‘ des Timotheus zu nennen: Haben nun die Presbyter dem jungen Timotheus die Hände aufgelegt (1Tim 4,14) oder der Apostel (2Tim 1,6)? Und wie verhalten sich die Angaben zur Ordination des Timotheus durch das Presbyterium zu den Anweisungen an ihn, nun selbst in ‚Ämter‘ einzusetzen (1Tim 5,22; 2Tim 2,2b; vgl. Tit 1,5)?[237]

2Tim kommt in den genannten Fällen oftmals eine distinkte Position zu: Entweder laufen in ihm die Fäden zusammen – womit er auf diese Weise die von Holzberg so benannte Funktion eines erklärenden Schlussbriefs einnimmt – oder er wirkt wie ein Kontrapunkt, wenn er vorausgehenden Angaben widerspricht oder sie zumindest relativiert und mit einem Fragezeichen versieht. Diese letztgenannte Funktion von 2Tim sowie der achronische Charakter zahlreicher Angaben geben sich freilich erst bei einer genauen Lektüre der Briefe zu erkennen. So zeigt sich, dass hier mehr im Unklaren bleibt, als es zunächst den Anschein hat. Man vermeint, die Geschichten zu kennen, auf die (scheinbar) angespielt wird, bei näherem Zusehen treten jedoch die Bruchstellen und die Uneindeutigkeiten immer deutlicher zutage. Diese Opazität in Verbindung mit der briefromantypischen Anspielungstechnik (ver)führt dazu, Geschichten in die Zwischenräume der in den Briefen mitgeteilten Begebenheiten hineinzulesen. Dabei hängt es je an der Enzyklopädie der Lesenden, welchen Notizen sie eine leseleitende Gewichtung zusprechen und welche für die Entstehung der Geschichte nicht aktiviert werden. So erweisen sich gerade die Widersprüche als erzählgenerierende Anknüpfungspunkte, weil sie unterschiedliche und miteinander im Widerstreit liegende Legenden von Paulus, den Apostelschülern und den Gemeinden erschaffen und so ein facettenreiches Bild bieten.

Welch kreatives Potenzial dieser Anspielungstechnik innewohnt, kann immer wieder an den Auslegungen der Texte wahrgenommen werden, die versuchen, die Anspielungen biographisch auszuwerten. Um nur anhand

---

[237] Vgl. z.B. Roloff: 1Tim, 263–272; 314f.

eines Verses dies noch einmal zu illustrieren, sei an die o.g. Auslegung von 2Tim 3,11 erinnert: Dieser Vers kann in Verbindung mit 1Tim 6,12; Hebr 13,23 u.a. als Hinweis auf eine Gefangenschaft des Timotheus interpretiert werden kann. Den gleichen Vers bringt dagegen Spicq in Verbindung mit Apg 13f und 2Tim 1,5 und vermutet, dass der junge Timotheus bei der Steinigung in Lystra anwesend gewesen sei. Als seine Großmutter und Mutter sich darauf um den verwundeten Apostel gekümmert hätten, wäre Timotheus von Paulus über seinen Glaubensweg unterrichtet und so schließlich zum neuen Glauben bekehrt worden.[238]

3. Geschichten entstehen (2).
Die Erzählung von der Gegenwart des schreibenden Paulus

Da der Brief *das* Medium ist, das Distanz kommuniziert, indem es die (räumliche[239]) Trennung zu überbrücken sucht, eignet sich literarische Brieffiktion wie keine andere Erzählform dazu, die Abwesenheit zum Thema der Erzählung zu machen und über die Art der Beziehung zwischen den Getrennten zu reflektieren. So ist das gemeinsame Moment unserer drei Briefe der vom Briefempfänger getrennte Paulus, dem er Anweisungen und Auskünfte unterschiedlicher Art zukommen lässt. Werden diese im jeweiligen Briefcorpus mitgeteilt, so sind primär in der Rahmung die Reisebewegungen thematisch: Paulus bewegt sich von Kreta weg nach Nikopolis (Tit) bzw. von Ephesus weg nach Makedonien (1Tim), intendiert hier jedoch im Gegensatz zu Tit wieder eine Bewegung nach Ephesus. In 2Tim dagegen ist Paulus nicht in der Bewegung, sondern ‚sitzt fest'. Die Bewegung der Adressaten ist ebenfalls gleichlaufend: Titus soll von Kreta weg zu Paulus (nach Nikopolis), Timotheus von Ephesus weg zu Paulus (nach Rom, 2Tim).

---

[238] Vgl. Spicq: Past, 782.

[239] Die räumliche Trennung ist zwar diejenige, die hauptsächlich das Briefschreiben veranlasst, wie sowohl die einschlägigen Briefclichés als auch die Reflexion bei Brieftheoretikern und -stellern belegen, vgl. dazu Koskenniemi: Studien, 35–42; 169–172; Thraede: Grundzüge, 17–106; 146–179; hinzu kommen noch zeitliche und soziale Distanz, die durch Briefe überbrückt werden sollen: V.a. Abschiedsbriefe dienen dazu, als Worte des im Moment des Briefempfangs bereits Toten gelesen zu werden; zur ‚sozialen' Trennung vgl. z.B. das religionsgeschichtliche Phänomen des Himmelsbriefes (ironisierend literarisch aufgenommen etwa in Lukians *Saturnalischen Briefen* und in des Menippos' *Götterbriefen*, vgl. Diog. Laert. VI 101; Schneider: Art. Brief, 572f; allg. Stübe: Himmelsbrief, v.a. 28–39), aber vor allem ist hier an die Fälle zu denken, in denen ‚soziale' Umstände direkte Kommunikation verhindern wie in der Geschichte von Kydippe und Akontios (Kall. fr. 67–75; Ov. epist. 20f; vgl. auch Anth. Gr. V 80 [Platon–Xanthippe]; Rosenmeyer: Fictions, 108–130) oder auch wie das selbstauferlegte Schweigegebot des Apollonios von Tyana (Philostr. Ap. I 15).

In diesem Kapitel soll die Schreibsituation der Briefe erhoben werden. Hier ist zu untersuchen, inwiefern der Verfasser auf Bekanntes aus der Paulustradition zurückgreift und modifiziert bzw. wo er neu schreibt. Ergänzt werden die Analysen durch zusammenfassende Beobachtungen zur Erzählung der Briefe, um zu verdeutlichen, welche Verfahren benutzt sind zur Evozierung paulinischer Biographie.

3.1 Titus

Der Titusbrief ist sehr spärlich mit Notizen, die dem Brief einen Ort in der Paulusbiographie geben. Da diese zudem fast ausschließlich Novitäten sind, konfligieren sie kaum mit anderen paulinischen Angaben und erleichtern so eine Einordnung der vorgestellten Situation in die anderweitig bekannte Paulusbiographie.[240] Diese Notizen finden sich am Briefanfang und -ende:

„Deshalb ließ ich Dich auf Kreta zurück, damit Du die übrigen Dinge vollends in Ordnung bringst und in jeder Stadt Presbyter einsetzt, wie ich Dir befohlen habe, …" (1,5) „Wenn ich Artemas zu Dir schicken werde oder Tychikus, beeile Dich, zu mir zu kommen nach Nikopolis – dort nämlich habe ich beschlossen zu überwintern. Zenas den Juristen und Apollos rüste hinlänglich zur Weiterreise aus, damit ihnen an nichts mangelt." (3,12f)

Die Briefgrüße, die zumeist weitere Hinweise auf die Schreibsituation geben können, sind in 3,15 aufgrund ihres allgemeinen, formelhaften Charakters unergiebig.[241]

Mit dem Briefanfang sind die Lesenden in die Mitte einer Kommunikationssituation versetzt, wie es typisch für fiktionale Briefliteratur ist. Der Verweis auf vorausgehende Briefe, der eine zwischen Absender und Empfänger schon seit längerer Zeit bestehende Beziehung – und den Lesenden

---

[240] Dibelius/Conzelmann: Past, 3 und 115, erwägen die Möglichkeit, dass Paulus „einmal in Nikopolis und Epirus gewesen ist", auch läge ein Kreta-Aufenthalt im Bereich des Möglichen (zur Zeit von Apg 20,3). Letztlich bewerten sie jedoch alle Angaben als „Anknüpfung an bekannte Situationen […], über die der Autor entweder besser oder schlechter unterrichtet war als der Verf. von Act oder die er absichtlich verändert hat."

[241] „Es grüßen Dich alle, die bei mir sind. Grüße die, die uns lieben im Glauben. Die Gnade sei mit Euch allen." Da Paulus keine Namen anführt, sondern die Betonung auf dem Mit-Sein liegt, könnte hier seine aktuelle Reisesituation angedeutet sein, so Spicq: Past, 694f; Reicke: Chronologie, 88; anders Brox: Past, 313, der hier zum einen die „Sammlung der Christen um die Gemeindeleiter" angesprochen sieht, „was der ‚pastoralen' Perspektive dieser Briefe entsprechen würde", zum anderen die Gemeinschaft der Ortsgemeinden untereinander. Es dürfte sich jedoch eher um die Übernahme einer formelhaften Wendung handeln (profane Belege bei Koskenniemi: Studien, 150), wie etwa 1Kor 16,20; Gal 1,2, vgl. auch 1Thess 5,26; 2Kor 13,12; Phil 4,21f, der nicht zu großes Gewicht beigemessen werden sollte. Namentlich Grüße sind keineswegs der Normalfall für Paulus (nur in 1Kor, Phlm, Röm 16).

den zufälligen Einblick in tatsächlich geführten Briefverkehr – suggerieren will, findet sich häufiger (z.B. Sokr. epist. 1; Eurip. epist. 1; Sen. epist. 1[242]);[243] in den Pastoralbriefen übernimmt der oben zitierte Verweis auf die gemeinsame Zeit auf Kreta (vgl. Plat. epist. 1.309a) diese Funktion, so wie im Folgebrief 1Tim 1,3, ohne dass aus der einen oder anderen Stelle deutlich hervorginge, dass auf eine gemeinsame Zeit zurückgeblickt wird oder auf eine vorausgehende Briefkommunikation.[244]

3.1.1 Analyse von Tit 1,5; 3,12f

Dem Verweis, dass Titus die Angelegenheiten auf Kreta „vollends in Ordnung bringen solle ... wie ich Dir angeordnet habe" (ἐπιδιορθώσῃ ... διεταξάμην), kommen drei Funktionen zu: Zum einen dient er als Motivator, den Brief zu schreiben und weiterführende Aufgaben im Folgenden mitzuteilen.[245] Zum anderen verstärkt er den Eindruck einer vorausgehenden Kommunikationssituation.[246] Und schließlich, beides miteinander verbindend, sagt er den Lesenden, dass sie nicht alles darüber erfahren werden, wie missionarisches Neuland[247] zu erschließen und gemeindeorganisatorisch zu gestalten sei[248] – allein aus diesem Grund sollte man zur Vorsicht ge-

---

[242] Vgl. Maurach: Bau, 25: „ep. 1 ist zu Beginn gleichsam als Fortsetzung stilisiert, es wird aber deutlich, daß ein Neubeginn intendiert ist." Zu Senecas *epistulae morales* s.u. Kap. 5.4.2.

[243] Im Bereich neuerer fiktionaler Briefliteratur sei hier nur an den Eröffnungssatz von Derridas *Envois/Sendungen* (1980): „Ja, Du hattest recht ...", oder an den von Vargas Llosas *Cartas a un joven novelista* (1997) erinnert: „Lieber Freund, Ihr Brief hat mich gerührt ...", dessen Poetologie in Briefform wohl inspiriert ist durch den echten Briefwechsel Rilkes *Briefe an einen jungen Dichter* (1929): „Sehr geehrter Herr, Ihr Brief hat mich erst vor einigen Tagen erreicht."

[244] Zahn: Einleitung, Bd. 1, vermutet sowohl für Tit (433) als auch für 1Tim (421), dass es sich um Antwortbriefe des Paulus handele, mit denen Paulus auf Nachrichten bzw. Anfragen von Titus/Timotheus reagiert habe. Dagegen Dibelius/Conzelmann: Past, 115.

[245] Vgl. ThWNT VIII, s.v. διατάσσω 35 (Delling): „Der genaue Inhalt des διεταξάμην von Tt 1,5 wird in v 6 (ff) aufgeführt."

[246] Wolter: Pastoralbriefe, 180f (im Anschluss an White: Literature, 1755; ders.: Formulae, 95f; sowie Roller: Formular, 148; 302), verweist darauf, dass diese Erinnerung topisch für Amtsbriefe (z.B. Plin. epist. X 32,1; 117,2; P.Oxy. 1408,12f) und daher ihre Aufnahme in Tit 1,5 und 1Tim 1,3 erklärlich sei, da so die folgenden Anweisungen auf die grundlegende Beauftragungen zu beziehen seien. Dies stimmt freilich für die erzählte Welt der Pastoralbriefe, erfasst allerdings nicht die kommunikative Funktion der Wendung für den Aufbau der erzählten Welt.

[247] Ob es sich indes – in der erzählten Welt der Pastoralbriefe – wirklich um ein solches handelt, ist kaum auszumachen. Es wird auch die Position vertreten, dass es auf Kreta schon vorpaulinische christliche Gemeinden gegeben habe, z.B. Zahn: Einleitung, Bd. 1, 432 (von Korinth oder Athen aus missioniert) – von einer Mission auf Kreta ist in Tit jedenfalls keine Rede, vgl. auch Weiss: Past, 15. Apg 2,11 ‚weiß' zumindest, dass auch Kreter die Pfingstpredigt gehört haben, eine Tradition, die im 5./6. Jh. von den Titusakten aufgegriffen wird. Zur Bedeutung Kretas für die Pastoralbriefe s.u.

[248] Vgl. Spicq: Past, 601: Tit sei, wie 1Tim, „un complément et une confirmation des instructions orales".

mahnt sein, die Pastoralbriefe bzw. Tit und 1Tim als Gemeindeordnungen lesen zu wollen.[249]

Paulus hat demnach vor nicht zu langer Zeit Titus instruiert, wie eine Gemeinde zu organisieren sei. So lässt sich fragen, ob er dies persönlich oder brieflich getan hat, und wenn ersteres: ob Paulus mit Titus auf Kreta zu denken sei oder ob er an einem anderen Ort Titus unterwiesen habe, um ihn nach Kreta zu schicken. Beide Fragen scheinen zunächst deutlich beantwortbar zu sein, die Antworten zerrinnen jedoch bei näherem Zusehen in den Händen.[250] Zwar scheint διατάσσω im paulinischen Sprachgebrauch eine Anordnungstätigkeit zu bezeichnen, die Paulus in persönlicher Anwesenheit in seinen Gemeinden ausgeführt hat (1Kor 7,17; 11,34[251]; 16,1[252]), jedoch schließt der Gebrauch in 1Kor 7,17 eine briefliche Anordnung nicht aus und auch die Ignatianen verwenden das Verb für solche.[253] Überhaupt können damit schriftliche Verfügungen bezeichnet werden,[254] so dass von hier keine eindeutige Antwort ermöglicht wird, Paulus also Titus sowohl mündlich als auch brieflich instruiert haben könnte. Ebenso uneindeutig bleibt ἀπέλιπον, das zunächst zu bedeuten scheint, dass Paulus selbst auf Kreta gewesen sei und dort Titus ‚zurückgelassen' habe.[255] Jedoch hat Wolter durch den Vergleich mit den *mandata principis* gezeigt, dass ἀπο- und καταλείπω technisch die Einsetzung eines Stellvertreters in ein zeitlich befristetes Amt bezeichnen, ohne damit die persönliche Anwesenheit des Einsetzenden auszudrücken.[256]

Das Briefende enthält neben der Schlussmahnung (V. 14) und den Grüßen (V. 15) Reisemitteilungen (V. 12f), ohne dass aus ihnen ersichtlich würde,

---

[249] Grundlegend dazu von Campenhausen: Amt, v.a. 82–232; Bartsch: Anfänge, 9–19; 160–180. Vgl. dagegen die formgeschichtliche Kritik von Wolter: Pastoralbriefe, 131–201. Beide Richtungen modifizierend aufnehmend Steimer: Vertex, 151–190, dessen Verständnis von Kirchenordnung (vgl. 264–287) mithilfe einer „Widerspiegelungstheorie" jedoch durch Schöllgen: Abfassungszweck, 65, einer fundamentalen Kritik unterzogen worden ist. Nach ihm ermöglichen auch Kirchenordnungen nicht, ein (annähernd) vollständiges Bild frühchristlichen Lebens zu rekonstruieren, sondern sie seien primär ‚Streitschriften' (er nennt sie auch „selektive Kirchenordnungen"), die nicht den *status quo* formulierten, sondern von einzelnen Verfassern zur Durchsetzung ihrer eigenen Vorstellungen promulgiert worden seien, vgl. ders.: Didache, 5f; 20f; ders.: Pseudapostolizität.

[250] S.o. Kap. 1.2 zu den verschiedenen historischen Verortungen von Tit.

[251] Hier ausdrücklich: τὰ δὲ λοιπὰ ὡς ἂν ἔλθω διατάξομαι.

[252] Vgl. Lindemann: 1Kor, 376.

[253] In den Ignatianen (Eph 3,1; Tr 3,3; R 4,3) indiziert das Verb als solches bereits apostolische Autorität, von der der Briefschreiber explizit keinen Gebrauch machen wolle, vgl. auch Wolter: Pastoralbriefe, 159f.

[254] Vgl. die Belege bei Moulton/Milligan s.v. διαταγή, διάταγμα und διατάσσω 155, die zum Teil den technischen Charakter der Wortgruppe für schriftliche Anordnungen als Dekrete und Testamente zeigen.

[255] Diese Bedeutung in 2Tim 4,13 (Mantel und Schriften in Troas) und 4,20 (Trophimus in Milet).

[256] Vgl. Wolter: Pastoralbriefe, 183f.

wo sich Paulus zur Zeit der Abfassung aufhalten könnte: Das benutzte ἐκεῖ verweist darauf, dass er sich noch nicht in Nikopolis befindet.[257] Die in 3,12f genannten Namen bleiben im Brief uneingeführt. Von beiden Namenspaaren ist uns je eine Person aus anderer Paulustradition bekannt. Zuerst kündigt Paulus an, in Kürze[258] entweder *Artemas* oder *Tychikus* (vielleicht als Ablösung für Titus[259]) nach Kreta zu schicken, worauf er eilends (σπούδασον) zu Paulus kommen solle.[260] *Tychikus*, der nicht in den Homologumena genannt wird, ist aus Apg 20,4 (er ist als Vertreter der ephesinischen Gemeinde Teil der Kollektendelegation, die mit Paulus von Achaja aus aufbricht) und Kol 4,7f (Paulus schickt ihn nach Kolossä, vgl. Eph 6,21f) bekannt. Beide mit Tychikus verbundenen Motive, die Beziehung zu Ephesus und das Schicken aus der Gefangenschaft heraus, werden am Ende des Briefbuches in 2Tim 4,12 aufgenommen, wenn Paulus bemerkt, dass er ihn (zu Timotheus) nach Ephesus gesandt habe. Im anschließenden Vers empfiehlt Paulus *Zenas den Juristen*[261] und *Apollos* dem Titus und mahnt ihn, beide zur Weiterreise auszustatten.[262] Diese Bitte formuliert Paulus (mit προπέμπω) in 1Kor 16,6; 2Kor 1,16; Röm 15,24 auf sich bezogen, in 1Kor 16,11 bittet er die Korinther zugunsten des Timotheus.[263] Aus den Paulusbriefen ist *Apollos* bekannt und eng mit Korinth verbunden.[264] Neben der in 1Kor 1,12 und 3,4 erwähnten Apollos-Partei zeigt 16,12 deutlich die Differenz zur Tit-Stelle: Paulus kann Apollos zwar ermahnen/bitten (πολλὰ παρεκάλεσα αὐτόν), nach Korinth

---

[257] So unter vielen Dibelius/Conzelmann: Past, 114; anders jedoch Knoch: Past, 82; Thiessen: Christen, 250. Auch die *subscriptiones* der meisten Handschriften geben Nikopolis (aber das in Makedonien gelegene) als Abfassungsort des Briefes an.

[258] Die Begründung, dass Paulus in Nikopolis überwintern wolle, deutet wohl darauf hin, dass Titus noch vor dem Winter zu ihm kommen solle (zu den Reisemöglichkeiten Rathmayr: Mensch, 127–159 zur Schifffahrt und 233–253 zum Landverkehr im Winter). Somit verbindet dieser Vers die beiden Aufforderungen aus 2Tim 4,9.21b.

[259] So z.B. mit Weiss: Past, 376f; Marshall: Past, 341; Oberlinner: Tit, 195–197.

[260] ἐλθεῖν πρός με neben Tit 3,12 und 2Tim 4,9 nur noch in 1Kor 16,11 (Timotheus). Vergleichbar ist hier vielleicht noch die Bitte an Philemon, Onesimus zu Paulus zurückzuschicken (Phlm 13), und in 2Tim 4,11 die Bitte, Markus mitzubringen (s.u.).

[261] Zur Bedeutung von νομικός in diesem Sinn vgl. unter vielen z.B. Jeremias: Past, 61; Dibelius/Conzelmann: Past, 114; Spicq: Past, 691; Collins: Past, 372; Oberlinner: Tit, 197f. Vom synoptischen Sprachgebrauch her könnte man hier auch an einen Schriftgelehrten denken (so Weiss: Past, 377: „wohl eher einen ehemaligen Gesetzeslehrer"; Holtz: Past, 237), was angesichts der negativen Konnotation von νομοδιδάσκαλος in 1Tim 1,7 (so Dibelius/Conzelmann) bzw. angesichts des theophoren Namens „Gabe des Zeus" (so Spicq) jedoch fraglich ist.

[262] Vgl. Quinn: Tit, 261f. Nicht als Empfehlung der beiden liest Hasler: Past, 99, den Vers. Zenas und Apollos seien beide bei Titus und Paulus bitte ihn, die beiden zu ihm vorauszuschicken (bevor Titus selbst nachkommt); ähnlich auch Oberlinner: Tit, 197–199.

[263] Daneben sei an die Stellen erinnert, in denen Paulus bittet, andere aufzunehmen (δέχομαι) oder darauf zurückblickt: Phil 4,10 (Epaphras); 2Kor 7,15 (Titus); Röm 16,2 (Phöbe) und so dann auch in Kol 4,10 (Markus).

[264] Zudem noch Apg 18,24ff, jedoch begegnen sich Paulus und Apollos in Apg nicht, vgl. zu ihm auch Ollrog: Mitarbeiter, 38–41.

zu reisen, aber er vermag nicht, ihn zu schicken: καὶ πάντως οὐκ ἦν
θέλημα ἵνα νῦν ἔλθῃ· ἐλεύσεται δὲ ὅταν εὐκαιρήσῃ. Allgemein ist die
Aussendung von Personen durch Paulus auffallend. In den echten Paulusbriefen beschränkt sich die Sendung (mit πέμπω) auf Timotheus (1Thess 3,2.5;
1Kor 4,17; Phil 2,19.23), Epaphroditus (Phil 2,25.28, den er nach seiner
Genesung zur philippischen Gemeinde zurückschickt), Onesimus (Phlm 12,
den er seinem Herrn zurückschickt [ἀναπέμπω]) und einige Brüder im
Rahmen der Kollekte (2Kor 9,3 und 1Kor 16,3, hier bestellt aber die Gemeinde die Boten; auch in 2Kor 8,18.22 [συνπέμπω] sind es von der Gemeinde bestellte ‚Gemeindeapostel‘ V. 23[265]). Zudem noch 2Kor 12,17f mit
ἀποστέλλω von Titus und einem Bruder ausgesagt:

> „(17) Habe ich Euch etwa durch einen von denen, die ich zu Euch gesandt habe (ἀπ-
> έσταλκα), übervorteilt? (18) Ich habe Titus ermahnt/gebeten (παρεκάλεσα) und mit
> ihm den Bruder geschickt (συναπέστειλα)."

Zunächst scheint mit V. 17, dass Paulus die Autorität hätte, Titus zu senden.
Jedoch ist im folgenden Vers in Bezug auf Titus nicht von Senden die Rede, sondern Paulus hat ihn ‚ermahnt‘. In 2Kor 8,16–18 – auch wenn beide
Stellen kaum auf das gleiche Ereignis verweisen – heißt es, dass Titus
„zwar die ‚Anregung‘ angenommen habe, aber weil er äußerst eifrig war, ist
er freiwillig zu Euch gekommen" (V. 17: ὅτι τὴν μὲν παράκλησιν ἐδέξατο, σπουδαιότερος δὲ ὑπάρχων αὐθαίρετος ἐξῆλθεν πρὸς ὑμᾶς), und
Paulus fährt fort: „wir haben den Bruder mit ihm geschickt" (συνεπέμψα-
μεν). Eigenmächtig scheint also allein Timotheus von Paulus gesandt worden zu sein, was wohl in der besonderen persönlichen Beziehung zwischen
beiden (und nicht in der herausgehobenen apostolischen Autorität des Paulus) begründet liegt, wie sie Paulus in Phil 2,19–23 formuliert.[266] Es ist erst
der Kolosserbrief, der Paulus zum Zentrum eines Mitarbeiterkreises macht,
wenn er ihn Tychikus (4,7f, so auch in fast wörtlicher Aufnahme Eph 6,21f)
und Onesimus (4,9) aussenden lässt. Hier knüpft dann Apg weiter an[267]
ebenso wie in unserem Briefbuch Tit 3,12 und 2Tim 4,12.[268]

---

[265] Vgl. Georgi: Armen, 54f.

[266] Ollrog: Mitarbeiter, sieht Paulus viel stärker als Zentrum der Missionsarbeit und damit als
eigentliches Subjekt. Diese Sicht auf die paulinische Mission korrigiert Wolter: Pastoralbriefe,
182, wenn er allein Timotheus und Titus als von Paulus in Gemeinden gesandt sieht („letztgenannter vor allem im Zusammenhang mit der Kollekte"). Titus scheint allerdings ein eigenständiger,
v.a. an der Kollekte arbeitender Missionar zu sein. Von einer ‚Delegationsbefugnis‘ des Paulus
kann jedenfalls keine Rede sein.

[267] Apg 19,22 (Timotheus und Erastus) und 20,17 (er schickt, um die Ältesten von Ephesus
nach Milet kommen zu lassen).

[268] Die Notiz 2Tim 4,12 stimmt mit Eph 6,21f überein in der Verbindung von Tychikus und
Ephesus. Kannte der Verfasser der Pastoralbriefe – so ihm überhaupt Eph bekannt war – bereits
eine Textversion des Epheserbriefes, die in 1,1 ἐν Ἐφέσῳ las? Oder bot die Notiz aus 2Tim 4,12 in
Verbindung mit Eph 6,21f erst den Anlass der Einfügung (so Dibelius/Greeven: Kol/Eph/Phlm,

Die gemeinsame Schnittmenge von Tit mit den Homologumena beschränkt sich auf die Namen Paulus, Titus und Apollos. Es wäre zu fragen,
wann Paulus Titus zurückgelassen und Apollos zu ihm gesandt hat – aber
eine Situation zu finden, in die diese Angaben passen, ist nicht möglich,[269]
abgesehen davon, dass die Grundvoraussetzung, dass Paulus ,seine Mitarbeiter' (schon gar nicht Apollos, aber wohl auch nicht Titus) delegieren
kann, nicht durch die echten Paulinen gedeckt ist. Von Kreta wissen wir aus
den Paulusbriefen nichts, und die Erwähnung der Insel in Apg 27 beinhaltet
keine Erwähnung von Mission oder davon, dass Paulus dort Mitarbeiter zurückgelassen hätte.[270] Das am Ende erwähnte Nikopolis bleibt dagegen ein
weißer Fleck in der Paulusbiographie. Allein aus diesem Grund kann man
Tit als eine im „ursprünglichen Sinne" verstandene *Novelle* bezeichnen, da
dieser Brief von einer „unerhörten Begebenheit" zu ,berichten' weiß.[271]

3.1.2 *Kreta und Nikopolis – enzyklopädische Eintragungen*
Die beiden in Tit genannten Ortsnamen, Kreta und Nikopolis, sind durch
die übrige uns erhaltene Paulustradition nicht näher bestimmt.[272] Zwar wird
ein Kontakt des Paulus mit Kreta in Apg 27,7–14 berichtet und (das in
Epirus gelegene) Nikopolis könnte aus der Erwähnung Illyriens in Röm
15,19 herausgesponnen sein so wie die Angabe Dalmatiens in 2Tim 4,10,[273]
aber beide Notizen bieten keinen Verstehenshintergrund für eine Tituslektü-
re. Aus diesem Grund soll nun nach einer möglichen Enzyklopädie gefragt
werden: Was kann als (möglichst allgemeines) Wissen um die beiden Orte
zeitgenössisch vorausgesetzt werden, das mit ihrer Erwähnung assoziiert
wird?

57; Vielhauer: Geschichte, 215, dagegen Lindemann: Bemerkungen, 238 Anm. 15; vgl. auch
Schenk: Briefe, 3420). Die Diskussion um die Frage nach dem ursprünglichen Text von Eph 1,1
und der Lösung der sprachlichen Härte nach Emendation von ἐν Ἐφέσῳ ist nach wie vor nicht
geklärt, vgl. Hübner: Phil/Kol/Eph, 129f mit Literatur. Lindemann: Bemerkungen, argumentiert
(fast singulär) für die Ursprünglichkeit der Ortsangabe, dagegen z.B. Sellin: Adresse, 171–178.

[269] Einen solchen Versuch unternimmt etwa Reicke: Chronologie, 86–88, der Titus von Paulus
zwischen der Abfassung von 2Kor (vgl. 8,17.23) und Röm (der Titus nicht nennt) von Korinth
nach Kreta gesandt sieht.

[270] Titus wird bekanntlich in Apg nicht erwähnt. Erfrischend naiv schreibt Sonnabend im Kre-
ta-Artikel des Neuen Pauly (830): „58 n.Chr. besuchte der Apostel Paulus die Stadt [sc. Gortyn]
(Apg 27,7) und setzte Titus als ersten Bischof ein (Titus-Basilika aus dem 6. Jh.)."

[271] „... denn was ist eine Novelle anders als eine sich ereignete, unerhörte Begebenheit. ... In
jenem ursprünglichen Sinne einer unerhörten Begebenheit ...", so die bekannte Goethe'sche
Definition der Novelle (Eckermann: *Gespräche mit Goethe,* unterm Datum vom 29. Januar 1827).
Damit soll selbstverständlich keine Aussage hinsichtlich der Gattung von Tit gemacht werden.

[272] Zur legendarischen Verbindung des Apostels mit Kreta vgl. Meinardus: Traditions.

[273] Vgl. Dibelius/Conzelmann: Past, 115: „Rm 15,19 hat wohl eine legendare Erweiterung der
Paulusfahrten im Nordwesten der Balkanhalbinsel nahegelegt vgl. auch die Notiz über Titus II
Tim 4,10." S.u. den Exkurs zu 2Tim 4,10.

3.1.2.1 Cretaea tenens oppida centum

Angesichts der großen Vergangenheit Kretas, von der die Überreste der minoischen Kultur zeugen, angesichts der mit Kreta verbundenen Sagen wie der Geburt und Kindheit des Zeus[274] oder dem Minotauros im Labyrinth ist es kaum verwunderlich, dass die Insel in unzähligen Kontexten Erwähnung findet. Vier mit Kreta verbundene Assoziationen lassen sich im Titusbrief erheben.

(1) Paulus beauftragt den auf Kreta ,zurückgelassenen' Titus, „in jeder Stadt (κατὰ πόλιν) Presbyter einzusetzen" (1,5).

Seit Homer ist Kreta bekannt als die ,hundert-' bzw. ,neunzigstädtige Insel', Il. II 649: Κρήτην ἑκατόμπολιν; Od. XIX 174: ἐννήκοντα πόληες, vgl. z.B. Ps.-Plat. Min. 319b, Verg. Aen. III 106,[275] Hor. carm. III 27,33f, Sen. apocol. 12,3 ([sc. Minos] *Cretaea tenens oppida centum*); Strab. X 4,15,2. Damit geht die Vorstellung der Weitläufigkeit Kretas einher: „Kreta die Weite" (Κρήτη ἐν εὐρείη o.ä.) ist gängige Attribuierung bei Homer (z.B. Il. XIII 453; Od. XIII 256, 260; vgl. XIV 199, 252; XVI 62, vgl. auch Hes. theog. 480). Das vom Verfasser der Pastoralbriefe aufgegriffene Bild knüpft also nicht nur an geographische Bedingungen an, sondern nimmt auch bekannte, mit Kreta verbundene literarische Topoi auf. Es wäre auch möglich gewesen, nur Gortyna als Hauptstadt der römischen Provinz *Creta et Cyrenae* zum Schauplatz des Geschehens zu machen[276] oder die Städte namentlich zu spezifizieren.[277] Durch die allgemeine und landläufige Aussage dagegen wird der Eindruck der Weite hervorgerufen. So gelingt es, Kreta zum Gegentyp der im nächsten Brief den Rahmen der Handlung liefernden Großstadt Ephesus aufzubauen.

(2) Die zweite explizite Erwähnung der Insel geschieht in einem Zitat (Tit 1,12): „Es sagt einer von ihnen, ihr eigener Prophet: ,Kreter [sind] immer Lügner, üble Tiere, faule Bäuche.'" (Κρῆτες ἀεὶ ψεῦσται, κακὰ θηρία, γαστέρες ἀργαί.)[278]

---

[274] Hes. theog. 468–496; Hyg. fab. 139; Athen. XI 491b, deshalb die Bezeichnungen wie Verg. Aen. III 104: *Creta Iovis magni [..] insula*; Ov. met. VIII 99: *Iovis incunabula*; Manil. IV 634: *Crete civem sortita Tonantem* („Kreta, als Bürger den Donnerer zählend"; Übers. Fels).

[275] Ob der Verfasser bei der Notiz über das Zurücklassen des Titus auch daran gedacht hat, dass Aeneas ebenfalls einige seiner Begleiter auf Kreta zurückgelassen hatte (Aen. III 190)?

[276] Nach den Titusakten ist Titus Bischof von Gortyna, vgl. die Überschriften und § 8 in den Handschriften V und A (ed. Halkin).

[277] Wie in § 8 der Titusakten: Dort werden die acht Städte aufgezählt, in denen Titus Bischöfe eingesetzt hat, mit Gortyna als seinem Bischofssitz als neunter Stadt.

[278] Quinn: Tit, 107, dichtet den Vers schön nach: „Liars ever, men of Crete, / Nasty brutes that live to eat."

Der Vers wird Epimenides zugeschrieben, sein Inhalt aber, zumindest die erste Hälfte des Verses, ist zu einem kulturellen Allgemeinplatz geworden,[279] so dass ‚lügen‘ mit κρητίζειν wiedergegeben werden kann (siehe Plut. Aem. 23,10, Lys. 20,2; Pol. VIII 19,5). Die logischen Probleme, die mit dieser Lügner-Antinomie gegeben sind, dürften ebenso wenig für den Verfasser der Pastoralbriefe zentral gewesen sein wie eine fremdenfeindliche Perspektive.[280] A.C. Thiselton macht zwar auf die Bedeutung, die V. 12bα und die Beteuerung V. 13a („dieses Zeugnis ist wahr") für die Intention der moralischen Anweisungen in Tit haben kann, aufmerksam: Da durch das bewusst eingesetzte logische Paradox die Gültigkeit von Wahrheitsaussagen, die in der 1. Sing. formuliert sind, *ad absurdum* geführt werde, ergebe sich, dass es einzig der Lebenswandel und nicht die theologische Diskussion sei, der als Wahrheitskriterium Gültigkeit beanspruchen könne.[281] Aber die Reduktion auf das erkenntnistheoretische Problem scheint angesichts von V. 12bβ nicht hinreichend begründet.[282] Eher soll mit diesem prominenten Sprichwort bei den Lesenden eine Stimmung von Bekanntheit mit der Situation, in der sich Titus befindet, hervorgerufen werden. Dass zudem der Urheber nicht namentlich gemacht, sondern nur umschrieben wird, stellt dann eine kleine Knobelaufgabe dar, die weiter hilft, die Enzyklopädie zu Kreta zu aktivieren.[283]

Neben der sprichwörtlichen Lügnerei sind die Kreter auch berühmt-berüchtigt für Piraterie und Ausplünderung von Gestrandeten, wozu neben der Charakterisierung als „üble Tiere, faule Bäuche" auch die vorangehende

---

[279] Vgl. die zahlreichen Stellenangaben bei Dibelius/Conzelmann: Past, 102f; Spicq: Past, 608–611, z.B. Kall. h. I 8; Anth. Gr. VII 275; Lukian. *Timon* 6; Ov. am. III 10,19; ars I 298. Es ist auffallend, dass die Begründung der Aussage stets der aus dem Zeushymnus des Kallimachos folgt: Weil die Kreter behaupten, das Grab des Zeus zu haben, deshalb lügen sie. Die zweite Hälfte des Hexameters dagegen wird nicht aufgegriffen.

[280] Dazu z.B. Zimmer: Lügner-Antinomie, 82–85; Thiselton: Role; Stegemann: Vorurteile. Mit einem ähnlichen Paradoxon spielt Lukian in der Vorrede seiner *Wahren Geschichten*, wenn er konzediert, dass alles, was folgt, erlogen sei bis auf diesen einen Satz, und so die Vorrede abschließt mit der Mahnung, dass seine Leser ihm nichts glauben sollten (I 4), und später (II 31) sagen kann, dass er „niemals eine Lüge erzählt habe". Vgl. hierzu auch Booth: Rhetorik, Bd. 2, 52.

[281] Vgl. Thiselton: Role, 214; 219; 223.

[282] Thiselton: Role, 221f, geht auf den ‚Einschub‘ zwischen V. 12bα und 13a nur kurz und m.E. nicht ausreichend ein. Allerdings kann die Lügner-Antinomie nicht, wie bei Villiers: Prophet, völlig ausgeblendet werden.

[283] Wenn man die Lügner-Antinomie auf dem heuristischen Hintergrund von Lukian liest, könnte noch eine weitere Bedeutung für das Briefbuch hinter ihr stehen: Der betonte Gegensatz zwischen ungültigen Wahrheitsaussagen und der gehäuften Wahrheitssemantik in den Pastoralbriefen (die schon mit Tit 1,1 anfängt), in einem Werk, dessen *pseud*epigrapher Charakter zumindest dem Verfasser bewusst war, lässt alle Aussagen der Briefe in einem undurchschaubaren Gemisch von *res facta* und *res ficta* verschwinden.

Invektive, dass sie „um schlechten Gewinns willen" lehren, passt.[284] Weil Kreter immerfort lügen, wilde Tiere[285] und faule Bäuche sind,[286] erscheint die Aufgabe des Titus, auf Kreta eine Kirchenstruktur zu etablieren und Widersprechende und Unbotmäßige zurechtzuweisen (vgl. 1,9f), besonders mühsam.

(3) Den Kontext des Epimenides-Zitates bildet die Warnung vor den „Widersprechenden", die v.a. „aus der Beschneidung" kämen (1,10), und Paulus fordert seinen Delegaten auf, sie zu ermahnen, so dass sie sich nicht zu „jüdischen Mythen und Geboten der Menschen" abwendeten (1,14).

Die Gemeinden Kretas leben in einem jüdischen Milieu, das für sie von Bedeutung ist; ob damit gesagt ist, dass sie mehrheitlich ‚judenchristlich' sind oder dass die Gemeinden aus dem Umkreis der Synagogen stammen,[287] wird nicht spezifiziert.[288] Die jüdische Orientierung wird aber zu einem Großteil als Gefährdung der Gemeinden angesehen, wie neben den genannten Stellen 1,10.14 auch die Warnung in 3,9, μάχας νομικάς zu vermeiden,[289] hervorgehen dürfte. Aber es sollte auch in Erinnerung bleiben, dass der sagenhafte erste kretische König Minos, der Sohn des Zeus, in griechischer Kultur zu dem Gesetzgeber *par excellence* avanciert ist, so dass der

---

[284] Z.B. Pol. VI 46; Cic. rep. III 9,15; Liv. XLIV 45,13; Anth. Gr. VII 654; vgl. Dibelius/Conzelmann: Past, 101. Gegen die Interpretation der Geldgier als ‚Lokalkolorit' spricht allerdings, dass es sich hier um einen Topos der Gegnerpolemik handelt.

[285] Spicq: Past, 610, erwägt, ob mit den ‚wilden Tieren' die Geschichte vom Minotaurus angedacht sein könnte. Es könnte jedoch auch sein, dass hier auf die bekannte Naturbeobachtung rekurriert wird, dass es auf der Insel keine wilden gefährlichen Tiere gibt (vgl. z.B. Plut. mor. 86c χώραν ἄθηρον; der Legende nach soll die Insel von Herakles gesäubert worden sein, vgl. Diod. IV 17,3: καθαρὰν ἐποίησε τὴν νῆσον τῶν θηρίων; vgl. Meinardus: Traditions, 179–183), so dass die Kreter deren Stelle einnähmen.

[286] Der zweite Teil des Hexameters in Tit 1,12 erinnert an Hes. theog. 26, vgl. Dibelius/Conzelmann: Past, 102; Pohlenz: Paulus, 101f; Spicq: Past, 610. Dass allerdings diese Zusammenstellung schon von Epimenides stammt, scheint fraglich. Alle Testimonien für diese Form des Epimenides-Zitates sind Auslegungen von Tit 1,12 (Clem.Al. Strom. I 59,2; Hier. comm. in Tit 705f (PL 26,605f), vgl. DK I⁶ 3 B 1). Da es keine früheren Belege als diese Stelle gibt und der Vers die Gegnerinvektiven literarisch illustriert, scheint es näher zu liegen, den Verfasser als Dichter am Werk zu sehen. Dagegen könnte zwar sprechen, dass hier ein reiner Hexameter vorliegt, dem einzigen im Neuen Testament (vgl. Reiser: Sprache, 95 Anm. 11), aber warum sollte der Briefschreiber nicht dazu in der Lage gewesen sein? Skeptisch über die Zuschreibung auch nur der ersten Hälfte dieses Verses ist Zimmer: Lügner-Antinomie, 78–82; 90f: Sie stamme erst von Clemens und dürfte damit zu erklären sein, dass Clemens den in Tit erwähnten kretischen Propheten mit dem berühmten Weisen der Insel identifiziert habe.

[287] Archäologisch lassen sich für diese Zeit keine Synagogen auf Kreta belegen, zu möglichen jüdischen Inschriften (die aber erst ab dem 3. Jh.n.Chr. zu datieren sind) siehe Noy u.a.: Inscriptiones, 249–253; Bandy: Inscriptions, 140–143, und dazu van der Horst: Jews, 194–199; Spyridakis: Notes, 173–175; ders.: Inscriptiones, 231f.

[288] Z.B. Quinn/Wacker: 1/2Tim, 17; 20f.

[289] „Dumme Wortgefechte, Genealogien, Streit und Auseinandersetzungen um die Tora/das Gesetz/den νόμος meide."

pseudoplatonische Dialog *Minos* den Untertitel trägt: ἢ περὶ νόμου.[290] Neben den Zeugnissen für jüdische Kultur auf Kreta (1Makk 15,22f; Philo Leg Gaj 282; Ios. vita 427, ant. Iud. XVII 327 = bell. Iud. II 103; Sokr. HE VII 38)[291] sei auch noch die von Tacitus (hist. V 2) behauptete Herkunft der Juden von Kreta erwähnt. Inwiefern sich Tacitus hier auf weiter verbreitete Traditionen stützt (so lässt die Einleitung mit *memorant* vermuten) oder selbst die Etymologie *Iudaeus* von *Idaeus* hervorgebracht hat, bleibt offen, weitere Belege für diese Tradition lassen sich nicht anführen.[292]

(4) Am Ende des Briefes schließlich bittet Paulus Titus, Zenas und Apollos zur Weiterreise auszustatten (3,13). Diese Bitte könnte motiviert sein durch die geographische Lage Kretas, die die Insel zu einem Knotenpunkt des Handels-/Schiffverkehrs machte,[293] wovon auch die Szene in Apg Zeugnis gibt. Motivlich verwandt mit Tit 3,13 ist die Erzählung bei Josephus (ant. Iud. XVII 327), dass kretische Juden den Betrüger Alexander finanziell unterstützt hätten, so dass er nach Melos übersetzen konnte. Der Verfasser greift auf bei den Lesern vorauszusetzendes Hintergrundwissen zurück, um einige Daten der Insel zu aktivieren. Dies geschieht nebenläufig, da der adressierte Titus über die Lage vor Ort bestens informiert sein muss. Dadurch gewinnen die Lesenden den Eindruck der Vertrautheit und zugleich wird der Handlungsraum ,farbiger'. Der zweite Ortsname des Briefes wird nur *en passant* genannt, ist für Titus aber ebenso wichtig wie Kreta, soll er doch dort bald mit Paulus wieder zusammentreffen.

3.1.2.2 Nicopolis apud Actium

Da Paulus schreibt, dass er in Nikopolis überwintern wolle, legt es sich nahe, unter den zahlreichen Städten dieses Namens nach einer Hafenstadt Ausschau zu halten.[294] Obwohl einige Handschriften in der *subscriptio* zum Titusbrief Νικόπολις τῆς Μακεδονίας lesen, wird die Stadt seit Hieronymus (aus dem zuvor genannten Grund) fast durchgängig mit dem in Epirus im nordwestlichen Griechenland gelegenen Nikopolis identifiziert.[295] Der Schluss auf die Hafenstadt ist für die narrative Welt zwar wichtig, setzt aber

---

[290] Diog. Laert. III 60. Weiter z.B. Sen. apocol. 12,3; Strab. XVI 762. Nach Sch. Hom. Od. XIX 179 (Dindorf) hat Minos die Gesetze auf dem Ida von Zeus erhalten, auf dem er sich neun Jahre aufgehalten habe, vgl. auch Plat. leg. 624a/b; Ps.-Plat. Min. 319c–e.

[291] Siehe van der Horst: Jews, 183–194.

[292] Vgl. Heubner/Fauth: Historien, Bd. 5, 20–22; Feldman: Intimations, 385–393.

[293] Vgl. Meyer: Art. Kreta, 340.

[294] Zu möglichen Städten vgl. die Nikopolis-Artikel in Pauly-Wissowa (PRE I 33 [= 17,1] [1936], 511–539).

[295] Hieronymus *Commentarius in Epistulam ad Titum*, PL 26,598; vgl. Dibelius/Conzelmann: Past, 115; Spicq: Past, 690f; Quinn: Tit, 264f.

oftmals voraus, die Angaben der Pastoralbriefe historisch verifizieren oder zumindest plausibilisieren zu können.[296] Stattdessen ist nicht primär nach geographischen, sondern nach textlichen Verstehenshilfen zu fragen.[297] So zeigt sich, dass in der zeitgenössischen Literatur unter Nikopolis fast ausschließlich das epirotische gemeint ist.[298] Auch wenn in der geo- und historiographischen Fachliteratur die anderen Städte gleichen Namens bekannt sind,[299] so ist die vom nachmaligen Augustus in Erinnerung an die Seeschlacht bei Aktium gegen Antonius und Kleopatra gegründete ‚Siegesstadt‘[300] das bekannteste Nikopolis, wie etwa Seneca in nat. VI 26,4 bestätigt: *sic nobilis et huic iam familiaris malo Nicopolis.*[301] In die gleiche Richtung zielt die Erklärung, die Plutarch in der Vita des Antonius (§ 62) gibt: „Aktium, der Ort, wo jetzt die Stadt Nikopolis steht“.[302]

Durch die Mitteilung der geplanten Paulus-Reise nach Nikopolis werden zwei Assoziationen geweckt. Zum einen dient die Stadt als Verbindung zu Italien: Dass Epiktet anlässlich der Philosophenvertreibung durch Domitian (98 n.Chr.) von Rom nach Nikopolis gegangen ist und dort seine Schule weitergeführt hat, weiß neben den entsprechenden Stellen der *Dissertationes* auch Gellius XV 11 zu erzählen.[303] Tacitus (ann. V 10) führt als Reiseroute des Poppaeus Sabinus an: Makedonien, Euböa, Piräus, Korinth, übers Meer nach Nikopolis und dort nach Italien eingeschifft. Und schließlich ist

---

[296] So z.B. Warnecke: Romfahrt, 137–140. Er hält die Angaben der Apg über die Seereise des Paulus für historisch zutreffend und argumentiert für das Apg 28,1 genannte Μελίτη für Kephallenia, die Insel vor Nikopolis. Für seine Argumentation ist die Echtheit der Pastoralbriefe zwar nicht zwingend, er nimmt sie dennoch an (Tit sei dann von eben dieser Insel Kephallenia abgeschickt worden), vgl. 139; 157 und das Geleitwort von Alfred Suhl a.a.O. 13. Zur fundamentalen Kritik am ‚Fall Warnecke‘ und an seiner These vgl. Wehnert: Gestrandet, 67–89.

[297] Ebenso Oberlinner: Tit, 195.

[298] Pausanias ausschließlich (V 23,3; VII 18,8f; X 8,3–5; 10,38), ebenso Epiktet (diss. I 19,28; 25,19; II 6,20; 21,14; III 22,52; IV 1,14), Gellius (XV 11,3–5), Seneca (nat. VI 26,4) und Tacitus (ann. II 53; V 10); auch die *Anthologia Graeca* kennt nur ein Epigramm auf das bei Aktium gelegene Nikopolis (IX 553).

[299] Z.B. bei Strabo: VII 7,5f; X 2,2 (Epirus); XII 3,28 (von Pompeius gegründet in Klein Armenien/Pontus); XIV 5,19 (von Alexander gegründet in Kilikien/am Issos); XVII 1,10 (von Oktavian gegründet in der Nähe Alexandriens, später in Juliopolis umbenannt). In Cassius Dios *Römischer Geschichte* wird das von Pompeius (XXXVI 50,3; XLII 46,2; XLIX 39,3) und das von Oktavian in Epirus gegründete genannt (L 12; LI 1,3). Ebenso in Plin. nat. (IV 5: in Epirus; VI 26: in Klein Armenien). Josephus nennt nur die beiden Gründungen Oktavians (ant. Iud. XVI 147 und bell. Iud. I 425: in Epirus; bell. Iud. IV 659: bei Alexandria).

[300] Suet. Aug. 18,2: *quoque Actiacae victoriae memoria celebratior et in posterum esset, urbem Nicopolim apud Actium condidit.*

[301] Mit dem *malum* ist die Heimsuchung durch ein Erdbeben gemeint (Epikt. diss. II 6,20), vgl. auch Anm. 1 S. 284 in der Seneca-Ausgabe von Oltramare, Bd. 2.

[302] Daneben wird der Stadtname Nikopolis bei Plutarch nur noch mor. 667e (ebenfalls in Epirus) und mor. 698a (unsicher: „Nikias aus Nikopolis“) erwähnt.

[303] Aufgrund der Erwähnung der ‚Galiläer‘ in Epikt. diss. IV 7,6 erwägt Spicq: Past, 690f, die Möglichkeit, dass er dort eine christliche Gemeinde gekannt haben könnte.

Nikoplis wichtig für die römische Wirtschaftspolitik; es war eine der für den west-östlichen Handelsweg zentralen Hafenstädte (neben Athen/Piräus, Korinth, Patras) und musste aufgrund seiner Lage den (Handels-)Verkehr des gesamten nördlichen Italien abdecken.[304]

Zum anderen wird die enge Beziehung der Stadt zum Prinzeps und zur Reichsideologie evoziert: Die Konstruktion der Stadt an dem Ort, an dem Oktavian am Vorabend der Schlacht sein Lager aufgeschlagen hatte, diente dazu, ein Symbol für das neue Imperium zu schaffen.[305] Um dem griechischen Osten zu demonstrieren, dass seine bisherige Freiheit auch unter dem Römer Oktavian gewahrt bleiben wird (und nicht mit der Niederlage des Wahlhellenen Antonius fallen muss),[306] wurde Nikopolis nicht als römische Kolonie gegründet (gegen Tac. ann. V 10 und Plin. nat. IV 5),[307] sondern als eine griechische Stadt, als *civitas foederata*, die Münzprägerecht[308], Unabhängigkeit vom Statthalter und Steuervorteile genoss.[309] Dies zeitigte auf Seiten der Nikopoliten ein freiheitliches Selbstbewusstsein, das sprichwörtlich war (vgl. Epikt. diss. IV 1,14).[310] Auch die Verlagerung der Spiele von Aktium nach Nikopolis sollte den Eindruck erwecken, traditionelle griechische Kultur weiterzuführen. Stattdessen verfolgten die Spiele jedoch, die ihren regionalen Charakter verloren und in den Rang der Olympischen erhoben wurden (Strab. VII 7,6), ein anderes Ziel: Die sog. Aktia, die ab 27 v.Chr. alle vier Jahre im September stattfanden, dienten mit den Naumachien und hippischen Agonen der Erinnerung an die Seeschlacht des Septembers 31 v.Chr. und wurden so zur „Schauveranstaltung", zu einer „monumentalen Feier des Kaiserkults".[311] Neben der Verlagerung der Kulte und

---

[304] Vgl. Hoepfner: Nikopolis, 129; Purcell: Synoecism, 72–75.

[305] Vgl. Krinzinger: Nikopolis, 187–190. Es gibt freilich auch Autoren, die auf die humanitären Absichten Oktavians abzielen, der dem vom Krieg in Mitleidenschaft gezogenen Landstrich ein neues wirtschaftliches und kulturelles Zentrum geben wollte (Strab. VII 7,6; Anth. Gr. IX 533), jedoch sprechen die archäologischen Funde für die systematische Zerstörung und Entsiedelung bestehender Poleis und kleinerer Ortschaften, vgl. Hoepfner: Nikopolis, 129–133; Strauch: Politik, 156–183.

[306] Plut. Ant. 68; 24,4; 60,4f; vgl. Christ: Geschichte, 59–82.

[307] Krinzinger: Reichspropaganda, 112 Anm. 18, hält es durchaus für möglich, dass Nikopolis am Ende des 1. Jh.n.Chr. zu einer römischen Kolonie geworden war. Vgl. auch Purcell: Synoecism, 86–90, der für den Doppelcharakter von Nikopolis als *civitas libera* und *colonia* argumentiert, durch den Oktavian die Verbindung römischer und griechischer Tradition proklamiert wissen wollte (vgl. Plin. nat. IV 5: *Actium colonia Augusti cum civitate libera Nicopolitana*).

[308] Höhepunkt der Münzprägungen war unter Trajan mit 43 Serien (vgl. Strauch: Politik, 183), der zudem als einziger Prinzeps in Nikopolis auf den Münzen als *Soter* geehrt wurde (vgl. Karamesini-Oikonomidou: nomismatokopia, 27). Allgemein zum Münzprogramm Trajans und dem dahinter stehenden Programm vgl. Fears: Cult, 912–924, zum Hintergrund von σωτηρία/*salus* vgl. a.a.O. 859–861.

[309] Vgl. Strauch: Politik, 158f.

[310] Vgl. Schober: Art. Nikopolis, 516.

[311] Strauch: Politik, 161f; 175.

Tempel umliegender Städte nach Nikopolis gehörte die Einführung des Kaiserkultes zu den kultischen Neuschöpfungen des Augustus (Epikt. diss. I 19,26; CIL III Add. 159).[312]

Nicht nur die enge Verklammerung von griechischer Tradition mit dem Gründungsdatum des Imperiums als Inszenierung des Kaiserkultes ist augenfällig. Auch die Grundarchitektur der Stadt verkündete das neue Zeitalter der *pax Augusta*, da sie ungeschützt im abrakischen Meerbusen lag und so als Demonstration „römische[r], v.a. imperiale[r] Macht"[313] dienen konnte. Gleichwohl verzichtet der Prinzeps im Rechenschaftsbericht seiner Leistungen, den *Res Gestae*, auf die Erwähnung Aktiums, das auffallend wenig in der späteren Literatur namentlich gemacht wird. Das dürfte damit zusammenhängen, dass mit Aktium nicht nur der Beginn der *pax Augusta* erinnert wird, sondern auch der Bürgerkrieg. Dieser war es (zusammen mit der durch Augustus – trotz aller gegenläufigen Propaganda und Symbolhandlungen des Prinzeps – weitergeführten Auflösung der Senatsherrschaft), der Augustus v.a. in neronischer Zeit immer auch in einem kritischen Licht erscheinen ließ.[314]

Wenn nun Paulus Titus mitteilt, dass er in die „Siegesstadt"/nach Nikopolis reisen will, so wird m.E. beides evoziert: Paulus ist auf dem Weg nach Italien und er wird in Kontakt kommen mit einer massiven Präsenz des Kaiserkultes und der Reichsideologie. Damit ist freilich keineswegs gesagt, dass die Gefangenschaft des Paulus durch die Erwähnung von Nikopolis bereits angedeutet werden soll, ist doch trotz allem die Stadt eine freie und konnte dort Epiktet seine Schule neu aufbauen, nachdem er aus Rom vertrieben worden war. Aber die eine Szene, die Epiktet in seiner Freiheitsdiatribe anführt (diss. IV 1), verdeutlicht eben auch die Illusion von Nikopolis. Zwar rühmen sich die Nikopoliten, frei zu sein, in Wahrheit jedoch sind sie Knechte (diss. IV 1,12–14):

„Aber wer kann mich zwingen, außer der Herr aller [Menschen], der Kaiser? [...] Dass er aber, wie du sagst, allen gemeinsam [Herr] ist, dieses soll dich nicht erleichtern, sondern wisse, dass du Sklave aus einem großen Haus bist. So sind auch die Nikopoliten gewohnt zu bellen: ‚Wahrlich, beim Genius des Kaisers, wir sind frei!'" (ἀλλὰ τίς με δύναται ἀναγκάσαι, εἰ μὴ ὁ πάντων κύριος Καῖσαρ; [...] ὅτι δὲ πάντων, ὡς λέγεις, κοινός ἐστιν, μηδέν σε τοῦτο παραμυθείσθω, ἀλλὰ γίγνωσκε, ὅτι ἐκ μεγάλης οἰκίας δοῦλος εἶ. οὕτως καὶ Νικοπολῖται ἐπιβοᾶν εἰώθασι ‚νὴ τὴν Καίσαρος τύχην, ἐλεύθεροί ἐσμεν'.)

---

[312] Vgl. Strauch: Politik, 173.

[313] Strauch: Politik, 175; anders Hoepfner: Nikopolis, 132f.

[314] Vgl. Wolf: Augustusrede, 112–155: Die Analyse der Rede des Augustus gegen Claudius in apocol. 10f zeige, dass Seneca Augustus „sowohl offen dem Spott aussetzt als auch indirekt kritisiert" (a.a.O. 112).

Bevor dieses, das letzte Kapitel der Paulusgeschichte geöffnet wird, lässt der Romanschreiber noch einen Blick über die Schulter des Paulus werfen, wie dieser an einen anderen seiner Mitarbeiter schreibt, der sich in einer ähnlichen, aber auch ganz anderen Situation befindet als Titus auf der Insel des Zeus.

3.2 Der erste Brief an Timotheus

Ist 1Tim zwar noch sparsamer als Tit mit Angaben über die Situationen von Paulus oder Timotheus, so scheint doch die eine Angabe, die er bietet, eine größere Nähe zur bekannten Paulusbiographie aufzuweisen. Dem Briefpräskript folgt als einleitende Situationsangabe 1,3:

„Wie ich dich ermahnt habe, in Ephesus zu bleiben, während ich nach Makedonien reise, …" (καθὼς παρεκάλεσά σε προσμεῖναι ἐν Ἐφέσῳ πορευόμενος εἰς Μακεδονίαν).

3.2.1 Analyse von 1Tim 1,3

Es ist auch hier nicht sicher auszumachen, ob Paulus vor seiner Reise in Ephesus war:[315] παρακαλέω kann wie die mündliche auch die briefliche Ermahnung bezeichnen und προσμένω kann auch im Sinne von ‚ausharren' bzw. ‚dort bleiben (bis ich komme)' verstanden werden.[316] So schreibt Paulus auch, dass er bald zu Timotheus nach Ephesus kommen wolle (3,14; 4,13), ohne es explizit als eine Rückkehr zu bezeichnen. Für eine kürzliche Anwesenheit könnte sprechen, dass aufgrund der Schilderung der Gemeindesituation in Ephesus, die Timotheus zu gestalten hat, Paulus diese scheinbar gut und in einem relativ aktuellen Zustand kennt.[317]

---

[315] Quinn: Captivity, 293f, der in diesem Vers (anders als zu Tit und 2Tim) kein Fragment eines echten Paulusbriefes sieht, meint, dass ein vorangegangener Aufenthalt des Paulus in Ephesus von V. 3 nicht impliziert sei. Im von Wacker bearbeiteten Kommentar hingegen wird die entgegengesetzte Aussage gemacht: Auch in diesem Vers finde sich der Rest eines Paulusbriefes, den er nach dem Aufenthalt in Ephesus (d.i. in der Zeit nach der ersten römischen Gefangenschaft) an Timotheus geschrieben habe, Quinn/Wacker: 1/2Tim, 71.

[316] Ob das als „gewaltsamer Umdeutungsversuch" zu verstehen sein muss, wie Roloff: 1Tim, 62, meint, sei dahingestellt. Zu einer solchen Bedeutung vgl. Passow II/1, s.v. 1208; Moulton/Milligan s.v. 550.

[317] Dibelius/Conzelmann: Past, 13, verweisen hier v.a. auf 1,20, wo die einzigen Namen des Briefes (abgesehen von Paulus und Timotheus) genannt werden. Quinn: Captivity, 293f, dagegen, unter Verweis auf den Parallelfall des ‚korinthischen Skandals', sieht hier keinen kürzlichen Zwischenfall erwähnt, sondern einen lange zurückliegenden. Weiteren Aufschluss über die gedachte Situation bieten die Angaben in 1,20 nicht: Hymenäus ist sonst gänzlich unbekannt (außer seiner erneuten Nennung in 2Tim 2,17 zusammen mit einem Philetus); möglich ist, dass mit der Erwäh-

Timotheus jedenfalls ist in Ephesus, Paulus in Makedonien oder auf dem Weg dorthin. Weitere Angaben macht der Brief nicht über die Situation. Diese vier Daten, Paulus, Timotheus, Ephesus und die Reise nach Makedonien, sind denn auch der Grund, dass dieser Vers sich geradezu aufdrängt, mit Apg 19f und 1Kor 16 zusammengelesen zu werden.

Harmonisieren lassen sich die Angaben freilich nur mithilfe von Konstruktionen und Hypothesen, die die Verfasserschaft des Paulus für die Pastoralbriefe solange voraussetzen, wie die Angaben sich nicht unmissverständlich widersprechen.[318] Ein solcher Fall wird angesichts der für Briefe typischen ‚fragmentierten Biographie'[319] und den stets postulierbaren ungenauen Kenntnissen des Lukas von den paulinischen Missionsreisen[320] jedoch immer auszuschließen sein. Die zahlreichen Versuche in der Forschungsliteratur, die divergenten Angaben zu harmonisieren, müssen denn auch immer mit Leerstellen operieren, die ausgefüllt werden können. Damit wird genau die narrative Technik angewandt, die durch Brieffiktion aktiviert werden soll. Die Anspielungstechnik setzt Suchbewegungen in Gang, das Neue mit bisher Bekanntem abzugleichen und zu ergänzen, getragen von dem Bedürfnis, Bekanntes bestätigt zu finden und gleichzeitig Neues zu erfahren.

Dieses Neue, das die Pastoralbriefe bieten, ist wohl zugleich die größte Differenz zwischen Tit/1Tim und den echten Paulusbriefen: die Beschreibung des Verhältnisses zwischen Paulus, seinen Mitarbeitern und den Gemeinden. Jedoch trifft die Akzentverschiebung, wie Roloff sie festmacht, nicht genau zu:[321] Sei der historische Timotheus im Rahmen der paulinischen Missionsarbeit stets nur mit vorübergehenden Aufgaben in Gemeinden betraut gewesen, so sei er in den Pastoralen *als permanenter Gemeindeleiter* verstanden. Dem narrativen Rahmen der drei Pastoralbriefe wird Roloff weiter nicht gerecht, wenn er die Bitte an Timotheus in 2Tim, so schnell als möglich zu ihm zu kommen, lediglich als Motiv der engen Verbundenheit interpretiert.[322] Weder Timotheus noch Titus (Tit 3,12) sind hier

---

nung von Alexander (nochmals in 2Tim 4,14) an die Situation in Apg 19,23ff gedacht werden soll (anders Quinn: Captivity, 295, der die Nichtidentität der drei genannten Alexander annimmt).

[318] So etwa Reicke: Chronologie, 84: Von der Unechtheit der Pastoralbriefe könne erst dann ausgegangen werden, wenn sie sich auf keinen Fall in die Paulusbiographie einordnen ließen, also „in einem krassen Widerspruch" zu unserem sonstigen Wissen stünden.

[319] Vgl. Bormann: Fiktionalität, v.a. 109–113; Wischmeyer: Paulus, 96: „fraktierte[] Ich-Erzählung"; Glaser: Erzählung.

[320] Z.B. merkt Reicke: Chronologie, 86f zu Apg 20,1–4 an, dass Lukas nur unzureichend über diese Zeit informiert gewesen sei und deshalb summarisch zusammengefasst habe. So lasse sich die völlige Nicht-Erwähnung des Titus durch Lukas erklären.

[321] Vgl. Roloff: 1Tim, 62f.

[322] Vgl. Roloff: 1Tim, 63 Anm. 40.

als permanente Gemeindeleiter verstanden.[323] Aufgrund der Bestimmung von Tit und 1Tim als ‚briefliche Instruktionen an weisungsbefugte Amts- und Mandatsträger' betont Wolter neben der räumlichen auch die zeitliche Begrenzung ihres Auftrags.[324] Er fasst dann die Differenz zwischen Trito- paulinen und Homologumena genauer, wenn er das ‚Zurücklassen' eines Mitarbeiters als Novum erkennt: Paulus selbst hat den Gemeinden ihre Eigenständigkeit und Autonomie gelassen und nur bei Bedarf Mitarbeiter (bzw. Timotheus) entsandt.[325]

Mit 1Tim wird keine geo- oder biographische Leerstelle ausgefüllt wie mit dem Titusbrief, sondern er knüpft frei an eine bekannte Paulusgeschich- te an[326] und modifiziert sie (indem Paulus Timotheus zurücklässt und nicht nach Makedonien [voraus]schickt), um so Raum zu haben für eine eigene Ausfüllung.[327] Die gleiche – für antike Briefromane typische – literarische Technik der Neuschreibung lässt sich auch im letzten Brief des Briefromans beobachten.

---

[323] Zudem verweist Paulus in 1Tim wiederholt darauf, dass er bald zu Timotheus nach Ephesus kommen wolle (3,14; 4,13; Roloff: 1Tim, 190: „nur flankierende Funktion", aus 1Kor 4,19; Phil 2,19.24 aufgenommen?); allerdings rechnet Paulus auch mit der Möglichkeit einer Verzögerung (3,15: βϱαδύνω), was jedoch nicht als permanentes Ausbleiben zu verstehen ist, vgl. auch Roloff: 1Tim, 197.

[324] Vgl. Wolter: Pastoralbriefe, 196f.

[325] Vgl. Wolter: Pastoralbriefe, 181f. Dass die Mitarbeiterentsendung nicht nur ein Notbehelf bei verhinderter paulinischer Anwesenheit war (also lediglich als eine Form abgeleiteter ‚apostoli- scher Parusie' zu bewerten sei), sondern eine eigenständige Qualität hatte, hat Mitchell: Envoys, 651–662, herausgearbeitet, auch wenn ebenfalls bei ihr Paulus Fokalisationspunkt der Gemeinde- und Missionsarbeit bleibt und die Mitarbeiter (v.a. Timotheus und Titus, untersucht anhand von 1Thess 3 und 2Kor 7) streng auf ihn ausgerichtet sind.

[326] Aus diesem Grund scheint es mir nicht sehr ergiebig zu sein, wie zu Kreta und Nikopolis ein allgemeines Hintergrundwissen um die Stadt zu erheben, siehe dazu den Forschungsüberblick bis 1999 von Schnabel: Christen, 349–365, mit Darstellung und Diskussion von Thiessen: Chris- ten; Günther: Frühgeschichte; Strelan: Paul; Fieger: Schatten; Koester: Ephesos. Danach ist noch v.a. auf Trebilco: Ephesus, und Witetschek: Enthüllungen, zu verweisen. Zudem bieten beide Timotheusbriefe kaum solche Anklänge, die Lokalkolorit vermitteln. Es gäbe m.E. höchstens drei schwache Berührungspunkte: Der Christushymnus 1Tim 3,16 könnte eine kritische Bezugnahme auf den Artemiskult sein (so Oster: Artemis, 43, und Gealy: Epistles, 423; Kelly: Past, 89), wird aber zu Recht von Strelan: Paul, 153f, als zu vage abgelehnt. Die ‚unwürdigen Witwen in Ephe- sus' (1Tim 5,3–16) könnten als literarischer Topos motiviert sein durch die bei Petron 111f erzählte Geschichte von der „Witwe von Ephesus" (auf die Geschichte verweist auch Thurston: Leadership, 169), dazu ist das Motiv aber zu verbreitet. Schließlich scheint m.E. hinter dem Christushymnus 1Tim 6,15f doch eine polemische Spitze gegen den in Ephesus allenthalben begegnenden Herrscherkult zu stecken, dazu s.o. S. 214f und s.u. S. 293 Anm. 588.

[327] So auch Dibelius/Conzelmann: Past, 13.

3.2.2 Die Erzählung der ersten zwei Briefe

Vor der weiteren (Re-)Konstruktion der Erzählung des Briefbuches sollen die bisherigen Beobachtungen zusammengefasst werden unter der Frage, was die beiden Briefe an Titus und Timotheus von Paulus *in actu scribendi* erzählen.

Zunächst jedoch zwei grundlegende hermeneutische Überlegungen vorweg. Dem Verweis zu Anfang des Titusbriefes auf eine vorausgehende Kommunikationssituation wurden drei Funktionen zugesprochen: Während die ersten beiden den Rahmen der Erzählung aufspannen und eine Geschichte vor dem Beginn des Briefbuches erdichten sollen, dient die dritte Funktion gleichsam als kritisches Ausrufezeichen: Alle im Folgenden gebotenen Anweisungen zur Gemeindeorganisation und Kommentare zur Gemeinde- und Irrlehrersituation sind nicht vollständig und selbsterklärend, sondern ergänzend. D.h. dass die Briefe nicht zur Rekonstruktion einer Gemeindewirklichkeit (etwa in Kleinasien zu Anfang des 2. Jh.) hinreichend sind: Weder das Profil der Gegner noch eine Gemeindeordnung lassen sich mit Hilfe dieses Briefes (und Entsprechendes gilt für den Folgebrief) erheben.

Genau wie die Angaben zur Gemeinde scheinen auch die über eine vorausgehende Anwesenheit des Paulus bei Titus oder Timotheus konkret zu sein, erweisen sich jedoch als bedeutungsoffene Chiffren, die die Lesenden mit eigenen Geschichten füllen müssen. Diese Spannung zwischen scheinbarer Eindeutigkeit und vagen Anspielungen ist eine in fiktionaler Briefliteratur gängige Erzähltechnik, die mit der Grundfiktion einer echten Briefkorrespondenz arbeitet: Da Absender und Adressaten die Vorgeschichte bekannt ist, reichen kurze Anmerkungen, um den Brief in diese Geschichte einzuordnen. Den impliziten und realen Lesenden dagegen fehlt dieses Vorwissen, so dass die Brieffiktion Kreativität freisetzt.[328]

Die beiden Briefe an Titus und an Timotheus beginnen mit der gleichen Situation: Paulus, zurückblickend auf eine vorausgehende Gemeinschaft, schreibt an zwei seiner Mitarbeiter, die er weitergehend instruiert. Paulus erweist sich hier immer als der Nicht-Anwesende, der Sich-Entziehende. Der Apostel ist stets auf dem Sprung nach Woanders: nach Nikopolis in Tit, nach Makedonien in 1Tim. Von dort, so erfahren die Lesenden, wolle Paulus bald nach Ephesus (zurück)kommen, könnte jedoch aufgrund (ungenannter) Zwischenfälle aufgehalten werden. Was er in Makedonien zu tun gedenkt, ist Timotheus (offensichtlich) bekannt, den Lesenden dagegen nicht. Durch die ganze Situationsbeschreibung wird das Bild des rastlosen

---

[328] Zu den verschiedenen Dimensionen des (fehlenden) Hintergrundwissens von explizitem und implizitem Leser, mit denen der Verfasser arbeiten kann, vgl. Glaser: Erzählung.

Missionars und Arbeiters Christi evoziert,[329] wie es auch in Apg von Paulus vermittelt wird: Paulus ist *der* Reisende schlechthin.

Der Eindruck des Permanent-unterwegs-Seins wird zudem dadurch verstärkt, dass es zwei verschiedene Situationen seiner Biographie sind, in denen Paulus an Titus und an Timotheus schreibt. Aus anderen Briefromanen ist die Technik bekannt, ähnliche, sich z.T. ergänzende, z.T. widersprechende Angaben in mehreren zeitgleich verfassten Briefen zu bieten: z.B. die doppelte Einladung des Xenophon an die Sokratiker (epist. 18) und gesondert an Aischines (epist. 19), die drei Antwortschreiben von Solon, Anacharsis und Pittakos auf die Einladung durch Kroisos (Sap. epist. 11–13 Dührsen)[330] oder die in den Chionbriefen angewandte Täuschungstechnik in den Briefpaaren epist. 7 und 8 (Erklärungs- und Empfehlungsbrief) bzw. epist. 15 und 16 (Erklärungs- und Täuschungsbrief).

Trotz der Reiseaktivitäten entzieht sich Paulus nicht seiner Verantwortung den Gemeinden gegenüber. Paulus verfügt über Mitarbeiter, die er aussenden, mit Aufträgen betrauen und in Gemeinden installieren kann. Dieses Motiv, möglicherweise aus Kol und Apg übernommen, wird im Rahmen der Erzählung in Tit eingeführt durch die einleitende Situationsangabe 1,5 (Titus) sowie durch die am Briefschluss genannten vier Namen (3,12f) und bildet den Verstehenshintergrund für die folgenden Briefe an Timotheus.[331] So erzählen die ersten beiden Briefe des Briefromans, wie es mit Paulus und seinen Gemeinden weitergeht, nachdem er sie verlassen hat.

In Tit und 1Tim werden zwei gegensätzliche und sich ergänzende Raumkonzeptionen als Handlungsräume christlicher Tätigkeit vorgeführt.[332] Titus ist auf „Kreta, der Weiten", deren Städtereichtum seit Homer sprichwörtlich war. Auch kann die Verbreitung jüdischer Kultur auf Kreta als allgemein bekannt vorausgesetzt werden. In diesem eher weitläufig-ländlichen Kontext ist es Titus zur Aufgabe gesetzt, christliche Gemeinden zu organisieren und auf ihre Einheit hin zu wirken. So nimmt es nicht wunder, dass Titus später (zuerst bei Eus. HE III 4,5; vgl. auch die *subscriptio* zu Tit in einem Teil der Handschriftentradition) zum ersten Bischof von Kreta avancierte.[333]

In Apg gibt es zwei Anknüpfungspunkte, aus denen heraus Tit gesponnen sein könnte. Einmal wird Kreta im Reisebericht Apg 27 erwähnt –

---

[329] Ist das der Grund, weshalb in 1Tim 2,7 Paulus als Lehrer *der Völker* bezeichnet ist, in 2Tim 1,11 jedoch das Genitivattribut ausgelassen wurde? In 2Tim 4,17 wird dieser Aspekt wieder aufgenommen (hier verkündet Paulus ‚allen Völkern'), nun nicht mehr als Reisender im *orbis terrarum*, sondern als Gefangener im *caput mundi*.

[330] Zum Briefroman der Sieben Weisen und der in ihnen mehrfach angeregten Parallellektüre mehrerer Briefe s.o. Kap. I 1.3.3.

[331] Ähnlich Quinn: Tit, 83.

[332] Vgl. auch Quinn/Wacker: 1/2Tim, 9; 17; 22.

[333] Von Harnack: Mission, 471, wertet hier die Mitteilung des Euseb: „aus Tit. 1, 5 unrichtig abstrahiert und ohne geschichtlichen Wert".

damit wäre eine initiale Missiontätigkeit des Paulus an dieser Stelle intendiert –, zum anderen befinden sich schon Kreter unter den Zuhörern der
Pfingstpredigt (Apg 2,11) – die christlichen Gemeinden Kretas könnten
dann auf eine längere Geschichte zurückblicken. Im Titusbrief (ebenso wie
im ersten Brief an Timotheus) ist dem Empfänger (oder anderen Gemein-
degliedern) nicht die Missionsarbeit anvertraut (jedoch hinter Tit 3,12f
vorausgesetzt?). Es ist Paulus selbst, der in beiden Briefen als der rastlose
Missionar (v.a. Tit 1,3; 1Tim 2,7) erscheint, der gewissermaßen die Furchen
zieht, die seine Faktota zu fruchttragenden Feldern bewirtschaften müssen
(in Steigerung des Bildes von 1Kor 3,6). So kann es für Tit offen bleiben,
welche Notiz aus Apg (wenn überhaupt eine von beiden) die Verortung von
Titus auf Kreta motiviert hat.

Die wohl ins 5./6. Jh. zu datierenden Titus-Akten,[334] die von Zenas dem
Juristen geschrieben sein wollen, knüpfen an Apg 2 an. Titus, ein Nachfah-
re von König Minos, war Wegbegleiter des Herrn und Zeuge der Ereignisse
von der Kreuzigung bis zur Geistausgießung. Später wird er von den Apos-
teln gewählt, um Paulus auf seiner Mission zu begleiten (Act Tit 1–4).
Schließlich kommen beide zusammen nach Kreta und „verkündigen dort
allen den Glauben an unseren Retter Christus",[335] bevor sie nach Ephesus
reisen, von wo aus Titus 2Kor überbringt.[336] Erst nach dem Tod des Paulus
kehrt Titus nach Kreta zurück und wird Bischof von Gortyna.

In Tit dagegen wird Titus nicht als permanenter Gemeindeleiter, quasi
als Bischof Kretas gedacht, sondern Paulus kündigt an, dass er ihn ablösen
lassen und bei sich in Nikopolis haben will. Wen er zur Ablösung schicken
wird, weiß er noch nicht genau: ihm stehen zwei Mitarbeiter zur Auswahl.

Wenn Paulus schreibt, dass er den Winter in Nikopolis verbringen will,
dann ist damit auf eine Weiterreise per Schiff verwiesen und damit ein
Verständnis als Ankündigung, nach Italien überzusetzen, nahegelegt.[337] Im
folgenden Brief an Timotheus ist nichts weiter darüber zu erfahren; er kann
als Zwischenbrief verstanden werden, der die Handlung unterbricht und ins
hinterszenische Geschehen verlagert, um einen weiteren Aspekt zu thematisieren. In 2Tim wird Tit wieder aufgegriffen, indem die Namen Titus und
Tychikus erneut erwähnt werden, und auch dass Paulus sich in Rom befindet, ist die Fortführung des Gedankens von Nikopolis. Die Aufforderung
aus Tit 3,1, sich „den Behörden und Machthabern unterzuordnen", wird
sich am Ende des Buches in ihrer ‚lebenspraktischen Tauglichkeit' erweisen

---

[334] Vgl. Klauck: Apostelakten, 90; Halkin: légende, 242; Pervo: Acts of Titus.
[335] Act Tit 4 nach den Codices V und A.
[336] Act Tit 6 nach den Codices P und O.
[337] So auch Jeremias: Past, 61.

müssen:[338] Mit der Erwähnung der Reise nach Nikopolis mag der sich anbahnende Konflikt bereits als Möglichkeit impliziert sein.

Dem Ausbruch des Konfliktes voraus geht jedoch ein Brief an Timotheus, der in Ephesus ‚zurückgelassen' wurde. Im Rahmen der Geographie ist es natürlich möglich, diesen Brief zeitlich zwischen Tit und 2Tim zu verorten: von Kreta nach Kleinasien durch Makedonien über Nikopolis nach Rom. Allerdings liegt der Fokus auf dem kontrastierenden Raumkonzept, nicht auf einer zeitlichen Entwicklung des Paulus oder der Gemeindesituation.[339] Im Gegensatz zu Kreta spielt christliches Gemeindeleben hier in einer Großstadt, der „ersten und größten Metropolis der Asia" (τῆς πρώτης καὶ μεγίστης μητροπόλεως τῆς Ἀσίας) wie sie in Inschriften benannt ist.[340] So wird durch zwei gegensätzliche geographische Raumkonzepte ein sich ergänzendes Bild christlicher Tätigkeit entworfen: in Stadt und Land tätig sein und verkündigen, auf dem Festland und mitten im Meer.

Diese gegenseitigen Ergänzungen werden auch durch die beiden Adressaten weitergeführt, wie Pervo vorgeführt hat: Timotheus und Titus sind beide als junge, noch unterweisungsbedürftige gemeindeleitende ‚Amtsträger' dargestellt, deren Hintergrund jedoch ein grundverschiedener ist: Titus sei ein „convert from a sinful life"[341], Timotheus dagegen ein Sprössling einer mehrere Generationen umfassenden gläubigen Familie (2Tim 1,3–14; 3,15a).[342] So würden die beiden Briefe an Titus und Timotheus den Lesenden junge Gemeindeleiter mit unterschiedlichen Hintergründen und in unterschiedlichen Situationen präsentieren; hier könnte, so vermutet Pervo, auch eine Intention der Briefsammlung liegen: junge Männer, jüdischer wie nicht-jüdischer Herkunft gleichermaßen, dazu zu ermuntern, (leitende) Ver

---

[338] Oberlinner: Tit, 197f, sieht in diesem Themenkomplex auch die Berufsbezeichnung des Zenas als Juristen begründet: Zum einen habe er die apologetische Funktion, die Gemeinde gegen Angriffe/Verleumdungen von außen zu schützen, zum anderen habe er die paränetische Funktion, „die Bedeutung des Gesetzes und dessen verpflichtenden Charakter für die christlichen Gemeinden" hervorzuheben. Ähnlich auch Hasler: Past, 99, allerdings mit anderer Zielrichtung: Da Titus Zenas zu Paulus schicken solle, sei seine Sicherheit anvisiert; er solle den Apostel vor Anschuldigungen einer staatsfeindlichen Einstellung schützen.

[339] Diese könnte allerdings auch impliziert sein: So scheint im Gegenüber zu Kreta die Gemeinde in Ephesus nicht mehr organisatorisch gestaltet zu werden, der Fokus liegt hier eher auf der Gefährdung der Gemeinde durch Gegner, wie es in den ersten Aufgabenbestimmungen Tit 1,5 („um […] in jeder Stadt Presbyter einzusetzen") und 1Tim 1,3 („um einigen zu verbieten, anders zu lehren") angelegt ist, vgl. auch Pervo: Stone, 40. Aber letztlich sind dies eher verschiedene Schwerpunktsetzungen, sind doch beide Themenkomplexe in beiden Briefen gleich dominant.

[340] IvEph. V 1541; 1543; vgl. IvEph. III 647; Trebilco: Ephesus, 11–16.

[341] Pervo: Stone, 39. Der Verweis auf Tit 3,4f gibt diese Interpretation allerdings nur bedingt her. Liegen einem aber zusätzliche Notizen über Titus vor (wie z.B. Gal 2,3), so ergibt sich die Lektüre, dass Titus Nichtjude war.

[342] Pervo: Stone, 39 Anm. 63, verweist auf das ähnliche Motiv in Sokr. epist. 25,2, wo Phaidros Platon daran erinnert, wie er von Kindstagen an mit ‚sokratischen Wiegenliedern' aufgezogen worden sei.

antwortung in Gemeinden zu übernehmen.[343] Diese Lektüre der Briefe scheint mir jedoch ein zu funktionales Romanverständnis vorauszusetzen und erfährt auch Widersprüche durch die Warnung an Timotheus, einen Neubekehrten nicht zu einem Episkopos zu machen (1Tim 3,6), und die Voraussetzung für jegliches Amt in den Pastoralbriefen, dem eigenen Haus gut vorzustehen und treue Kinder zu haben (Tit 2,6f; 1Tim 3,4f.12).[344] Da Titus und Timotheus, trotz ihrer Jugend und obwohl sie offensichtlich nicht verheiratet sind, keine Kinder haben noch ein Haus, dem sie ‚gut vorstehen‘ könnten, dennoch eine Autoritätsstellung innehaben, können sie nicht als Typus des Amtsinhabers interpretiert werden, sondern sie sind als ‚apostolische Delegaten‘ ebenso wie Paulus selbst jenseits jeglicher Gemeindeordnung loziert. Gleichwohl können diese drei herausragenden Gestalten des Briefromans identifikatorisch wirken wie in jeder Art von Literatur: Durch identifikatorische Lektüre des Briefromans können die Lesenden ihr ‚christliches Profil‘ entwickeln bzw. verstärken.

Mithilfe von Einspielungen und Andeutungen an (möglicherweise) bereits Bekanntes und Erwähnungen von bisher unbekannten Positionen der paulinischen Vita bieten die Pastoralbriefe, oder: lassen erahnen, ein bestimmtes Bild von Paulus: Die kurzen Notizen, typisch für fiktionale Briefliteratur, dienen primär dazu, Stimmungen und Situationen zu evozieren, ohne dass sie eindeutig fixierbar sind. Dadurch ermöglichen sie den Lesenden die eigene Aktivierung von Bekanntem bzw. das Ausfüllen von Leerstellen mit eigenen Vorstellungen. Diese Technik lässt sich auch im letzten Brief beobachten, der in eine neue Situation hineinführt.

3.3 Der zweite Brief an Timotheus

Anders als die vorausgehenden Briefe bietet 2Tim eine umfassende Situationsangabe, die jedoch nicht mehr primär die Motivation des Briefschreibens erhellen will; hier wird stattdessen die Situation selbst zum Thema des Briefes: Erscheint zuvor die Abwesenheit des bzw. Trennung von Paulus als eine vorübergehende, so wird sie nun endgültig. Da Paulus hier als Gefangener schreibt, ist 2Tim v.a. mit den sog. Gefangenschaftsbriefen zu vergleichen; eine Einpassung des Briefes in die Paulusbiographie kann hier nicht mit dem aus den anderen Briefen her Bekannten erfolgen, da diese aus einer der hier in Szene gesetzten Gefangenschaft des Paulus (sei sie in Cäsarea, Rom oder Philippi) vorausgehenden Zeit entstammen. Dass die vor-

---

[343] Vgl. Pervo: Stone, 40; 38.

[344] Ebenso verweist Verner: Household, 154, darauf, dass die Pastoralbriefe jüngere Männer von Leitungsfunktionen ausschließen und zur Unterordnung unter die älteren ermahnen.

ausgesetzte Gefangenschaft eine andere Situation ist – in Phlm und Phil die ephesinische Gefangenschaft, hier jedenfalls deutlich nicht in Ephesus (2Tim 1,15–18; 4,12)[345] –, muss zunächst nicht weiter von Belang sein, kann der Verfasser die Briefe doch als Zeugnisse der römischen Gefangenschaft gelesen haben oder allein durch das Motiv der Gefangenschaft angeregt sein, ohne damit eine Bindung an ihren Ort einzugehen, wie die Verfasser der beiden nachpaulinischen Gefangenschaftsbriefe Kol und Eph, die so wenig konkret werden, dass eine Ortsbestimmung kaum möglich ist.[346] Im Folgenden soll wiederum danach gefragt werden, welche Themen, Motive und Stimmungen der Verfasser aufgenommen und wie er sie für sein Anliegen modifiziert hat.

Nicht allein von der Fülle des erzählerischen Stoffes, auch von der Erzählstruktur her unterscheidet sich 2Tim von Tit/1Tim. Er eröffnet nicht mit einer Bestimmung der Situation direkt nach dem Präskript, sondern klassisch paulinisch mit einem Proömium.[347] Hier wird in V. 3f die Situation, in der sich Paulus befindet, nur angedeutet, wenn seine Erinnerung an Timotheus, die Sehnsucht, ihn wiederzusehen, und dessen Tränen erwähnt werden, um dann erst nach der Rückblende auf dessen gläubige Mutter und Großmutter in V. 8 den Grund dafür anzugeben. Dass 2Tim ein Gefangenschaftsbrief ist, macht Paulus daraufhin jedoch mit dem Hinweis auf seine Fesseln (1,8.12.16–18; 2,9f; 4,6–8) und die aktuelle Prozesssituation (4,16f) mehr als deutlich.

3.3.1 Die Gefangenschaft (2Tim 1,3–2,13; 4,6–8)

Ebenso wie Tit und 1Tim verweist auch 2Tim anfangs (1,3f) auf eine dem Brief vorausgehende Kommunikation, deren Medium wiederum nicht deutlich auszumachen ist: Die Erwähnung der Tränen des Timotheus implizieren, dass dieser von der Gefangennahme und Paulus von der Reaktion des Timotheus gehört hat,[348] also ein Briefwechsel[349] oder die Benachrichtigung

---

[345] Die ephesinische Gefangenschaft, zuerst von Deißmann: Licht, 201f; ders.: Gefangenschaft; und Michaelis: Gefangenschaft, herausgearbeitet, hat sich zumeist als Hintergrund der genannten Paulusbriefe durchgesetzt, wenn auch neuerdings wieder Rom stärker als Abfassungsort von Phil und Phlm erwogen wird (v.a. Schnelle: Einleitung, 153–156; 166f mit Literatur zu den Vertretern einer Abfassung der Briefe in Cäsarea).

[346] Unter der Voraussetzung der Echtheit wird für Kol die Abfassung in Ephesus, Cäsarea oder Rom erwogen, vgl. Kümmel: Einleitung, 305f. Wichtiger als der Ort ist für Kol die Letztmaligkeit der Gefangenschaft, insofern er versucht, den Tod des Paulus theologisch zu deuten, vgl. Standhartinger: Studien, 153–175.

[347] Anders als zumeist bei Paulus nicht mit εὐχαριστῶ (Röm; 1Kor; Phil; Phlm; 1Thess [Plur.]; dann auch 2Thess; Kol [beide Plur.]) eingeleitet (2Kor: εὐλογητός, so auch Eph), sondern mit χάριν ἔχω; dazu auch Oberlinner: 2Tim, 13f.

[348] Die Tränen müssen nicht auf ein früheres Ereignis zurückgeführt werden (Abschied, Gefangennahme, so z.B. Ov. trist. I 3; Aischin. epist. 2,1f), wie von Spicq: Past, 704; Holtz: Past, 153f;

durch Boten (Onesiphorus?, vgl. V. 16–18; Tychikus?, vgl. 4,12) dazwischen zu denken sei. Aufgrund der fiktiven Situation ist jedoch kaum als Realienkriterium die antike Verkehrssituation in Anschlag zu bringen, die G.A. Deißmann für eine Gefangenschaft des Paulus in Ephesus statt in Rom als Hintergrund des Phil anführte,[350] so dass hieraus nicht auf einen möglichen Ort der Gefangenschaft rückgeschlossen werden kann,[351] wenn nicht weitere Indizien hinzukommen.

Der im Proömium genannte Wiedersehenswunsch (1,4) ist allgemein brieftopisch[352] und findet sich etwa auch in Röm 1,10f, wie überhaupt die Gemeinsamkeit des Proömiums mit Röm 1,8–11 bemerkt wurde.[353] So fällt die enge, z.T. wörtliche und in der Reihenfolge übereinstimmende Verbindung von unaufhörlicher Erinnerung, andauernden Gebeten und Sehnsucht des Sehens auf.[354] Dieser Wunsch, das ἐπιποθῶν σε ἰδεῖν, wird am Ende des Briefes in eine Aufforderung umformuliert,[355] die dem Weisungsverhältnis zwischen Paulus und Timotheus nach 1Tim entspricht. V.a. aber wird so die im Gegenüber zu 1Tim veränderte Reiserichtung[356] hervorgehoben, insofern Paulus nicht mehr über seinen Aufenthaltsort entscheiden kann (anders als in Röm mit der Dynamik von ἰδεῖν ὑμᾶς [1,11] und ἐλ-

---

Brox: Past, 226; Marshall: Past, 693; vgl. auch Oberlinner: 2Tim, 19f, angenommen. Die Verbindung von Gedenken an den Adressaten mit dem Brief als Antwort auf dessen Tränen ist auch in Exilromanen belegt, z.B. Ov. Pont. II 11,4.9 (vgl. auch Themist. epist. 16,1) und scheint mir an unserer Stelle eher im Vordergrund zu stehen, da hier die Tränen des Timotheus den Brief des Paulus (mit)motivieren.

[349] Michaelis: Einleitung, 238: „Mithin wird dem Brief eine vielleicht nur kurze Nachricht über die Verhaftung vorangegangen sein. Auf sie hin hatte sich wohl Onesiphorus auf den Weg nach Rom gemacht …“

[350] Vgl. Deißmann: Gefangenschaft, 126f.

[351] So argumentiert aber Koester: Paul, 61f, aufgrund des ταχέως in 4,9. Zudem ist es brieftopisch zu verstehen (vgl. auch Weiser: 2Tim, 316 Anm. 3; Belege bei Spicq: Past, 464; 810) und bedeutet in unserem Brief, wie V. 21 expliziert, „vor dem Winter“.

[352] Vgl. Koskenniemi: Studien, 124–126; Thraede: Grundzüge, v.a. 61–65; 88–91; 165–179, bes. in Freundschaftsbriefen gebraucht; bei Paulus etwa 1Thess 3,6; Phil 1,8; 2,26; 4,1.

[353] Z.B. Dibelius/Conzelmann: Past, 72; von Lips: Corpus, 66; Oberlinner: 2Tim, 11f.

[354] Zudem geht dem der Verweis auf den Dienst an Gott voran (Röm 1,9: ὁ θεός, ᾧ λατρεύω ἐν τῷ πνεύματί μου; 2Tim 1,3: τῷ θεῷ, ᾧ λατρεύω […] ἐν καθαρᾷ συνειδήσει) und ebenso findet sich das Lob der πίστις der Adressaten (Röm 1,8; 2Tim 1,5). Zum Teil finden sich diese Elemente auch im Proömium von 1Thess, Phil, Phlm.

[355] 4,9: σπούδασον ἐλθεῖν πρός με ταχέως (= Tit 3,12, ohne ταχέως); 4,21 σπούδασον πρὸ χειμῶνος ἐλθεῖν.

[356] In 1Tim war noch die Rückkehr des Paulus nach Ephesus intendiert. Ob sie wirklich erfolgt sein soll, geht aus den Briefen nicht hervor. M.E. greift 2Tim hier eher den Hinweis auf das mögliche Ausbleiben aus 1Tim 3,15 auf. Spicq jedoch meint, dass Paulus tatsächlich (nachdem er 1Tim und Tit geschrieben hatte) zurückgekehrt war, in Ephesus dann angeklagt und verhaftet wurde und über Milet, Korinth (2Tim 4,20) und Brindisi nach Rom überführt worden sei, vgl. Spicq: Past, 141–144.

θεῖν πρὸς ὑμᾶς [1,10.13; 15,23]). Bevor die Aufforderung jedoch ergehen kann, ist es nötig, diese neue Situation zu entfalten.

Der erste Abschnitt des Briefcorpus, der 1,6–2,13 umfasst,[357] entfaltet das Grundthema, sich nicht des Zeugnisses des Herrn bzw. des gefangenen Paulus zu schämen (ἐπαισχύνομαι in V. 8.12.16)[358] und mit ihm für das Evangelium mitzuleiden (συγκακοπάθησον in 1,8; 2,3).[359] Eine sachliche Parallele kann man in Eph 6,20 lesen: Paulus liegt als Bote des Evangeliums in Ketten (ἅλυσις),[360] redet aber dennoch aus Gott bzw. Jesus Christus heraus freimütig; so lässt sich überlegen, beides als eine in die existentielle Situation der Gefangenschaft übertragene Anwendung der Reflexion aus Röm 1,(1–)16 zu verstehen.

Zunächst ist in V. 8 die Gefangenschaft des Paulus verbunden mit der Aufforderung an Timotheus, sich des Zeugnisses des Herrn und des gefangenen Paulus nicht zu schämen. Nach einem christologischen Hymnus,[361] der auf den Dienst des Paulus hinausläuft (V. 11), wird die Begründung der Gefangenschaft geliefert: „aus diesem Grund erleide ich dies; aber ich schäme mich nicht …" (V. 12).[362] Nach der Erinnerung an die eigene Vorbildfunktion (V. 13) und der Ermahnung, das Anvertraute zu bewahren (V. 14), erfolgt die Illustration durch Beispiele des Schämens und Nichtschämens: Alle in der Asia haben sich von Paulus abgewandt, v.a. Phygelus und Hermogenes; Onesiphorus (und sein Haus) dagegen hat sich vorbildlich um Paulus gekümmert (V. 16f):

„Es gebe der Herr dem Haus des Onesiphorus Gnade, weil er mich oftmals hat Atem holen lassen und sich meiner Kette nicht geschämt hat, sondern, als er nach Rom gekommen war, suchte er mich eifrig und fand mich" (ἀλλὰ γενόμενος ἐν Ῥώμῃ σπουδαίως ἐζήτησέν με καὶ εὗρεν).

Rom ist die einzige Ortsangabe in dem Brief, die in Beziehung gesetzt wird zu einer Gefangenschaft;[363] ob damit die gegenwärtige Situation des Paulus

---

[357] Zu möglichen Abgrenzungen vgl. Weiser: 2Tim, 85 und 100.

[358] V. 8 als Ermahnung an Timotheus (Objekt ist τὸ μαρτύριον τοῦ κυρίου ἡμῶν μηδὲ ἐμὲ τὸν δέσμιον αὐτοῦ); V. 12 als Selbstaussage des Paulus (ohne Objekt); V. 16 als Lob des Onesiphorus (die Ketten des Paulus als Objekt). Vgl. Lk 9,26 par. (Jesus und seine Worte als Objekt). In Kol 4,18 heißt es sinngemäß, sich der Ketten des Paulus zu erinnern.

[359] Vgl. 2,9 κακοπαθῶ (= Paulus); 4,5 κακοπάθησον (= Timotheus).

[360] Wie in Eph 6,20 und 2Tim 1,16 wird auch noch Apg 21,33 und 28,20 die Gefangenschaft des Paulus mit dieser Vokabel bezeichnet, ansonsten (in Apg sowie paulinischen Gefangenschaftsbriefen) mit δεσμός samt Derivaten.

[361] Vgl. zum stilisierten Zitatcharakter des Hymnus Jäger: Christologie, 66–72; Oberlinner: 2Tim, 37–44; Marshall: Past, 700–702.

[362] δι᾽ ἣν αἰτίαν καὶ ταῦτα πάσχω, ἀλλ᾽ οὐκ ἐπαισχύνομαι …

[363] Alternativ könnte man statt ἐν Ῥώμῃ ἐν ῥώμῃ „in Kraft" lesen, so Gineste: Genomenos; vgl. auch Collins: Past, 217. Die frühe griechische Handschriftenüberlieferung bietet hier freilich keine Klärungsmöglichkeit; die koptischen Versionen lesen Є[2]ΡШΜΗ (vgl. Horner: Northern

gemeint ist, wird noch zu sehen sein. Dass Paulus nach Rom will, ist Anlass und Thema des Röm, und die Gefangenschaft dort wird in Apg 28,14ff erzählt. Die Bezeichnung der Ketten mit ἅλυσις ist eine Besonderheit von 2Tim, Apg und Eph, die zudem erweitert wird um das Motiv der freien Rede. Diese wird zwar nicht wie in Apg 28,31 und Eph 6,19f mit dem politischen Terminus παρρησία bzw. παρρησιάζομαι ausgedrückt, findet aber eine sinngemäße Entsprechung im weiteren Verlauf von 2Tim:

„..., in dem (sc. Evangelium) ich Übles erleide bis zu Fesseln wie ein Übeltäter, aber das Wort Gottes ist nicht gebunden." (2,9) und: „Der Herr aber stand mir bei und ermächtigte mich, damit durch mich das Kerygma erfüllt würde und alle Völker hören sollten ..." (4,17)

Hier, am Ende des Briefes, wird noch einmal explizit die Gefangenschaft des Paulus erwähnt, nun aber in einer zuvor nicht absehbaren Intensität: Paulus ist nicht nur gefangen, sondern wird seine Gefangenschaft auch nicht mehr überleben (4,6–8):[364] „Ich werde nämlich schon als Trankopfer dargebracht (σπένδομαι), und die Zeit meiner Auflösung steht bevor (ἀναλύσεώς μου ἐφέστηκεν)" (4,6).[365]

Um die Finalität der Lebenssituation des Paulus auszudrücken, greift der Verfasser auf die Sprache des Phil zurück:[366] σπένδομαι wird auch in Phil 2,17 als Bild für die erwartete Hinrichtung gebraucht;[367] ἀνάλυσις μου ist vergleichbar dem ἀναλύω aus Phil 1,23.[368] Auf die Aussage zum bevorste-

---

Dialects, Bd. 3, 592 bzw. ders.: Southern Dialects, Bd. 5, 500), was doch wohl „Rom" bedeutet, wenn auch nicht ausgeschlossen werden kann, dass hier ein griechisches Lehnwort aufgenommen ist, das ansonsten im Koptischen nicht belegt ist. Ebenso unterstützen auch die altlateinischen Übersetzungen allesamt die Rom-Lesart, vgl. Vetus Latina 25/I Frede, 687; Gleiches gilt ausweislich Aland/Juckel: Das Neue Testament in Syrischer Überlieferung, Bd. II.3, 184 sowohl für Peschitta als auch Harklensis (ﬞﬞﬞ bzw. ﬞﬞﬞ).

[364] Oberlinner: 2Tim, 152: „Der Text (sc. V. 1–8) inszeniert für den Apostel eine Abschiedsszene." Die Verse 1–8 bilden eine Einheit für sich, die stark an der Gattung Testament/Abschiedsrede orientiert ist (vgl. die drei konstituierenden Elemente Paränese [V. 1f.5], eschatologischer Ausblick [V. 3f] und Ankündigung des Todes [V. 6–8], vgl. dazu Wolter: Pastoralbriefe, 222–235; von Nordheim: Lehre, Bd. 1, 229–237; Winter: Vermächtnis, 209–213). Da es mir hier allein um die Darstellung des Paulus zu tun ist, beschränke ich mich auf die letzten drei Verse.

[365] Die Interpretation der gegenwärtigen Situation des Gefangenen als bereits im Tod seiend ist wiederum auch bei dem verbannten Ovid anzutreffen, Pont. II 3,3: *quid enim status hic a funere differt?*, oder V. 42: *instar et hanc vitam mortis habere puta*; vgl. weiter z.B. IV 12,43f; 16,1–4 und trist. I 3,22f.97f; vgl. auch Korenjak: Abschiedsbriefe, 56; ähnlich Aischin. epist. 11,4.

[366] Vgl. Cook: 2Timothy, 168–171; Weiser: 2Tim, 66; 305f; Bormann: Intertextuality, 95f. Das sieht auch Johnson: 1/2Tim, 431f, allerdings als Eigentextreferenz, da die Pastoralbriefe authentische Paulusbriefe seien.

[367] Ein solcher Gebrauch ist häufig belegt, z.B. Heliodor *Aithiopika* II 4,4; vgl. zudem ThWNT VII, s.v. σπένδομαι 536f; 531f (Michel) mit weiteren Stellen, auch für das lat. Äquivalent *libare* (vgl. Tac. ann. XV 64; XVI 35).

[368] Für das Substantiv vgl. Philo Flacc 187, 1Clem 44,5; für das Verb: Sokr. epist. 27,5; Epigr Graec 340,7; IG XIV 1794,2.

henden Tod folgt der bewertende Rückblick auf das eigene Leben unter Aufgreifen des *Agon*-Motivs:

„Den guten Kampf habe ich gekämpft, den Lauf vollendet, die Treue bewahrt; nunmehr liegt mir der Siegeskranz der Gerechtigkeit bereit, den mir geben wird der Herr an jedem Tag ..." (4,7f)

Ist dieses Motiv zwar allgemein gebräuchlich in popularphilosophischer Paränese, so scheint jedoch aufgrund der Doppelung von Lauf- und Kampfmetapher eine Anleihe an die paränetische Stelle 1Kor 9,24–27 vorzuliegen.[369] Das Bild wird an dieser Kor-Stelle ebenso wie in Phil 3,12–14, jedoch – und das fällt für die Phil-Stelle umso mehr auf, als dass hier mit der Gefangenschaft, die durchaus zum Tod führen konnte (vgl. neben den zuvor genannten Phil-Stellen auch 2Kor 1,8ff als Rückblick auf diese Gefangenschaft), eine vergleichbare Situation vorliegt[370] – frappant anders als in 2Tim eingesetzt, insofern Paulus in seiner Selbstcharakterisierung den Siegeskranz (βραβεῖον) noch nicht als errungen ansieht:[371] „Nicht dass ich schon empfangen hätte oder schon vollendet sei ..." (οὐχ ὅτι ἤδη ἔλαβον ἢ ἤδη τετελείωμαι; Phil 3,12).

In 2Tim 4,7 ist die parallele Aussage dagegen, wie die drei Perfektformen indizieren, konsequent als Rückblick zu verstehen – auch wenn das οὐχ ὅτι ἤδη ἔλαβον des Phil ebenfalls für 2Tim 4,8 gilt, wo die Übergabe des Siegeskranzes futurischer Ausblick ist: ὃν ἀποδώσει μοι ὁ κύριος ἐν ἐκείνῃ τῇ ἡμέρᾳ –, der im dritten Glied von V. 7 kulminiert: „ich habe die Treue gehalten".[372] So ist auch die Vollendung des Laufes (τὸν δρόμον τετέλεκα) hier nicht dem *Agon*-Motiv im engeren Sinn geschuldet (wie in Gal 2,2), sondern verbindet dies mit der Vorstellung des Lebenslaufs und verweist deutlich auf den bevorstehenden Tod, wie auch Apg 20,24 (ähnlich 13,25 bezüglich Johannes) und Verg. Aen. IV 653, wo Dido unmittelbar vor ihrer Selbsttötung auf ihr Leben im Perfekt zurückblickt: *Vixi et quem dederat cursum fortuna, peregi.*[373] 1Clem 5 ist die Wettkampfmeta-

---

[369] Zumal in 2Tim 2,3–6 – den paränetischen Kontext mit übernehmend – weitere Bilder aus 1Kor 9 aufgenommen werden.

[370] Dies ist jedoch nicht sicher: Phil 3,2–4,1; 4,8f (Phil C) könnte – als Testamentsbrief des Paulus – aus der ephesinischen Gefangenschaft geschrieben sein (so Georgi: Armen, 46; 50) oder aber nach der Freilassung aus Korinth zwischen Gal und Röm (so Becker: Paulus, 325–332); Bormann: Philippi, 121 Anm. 49, hält beides für möglich (zur Aufteilung des Phil in drei Briefe s. a.a.O. 108–118).

[371] Auf diese Differenz macht auch Oberlinner: 2Tim, 160–163, aufmerksam.

[372] Vgl. Brox: Past, 265–267; Oberlinner: 2Tim, 161f.

[373] „Ich habe gelebt, und den Lauf, den das Schicksal gegeben hatte, vollendet." Diese Stelle findet sich mehrfach als Zitat bei Seneca: epist. 12,9; de vita beata 19,1; benef. V 17,5. Vgl. auch die Wendung epist. 24,22: *currere ad mortem.* Vgl. Dibelius/Conzelmann: Past, 91; Weiser: 2Tim, 307 Anm. 572; Quinn/Wacker: 1/2Tim, 786f. Vgl. zudem noch Hor. epist. I 16,79: *mors ultima linea rerum est,* vgl. OLD s.v. *linea* 6c, 1032; ThLL VII.2, s.v. *linea,* 1432, 60ff. Haenchen: Apg,

phorik technisch als Martyriumssprache benutzt (5,1: τοὺς ... ἀθλητάς; 5,5: βραβεῖον), mag also auch hier in 2Tim mitzuhören sein. Gekrönt wird der Märtyrer (2Tim 4,8) gleichermaßen wie der siegreiche Wettkämpfer mit dem στέφανος[374] (1Kor 9,25[375]).

3.3.2 Das Ende des Paulus (2Tim 4,9–22)

Die Zeilen 2Tim 4,6–8 dienen der Überleitung vom Briefcorpus zum Briefabschluss, welcher deutlich abgrenzbar ist durch die Rahmung V. 9 (σπούδασον ἐλθεῖν πρός με ταχέως) und V. 21a (σπούδασον πρὸ χειμῶνος ἐλθεῖν), wobei letztere Aufforderung die Grußliste unterbricht, die mit den Grüßen in V. 21b fortgeführt wird. Wie erwähnt, greifen diese Worte den Briefanfang (1,4) ebenso wie das Ende von Tit (3,12) auf. Der Abschnitt lässt sich dreifach untergliedern: Geht es zuerst um die Verlassenheit des Paulus (V. 10–16 ἐγκαταλείπω), so darauf um die aktuelle Prozesssituation (V. 16–18 ἐγκαταλείπω–παρίστημι), bevor der Brief mit letzten Personalnotizen und Grüßen endet (V. 19–22).

3.3.2.1 „Alle haben mich verlassen!"

Die Aufforderung in 4,9 wird begründet (V. 10 γάρ) durch die gegenwärtige Verlassenheit des Paulus. Der folgende Abschnitt, der in der summarischen Zusammenfassung in V. 16b (ἀλλὰ πάντες με ἐγκατέλιπον) gipfelt, greift zurück auf 1,15 (ὅτι ἀπεστράφησάν με πάντες οἱ ἐν τῇ Ἀσίᾳ): ‚So wie in der Asia, so bin ich auch in meiner gegenwärtigen Situation verlassen', schreibt Paulus. Wäre in der Asia mit der Vokabel ἀποστρέφω eine Abkehr von der *Sache* des Paulus möglich zu verstehen[376] – auch wenn die Bedeutung durch den Kontext hinreichend durch das Motiv des Sich-

---

393 (zu Apg 13,25), vermutet, dass ‚den Lauf erfüllen' Ausdruck hellenistisch-christlicher „Erbauungssprache" sei. Da dieses nur in Apg und 2Tim aufgenommene Bild im lateinischen Sprachgebrauch weiter verbreitet ist (vgl. Quinn/Wacker: 1/2Tim, 786f), liegt die Vermutung näher, dass beide Schriften mit diesem vertraut sind (vgl. die These von Bonz: Legacy, dass Lk/Apg durch eine griechische Prosaübersetzung von Vergils *Aeneis* inspiriert sei). Damit muss keine römische Abfassung von Pastoralbriefen und Apg impliziert sein, jedoch wird diese durchaus erwogen, z.B. Lindemann: Paulus, 149.

[374] Der δικαιοσύνης στέφανος wird auch in ep Ar 280 und Test L 8,2 verliehen, vgl. Stettler: Christologie, 217f; Weiser: 2Tim, 308–310. Zum bereitliegenden Siegeskranz als Motiv des bevorstehenden Todes s.o. S. 193.

[375] Neben βραβεῖον in V. 24. In Phil 4,1 und 1Thess 2,19 ist die Gemeinde der στέφανος des Paulus.

[376] Der Gebrauch des Wortes in Tit 1,14 und 2Tim 4,4 könnte auch an unserer Stelle an eine primär inhaltlich begründete Abkehr von Paulus denken lassen, gesagt wird dies allerdings nicht, so dass der Vers doch eher wie auch in 4,9ff zu verstehen sein dürfte, so auch u.a. Dibelius/Conzelmann: Past, 79; Jeremias: Past, 40f.

der-Ketten-Schämens determiniert ist –, so ist hier die Aussage deutlich auf die persönliche Ebene gehoben.[377]

Dass in der folgenden Aufzählung Demas als Erstes genannt wird (Δημᾶς γάρ με ἐγκατέλιπεν), ist auffallend. Nur ein Teil der Namen aus 4,10–21 ist anderwärts her bekannt; Demas nun allerdings aus den Grußlisten Phlm 24 und Kol 4,14: in beiden Gefangenschaftsbriefen befindet er sich in Gemeinschaft mit Paulus. Schon diese Verschiebung zeigt sehr deutlich, worin der grundlegende Kontrast zwischen 2Tim und den übrigen Gefangenschaftsbriefen besteht: Der verlassene Paulus ist in dieser Intensität sonst kein Thema, im Gegenteil, liest sich der Abschnitt aus 2Tim doch wie ein negativer Kommentar zu 2Kor 4,9: „Wir wurden zwar verfolgt, aber verlassen wurden wir nicht!" (διωκόμενοι ἀλλ᾽ οὐκ ἐγκαταλειπόμενοι).

Angedeutet ist das Motiv der Einsamkeit des Paulus schon im Kolosserbrief, wenn dort in 4,11 betont wird, dass die voraus genannten Aristarch, Markus und Jesus Justus als seine einzigen Mitarbeiter an der Gottesherrschaft ihm ein Trost geworden seien (οὗτοι μόνοι συνεργοὶ εἰς τὴν βασιλείαν τοῦ θεοῦ, οἵτινες ἐγενήθησάν μοι παρηγορία).[378] Möglicherweise kannte der Verfasser den Kol (und Eph[379]), wie die zusätzliche Nennung des (dem Phlm unbekannten) Tychikus in Kol 4,7f und 2Tim 4,12, der jeweils zu den Adressaten geschickt wird, nahelegt. So lässt sich annehmen, dass er das Motiv zum einen in 2Tim 4,11 in der Formulierung Λουκᾶς ἐστιν μόνος μετ᾽ ἐμοῦ aufgenommen hat, zum anderen es viel intensiver zur Gestaltung des gesamten Briefes genutzt hat als der Kol.[380]

Hier liegt ein literarischer Topos vor, der sich z.B. auch in Philostrats *Vita Apollonii* findet, v.a. aber die Gestaltung Jesu in der Passionsgeschichte bestimmt. So dient dieser Topos in unserem Brief nicht allein dazu, das Moment des (subjektiv verstandenen) Leidens zu verstärken (wie Mk 14,32ff

---

[377] Spicq I, s.v. ἐγκαταλείπω, 401: „be left defenseless in the hands of the enemy"; ob damit jedoch eine im theologischen Sinn ‚schwere Sünde' an unserer Stelle gemeint ist, wie Spicq 403 deutet (ähnlich Oberlinner: 2Tim, 177), sei dahingestellt. Lampe/Luz: Christentum, 215, verstehen sowohl 1,15 wie auch 4,10 als Abfall vom Glauben.

[378] Vgl. Standhartinger: Studien, 159f.

[379] S.o. S. 228f Anm. 268.

[380] Da die Verlassenheit das gestaltende literarische Prinzip des 2Tim ist, scheint es mir fraglich, aus der anderen Rolle des Demas, die er in 2Tim im Gegensatz zu Phlm/Kol spielt, eine historische Entwicklung herauszulesen, so als habe sich Demas nach Abfassung des Kol (und vor 2Tim) aus der (paulinischen) Mission zurückgezogen, wie es z.B. Schmeller: Schulen, 228f, vermutet. Richtig lehnt dagegen Oberlinner: 2Tim, 167–187, jede historische Auswertbarkeit der im Schlussabschnitt gegebenen Personal- und Lokalnotizen ab. Das muss noch nicht heißen, dass hinter den Notizen nicht doch (historisch) zutreffende Traditionen stehen können.

par.),[381] sondern auch die Gefährlichkeit der Situation zu betonen (wie bei Philostr. Ap. IV 37[382] oder Mk 14,66ff par.).

Auch Ovid klagt immer wieder darüber, dass sich ehemalige Freunde von ihm abgewandt haben, nachdem er für sein Vergehen verurteilt worden war und ins Exil ans Schwarze Meer gehen musste:

„Schlagen die Blitze nur einen, so setzen sie viele in Schrecken: die den Getroffnen umstehn, pflegen zu beben vor Angst. … Manche der Freunde drum ließen auch mich aus zu großer Besorgnis, weil sie erschraken, doch nicht weil sie mich haßten, im Stich. Ihnen gebrach es ja nicht an der Treue, am Willen zu helfen, aber sie fürchteten sich sehr vor dem göttlichen Zorn." (*cum feriant unum, non unum fulmina terrent, iunctaque percusso turba pavere solet: … me quoque amicorum nimio terrore metuque, non odio, quidam destituere mei. non illis pietas, non officiosa voluntas defuit: adversos extimuere deos*).[383]

Der befürchtete Zorn des Augustus, der Ovid getroffen hat, ist es, der seine früheren Freunde dazu bewegte, sich von ihm abzuwenden, und doch hebt er auch diejenigen heraus, die ihm treu geblieben sind.[384] Diese Kontrastbeziehung zwischen dem ‚Lieben der Welt' und dem möglichen Martyrium, wie sie die so gelenkte Lektüre von 2Tim 4,10 nahelegt,[385] stellt auch Polykarp her in epist. 9, wenn er in der Ermahnung an die Gemeinde in Philippi Paulus und die übrigen Apostel als Vorbilder hinstellt, die nicht die Welt geliebt haben, sondern den Herrn, mit dem zusammen sie gelitten haben.[386] So bildet die Verlassenheit den Grundtenor der ersten beiden Abschnitte und ist eng verbunden mit der Schilderung der aktuellen Prozesssituation. Demas ist der einzige der Genannten, für den eine Begründung angeführt wird, weshalb er Paulus verlassen habe; die zwei folgenden Kreszens und Titus dagegen werden nur an die vorausgehende Syntax angereiht (Δημᾶς … ἐπορεύθη εἰς Θεσσαλονίκην, Κρήσκης εἰς Γαλατίαν, Τίτος εἰς Δαλματίαν). Nach dieser Aneinanderreihung: Demas–Thessalonich, Kreszens–Galatien/Gallien, Titus–Dalmatien wird erneut die Verlassenheit konstatiert: ‚Allein Lukas ist bei mir' (V. 11), wie er auch in Phlm und Kol Paulus in der Gefangenschaft beigestanden hat.[387] Aber dass Paulus nicht untätig

---

[381] So Lindemann: Paulus, 47.

[382] Ein Großteil seiner Anhänger begleitet Apollonios nicht nach Rom aus Angst vor Nero. Vgl. auch VII 15.

[383] Ov. Pont. III 2,9f.15–18 (Übers. Willige).

[384] Ov. Pont. III 2,5–24; vgl. allgemein zum Motiv der Verlassenheit in Ovids Exildichtung weiter z.B. trist. I 3,16; Pont. I 4,34; II 3 (v.a. V. 1–40).

[385] Mit Oberlinner: 2Tim, 169f; vgl. auch Weiss: Past, 318; Jeremias: Past, 52.

[386] Es ist möglich, dass Polykarp hier 2Tim zitiert, so Merz: Selbstauslegung, 126. Sicher ist dies allerdings keinesfalls (gegen Berding: Polycarp, 100, vgl. 144), worauf u.a. Brox: Past, 26, nachdrücklich hingewiesen hat.

[387] In Kol wird er näher als Arzt attribuiert, wodurch der Eindruck der lebensbedrohlichen und leidenden Situation des Paulus verstärkt werden soll, vgl. Standhartinger: Studien, 159. Dieses

und resignativ in der Gefangenschaft verharrt, sondern weiter für das Evangelium arbeiten will, verdeutlicht die Bitte an Timotheus, Markus mitzubringen, ‚der mir nützlich zum Dienst sein kann' (4,11).[388] Die Formulierung εὔχρηστος εἰς διακονίαν erinnert an Phlm 11–13 (vgl. auch 2Tim 1,16–18 das über Onesiphorus Gesagte): Hier bittet der gefangene Paulus, dass Philemon ihm den zurückgesandten Onesimus wieder schicke, weil er ihm nützlich sei (V. 11: ἐμοὶ εὔχρηστον) und ihm in seinen Fesseln dienen könne (V. 13: μοι διακονῇ ἐν τοῖς δεσμοῖς τοῦ εὐαγγελίου).[389] Welche Bedeutung es hat, dass Markus nicht bei Paulus ist (wie in Phlm 24 und Kol 4,10[390]), aber zu ihm kommen soll, weil er ihm nützlich sein könne (gegen Apg 15), wird an anderer Stelle zu bedenken sein.[391]

Exkurs zu den Ortsangaben 2Tim 4,10

Die Ortsangaben aus V. 10 scheinen recht deutlich zu sein: Thessalonich, Galatien und Dalmatien verweisen auf aus der Paulusbiographie bekannte Orte bzw. Regionen. Während Thessalonich und Galatien hinreichend als Missionsgebiete des Paulus u.a. durch die beiden Briefe an die dortigen Gemeinden bekannt sind, beschränkt sich die Erwähnung Dalmatiens auf ein missionstheologisches Summar in Röm 15,19, nach dem Paulus das Evangelium „von Jerusalem im Kreis bis nach Illyrien" verkündet habe. Dass Paulus dort jedoch selbst missionarisch tätig gewesen sein soll, erscheint fraglich; es ist wohl ebenso wie für Jerusalem auch hier mit einem exklusiven Sinn zu rechnen, d.h. dass durch die Erwähnung die Grenzen des Missionsgebietes bezeichnet werden sollen.[392] Und doch ist es plausibel anzunehmen, dass der Verfasser aus dieser Röm-Stelle Dalmatien herausgesponnen hat.[393] Bei näherem Zusehen erweist sich allerdings, dass die zweite Ortsangabe des Verses doppeldeutig ist, wovon sowohl

---

Moment scheint in 2Tim zu fehlen, vgl. aber die bei Brox: Lukas, 76 Anm. 63 genannten Auslegungen.

[388] Zu schnell sollte man freilich hier nicht an die geplante Fortführung der Mission denken (wie Prior: Paul, 111). In Lukian. Peregr. 12f kommen Christen und Christinnen aus den Städten der Asia nach Palästina/Syrien angereist, um den im Gefängnis sitzenden Peregrinus auf vielfältige Weise zu unterstützen.

[389] Vgl. Barclay: Paul, v.a. 170–175, zum Problem der Argumentation des Paulus. Anders Hock: Support, v.a. 75–81: Mit Hilfe der Ersetzung der Herren/Sklaven-Terminologie durch Familien-Terminologie (Onesimus als Kind des Paulus, Philemon als Bruder) appelliere Paulus, der die Selbstbezeichnung als *alter Mann* (V. 9) gewählt hat, an die Verantwortung der Kinder für den alternden Vater, die Hilfsbedürftigkeit wird hier verstärkt durch die Gefangenschaft des Vaters (in V. 9: πρεσβύτης νυνὶ δὲ καὶ δέσμιος). Diese von Paulus in Phlm angewandte rhetorische Strategie wird in 2Tim zum literarischen Motiv.

[390] Standhartinger: Studien, 158 Anm. 33, vermutet, dass 2Tim eine Harmonisierung der Angaben von Kol und Apg vornehme, vgl. auch Ollrog: Mitarbeiter, 48f.

[391] S.u. Kap. 5.1.4.

[392] Vgl. Wilckens: Röm, Bd. 3, 119 Anm. 583.

[393] Illyrien umfasste das gesamte Gebiet von Italien/Norien bis nach Makedonien/Thrakien, vgl. Suet. Tib. 16,2.

Handschriftenüberlieferung als auch Personaltradition zeugen. In den Handschriften begegnet neben Γαλατίαν noch Γαλλίαν. Ein Teil der späteren Überlieferung hat den Text ebenso verstanden, u.a. die Paulusakten.[394] Nun muss man freilich nicht auf die Textvariante zurückgreifen, wenn man hier eine Mission des Kreszens in Gallien verstehen will.[395] Γαλατίαν ist geläufige Benennung der römischen Provinz *Gallia* und auch mitten in Galatien so zu verstehen, wie der in Ancyra gefundene *Tatenbericht* des Augustus (Kap. 12, 25f, 28f) belegt,[396] der wohl reichsweit bekannt war.[397] Die Überlegung von Dibelius/Conzelmann, dass man in 2Tim 4,10 je nach vorgestellter Situation das eine oder das andere verstehen mag: Abfassung in Cäsarea – Galatien, Abfassung in Rom – Gallien, überzeugt kaum, Kreszens hätte von beiden Orten in beide Provinzen reisen können. Γαλατία hier als Galatien zu lesen, scheint auf dem Hintergrund paulinischer Personaltraditionen zunächst näherzuliegen.[398] Jedoch geht solch ein Verständnis von dem hermeneutischen Prinzip der Harmonisierung mit bekannter Paulusbiographie aus. Die Pastoralbriefe bieten nun freilich hinreichend Belege für eine Ausfüllung von Leerstellen der Paulusbiographie: Neben der Ausgangssituation, die dem Brief an Titus zugrunde liegt, an dieser Stelle etwa die Personalnotiz über Demas in Thessalonich, so dass es kaum ‚wahrscheinlicher' ist, den unbekannten Kreszens nach Galatien gegangen zu denken als nach Gallien.

Nachdem in V. 10 drei Personen genannt wurden, die von Paulus weggereist sind, und in V. 11 drei Personen genannt wurden, die aktuell bzw. in naher Zukunft bei Paulus sind, also in arithmetischer Entsprechung Verlassenheit und Beistand ausgedrückt ist, folgt in V. 12–15 mit Tychikus und Alexander eine ähnliche Entsprechung, jeweils gefolgt von konkreten Anweisungen im Imperativ an Timotheus (V. 13.15). Im Gegensatz zu V. 10

---

[394] Das *Paulusmartyrium* greift § 1 2Tim 4,10 auf und lässt Titus aus Dalmatien und Lukas (nicht Kreszens) aus Gallien zu Paulus nach Rom zurückkommen (Lipsius I 104 = NTApo II 238). Vgl. auch die Angaben bei Dibelius/Conzelmann: Past, 92.

[395] Spicq: Past, 811–813, führt zahlreiche Belege an. Neben der kirchlichen Tradition, die in Kreszens den ersten Bischof von Lyon sieht, führt Spicq allerdings auch als Argument an, dass Paulus nach der Spanienmission in Rom in Gefangenschaft ist und deshalb die Aussendung des Kreszens nach Gallien näherliege.

[396] Obwohl das lat. *Africa* zu Λιβύη gräzisiert wurde, sah der Übersetzer für *Gallia* keine entsprechende Notwendigkeit einer verdeutlichenden Übersetzung. Die Frage nach dem Übersetzer des lat. Originals lässt sich nicht beantworten; es ist vermutet worden, hierfür Polybios, den Freigelassenen und Sekretär des Augustus, verantwortlich zu zeichnen (vgl. Weber: Vorwort, 8). Zur ideologischen Akzentuierung der Übersetzung entsprechend dem griechischen Kontext vgl. Wigtil: Ideology.

[397] Seine Verbreitung lässt sich indes archäologisch nicht belegen, vgl. Purcell: Art. Res gestae, 1309; skeptisch: Güven: Displaying, 31f. Gefunden wurde er nur in drei kleinasiatischen Städten, in Ancyra (lat./griech.), Antiochien/Pisidien (lat.), Apollonia/Pisidien (griech.). Das Original war vor dem Mausoleum des Augustus aufgestellt (vgl. Prolog der *Res gestae*; Suet. Aug. 101; Cass. Dio LVI 33,1), konnte jedoch nicht gefunden werden, Strab. V 3,8 erwähnt es in seiner Beschreibung des Mausoleums nicht. Vgl. von Martels: Discovery.

[398] Unter vielen z.B. Marshall: Past, 816.

ist in V. 12 Paulus Urheber der Abwesenheit: Er hat Tychikus nach Ephesus geschickt (ἀπέστειλα).

Dies scheint aus Kol 4,7f (und Eph 6,21f?) übernommen zu sein. Dort wird Tychikus zu den Adressaten geschickt, um sie über die aktuelle Situation des Paulus zu informieren, dient also als Briefüberbringer. Der Aorist, als brieflicher Aorist gelesen, könnte auch hier Tychikus als Briefüberbringer bezeichnen. Man könnte allerdings ebenso an eine frühere Sendung denken, so dass er der Bote gewesen sein könnte, der Timotheus (und Onesiphorus) von der Gefangenschaft des Paulus berichtet hat.[399]

Im Unterschied zu den Formulierungen in Kol und Eph (ὃν ἔπεμψα πρὸς ὑμᾶς) wird hier der Ortsname eingefügt. Diese Nennung (zusammen mit V. 20[400]) gibt der Vermutung Raum, dass Timotheus nicht in Ephesus ist. Da die letzte Ortsangabe in Bezug auf Timotheus in 1Tim 1,3 gegeben worden ist, könnte man freilich erwägen, dass er die Stadt mittlerweile in andere Richtung verlassen hat, jedoch wird durch die Namen der Grußliste Ephesus als gegenwärtiger Aufenthaltsort des Timotheus gestützt: sowohl Priska und Aquila[401] als auch das Haus des Onesiphorus (2Tim 1,16–18) sind mit Ephesus verbunden.[402] So scheint die namentliche Nennung von Ephesus dadurch motiviert zu sein, dass der Verfasser über die Kombination der im Brief gegebenen und anderwärts her bekannten Daten hinaus den Aufenthaltsort des Timotheus explizit machen wollte. Ähnlich verfährt auch der Verfasser des Themistoklesbriefromans: Themistokles schreibt einen bitterbösen Brief an seinen (nur scheinbar, wie sich im nächsten Brief herausstellen wird) untreuen Geldverwalter in Korinth,[403] dass er von dessen Umtrieben erfahren habe durch „Tibios, der gerade von Athen nach Ephesus gekommen ist" (νέον ἥκων εἰς Ἔφεσον Ἀθήνηθεν ὁ Τίβιος; Themist. epist. 6,5), und teilt so zum ersten Mal den Lesenden mit, wo sich The-

---

[399] S.o. Kap. 3.3.1; Marshall: Past, 818, versteht den Vers so, dass Paulus Tychikus nach Ephesus gesandt habe, er aber (weil er eine andere Reiseroute nehme/unterwegs Aufgaben wahrzunehmen habe) länger als der Brief brauchen werde, so dass Timotheus hier vorab über ein baldiges Eintreffen des Tychikus informiert werde; ähnlich auch Weiss: Past, 320.

[400] S.u. Kap. 3.3.2.3.

[401] Selbst wenn man Priska und Aquila mit Rom in Beziehung setzt (und Röm 16 als genuinen Bestandteil des Röm ansieht), so ist eine Anwesenheit des Timotheus in Rom in 2Tim doch ausgeschlossen.

[402] Jeremias: Past, 53, unter Bezug auf Act Pl et Thecl 2, wonach Onesiphorus aus Ikonion kam, verortet Timotheus dort in der Nähe, in seiner Heimat Lystra. Priska und Aquila lässt Jeremias allerdings unter den Tisch fallen.

[403] Auch in der Ortsangabe des Philostephanos geht der Verfasser kein Risiko ein: Nachdem schon in 6,5 Themistokles an seinen letzten Aufenthalt bei Philostephanos „während der Isthmischen Spiele" erinnert, nennt er ihn in 6,11 ausdrücklich „den korinthischen Geldwechsler" (τοῦ Κορινθίου χρυσαμοιβοῦ).

mistokles aufhält (im vorausgehenden Brief hatte er nur angekündigt, dass er in die Asia fliehen wolle, epist. 5,6).[404]

Der vorausgehenden Bitte, Markus unterwegs aufzugreifen (4,11), folgt nun die Bitte, die in Troas bei Carpus zurückgelassenen Sachen, Mantel[405] und Schriften, mitzubringen (V. 13). Was Paulus damit anzustellen gedenkt, darüber ist viel spekuliert worden,[406] ohne eine befriedigende Lösung bieten zu können. Es ist markant, dass Paulus nicht erwähnt – im Gegensatz zur Aussage über Markus –, *wozu* oder auch nur *dass* ihm eines dieser Dinge in seiner Lage nützlich sein könnte. Die Interpretation des Mantels „als verbindliches Zeichen apostolischer Selbstgenügsamkeit"[407], als Zeichen der apostolischen Amtsübergabe von Paulus auf Timotheus[408], als Philosophenmantel[409] oder pragmatisch als wärmender Schutz für den herannahenden Winter in kalten römischen Gefängnissen[410] sind ebenso wie die Versuche einer Zuordnung der beiden für Schriften gebrauchten Wörter auf AT und apostolische Schriften,[411] Paulusbriefe,[412] Notizbücher,[413] Staatsbürger-

---

[404] Ganz ähnlich auch in den Platonbriefen: Nachdem bereits epist. 1 an Dionysios adressiert war, erfahren die Lesenden erst nach etwa einem Drittel des zweiten, ebenfalls an Dionysios adressierten Briefes die genaue Ortsangabe: ἦλθον ἐγὼ εἰς Σικελίαν … ἐλθὼν εἰς Συρακούσας (311e/ 312a).

[405] φαιλόνης bzw. lat. *paenula* kann neben Mantel auch noch das Buchfutteral bezeichnen (vgl. Mart. XIV 84,4; Vitr. X 7,2–3), wird aber für die Stelle allgemein abgelehnt, vgl. zur altkirchlichen Interpretation in diesem Sinne die Stellen bei Kolb: Mäntel, 77 Anm. 37.

[406] So schon Weiss: Past, 321 Anm.: „Alle Vermutungen über den Inhalt dieser Bücher und den Zweck […] sind natürlich rein aus der Luft gegriffen."

[407] Trummer: Mantel, 203.

[408] So z.B. Bojorge: poncho; Hasler: Past, 80; Knoch: Past, 66; Collins: Past, 283, im Anschluss an die Amtsübergabe von Elija auf Elisa (3Kön 19,19–21; 4Kön 2,8.13f).

[409] Z.B. Lampe/Luz: Christentum, 209; auch bei Weiser: 2Tim, 319 Anm. 14. Allerdings ist hier (Entsprechendes gilt für die zwei voraus genannten Interpretationen) nicht beachtet, dass Paulus gerade nicht als *reisender* Philosoph mit Mantel ausgestattet ist, sondern den Mantel zurückgelassen hat. Die von Weiser beigebrachte Stelle Epikt. diss. IV 8,34f widerspricht zusätzlich dieser Deutung: Dort ist es der im τρίβων gekleidete Scheinphilosoph (so wird der strenge Kyniker von Epiktet diffamiert, vgl. auch III 22,10), der jeden mit einem φαινόλης Gekleideten anpöbelt (weil er den unnötigen ‚Luxus' eines Wettermantels kritisiert). V.a. aber geht diese Interpretation fehl, weil der Philosophenmantel zumeist der τρίβων bzw. das *pallium* (vgl. Tert. de pall. 5f), keinesfalls aber der φαινόλης bzw. die *paenula* ist, vgl. Kolb: Mäntel, 94f.

[410] Z.B. Jeremias: Past, 52. Diese Interpretation, die sich auf die Bedeutung der *paenula* als schwerem Winter-/Reisemantel (vgl. z.B. Cic. Mil. 27f; Hor. epist. I 11,17ff; Mart. IV 19; Iuv. V 76–79) stützt, scheint noch am plausibelsten zu sein, da sie eng bezogen ist auf die in 2Tim aufgebaute narrative Welt von herannahendem Winter (4,21) und Gefangenschaft. Gleichzeitig ist zu bedenken, dass dies zwar die ursprüngliche Funktion der *paenula* war, aber aufgrund ihrer schichten- und geschlechterübergreifenden Verbreitung in einer großen Variation an Qualität, Material, Farbe und Eleganz erhältlich war, vgl. Kolb: Mäntel, 76–90.

[411] Die Deutung der Bitte um die Schriften (wenn damit das AT gemeint sein soll) als Ausdruck ihrer Bedeutsamkeit und bleibenden Verpflichtung für Paulus, den apostolischen Dienst und die christliche Existenz im Allgemeinen (vgl. Trummer: Mantel, 203–205; Marshall: Past, 821) bleibt die Erklärung schuldig, warum Paulus zuvor, d.h. in der Zeit seiner aktiven Missionsarbeit, ohne sie ausgekommen ist und sie erst jetzt im Gefängnis (wieder) benötigt. Weiser: 2Tim, 320,

urkunde[414] usw.[415] deutliche Hinweise darauf, welches Kreativitätspotenzial die Briefe durch bloße Andeutungen freisetzen können. Timotheus muss natürlich – unter den Bedingungen der Brieffiktion – gewusst haben, was Paulus damit meint, zumindest hätte Carpus ihm die von Paulus gewünschten Sachen übergeben können; die Lesenden dürfen dagegen ihrer Phantasie freien Lauf lassen.

Geht man von der Beobachtung aus, dass in dem Vers Schriften und Mantel keine Funktionen zugesprochen werden, und fragt, wo die Gemeinsamkeit zwischen den erwähnten Gegenständen liegt, so ergibt sich eine andere mögliche Interpretation. Der Mantel wird bezeichnet als φαιλόνης, eine Nebenform zu φαινόλης u.ä.,[416] und entspricht der lat. *paenula*.[417] Die Herkunft von Mantelart und Wort lässt sich nicht mehr ermitteln, so dass offen bleiben muss, ob es sich um ein lateinisches oder ein griechisches Lehnwort handelt.[418] Wird zwar die Ansicht vertreten, dass die *paenula* aus Griechenland stamme (vgl. Mart. IV 19,1f; Tert. apol. 6,3), so gilt sie dennoch als typisch römisches Kleidungsstück (Artem. 5,29: τοὺς λεγομένους τῇ Ῥωμαίων φωνῇ φαινόλας, vgl. 2,3; Poll. 7,60),[419] das quer durch alle gesellschaftlichen Schichten von Sklavinnen bis Kaisern getragen wurde und ab dem 1. Jh. die *toga* zu verdrängen begann.[420]

---

wie auch Trummer werten diese Beobachtung zwar für die historische Unplausibilität aus, übersehen aber, dass dies genauso für die Plausibilität auf der Ebene der *fabula*/des *plot* gilt.

[412] Jeremias: Past, 52: Hinter den *membrana* vermutet er Paulusbriefe, die Paulus möglicherweise für seine Verteidigung gebrauchen könnte; Collins: Past, 283, neben Paulusbriefen auch Briefe an Paulus sowie Notizbücher, s. folgende Anmerkung.

[413] Collins: Past, 283: „a kind of notebook in which were contained ‚quotable quotes' or information about various Christian communities".

[414] So meint Prior: Paul, 153f, dass Paulus diese Dinge zur Vorbereitung seiner Verteidigung benötige. Die Bitte um die *paenula* drücke des Paulus Sorge aus, angemessen vor Gericht zu erscheinen (mit Verweis auf die Überlegungen zur richtigen Kleidung usw. bei Quint. inst. XI 3,137–151 in Anm. 45). Die *paenula* wurde zwar auch vor Gericht getragen, erweist sich jedoch zum Redenhalten als denkbar ungeeignet, weil sie die Armbewegung behindert, vgl. Tac. dial. 39,1. Zur parallelen Erwähnung von Kleidung und Schriftstücken vor einer Gerichtsverhandlung vgl. auch Char. Kall. V 4,7, dazu Schwartz: Rome, 388f. Zur Bedeutung von *libelli* vor dem röm.-kaiserlichen Gericht vgl. ebd. sowie Millar: Emperor, 241–246.

[415] Quinn: Captivity, 295, bezeichnet die Schriften zusammenfassend als Paul's „library".

[416] Vgl. Bauer/Aland s.v. 1696. Zu den zahlreichen Papyrusbelegen vgl. auch Dibelius/Conzelmann: Past, 92f.

[417] Vgl. ThLL X.1, s.v. 68–70.

[418] Vgl. Kolb: Mäntel, 73–76.

[419] Vgl. Kolb: Mäntel, 74f; 90; vgl. für jüdische Belege Krauss: Archäologie, Bd. 1, 608 Anm. 574.

[420] Vgl. Kolb: Mäntel, 93–97; 106. Die Verbreitung im gesamten Imperium Romanum und über die Reichsgrenzen hinaus dürfte dadurch bedingt sein, dass römische Soldaten die *paenula* als Wettermantel mit sich führten, vgl. a.a.O. 90–93.

Den gleichen Befund bieten die im Vers erwähnten μεμβράναι. Die Stelle ist der erste Beleg in einem griechischen Text für lat. *membrana*.[421] Spicq wie auch Brox haben nachdrücklich darauf hingewiesen, dass die Bitte um den Mantel ein gängiger Brieftopos gewesen sei;[422] m.E. greift der Verfasser darauf zurück, um lateinische Wörter in einem alltäglichen Kontext einfließen lassen zu können. Dadurch gelingt es ihm (zusammen mit weiteren kleinen Indizien), den Eindruck zu erwecken, dass Paulus aus einem lateinischsprachigen Kontext heraus schreibt, da er weder spezifisch fachterminologische noch verwaltungstechnische oder militärische Wörter gebraucht (welche an jedem Ort im Imperium Romanum gebräuchlich waren), sondern Alltagswörter. Damit ist eine Abfassung in Rom noch nicht zwingend, wird jedoch durch die explizite Erwähnung des Ortsnamens zu Anfang des Briefes nahegelegt.

Wieso hat Paulus die Sachen in Troas gelassen? Möglicherweise soll erzählt werden, dass Paulus in Troas gefangengesetzt wurde.[423] Mir scheint jedoch Troas hauptsächlich deswegen gewählt zu sein, weil es aus der Geographie der paulinischen Mission bekannt ist und eng verknüpft ist mit plötzlichem Aufbruch: 2Kor 2,12f; 7,5f betont die Unruhe, die Paulus aus Furcht um Titus hatte, den er dort wider Erwarten nicht antreffen konnte, und die ihn zum Aufbruch nach Makedonien drängte;[424] in Apg 16,8–12 verlässt Paulus nach einer nächtlichen Vision sofort die Stadt (εὐθέως und εὐθυδρομήσαμεν). Auf der Fahrt nach Jerusalem kommt Paulus ebenfalls durch Troas (Apg 20,5–13) und setzt von dort seine Reise zu Fuß fort bis nach Assos. Beide Szenarien fügen sich nicht in die von den Pastoralbriefen erdichtete Chrono- und Geographie, bieten aber gleichermaßen Anknüpfungspunkte: Der unvermittelte Aufbruch ebenso wie die Erleichterung des Gepäcks („um selbst leicht und bequem die Fußtour von etwa 6 Stunden am schönen Frühlingstage auszuführen")[425] sind plausible Vermutungen für das Zurücklassen der Sachen. Zudem bot sich für den Verfasser Troas an, weil die Stadt (wie auch in 2Kor und Apg erzählt) als Brückenkopf zwischen

---

[421] S.u. Kap. 5.4.1. Roller: Formular, 343f Anm. 139, hat wegen des Wortes vermutet, dass die Muttersprache des Paulussekretärs, der 2Tim geschrieben habe, Latein gewesen sei. Der Einwand von Michaelis: Einleitung, 244, dagegen, dass *membrana* ein „im Koine-Griech[isch] volkstümlich gewordenes Lehnwort" gewesen sei, lässt sich textlich nicht bestätigen.

[422] Spicq III, 432f; ders.: Pèlerine, 397f; Brox: Past, 271–274. Dazu Quinn/Wacker: 1/2Tim, 808: „One has the impression after reading the references (sc. in Spicq) that there was a neverending traffic in overcoats across the whole *orbis terrarum*", ähnlich auch Prior: Paul, 152.

[423] So Quinn: Captivity, 295; vgl. auch Jeremias: Past, 52: Durch die Gefangennahme wurde Paulus daran gehindert, wieder nach Troas zurückzureisen, um das dort Deponierte selbst zu holen.

[424] 2,13: οὐκ ἔσχηκα ἄνεσιν τῷ πνεύματί μου; 7,5: οὐδεμίαν ἔσχηκεν ἄνεσιν ἡ σὰρξ ἡμῶν.

[425] Das Zitat von Erbes: Zeit, 198. Vgl. aber ebenso Dibelius/Conzelmann: Past, 93; Brox: Past, 274.

Asien und Griechenland auf dem Weg des Timotheus von Ephesus nach Rom (über die Via Egnatia) liegt.[426] Der Abschnitt schließt mit der Erinnerung an Alexander den Schmied, der Paulus viel Übel bereitet und sich seinen Worten widersetzt habe (V. 14f). Dass dieser Alexander mit dem in 1Tim 1,20 genannten – und mit dem der Ephesusperikope Apg 19 – identisch sein soll, ist möglich, jedoch nicht zwingend.[427] Alle drei zeichnen sich dadurch aus, dass sie in eine Opposition zu Paulus gestellt werden,[428] im Fall von 1Tim und Apg eindeutig in Ephesus, 2Tim möglicherweise.[429] Die Vergeltungsformel (ἀποδώσει αὐτῷ ὁ κύριος κατὰ τὰ ἔργα αὐτοῦ)[430] greift allgemeines Vorstellungsgut vom gerechten Gericht Gottes auf und bildet hier den Gegenpol zur Belohnung des Paulus aufgrund seines erfolgreichen Wettkampfes aus 4,8.[431] In Alexander werden die beiden Themen Verlassenheit und Anfeindung des Paulus fokussiert und bilden damit den Übergang zur Schilderung seiner aktuellen Prozesssituation.

3.3.2.2 „Bei meiner ersten Apologie ...“

Mit V. 16–18 greift der Verfasser auf den schon herangezogenen Phil zurück: ἀπολογία wird dort in 1,7.16 von Paulus erwähnt. In dem Abschnitt Phil 1,12–26 geht es zudem darum, dass durch die Gefangenschaft des Paulus das Evangelium verkündet wird (V. 12f). Auch eine Opposition ist angesprochen: Zwar ist Paulus nicht verlassen, im Gegenteil weiß er sich bestärkt durch das Gebet der Philipper und dass sein Vorbild viele beeinflusst, aber er weiß ebenso von Christen, die Christus um des eigenen Vorteils und Gewinns willen verkündigen (V. 14–18). Die Zuversicht der Rettung (V. 19f) schließt den möglichen Tod, der sogar erwünscht wird, mit ein (V. 20b–26). So kann mithin auch im vorliegenden Abschnitt des 2Tim die geschehene Rettung aus dem Rachen des Löwen (4,17) und die Zuversicht, dass der Herr ihn von jedem schlechten Werk erretten werde (V. 18),[432] als Vorverweis auf den baldigen Tod gedeutet werden[433] und muss

---

[426] Vgl. auch Quinn: Captivity, 295 mit Literatur in Anm. 8.

[427] Mit Dibelius/Conzelmann: Past, 93; Oberlinner: 2Tim, 175f. Z.B. lehnt die Identifizierung ab Quinn: Captivity, 295.

[428] Zur Funktion Alexanders in Apg 19 vgl. Haenchen: Apg, 551; Jervell: Apg, 491f.

[429] Quinn: Captivity, 295, nimmt aufgrund des vorhergehend genannten Troas an, dass dieser Alexander für die Verhaftung des Paulus in Troas verantwortlich gewesen sein soll.

[430] Der bewusst gesetzte Kontrapunkt zu V. 16c verdeutlicht die verschiedenen Dimensionen: Paulus zu verlassen (aus Angst vor möglichen Verfolgungen?) ist etwas ganz anderes als ihn anzufeinden. Das eine kann man verstehen und Fürbitte einlegen, das andere ist unverzeihlich.

[431] Vgl. z.B. Röm 2,5f (Zitat aus Ps 62,13; Spr 24,12), 2Kor 11,15; Offb 2,23; 18,6 u.ö.

[432] Die Doppelstruktur von vergangener und zukünftiger Rettung auch in 2Kor 1,10 (ἐρρύσατο–ῥύσεται). Die Ähnlichkeiten von V. 18 mit Did 10,5 weisen darauf, dass der Verfasser hier

nicht die erwartete Freilassung bedeuten[434] oder als in Spannung stehend zum Kontext der letztmaligen Gefangenschaft gewertet werden.[435] Im Gegenteil, erweist sich dies doch als Motiv des stoischen Suiziddiskurses:[436] Der *vir bonus et sapiens* bleibt auch in Kerkerhaft und angesichts des angedrohten Todes er selbst, weil er die Möglichkeit hat, sich das Leben zu nehmen. So präsentiert Horaz in epist. I 16,73–79 einen stoischen Weisen unter Aufnahme von Eur. Bacch. 492–504, der seine Unabhängigkeit von allen äußeren Gütern betont und nach der Androhung von Kerkerhaft mit den Worten schließt (V. 78): *ipse deus, simultaque volam, me solvet.* Dieses Zitat aus Bacch. 498 (λύσει μ' ὁ δαίμων αὐτός, ὅταν ἐγὼ θέλω) deutet er auf den Tod (*opinor, hoc sentit ‚moriar'* V. 78f), wie auch Plutarch später (mor. 476a–c = de tranq. 18), und es klingt nicht viel anders als beim Verfasser von 2Tim 4,18:[437]

„Erlösen wird mich der Herr von jedem schlechten Werk und retten in sein himmlisches Reich." (ῥύσεταί με ὁ κύριος ἀπὸ παντὸς ἔργου πονηροῦ καὶ σώσει εἰς τὴν βασιλείαν αὐτοῦ τὴν ἐπουράνιον).

Vor allem der Verweis auf den Zielort der Rettung, das himmlische Reich, gibt den deutlichen Hinweis auf den Tod als Weg der Rettung. Der Grund seiner Zuversicht ist im Herrn gelegt, der ihn befähigt, auch in der Gefangenschaft das Wort zu verkündigen (2Tim 4,17). Hier ist Paulus bezeichnenderweise nicht Subjekt der Verkündigung, sondern ihr Medium: „Der Herr aber stand mir bei und stärkte mich (ἐνεδυνάμωσέν με), damit durch mich (ἵνα δι' ἐμοῦ) das Kerygma erfüllt würde und alle Völker hören sollten." So weist die Stelle eine ähnliche Aussage auf wie Phil 1,13: „so dass meine Fesseln offenbar würden in Christus im ganzen Prätorium und bei allen übrigen". Wird die Verkündigungtätigkeit des Paulus in unserem Briefbuch auch mehrfach erwähnt (beginnend mit der programmatischen Aussage Tit 1,3), so erfolgt die Verkündigung des Evangeliums in dieser Situation primär durch das bloße Faktum der Gefangenschaft und des bevorstehenden Todes, welche in 2Tim als *Martyrium*/Zeugnis konzipiert

---

traditionelle Gebetssprache benutzt, vgl. Collins: Past, 287, ohne dass konkret das Vaterunser eingespielt werden müsste (so aber u.a. Spicq: Past, 821), kritisch Weiser: 2Tim, 325f.

[433] So interpretieren schon Tert. scorp. 13; Eus. HE II 22 die Stelle.

[434] So Prior: Paul, 113–139; auch bezogen auf 2Tim 4,6 (a.a.O. 92–103) sieht er nicht den Tod des Paulus angesprochen (bzw. erwartet, da 2Tim echt sei). Ihm folgt Richards: Difference, 135f.

[435] So Weiser: 2Tim, 324f.

[436] Vgl. Droge: Lucrum, 278–285, zum Hintergrund dieses Diskurses für die Reflexion, die Paulus in Phil 1,21–26 anstellt.

[437] Vgl. für Seneca neben seinem wichtigen Brief 70 auch *de ira* III 15,3: *ostendemus in omni servitute apertam libertati viam.* „Wir werden zeigen, daß in jeder Knechtschaft offen ist ein Weg zur Freiheit" (Übers. Rosenbach). Zu Senecas herausgehobener Stellung innerhalb des stoischen Suiziddiskurses vgl. Droge: Lucrum, 270–272.

sind. Hier scheint noch eine andere Stelle aus Phil auf: ἐνδυναμόω με wird in ähnlichem Sinn auch in Phil 4,13 benutzt.[438] Die Selbstaussage des Paulus aus 1Tim 1,12[439] wird damit am Ende des Briefbuches (also in Gefangenschaft) und damit zugleich Christus als tragfähiger Grund bestätigt[440] – hervorgehoben durch die bereits geschehene Errettung aus dem Löwenrachen (ἐρρύσθην ἐκ στόματος λέοντος). Die Frage, ob man hier wörtlich das Überleben der Arena verstehen soll oder metaphorisch die kaiserliche Macht thematisiert sieht,[441] muss nicht entschieden werden; die – möglicherweise durch 1Kor 15,32 inspirierte[442] – Aufnahme des Topos aus Ps 21,22 (LXX),[443] der zunächst die Intensität der Gefahr ausdrückt und in Dan 6,21[444] schon narrativ konkretisiert vorliegt, hält beide Interpretationsmöglichkeiten offen, wie schon die antike Rezeption zeigt.[445]

---

[438] Zumindest kann der Verfasser das in ähnlichem Sinn verstanden haben. Bormann: Philippi, 149–151, hat herausgearbeitet, dass in Phil 4,13 kein Subjekt genannt wird und in dem ganzen Abschnitt V. 11–13 die überzogene Selbstdarstellung des Paulus dem Kontext von 4,10–20 entgegenstehe. Es dürfe somit nicht (stillschweigend) in V. 13 Christus als Subjekt gedacht werden, sondern Paulus betreibe hier ein ‚Charadespiel‘, indem er in die Rolle eines kynischen Philosophen schlüpfe und hellenistisch-philosophische Termini mit solchen der Mysteriensprache vermenge. Durch die Überspitzung distanziere er sich gerade von einem religiösen Heldentum und dem Streben nach Autarkie. Dann hätte der Verfasser der Pastoralbriefe diese Ironie nicht verstanden und die Aussagen als ernst zu nehmende Selbstaussage des Paulus interpretiert, indem er κύριος als Subjekt zu ἐνδυναμόω eingefügt hat.

[439] „Ich danke dem, der mich stark gemacht hat, Christus Jesus, unserem Herrn, …“

[440] Als Aufforderung an Timotheus in 2Tim 2,1 (ähnlich Eph 6,10).

[441] Vgl. Ios. ant. Iud. XVIII 228; Ign. R 5,1. Ein solches Verständnis legt sich vom Gedankengang nahe: Die Verkündigung des Evangeliums durch den gefangenen Paulus vor aller Welt könnte auf die Situation vor dem kaiserlichen Gericht verweisen, vgl. Spicq: Past, 820f. Oberlinner: 2Tim, 178f Anm. 45. Ebenso Dibelius/Conzelmann: Past, 93, die einen Bezug auf das atl. Motiv ablehnen. Vgl. zur Diskussion Häfner: Belehrung, 112–114. Schließlich muss mit dem Löwen nicht allein der Kaiser gemeint sein, sondern kann das gesamte Publikum bzw. das Volk von Rom verglichen werden wie Hor. epist. I 1,70–76 (Verbindung von Aisop. 147 mit einem Aristonspruch [Gnomologium Vaticanum 121 Sternbach]).

[442] Der Kampf mit wilden Tieren (ἐθηριομάχησα) ist hier allerdings weniger wörtlich zu verstehen als bildlich, vgl. z.B. Kebes, Pinax 22, wo die Laster als θηρία bezeichnet werden. Anders MacDonald: Emendation, der hier einen Hinweis darauf sieht, dass Paulus sich kritisch mit der beginnenden Legendenbildung um seine Person auseinandersetzt. Dagegen habe ein späterer Glossator 15,31c (ἣν ἔχω κτλ.) hinzugefügt, um aus der von Paulus kritisierten Paulslegende der Korinther eine Eigenaussage zu machen aus dem Bestreben, 1Kor mit den Pastoralbriefen zu harmonisieren (wie er es auch im Fall von 1Kor 14,33b–36 mit 1Tim 2,11–13 getan habe). Vgl. auch ders.: The Legend and the Apostle, 21–23; 61.

[443] σῶσον με ἐκ στόματος λέοντος.

[444] σέσωκέ σε ἀπὸ τῶν λεόντων bzw. ἐξελέσθαι σε ἐκ στόματος τῶν λεόντων (Theod.). Die Fassung 1Makk 2,60: ἐρρύσθη ἐκ στόματος λεόντων bzw. λέοντος (Sinaiticus) hat die größte Gemeinsamkeit mit unserem Vers. Vgl. Martin: Testamentum, 191f.

[445] So deutet Eus. HE II 22 den Löwen auf Nero. Die Paulusakten lesen wohl 1Kor von 2Tim 4 her und gestalten so den Tierkampf in Ephesus erzählerisch aus: Der (vielleicht generische) Singular wird wörtlich genommen und Paulus aus dem Rachen des Löwen gerettet, den er zuvor getauft hatte (vgl. dazu Schmidt: Acta Pauli, 86; Act Pl p. 4f. P.Hamb. [Schmidt: a.a.O. 34ff;

3.3.2.3 àDieu

Das Postskript, der dritte Teil des Briefabschlusses, bringt mit der geläufigen epistolograpischen Grußliste ein Moment ein, das der Briefstimmung, die geprägt ist von Verlassenheitsaussagen, zunächst widerspricht.[446] Nach dem Gruß an Priska, Aquila und das Haus des Onesiphorus (V. 19) folgt zunächst wieder das Motiv der Verlassenheit, wenn über Erastus und Trophimus gesagt wird, dass sie in Korinth resp. Milet (zurück)geblieben seien (V. 20). Die folgende Aufforderung an Timotheus, noch vor dem Winter zu kommen, die damit die Serie der Paulus aus verschiedensten Gründen Verlassenhabenden abschließt (so wie die Aufforderung diese in V. 9 eingeleitet hat[447]), leitet über zu den Grüßen von vier namentlich genannten Geschwistern und dem summarischen ‚und allen Geschwistern‘, mit dem Paulus auch die Grüße in 1Kor 16,20 abschließt.[448] Die genannten Personen und Orte sind z.T. durch Paulusbriefe, z.T. durch Apg bekannt.

So sind *Priska und Aquila* nach Apg 18, 1Kor 16,19 und Röm 16,3–5 mit Ephesus verbunden.[449] Sie werden bei Paulus nur in Grußlisten erwähnt, jeweils verbunden mit dem Hinweis auf die in ihrem Haus versammelte Gemeinde. Daraus lässt sich vermuten, dass sie eine herausgehobene Stellung in der ephesinischen Gemeinde innegehabt haben.[450] Bezeichnend für die Pastoralbriefe ist an dieser Stelle wiederum, dass sie gerade nicht Priska und Aquila mit der in ihrem Haus versammelten Gemeinde grüßen. Es wird

---

NTApo II 230]; zu Paulus und dem Löwen in der Arena vgl. Hippolyt *Commentarium in Danielem* III 29,4; Hier. vir. ill. 7), eine Adaption einer bekannten antiken Erzählung, vgl. Gell. V 14; Sen. benef. II 19,1; Plin. nat. VIII 56–58, die möglicherweise auch inschriftlich und bildlich in der Arena in Korinth im 1. Jh. belegt ist, vgl. Osborne: Paul, 228. Weiter auch Grant: Lions, v.a. 149–151; Spittler: Animals, 156–162; 182–189.

[446] Vgl. z.B. Weiser: 2Tim, 341. Oberlinner: 2Tim, 185–187, wendet sich zu Recht gegen eine historiographische Ausspielung von Paulusmitarbeitern (die in der Grußliste Genannten) und römischer Gemeinde (die Paulus verlassen hat), wie z.B. bei Holtz: Past, 199; Brox: Past, 275; Knight: Past, 477f; Marshall: Past, 827.

[447] So auch Weiser: 2Tim, 341.

[448] Vgl. 2Kor 13,12: οἱ ἅγιοι πάντες; Phil 4,21f: οἱ σὺν ἐμοὶ ἀδελφοί … πάντες οἱ ἅγιοι; Gal 1,2: οἱ σὺν ἐμοὶ πάντες ἀδελφοί und schließlich Tit 3,15: οἱ μετ᾽ ἐμοῦ πάντες. Vgl. zum Nebeneinander von namentlichen und anonymen kollektiven Grüßen Koskenniemi: Studien, 150f.

[449] In der neueren Röm-Exegese verfestigt sich die Meinung, dass Röm 16 zum ursprünglichen Text des Briefes gehört habe; zumeist wird hier literar- und textkritisch argumentiert. Überlieferungsgeschichtlich ist diese Annahme allerdings fragwürdig: Der sonstigen Paulustradition ist eine Rückkehr von Priska und Aquila nach Rom unbekannt, weder Apg, Pastoralbriefe oder Act Pl erwähnen dies.

[450] Vgl. auch Trebilco: Ephesus, 70–73; 110–115. Ollrog: Mitarbeiter, 24–27; 38 Anm. 164, orientiert sich stark an Apg und lässt Aquila als reisetüchtigen Geschäftsmann von Rom nach Korinth, Ephesus, Rom (im Dienst des Paulus) umherreisen („wanderlustig" heißt das Ehepaar bei Erbes: Zeit, 131; Zahn: Einleitung, Bd. 1, 414, lässt sie für 2Tim aus Rom wieder nach Ephesus zurückgekehrt sein). Selbstredend hatten seine Sklaven die Werkstatt in Rom während seiner Abwesenheit weitergeführt, so dass er gleich nach seiner Ankunft wieder eine rege Hausgemeinde aufbauen konnte, so etwa Ollrog: a.a.O. 26 Anm. 105; dagegen: Lampe: Christen, 158–164.

nicht an die Terminologie der Hausgemeinde angeknüpft,[451] sondern an der vom Haus als sozialer Grundeinheit (vgl. 1Kor 1,16; 16,15: τὸν Στεφανᾶ οἶκον). So vermengen die Briefe die Vorstellung von der Hausgemeindestruktur mit der gesellschaftstheoretischen (und für die Tritopaulinen fundamental gemeindetheologischen) Konzeption des Hauses als Basiseinheit von Gesellschaft und Kirche.[452]

In Apg 19,22 wird ein *Erastus* erwähnt, der mit Timotheus zusammen von Ephesus nach Makedonien vorausgeschickt wird, bevor Paulus nachkommen und bis nach Achaja reisen wolle (V. 21; 20,1–3). In der folgenden Namensliste derjenigen, die ihn von dort über Makedonien nach Jerusalem begleiten, taucht zwar Timotheus wieder auf, nicht aber Erastus. Es ist denkbar, dass er demnach in Korinth geblieben ist. Dann könnte er identisch sein mit dem in Röm 16,23 erwähnten οἰκονόμος/Stadtkämmerer in Korinth,[453] der seine Grüße nach Ephesus übersendet. Unabhängig davon, ob es sich in beiden Fällen um die gleiche Person handelt und ob sie mit dem inschriftlich belegten Erastus zu identifizieren ist, knüpft 2Tim 4,20 hier an ein Wissen um einen Erastus in Korinth an,[454] der auch mit Ephesus in einer Beziehung steht, ohne dass die vorgestellte Situation mit der aus Apg 19 zu identifizieren wäre.

Ebenso ist der darauf genannte *Trophimus* mit Ephesus verbunden. Als ephesinisches Gemeindeglied (Apg 21,29) gehörte er nach Apg mit zur Kollektendelegation, die mit Paulus durch Milet nach Jerusalem gereist ist (20,15ff), bleibt aber aus der Pauluskorrespondenz, wie auch Milet, unbekannt. 2Tim 4,20 bildet ein Argument gegen die Vermutung, dass Timotheus noch in Ephesus zu denken sei, da es unglaubwürdig erscheine, dass Trophimus im benachbarten Milet krank gelegen haben könne und die ephesinische Gemeinde erst durch Paulus brieflich davon in Kenntnis zu setzen gewesen wäre.[455] Diese Inkonsistenz alleine reicht für einen fiktionalen Text noch nicht hin, die anderen Indikatoren einer ephesinischen Anwesenheit des Timotheus aufzuwiegen (die Verbindung der Namen von Priska, Aquila und Onesiphorus mit der Stadt; die Anwesenheit des Timotheus

---

[451] Röm 16,3–5: ἀσπάσασθε Πρίσκαν καὶ Ἀκύλαν ... καὶ τὴν κατ' οἶκον αὐτῶν ἐκκλησίαν. 1Kor 16,19: ἀσπάζεται ... Ἀκύλας καὶ Πρίσκα σὺν τῇ κατ' οἶκον αὐτῶν ἐκκλησίᾳ.

[452] Vgl. Weiser: 2Tim, 139.

[453] Möglicherweise ist dieser Erastus über eine in Korinth gefundene Inschrift belegt: ERASTUS PRO AED[ilitate] S·[ua] P·[ecunia] STRAVIT (Erastus aus Dankbarkeit über die Aufnahme in die Ädilenschaft hat diese Straße auf eigene Kosten gelegt). Vgl. Dassmann: Traces, 296f (Abb. 8). Ablehnend Cadbury: Erastus, 58: „improbable if not impossible".

[454] Dassmann: Traces, 296f, verbindet alle drei Stellen miteinander wie auch Marshall: Past, 829f. Dibelius/Conzelmann: Past, 94, dagegen sind skeptisch, dass der Erastus aus Röm 16,23 identisch ist mit dem in Apg und 2Tim erwähnten.

[455] Vgl. Zahn: Einleitung, Bd. 1, 412f und Anm. 10 (S. 420). Auch 2Tim 4,12 wird dagegen angeführt (s.o.), z.B. Jeremias: Past, 52f; Richards: Difference, 137.

dort nach 1Tim, ohne dass in 2Tim aus anderen Indizien hervorgehen würde, dass er nicht mehr dort ist; möglicherweise auch Alexander und Erastus).[456] Aber als Textbeobachtung bleibt sie wertvoll, insofern sie auf eine internymische Referenz[457] aufmerksam macht. Wie zuvor die Beobachtung einer Spannung zwischen den Verlassenheitsaussagen und der Grußliste, so weist auch diese Spannung darauf hin, dass es hier um etwas anderes geht als um einen historischen Bericht. Nach der jeweiligen literarischen Funktion wird noch zu fragen sein.[458]

Die *salutatio* schließlich nennt vier Namen: *Eubulus*, *Pudens*[459], *Linus* und *Claudia*, die aus einem christlichen Kontext nicht näher bekannt sind; sie mit realen (oder geprägten literarischen) Personen zu verbinden, ist also nicht möglich.[460] Aber gerade dadurch gewinnt ihr Klang an Bedeutung: Die lateinischen Namen Pudens und Claudia können aufgrund ihrer großen Verbreitung keinen sicheren Beleg für eine Lokalisierung in Rom bieten.[461] Da sie jedoch typische lateinische Namen sind und keine identifizierende Funktion haben (wie auch der in V. 10 genannte Kreszens[462]), könnten sie die Assoziation mit Rom – zumal nach der expliziten Nennung der Stadt in 1,17 – leicht aufkommen lassen.[463]

Die zuvor konstatierte Spannung zwischen der Verlassenheit des Paulus und den genannten Namen verbindet 2Tim mit Kol. Umso auffallender ist der Unterschied zwischen beiden: Kol fokussiert ganz auf die dauernde Abwesenheit des Paulus, auf die Zeit nach dessen Tod. Der Brief entlässt die Mitarbeiter des Paulus in die Eigenständigkeit, wenn er die Empfehlung ausspricht, Paulusbriefe (mit Laodizea) auszutauschen und öffentlich vorzu-

---

[456] Vgl. auch Schröter: Kirche, 85.

[457] Mit diesem Begriff bezeichnet Müller: Namen, 142, die durch Personennamen hergestellten Querbezüge. Über die verschiedenen Arten, solche Bezüge herzustellen, und über die ‚Sperrigkeit‘ solch „zitierter Namen" im neuen Kontext und den daraus zu erschließenden Aussageabsichten informiert er 145–165.

[458] Zur Spannung zwischen den Verlassenheitsaussagen und der Grußliste siehe den nächsten Abschnitt; zur Bedeutung von Trophimus s.u. Kap. 5.1.4.

[459] Πούδης ist die gräzisierte Form von Pudens, vgl. Danker s.v. 858.

[460] So aber Weiser: 2Tim, 333–335, der generell viele historisch zutreffende Details in den Pastoralbriefen bewahrt sieht. Wie durch seine Argumentation S. 335 Anm. 59 jedoch hervorgeht, basiert alles auf einer nicht begründbaren ‚Vermutung‘.

[461] So Dibelius/Conzelmann: Past, 94, die sich damit gegen eine Abfassung des Briefes in Rom richten. Dass damit jedoch Rom als fiktionaler Abfassungsort, als Ort der Gefangenschaft angezeigt werden kann, ist nicht ausgeschlossen. Auch Weiss: Past, 12, wertet die Namen für Rom als (freilich realen) Aufenthaltsort des Paulus aus.

[462] Die gräzisierte Form des lateinischen Namens ist Κρήσκης, vgl. Danker s.v. 566.

[463] Für den in der *salutatio* erwähnten Linus hat dies zumindest bei Irenäus gewirkt, der ihn als Bischof von Rom nennt (haer. III 3,3). Vgl. Dibelius/Conzelmann: Past, 94, und Weiser: 2Tim, 335, zu Traditionen um die genannten Namen. Zur konnotativen statt denotativen Funktion von Personennamen in der Literatur vgl. Müller: Namen, 142–144.

lesen (4,16), und Archippus ausrichten lässt (εἴπατε Ἀρχίππῳ)[464], den empfangenen Dienst auszufüllen (V. 17). Schließlich endet der Brief mit der Aufforderung, sich der Fesseln des Paulus zu erinnern. Ganz anders dagegen 2Tim, wie schon an der Rolle des Markus deutlich wird: Geht er in Kol 4,10 hinaus zu den Empfängern, die ihn aufnehmen sollen, so soll er in 2Tim 4,11 von Timotheus mitgebracht werden. Der ganze Fokus liegt hier auf der letzten Zeit des Paulus im Gefängnis und vor dem Tod.

„Paul is, to be sure, lonely and harried in his journeys, but, as the end approaches, the narrator pulls out all of the stops. One cannot doubt that the reader is to be left in tears when the abandoned and shivering apostle has finished the enumeration of his woes."[465]

Die Zeit nach seinem Tod, seine Abwesenheit und die Fortführung der Gemeinde- und Missionsarbeit nach ihm dagegen (auch wenn das zuvor angesprochen wird, z.B. 2Tim 2,2 und evtl. 4,10), ist nicht Kulminationspunkt der Pastoralbriefe.[466] Vielleicht sollte dies zu denken geben, wenn sogleich die im Briefbuch gebotenen Angaben auf ihre paränetische Funktion hin befragt werden. Vielleicht will das Briefbuch doch mehr erzählen und nicht immer sogleich ermahnen?

3.3.3 Die Erzählung von 2Tim
Paulus schreibt aus seiner Gefangenschaft in Rom an Timotheus in Ephesus. Um die Situation zu gestalten, hat der Verfasser weitere Traditionen der paulinischen Gefangenschaft verarbeitet, wie sie in den Gefangenschaftsbriefen greifbar werden. Dazu hat er des Öfteren Motive aufgegriffen, die sich auch in anderen Briefromanen finden, bes. in den sog. Exilromanen (Aischines- und Themistoklesbriefe sowie Ovids *Tristia* und *Epistulae ex Ponto*); damit wird keine literarische Abhängigkeit behauptet, sind die Gemeinsamkeiten doch durch die vergleichbare Situation bedingt.[467]

---

[464] Dass Archippus nicht direkt angesprochen wird, sondern vermittels der Briefempfänger, ist Ausdruck der nun allein bleibenden Mittelbarkeit des apostolischen, paulinischen Wortes.

[465] Pervo: Stone, 42f.

[466] Das beobachtet auch Prior: Paul, 111, zieht daraus aber den Schluss, dass 2Tim nicht den bevorstehenden Tod des Paulus anzeige, sondern dass Paulus (2Tim ist echt) damit rechne, aus der römischen Gefangenschaft frei zu kommen: „Indeed, the whole tone of 4.9–21 suggests that Paul was preparing an apostolic team for further missionary activity."

[467] Gefangenschaft und Exil/Verbannung werden in Aischin. epist. 3,2 explizit nebeneinander gestellt.

3.3.3.1 Verlassen in Massen

Besonders auffällig ist in diesen Texten sicherlich die durchgängige Spannung der Klage über die Verlassenheit bei gleichzeitiger Hervorhebung des sozialen Umfeldes. Der exilierte Aischines schreibt einen Empfehlungsbrief für Ariston, der sich seiner angenommen hat, an Philokrates in Athen, der ihm beweisen solle, dass „Aischines nicht gänzlich von Freunden verlassen ist" (epist. 6).[468] In einem weiteren Brief (möglicherweise an den gleichen Adressaten) klagt er ihn an, dass er ihn, trotz zahlreicher Versprechen und obwohl er von anderen schon besucht worden sei, noch niemals in seinem Exil aufgesucht habe (epist. 8).[469]

Themistokles klagt ebenso über die Einsamkeit inmitten von Menschen:

„Die gegenwärtige Einsamkeit ist furchtbar ... Auch die wenigsten der Argiven, die um mich sind, würden sagen, dass das keine Einsamkeit ist; aber inmitten dieser Menschenmasse zeigt sich auch die Abwesenheit von Freunden und Verwandten." (ἡ δὲ παροῦσα ἐρημία δεινὴ [...]. καὶ οὐδὲ Ἀργείων οἱ πλεῖστοι παρόντες ἡμῖν ἂν ἐροῦσιν μὴ ἐρημίαν εἶναι ταῦτα, ἀλλ' ἅμα τῷ πλήθει τῷ τούτων καὶ ἡ τῶν φίλων τε καὶ οἰκείων ἀπουσία φαίνεται; epist. 13,13).

Daraufhin fordert er den Briefempfänger Polygnotos (und durch ihn Megakles) auf, möglichst bald zu ihm zu kommen (epist. 13,14).

Ovid dagegen fordert nicht andere auf, ihn inmitten der wildesten Barbaren zu besuchen (so programmatisch trist. I 1,40–48; Pont. I 1,77–80 und passim in beiden Werken); seine immer wieder perpetuierte Bitte (vgl. Pont. III 7,1–6) zielt darauf, dass seine Briefempfänger sich bei Augustus für seine Rückkehr einsetzen – oder zumindest mit ihm weiter brieflich Kontakt halten (z.B. trist. III 6,21–24; Pont. IV 3,25f). Gleichzeitig ist er umgeben von Griechen,[470] die seine Trauer aber nicht lindern können: Nein, seine Klagen, so heißt es gegen Ende des Briefbuches aus Ponto (Pont. IV 14,23ff), richte sich nicht gegen die Menschen in Tomi, aber gegen den Ort der Verbannung.[471]

Wenn Paulus nun darüber klagt, dass er ‚von allen in der Asia verlassen wurde', dass ‚niemand ihm beigestanden habe bei seiner ersten Verteidi-

---

[468] In epist. 5,1–4 beginnt Aischines mit der Gegenüberstellung von Juliades und Kleokrates, der erste habe ihn nur sehr reserviert beherbergt, der andere dagegen ihn voll tiefster Freundschaft aufgenommen.

[469] Vergleichbar ist hier auch das Aischin. epist. 5,5f variierte Motiv der Klage über seine Situation: Zum einen ist Aischines nun dankbar für sein Exil, weil er sich nicht mehr mit den Staatsgeschäften abplagen müsse und ‚nun erst wirklich zu leben angefangen habe' – soweit seine Vernunft, wenn aber die Erinnerung an die in Athen zurückgelassenen Freunde und Verwandten aufkomme, an das Landgut usw., dann werde er von den Tränen übermannt, s.o. Kap. I 2.2.

[470] Vgl. Ov. trist. III 9; I 10,41f; Pont. IV 14,47f.

[471] Vgl. z.B. V. 23f: ... Tomitae, / quos ego, cum loca sim vestra perosus, amo. Oder V. 29: in loca, non homines, verissima crimina dixi.

gung', und gleichzeitig auf diejenigen verweist, die zu ihm halten, die sich ‚seiner Fesseln nicht schämen' wie Onesiphorus, die auch während seiner Gefangenschaft zu ihm kommen wie Eubulus, Pudens, Linus, Claudia und all die anderen, so verbleibt der Autor damit ganz im Rahmen der literarischen Konventionen von Exilliteratur, und es bedürfte weiterer textexterner Belege, wollte man die Angaben historisch auswerten.[472] Die Arbeit mit dem Widersprüchlichen innerhalb dieser Literaturart zeigt Ovid etwa auch weiter in stilistischer Hinsicht, wenn er durchgängig behauptet, dass sich diese Exilelegien durch einen herben Qualitätsverlust von seiner früheren Kunst abheben würden (z.B. trist. III 1,17f; Pont. I 5,3.59–62). Damit suggeriert er, dass in diesen Texten die „unkontrollierte[n] Aufschreie einer gequälten Seele" zu hören seien,[473] während es tatsächlich höchst kunstvoll aufgebaute literarische Meisterwerke sind, die sich nicht hinter den *Metamorphosen* zu verstecken brauchen.[474] Die Beobachtung einer Spannung in der Situationsbeschreibung von 2Tim verweist somit weniger auf verschiedene Brieffragmente[475] oder auf eine nicht konsistent durchgeführte Fiktion,[476] sondern auf die literarische Verarbeitung von Verbannungs- bzw. Gefängniserfahrung: Wer nicht dort sein kann, wo er will, ist einsam, auch wenn er umgeben ist von einer noch so großen Menschenmasse, wie Themistokles, wie Ovid, wie schon Odysseus (Od. IX 34–36) klagt.[477]

3.3.3.2 Anfeindung und Bewährung

Eng verwoben mit der Verlassenheit ist in 2Tim die Anfeindung des Paulus durch andere. Während Phygelus und Hermogenes (1,15) sowie Demas (4,10) nur dahingehend charakterisiert werden, dass sie Paulus verlassen haben, erfolgt explizit eine Warnung vor Alexander, dem Schmied, der Paulus „viel Böses bereitet hat" (4,10).

Auch Aischines ermahnt Philokrates (?) in Brief 5, sich von einem gewissen Leptines fernzuhalten (epist. 5,7):

„… sondern fliehe auch den Leptines, weil er sich gegen uns sehr gehässig erwiesen hat … Und vor allem ermahne ich Dich, fliehe den Umgang mit ihm; wenn Du aber

---

[472] Für historisch zuverlässig gehalten etwa von Hegermann: Ort, 62f; Günther: Frühgeschichte, v.a. 80–85 und 206.

[473] Holzberg: Einführung, 599.

[474] Vgl. neben der Einführung von Holzberg auch Korenjak: Abschiedsbriefe, v.a. 51f und 219–224 mit Anm. 65.

[475] Erbes: Zeit, 137f; 214–218, teilt 2Tim in zwei Briefe auf: 4,9–21 sei ein Brief aus der Gefangenschaft in Cäsarea, 1,1–4,8 ein Brief aus der römischen Gefangenschaft, so dass sich die Klage in dem ersten Brief gegen die Christen in Jerusalem richte.

[476] Vgl. Brox: Notizen, 85; Weiser: 2Tim, 57; 341.

[477] Vgl. auch Marxsen: Einleitung, 178, hier werde eher die Einsamkeit als das Alleinsein des Paulus ausgedrückt.

zufällig mit ihm zusammentriffst und er etwas gegen uns sagen sollte, mühe Dich, still zu bleiben, wenn Du kannst, und zu lachen!" ([…] ἀλλὰ καὶ Λεπτίνην φεῦγε, ὅτι πρὸς ἡμᾶς ἔχει φιλαπεχθημόνως […]. καὶ μάλιστα μὲν παραινῶ, φεῦγε τὰς μετ' αὐτοῦ διατριβάς· εἰ δ' αὖ συνέλθοις ἐκ τύχης καὶ καθ' ἡμῶν λέγοι τι, πειρῶ σιωπᾶν, ἂν ἰσχύῃς, καὶ γελᾶν.)

Es erfahren die gleichen Warnungen Anwendung wie in den Briefen an Timotheus: ‚Hüte dich vor verbalen Auseinandersetzungen[478] und meide auch den Umgang!' und sie finden ihre Begründung in dem früheren Verhalten dem Briefschreiber gegenüber. Ovid andererseits klagt einen namenlos bleibenden Freund früherer Tage an, dass er ihm nicht nur in seinem Elend nicht beistehe, sondern vielmehr ihn jetzt auch noch verlästere (Pont. IV 3,27–34).

Der Blick auf das zurückliegende Leben mit seinen Anfeindungen und Bewährungen ist typisch für Testamentliteratur. In 2Tim wird dieses Motiv variiert, insofern er ein Abschiedsbrief ist, der aus der Gefangenschaft heraus geschrieben wird, und somit der Briefschreiber bes. auf seine gegenwärtige Lage und seine Bewährung in ihr sein Augenmerk richtet. Es findet kein genereller, ausführlich gehaltener Lebensrückblick statt, sondern die Erfahrungen, die im Zusammenhang mit Gefangennahme/-schaft stehen, werden zum Anknüpfungspunkt der Paränese (vgl. den Rückblick auf die früheren Stationen seines Lebens in 3,10f). So wie in Testamentliteratur üblich, wird der ‚Held' als nachzuahmendes Vorbild hingestellt. Paulus erweist sich in seiner Gefangenschaft als der unerschütterliche Missionar, der die Treue zum Evangelium gehalten und seine Fesseln als Medium, den Gerichtshof als Bühne der Verkündigung benutzt hat. So wie der Stoiker als *vir bonus et sapiens* Herr über sein Leben und Tod ist, den Tod nicht für ein Übel hält, sondern als Weg zur Freiheit von äußeren Zwängen, so bedeutet auch für Paulus der Tod die Befreiung, freilich nicht durch eigene Hand, sondern die Befreiung durch den Herrn.

Entsprechend sieht Paulus keine Notwendigkeit darin, sich des Evangeliums oder der Fesseln zu schämen – und fordert Timotheus und alle anderen Christen auf, sich ebenso dessen nicht zu schämen, sondern bereit zu sein, um des Namens, um der Erscheinung des Herrn willen zu leiden (1,7f.10–12; 2,3–13; 3,10–12; 4,6–8). Aus dieser Haft erwartet Paulus nicht mehr freizukommen; den Lauf hat er vollendet und er ist sich gewiss, dass ihm die Märtyrerkrone bereitliegt (4,6f), genauso wie Chion in einem Traum gesehen hat, dass er von der personifizierten Tugend gekrönt werden wird,

---

[478] In dem ausgelassen Halbsatz in Aischin. epist. 5,7 heißt es sinngemäß, dass im Rededuell gegen Leptines zu gewinnen kein Gewinn bringe, gegen ihn dort zu verlieren aber die größte Schmach.

nachdem er in dem Attentat auf Klearchos erfolgreich gewesen sein wird
(Chion epist. 17,2).

3.3.3.3 Der Ort der Gefangenschaft

So haben nun die Pastoralbriefe im Schlussabschnitt von 2Tim ein Panora-
mabild mit Worten gezeichnet, indem sie verschiedene aus Paulustraditionen besetzte Orte und Personen mit nicht weiter bekannten vermengt haben,
um Paulus so in seiner missionarischen Tätigkeit zu zeigen sowie das Netz,
das er mit seinen Mitarbeitern und Mitarbeiterinnen (Priska und Claudia)
über Kleinasien, Griechenland und Italien geknüpft hat:[479] 16 Personen
werden hier namentlich genannt, die in einem positiven Verhältnis zu Paulus stehen oder gestanden haben (Phygelus, Hermogenes, Demas, Titus).
Fünf Ortsnamen sowie zwei Provinzen bilden den geographischen Raum.
Hinzu kommt die Erwähnung Roms in 1,17. Dieses Ortsregister hat dazu
verführt, hier ein Itinerar zu lesen. Explizit wird der Aufenthalt des Paulus
jedoch allein für Troas (V. 13) und Milet (V. 20) erwähnt. Ob das Bleiben
des Erastus in Korinth darauf hinweist, dass Paulus mit ihm dort war, ist
nicht zu sagen. Wenn Alexander (V. 14) identisch mit dem aus 1Tim sein
soll, dann ist damit zugleich der Aufenthalt in Ephesus genannt. Die anderen Orte werden als Reiseziele von anderen angeführt. Aus diesen Angaben
eine Reiseroute zu rekonstruieren, geht von einer vorgängigen Entscheidung über den Gefangenschaftsort aus: So argumentiert Reicke[480] etwa für
eine Gefangenschaft in Cäsarea,[481] und da Timotheus über Troas zu ihm
kommen soll, müsse er sich hinter Troas, am wahrscheinlichsten in Mysien
aufhalten.[482] Daraufhin werden alle Angaben, die irgend möglich sind, als
Reisestationen des Briefes ausgewertet, der dort verlesen werden sollte.[483]
Da Korinth nicht auf dem so konstruierten Reiseweg liegt, müsse Erastus
folglich gegrüßt, nicht aber besucht werden. Quinn dagegen rekonstruiert
eine gegenläufige Reiseroute:[484] Zu dem in Rom gefangenen Paulus soll
Timotheus kommen und auf dem Weg u.a. Trophimus in Milet und Erastus

---

[479] Quinn/Wacker: 1/2Tim, 11, fassen die ganzen Pastoralbriefe als ein „theater of action".

[480] Vgl. Reicke: Chronologie, 88–91.

[481] Weil die genannten Namen mit denen aus Phlm und Kol übereinstimmen und diese beiden
Briefe dort geschrieben seien. Die Abweichungen ergäben sich aus dem zeitlichen Nacheinander:
2Tim sei der letzte Brief, nach Phlm, Kol, Eph.

[482] Erbes: Zeit, 201, lokalisiert Paulus in dem Brief(-fragment) 2Tim 4,9–21 ebenfalls in cäsa-
renischer Gefangenschaft, Timotheus dagegen in Ephesus und merkt zu Troas an, dass wegen der
„regen Schiffsverbindung zwischen beiden Orten" es für Timotheus kein Umweg gewesen sein
könne, vorher noch die Sachen in Troas abzuholen.

[483] Z.B. wegen der Erinnerung des Paulus an seine Vorfahren (2Tim 1,3) sei der Brief nach
Tarsus gelangt; wegen der Mutter und Großmutter des Timotheus (1,5) nach Derbe usw.

[484] Vgl. Quinn: Captivity, 294–297.

in Korinth besuchen. Koester wiederum wertet die Angaben weniger als Reiseroute denn als Landschaftskarte aus:[485] Die Verteilung der Mitarbeiter nach 4,10–20 im geographischen Raum von Thessalonich, Galatien, Dalmatien, Ephesus, Korinth, Milet und Troas verweise darauf, auch Paulus in dieser Gegend zu suchen. Die Bitte an Timotheus, der in Ephesus gedacht werde, *schnell* zu Paulus zu kommen (4,9) und dabei *en passant* Mantel und Bücher aus Troas mitzubringen, lasse Philippi als Gefangenschaftsort des Paulus möglich erscheinen.[486] Gegen Rom spreche jedenfalls deutlich, dass Tit und 1Tim nicht mit der bekannten Paulusbiographie in Einklang zu bringen seien, also auf eine Zeit nach der römischen Gefangenschaft verwiesen. Zu 2Tim schreibt Koester: „Paul is certainly imprisoned and expects possible martyrdom (2Tim 1:17; 4:16–17; also 4:6–8). But it is unlikely that this refers to a second imprisonment in Rome."[487]

Dass sich die Angaben nicht auf eine *zweite* römische Gefangenschaft beziehen, ist einsichtig, wird auf eine solche doch in der Briefsammlung mit keinem Wort verwiesen.[488] Weshalb aber 1,17 („als er in Rom war …") nicht auf Rom zu beziehen sei, bleibt bei Koester unerklärt. Es ist anzunehmen, dass er die Angabe 1,17 als Reminiszenz an die frühere römische Gefangenschaft deutet,[489] im angegebenen Zitat jedoch dient der Vers als Beleg für die *gegenwärtige* Gefangenschaft.

Der von ihm und anderen aufgeworfene Einspruch gegen eine (erste) römische Gefangenschaft, dass die Angaben von 2Tim nicht mit der uns bekannten Situation der (ersten) römischen Gefangenschaft übereinstimmen würden (ebenso wie Tit und 1Tim nicht mit der uns bekannten Biographie zur Deckung zu bringen seien), und die daraus sich ergebende Folgerung, dass Paulus demnach freigekommen sein müsse und sich nun in einer ande-

---

[485] Vgl. Koester: Paul, 59–63.

[486] „Philippi is not an impossible place for such a final imprisonment of Paul." Koester: Paul, 61f. Der Aufsatz ist in einem Sammelbändchen erschienen, das die legendarische und archäologische Tradition eines paulinischen Martyriums in Philippi untersucht, Bakirtzis/Koester: Philippi. Zu den weiteren textlichen (der apokryphe 3Kor sowie die Gestaltung der Philippiepisode in den Paulusakten) und archäologischen Hinweisen auf diese Tradition vgl. dort v.a. noch die Aufsätze von Bakirtzis: Paul, und Callahan: Paul.

[487] Koester: Paul, 61.

[488] So z.B. Dibelius/Conzelmann: Past, 3; 93; Quinn dagegen (Captivity, 296) sieht in dem Hinweis auf die erste Apologie den früheren Prozess erinnert (analog der Erinnerung an frühere Gefährdungen in 3,11, vgl. auch Quinn/Wacker: 1/2Tim, 820–824), so auch Zahn: Einleitung, Bd. 1, 406; vgl. dagegen die von Spicq: Past, 818, beigebrachten Parallelen zu einer ‚ersten Apologie' für ein laufendes Verfahren (P.Bodmer 20,5; *Acta Alexandrinorum* 4,2,1; *Acta Apollonii* 11; Philostr. Ap. VIII 7; vgl. auch das ‚Vorgespräch' zwischen Domitian und Apollonios VII 31–34, das allerdings keine Apologie sein sollte [vgl. VII 29 und 35]). Vgl. noch Brox: Past, 31; 275f; Marshall: Past, 823.

[489] Unwahrscheinlich ist eine Auslegung wie die von Reicke: Chronologie, 90, ihm folgend Robinson: Redating, 75, beigebrachte, nach der Onesiphorus Paulus zwar in Rom gesucht, aber nicht gefunden habe, da er in Cäsarea in Gefangenschaft gewesen sei.

ren Gefangenschaft befinde, wird der Erzählweise nach- und neuerzählender Literatur, die frei mit vorgegebenen Materialien und dem historischen Ablauf/der Chronologie umgehen kann, nicht gerecht.[490] So haben schon Dibelius/Conzelmann darauf hingewiesen, dass die Angaben in 2Tim 4,9–21 auf die Zeit vor der Gefangenschaft in Cäsarea verwiesen (die Reiseroute Korinth–Troas–Milet entspreche Apg 20f; zum in Troas zurückgelassenen Mantel vgl. Apg 20,13; zur Verteidigung des Evangeliums 2Tim 4,16f vgl. Apg 23,1–11), gleichzeitig jedoch auch Notizen gegen diese Gefangenschaft sprächen („die aus Act 20,4 zu erschließende Teilnahme des Timotheus an der Jerusalemreise"[491] würde die Angaben 2Tim 4,20 überflüssig machen [Erastus in Korinth und Trophimus krank in Milet]; v.a. aber die Erwähnung Roms in 2Tim 1,17). Diesen Befund bewerten sie zu Recht, unter Verweis auf die Neuerzählung der Paulusgeschichte in den Paulusakten, als „absichtliche Variation einer bekannten Situation".[492] Hier haben wir die gleiche Verschmelzung verschiedener Situationen in einem Brief vor uns wie Sokr. epist. 3, der die Belagerung Potidaias (432–429) mit dem Abfall von Amphipolis (424) identifiziert, um so einen Kontext für Sokrates als Empfehlungsbriefschreiber zu erdichten.[493]

Es bleibt festzuhalten, dass alle Verortungen der Gefangenschaft des Paulus in 2Tim die historische Auswertbarkeit der Pastoralbriefe voraussetzen, sei es, dass die Briefe auf die Zeit der bekannten Paulusmission verweisen, sei es, dass sie (historisch zuverlässige oder legendarische) Quellen für die Zeit nach der (ersten) römischen Gefangenschaft seien. Enthält man sich jedoch des Versuches, die Angaben des Briefromans mit anderen Quellen zur Paulusvita abzugleichen, so wird man beschränkt auf das, was die Briefe selbst erzählen: Rom ist der einzige Ortsname, den Paulus in Beziehung setzt zu seiner Gefangenschaft; eine Ortsveränderung wird in 2Tim dagegen mit keinem Wort angedeutet. Zudem wird die Fiktion einer römischen Gefangenschaft durch weitere Indizien konstruiert, wie die vorangegangene Analyse gezeigt hat: Paulus greift die (möglicherweise) lateinische Wendung ‚den Lauf vollenden' auf, um auf seinen bevorstehenden Tod zu verweisen; in der Bitte an Timotheus, ihm zurückgelassene Sachen aus Troas mitzubringen, gebraucht er beiläufig die beiden Latinismen *paenula*

---

[490] Das trifft freilich nicht nur auf Literatur zu, die sich auf der Grenze von Faktualität und Fiktionalität bewegt (wie historische Romane), sondern auch auf antike Historiographie, vgl. etwa Plutarchs Kritik an chronologischen Spitzfindigkeiten (Sol. 27,1); zur Freiheit Plutarchs in seiner historiographisch-biographischen Arbeit Pelling: Truth; Kaesser: Tweaking; allgemein zur narrativen Kreativität in antiker Geschichtsschreibung Hug: Quellen; Bowersock: Fiction; Gill/Wiseman (Hg.): Lies.

[491] Dibelius/Conzelmann: Past, 95.

[492] Dibelius/Conzelmann: Past, 96, vgl. 13.

[493] S.o. S. 180 Anm. 62.

und *membrana*;[494] und schließlich lassen aus der Umgebung des Paulus drei namentlich gemachte Männer und eine Frau ihre Grüße nach Ephesus übersenden, von denen drei typisch römische Namen tragen. Konnte Paulus auch fast überall im Imperium Romanum durch die präsente lateinische Sprache geprägt werden (z.B. in Nikopolis, Troas oder auch Philippi), besteht also keine zwingende Notwendigkeit für eine Gefangenschaft in Rom, wird durch die Verbindung der drei genannten Indizien mit dem anfangs genannten Ortsnamen das *caput mundi* als Gefangenschaftsort für 2Tim m.E. mehr als nahegelegt.[495]

Letztlich aber ist eine Entscheidung der Frage sekundär, kommt es doch darauf an, dass Paulus in Gefangenschaft ist und diese einschließlich seines Todes ein Martyrium für alle Völker sein wird (4,17). Blickten die Ortsangaben in Tit und 1Tim auf aktuelle Reiseziele des Paulus (Nikopolis bzw. Makedonien/Ephesus), so die in 2Tim auf frühere Reisestationen. Die Zukünftigkeit eines irdischen Ortes gibt es für Paulus allerdings nicht mehr; entsprechend endet seine Prozessdarstellung (4,18b): „und er wird mich retten in sein himmlisches Reich; ihm sei Ehre von Ewigkeit zu Ewigkeit, Amen."

4. Geschichten entstehen (3).
Vergleich mit anderen Briefromanen und Zusammenfassung

4.1 Szenische Kompositionstechnik in (antiken) Briefromanen

Nachdem in den vorangegangenen zwei Kapiteln die erzählerischen Elemente untersucht worden sind, ausführlich v.a. die narrative Rahmenhand-

---

[494] Auch Holtzmann: Einleitung, 320, verweist auf „[d]ie zuweilen latinisierende Sprache", die angeführten Wendungen δι' ἣν αἰτίαν und χάριν ἔχειν sind dafür allerdings keine Belege, sondern gut attische Syntagmata (vgl. die Belege bei LSJ s.v. αἰτία II, 44; s.v. χάρις II.2, 1979; vgl. aber z.B. auch Spicq: Past, 339f; Roloff: 1Tim, 91f); das ebenfalls angeführte πρόκριμα ist dagegen in der Tat erst in römischer Zeit belegt und Übernahme von lat. *praeiudicium*, vgl. ThWNT III, s.v. 954f (Büchsel). Die latinisierende Sprache wird auch von denjenigen Exegeten als Argument beigebracht, die die Pastoralbriefe in die Zeit nach der ersten römischen Gefangenschaft datieren, vgl. z.B. Weiss: Past, 54; Spicq: Past, 191–193. Neben der Vermittlung von Lokalkolorit v.a. in 2Tim verweist die Aufnahme römischer Vorstellungen in den Pastoralbriefen auf den Gesellschaftsdiskurs, an dem der Verfasser beteiligt ist, wie anhand der aus der *pietas*-Vorstellung übernommenen εὐσέβεια-Konzeption innerhalb der Pastoralbriefe allgemein erkannt ist, vgl. z.B. Spicq: Past, 486f; D'Angelo: Εὐσέβεια; Standhartinger: *Eusebeia*. Vgl. neuerdings für einen weiteren Bereich auch Paschke: Censors, s.u. Kap. 5.1.

[495] In 2Tim lässt sich somit zweimal beobachten, dass der Aufenthaltsort sowohl des Briefschreibers als auch des Briefempfängers nicht explizit als der aktuelle Aufenthaltsort genannt wird, aber nebenbei doch namentlich fällt und durch weitere Indizien verstärkt wird, zu Timotheus in Ephesus s.o. zu 2Tim 4,12 und 20.

lung, die dem Verfasser der Pastoralbriefe Anlass bietet, Paulus moralische und theologische Ermahnungen äußern und Schlaglichter auf einzelne Ereignisse seiner oder seiner Adressaten Gegenwart und Vergangenheit werfen zu lassen, mag man die Frage stellen, wo hier das romanhafte Moment zu finden sei, ob die Handlung nicht etwas ‚dünn' sei. Es ist hier erneut daran zu erinnern, dass die Gattung Briefroman nicht so einförmig ist, wie der regelmäßige Hinweis auf Samuel Richardsons *Pamela* Glauben zu machen versucht, und nicht jeder Briefroman muss so ‚schön' eine Geschichte erzählen wie die *Chionbriefe*, Choderlos de Laclos' *Liaisons dangereuses* oder Jane Austens *Lady Susan*. Da aber aufgrund solch eines narrativen Vorverständnisses den im ersten Hauptteil behandelten antiken Briefbüchern ihr romanhafter Charakter oftmals abgesprochen wird,[496] ist es notwendig darauf hinzuweisen, dass auch neuzeitliche Briefromane mitunter kaum narrative Züge aufweisen. Eingangs ist schon auf den philosophischen Briefroman Jacques Derridas hingewiesen worden, der nach B. Vinken „einige der schönsten Liebesbriefe der europäischen Literatur" beinhalte,[497] der jedoch eine durchgehende Erzählung kaum aufweisen kann. Ein prominenter Vorgänger dieser Art von Briefroman, der eine nur rudimentär entwickelte Narrativität in Verbund mit umfassenden Gesellschaftsstudien und (popular)philosophischen Reflexionen bietet, ist zugleich einer der Klassiker des neuzeitlichen Briefromans, Montesquieus *Lettres persanes* (1721/1754).

Exkurs: Montesquieus Lettres persanes

Die *Persischen Briefe* sind vergleichbar mit den oben so genannten Verbannungsromanen, fangen sie doch ebenso mit dem Hinweis auf das Verlassen der Heimat an und indizieren durch dieses Stilmittel den Fortgang des Briefbuches: „Nous n'avons séjourné qu'un jour à Com."[498] Erst später ist zu erfahren, dass das im ersten Brief erwähnte Motiv der Wissbegier auf eine fremde, die europäische Kultur ein vorgeschobenes ist, musste der Protagonist Usbek doch aufgrund der Feindschaft gegen ihn am Hof in Ispahan ins Exil gehen.[499] An diese Eröffnung schließt sich eine insgesamt

---

[496] Vgl. die grundsätzliche Ablehnung durch Perry: Romances, 85f, oder die reduktionistische Position von Düring: Chion, 7; 18; 23.

[497] So in: Nachrufe auf Jacques Derrida – Philosophie des Zerbrechlichen, in: Die Zeit 43 (14.10.2004), S. 43.

[498] „Wir haben uns in Kom nur einen Tag aufgehalten" (Übers. Strodtmann). Siehe auch Newmark: Home, 18; Miething: Erkenntnisstruktur, 66.

[499] Brief 8: „Voilà, Rustan, le véritable motif de mon voyage." Nebenbei bemerkt: Im gleichen Brief rät Usbek seinem Freund Rustan, den er gefragt hatte, was die Leute über ihn und sein plötzliches Verlassen der Stadt in Ispahan sagen würden (Brief 1; Antwort in Brief 5), die Feinde schwatzen zu lassen und ihn nur gegenüber den Freunden zu rechtfertigen: das gleiche Motiv wie in Eurip. epist. 5, in dem Euripides Kephisophon ebensolche Anweisung gibt.

161 Briefe umfassende Korrespondenz verschiedener Personen miteinander an, die es erlaubt, ein kaleidoskopisches Sitten- und Kulturporträt der europäischen Gesellschaft, v.a. des Frankreich des Ancien régime, zu entfalten.[500] Lässt sich hier auch eine Charakterentwicklung bei Usbek feststellen, der sich immer mehr der europäischen Kultur und Geisteshaltung anpasst und orientalische Vorstellungen z.T. immer stärker in Frage stellt, so kann von einer Handlung jedoch kaum gesprochen werden. In Briefen erwähnte Begegnungen, wiedergegebene Gespräche oder mitgesandte Briefe dienen primär dazu, philosophische oder ethnologische Gedanken aus verschiedenen Perspektiven zu entfalten. Die die Briefe umfassende Handlung bietet die Serail-Korrespondenz, die Usbek mit seinen Eunuchen oder Frauen führt, und macht etwa ein Viertel des Briefbuches aus, findet sich aber primär am Anfang und Ende.

Auch vom Ende her sind die *Lettres persanes* den antiken Verbannungsromanen und den Pastoralbriefen vergleichbar. Der Tod ist das die letzten 15 Briefe des Briefromans dominierende Thema: Usbek erfährt mit dem Auseinanderbrechen seines Serails den sozialen Tod, der im letzten Satz des Briefromans kulminiert. Der Abschiedsbrief seiner Hauptfrau Roxane an ihn endet – und dieses Ende ist als (Rück-) Gewinnung ihrer Subjekthaftigkeit interpretierbar[501] – mit den Worten, und damit das Stilmittel des *writing to the moment* bis an die Grenzen führend:[502]

„Aber es ist vorüber, das Gift verzehrt mich, meine Kraft entweicht, die Feder entsinkt meiner Hand … ich fühle selbst meinen Haß erkalten … ich sterbe. (Mais c'en est fait: le poison me consume; ma force m'abandonne; la plume me tombe des mains; je sens affaiblir jusqu'à ma haine; je me meurs"; Übers. Strodtmann).

Die Frage, wie beide Teile der *Lettres persanes* zusammengesehen werden können, das Sittengemälde und die eigentliche Romanhandlung der Serail-Briefe, ist bislang unbeantwortet. Montesquieu selbst hat in den 1754 im Zusammenhang mit der stark überarbeiteten Neuedition, die v.a. die narrativen Elemente der Rahmenhandlung ausarbeitet,[503] veröffentlichten *Quelques réflexions sur les Lettres persanes* mit Nachdruck auf die konzeptionelle Einheit seines literarischen Erstlingswerks hingewiesen und von einer *chaîne secrète* gesprochen, die die Verbindung der Romanhandlung mit Philosophie, Politik und Moral herstelle.[504] Diese Frage nach der „ästhetische(n) Konsistenz des Ganzen als Roman"[505] wird verschiedentlich beantwortet; das grundsätzliche Problem hinter derartigen Versuchen besteht darin, dass dem ein harmonisierendes Kunstverständnis zugrunde liegt, das die Einheit als Norm des Kunstwerks

---

[500] Vgl. Kra: Multiplicity.

[501] Festzumachen etwa in Roxanes Worten: „J'ai reformé tes lois sur celles de la Nature, et mon esprit s'est toujours tenu dans l'indépendance." („Ich habe Deine Gesetze nach den Gesetzen der Natur umgestaltet, und mein Geist hat sich stets seine Unabhängigkeit bewahrt"; Brief 161 Übers. Strodtmann). Vgl. auch die bei Miething: Erkenntnisstruktur, 67f, angeführte Literatur.

[502] Zum von Richardson so benannten *writing to the moment* vgl. Arndt: Briefroman, 71f. Vgl. zum ‚Sterben in der Ich-Form' Stanzel: Theorie, 290.

[503] Einen Überblick über die Genese des Briefbuches und seine Überarbeitungen durch Montesquieu bietet Mass: Literatur, 69–138; 297f.

[504] Vgl. Œuvres Complètes 62; ed. Strodtmann S. 7.

[505] Miething: Erkenntnisstruktur, 64.

postuliert[506] – in Bezug auf die Gattung Briefroman erweist sich hier also wieder einmal die Wirksamkeit der *Pamela*-Kriterien. Im Gegenzug dazu versucht Miething, die Einheit gerade in der Spannung und Inkonsistenz von epistemologischer und ästhetischer Struktur zu bestimmen, was die „prinzipielle Inkongruenz von aufklärerischer Ratio und Ästhetik"[507] zur Sprache bringe und damit den *Lettres persanes* als „Schlüsseltext der Frühaufklärung"[508] gerecht werde.

Die Pastoralbriefe sind in ihrer narrativen Grundstruktur ähnlich den *Persischen Briefen*, in denen die Erzählung primär in der Rahmenhandlung aufgebaut wird. Darin eingebettet finden sich kleinere und größere Sequenzen, mithilfe derer – gleichsam wie durch ein Kaleidoskop – die Gesellschaft des Ancien régime vor Augen geführt wird. Ebenso wird in den Pastoralbriefen in der Rahmung eine Geschichte erzählt, die den Hintergrund bietet für Schlaglichter in die Welt des frühen Christentums. Im Gegensatz zu Montesquieu konstruiert der anonyme Autor dafür keinen polyphonen Briefwechsel, sondern die Lesenden erhalten einen durch die Maske des Paulus beschränkten Blick. Diese monoperspektivische Betrachtungsweise erlaubt es, die drei verschiedenen Situationen gegeneinander zu profilieren und damit die starke Unterschiedlichkeit zwischen Tit/1Tim und 2Tim hervorzuheben.

Die Einheit wird in beiden Werken nicht durch eine konsistente Charakterentwicklung aufgebaut, sondern vielmehr durch einen Bruch in der Charakterdarstellung. In den *Lettres persanes* durchläuft Usbek eine Entwicklung zu europäischen Einstellungen, muss am Ende jedoch erkennen, dass ihn die Wirklichkeit einholt und er weiter der Perser bleibt. Paulus bemüht sich in den ersten beiden Briefen um die Angleichung des Christentums an die Welt, muss im letzten Brief aber erkennen, dass die Welt die Christen verwirft. In beiden Fällen erweist sich durch das Ende des Briefromans die Hoffnung auf Integration und Angleichung, die im Hauptteil des Briefromans maßgebend war, als eine illusionäre.

Ein anderer Briefroman, der in ähnlicher Weise Inkonsistenz zum Thema macht, ist der von Dührsen rekonstruierte Roman der Sieben Weisen. Hier wird ebenfalls nicht eine durchgehende Handlung durch das Medium des Brief(wechsel)s erzählt,[509] sondern mithilfe szenischer Kompositionstechnik werden einzelne Weise an verschiedenen Punkten ihres Lebens den Lesenden vor Augen geführt. Ebenfalls vergleichbar hinsichtlich der Kompositionstechnik ist hier der Briefroman um Sokrates und die Sokratiker, dessen

---

[506] Vgl. Miething: Erkenntnisstruktur, 69f.

[507] Miething: Erkenntnisstruktur, 81.

[508] Miething: Erkenntnisstruktur, 65.

[509] Entsprechend wurde auch bei den Briefen der Sieben Weisen, so wie bei den *Persischen Briefen*, die Einheit als romanhaftes Ganzes bestritten, vgl. Dührsen: Briefe, 107.

Aufbau durch miteinander verbundene Briefblöcke es ermöglicht, die Entwicklung der Schule des Sokrates und die spannungsreichen Diskussionen
um die Frage, was sokratische Nachfolge sei, darzustellen.[510]

Für ein Verständnis der Erzähltechnik, die der Verfasser der Pastoralbriefe angewandt hat, ist der Vergleich mit diesen drei Briefromanen m.E.
hilfreich: In allen vieren wird die erzählte Welt nicht über einige Skizzen-
striche hinausgehend entwickelt. Das Augenmerk liegt jeweils nicht in der
Unterhaltung, sosehr die einzelnen Briefbücher auch (zumindest teilweise)
unterhaltend sein können, sondern die fragmentierte Darstellungsweise
dient einem spezifischen Interesse, welches die Autoren jeweils kommuni-
zieren wollten. Im Buch der Pastoralbriefe gelingt es so, Paulus auf drei
Etappen seines missionarischen Wirkens über die Schulter zu blicken und
dabei zu sehen, wie sein Projekt einer Vereinbarkeit von Christentum und
Welt Schiffbruch erlitten hat. Bevor diesem Aspekt des Briefromans weiter
nachgegangen wird, soll zunächst eine Bündelung der Beobachtungen zur
Erzähltechnik der Pastoralbriefe erfolgen, indem sie mit den von Holzberg
erhobenen Gattungsmerkmalen gegengelesen werden.

4.2 Die Pastoralbriefe als Briefroman

4.2.1 Der Aufbau der Erzählung

In diesem Briefroman um Paulus entsteht die Erzählung primär erst in der
Lektüre, insofern die Lesenden die Hinweise in den Briefen aufgreifen und
miteinander und mit von anderwärts her Bekanntem in Verbindung bringen,
wie in der Forschungsliteratur immer wieder zu beobachten ist: Die Diskussion um den Ort der Gefangenschaft, um die Einordnung der Briefe in die
Paulusbiographie, um die Bedeutung der drei Wörter *paenula*, *membrana*
und βιβλία z.B. hat gezeigt, in wie hohem Maße die bloße Andeutung
Kreativität freisetzt. Diese Technik ist, eigentlich betrachtet, in jeder Art
von Literatur nötig, insofern immer aus dem *plot* die dahinter stehende
story aufgebaut werden muss:

„Um einen narrativen Text zu verstehen, konstruieren wir im Akt der Lektüre die
Totalität einer erzählten Welt. Diese Konstruktionsleistung erfolgt auf der Grundlage
der expliziten Aussagen des Erzählers und der Figuren, geht aber über sie hinaus. […]
Der implizit gesetzte, unthematische Horizont umfasst neben logisch-analytischen
auch pragmatische Implikationen, das heißt Sachverhalte, die, ohne dass sie aus-

---

[510] Vgl. Holzberg: Erzählprosa, 305: „Aber die Briefe vermitteln in einer mit der Erzählform
des Episodenromans vergleichbaren Weise ein lebendiges Bild vom Denken und Handeln der
Schüler des Sokrates […]".

drücklich behauptet worden oder aus dem Ausgesprochenen analytisch ableitbar wären, doch als vom Erzähler mitgemeint zu verstehen sind."[511]

Arbeiten jedoch andere Formen von Erzählung implizit mit dieser Technik, so wird sie in Briefromanen explizit, insofern die Texte immer wieder die fiktionale Kommunikationsstruktur selbst thematisieren: dass zwei miteinander Bekannte über eine Sache in Hinweisen sprechen, die beiden vertraut ist.[512] Diese narratologisch genutzte Spannung zwischen explizitem Leser, dem Adressaten, und realen Lesern macht den Reiz der Gattung Briefroman aus. Sie setzt die Lesenden, wie in Detektivgeschichten, in eine Suchbewegung nach der Geschichte dahinter und nach der Bedeutung der im Brief gegebenen Hinweise und Andeutungen. Dass aus solcher Lektürehaltung oftmals – nach Maßgabe der Autorenintention – eine Fehlrezeption entsteht, ist von neuzeitlichen Briefromanen und den Reaktionen ihrer Verfasser auf die Rezeption ihrer Werke hinlänglich bekannt und darf mit gleichem Recht für antike Briefromane vorausgesetzt werden.

4.2.2 Die Erzählweise im Vergleich mit anderen Briefromanen
Um die Besonderheiten der Pastoralbriefe besser erfassen zu können, soll die von Holzberg erstellte Gattungstypologie als Kartierungshilfe herangezogen werden. So treten sowohl Gemeinsamkeiten als auch Differenzen hervor und lassen nach der Intention des Briefromans fragen.[513]

4.2.2.1 Stoffbehandlung
Die Pastoralbriefe bieten einen *Ausschnitt aus der Vita einer bekannten Persönlichkeit* an Wendepunkten ihres Lebens: Der Paulus, der den Titus- und den ersten Timotheusbrief schreibt, ist der aktive Missionar, der durch Briefe mit seinen Mitarbeitern kommuniziert und ihnen Anweisungen hinsichtlich Gemeindeaufbau und -leitung erteilt. Den zweiten Brief an Timotheus schreibt Paulus aus der Gefangenschaft heraus in der Erwartung seines baldigen Todes [1 und 2[514]]. Da die durch das Briefbuch vermittelte Geschichte die Genese christlicher Gemeinden im römischen Reich reflektiert, ist die Zeit der Handlung die zweite Hälfte des ersten christlichen Jahrhunderts (wohl unter dem Prinzipat des Nero, der jedoch nicht nament-

---

[511] Martinez/Scheffel: Erzähltheorie, 124.

[512] Vgl. neben Tit 1,5 und 1Tim 1,3 auch bes. Themist. epist. 7,1f; Plat. epist. 2.312d.

[513] Ebenso Pervo: Profit, 90 und 110, in Bezug auf antike Romane und die (apokryphen) Apostelgeschichte(n).

[514] Die Ziffern in eckigen Klammern verweisen im Folgenden auf die Nummerierung des Tableaus, s.o. S. 45f.

lich genannt wird[515]); *die gesellschaftliche und politische Rahmenbedingung* ist also nicht die Polis, sondern das Imperium[516] [2 und 3]. Kann die Orientierung an der Polis in griechischen Briefromanen aus der Zeit des Prinzipats damit erklärt werden, dass das 5./4. Jh., v.a. mit einer geographischen Fokussierung auf Athen, verstärkt zur Projektionsfläche der Sehnsüchte nach griechischer Identität wird und als ideale bzw. klassische Zeit gesehen wird,[517] so erscheint dagegen den Lesenden der Pastoralbriefe die Zeit des *Paulus* als ehrwürdige Vergangenheit, die durch das autoritative Wort des Apostels bestimmt wurde.[518]

Die Gestaltung des Paulus lädt auch partiell zur *Identifikation* ein [5]. Weniger ist hier an den Paulus der ersten beiden Briefe gedacht – die autoriative Stellung des Paulus verstärkt den Abstand, identifizierend wirkt demgegenüber eher die Rolle von Titus/Timotheus[519] –, aber die Schilderung von Verlassenheit und Gefängnissituation in 2Tim mit der expliziten Ansage, dass dieses Schicksal alle treffen werde (3,12), fordert geradezu zum ‚Mitleid(en)‘ heraus.[520]

Auch [4], eine *Kommentierung von Ereignissen, die sich vor, während und nach der Abfassungszeit der Briefe zutrugen,* lässt sich beobachten: Die Briefe verweisen explizit (Tit 1,5, 1Tim 1,3) bzw. implizit (2Tim 1,4; 4,12?) auf vorausgegangene Kommunikation, machen Angaben sowohl über Vergangenheit als auch Gegenwart von Verfasser und Empfängern und bieten Ausblicke in die Zukunft.

4.2.2.2 Erzählstruktur

Ebenso lassen sich bezüglich der Erzählstruktur Gemeinsamkeiten zu den griechischen Briefromanen feststellen, auch wenn dies angesichts der Kürze des Briefbuches nur eingeschränkt gelten kann.[521] Von der oben rekonstruier-

---

[515] Denkbar, aber nicht zu beweisen, wäre auch, dass der Plural βασιλεῖς in 1Tim 2,2 wörtlich zu nehmen ist und auf die Übergangszeit von Claudius auf Nero verweist.

[516] Weder die Polis noch das Imperium kommen in den Pastoralbriefen als Bezugsgrößen explizit in den Blick (vgl. aber die Erwähnung der Städte Tit 1,5), allein die Hausstruktur bildet den Orientierungsrahmen. So fehlen hier (staats)politische Termini fast vollständig; benannt werden in Tit 3,1 ἀρχαὶ ἐξουσίαι (zur Konstruktion vgl. neben der v.l. der meisten Textzeugen Spicq: Past, 646f; anders Collins: Past, 356f); in 1Tim 2,2 βασιλεῖς und ‚alle in herausgehobener Stellung‘ (ἐν ὑπεροχῇ).

[517] Vgl. Gelzer: Klassizismus; Schindel: Archaismus; zum allgemeineren geistes- und mentalitätsgeschichtlichen Hintergrund Swain: Hellenism, v.a. 65–131, und bes. Schmitz: Bildung.

[518] So Pervo: Stone, 38. Die Anfangszeit der Kirche als ‚klassische‘ Zeit darzustellen, ist auch Programm des Lukas, vgl. Pervo: Profit, 72 (als Modifikation der Handlungszeit griechischer Romane).

[519] Vgl. Pervo: Stone, 44.

[520] Vgl. dazu Pervo: Stone, 42f (Zitat oben S. 265).

[521] Zu [5], *Fiktionalisierungs-/Authentifizierungsstrategien,* s.u. Kap. 5.3.

ten Reihenfolge Tit–1Tim–2Tim ausgehend, kann man eine grundsätzlich *chronologische Reihenfolge* erkennen (im Sinne des *ordo artificialis*): Die Zeit als aktiver Missionar geht der zum Tode führenden Gefangenschaft voraus, anders als in der kanonischen Reihung der Länge nach [6]. Ob man deshalb Tit und 1Tim, da sie inhaltlich Ähnliches bieten (vgl. z.B. die Gemeinde-/Hausordnungen Tit 1,7–9; 2,1–3,2 mit 1Tim 2,8–3,13; 4,6–5,2.17–20; 6,1f) und beide in ihrem literarischen Charakter von den *mandata principis* her verstanden werden können,[522] als *Briefblock* bezeichnen mag [7] – behandelt werden sie zumeist als ein solcher –, ist eine Frage des Geschmacks.[523]

Zudem kann m.E. 1Tim als *ein einen Zeitsprung überbrückender Zwischenbrief* gelesen werden [8]: Der Hinweis am Ende von Tit, dass Paulus beabsichtigt, in Nikopolis zu überwintern, impliziert das Übersetzen nach Italien. In diese Hafenstadt soll Titus ihm nachreisen. In 2Tim schließlich erfährt der Leser, dass Paulus sich in Rom aufhält und Titus bei ihm war.[524] Die Zwischenzeit: dass oder ob Paulus nach Nikopolis gekommen ist, wie und wieso er gefangen genommen wurde, wann Titus zu ihm gekommen ist und wieso er ihn verlassen hat, das alles wird nicht erzählt, aber als geschehen vorausgesetzt. Die Lektüre des langen 1Tim mag diese Zeit überbrücken, ohne dass das dort Erzählte die Zwischenzeit zur Gänze ausfüllen würde.

Eine *Enthüllungsdramatik* kann in einem kleinen Briefbuch kaum entwickelt werden [9]. Gleichwohl sind Ansätze dazu erkennbar: Durch die Erwähnung von Nikopolis in Tit 3,12 wird bereits der Übergang nach Rom sowie ein möglicher Konflikt mit staatlicher Macht impliziert; 1Tim 6,11–16 lenkt die Gedanken ebenso in diese Richtung. Dass Ephesus über zentrale Heiligtümer des Kaiserkultes verfügte,[525] ist im Brief selbst noch kein Thema von Kritik, im Gegenteil wird hier (2,1f) ebenso wie in Tit 3,1 zum Gebet für Machthaber aufgefordert, gegen Ende beider Briefe scheint jedoch jeweils bereits auf 2Tim sukzessive vorbereitet zu werden.

Daneben sind alle drei Briefe durch gemeinsame Motive und *Motivketten* miteinander verknüpft [10] – die Gemeinsamkeiten der Briefe sind schon oft beobachtet worden, hier sei nur etwa verwiesen auf das Thema von

---

[522] Grundlegend Wolter: Pastoralbriefe, 131–202, s.u. Kap. 5.1.2.

[523] S.o. Kap. 1.4.2.

[524] Die Paulusakten erzählen hier weiter und lassen Titus aus Dalmatien zum gefangenen Paulus nach Rom kommen (*Paulusmartyrium* § 1 = Lipsius I 104 = NTApo II 238).

[525] Vgl. Price: Rituals, 214f und Tafel 3a (= BMC Ionia 89 Nr. 293): Auf der Münze aus Ephesus (217/218 n.Chr.) werden Opfernde vor einem Kaisertempel dargestellt; vgl. a.a.O. 254–256 zu weiteren Kaisertempeln in Ephesus; vgl. auch Friesen: Neokoros, der die Untersuchungen von Price aufnimmt und kritisch weiterführt.

Gegnern und Anhängern des Paulus:[526] In Tit/1Tim noch allgemein behandelt, wird das Thema in 2Tim dann ins Persönliche gewendet. Die Beziehung zu Paulus wird durch Freund- und Feindtypologie (u.a. durch Rückgriff auf bekannte Kontroversen, die Paulus geführt hat) literarisch ausgeformt, läuft am Ende des 2Tim zusammen in der Aufzählung der Paulus Beistehenden und Verlassenden[527] und findet in dem bevorstehenden Tod des Paulus ihr folgerichtiges Ende. So erhellt sich auch hier der Charakter von 2Tim als *erklärender Brief* [11], da von ihm aus die in Tit und 1Tim gegebenen Anweisungen und Mahnungen als solche für die Zeit der endgültigen Abwesenheit des Paulus gelesen werden können[528], v.a. jedoch die diversen ‚Erzählfäden‘ und Kommentierungen zusammengeführt und aneinander profiliert werden,[529] Der Brief ist zugleich als Abschiedsbrief gestaltet und gibt einen Ausblick auf das Ende des Paulus; die Situation der Gefangenschaft und des bevorstehenden endgültigen Getrenntseins (trotz 4,9.11.13.21) dominiert den Ton des Briefes. Die Funktion als erklärender Schlussbrief gewinnt in unserem Briefbuch eine besondere Pointierung: 2Tim ist eine (wenn nicht kritische, so doch zumindest hinterfragende) Gegenstimme zu der in Tit und 1Tim entworfenen Perspektive christlicher Existenz (ähnlich der Funktion von Plat. epist. 13 oder dem letzten Briefblock im Roman der Sieben Weisen epist. 15–19).

4.2.2.3 Motive

V.a. die (gruppenspezifische) Modifikation der Motive in den Pastoralbriefen ermöglicht es, ihr eigenes Gepräge im Gegenüber zu den anderen Briefromanen zu erheben. Das *Verhältnis zu einem Machthaber* resp. zur Polis/ Athen [12] und *die Frage nach dem Sinn politischer Betätigung* [13] wird entsprechend der Sozialstruktur christlicher Gemeinden und den veränderten Bedingungen im Prinzipat ‚(klein)bürgerlich‘ variiert: Nun geht es nicht um den direkten Kontakt zu Machthabern und den damit verbundenen Problemen bzw. Möglichkeiten, sondern um Bürgertugenden – wie sich Christen und Christinnen im römischen Reich integrieren können (v.a. Tit 2,2–

---

[526] Die Gegnerproblematik wird als die alle drei Briefe bestimmende und verbindende Größe angesehen, vgl. Brox: Past, 40; Wolter: Pastoralbriefe, 240f, so dass sie bei Schenk: Briefe, 3430, zum Gliederungsmerkmal werden kann.

[527] Es entspricht der Gattung Abschiedsbrief/Testamentsbrief, dass er persönlicher gehalten wird als die zuvor gebrauchten *mandata principis*. Diese persönliche Wendung kann man in den Pastoralen auch an der Anzahl der namentlich genannten Personen festmachen (Tit 6; 1Tim 4; 2Tim 25), vgl. Richards: Difference, 68–71; 140–144; 103–108.

[528] So u.a. Wolter: Pastoralbriefe, 239.

[529] S.o. den Überblick in Kap. 2.

9.12; 3,1f; 1Tim 2,1f).[530] Die Problematisierung dieses Programms ist dann Thema des 2Tim.[531] Ebenso wird das Thema des πολιτεύεσθαι abgewandelt zur Ermunterung, Verantwortung in den Gemeinden zu übernehmen.[532]

Hinzu kommt – verknüpft mit der Bestimmung des *Verhältnisses zu Freunden und Gegnern* [15] – die Thematisierung des Verhaltens zu Autoritäten: Welche (Autoritäts-)Stellung nehmen Paulus, Timotheus, Titus, die Bischöfe, Presbyter, Diakone usw. ein und wie sind ihre Beziehungen untereinander vorzustellen? Diese Gruppenkonstruktion und die Abgrenzungen, die in den Pastoralbriefen vollzogen werden, sind bis heute Gegenstand der Diskussion und werden unter den Fragestellungen von ‚Ämterstruktur' und ‚Gegner' verhandelt. Der mit der Frage nach moralischer Integrität des Weisen im Kontakt mit der Macht verbundene Themenkomplex der Frage nach dem *Wert des Geldes* [14], häufiges Thema moralphilosophischer Unterweisung, findet sich ebenso in den Pastoralbriefen (Tit 1,7.11; 1Tim 3,3.8; 6,5–10.17–19; 2Tim 3,2).

Das besondere Profil der Pastoralbriefe zeigt sich in der Modifikation v.a. in [2 und 3] und [12 und 13]: der Thematisierung der Existenzmöglichkeiten einer religiösen Minderheit unter den Bedingungen des Prinzipats. Aus den quasi ‚höfischen Romanen' ist der ‚bürgerliche Roman' geworden. Dass die Bedeutung der Pastoralbriefe gerade auch in der Behandlung des politischen Themas gelegen hat, legt zudem das erste eindeutig zu verifizierende Zitat nahe: Athenagoras beendet seine Apologie (ca. 177) kunstvoll mit dem Zitat aus 1Tim 2,1f: Die Christen übernehmen Verantwortung für den Staat durch ihre Gebete, damit sie so „ein ruhiges und stilles Leben führen" können (ὅπως ἤρεμον καὶ ἡσύχιον βίον διάγοιμεν; Suppl 37,3).[533] Etwa zeitgleich (nach 180) benutzt Theophilos den gleichen Text in seiner Apologie (*epistula ad Autolycum* 3,14), wie Athenagoras allerdings ohne eine namentliche Autorenzuschreibung: Er verbindet 1Tim 2,2 mit Tit

---

[530] Vgl. Redalié: Paul, 403–420; diese Ermahnungen zielten auf eine expandierende Gemeinde, eine nicht-sektiererische Gesinnung hinsichtlich der Heiden an den Tag zu legen und offen zu sein hinsichtlich der Welt („à une attitude non sectaire à l'égard des païens et ouverte à l'égard du monde" a.a.O. 420).

[531] Wenn Häfner: Belehrung, 12, das ‚Zentralmotiv' griechischer Briefromane, die Beziehung des Briefschreibers zu Machthabern, in den Pastoralbriefen kaum entwickelt sieht (er verweist auf 1Tim 2,2 und bemerkt, dass hier nicht die Beziehung des Briefschreibers zu Machthabern Thema ist, sondern Anweisung für den Adressaten und die Gemeinde gegeben werden), dann liegt das auch an einer zu ‚statischen' Applikation von Holzbergs Kriterien.

[532] So Pervo: Stone, 38; 40. V.a. der Chionbriefroman erscheint hier vergleichbar, da er das durch philosophische Erziehung ermöglichte Fähigwerden eines jungen Mannes, politische Verantwortung zu übernehmen, zum Thema macht. Das deutlichste Gegenbild dazu ist der Aischinesbriefroman, in dem die Verbitterung ständig wächst und seine Erfahrungen Aischines dazu veranlassen, anderen von politischer Betätigung abzuraten.

[533] Vgl. Geffcken: Apologeten, 237; Brox: Probleme, 82; Trummer: Paulustradition, 17; 142; allgemein zur altkirchlichen Bezeugung auch Merz: Selbstauslegung, 74–78; Looks: Anvertraute.

3,1[534] und bezeichnet dies als Gebot des göttlichen Wortes (κελεύει ἡμᾶς ὁ θεῖος λόγος). Erst in späterer Zeit konnte sich auch die christliche Literatur der Frage nach der direkten Beziehung zu Machthabern annehmen, wie in der Abgarsage oder im Paulus-Seneca-Briefwechsel.

Schließlich lässt auch ein Verständnis von 2Tim als *erklärendem Schlussbrief* [11] die Zusammengehörigkeit der drei Briefe trotz ihres unterschiedlichen Inhalts genauer erfassen und ermöglicht so eine neue Perspektive auf das Briefbuch als Einheit. Ansätze dazu sind bereits mit der Erklärung der Dreierstruktur durch die ,Regel der 3' getätigt worden, nach der die ersten zwei Elemente ähnlich sind und durch das dritte ein neuer Aspekt eingebracht wird.[535]

Die Gemeinsamkeiten zwischen den Pastoralbriefen und den Briefbüchern, aus denen Holzberg seine Gattungstypologie herausgearbeitet hat, reichen m.E. hin, die Textcorpora miteinander interpretatorisch in Beziehung zu setzen. Hierbei geht es freilich nicht um die Postulierung literarischer Abhängigkeiten – die Datierung der Briefbücher gibt derartige Schwierigkeiten auf, dass über ihre Abhängigkeitsverhältnisse nur hypothetisch Aussagen getroffen werden können –, sondern um das Wahrnehmen literarischer Techniken und Möglichkeiten.

Obgleich Häfner bezüglich der Briefromanthese skeptisch bleibt und die Differenzen zwischen den Pastoralbriefen und Holzbergs Kriterien stärker betont (v.a. in der Erzählstruktur: die für Briefromane typische Chronologie, Enthüllungsdramatik und Motivketten könne er nicht entdecken),[536] schließt er: „Dennoch scheinen, wie gesehen, zumindest einige Elemente dieser Gattung auch auf die Gestaltung der Past eingewirkt zu haben."[537]

Der Vergleich mit Holzbergs Gattungstypologie konnte verdeutlichen, dass und wie sich die Pastoralbriefe in das Feld des antiken griechischen Briefromans einordnen lassen, und ihre spezifische Pointierung erhellen. Ein wesentlicher Erkenntnisgewinn, darauf soll das eingangs zitierte Votum von Marcel Proust hinweisen, besteht darin, dass durch die Lektüre der Pastoralbriefe als Briefroman ihre Einheit in ihrer Differenz wahrgenom-

---

[534] Vgl. auch Looks: Anvertraute, 266f.

[535] Vgl. Pervo: Stone, 39. Grundlegend dazu Olrik: Gesetze, 4f, der in der Formgeschichte breit rezipiert worden ist; Bultmann: Geschichte, 342f.

[536] Häfner: Belehrung, 12: „Betrachtet man die Gattungstypologie, die N. Holzberg für den griechischen Briefroman erstellt, sind eher die Unterschiede als die Gemeinsamkeiten zu betonen. Vergleichen lässt sich grundsätzlich die *Stoffbehandlung*. [...] Die *Erzählstruktur* griechischer Briefromane ist in den Past allerdings nicht zu entdecken. [...] Auch inhaltliche *Motive* sind zwischen den Past und den griechischen Briefromanen nicht zu vergleichen."

[537] Häfner: Belehrung, 12; in die gleiche Richtung Klauck: Briefliteratur, 244 („läßt sich [...] ansatzweise mit einem Briefroman wie dem des Chion von Herakleia vergleichen"), auf den auch Häfner verweist. Damit unterscheidet sich Häfner nicht grundlegend von Pervos eigener Bewertung des Befundes (vgl. Stone, 45).

men werden kann.[538] Sie sind nicht als ein Text zu lesen, in dem jeder Brief das Gleiche sagt wie die anderen zwei. Sie sind auch nicht als drei separate Briefe zu lesen, deren Gemeinsamkeiten aus der gleichen oder ähnlichen historischen Situation[539] oder aus literarischer Abhängigkeit[540] zu erklären sind, sondern sie sind *ein* Textcorpus, das eine Paulusgeschichte im Medium von Briefen erzählt. Insofern greift ein Verständnis dieser Briefe, das von einer Sammlung von Paulusbriefen herkommt, zu kurz, da ihre konzeptionelle Einheit dadurch nicht hinreichend zur Kenntnis genommen werden kann.

Die im Laufe der Arbeit immer wieder angemerkte Verschiebung der Aussage von Tit/1Tim zu 2Tim soll nun einer näheren Betrachtung unterzogen werden. Es soll die These bekräftigt werden, dass sich Paulus in 2Tim ‚als ein anderer enthüllt, als er zu Beginn des Briefbuches erschienen ist‘.

5. Eine neue Lesestrategie für die Pastoralbriefe

In diesem Kapitel soll gezeigt werden, wie die Briefromanthese eine neue Art, die Pastoralbriefe zu verstehen, eröffnet. Durch sie wird die Fokussierung auf eine Geschichte des Paulus ermöglicht und damit der Gedanke von Entwicklung in das Briefbuch eingebracht, der die Spannungen zwischen Tit/1Tim und 2Tim erklärlich machen kann.[541] Freilich ist dies keine geradlinige Entwicklung, sondern eine, die durch das Phänomen des Bruches charakterisiert ist.

Die drei Briefe auf dem generischen Hintergrund des Briefromans, v.a. der Subgattung des Exilbriefromans (vgl. die Briefbücher um Themistokles, Aischines und Ovid) zu lesen, rückt zudem ein Thema in den Vordergrund, das bisher in der Pastoralbriefforschung unter dem Aspekt der christlichen Bürgerlichkeit diskutiert worden ist, und lässt die Frage nach dem in den Briefen kommunizierten Wertesystem stellen. Thematisieren Briefromane zumeist die Beziehung zwischen einem Weisen und einem Machthaber, so wird in den Pastoralbriefen nach den Existenzmöglichkeiten christlicher Gemeinden unter den Bedingungen des Prinzipats gefragt.

---

[538] So auch Pervo: Stone, 39.

[539] So z.B. Reicke: Chronologie, 88, für 1Tim/Tit; Roloff: 1Tim, 42–44, für alle drei Briefe.

[540] So z.B. im Gefolge Schleiermachers (Paulos) Richards: Difference, 207–244, wonach 1Tim eine Kompilation aus Tit und 2Tim sei.

[541] Lindemann: Paulus, 47 Anm. 22, hebt dagegen hervor, dass Paulus in 2Tim keinen früheren Brief an Timotheus erwähnt (1Tim), und erwägt, ob dadurch der Verfasser versuche, den Eindruck einer „kirchliche[n] (oder auch eine[r] persönliche[n]) Entwicklung" zu verschleiern. Wenn man jedoch den Charakter als Briefbuch annimmt – wie Lindemann (a.a.O. 44) das ebenfalls tut –, dann ist kaum damit zu rechnen, dass die Leser von 2Tim 1Tim nicht mehr präsent haben.

Wird dieses oft verhandelte Thema der Pastoralbriefe mithilfe der Kategorie des Bruchs untersucht, so lässt sich zeigen, dass die Briefe mitnichten
eine klare normative Aussage bezüglich christlichen Lebenswandels und
christlicher Gemeindekonzeptionen vorlegen, sondern stärker diskursiv
konzipiert sind, als es bisher erkannt wurde. Eine von W.C. Booth angeführte literarische Markierung von Ironie erhellt diese Diskursivität der
Pastoralbriefe:

„Whenever a story, play, poem or essay reveals what we accept as a fact and then
contradicts it, we have only two possibilities. Either the author has been careless or he
has presented us with an inescapable ironic invitation."[542]

So soll es in diesem Kapitel nun zunächst darum gehen, die Beziehung des
Paulus zur Welt darzustellen, wie er sie in Tit und 1Tim projektiert und wie
er mit ihr in 2Tim konfrontiert wird (1). Daraufhin soll, als Vertiefung des
Themas anhand der Rolle der Frauen in den Tritopaulinen, der Bruch im
vermeintlichen Wertesystem der Tritopaulinen exemplarisch angezeigt
werden (2). Eng verbunden mit dieser Frage nach der Gültigkeit der moralischen und kirchenorganisatorischen Aussagen der Briefe ist die Frage nach
der Fiktion und ihrer Durchschaubarkeit (3): Wollen die Pastoralbriefe als
echte Paulusbriefe rezipiert werden oder geben sie Hinweise auf ihre fiktionale Qualität, die eine direkte Applikation der Anweisungen in der Gegenwart der Leser und Leserinnen zumindest debattierbar werden lassen? Im
Anschluss daran sollen zwei hermeneutische Fragen zur Rezeption von
Briefbüchern im Hinblick auf die Pastoralbriefe gestellt werden (4): zum
einen die der Bedeutung der Reihenfolge für die Leserichtung; zum anderen
soll kurz auf altphilologische Untersuchungen zu fiktionalen Briefbüchern
römischer Autoren (Horaz, Seneca, Plinius) eingegangen werden, um die
literarischen Verfahrensweisen, die der Autor des Paulusbriefromans angewandt hat, über das engere Phänomen des Briefromans hinaus in einen
größeren literaturgeschichtlichen Kontext einzuordnen. Abschließend (5)
soll ein Vorschlag unterbreitet werden, wie der Übergang von einem Paulusbriefroman zu echten Paulusbriefen in der frühen Rezeption unserer
Briefe möglich gewesen ist.

---

[542] Booth: Rhetoric, 61. Vgl. zur Fruchtbarmachung der Ironieforschung für antike Literatur
Schirren: Bios, 38–68; 286–318, der v.a. die *Vita Apollonii* daraufhin untersucht.

5.1 Das Hauptthema des Briefromans in den Pastoralbriefen: Paulus und die Welt

Dass die Mahnungen im Corpus Pastorale darauf zielen, die Christen als gesellschaftlich anerkannte, zumindest als nicht-subversive Gruppe darzustellen, ist gemeinhin in der Forschung akzeptierte Sichtweise. Ob man diese Darstellung als Ausdruck einer ‚christlichen Bürgerlichkeit' bezeichnen sollte, ist umstritten,[543] ebenso wie die Frage nach der dahinter stehenden Motivation: Ist sie primär missionarisch ausgerichtet[544] oder apologetisch,[545] ist sie eher nach außen gerichtet oder nach innen[546]? Diese Debatte soll hier nicht aufgerollt werden, wichtig ist nur die dem zugrunde liegende Beobachtung, dass die moralischen Ermahnungen und Anweisungen den Lebenswandel betreffend nicht eine ausgeprägt christliche *couleur* aufweisen, sondern im Rahmen allgemein-gesellschaftlicher Moralvorstellungen bleiben[547] und so die in den Tritopaulinen dargestellte und anvisierte Christengemeinde in der ersten Hälfte des Briefbuches als integraler Teil der Gesamtgesellschaft präsentiert wird.[548]

---

[543] Vgl. zu den diversen Konnotationen dieses von Dibelius in die Pastoralbriefforschung eingebrachten Konzeptes Oberlinner: Ideal, 98–100; Towner: Goal, 9–17; sowie die Literaturüberblicke bei Kidd: Wealth, 9–34, und Harding: Pastoral Epistles, 46–65.

[544] So Towner: Goal, 253f; Oberlinner: Ideal, 103.

[545] Etwa Thiessen: Christen, 288f.

[546] Nach Schwarz: Christentum, 120, ist die Ethik der Pastoralbriefe mit „durch die Frontstellung gegen die Irrlehrer" bedingt: „eine gute Lebensführung soll den rechten Glauben ausweisen".

[547] Vgl. Wolter: Pastoralbriefe, 133f mit Zitat von Isocr. Nic. 41. Schulz: Ethik, 600. Zur Bewertung der Ethik der Tritopaulinen ist nicht so sehr deren Begründung als deren materiale Füllung ausschlaggebend. Da kaum eine Ethik in der Antike autonom, d.h. nicht-religiös begründet ist, ist ihre theologische Rückbindung etwa an die Soteriologie, Eschatologie oder Pneumatologie kein Argument für deren nicht-bürgerlichen Charakter. M.E. wäre primär der Rekurs auf den vom römischen Staat Gekreuzigten Ausdruck einer Gegenmoral. Dieser ist in den ersten zwei Briefen jedoch quasi abwesend (s.o. Kap. 2.2; vgl. Schrage: Ethik, 269f); mit 2Tim wird dann das zuvor propagierte Modell der Akkomodation in Frage gestellt.

[548] Paschke: Censors, hat weiteres Material beigebracht, das die Amtsqualifikationslisten v.a. in Tit 1,5–9 und 1Tim 3,1–13 einzuordnen und erklärlich zu machen hilft neben den bisher angeführten sog. Berufspflichtenlehren (v.a. des Onosander und Lukian Salt. 81, vgl. Dibelius/Conzelmann: Past, 117f). Die „Sorge um die Sitten", die den Censoren anvertraut war, ermöglichte es ihnen, Senatoren ihres Amtes zu entheben, wenn diese etwa in ihrem Privatleben nicht der öffentlichen Moral entsprachen (Haushaltsführung, Kindererziehung, Ehe, Alkoholismus) bzw. den religiösen Verpflichtungen nicht nachkamen (vgl. Dion. Hal. ant. XX 13,3; Plut. Cat. Ma. 16,1–3; Val. Max. II 9), lauter Aspekte, die dem Verfasser der Pastoralen für Amtsinhaber ebenso wichtig erschienen. Damit zeige sich, so Paschke (a.a.O. 119), wie tief verwurzelt die Moralvorstellungen der Tritopaulinen in denen des römischen Reiches seien.

5.1.1 Die Grundlegung des Programms in Tit 1,4

In diese Tendenz der ersten zwei Briefe fügt sich eine Interpretation von Tit 1,4, die bisher noch nicht gesehen wurde und von der Auslegung zweier Belegstellen des Syntagmas κοινὴ πίστις ausgeht. Paulus redet Titus an mit γνησίῳ τέκνῳ κατὰ κοινὴν πίστιν („mein treues Kind im gemeinsamen Glauben")[549]. Die traditionellen Auslegungen gehen in drei Richtungen: Der ‚gemeinsame Glaube' indiziere (1) die Beziehung zwischen Paulus und Titus, (2) stelle Paulus und Titus in die Gesamtheit der Christen, (3) verbinde Heiden und Juden als die Erwählten Gottes in dem einen Glauben an Jesus Christus. Schon Johannes Chrysostomus (PG 62,667) hat die Stelle so gelesen, dass der ‚gemeinsame Glaube' zusammen mit der Titulierung als ‚rechtmäßiges/wahres Kind' als Filiationsaussage zu verstehen sei, dergemäß die Bekehrung des Heiden Titus, möglicherweise im Verbund mit der Taufe, durch Paulus geschehen sei.[550] In einen größeren Kontext stellt dagegen Theodor von Mopsuestia Tit 1,4, indem er den Vers mit V. 1 konflationiert zu κατὰ πίστιν ἐκλεκτῶν Θεοῦ (PG 66,947). Auch Thomas liest so, der die Kette bildet: *fides communis = omnes = Catholica = universalis* und die Stelle mit Verweis auf Eph 4,5: *una fides, unus Dominus, etc.* deutet (*Super epistulam ad Titum lectura* I 1,9).[551] Als dritte Erklärungsmöglichkeit wird schließlich angeführt, dass hier auf den Juden und Christen als ‚Gottes Erwählte' zusammenfassenden Glauben verwiesen sei, z.B. Bengel in seiner Erklärung zu V. 1: „*Electi, ex Judaeis et gentibus: quorum communis fides. v. 4. 2 Petr. 1,1. ex illis, Paulus; ex his, Titus.*"[552]

Spicq hat in seinem πίστις-Artikel[553] auf die fundamentale Bedeutung des Begriffs (bzw. seines lateinischen Äquivalents *fides*) für den ökonomischen, juristischen und staatsrechtlichen Bereich hingewiesen (etwa auch für 2Tim 4,7 und 1Tim 1,5[554]), ohne dem Befund für Tit 1,4 weiter nachzugehen. Anhand von zwei in der Forschung bisher übersehenen Stellen, an

---

[549] So übersetzen Tit 1,4 Dibelius/Conzelmann: Past, 98. Spicq: Past, 595, fügt noch eine ‚verdeutlichende Glosse' hinzu: „A Tite [mon] cher et authentique enfant selon la foi commune [de l'Église]...".

[550] Calvin: Auslegung, 592, liest ebenso in Tit 1,4 „unser beider Glaube", hebt also die Beziehung zwischen Paulus und Titus hervor: „Im Hinblick auf den Glauben ist Paulus der Vater des Titus." V. 1 interpretiert er dagegen wie die dritte Erklärungsrichtung als „Gemeinschaft des Glaubens" zwischen Juden und Christen (a.a.O. 589). Neuere Vertreter von (1) z.B. Weiss: Past, 335f; Brox: Past, 281; Ollrog: Mitarbeiter, 34; Thiessen: Christen, 258. Dagegen Oberlinner: Tit, 12f.

[551] Cai: lectura, Bd. 2, 304. Diese Deutung kann sich anschließen an die Wendung ἡ κοινὴ ἐλπίς, die in den Ignatianen gelegentlich gebraucht wird (Eph 1,2; 21,2; Phld 5,2; 11,2), und wird etwa von Spicq: Past, 594f; Collins: Past, 316f, vertreten. ThWNT VI, s.v. πιστεύω, 214 (Bultmann) = „christlich".

[552] Bengel: Gnomon, Bd. 2, 553. Ähnlich auch Quinn: Tit, 72f: der Glaube verbinde Juden (Paulus), Halbjuden (Timotheus) und Heiden (Titus) miteinander.

[553] Vgl. Spicq III, 110–116.

[554] Vgl. Spicq III, 113f.

denen von der κοινὴ πίστις die Rede ist, soll dieser Gedanke weiter verfolgt werden, um aufzuzeigen, dass bereits hier die Ausrichtung christlicher
Existenz an gesamtgesellschaftlichen Idealen intoniert wird.

Zum einen findet sich das Syntagma in einem von dem aus jüdischer
Familie stammenden Präfekten Ägyptens, Tiberius Julius Alexander, im
Juli 68 erlassenen Edikt.[555] Er geht damit gegen Missstände v.a. im Pfand-
und Leihverkehr sowie im Abgabenwesen vor, die die wirtschaftliche Lage
der Provinz Ägypten gefährdeten und v.a. unter Nero eingerissen seien.
Besonderes Augenmerk wird gerichtet auf Amtsinhaber, die ihre Macht
zum eigenen Vorteil missbrauchten (Z. 18f):[556]

„Damit durch nichts der Fiskus[557] den wechselseitigen Geldverkehr[558] beschwere und
damit nicht die, die die *protopraxia*[559] unstatthaft gebrauchen, das allgemeine Vertrauen unterminieren, deswegen ordne ich dies notwendigerweise öffentlich an." (ἵνα
δὲ μηιδαμόθεν βαρύνηι τὰς πρὸς ἀλλήλους συναλλαγὰς τὸ τῶν δημοσίων ὄνομα
μηδὲ συνέχωσι[560] τὴν κοινὴν πίστιν οἱ τῆι πρωτοπραξίᾳ πρὸς ἃ μὴ δεῖ καταχρώ-
μενοι, καὶ περὶ ταύτης ἀναγκαίως προέγραψα.)

Zwar könnte man zunächst vermuten, dass πίστις hier als pfandrechtlicher
Terminus gebraucht werde und das spezifische Vertrauensverhältnis zwischen beiden Parteien bezeichne,[561] jedoch scheint ein ausgeweitetes Verständnis näherzuliegen, da die Regelungen primär an die Finanzbeamten
gerichtet sind, deren Verhalten das öffentliche Vertrauen in die Verlässlichkeit des Staatswesens beeinträchtige.[562] Auf dieses Edikt verweist Deißmann, um zu belegen, dass ein scheinbar genuin christlicher Begriff (κυρια-
κός) tatsächlich staatsrechtlicher Terminologie entstamme (z.B. Z. 18: κυ-
ριακὸν λόγον als kaiserliche Kasse).[563] Ähnlich möchte ich für die hier
verhandelte Wendung vorschlagen, dass ihr Verständnis nicht in einem innerchristlichen bzw. religiösen Sinn aufgeht, sondern einen gesamtgesellschaftlichen Gebrauch aufnimmt.

---

[555] Text: OGIS 669; engl. Übersetzung bei Johnson: Egypt, 704–709 (Nr. 440). Eine neuere
kritische Ausgabe bietet Chalon: édit, mit frz. Übersetzung, Einleitung und Kommentar.

[556] Zu den näheren Umständen Johnson: Egypt, 704f; Chalon: édit, 53–88.

[557] Chalon: édit, 36, übersetzt τὸ τῶν δημοσίων ὄνομα mit „le nom d'intérêts publics", Preisigke II, s.v. ὄνομα 184 ad loc.: „der Etatstitel ‚Staatssteuern'".

[558] Vgl. Preisigke II, s.v. συναλλαγή 524.

[559] Zum juristischen Konzept der πρωτοπραξία vgl. Chalon: édit, 131–143.

[560] Abweichend von der Korrektur von συνέχωσι in συνχέωσι, wie der Text auch bei Ditten-
berger (OGIS 669) wiedergegeben ist, bleibt Chalon bei der inschriftlich belegten Form. Inhaltlich
ergäbe sich hier keine größere Differenz, vgl. Chalon: édit, 123 Anm. 1

[561] So wohl Preisigke II, s.v. πίστις 308 ad loc.: „Treu und Glauben im öffentlichen Verkehre".
Vgl. die Belege für ein solches πίστις-Verständnis bei Spicq III, s.v. 111f.

[562] Vgl. auch die Übersetzung bei Johnson: Egypt, 706: „disturb public credit", oder Chalon:
édit, 36: „ne restreignent pas le crédit public", bzw. im Kommentar „maintenir la confiance géné-
ral" (123), „ne vienne saper la confiance publique" (127).

[563] Vgl. Deißmann: Licht, 304–307.

Dafür spricht auch die zweite Stelle, die sich bei Sextus Empiricus (Ende
2. Jh.n.Chr.) findet. In dem „Ob es ein Kriterium der Wahrheit gibt" über-
schriebenen Abschnitt (§§ 27f) seines ersten Buches „gegen die Dogmatiker" weist er auch auf ein den Skeptikern entgegengebrachtes Ressentiment
hin, gegen das sie sich stets rechtfertigen müssten: dass sie durch ihr kritisches Hinterfragen die gemeinsame πίστις verletzten.[564]

„Die Untersuchung über das Kriterium [sc. der Wahrheit] erregt Streit unter allen,
nicht nur, weil der Mensch von Natur aus ein wahrheitsliebendes Lebewesen ist, sondern auch, weil sie über die allgemeinsten Lehren in den wichtigsten Fragen entscheidet. Denn entweder muss man den grossen und erhabenen Gegenstand des Stolzes
unter den Dogmatikern vollständig aufheben, wenn kein Massstab {zur Feststellung}
der wahrheitsgemaessen Wirklichkeit der Dinge gefunden wird, oder umgekehrt muss
man die Skeptiker der Voreiligkeit überführen und der Anmassung gegen den allgemeinen Glauben, wenn sich etwas zeigt, das uns den Weg zur Erfassung der Wahrheit
zeigen kann." (Ἡ περὶ κριτηρίου ζήτησις οὐ μόνον διὰ τὸ φύσει φιλάληθες ζῷον
εἶναι τὸν ἄνθρωπον, ἀλλὰ καὶ διὰ τὸ τὰς γενικωτάτας τῆς φιλοσοφίας αἱρέσεις
περὶ τῶν κυριωτάτων βραβεύειν, πᾶσίν ἐστι περιμάχητος. ἢ γὰρ τὸ μέγα καὶ
σεμνὸν τῶν δογματικῶν αὔχημα ἀναιρεῖσθαι ἄρδην δεήσει, μηδενὸς εὑρισκο-
μένου κανόνος τῆς κατ' ἀλήθειαν τῶν πραγμάτων ὑπάρξεως, ἢ ἀνάπαλιν ὡς
προπετεῖς ἐλέγχεσθαι τοὺς σκεπτικοὺς καὶ τῆς κοινῆς πίστεως κατατολμήσαν-
τας, ἐὰν φαίνηταί τι τὸ δυνάμενον ἡμᾶς ἐπὶ τὴν τῆς ἀληθείας κατάληψιν
ὁδηγεῖν).

Beide Begebenheiten verweisen auf das gesamtgesellschaftliche Überzeu-
gungssystem, dessen Erschütterung, sei es durch philosophische Fundamen-
talkritik, sei es durch unsoziale Verhaltensweisen, möglichst zu vermeiden
sei. M.E. fügt sich diese Interpretation von Tit 1,4 in den damaligen gesellschaftlichen Diskurs um die *fides publica* bzw. *Populi Romani* ein.[565]

    In diese Interpretation von 1,4 fügt sich das semantische Umfeld des
Präskripts, das die Verlässlichkeit bzw. Stabilität (ἐπίγνωσις ἀληθείας τῆς
κατ' εὐσέβειαν;[566] ἀψευδὴς θεός;[567] ἐν κηρύγματι ὃ ἐπιστεύθην ἐγὼ
κατ' ἐπιταγήν; γνησίῳ τέκνῳ[568]) sowie die diese bestätigende Anciennität

---

[564] Sextus Empiricus: *adversus Mathematicos* VII (= *adversus Dogmaticos* I) 27 (Übers. Flückiger); dazu Allen: Skepticism, 2587.

[565] Dass πίστις in den Pastoralbriefen sehr viel stärker vom römischen *fides*-Verständnis (als
[Bundes-]Treue) her verstanden werden muss, zeigt Standhartinger: *Eusebeia*, 54 Anm. 14. Gleiches gilt ebenso bereits oftmals für den πίστις-Gebrauch bei Paulus, vgl. Georgi: Gott, 193f Anm.
184; ders.: Church, 61 Anm. 76.

[566] Dass die Erkenntnis der Wahrheit gekoppelt wird an die εὐσέβεια, erhellt auf dem Hintergrund der gegen die Skeptiker vorgebrachten Kritik weiter die stabilisierende Intention.

[567] Eine geläufige Attribuierung, so schon Eur. Or. 364; Philo Ebr 139.

[568] Zur Bedeutung von ἐπιταγή und γνήσιος für den Charakter von Tit und 1Tim (im Gegenüber zu θέλημα und ἀγαπητός in 2Tim) vgl. Wolter: Pastoralbriefe, 149–152. Vgl. Spicq: Past,
314f; ThWNT VIII, s.v. τάσσω 37 (Delling), zu weiteren Belegen für die administrative Bedeutung der Wendung κατ' ἐπιταγήν.

(πρὸ χρόνων αἰωνίων) des christlichen Glaubens hervorhebt und durch die Bemühungen um Institutionalisierung, die im folgenden Briefcorpus ausgeführt werden, unterstrichen wird.

Damit soll freilich nicht der theologische Gehalt des πίστις-Begriffs in Tit 1,4 in Abrede gestellt werden, er scheint sich darin aber auch nicht zu erschöpfen. M.E. nimmt der Verfasser der Pastoralbriefe gerade in dem das Briefbuch einleitenden Präskript durch vielfache Assoziationen bewusst eine gesamtgesellschaftliche Perspektive ein und verweist darauf, dass der christliche Glaube in nichts der für den Bestand der Gesellschaft grundlegenden *fides* bzw. der allgemeinen πίστις widerspricht.[569] Dieses Programm lässt der Briefschreiber Paulus in den ersten beiden Briefen entfalten und stellt dazu den wahren christlichen Glauben polemisch gegen Anderslehrende, die mit ihrem propagierten Glauben aus der Sicht des Paulus das Gemeinwesen gefährdeten (vgl. Tit 1,11).

5.1.2 Die Gattung von 1Tim/Tit

Mit dieser Interpretation deckt sich auch die Bestimmung der Gattung der ersten beiden Briefe, wie sie M. Wolter vorgenommen hat. Er hat 1Tim und Tit in den Kontext gestellt von

„briefliche[n] oder briefähnliche[n] Instruktionen und Dienstanweisungen von Herrschern oder hohen Beamten, die untergeordneten, ihrerseits aber wiederum weisungsbefugten Amtsträgern für die Ausübung ihrer Tätigkeit in dem ihnen zugewiesenen Verantwortungsbereich übermittelt werden."[570]

Zu diesen Schriften gehören ptolemäische Memoranda,[571] römische *mandata principis* und hellenistische Königsbriefe, die in ihrer Kommunikationsstruktur (der Mandant gibt dem Mandatar Anweisungen für seinen Verantwortungsbereich, oftmals anlässlich einer neuen Einsetzung), in ihrer Sprachgestalt (dem Nebeneinander von Imperativen der zweiten und der dritten Person) und der Mischung von Anweisungen betreffs des Adressaten und der dem Mandatar Untergeordneten (und zum Teil einschließlich paränetischer Mahnungen bezüglich des persönlichen Verhaltens des Adressaten) einige Gemeinsamkeiten zeigen. Da diese Momente auch noch in Briefen Kaiser Julians (epist. 39; 47–48 ed. Weis bzw. 84a; 89ab ed. Bidez/Cu-

---

[569] Damit steht er in guter römischer Tradition: „… the Roman was possessed of an admirable ability to conflate sincere religious feeling, effective political ideology, and creative impulses emanating from a more sophisticated foreign culture" (Fears: Cult, 869).

[570] Wolter: Pastoralbriefe, 161.

[571] P.Tebt. 703 ist der als Parallele zu den Pastoralbriefen regelmäßig herangezogene Vergleichstext, so schon Spicq: Past, 33–41, und Fiore: Function, 81–84. Vgl. neuerdings die kritische Auseinandersetzung damit durch Mitchell: Genre.

mont) prägend sind, schließt Wolter auf die „außerordentliche Stabilität dieser gattungsspezifischen Elemente".[572] Da zudem die Sendschreiben[573] jeweils nicht nur für den genannten Adressaten bestimmt waren, wurden sie z.t. qua Edikt (vgl. Plin. epist. X 96,7), z.t. in die jeweiligen Landessprachen übersetzt inschriftlich (z.b. IGLS 1998[574]) publik gemacht.[575] Aufgrund der zeitlichen Nähe vermutet Wolter im Speziellen eine Bekanntschaft unseres Autors mit den durch römische Provinzstatthalter veröffentlichten *mandata principis.*[576]

Unabhängig von dem spezifischen Inhalt von Paränese und Gemeindeordnung, die sich in 1Tim und Tit finden, verweist die aufgenommene Gattung bereits auf die Intention der ersten zwei Briefe. Durch diese ‚*interpretatio romana*' der Beziehung zwischen Paulus, seinen Mitarbeitern und den Gemeinden[577] wird ein streng hierarchisches Gemeindekonzept präsentiert, das ohne nennenswerte Reibungen in die römische Gesellschaft eingebunden werden zu können vorgibt.

5.1.3 Die Gattung von 2Tim

In 2Tim greift der Autor eine andere Gattung auf. Wie oftmals in Briefromanen schließt das Buch mit einem Abschiedsbrief ab. Hier ist der Abschied nicht direkt an Timotheus gerichtet, da er ihn auffordert, zu sich nach Rom zu kommen, sondern an die Lesenden. Die Trennung zwischen Paulus und Timotheus wird – so hofft Paulus – aufgehoben werden und Paulus wird bald in den Tod gehen. So erfahren die Lesenden, dass kein weiterer Brief folgen wird und ‚der Lauf vollendet ist' (2Tim 4,7). Neben

---

[572] Wolter: Pastoralbriefe, 175. Auch 2Makk 4,25 belegt die Verbreitung einer vergleichbaren Gattung, vgl. a.a.O. 168f.

[573] Mitchell: Genre, v.a. 363–365, insistiert zu Recht darauf, dass weder P.Tebt. 703 noch die römischen *mandata principis* Briefe waren (bes. gegen Johnson, der von der Gattung der ‚*mandata principis* letter' redet und zudem mit der weiten vorpaulinischen Verbreitung dieser Gattung den Beweis für die Echtheit der Pastoralbriefe erbracht sieht, vgl. Johnson: 1/2Tim, 139–142; ders.: Letters).

[574] Diese und weitere Belege bei Wolter: Pastoralbriefe, 165–169.

[575] Philos Kenntnis der *mandata* des Augustus an den Präfekten Ägyptens, Magius Maximus, von 12/13 n.Chr. (Flacc 74) ist wohl durch eine solche Form der Publikation zu erklären, vgl. Wolter: Pastoralbriefe, 169.

[576] Vgl. Wolter: Pastoralbriefe, 169; 180. Der griechische Terminus für *mandatum* ist ἐντολή, und dessen Gebrauch in 1Tim 6,14 dürfte kaum Zufall sein, wenn es dort heißt, dass Timotheus „die ἐντολή makellos, tadellos bis zur Epiphanie unseres Herrn Jesus Christus bewahren soll". Mitchell: Genre, 368f, lehnt eine Klärung der Gattungsfrage von 1Tim und Tit mithilfe von P.Tebt. 703 sowie der *mandata principis* ab, da 1Tim und Tit im Unterschied zu den Vergleichstexten Briefe sind. Wolter: Pastoralbriefe, 196, klassifiziert beide Briefe denn auch nicht als *mandata principis*, sondern: „1. Tim und Tit lassen sich geschlossen verstehen als briefliche Instruktionen an weisungsbefugte Amts- und Mandatsträger durch ihren Mandanten."

[577] Vgl. Wolter: Pastoralbriefe, 181f; 198–200.

dieser allgemeinen Bestimmung des Brieftypus ist v.a. die enge Verwandtschaft von 2Tim mit der Testamentliteratur hervorgehoben worden.[578] Wolter hat zu Recht gegen eine einseitige Bestimmung als Testament geltend
gemacht, dass es sich in 2Tim primär um einen Brief handelt, und neben
den testamentarischen Topoi auch die Elemente des Freundschaftsbriefes
herausgearbeitet.[579] Die dem Brief dadurch zukommende Funktion bestimmt
er sodann mit dem Gros der Forschung in der Bewahrung der durch Paulus
gestifteten und vermittelten Tradition.

Damit stellt sich jedoch die Frage, wie das Gesicht dieser zu bewahren-
den Tradition zu zeichnen ist. M.a.W., kann aus der Aufforderung in 2Tim,
die Tradition zu bewahren und weiterzugeben, rückgeschlossen werden,
dass diese in den vorausgehenden Briefen zu finden sei? Obwohl Wolter
ausführlich die Differenzen zwischen beiden Briefblöcken herausgestellt
hat, berücksichtigt er diese bei der In-Beziehung-Setzung beider Teile nicht
weiter, identifiziert stattdessen die παραθήκη mit dem Gesamt der Pastoralbriefe[580] und liest das Briefbuch als einen einheitlichen Block vom testamentarischen Charakter des 2Tim her.[581] Die Pastoralbriefe, so seine inhaltliche Auswertung des Befundes, böten eine Orientierungshilfe angesichts
einer paulinischen Gemeinde, die ihre Wurzeln im Apostel zu verlieren
drohe. Der Verfasser versuche nun die Kontinuität der Tradition via perso-
naler Sukzession (von Paulus auf Timotheus auf treue Menschen, 2Tim 2,2)
zu bewahren bzw. zuallererst zu konstruieren.[582]

Diese Lesart ergibt sich aus zwei zusammenhängenden hermeneutischen
Vorentscheidungen Wolters. Zum einen bestimmt er das alle Briefe durch-
ziehende Problem primär in innergemeindlichen Auseinandersetzungen,
zum anderen bleibt er in seiner gattungsgeschichtlichen Verortung der
Briefe zu sehr im formalen bzw. topischen Bereich, ohne nach der in der
Fiktion der Briefe jeweils vorausgesetzten Schreib- und Lesesituation zu
fragen.[583] Das drängende Problem des Paulus in 2Tim ist nicht mehr der
Aufbau bzw. die Erhaltung von Gemeindestrukturen. Auch innergemeindli-

---

[578] Z.B. Knoch: Testamente, 44–64. V.a. Martin: Testamentum, bleibt in seinem Vergleich mit
Mosetestamenten und -abschiedsreden zu einseitig und lässt eine gattungskritische Überlegung
hinsichtlich der Differenz von Testaments-/Abschieds-Rede und -Brief vermissen (vgl. a.a.O. 44).

[579] Vgl. Wolter: Pastoralbriefe, 202–242.

[580] Vgl. Wolter: Pastoralbriefe, 116–130; 233.

[581] Vgl. Wolter: Pastoralbriefe, 140f.

[582] Vgl. Wolter: Pastoralbriefe, 236–270.

[583] Bestimmend für Wolters Untersuchung ist natürlich die vorausgesetzte *außertextliche*
Schreib- und Lesesituation, die er mit schreitender Traditionserosion und theologischen Konflikten
beschreibt. ‚Kontinuität' resp. ‚Tradition' sind zentrale Wörter in seiner Studie (wie ähnlich auch
bei Martin: Testamentum, 198–238). Schmithals: Identitätskrise, 233–238, hat in einer Kritik an
Wolter und an dem Auslegungstrend von nachpaulinischen Schriften in diesem Sinne das Konzept
der Identitätskrise als ‚anachronistische Interpretationskategorie' bewertet, die wohl mehr ‚gegenwärtiger Befindlichkeit' als frühchristlicher Erfahrungswirklichkeit entspringe (a.a.O. 251).

che Streitereien und das Auftreten von Gegnern sind nicht Anlass für die Abfassung des 2Tim; die im Brief aufgebaute Fiktion ist die Gefangenschaft des Paulus und sein bevorstehender Tod. Bereits in 1Tim und Tit liegt den Ermahnungen zum Umgang mit Gegnern und zum Sozialverhalten eine außergemeindliche Referenzstruktur zugrunde. In dieser liegt m.E. das verbindende Element der Briefe. Die Bewertung dieser Referentialität durch Paulus ändert sich allerdings auffallend vom ersten zum zweiten Teil des Briefbuches.

Dies soll im Folgenden an zwei Aspekten kurz aufgezeigt werden. Zuerst soll dargelegt werden, dass durch topo- und internymische Bezüge[584] zwischen 2Tim und Apg der Verfasser Hinweise gibt auf den Grund der Verhaftung des Paulus, der nicht in religionsinternen Streitereien zu suchen sei, sondern in den gesellschaftlichen und politischen Machtverhältnissen. Hier ist der Bruch zwischen dem Ideal von Tit/1Tim und der Wirklichkeit von 2Tim in der Biographie des Paulus sowie der Christen allgemein dargestellt. Um diesen Bruch weiter zu exemplifizieren, wird anschließend (2) die in der Pastoralbrieforschung breit diskutierte Frage nach der Rolle der Frauen in den Gemeinden der Tritopaulinen aufgegriffen.

5.1.4 Warum wurde Paulus (nicht) verhaftet?

In 1Tim 2,2 fordert der Briefschreiber dazu auf, ein ‚ruhiges und stilles Leben' anzustreben. Sich politischer Tätigkeit zu enthalten, das Streben nach Zurückgezogenheit, ist ein fester Topos philosophischer Reflexion[585] seit dem Hellenismus[586] und ist in den antiken Briefromanen v.a. in dem Exilbriefroman des Aischines begegnet, der seine Briefpartner vor politischer Partizipation warnt. Dem Gedankengang des Paulusbriefromans entspricht dagegen mehr die Einsicht, die der relegierte Ovid formuliert: *crede mihi, bene qui latuit bene vixit.*[587]

---

[584] Zur Differenzierung von toponymischer (auf Orts-/Landschaftsnamen bezogener) und internymischer (auf Personennamen bezogener) Intertextualität vgl. Müller: Namen, 139–142.

[585] Chion epist. 16 ist ein großer ‚Lobpreis der ἡσυχία' (16,7): Das Wort ist (neben ἠρεμαῖος) ab § 5 Leitwort; der Brief schließt programmatisch mit der Erzählung von der Erscheinung der personifizierten Hesychia (§ 8) und endet mit den Worten ἡ ἐμὴ ἡσυχία (§ 9). Im Kontext des Briefbuches ist dieses Enkomion natürlich ironisch zu verstehen, da Chion mit dem Brief an den Tyrannen Klearch diesen über seine wahren Absichten täuschen und in Sicherheit wiegen will. Als eigenes Vorurteil moniert Chion in früheren Briefen die ruhige und nutzlose Existenz von Philosophen (vgl. epist. 3,5.7, neben ἠρεμία und ἀπραγμοσύνη/Tatenlosigkeit). Vgl. z.B. weiter Philo Abr 22; 27; 30; 216. Epikurs λάθε βιώσας kritisiert Plutarch in seiner kleinen Schrift *De latenter vivendo* (mor. 1128a–e). Vgl. auch Fiore: Philodemus, 279.

[586] Auf den Unterschied zum platonischen und aristotelischen Ideal des politischen Lebens des Philosophen macht Feldmeier: Mensch, 79–81, aufmerksam, u.a. mit Verweis auf die Einschränkung politischer Partizipationsmöglichkeiten seit dem Untergang der Polis.

[587] „Gut lebt, glaube mir, wer gut im Verborgenen bleibt …" Ov. trist. III 4,25 Übers. Willige.

Die ersten beiden Briefe, die Paulus schreibt, lassen mit keinem Wort erahnen, was ihn am Ende seines Lebens erwarten wird – erst von 2Tim her kann man Stellen wie Tit 3,12 (die Erwähnung der augusteischen Siegesstadt) und 1Tim 6,15f (den Hymnus auf den ‚König der Könige') bereits als Andeutungen lesen[588] –, von daher kommt die Nachricht seiner Verhaftung und seiner bevorstehenden Hinrichtung gänzlich unvermittelt. Welche Gründe führt Paulus in seinem zweiten Brief an Timotheus nun für die Verhaftung an? Auffallend ist, dass Paulus keine *causa* im strengen Sinne angibt, aus der auf das *crimen* geschlossen werden könnte: 1,8 fordert er Timotheus auf, mit zu leiden für das Evangelium (συγκακοπάθησον τῷ εὐαγγελίῳ ist wohl als *dativus commodi* zu verstehen); 1,12 beginnt zwar kausal mit δι' ἣν αἰτίαν, der vorausgehende Bezug jedoch ist in V. 11 die Aufgabenbestimmung des Paulus als Verkünder, Apostel und Lehrer. Ebenso kausal erscheint das ἐν ᾧ 2,9, verweist jedoch wiederum auf das Evangelium (V. 8) und die Fortführung in 2,10 deutet die Gefangenschaft des Paulus soteriologisch auf die Gemeinde hin: διὰ τοῦτο πάντα ὑπομένω διὰ τοὺς ἐκλεκτούς, ἵνα καὶ αὐτοὶ σωτηρίας τύχωσιν τῆς ἐν Χριστῷ Ἰησοῦ μετὰ δόξης αἰωνίου.

Jede Angabe, die Paulus bezüglich seiner Gefangenschaft macht (und hierzu gehört ebenso 4,17), setzt er in Beziehung zur Verkündigungstätigkeit. Von den genannten Stellen hebt sich eine ab, die die biographische Valenz der Aussage generalisiert. Nach der Erinnerung an früher erlittene Verfolgungen in Antiochia, Ikonion und Lystra, aus denen er vom Herrn errettet worden ist, folgert er: καὶ πάντες δὲ οἱ θέλοντες ζῆν εὐσεβῶς ἐν Χριστῷ Ἰησοῦ διωχθήσονται (3,12).

Was die zuvor genannten Stellen durch die enge Beziehung zwischen Evangeliumsverkündigung und Leiden implizieren, wird hier namentlich gemacht. Suggerierte εὐσέβεια im Tituspräskript und in den ersten beiden Briefen überhaupt eine Vereinbarkeit zwischen christlichem Leben und gesellschaftlichen Idealen, so scheint hier ein Bruch in jener Fassade auf,

---

[588] Die Gottesprädikation in V. 15f greift deutlich auf 1,17 zurück. Politische Brisanz gewinnen die Verse in Kap. 6 (im Gegenüber zu denen aus Kap. 1) dadurch, dass hier der so prädizierte Gott in Beziehung gesetzt wird zu dem durch Pontius Pilatus (6,13) verurteilten Christus Jesus. Die militärisch-politische Terminologie der Pastoralbriefe wird deutlich im *Paulusmartyrium* (§ 2 Lipsius I 108; NTApo II 239) aufgegriffen, wenn die Rede ist vom „König der Äonen" (1Tim 1,17), vom für Christus „in den Krieg ziehen" (1Tim 1,18; 2Tim 2,4) bzw. von den „Soldaten Christi" (2Tim 2,3), wie auch die Rahmenhandlung, die Anwesenheit des aus Dalmatien zurückgekehrten Titus und des aus Gallien zurückgekehrten Lukas in Rom (§§ 1; 5ff, vgl. 2Tim 4,10f), eine Kenntnis der Pastoralbriefe anzeigt. Im *Paulusmartyrium* dient das „Spiel mit den doppeldeutigen politischen Termini" (Klauck: Apostelakten, 85) offensichtlich dazu, die potenziell staatssubversive Dimension des Christentums zu evozieren, worauf Nero sogleich mit der Veranlassung einer Christenverfolgung reagiert. Vgl. MacDonald: Narratives, 66, der 335 Anm. 45 auf das spätere *Paulusmartyrium*, das Linus von Rom (vgl. 2Tim 4,21) zugeschrieben wird (Lipsius I 23–44), verweist, in dem die Staatskritik weiter ausgeführt wird.

wie insonderheit die beiden Parallelen zu 2Tim 3,12 verdeutlichen, die vom ‚Leben in Frömmigkeit' reden, 1Tim 2,2 und Tit 2,12.[589]

Aber, so lässt sich fragen, wer ist eigentlich Subjekt der Verfolgungen, unter denen die Christen allgemein und Paulus im Besonderen zu leiden haben? Wer zeichnet sich für die gegenwärtige Gefangenschaft des Apostels verantwortlich? Wiederum bemerkenswert ist, dass die Briefe selbst keine Antwort auf diese Frage anbieten. In einer verknüpfenden Lektüre von 2Tim 3,11 und Apg 13f, wo die genannten Orte der Verfolgungen breitere Ausführungen erfahren, ließe sich vermuten, dass Juden als Urheber gedacht werden oder ganz allgemein die ‚üblen Menschen und Betrüger' aus 2Tim 3,13.[590]

Hier ist der Ort, eine weitere Stelle heranzuziehen, die durch intertextuelle Lektüre zwar keine Antwort liefert auf die Frage, warum Paulus verhaftet worden ist, wohl aber eine Aussage dazu macht, aus welchem Grund Paulus *nicht* verhaftet worden ist. Aus der Namensliste am Ende von 2Tim sticht ein Name hervor, weil er die Plausibilität der fiktiven Briefsituation massiv in Frage stellt: Von Trophimus heißt es 4,20, dass er krank (ἀσθενοῦντα) in Milet zurückgeblieben sei, wovon Paulus aus Rom den in Ephesus gedachten Timotheus erst unterrichten müsse. Weil dies wenig glaubhaft erscheint, bemühen sich verschiedene Ausleger, Timotheus nicht in Ephesus oder Paulus nicht in Rom zu verorten, sondern die Situation anders plausibel zu machen.[591]

Weiter oben wurde darauf hingewiesen, dass die Spannung in der aufgebauten Fiktion Lesende auf die Suche nach einer Bedeutung der Notiz schickt[592] und dabei eine bemerkenswerte onomastische Referenz zu Tage fördert. Beide Namen, sowohl Trophimus als auch Milet, finden sich nicht in anderen Paulusbriefen, sondern allein in der Apostelgeschichte. Paulus auf seinem Weg nach Jerusalem hält an die Ältesten von Ephesus seine Abschiedsrede in Milet (20,17–35). Auf dieser Reise nach Jerusalem gehört

---

[589] Ist es Zufall, dass von den dreizehn Belegen des Briefbuches für εὐσέβεια κτλ. in 2Tim nur zwei vorkommen (wie auch in Tit) und beide in 2Tim nicht in dem akkomodatorischen Sinn wie zuvor? Neben der genannten Stelle noch in 3,5, an der gegen die Gegner polemisiert wird, dass sie nur den Anschein (μόρφωσιν) von εὐσέβεια hätten: ein gängiger Topos der Gegnerpolemik, vgl. Standhartinger: *Eusebeia*, 78f.

[590] Vgl. Standhartinger: *Eusebeia*, 79 Anm. 152.

[591] Sehr erfindungsreich erweist sich hier Erbes: Zeit, 212 Anm. 1: Timotheus habe Paulus, der mit anderen, u.a. Trophimus, von Milet mit dem Schiff weiter nach Jerusalem gereist sei (nach Apg 20), bis aufs Schiff begleitet. Nach der Verabschiedung sei Trophimus „noch in letzter Stunde" krank geworden (aufgrund von „Anstrengung", „Aufregung" und „Kanonenfieber") und in Milet geblieben, ohne dass Timotheus davon noch hätte Notiz nehmen können: „Milet war groß, und im Hafen und auf einem zur Abfahrt bereiten Seeschiff pflegt viel Trubel zu sein." Nach seiner Verhaftung in Jerusalem schreibe Paulus nun aus Cäsarea an Timotheus, um ihn von der Verhaftung und dem Ergehen des Trophimus zu unterrichten.

[592] S.o. S. 264.

Trophimus als ephesinisches Gemeindeglied zu seinen Reisebegleitern (20,4) und wird zur Veranlassung der Verhaftung des Paulus, weil ephesinische Juden in Jerusalem ihn, den Nichtjuden, mit Paulus im Tempel gesehen haben wollen (21,29). Wenn Paulus nun an Timotheus schreibt, dass dieser Trophimus krank in Milet zurückgeblieben sei, dann sagt der Autor des Briefbuches, dass Trophimus – und damit zugleich die Juden (in Jerusalem) – nicht für die Verhaftung des Paulus verantwortlich zu machen sind, wie überhaupt auch Jerusalem in der Geographie der Pastoralbriefe völlig fehlt.[593] Der Grund des kommenden Todesurteils muss, so dann die zu erschließende Aussage, an anderer Stelle gesucht werden. Eine ironische Spitze gegen die Apostelgeschichte liegt möglicherweise zudem noch darin, dass Paulus seinen Reisegefährten ἀσθενοῦντα in der Stadt zurück lässt, in der er seine Zuhörer ermahnt hat, sich eben der ἀσθενοῦντες anzunehmen (Apg 20,35).[594]

Die Übereinstimmungen könnten auch zufällig sein[595] bzw. daher rühren, dass dem Verfasser unserer Briefe ebenso wie dem der Apostelgeschichte der Reisebericht der Kollektendelegation (die sog. Wir-Quelle[596]) vorgelegen haben könnte, aus denen beide den Namen Trophimus und die Station Milet (wie auch Troas) übernommen haben. Dennoch scheint mir, dass der Autor bewusst an Apg anknüpft,[597] lässt sich doch noch eine weitere ähnliche widersprechende Aufnahme einer Personalnotiz beobachten.

Die Bewertung der Person des Markus in 2Tim 4,11 unterscheidet sich auffallend von der in Apg 15,36–40. Während in 2Tim Paulus Timotheus bittet, Markus auf dem Weg aufzugreifen und mitzubringen, weil er ihm nützlich sein werde zum Dienst (Μᾶρκον ἀναλαβὼν ἄγε μετὰ σεαυτοῦ, ἔστιν γάρ μοι εὔχρηστος εἰς διακονίαν 4,11), ist Markus in Apg Ursache der Trennung von Paulus und Barnabas, weil er sie in Pamphylien verlassen hatte und nicht mit ihnen ans Werk gegangen war (τὸν ἀποστάντα ἀπ'

---

[593] Auch die Paulus- und Theklaakten scheinen nichts von einer Gefangennahme des Paulus in Jerusalem zu wissen, jedoch kann aufgrund ihres fragmentarischen Charakters dieses Wissen nicht völlig ausgeschlossen werden.

[594] Eine solche Deutung der Beziehung wird auch durch den Vorschlag von Viviano: Genres, 36, bestärkt, dass die Kritik an Mythen und Genealogien in den Pastoralen gegen Mt (v.a. 1f) gerichtet sei – möglicherweise jedoch auch gegen Lk. Bereits Theodoret von Kyros (5. Jh.) hat diese Mythen- und Genealogiekritik auf Jesusgenealogien – und damit zumindest implizit auf die beiden Großevangelien – bezogen (vgl. PG 82,787–870; Viviano: Genres, 41 Anm. 34).

[595] Das scheint z.B. Weiser: 2Tim, 329, anzunehmen, wenn er die Darstellung des Trophimus als „freie[] Gestaltung" von Überlieferungsgut charakterisiert. Die direkten Widersprüche bei gleichzeitiger Stichwortverbindung zwischen 2Tim und Apg scheinen m.E. jedoch schwerer zu wiegen.

[596] Vgl. Koch: Kollektenbericht; Pervo: Dating Acts, 79–100; 137f; 358.

[597] Gegen literarische Abhängigkeit des 2Tim von Apg z.B. Weiser: 2Tim, 69f mit weiterer Literatur zu Vertretern beider Positionen.

αὐτῶν ἀπὸ Παμφυλίας καὶ μὴ συνελθόντα αὐτοῖς εἰς τὸ ἔργον 15,38), so dass Paulus Bedenken trägt, ihn mitzunehmen (συμπαραλαμβάνειν).

In den anderen zwei Gefangenschaftsbriefen Phlm (24) und Kol (4,10) erwähnt Paulus ebenfalls einen Markus, der jedoch in beiden Fällen bei ihm ist, bzw. den er nach Kol zur Gemeinde nach Kolossä schicken will. Dass in 2Tim nun die Reiserichtung umgedreht und ihm (als einzigem, selbst Timotheus erfährt keine solche Qualifizierung) Nützlichkeit zugesprochen wird (wobei dieses Motiv aus Phlm 11.13 übernommen sein könnte), erklärt sich m.E. daraus, dass hier Apg 15 aufgegriffen worden ist.[598] Ebenso wie die Reisenotizen dienen auch die Personalnotizen dazu, bekannte Geschichten zu evozieren, die jedoch nicht in Übereinstimmung mit ihnen zu bringen sind.

Aufgrund der abgelehnten Erklärung der Verhaftung des Paulus, die in Apg gegeben wird, und dem auffallenden Verschweigen einer eigentlichen *causa* – in der Fiktion eines Gefangenschaftsbriefes ist eine solche Nichterwähnung freilich plausibel[599] –, lässt sich nur durch Indizien auf die Ursache rückschließen. Wie die Generalisierung in 3,12 anzeigt, liegt dem ein grundsätzlicher Konflikt zwischen christlichem Leben und Denken und römischem Gemeinwesen zugrunde (vgl. auch die Bilder in 2,3–5: Die Mahnung, sich von alltäglichen Geschäften fernzuhalten und dem zu gefallen, der einen für den Kriegsdienst erworben hat, lesen sich wie ein Gegenkonzept zu den Ermahnungen Tit 2f; 1Tim 2,1f; 3,7 u.ö., die u.a. durch den Ruf nach außen motiviert werden.). Diese Vermutung lässt sich erhärten, wenn ein Aspekt des Wertesystems untersucht wird, der in Tit/1Tim als mit dem gesamtgesellschaftlichen in Übereinstimmung befindlich propagiert wird, in 2Tim jedoch eklatant aufgebrochen wird.

5.2 Paulus und die Frauen

Kein anderer Text innerhalb des NT befasst sich derart ausführlich mit der Rolle von Frauen in den frühen Gemeinden wie die Pastoralbriefe.[600] Durch die Kirchengeschichte hindurch bis heute dienen die Aussagen der Briefe

---

[598] Weiser: 2Tim, 317, vermerkt ebenfalls den Widerspruch zu Apg und die Sperrigkeit zur Fiktion von 2Tim 4, erkennt dann jedoch den ‚hintergründigen Sinn' „deutlich: Sie zeigt als weitere Facette im ‚Paulusbild' dieses Abschnitts, dass und wie ‚Paulus' bis in die allerletzte Zeit seines Lebens und seiner Kerkerhaft und noch im Angesicht des Todes auf seinen apostolischen Dienst bedacht war." Erklären tut er damit allerdings nicht, warum es Markus ist und warum dieses Markusbild dem von Apg entgegengesetzt ist.

[599] Vgl. Standhartinger: Theologie, 376f mit Belegen.

[600] Maloney: Pastoral Epistles, 377, zählt 28 von 242 Versen, die allein im Hinblick auf Frauen geschrieben sind.

zur Beschränkung von Frauenstimmen.[601] Gleichzeitig wird den Briefen zugetraut, die Stimmen von Frauen wieder hörbar werden zu lassen.[602] Sehen die verschiedenen Ausleger und Auslegerinnen die Texte entweder als deskriptiv oder als präskriptiv, so ist den Auslegungen doch gemeinsam, dass sie einen deutlichen Wirklichkeitsbezug der Texte zur Gemeinde des Verfassers der Briefe voraussetzen: Entweder beschreibe er Gemeindewirklichkeit oder er wolle sie regulieren und den Einfluss von Frauen in der Gemeinde zurückdrängen.

Es soll dennoch gefragt werden, ob man nicht auch in dieser Haltung, die hier Paulus zugeschrieben wird, von 2Tim her wenigstens ein kleines Fragezeichen anbringen kann, auch wenn es wohl zuviel interpretiert wäre, das Briefbuch als kritischen Kommentar zur Glossierung von 1Kor 14,33b–36 zu lesen.[603]

5.2.1 Die Beschränkung von Frauen in Tit/1Tim

Die Arbeiten, die sich mit der Rolle der Frauen befassen, fokussieren v.a. auf die Textkomplexe 1Tim 2,9–3,1a (zur Begründung des Lehrverbots von Frauen in den Gemeinden)[604] und auf 1Tim 5,3–16 (die Beschränkung des Witwenstandes)[605]. Dazu kommen noch Texte zur Ermahnung an alte und junge Frauen (1Tim 5,1f; Tit 2,3–5) und der für die Diskussion um Diakoninnen wichtige Text 1Tim 3,11.13.[606]

Aus den Texten geht hervor, dass der Verfasser lehrende Frauen durchweg voraussetzt. Explizit wird dies in Tit 2,3 von den älteren Frauen ausge-

---

[601] Vgl. Weiser: 2Tim, 261–266 (bes. zum katholisch-theologischen Diskurs); Scholer: Place (zur Bedeutung des Textes in evangelikalen Gemeinschaften).

[602] Vgl. bes. Schottroff: Schwestern, 111f; Schüssler Fiorenza: Gedächtnis, 347–351; MacDonald: Legend; Maloney: Pastoral Epistles, 360f; 377f.

[603] Liest man nur die Frauenparänese von Tit und 1Tim (v.a. 2,11f), so kann sich der Eindruck ergeben, dass die Glosse vom Verfasser der Tritopaulinen eingefügt worden ist oder zumindest der Glossator aus dem gleichen theologischen Milieu (der römischen Gemeinde?) stamme, z.B. Lindemann: Paulus, 25f; 137f. MacDonald: Legend, 86–89, sieht hier den Einfluss der Pastoralbriefe auf die Textüberlieferung des Corpus Paulinum (auf den von ihm so genannten Archetyp) widergespiegelt. Zur Vorgängigkeit der Interpolation zu den Tritopaulinen, auch wenn nicht mehr ausgemacht werden könne, ob ihr Verfasser 1Kor samt Glosse kannte oder ob er eine eigenständige Gemeinderegel aufgegriffen habe, vgl. Wagener: Ordnung, 92–104.

[604] Z.B. Merz: Selbstauslegung, 268–375; Scholer: Place. Einen Ansatz, die Aussagen in 1Tim nicht primär geschlechtsspezifisch zu lesen, sondern sozialgeschichtlich als Kritik an den Strukturen des Patronatswesens innerhalb der Gemeinde, unternimmt Tamez: Frauen; vgl. auch Kidd: Wealth; Countryman: Christian. Vgl. auch Merz: Selbstauslegung, 277–279, zum aktuellen Anlass der Schmuckparänese in 1Tim 2,9f.

[605] Z.B. Bassler: Limits; Thurston: Leadership.

[606] Erwähnt werden Diakoninnen explizit Plin. epist. X 96,8 (*ex duabus ancillis, quae ministrae dicebantur*), vgl. dazu MacDonald: Women, 53 Anm. 8; Cardman: Women, 303, weitere Literatur dort in Anm. 16.

sagt und eingefordert (καλοδιδασκάλους), und die Erwähnung von Alt-weiberfabeln in 1Tim 4,7 (βεβήλους καὶ γραώδεις μύθους) zusammen mit 5,13 ([sc. die Witwen] λαλοῦσαι τὰ μὴ δέοντα) scheint Frauen nicht nur als Hörerinnen verführerischer Anderslehre vorauszusetzen.[607] Da der Ver-fasser in 1Tim 2,9–3,1a schöpfungstheologisch argumentierend ihre Aufga-be nicht im Lehren, sondern im Lernen sieht und weiterführt, dass sie ihr Heil durch Kindergebären erwirken können, dürfte sich das Lehrverbot nicht auf den Gottesdienst beschränken, wie die Einleitung V. 8 mit ἐν παντὶ τόπῳ zunächst nahelegt, sondern als allgemeingültige Aussage zu verstehen sein.[608]

5.2.2 Lehrende Frauen in 2Tim

Soweit die Meinung des Autors der Pastoralbriefe zu Frauen in den Ge-meinden. Auffallenderweise werden bei der Behandlung des Themas ‚Frau-en in den Pastoralbriefen' fast ausschließlich die zuvor genannten Texte aus den ersten beiden Briefen aufgeführt, 2Tim hingegen nur sporadisch; die regelmäßig (an)zitierte Stelle aus diesem Brief ist dann 3,6f, drei andere Stellen, die sich ebenfalls mit Frauen befassen, kommen dagegen kaum vor.[609]

Diesen Bruch hat auch schon Murphy-O'Connor gesehen, wenn er gegen die Frauentexte von Tit/1Tim 2Tim 3,6f setzt und aus dem Diminutiv γυ-ναικάρια schließt, dass damit nicht alle, sondern nur „a specific and well-known psychological type" gemeint sei:[610]

„Aus diesen nämlich sind diejenigen, die in die Häuser hineinschlüpfen und Frauen-zimmer als Kriegsgefangene wegführen, die voller Sünden sind, die getrieben werden

---

[607] Dass in 1Tim 5,13f und auch 2Tim 3,8 lehrende Frauen (mit)gemeint sind, vgl. Merz: Selbstauslegung, 284f; Standhartinger: Witwen, 149–153. Schüssler Fiorenza: Gedächtnis, 376–384, sieht auch hinter Tit 1,5–14 Frauen als Anderslehrende mitgemeint.

[608] Vgl. die ausführliche Herausarbeitung von Merz: Selbstauslegung, 288–291 und 295–301.

[609] In dem von Levine und Blickenstaff herausgegebenen Band *A Feminist Companion to the Deutero-Pauline Epistles*, in dem sich die Aufsätze von Scholer, Bassler, Portefaix und Thurston mit der Rolle der Frauen in den Pastoralbriefen befassen, werden die m.E. wichtigen Verse 2Tim 1,5; 3,14f; 4,19.21 nicht im Index (194) erwähnt. Merz, die ihre intertextuell-rezeptionsgeschicht-liche Studie u.a. an dem „Streit um die Lehre von Frauen" in den Pastoralbriefen und bei Paulus materialiter ausfüllt (unter ausführlicher Diskussion von 1Tim 2,9–3,1: Selbstauslegung: 268–375) diskutiert bzw. erwähnt nur (301f und 82; anders 284 und 289) 1,5 und 3,14; auch Wagener: Ordnung, 153, notiert nur 1,5 und 3,14 in Anm 192. Schottroff: Schwestern, nennt 2Tim im Abschnitt zu den Pastoralbriefen (sie nennt in der Überschrift nur 1Tim, redet im Text aber auch von ‚den Pastoralbriefen') nur in einer Fußnote (111 Anm. 40 [2Tim 3,7]), nicht aber im Register (345). Anders dagegen Schüssler Fiorenza: Gedächtnis, 299, die die lehrenden Frauen von 2Tim 1,5; 4,19.21 benennt.

[610] Murphy-O'Connor: 2 Timothy, 412. Dibelius/Conzelmann: Past, 87: „Frauen […], die eine schlechte Vergangenheit haben".

von vielfachen Begierden, die immer nur lernen, aber niemals zur Erkenntnis der Wahrheit gelangen können." (ἐκ τούτων γάρ εἰσιν οἱ ἐνδύνοντες εἰς τὰς οἰκίας καὶ αἰχμαλωτίζοντες γυναικάρια σεσωρευμένα ἁμαρτίαις, ἀγόμενα ἐπιθυμίαις ποικίλαις, πάντοτε μανθάνοντα καὶ μηδέποτε εἰς ἐπίγνωσιν ἀληθείας ἐλθεῖν δυνάμενα.)

Aus dem Gedankengang in 3,1–9 wird deutlich, dass es hier um generelle Häretikerpolemik geht und nicht geschlechtsspezifisch enggeführt wird (auch wenn Motive aus 1Tim 5,13 aufgegriffen sind). Durch die Parallelen, die V. 6f im engeren mit anderen Stellen der Pastoralbriefe aufweisen[611], zeigt sich zudem, dass auch die Eigenschaften nicht frauenspezifisch gedacht sind, obwohl der Briefschreiber natürlich allgemeine Invektiven gegen Frauen aufgreift. So ist in 3,6f v.a. die Vorstellung der leichten sexuellen Verführbarkeit von Frauen aufgegriffen, die auch in 1Tim 5,11 den Grund für das (Wieder-)Verheiratungsgebot[612] angibt (vgl. auch als nahe Parallele zu 1Tim 5,3–16 die Novelle von der Witwe aus Ephesus in Petrons *Satyrica*[613]).

Eine kleine Beobachtung sei noch angeführt: Das Adjektiv διάβολος wird im NT nur in den Tritopaulinen gebraucht: in den parallel strukturierten Listen Tit 2,3 und 1Tim 3,11 als Ermahnung an Frauen (μὴ διαβόλους). In 2Tim 3,3 weicht die Anwendung allerdings ab, wenn dort das Wort nicht auf Frauen beschränkt wird, sondern in einem allgemeinen Lasterkatalog steht, der die Menschen der Endzeit beschreibt. Es liegt also eine weitere Stelle vor, an der eine negative Zuschreibung an Frauen aufgehoben bzw. zu einem allgemeinen Kennzeichen von nichtgläubigen Menschen umgewandelt wird. Damit unterscheidet sich 2Tim von der Misogynie der zwei anderen Briefe, die sich grundsätzlich gegen Lehr- und Leitungsfunktionen von Frauen aussprechen.[614] Diese Beobachtung lässt sich vertiefen, wenn die anderen Stellen in 2Tim hinzugezogen werden, die Frauen erwähnen.

---

[611] Zum Einschleichen in die Häuser und dem Zerstören der *familia* Tit 1,10f; zu den vielfachen Begierden 1Tim 6,9; Tit 2,12; 3,3; zum unverständigen Lernen 1Tim 1,4; 6,3f.20f; Tit 3,9; 2Tim 2,23. Auch die Warnung in 2Tim 4,3 nimmt Motive aus 3,6f auf und generalisiert sie.

[612] Wenn mit den νεωτέραι χῆραι Jungfrauen gemeint sind (vgl. Ign. Sm 13,1; Standhartinger: Witwen, 141f), dann ist es ein Verheiratungsgebot, wenn damit junge, zu Witwen gewordene Frauen gemeint sein sollen, dann ist es ein Wiederverheiratungsgebot.

[613] Eumolpos, stets geneigt, Geschichten zu erzählen, „begann einen Hagel von Sticheleien auf die Flatterhaftigkeit des weiblichen Geschlechts: wie leicht sie verliebt seien, wie rasch es sogar ihre Kinder vergäßen, und wie es kein Frauenzimmer von solcher Sittsamkeit gebe, daß es sich nicht durch Liebe auf Abwegen bis zum Wahnsinn aus der Bahn reißen ließe" (Petron. 110,6f Übers. Ehlers), und fährt dann fort (111f) mit einer sich erst kürzlich zugetragenen Geschichte von einer wegen ihre *pudicitia* gerühmten *matrona* aus Ephesus, die sich im Grab ihres Mannes einem Soldaten hingegeben habe. Vgl. weiters etwa Apul. met. IX 14.

[614] Zur ‚Ausnahme' Tit 2,3f s.u.

Gleich zu Anfang werden zwei Frauen namentlich genannt: die Groß-mutter und die Mutter des Timotheus, Lois und Eunike.[615] Paulus tröstet sich in der Gefangenschaft mit dem Denken an Timotheus und erinnert sich an seinen „ungeheuchelten Glauben, der zuerst wohnte in deiner Großmut-ter Lois und in deiner Mutter Eunike, ich bin überzeugt aber auch in dir" (2Tim 1,5). Die Weiterführung πέπεισμαι δὲ ὅτι καὶ ἐν σοί scheint deut-lich zu machen, dass Timotheus seinen Glauben durch ihre Vermittlung empfangen hat.[616] Wenn L. Maloney zu 2Tim schreibt: „Scattered referen-ces to individual women reinforce the attitude displayed by the author in the other two letters" und daraufhin 1,5 und 4,19 anführt, so bleibt ihre Argu-mentation unverständlich. Wie sie – in Übereinstimmung mit dem Großteil der Forschung[617] – schreibt, dient die Erwähnung der Groß-/Mutter des Timo-theus dazu, den Aspekt der Traditionsgebundenheit zu unterstreichen. Zu 4,19 merkt sie an, dass so die Anwesenheit des Timotheus in Ephesus her-vorgehoben werden soll.[618] Aus beiden Texten und Maloneys Anmerkungen ist allerdings nicht herauszulesen, dass hier die frauenfeindliche Haltung von 1Tim und Tit verstärkt würde. Im Gegenteil widerspricht m.E. 1,5 der Rolle der Frauen in den vorausgehenden Briefen in dem zentralen Gedan-ken der positiv verstandenen Lehrtätigkeit.[619] Es sind hier gerade die Mütter, die die christliche Tradition vermitteln, wie dies in 3,14f explizit gemacht wird:

---

[615] Loïs ist sonst nicht als Name belegt (Ὁμολωίς als Beiname der Athene, Lykophr. Alex. 520), Eunike schon bei Hesiod (theog. 246), vgl. Spicq: Past, 705f, ders.: Loïs, 363f.

[616] Zur gepaarten Nennung von Mutter und Großmutter verweist Weiser: 2Tim, 96 Anm. 76, auf eine von Spicq: Loïs, 362f (vgl. auch Spicq: Past, 705), beigebrachte „besonders enge Parallele zu 2Tim 1,5", „Plutarch, Ages IV,1" (so auch bei Spicq: Past, 705, es handelt sich allerdings nicht um die Agesilaos-, sondern um die Agisbiographie, also: Agis 4, richtig Spicq: Loïs, 362). Das Referat des Textes bei Weiser ist zusätzlich falsch. Es geht nicht um die „Erhebung" des ‚Agesila-os' durch Mutter und Großmutter, sondern es heißt dort, dass Agis, obwohl er „in dem reichen und üppigen Lebenskreis zweier Frauen […], seiner Mutter Agesistrata und seiner Großmutter Archi-damia, aufgewachsen war, sich sogleich gegen die Genüsse verschanzte" (Übers. Ziegler). Weiser hat wohl Spicq falsch übersetzt, der schreibt: „Le vrai parallèle littéraire est celui d'Agis qui ‚avait été élevé par deux femmes'", muss also ‚wurde erzogen' (ἐντεθραμμένος) heißen. Worin die Parallele liegen soll, außer dass Großmutter und Mutter zusammen genannt werden, ist nicht einsichtig, geht es doch nicht darum, dass Agis von ihnen im Sinne seines späteren Lebenswandels erzogen worden ist. Ihre Lebensverhältnisse dienen vielmehr als Kontrastfolie für sein späteres politisches Programm (vgl. Agis 6f), und zu dieser Illustration bedient sich Plutarch des Topos von der generellen Luxusliebe von Frauen (vgl. Agis 7 und 9).

[617] Z.B. Dibelius/Conzelmann: Past, 72f; Brox: Past, 226f; Häfner: Belehrung, 225–230; Wei-ser: 2Tim, 95f.

[618] Maloney: Pastoral Epistles, 375f.

[619] Oberlinner: 2Tim, 23 Anm. 30, lehnt die Frage, warum hier nur Frauen und keine männli-chen Vorfahren des Timotheus genannt seien, ab, weil Antworten darauf „nur spekulativ" seien könnten und deshalb nicht erörtert werden müssten. Damit verfehlt er freilich den Zielpunkt der Aussage: dass es Frauen waren, die Timotheus lehrten.

„Du aber bleibe in den Dingen, die Du gelernt hast und in die Du Dein Vertrauen gesetzt hast, wissend, von wem Du gelernt hast, und dass von klein auf Du die heiligen Schriften kennst, die Dich weise zu machen vermögen zum Heil durch den Glauben, der in Christus Jesus ist." (σὺ δὲ μένε ἐν οἷς ἔμαθες καὶ ἐπιστώθης, εἰδὼς παρὰ τίνων ἔμαθες, καὶ ὅτι ἀπὸ βρέφους [τὰ] ἱερὰ γράμματα οἶδας, τὰ δυνάμενά σε σοφίσαι εἰς σωτηρίαν διὰ πίστεως τῆς ἐν Χριστῷ Ἰησοῦ.)

Dass εἰδὼς παρὰ τίνων ἔμαθες auf den Anfang verweist – es soll gar nicht ausgeschlossen werden, dass zu den τίνων auch Paulus gezählt werden soll[620] –, mit den τίνων also auch[621] Lois und Eunike gemeint sind, wird durch die folgende zeitliche Bestimmung ἀπὸ βρέφους deutlich gesagt. Daran wurde wohl Anstoß genommen und der Text in τίνος geändert, um durch den Singular Paulus als alleinigen Lehrer des Timotheus darzustellen (vgl. 1,13; 2,2; auch 1,6).[622] Die entsprechende Lesart fand daraufhin weite Verbreitung (Mehrheitstext und Vulgata).

Die Frage der Lehre von Frauen wird zu dieser Stelle erklärt mit dem Hinweis auf die Hochachtung der Frauen hinsichtlich (religiöser und moralischer) Primärerziehung in Kleinasien[623] und in Israel.[624] Es darf jedoch nicht übersehen werden, dass vorausgehend den Frauen jede (religiöse) Lehrbefähigung abgesprochen worden ist und die Familienväter für die Unterweisung der Kinder in die Pflicht genommen worden sind (Tit 1,6; 1Tim 3,4). Die ‚Lehrtätigkeit' von Frauen war beschränkt auf die älteren Frauen, die die jüngeren zu ‚Ehepflichten' anzuhalten hätten (Tit 2,4f).[625] Wenn Frauen ‚Altweiberfabeln' verbreiten (1Tim 4,7), sämtlichen Begierden anheim fallen und leicht verführt werden (1Tim 2,14), dann ist die Weitergabe des wahren Glaubens durch sie selbst an Kinder nicht anzura-

---

[620] Unverständlicherweise beschränkt Merz: Selbstauslegung, 284 und 289, das τίνων auf Paulus, obwohl sie auch a.a.O. 82 die Mütter mithinzugenommen hat, vgl. auch a.a.O. 301f.

[621] Vgl. auch Spicq: Past, 785; Weiser: 2Tim, 89f; 95–99, der auf die verschiedenen nebeneinander genannten – und nicht miteinander vereinheitlichten – Aspekte der Traditionsvermittlung an Timotheus verweist, deren Absicht es sei, den Traditionsgedanken hervorzuheben, der gerade für Gemeindeleiter wichtig sei.

[622] So auch Häfner: Belehrung, 226 Anm. 14, mit Literatur: Metzger: Commentary, 580; Holtz: Past, 186; Brox: Past, 259; Hanson: Past, 150; Oberlinner: 2Tim, 144 Anm. 24. Auch in Bezug auf Priska lässt sich in einigen Handschriften eine entsprechende Tendenz erkennen, vgl. dazu: Kurek-Chomycz: Tendency.

[623] Spicq: Past, 391 Anm. 2 mit Verweis auf MAMA VIII 410,3; 479,8; 490,8; 514,6.

[624] Spicq: Past, 391 Anm. 2 mit Verweis auf Spr 1,8; 6,20; 30,17; 31,1, vgl. auch a.a.O. 706.

[625] Theologische Lehre sieht dagegen Schüssler Fiorenza: Gedächtnis, 350, an dieser Stelle angesprochen und somit 1Tim 2,11 und Tit 2,3–5 nicht im Widerspruch zueinander. Im Unterschied zu den anderen drei genannten Gruppen (alte Männer, alte Frauen und junge Männer) sollen die jungen Frauen nicht von Titus ermahnt werden, sondern Paulus trägt ihm auf, die alten Frauen zu ermahnen, dass sie die jungen Frauen ermahnten. Wagener: Ordnung, 90–92, hat hier auf die Parallele der neopythagoreischen Frauenbriefe aufmerksam gemacht, vgl. v.a. § 1 aus dem Brief Theanos an Kallisto (Pythag. epist. 7 Städele = epist. 6 Hercher).

ten.[626] Ob hinter 2Tim 1,5 der „Sonderfall" steht, dass Timotheus ohne (Groß-)Vater aufgewachsen ist, der für die religiöse Primärerziehung hätte zuständig sein sollen (in Fortführung des Gedankens von Apg 16,1.3), bleibt zu überlegen.[627] Dann würde mit 1,5 auf eine ähnliche Situation von Frauenlebensgemeinschaft verwiesen, wie sie 1Tim 5,4.16 projektiert ist,[628] obgleich dort von religiöser Erziehung nichts gesagt wird: „Wenn eine Witwe Kinder oder Enkel hat, sollen diese lernen, zuerst im eigenen Haus fromm zu leben und den Vorfahren Dank zu erweisen." (5,4)

Der Plural in 4b bezieht sich wohl auf die Kinder und Enkel der Witwen und der Versteil wird dann als Parallelismus zu interpretieren sein: Der Dank den Vorfahren gegenüber ist Ausdruck der εὐσέβεια.[629] Der gleiche Gedanke ist etwa in der Vorstellung vom *pius Aeneas* allgegenwärtig (z.B. auf Münzen, Bildern, Grabsteinen), der den Vater, den Sohn und die väterlichen Penaten aus dem brennenden Troja rettet, und ist auch sonst geläufig (vgl. z.B. OGIS 383, 213f; Plin. paneg. 42,2).[630] Es wird jedenfalls mit dem Vers keine spezifische religiöse Unterweisung eingefordert, sondern die Lehraufgabe verbleibt im Rahmen häuslich-familiärer Pflichten. Obwohl in 1Tim 5 von Witwen und Frauenhaushalten die Rede ist, wird der Gedanke religiöser Unterweisung von vaterlosen Kindern nicht aufgegriffen und erscheinen Frauen grundsätzlich in männlichen Haushalten inkorporiert zu sein. Anders dagegen in 2Tim, wenn Lois und Eunike dem kleinen Timotheus den ‚ungeheuchelten Glauben' (vgl. auch 1Tim 1,5) vermitteln, auf

---

[626] Platon in rep. II 377c hält es denn auch für nötig, die Geschichten, die Frauen und Ammen den Kindern erzählen, zu kontrollieren, vgl. MacDonald: Legend, 13f, hier auch weitere Stellen zum Topos der Altweiber-Fabeln. Zur Auslegung von 1Tim 2,15 auch Merz: Selbstauslegung, 301–303.

[627] So Merz: Selbstauslegung, 302. In Anm. 127 verweist sie darauf, dass in hellenistisch-jüdischer Apologetik Frauen als kompetente Vermittlerinnen religiöser Tradition an ihre Kinder herausgehoben werden, wenn es keinen Vater (mehr) gibt (Tob 1,8; 4Makk 15,10; vgl. Ios. c.Ap. II 181).

[628] Zum Hintergrund solcher Lebensgemeinschaft von ‚Witwen' vgl. Standhartinger: Judith.

[629] So die allgemeine Auslegung, vgl. z.B. Dibelius/Conzelmann: Past, 58f; Spicq: Past, 526f; anders z.B. Roloff: 1Tim, 287–289, der hier die Witwen weiterhin als Subjekt sieht und die Vorfahren als die bereits verstorbenen, wie es auch der allgemeine Sprachgebrauch von πρόγονοι nahelege. Somit würde εὐσεβεῖν eine stärkere religiöse Verpflichtung implizieren als ein reines *pietätvolles* Verhalten noch lebenden gegenüber. Dagegen ist jedoch darauf zu verweisen, dass πρόγονος auch im allgemeinen Sinne von ‚zuvor geboren' gebraucht wird und sogar die zuvor (d.h. in einer früheren Ehe) geborenen Kinder meinen und von daher (vgl. Dion. Hal. ant. VII 50) den Sinn ‚Nachkommen' annehmen kann (vgl. Pape s.v. 714; LSJ s.v. 1473), womit an unserer Stelle (mit V. 10) ein Bezug auf die τέκνα ἢ ἔκγονα nicht auszuschließen wäre.

[630] Vgl. Zanker: Augustus, 204–213, mit Abbildungen von Münzen (Abb. 27a,b), pompejianischen Wandmalereien (Abb. 156a,b), Grabsteinen (Abb. 163) und einer Karikatur (Abb. 162); zu den Münzdarstellungen von Kinder schützender *Pietas* vgl. Manson: sentiment, Tafeln 9–11; vgl. allgemein zum (religions)politischen *pietas*-Diskurs in der Kaiserzeit Standhartinger: Eusebeia.

dem Paulus seine ‚gesunde Unterweisung' aufgebaut hat (2Tim 1,13f; 2,1f, vgl. 1,6).

Diese Beobachtungen zur Vermittlung des Glaubens durch Frauen in 2Tim legt es m.E. nahe, auch hinter den 2Tim 2,2 genannten πιστοὶ ἄνθρωποι nicht ausschließlich Männer zu sehen, denen Timotheus das von Paulus durch viele Zeugen Gehörte weitergeben solle.[631]

2Tim führt aber noch an einer weiteren exponierten Stelle Frauen an, die bemerkenswerterweise wieder namentlich genannt werden: Das Postskript wird gerahmt durch Priska und Claudia: „Grüße Priska und Aquila und das Haus des Onesiphorus. [...] Es grüßen dich Eubulos, Pudens, Linus und Claudia sowie alle Geschwister." (4,19.21)

Ist Claudia sonst unbekannt, ist Priska eine in paulinischen Kreisen wohl bekannte Person, die stets mit Aquila zusammen genannt wird. Die Reihenfolge der Namensnennung variiert: Paulus hat sie vor ihm in Röm 16,3; anders in 1Kor 16,19; auch Lukas hat beide Reihenfolgen (Apg 18,18 und 18,2.26), so dass der Reihenfolge (nicht nur) an unserer Stelle kein größeres Gewicht beigemessen werden kann. Dennoch bleibt die Beobachtung, dass das Briefcorpus durch je zwei namentlich genannte Frauen gerahmt wird. Während für erstere die Lehrtätigkeit angegeben wird, wird Gleiches nicht für Priska und Claudia gesagt. Ist jedoch mit einem Wissen der Lesenden um Priska zu rechnen, sei es durch mündliche Traditionen, sei es literarisch vermittelt durch Apg oder 1Kor/Röm, so wird auch ihre herausragende Stellung innerhalb der ephesinischen Gemeinde bekannt gewesen sein.[632]

Ob darüber hinaus ihre Lehrtätigkeit als Wissen vorausgesetzt wird (zumindest erzählt davon Apg 18,24–26[633]), kann offen bleiben; es dürfte jedoch deutlich sein, dass sie und Claudia in 2Tim kaum so herausragend als erste und letzte in der Grußliste stehen würden, wenn der Autor die Stimmen der Frauen in den Gemeinden zum Schweigen bringen und sie als stumme Anhängsel ihrer Männer/Söhne[634] verstanden wissen wollte.[635]

---

[631] So jedoch unter vielen z.B. Donelson: Pseudepigraphy, 169; Weiser: 2Tim, 158f; Roloff: Art. Pastoralbriefe, 60f. Zur möglichen Ambiguität durch die Verwendung von ἄνθρωπος statt ἀνήρ vgl. Quinn/Wacker: 1/2Tim, 635; Wagener: Ordnung, 10. Überhaupt kommen geschlechtliche Spezifizierungen (etwa für gemeindliche Ämter wie in 1Tim 2,8–3,12; 5; Tit 1,6) durch γυνή bzw. ἀνήρ in 2Tim nur in 3,6 (γυναικαρία) vor.

[632] S.o. Kap. 3.3.2.3.

[633] Vgl. dazu MacDonald: Paul, 241.

[634] Eine Claudia erscheint als Ehefrau eines Pudens bei Martial IV 13; XI 53; aus dieser ‚Parallele' zu 2Tim wurden später durch Identifikation verschiedene Legenden gesponnen. Auch wurde Claudia zur Mutter des ersten römischen Bischofs, Linus, gemacht nach Const. Apost. VII 46,6, vgl. Weiser: 2Tim, 335.

[635] Richards: Difference, 209f, zieht aus der Beobachtung freilich den Schluss, dass 2Tim nicht von den Schreibern von 1Tim oder Tit geschrieben seien könne.

Auch in den Sokratikerbriefen lässt sich durch die Xanthippe-Episode eine Diskussion um das Frauenbild beobachten, die dergestalt geführt wird, dass zwei unterschiedliche Konzeptionen gegeneinander gestellt werden. Aischines will die trauernde Witwe auf ihre Mutterrolle verpflichten, wenn er sie an das Wohlergehen ihrer und des Sokrates Kinder gemahnt und sie zur Mäßigung in ihrer Trauer auffordert (epist. 17). Wie oben herausgearbeitet, lässt sich jedoch an der Darstellung beobachten, dass Xanthippe in der Konzeption des Briefromans als getreue Sokratikerin dargestellt wird, die entsprechend dem Vorbild ihres verstorbenen Mannes ein Leben als Kynikerin der strengen Provenienz führt. Ergibt sich hier die Spannung aus einem unterschiedlichen Verständnis von Sokratesnachfolge bzw. sokratischer Existenz, die sich in der Debatte um den Kynismus strenger oder gemäßigter Provenienz niederschlägt, so erwächst die Spannung in den Pastoralbriefen aus dem zeitlichen Abstand, der zwischen Tit/1Tim einerseits, 2Tim andererseits liegt, der es Paulus erlaubt, andere Erfahrungen zu machen. So wie mit Tit/1Tim und 1Kor 14,33b–36 die Lehrtätigkeit von Frauen bekämpft wurde, so wurden auch die kritischen Einwände gegen solche Haltungen in 2Tim im Text getilgt. Und dennoch scheinen die Frauen in 2Tim nicht so schweigsam gedacht zu werden, wie es in Tit/1Tim propagiert wird. Bemerkenswerterweise schließt MacDonald nicht aus, dass die Pastoralbriefe (namentlich 2Tim) von einer Verfasserin geschrieben sein könnten.[636] Bleibt man bei der Bewertung und den Rollenverteilungen der Frauen nach 1Tim und Tit stehen und überträgt sie auf 2Tim, so bliebe eine solche Erwägung haltlos, wenn man nicht konzedieren will, dass eine Frau im Namen des Paulus lehrt, dass Frauen nicht lehren sollen (vgl. 1Tim 2,12). Wenn hingegen die oben vorgelegte Interpretation etwas Richtiges getroffen hat mit der Vermutung, dass durch 2Tim ein kritisches Fragezeichen an Positionen angebracht werden sollte, die im Namen des Paulus Vorstellungen wie die in 1Tim und Tit skizzierten propagiert haben, dann könnte auch eine Autorin dieses Paulusbuch geschrieben haben.

5.3 Authentizitätsfiktion

Die Briefe in dieser diskursiven Dynamik hören zu können, setzt voraus, dass man entweder dem Apostel eine grundlegende Wandlungsfähigkeit zutrauen kann oder aber dass man die Fiktion durchschaut. Im ersten Fall ist die Lesebewegung Nachvollzug der Lebensbewegung des Briefschreibers: Die Lesenden glauben, drei echte Briefe des Apostels vor sich zu haben und ihn an drei Punkten seines Lebens und Denkens beobachten zu können, und

---

[636] Vgl. MacDonald: Narratives, 62.

sehen dabei, wie er sich verändert hat angesichts seiner Gefangenschaft. Im anderen Fall vollzieht man die gleiche Lesebewegung – allerdings mit dem Wissen, dass es sich hierbei um eine ‚literarische Lebensbewegung' handelt, der Wirklichkeitsbezug somit gebrochen ist und den Anweisungen der Briefe keine performative Valenz, sondern eine literarische Wirklichkeit zukommen. Dieser zweite Leser erkennt das literarische Spiel und kann es goutieren. U. Eco hat in seiner Analyse des Pliniusbriefes, in dem dieser vom Tod seines Onkels und dem Ausbruch des Vesuv ‚berichtet' (epist. VI 16), die Vermutung geäußert, dass jeder fiktionale Brief diese beiden Modell-Leser voraussetze: den einen, der auf die Fiktion hereinfällt, den anderen, der sie durchschaut.[637] Gibt das Paulusbriefbuch Hinweise darauf, dass sein Verfasser mit dem zweiten Leser gerechnet hat?

Holzberg hat darauf hingewiesen, dass die in den Briefbüchern benutzte Sprache sowie die Inkonsistenzen hinsichtlich der fiktionalen Welt (wie z.B. Anachronismen) für den Aufbau der Fiktion eine zentrale Rolle einnehmen, indem sie sowohl den Eindruck der Authentizität des vorliegenden Schriftstückes verstärken bzw. allererst hervorrufen als auch distanzierend wirken können und damit ermöglichen, die Fiktion als solche zu durchschauen.[638] In der Pastoralbriefforschung kann man ebenso wie allgemein in der Forschung zu antiken Briefen eine augenfällige Inkonsequenz in der Beschreibung und Auswertung des sprachlichen Befundes feststellen. So wird zum einen behauptet, die Sprache diene als Mittel der Authentifizierung, während sie gleichzeitig für die Forschung das wichtigste Material für den Nachweis der Inauthentizität des betreffenden Textes ist.[639]

Die Sprache sowie die materiale Ausfüllung der Briefe mit Details aus der Biographie, der Geschichte, der Philosophie bzw. Theologie dient beidem, sowohl die Echtheit zu suggerieren als auch die Fiktion durchschaubar zu machen, wobei man prinzipiell von individuell unterschiedlichen Rezeptionsweisen ausgehen muss: Je nach individueller ‚Lesekompetenz' – d.h. Vorwissen um Paulus und Paulusbriefe bzw. um das Gemeindeleben zur Zeit des Paulus, Verknüpfung inter- und intratextueller Hinweise usw. – werden einige eher die Kohärenzmerkmale zwischen Paulus und den Tritopaulinen aktualisiert haben, andere dagegen die Divergenzen, so dass die

---

[637] Eco: Porträt, 242.

[638] Vgl. Holzberg: Briefroman, 49f (s.o. S. 45f Nr. 5 des Tableaus).

[639] Nicht nur die moderne, auch die antike Forschung greift auf die Sprache zurück, vgl. Diog. Laert. I 112 zum Erweis der Unechtheit eines Solonbriefes durch den Grammatiker Demetrius aus Magnesien (1. Jh.v.Chr.). Zur antiken philologischen Echtheitskritik vgl. auch Speyer: Fälschung, 124–128. Bezüglich der Pastoralbriefe vgl. z.B. Miller: Pastoral Letters, 139, der entsprechend seiner These einer über einen längeren Zeitraum gewachsenen Anthologie die (auch sprachlichen) Differenzen zu Paulus für zu schwerwiegend hält, um in ihnen eine bewusste Paulusimitation entdecken zu können.

einen die Brieffiktion für ‚bare Münze' genommen, die anderen dagegen
dieselbe durchschaut haben.[640]

5.3.1 Sprache als Fiktionalitätsmarker[641]

In der Einleitung ist auf den markant paulinisch-unpaulinischen Charakter
der Tritopaulinen verwiesen worden, ein Befund, der auch auf die Sprache
der drei Briefe zutrifft. Durch die Vermischung von paulinischer und nicht-
paulinischer Sprache, durch das Aufgreifen paulinischer Wendungen (die
zum Teil zumindest aus bekannten Paulusbriefen übernommen, wohl aber
auch durch mündliche Paulustradition vermittelt sind),[642] wird der Eindruck
erweckt, dies alles schon einmal gehört/gelesen zu haben und *gleichzeitig*
etwas Neues zu hören/lesen. Aufgrund der sprachlichen Differenzen zu Paulus, v.a. aufgrund des Fehlens zentraler paulinischer Theologumena (z.B.
σῶμα, ἐλευθερία, φρονεῖν, καυχᾶσθαι) sowie der unauffälligen Partikel
und Präpositionen (z.B. ἄρα, διό, σύν), die Paulus gehäuft benutzt, die in
den Tritopaulinen aber vollständig fehlen, schreibt Holtzmann: „Auf diesem
Punkt liegt die Erklärung, warum ein mit der paulinischen Tonwelt gesättig-
tes Gehör schon über dem blosen Vorlesen der Pastoralbriefe Unbefriedi-
gung empfindet."[643]

Er übergeht dabei freilich die ebenso auffallenden Gemeinsamkeiten.
Der oben aufgeführte Vergleich der Präskripte der Pastoralbriefe untereinander und mit denen der anderen unter dem Namen des Paulus umlaufenden

---

[640] Vgl. Klauck: Briefliteratur, 304; Zimmermann: Unecht, 35.

[641] Zu Fiktionalitätsindizes und dem grundlegenden Problem einer Differenzierung von fiktionalen und faktualen Texten aufgrund textimmanenter Beobachtungen vgl. zum einen Hamburger:
Logik, 15–56, zum anderen Searle: Ausdruck, 80–97. Während Hamburger von objektiv feststell-
baren Fiktionalitätsindizes ausgeht – mit Ausnahme von Ich-Erzählungen, die mithilfe innertextli-
cher Merkmale nicht von autobiographischen Texten unterschieden werden könnten (vgl. v.a.
286–297) – (ähnlich auch Cohn: Kennzeichen), bestreitet Searle grundsätzlich die innertextliche
Differenzierbarkeit von faktualer und fiktionaler Textualität: „Das Kriterium zur Identifikation
eines Texts als fiktionales Werk muß notwendigerweise in den illokutionären Absichten des
Autors liegen. Es gibt keine – sei's syntaktische, sei's semantische – Eigenschaft eines Texts, die
ihn als fiktionales Werk ausweise" (87). Dazu auch Genette: Fiktion, 65–94.

[642] Vgl. etwa Barnett: Paul, 251–277, und die von Reuter erstellte Synopse von Pastoral- und
Paulusbriefen. Grundlegend zur Bewertung der Paulusrezeption jetzt Merz: Selbstauslegung, v.a.
1–71; 195–244. Die Art der Paulusimitation wird i.A. als *freie* Aufnahme des paulinischen Denkens und Sprechens verstanden, vgl. Aageson: Authority, 22; Trummer: Corpus, 123; ders.:
Paulustradition, 15; 110. Zur Bewertung der Sprache der Pastoralbriefe im Gegenüber zu den
paulinischen Homologumena vgl. grundlegend Holtzmann: Past, 84–118, sowie die Überblicke bei
Spicq: Past, 179–200; Schenk: Briefe, 3408–3421; Weiser: 2Tim, 58f; Marshall: Past, 59–66; und
v.a. Roloff: 1Tim, 28–32 mit bes. Diskussion der sprachstatistischen Methode.

[643] Holtzmann: Einleitung, 319. Vgl. Bultmann: Theologie, 533: „Charakteristisch ist, daß
zwar paulinische Gedanken nachklingen, wichtige Begriffe der paulinischen Theologie aber teils
verschwunden sind, teils ihre alte Bedeutung verloren haben."

Briefe zeigt, wie ähnlich sie paulinischer Sprache sind und wie frei sie paulinische Schreibmuster aufnehmen.[644]

In der inhaltlichen Ausgestaltung der Briefe zeigt sich diese Dialektik von bekannt und doch neu ebenfalls. Die Reiseangabe 1Tim 1,3 scheint vertraut zu sein, erweist sich bei genauerer Lektüre jedoch als nicht mit den Angaben aus Apg 19f bzw. den anderen Paulusbriefen zu vereinbaren.

Dass Paulus an seinen „rechtschaffenen bzw. geliebten Sohn Timotheus" schreibt, hört sich angesichts seiner Beschreibung Phil 2,19–22 (vgl. die Charakterisierung seines Wirkens für die Philipper mit γνησίως Phil 2,20) bzw. 1Kor 4,17 (μου τέκνον ἀγαπητόν) gut paulinisch an. Dass er in den Pastoralen dagegen als zu unterweisender Jüngling erscheint, passt nicht zu seiner Co-Autorschaft von 2Kor, Phil, 1Thess, Phlm (vgl. 2Thess, Kol).[645] Generell weisen die Pastoralbriefe ein anderes Verständnis von der Beziehung zwischen Paulus und seinen Mitarbeitern auf als die echten Paulinen.[646] In diesen sind die Mitarbeiter des Paulus allpräsent. Angefangen bei den *praescriptiones* (allein Röm ist ohne Mitabsender geschrieben),[647] durchziehen ihre Namen die Paulusbriefe, so dass paulinische Mission wesensmäßig als kollegial verstanden werden muss. In den Pastoralbriefen dagegen, die darin die Tendenz der anderen nachpaulinischen Literatur (Eph, 2Thess, Apg)[648] aufgreifen, ist Paulus der *spiritus regens*, der über ein Missionsteam verfügt, dessen Mitglieder er beauftragen und aussenden kann.

---

[644] Diese Freiheit in der Gestaltung hat Ausleger bewogen, hierin ein Indiz der Echtheit zu sehen, da ein Fälscher damit die Unechtheit seines Produktes schon in den ersten Zeilen zu erkennen gegeben hätte (vgl. z.B. Zahn: Einleitung, Bd. 1, 480; 488f). Vgl. dagegen die Lesestrategie am Ende des Platon-Briefbuches: Im letzten Brief gibt Platon dem Dionysios als Kennzeichen der ernst zu nehmenden Briefe an ihn an (epist. 13.363b): „θεός ist der Anfang des ernst zu nehmenden Briefes, θεοί der des weniger [ernst zu nehmenden]." Allein Brief 6.322c beginnt entsprechend („einer der Götter"), ist jedoch weder an Dionysios gerichtet, noch ist die Qualifizierung des Inhaltes als nicht ernst gemeint passend. Evtl. kann epist. 3.315b herangezogen werden, kommt doch Platon hier in seiner schriftlichen Verteidigung an den Tyrannen gegen Verleumdungen recht bald zu Beginn auf „den Gott in Delphi" zu sprechen.

[645] Vgl. auch Barrett: Past, 9f. Wird entsprechend die Echtheit von 2Tim verteidigt, leidet das Bild des treuesten Paulusmitarbeiters, dem Unfähigkeit bescheinigt wird: „There are clear hints in 2 Timothy that Paul was not pleased with his disciple's performance. [...] Evidently Timothy was one of those people who make wonderful assistants but poor leaders." (Murphy-O'Connor: Paul, 365f. Vgl. Prior: Paul, 62–64; 141–165).

[646] Vgl. auch Miller: Pastoral Letters, 7–9. Zur Veränderung der Rolle der Mitarbeiter des Paulus in den Tritopaulinen gegenüber den echten Briefen und den Deuteropaulinen s.o. Kap. 3.1.1.

[647] In Gal 1,2 nennt Paulus zwar keinen Mitabsender beim Namen, verortet sich aber als Briefschreiber in der größeren Gemeinschaft (καὶ οἱ σὺν ἐμοὶ πάντες ἀδελφοί). Eph folgt Kol hier nicht und lässt Paulus alleine den Brief schreiben.

[648] Zum antihierarchischen Bild von Gemeinde nach Paulus, das Kol entwirft, vgl. Standhartinger: Studien, 236–246.

Wie Paulus in der Situation der Gefangenschaft seine Beziehung zur Gemeinde reflektiert, ist ebenfalls aufschlussreich: Zunächst scheint die Verbindung von Gefangenschaft und Christusverkündigung, die theologische Interpretation der Gefangenschaft, wie Paulus sie in Phil vornimmt, in 2Tim aufgenommen zu sein. Aber auch hier ist eine tief gehende Differenz zu beobachten: Während Paulus in Phil seine Beziehung zu Christus reflektiert sowie die Beziehung der Gemeinde zu Christus, Christus also Bezugspunkt beider Relationen ist,[649] ist in 2Tim Paulus selbst der konstante Bezugspunkt: Paulus reflektiert seine Beziehung zu Christus und die Beziehung des Timotheus zu sich.

Die Debatte um die Paulusgemäßheit der Theologie der Pastoralbriefe bestätigt weiter die oben ausgesprochene These. Sowohl die Verteidiger der Echtheit resp. der angemessenen Weiterführung paulinischer Theologie in ihnen als auch die Positionen, die in den Tritopaulinen eine Verzeichnung der Theologie des Paulus illustriert finden, können gute Gründe für ihre Interpretationen anführen.[650] Der durch die Abweichungen in der Ähnlichkeit bereits geweckte Verdacht der Nicht-Echtheit des Buches wird durch andere Momente bestärkt, wie dessen Unvereinbarkeit mit anderen Paulustraditionen, wie sie z.B. aus den anderen unter seinem Namen umlaufenden Briefen vertraut sein können.

Hier ist als Erstes natürlich die Gesamtkonzeption ein entsprechendes Indiz. Die Briefe verweisen in einem deutlichen Maße aufeinander, so dass ihre Zusammengehörigkeit offensichtlich wird. Die Adressierung an Einzelpersonen alleine kann schon ein Hinweis auf ihren nichtpaulinischen Ursprung sein, da diese die Briefe von den Gemeindebriefen einschließlich Phlm abhebt und in eine Sonderstellung rückt.[651]

Zusätzlich sind die *biographischen* Widersprüche zwischen den Pastoralbriefen und den Homologumena ein Indikator der Unechtheit:[652] die augenfälligsten sind neben der Darstellung langjähriger Mitarbeiter des Paulus (Timotheus und Titus) als unterweisungsbedürftige Jünglinge die Beschreibung des Demas in Phlm 24; Kol 4,14 und 2Tim 4,10,[653] die Darstellung des Markus und natürlich die Situationsangaben der Pastoralbriefe.[654]

---

[649] Vgl. Wischmeyer: Themen, 295f.

[650] Vgl. z.B. Bultmann: Art. Pastoralbriefe, 996; ders.: Theologie, 533–536.

[651] Schon Torm: Psychologie, 49–51, verweist auf den delikaten Charakter der Adressierung (zusammen mit der Mehrzahl der Briefe), der für ihn jedoch ein Argument für die Echtheit ist: Ein Verfasser mit Täuschungsabsicht wäre nicht so eklatant von paulinischen Briefkonventionen abgewichen. Vgl. auch Trummer: Corpus, 127 mit Anm. 15; beide verweisen darauf, dass auch *Canon Muratori* hier Erklärungsbedarf sieht, Text s.o. Kap. 1.1.

[652] Vgl. auch Donelson: Pseudepigraphy, 60f.

[653] Die negative Sicht des Demas wie in 2Tim auch in Act Pl et Thecl 1; 4 und 11ff.

[654] Entsprechend führen z.B. Zahn: Einleitung, Bd. 1, 462–464; Jeremias: Past, 2; Robinson: Redating, 72, als Argument für die Echtheit der Pastoralbriefe ins Feld, dass ein Fälscher kaum so

Schließlich sind auch die Neuerungen in der *paulinischen Sprache* (z.B. die εὐσέβεια-Terminologie oder die σωτῆρ-Theo-/Christologie) und die im Gegenüber zu den paulinischen Homologumena differente *Gemeindestruktur* (das Nebeneinander von Presbytern und Episkopen, allgemein der Eindruck einer stärkeren Ämterstruktur) als bewusste Anachronismen[655] zu bewerten, die eine distanzierende und die Fiktion der echten paulinischen Verfasserschaft aufbrechende Funktion haben. All die angeführten Indikatoren der Unechtheit der Pastoralbriefe gewinnen eine solche Wirkung jedoch nur dann, daran sei noch einmal erinnert, wenn die Leserinnen und Leser über ein entsprechendes Hintergrundwissen verfügen, d.h. wenn sie andere Paulusbriefe kennen.

Die diversen beobachtbaren Gemeinsamkeiten mit anderen Textzeugen aus der ersten Hälfte des 2. Jh. (z.B. Apk; 1Petr; Apg; Polyk.; Ign.[656]) etwa hinsichtlich Gemeindestruktur, Gegnerprofilen oder Theologumena lassen sich interpretieren als unbewusster Reflex der Gegenwart des Verfassers bei Abfassung seiner historischen Fiktion. Daneben sollte jedoch nicht die Möglichkeit verkannt werden, dass es sich hierbei nicht um einen *faux pas* handelt (und dem Verfasser damit nicht Inkonsistenz zu attestieren sei),[657] sondern um eine bewusst genutzte Distanzierungsstrategie. Diese Vermischung von gegenwärtigen Fragen, Herausforderungen, Strukturen und der Sprache mit denen durch die Brieffiktion der historischen Situation zur Zeit des Paulus gegebenen ist m.E. der Hauptgrund, weshalb es nicht gelingen mag, aus dem Briefbuch eine deutliche Ämter- und Gemeindestruktur herauszuarbeiten, wie sie am Anfang des 2. Jh. in Kleinasien, Griechenland oder Rom

---

grob gegen die bekannte Paulusbiographie verstoßen haben würde, da so seine Fälschung als Fälschung sofort entdeckt worden wäre.

[655] Ebenso als Anachronismen wirken die Angaben, die bezüglich der Gegner gemacht werden, wenn ihre Zeitdimensionen aufgehoben werden: Paulus warnt Timotheus zum einen vor künftigen Gegnern (als eschatologischer Größe), gibt zugleich aber Anweisungen, wie Timotheus im Hier und Jetzt mit ihnen umzugehen hat. Zum Problem der Forschung, die Gegner religionsgeschichtlich zu verorten, vgl. Schlarb: Lehre, 73–82, und jetzt auch Pietersen: Polemic, 3–26.

[656] Zu den Datierungsmöglichkeiten und Unsicherheiten vgl. jeweils die Kommentare. Zur Spätdatierung von Apk und 1Petr vgl. Reichert: Konfusion, 248–250; zur Datierung von Apg sowie zum Vergleich der kirchlichen Strukturen und Debatten in der ersten Hälfte des 2. Jh. vgl. Pervo: Dating Acts, v.a. 201–342. Die Ignatianen sind jedoch m.E. wahrscheinlicher ein Briefroman aus der zweiten Hälfte des 2. Jh. über einen Märtyrer namens Ignatius aus der ersten Hälfte des 2. Jh., vgl. zur Datierung Hübner: Thesen.

[657] Zahn: Einleitung, Bd. 1, 462: „Wie wäre es zu erklären, daß ein Pseudopaulus, welcher um 100 oder um 160 durch seine Dichtung auf die kirchenregimentlichen Verhältnisse seiner Zeit einwirken wollte, die ihn umgebende Wirklichkeit des kirchlichen Lebens so völlig ignoriert und in bezug auf die wesentlichen Formen der Gemeindeverfassung seinen Pl und dessen Gehilfen mit so strenger Kunst im Kostüm und der Terminologie der Jahre 50–70 gehalten hätte? Die Absicht, auf diese Weise jeden verräterischen Anachronismus zu vermeiden, würde mit der gleichzeitigen Absicht, unter dem Namen des Pl auf die Gegenwart der Kirche zu wirken, in unversöhnlichem Widerspruch gestanden haben".

Gemeindewirklichkeit gewesen sein könnten. Damit sind die Briefe eher zeitgenössischer Romanliteratur vergleichbar[658] als Gemeindeordnungen.

5.3.2 Ablehnung der Pastoralbriefe in der Alten Kirche

Gegen eine solche Auswertung der Beobachtungen kann eingewandt werden, dass die Pastoralbriefe nicht immer als Corpus überliefert[659] und seit ihrer frühesten Rezeption als echte Paulusbriefe angesehen wurden. In dieser Generalität ist letztere Aussage, auch wenn sie immer wieder angeführt wird,[660] allerdings schwerlich zutreffend. So gibt es durchaus eine Ablehnung der Briefe in der Alten Kirche. Die folgend angeführten Theologen polemisieren gegen verschiedene ‚Häretiker', die die Briefe ablehnen. Über die Zuverlässigkeit der Aussagen und die jeweils hinter der Ablehnung stehenden Motive kann freilich kein verlässliches Urteil gewonnen werden.[661]

1.) *Clem.Al. Strom. II 11,52,6* (Ablehnung von 1/2Tim):

„Durch diesen Ausspruch (sc. 1Tim 6,20f) überführt, verwerfen die Häretiker die Briefe an Timotheus." (ὑπὸ ταύτης ἐλεγχόμενοι τῆς φωνῆς οἱ ἀπὸ τῶν αἱρέσεων τὰς πρὸς Τιμόθεον ἀθετοῦσιν ἐπιστολάς).

2.) *Origenes: Commentaria in Evangelium secundum Matthaeum. Series §*
117fin. (916) (= PG 13,1769C) (Ablehnung von 2Tim):

Origenes führt nichtkanonische Zitate bei Paulus auf, wie 2Tim 3,8, und merkt an, dass Paulus hier auf ein apokryphes Buch (*libro secreto*) mit dem Titel *Jamnes et Mambres liber* zurückgreife, und notiert darauf:

„Daher haben einige es gewagt, den Brief an Timotheus zu verwerfen, weil er einen Text aus einem Geheimbuch enthält, aber sie konnten sich nicht durchsetzen; …"

---

[658] Ähnlich lässt sich in den antiken Romanen beobachten, dass die wenigen Hinweise auf römische Institutionen nicht so sehr Ausdruck historischer Akkuratesse sind, sondern eher den Eindruck von Wirklichkeit erwecken wollen, vgl. Schwartz: Rome, 376: „We see in these details an attempt to evoke general verisimilitude rather than to present a systematic depiction of specific historical persons or institutions."

[659] So wird Tit auch ohne die Timotheusbriefe zusammen mit anderen (z.T. biblischen) Schriften in einer koptischen Handschrift aufgeführt, s.o. Kap. 1.1.

[660] Z.B. Barrett: Past, 4: „[…] no one in antiquity appears to have doubted the Pauline origin of the letters. They seem to have been accepted by all, whether orthodox or heretical, who knew them." Vgl. auch Kümmel: Einleitung, 326; Looks: Anvertraute, 29f. In eine Fußnote am Ende des Absatzes verbannt dann die Konzession: „Einzig in der Frühen Kirche nahmen sich manche Häretiker die Freiheit, insbesondere die Timotheusbriefe abzulehnen" mit Hinweis auf Clemens Alexandrinus (Anm. 14). Porter: Authorship, 115; 119f; 121 Anm. 51.

[661] Vgl. Merz: Selbstauslegung, 74–78; Zahn: Geschichte, Bd. 1.1, 266 Anm. 2; Trummer: Paulustradition, 18f.

(*Unde ausi sunt quidam Epistolam ad Timotheum repellere, quasi habentem in se textum alicujus secreti, sed non potuerunt*; Übers. Vogt).

3.) *Hieronymus: Commentariorum in Epistulam ad Titum liber unus. Prologus §§ 685f* (= PL 26,589f) (Ablehnung von 1/2 Tim [und Tit]):

Hieronymus polemisiert gegen Häretiker (von denen Markion und Basilides namentlich genannt werden), die die Briefe der Apostel z.T. nach ihrer eigenen Auffassung überarbeiten (*eradere*), z.T. ganz verwerfen (*repudire*), nämlich: „die an Timotheus, wie es scheint, beide, den an die Hebräer und den an Titus".[662] Und nach der allgemeinen Invektive gegen die Häretiker, die aus eigener Autorität proklamierten: „Jener ist ein Brief des Paulus, dieser ist es nicht", und auch Briefe bewusst fälschten,[663] kommt er auf Tatian zu sprechen:

„Aber Tatian, der Patriarch der Enkratiten, der auch selbst einige Briefe des Paulus verworfen hat, meinte, dass dieser, also der an Titus, am meisten von den Briefen des Apostels zu verlesen sei; ..." (*Sed Tatianus Encratitarum patriarches, qui et ipse nonnullas Pauli epistolas repudiavit, hanc vel maxime, hoc est, ad Titum, Apostoli pronuntiandam credidit; ...*).

Den Grund für die explizite Anerkennung des Tit vermutet Grant in der Erwähnung von ἐγκρατής in Tit 1,8,[664] wogegen die Timotheusbriefe von Tatian abgelehnt worden seien dürften, da die Aufforderung an Timotheus zum Weingenuss wie auch zum ehelichen Leben dessen asketischem Ideal entgegengestanden habe.[665] Aber letztlich ist die Notiz eher ein Hinweis auf die Meinung des Hieronymus als auf Tatian. Eine Benutzung des Tit oder der Timotheusbriefe lässt sich bei Tatian nicht sicher erheben, so dass es auch möglich ist, dass er sie nicht gekannt hat.[666] Der gleiche Schluss lässt sich auch bezüglich der Anmerkung zu Markion ziehen, die neben Hieronymus noch Tertullian als ‚Zeugen' aufweisen kann (Marc V 21,1).[667]

---

[662] *Ut enim de caeteris Epistolis taceam, de quibus quidquid contrarium suo dogmati viderant, eraserunt, nonnullas integras repudiandas crediderunt: ad Timotheum videlicet utramque, ad Hebraeos, et ad Titum, ...*

[663] *Nunc vero cum haeretica auctoritate pronuntient et dicant: Illa epistola Pauli est, haec non est; ea auctoritate refelli se pro veritate intelligant, qua ipsi non erubescunt falsa simulare.*

[664] Die Verbindung des Titus mit asketischen Lebensidealen ist auch durch den apokryphen Titusbrief (5. Jh., Spanien?) bezeugt, vgl. dazu de Santos Otero: Brief, 50–70.

[665] Vgl. Grant: Tatian, 301; auch Dibelius/Conzelmann: Past, 2; dagegen Schenk: Briefe, 3406 Anm. 10 mit Verweis auf Kümmel: Einleitung, 326 Anm. 4.

[666] Vgl. dazu Looks: Anvertraute, 259–263.

[667] S.o. S. 173 Anm. 22.

4.) *Augustin: Contra Faustum XXX 1–4* (Ablehnung der Pastoralbriefe):

Angesichts der asketischen Lebenshaltung der Manichäer hatte Augustin ihnen vorgehalten, dass sie damit eine dämonische Lehre vertreten würden, und stützt sich für sein Argument primär auf 1Tim 4,1–3.[668] Darauf reagierte der Manichäer Faustus von Mileve in seiner Schrift *Capitula*, die Augustin ausführlich zitiert (§§ 1–4), um sie anschließend zu widerlegen (§§ 5–6).[669] In dem Zitat des Faustus finden sich einige Anmerkungen gegen die Verfasserschaft des Paulus; wenn Augustin dagegen die antiasketische Position der Pastoralbriefe als echt paulinisch anerkennt, dann – so wirft Faustus ihm vor – könne er diese Aussagen weder mit dem mosaischen Gesetz (§ 1) noch mit den in der Kirche verehrten Asketen bzw. mit der Praxis des Fastens während der Fastenzeit (§ 3) in Übereinstimmung bringen und müsse sogar neben dem Apostel Paulus auch Christus selbst als Lehrer dieser dämonischen Lehre verwerfen. Aus den zahlreichen Anmerkungen des Faustus, aus denen hervorgeht, dass er die Authentizität der Pastoralbriefe abstreitet, seien folgende angeführt:[670]

„(§3) What is to be thought of this verse, or its author; or to who does it apply, since it agrees neither with the traditions of the Old Testament, nor with the institutions of the New? (§ 4) Consider, I beseech you, if it is not perfect madness to suppose these words to be Paul's, ... But will you say the same of Christ, or of the Apostle Paul, who, we know, everywhere expressed the same preference for unmarried women to the married, and gave an example of it in the case of the saintly Thecla?" *([§ 3] Quid ergo sibi vult capitulum hoc, aut a quo scriptum putabimus et contra quos, quod nec veteris testamenti traditiones nec novi confirmet scita? [§ 4] videte, quaeso, videte, ne summae dementiae hoc sit a Paulo dictum putare, ... num igitur et de Christo eadem dicere poteritis aut de apostolo Paulo, quem similiter ubique constat et verbo semper praetulisse nuptis innuptas et id opere quoque ostendisse erga sanctissimam Theclam?).*

Faustus, soweit wir Augustin folgen können, geht hier tendenzkritisch mit den unter dem Namen des Paulus umlaufenden Briefen um und qualifiziert die Pastoralbriefe auf dem Hintergrund anderer Paulusbriefe und von umlaufenden Pauluslegenden her[671] als nicht authentisch.[672]

---

[668] § 1 fängt an: *Faustus dixit: De vobis iam dudum Paulus scripsit, quia discedent etc.* (folgt Zitat von 1Tim 4,1–3).

[669] Versuch einer Rekonstruktion durch Monceaux: Faustus.

[670] Text nach CSEL XXV, 749–752, Übers. NPNF 1. Serie, IV, 328f.

[671] Zur Stelle auch MacDonald: Legend, 95: „We have a record of one debate in which the great popularity of Thecla was used to argue against the Pauline authorship of the Pastorals, or at least of those passages which forbid marriage."

[672] Vgl. noch § 3: *quia si hoc v e r u m et a b a p o s t o l o dictum testimonium est ...*

5.3.3 Hermeneutische Nebenbemerkungen

Vorausgehend wurde gezeigt, dass die Sprache sowie die aufgebaute Denk- und Lebenswelt der Briefe sowohl die Fiktion der Briefe unterstützen als auch in Frage stellen. Je nach vorhandener Enzyklopädie zum Eintrag ‚Paulus' lassen sich die Briefe unterschiedlich verstehen. Zudem konnte gezeigt werden, dass sie auch unterschiedlich verstanden worden sind. Entgegen der wiederholt getroffenen generalisierenden Aussage, dass die Tritopaulinen von frühester Zeit an als echte Paulusbriefe galten, konnten einige überlieferte Zeugnisse von Theologen zusammengestellt werden, die die Pastoralbriefe oder einzelne von ihnen abgelehnt haben, weil sie die Fiktion durchschauten.

Eine Schwierigkeit für die Rekonstruktion der frühen Rezeption christlicher, kanonisch gewordener Literatur liegt in ihrer Rezeptionsgeschichte selbst begründet. Die Kanonisierung erwies sich als eine normierende Lesestrategie, die, wie die gerade zitierten Theologen deutlich machten, jede andere Lektüre der Texte als häretisch brandmarkte.[673] Solch andere Leseweisen lassen sich, wenn überhaupt, nur noch in wenigen Andeutungen erahnen. Der vergleichend literaturwissenschaftliche Blick kann hier weiterhelfen, stößt jedoch hinsichtlich der antiken Literatur ebenfalls schnell an seine Grenzen, da wir auch über deren Rezeption nur punktuell informiert sind; Publikums- oder Autorenreaktionen auf die Aufnahme ihrer Werke sind nur selten überliefert.[674] Was hingegen über die Aufnahme fiktionaler Briefliteratur aus der Neuzeit bekannt ist, sollte zu denken geben. Regelmäßig klagen die Autoren über die falsche Rezeption ihrer Werke, beschuldigen ihr Publikum der Dummheit und versuchen, durch ‚verbesserte' Neuausgaben ihre Lesestrategie durchzusetzen.[675] Diese ‚Fehlkommunikation' zwischen Autor und Leser/innen ist auch dem vom Autor intendierten und veranstalteten Verwirrspiel über den Echtheitsgrad des Werkes, über das Maß der Authentizität der edierten Briefsammlung geschuldet.

Fiktionale Briefbücher entziehen sich festlegender Lesehaltungen, indem ihre ‚Fehlrezeption' bereits ihrer Komposition inhärent ist.[676] Im Folgenden sollen zwei Aspekte solch epistolographischer Polyvalenz betrachtet wer-

---

[673] In gewisser Weise gilt dies auch für literarische Texte, insofern durch ‚kanonisch gewordene Literatur' die ästhetischen Qualitätskriterien definiert werden, die die Lektüre anderer Literatur normiert, zumindest beeinflusst, vgl. Rabinowitz: Stands, 129f. Auch nicht zu unterschätzen ist die jeweilige ‚interpretive community' für die Bedingungen der Wahrnehmung von Literatur, wie Fish: Text, gezeigt hat.

[674] Vgl. auch Schmitz: Literaturtheorie, 101f. Einer der ersten, der versucht hat, die neuphilologische Rezeptionsforschung für die Altphilologie fruchtbar zu machen, war Barner: Rezeptionsforschung, v.a. 508–513.

[675] S.o. Kap. I 1.2.

[676] Die Ich-Erzählung allgemein, v.a. aber den Brief- bzw. Memoirenroman, bestimmt Hamburger: Logik, 288, als „Mimesis der Wirklichkeitsaussage".

den. Zum einen soll auf den Vorteil von Brieffiktion im Gegenüber zu durchgehender Prosaerzählung verwiesen werden, den der Verfasser dank einer (möglicherweise) stadtrömischen Neuerung auf dem Buchmarkt nutzen konnte (4.1), und sodann wird kurz ein Blick auf lateinische fiktionale Briefbücher geworfen und v.a. auf das Verwirrspiel, das der jüngere Plinius bei der Herausgabe einer fiktionalisierten Briefsammlung ehemals echter Briefe veranstaltete (4.2).

5.4 Fiktionale Briefbücher als Verstehenshintergrund der Pastoralbriefe

5.4.1 Rolle, Codex und 2Tim 4,13: Zur Anordnung und Lesereihenfolge von Briefbüchern

Eine Stärke von Briefbüchern im Gegensatz zu einer fortlaufenden Erzählung ist es, dass die Briefe einzeln gelesen werden können. Der Verfasser gibt zwar eine Anordnung vor, den Lesenden aber ist es freigestellt, diese zu verfolgen oder zwischen den einzelnen Briefen hin- und herzuspringen. So zumindest bietet sich das Bild bei gebundenen Briefbüchern in Codexform.[677]

Anders sieht es jedoch bei dem größten Teil der Literatur im 1./2. Jh.n.Chr. aus, in dem das Rollenformat noch dominierte, das eine fortlaufende Lektüre nahelegt. Dadurch ergibt sich die Wichtigkeit einer bewussten Komposition von Gedicht- und Briefbüchern.[678] Zum einen wird gerade in längeren Werken durch das Mittel der *variatio*, die ganz verschieden ausgestaltet sein kann (Längenvariation,[679] Themenvariation, …), der Ermüdung des Lesers vorgebeugt.[680] Zum anderen wird durch Abfolge und Anordnung der Briefe/Gedichte in den Büchern die Leserichtung vorgegeben. Dadurch kommt dem Anfang einer solchen Einheit, sei es der erste

---

[677] Vgl. Manger: Klassizismus, 72, über Lesestrategien bei Wielands Briefroman *Aristipp und einige seiner Zeitgenossen*. Gleiches gilt für Briefbüchern vergleichbare Aphorismensammlungen, wie z.B. Michel de Montaignes *Essais*, die Cancik: Untersuchungen, 91–101, vergleichend heranzieht. Auch Gamble: Books, 63, verweist auf den Vorteil des „random access" des Codex gegenüber dem „sequential access", der mit der Rolle verbunden ist. Die Ausgabe als Codex erweise sich somit v.a. für nicht-fortlaufende Literatur, also die Sammlung der Paulusbriefe für Gamble, als geeignet, weniger für Evangelienliteratur.

[678] Vgl. Port: Anordnung, 456 Anm. 228a; Holzberg: Einführung, 598; ders.: Horaz, 35 (zu Hor. epist. II).

[679] Vgl. auch Maurach: Bau, 189, zu der Längenvariation beim Corpus der Briefe Platons, Horazens und Senecas. Zu Platon macht er darauf aufmerksam, dass die ersten drei Briefe kurz–lang–lang seien (worauf mit epist. 4–6 wieder kurze vor dem sehr langen epist. 7 folgen). Die Pastoralbriefe in der Reihenfolge Tit–1Tim–2Tim bieten die gleiche Abfolge kurz–lang–lang; nach Morgenthaler: Statistik, 164, ist der Wortumfang etwa: Tit 658, 1Tim 1588; 2Tim 1236; nach Trobisch: Entstehung, 138, beträgt die Buchstabenzahl Tit 3733; 1Tim 8869; 2Tim 6538.

[680] Klassisch ist die Untersuchung von Port: Anordnung.

Satz (Sen. epist. 1), sei es der erste Brief (Hor. epist. I 1) oder auch eine einleitende Briefgruppe (Plin. epist. I 1–8), eine programmatische Bedeutung zu, die das Verständnis der weiteren Lektüre bestimmen kann. Entsprechendes gilt für den Abschluss des Buches,[681] kann hier das vorausgehend Gesagte zusammengefasst oder auch kritisch kommentiert werden.[682]

Für den Bereich christlicher Literatur, um wieder auf die Pastoralbriefe zurückzukommen, ist jedoch seit dem Ende des 1. Jh. mit der Möglichkeit zu rechnen, dass ein Werk (auch) als Codex-Ausgabe kursierte oder als ein solches bereits verfasst wurde. Die Ursachen für die scheinbar schnelle Verbreitung der Codex-Form für christliche religiöse Literatur seit dem Ende des 1. Jh. und der erst viel später nachfolgenden Entwicklung im nichtchristlichen Bereich (im 3./4. Jh.) lassen sich nach wie vor nicht einhellig erklären.[683] Einige Akzeptanz hat die Vermutung gewonnen, dass ein im frühen Christentum autoritativer Text als Codex publiziert wurde und so qua religiöser Autorität formativ auf den Gebrauch des Publikationsmediums wirkte. Nach der vorläufigen These von C.H. Roberts, dass diese Funktion das Markusevangelium übernommen hätte,[684] und der späteren Modifikation zugunsten einer Sammlung von Herrenworten durch Roberts und Th.C. Skeat,[685] hat nun H.Y. Gamble die Sammlung der Paulusbriefe als solch autoritatives Textcorpus vorgeschlagen, das möglicherweise (seiner Meinung nach) schon seit dem Ende des 1. Jh., spätestens jedoch seit Anfang des 2. Jh. die zukünftige christliche Textproduktion beeinflusst habe.[686] Das Codexformat habe sich als notwendig erwiesen, da nur so die Abfolge nach der Größe und die Konzeption der Briefe an sieben Gemeinden, die

---

[681] Ein prägnantes Element lateinischer (Brief-)Gedichtbücher ist es, dass das Schlussgedicht die Selbstvorstellung des Autors enthält, z.B. Hor. epist. I 19; Ov. Pont. IV 16, hier redet Ovid von sich als einem bereits Verstorbenen, vergleichbar also dem Abschiedsbrief mit Vorausverweis auf den eigenen Tod. Vgl. Port: Anordnung, 457f. Das lässt noch einmal aus einer anderen Perspektive die Voraussetzung Wolters für die Reihenfolge der Pastoralbriefe fraglich erscheinen, dass eine fiktionale Briefsammlung mit der Selbstvorstellung des Briefschreibers beginnen *müsse*, vgl. Wolter: Pastoralbriefe, 21 (s.o. Kap. 1.3.2).

[682] Wie z.B. Plat. epist. 13 (s.o. S. 113 Anm. 405). Ebenso findet sich auch in Horazens zweitem Briefbuch eine ironische Distanzierung im letzten Brief gegenüber den vorangehenden Briefen: Nachdem er über die mangelnde Würdigung gegenwärtiger Poeten (einschließlich seiner selbst) in Rom geklagt hat (epist. II 1: an Augustus) und (folgerichtig) seinen Rückzug aus der Dichterei angekündigt hat (epist. II 2: an Florus), verfasst er ein umfassendes ,Lehrgedicht' *,über die Dichtkunst'* (epist. II 3: an die Pisonen) – „man sieht, er *kann* einfach nicht aufhören!" (Holzberg: Horaz, 36). Als Beispiel aus einem modernen Briefroman sei noch einmal auf den Abschluss der *Lettres persanes* verwiesen.

[683] Vgl. neben der im Folgenden genannten Literatur zudem noch Harris: Codex.

[684] Vgl. Roberts: Codex.

[685] Vgl. Roberts/Skeat: Birth.

[686] Gamble: Corpus, 274f (mit vorangehender Kritik an den Thesen von Roberts und Roberts/Skeat). Weiter ausgearbeitet in: Books, 55–66. Ihm folgt Hurtado: Artifacts, 43–94.

die Universalität der paulinischen Botschaft gegen die Partikularität der Briefe an einzelne Gemeinden ausdrücke, bewahrt bleiben konnte.[687]

Skeat hat, kurz bevor Gambles Buch erschienen ist, die ursprüngliche These wiederum variiert, indem er als den autoritativen Text eine Vier-Evangelien-Ausgabe vorgeschlagen hat (da der Ausblick, den Joh am Ende bot, es könnten noch viele weitere Evangelien geschrieben werden, bedrohlich für die Kirche gewesen sei), die die zukünftige Evangelienproduktion eindämmen, wenn nicht verhindern sollte. Bereits Anfang des 2. Jh. habe somit ein verbindlicher Evangelienkanon bestanden. Interessant ist, im Gegenzug zu Gamble, dass Skeat explizit eine feste Lektürereihenfolge ausschließt.[688]

Neben der religiösen Begründung steht die aus praktischen Motiven: Für den Codex wird angeführt, dass er eine größere Textkapazität habe (etwa 44 % mehr nach Skeat), dass er benutzerfreundlicher, weil Nachschlagen sowie Hin- und Herblättern leichter falle, und reisefreundlicher sei. Das erste und dritte Motiv bilden den Hintergrund für Martials Lobpreis der *membrana*,[689] womit weniger das Material (Pergament im Gegenüber zum Papyrus), sondern eher die Form (der Codex im Gegenüber zur Rolle) gemeint ist:[690]

„Wenn du meine Büchlein überall bei dir haben willst / und sie dir als Begleiter für eine lange Reise wünschst, / dann kaufe diese hier: Das Pergamentformat reduziert sie auf eine knappe Zahl von Blättern. / Buchrollenbehälter verwende für die großen Werke, mich kann man mit einer Hand fassen." (*Qui tecum cupis esse meos ubicumque libellos / et comites longae quaeris habere viae, / hos eme, quos artat brevibus membrana tabellis: / scrinia da magnis, me manus una capit).*[691]

Die Beobachtungen, die M. McCormick und W.V. Harris zu den erhaltenen Codices des 2. Jh. gemacht haben,[692] sprechen für die angeführten Gründe der Praktikabilität: Von den 17 erhaltenen griechischen Codices, die Roberts und Skeat anführen, lassen sich zehn als medizinische Handbücher,

---

[687] Gamble: Corpus, 277; ders.: Books, 59f. Den Einfluss des Codexformats auf die Bewahrung der Abfolge der Paulusbriefe – in einer festen (kanonischen) Reihenfolge – hat auch schon Dahl: Ordnung, 42f, hervorgehoben. Zur Bedeutung des 7-Gemeinde-Konzeptes vgl. auch Dahl: Particularity.

[688] Vgl. Skeat: Origin, 268.

[689] Martials Enthusiasmus wird jedoch weder von den geringen Handschriftenfunden noch von Autorenbemerkungen der ersten drei Jahrhunderte gestützt, sonst nur noch P.Petaus 30 (wohl Ende 2. Jh.), vgl. Hagedorn u.a. (Hg.): Archiv, 156f. Es kann gleichwohl davon ausgegangen werden, dass die von Martial erwähnten Texte (auch) als Codices umliefen (vgl. XIV 183–195: Homer, Vergil, Cicero, Livius, Ovid), einzig erhalten als literarischer Codex lateinischer Sprache vor dem 3. Jh. ist P.Oxy. 30 *(de bellis Macedonis).* Vgl. Harris: Codex, 71.

[690] Vgl. Leary: Martial, 252 (auch 247); Howell: Commentary, 105–107.

[691] Mart. I 2,1–4 (Übers. Barié); vgl. auch XIV 184–186; 188; 190; 192.

[692] Vgl. McCormick: Birth, 156f; Harris: Codex, 78–82.

Nachschlagewerke oder Schulbücher identifizieren, Literatur also, die primär in der Hand von Ärzten und Lehrern zu finden sei. Deren gemeinsames Merkmal sei die Mobilität, so dass die Codex-Form sich für Reisende aufgrund des geringeren Umfanges angeboten habe ebenso wie die Vereinfachung des Nachschlagens. Von ihren umherreisenden Kollegen, so schließt McCormick, hätten die christlichen Missionare und Apostel die praktische Codex-Form übernommen für ihre (religiöse) Unterweisungsliteratur, vornehmlich also für die Schriften Israels in griechischer Übersetzung.[693]

In 2Tim 4,13 bittet Paulus Timotheus, wenn er zu ihm nach Rom komme, τὰ βιβλία, μάλιστα τὰς μεμβράνας mitzubringen. *Membranas* ist ein lateinisches Lehnwort und an dieser Stelle zum ersten Mal in einem griechischen Text bezeugt. Das Bild, das in den Pastoralbriefen von Paulus entworfen wird, in Übereinstimmung mit dem der Apg und so, wie es aus den echten Paulusbriefen zu eruieren ist, ist das Bild eines stetig Reisenden. Dieses Bild passt zu der intendierten Zielgruppe, an die Martial sich mit seiner Epigrammsammlung richtet (I 2).[694] Wenn an beiden Stellen jeweils auf *membrana* verwiesen wird, so könnte vermutet werden, dass auch in 2Tim Codices mit diesem ‚neuen‘ Wort gemeint sind. Am Ende des 1. Jh. wird also, so McCormick, die Codex-Form mit apostolischer Existenzweise verbunden.[695] Ob damit eine (zumindest im Umkreis des Verfassers der Pastoralbriefe) allgemeine Ansicht aufgegriffen wird[696] oder ob ihr Verfasser diese Tradition erst gestiftet hat, lässt sich nicht klären, solange keine Codex-Handschrift der Paulusbriefe gefunden ist, die vor den Pastoralbriefen datiert, oder andere Paulus-/Apostelnachrichten, die unabhängig von den Pastoralbriefen sind, diese Verbindung ebenfalls belegen.[697]

Das besagt zwar noch nicht, dass die Pastoralbriefe selbst als Codex publiziert worden sind, hält jedoch die Möglichkeit offen und heißt zugleich, dass man mit beidem rechnen muss hinsichtlich der Frage nach der inten-

---

[693] Vgl. McCormick: Birth, 157f.

[694] Möglicherweise sind die beiden ersten Epigramme erst später von Martial zu seinem ersten Epigrammbuch hinzugefügt worden, vgl. Howell: Commentary, 6; 102. – Im vorletzten Epigramm des ersten Buches (I 117) gibt Martial wieder einen Kaufhinweis mit Lagebeschreibung einer seiner Vertriebsbuchhandlungen, diesmal aber nicht für die reisefreundliche Codex-Ausgabe, sondern für eine teure purpurfarbene Rollenedition, vgl. a.a.O. 105–107.

[695] Ebenso auch Gamble: Books, 50–52; 64f.

[696] So McCormick: Birth, 155, der dies aus Gründen der intendierten Täuschungsabsicht der Pastoralbriefe schließt.

[697] Hinzuweisen sei auch auf die wichtige Einschränkung, die Harris (Codex, 77 mit Literatur) beibringt gegen die These der allgemeinen Verbreitung (und religiösen Autorität) der Codex-Form für religiöse Schriften im Christentum, dass nämlich die ältesten Christus- und Aposteldarstellungen in Rom Rollen und keine Codices in den Händen halten. Zudem verweist er auf Act Pt 20, Theodoret zu 2Tim 4,13 (PG 82,453D) und verschiedene Märtyrerakten, in denen die Rolle statt des Codex erwähnt wird (73 Anm. 16). Zum Einwand vgl. Gamble: Books, 81, der das Argument mit dem Hinweis auf die Traditionsgebundenheit von Künstlern abtut.

dierten Lektürereihenfolge: davon ausgehen, dass die Abfolge Tit–1Tim–2Tim eine sinnvoll konzipierte ist, die eine Gedankenentwicklung impliziert, und zugleich auch damit rechnen, dass andere Lesereihenfolgen mit einkalkuliert sind, die andere Akzente setzen können.[698]

5.4.2 Fiktionale Briefbücher römischer Autoren

Abschließend und ergänzend zu den bisher herangezogenen Briefbüchern aus dem griechischen Kulturkreis sei immerhin noch angedeutet, dass Buchausgaben fiktionalisierter Korrespondenz zur Zeit des Prinzipats auch im lateinischen Sprachraum gewissermaßen *en vogue* waren.[699] Horazens und Ovids *Œuvre* schließt jeweils mit einem Briefbuch ab, das möglicherweise echte – oder einstmals echte, nun aber revidierte – Briefe mit fingierten vermischt.[700] Dass damit auch das jeweilige Gesamtwerk als eine Einheit konzipiert werden soll (die der Vorgabe von Vergils Werk: Bucolica–Georgica–Aeneis folgt und diese komplettiert),[701] wirft noch einmal neues Licht auf die von Quinn vorgetragene These, dass die Pastoralbriefe als epistolarisches Werk den Abschluss der Trilogie Lk–Apg–Past gebildet haben könnten.[702]

In diese Tradition fiktionalisierter Briefbücher reiht sich Seneca mit den *Epistulae morales* ein.[703] Weit davon entfernt, Reprint eines Kopialbuches zu sein, ist das Briefbuch einer bestimmten Intention und Konzeption Sene-

---

[698] Wie Wolters Argumentation für die Reihung 1Tim–Tit–2Tim, die eine Tendenz zunehmender Abwesenheit erkennen lässt (vgl. Pastoralbriefe, 20f), s.o. Kap. 1.3.2.

[699] Vgl. den Überblick bei Maurach: Bau, 182–199.

[700] Vgl. Cancik: Untersuchungen, 54–58 und die dort genannte Literatur. Vgl. auch Holzberg: Horaz, v.a. 31–37. Eben dies hatte schon Dornseiff: Briefe, 225, für Platons Briefe erwogen; später hat er die dort noch angenommene Echtheit der platonischen Briefe bestritten, aber die Einheit des Briefbuches weiter vertreten und ihn als einen Platon-Briefroman verstanden, der kurz nach dessen Tod geschrieben worden sei, vgl. ders.: Echtheitsfragen, 31–36.

[701] Vgl. Korenjak: Abschiedsbriefe. Während bei Vergil die Idee festzumachen ist, dass der Reifeentwicklung des Mannes die poetische Kompetenzentwicklung entspricht, d.h. dass jedem Alter eine spezifische Gattung zugesellt werden kann und der Höhepunkt mit der anspruchvollsten Gattung, dem Epos, erreicht wird (Aszendenzmodell, vgl. a.a.O. 219f; Cic. or. 107; Plut. mor. 79b; Gell. XIII 2), komplettieren Horaz und Ovid den Entwicklungszyklus (da sie im Gegensatz zu Vergil ihr Meisterwerk noch zu Lebzeiten herausgeben konnten): Da im Alter die poetische Kraft wieder abnimmt (vgl. a.a.O. 221–224; Ps.-Longin, *de sublimitate* 9,11–15; Hor. ars 38–41; epist. I 1,1–9; II 2,55–57 und Ov. trist. IV 8), greifen sie zu der literarisch weniger angesehenen Gattung des Briefes, um gleichsam mit einem biographischen Schlusspunkt ihr bisheriges Werk als *Œuvre*, d.h. als „sinnvoll strukturierte[s] Ganze[s]" abzurunden (die Definition bei Korenjak: Abschiedsbriefe, 219).

[702] S.o. S. 17f.

[703] Zur Traditionslinie von Horaz über Ovid zu Seneca siehe Maurach: Bau, 195–197. Horaz benutzte Briefe zur Darstellung der eigenen Person, Ovid hat in seinen Exilbriefen dies weiter ausgebildet und Seneca hat diese fiktionalen Briefe ihrer metrischen Form entkleidet und in Prosa übertragen.

cas entsprungen:[704] So konnte er „eine Art philosophischen Entwicklungs-
roman geben"[705]; „einen philosophischen Briefroman, dessen Held die Seele
des Individuums ist, die auf ihrer Suche nach dem Lebensglück zahlreiche
Abenteuer und Bewährungsproben zu bestehen hat".[706] Ob hierbei echte
Briefe mit fingierten vermischt sind oder ob die Briefe niemals als einzelne
verschickt wurden, lässt sich nicht mit Sicherheit feststellen:

> „Wenn die Wahrheit sich so schwer hat durchsetzen können, dann darf man darin
> vornehmlich einen Triumph der Senecanischen Darstellungskunst erblicken, der es
> gelungen ist, dem vorgetäuschten Schein das Aussehen echtesten Seins zu geben."[707]

Auch bei einer Briefsammlung von ‚echten' Briefen, wie im Fall der ersten
neun Bücher der Pliniusbriefe, stellt sich die Frage nach Fiktionalität und
Komposition der Sammlung. Entgegen älterer Pliniusforschung, die die
Briefe gemäß der epistolographischen Forderung des ‚Briefes als Spiegel
der Seele' ausgewertet hat hinsichtlich Biographie und Charakteranalyse
des jüngeren Plinius, hat M. Ludolph gezeigt, dass die von Plinius selbst
publizierte Sammlung bewusst konzipiert ist, um eine spezifische Selbstdarstellung unter den Bedingungen des Prinzipats zu entwerfen.[708] Ausgehend von der Bemerkung Ciceros (fam. XV 21,4, vgl. Att. XVI 5,5), dass
Briefe, die zur Publikation bestimmt sind, anders geschrieben bzw. nachma-
lig überarbeitet werden,[709] und im Vergleich mit den von Bettina von Arnim
herausgegebenen Briefbüchern, die auf echter Korrespondenz beruhen,[710]
weist Ludolph die Literarizität der Briefsammlung durch einen Vergleich

---

[704] Vgl. Cancik: Untersuchungen; Maurach: Bau; Hachmann: Führung; vgl. auch Lausberg: Cicero.

[705] Maurach: Bau, 195. Ob allerdings hieraus „eine ‚Entwicklung des Individuums' Lucilius"
durch die Abfolge der Briefgruppen herausgelesen werden kann (so Maurach, a.a.O. 199), muss
damit noch nicht impliziert sein, vgl. Cancik: Untersuchungen, 74f, und Abel: Problem, 490–492,
der darauf verweist, dass der Lucilius der (den Briefen vorausgehenden) Naturales quaestiones
schon längst an dem Punkt erscheint, den die Briefe erst anzielen.

[706] Klauck: Briefliteratur, 139.

[707] Abel: Seneca, 745; für die Interpretation hält Cancik: Untersuchungen, 53, diese Frage für
belanglos, da die epistulae morales in ihrer jetzt vorliegenden Form als durchkomponierte Einheit
sichtbar werden; Maurach: Bau, 17–21, lehnt die Einarbeitung ursprünglich ‚echter' Briefe ab.

[708] Vgl. Ludolph: Selbstdarstellung, 11–88; Lausberg: Cicero; sowie die Beiträge in dem von
Morello und Gibson herausgegebenen Themenheft Arethusa 36.2 (2003): Re-Imagining Pliny the
Younger (Bibliographie dort 255–262). Zur Motivation hinter Plinius' Herausgabe seiner Briefe
vgl. auch Gibson: Self-praise. Ebenso erscheint die Briefsammlung des Synesios, Bischof von
Alexandria (4./5. Jh.), als kunstvoll komponierte „Inszenierung aristokratisch-urbaner Lebens-
form" (Hose: Synesios, 126).

[709] Vgl. Ludolph: Selbstdarstellung, 28–36. Dass eine solche spätere Publikationsabsicht schon
bei der Abfassung der Briefe durchschlägt und diese dadurch ihre „Ursprünglichkeit, Direktheit,
Wahrheit" verlieren können, moniert auch Mann: Weltliteratur, 633.

[710] Vgl. Ludolph: Selbstdarstellung, 41–44. Diese Briefbücher der von Arnim werden im Übrigen auch häufiger als ‚(autobiographische) Briefromane' bezeichnet, vgl. die a.a.O. 42 Anm. 83
genannte Literatur.

ihrer Aussagen mit dem historisch rekonstruierbaren Verhalten des Plinius (z.B. seiner Beziehung zu Domitian) und durch stilistische und inhaltliche Abweichungen der Bücher I–IX und dem postum herausgegebenen (und wohl nicht überarbeiteten) Buch X auf. Der Unterschied liegt hier nicht zwischen ‚echten‘ und ‚fingierten‘ Briefen,[711] sondern Ludolph differenziert aufgrund des kommunikationspragmatischen Aspekts zwischen ‚Gebrauchsbrief‘ und ‚literarischem Brief‘:

„Als literarisch müssen alle diejenigen Briefe angesehen werden, die eben nicht die ursprüngliche Funktion erfüllen, eine wie auch immer erschwerte oder verhinderte persönliche Kommunikation zu ersetzen. Denn was haben so disparate Werke wie Senecas *Epistulae morales* und Ovids *Epistulae Heroidum*, wie der Briefroman des Chion von Herakleia und Epikurs Lehrbriefe gemeinsam, außer daß sie nicht an den Rahmen konkreter Kommunikation gebunden sind? Sie alle sind nicht für einen konkreten Adressaten geschrieben, sondern für ein breites Lesepublikum verfaßt und publiziert. [...] Gebrauchsbriefe müssen solche Briefe heißen, die nur für den oder die Adressaten bestimmt sind und ihre Funktion allein in der aktuellen Kommunikation haben; literarisch müssen solche Briefe heißen, deren Autor eine synchron und diachron nicht eingeschränkte Leserschaft im Auge hat und zeitliche Überdauerung seiner Briefe intendiert oder zumindest mit ihr rechnet.“[712]

Diesen Unterschied beachtend wird weiters die ‚Doppelgesichtigkeit‘ publizierter Briefe hervorgehoben: Nicht nur muss das in ihnen zu Wort kommende Ich als eine literarische Strategie gesehen werden, ähnlich dem lyrischen Ich in Gedichten, sondern der Verfasser kann mit dem „Unvermögen der Rezipienten, zwischen historischem und ‚literarischem‘ Ich zu trennen“ arbeiten, etwa wie im Fall des Plinius, um sich vorteilhafter darzustellen.[713] Dazu zählt auch, die literarische Briefsammlung als Sammlung von Gebrauchsbriefen auszugeben, wenn Plinius in epist. I 1 behauptet, keiner chronologischen Anordnung zu folgen, sondern die Briefe so mitzuteilen, wie sie ihm in die Hand gekommen seien.[714] Dagegen lässt sich neben einer groben Chronologie v.a. eine – wie in Gedichtbüchern üblich – Anordnung nach dem Prinzip der *varietas* feststellen und der programmatische Charak-

---

[711] Weische: Plinius, 383–386, geht von drei verschiedenen ‚Brieftypen‘ aus: (1) echte Briefe, die für einen konkreten Zweck geschrieben wurden; (2) echte Briefe, die als Kunstbriefe keinen bestimmten Zweck verfolgten; (3) eigens für die Publikation verfasste Briefe, die im Sinne der Selbstdarstellung die Lesestrategie der Briefsammlung lenken.

[712] Ludolph: Selbstdarstellung, 26f.

[713] Ludolph: Selbstdarstellung, 39f. „Publizierte Privatbriefe wie Texte der ‚persönlichen Dichtung‘ [sc. Catull, Horaz] zeigen dieselbe ‚Doppelgesichtigkeit‘: Sie tragen alle oder zumindest viele Kennzeichen privaten Schreibens und vermitteln somit den Eindruck von Authentizität, sind aber *qua* Publikation Literatur und fallen unter die Kautel der ‚tendenziellen Fiktionalität‘, und bei beiden muß man mit einem ‚literarischen‘, einem bald lyrischen, bald ‚brieflichen‘ Ich rechnen“ (a.a.O. 39).

[714] Ebenso z.B. auch Ov. Pont. III 9,51–54.

ter der ersten acht Briefe von Buch I (von Ludolph ,Paradebriefe' genannt). Diese Fiktion des Gebrauchbriefcharakters ermöglicht es Plinius, sich als meisterhaften Stilisten und als dem Ideal der *studia* verpflichtet darzustellen: „Plinius schreibt solche kunstfertigen Briefe alle Tage ..."[715]

Die Pastoralbriefe, auch wenn man trotz allem Vorbehalte hegen mag, sie als Brief*roman* zu bezeichnen, bedürfen eher von solchen Briefbüchern her wahrgenommen zu werden als von den echten Paulusbriefen. Sowenig aus der Schilderung des Serails in Montesquieus Briefen die Wirklichkeit eines persischen Harems zu ersehen ist, sowenig sagen die Pastoralbriefe etwas über die historische Situation christlicher Gemeinden in Ephesus oder auf Kreta am Anfang des 2. Jh. Sowenig man aus Senecas Briefen eine Biographie des Lucilius rekonstruieren kann,[716] sowenig sagen die Pastoralbriefe etwas über Timotheus oder Titus, über Onesiphorus oder Alexander oder über Paulus selbst.

Zum vorangegangenen Überblick gilt in Entsprechung, was G. Maurach hinsichtlich Senecas *epistulae morales* geschrieben hat:

„Der Verlauf der Tradition, der im zweiten Teil dieser Arbeit skizziert wird, soll nun nicht dazu mißbraucht werden, direkte Abhängigkeiten zu konstruieren, sondern es sollen vielmehr solche Konstruktionen geprüft werden aus der Erkenntnis, daß 1. die Ströme, aus denen *Seneca* geschöpft haben mag, viel breiter waren, als bisher angenommen wurde, und daß 2. die Abhängigkeit *Senecas* viel vorsichtiger zu beurteilen ist als es gemeinhin geschah."[717]

Die Pastoralbriefe, so das Ziel der vorliegenden Arbeit, sind nicht allein von den Paulusbriefen, und auch nicht allein von ,echten' Briefen, d.h. von Gebrauchsbriefen her zu verstehen. Einen nicht unerheblichen Teil ihres Aussagepotenzials enthüllen sie erst dann, wenn man sie von Briefbüchern her liest, deren Verbreitung zur Abfassungszeit der Pastoralbriefe viel weiter war, als die Forschung es bisher wahrgenommen hat. Abschließend soll eine knappe Rekonstruktion gewagt werden, wie es dazu kommen konnte, dass aus einem Briefroman um Paulus eine Sammlung echter Paulusbriefe werden konnte.

---

[715] Ludolph: Selbstdarstellung, 56–59.

[716] Vgl. Cancik: Untersuchungen, 53 Anm. 92, mit Kritik an dem entsprechenden Versuch von Delatte. Gleiches gilt für die historisch-biographische Auswertung der Horazbriefe, vgl. a.a.O. 55. Abel: Problem, ist zuversichtlicher, was die Möglichkeiten der historio-biographischen Auswertbarkeit der *epistulae* angeht, auch wenn er die Briefsituation als fingierte und die Rolle des Lucilius nicht als Briefempfänger, sondern als Widmungsträger der Briefe herausgearbeitet hat.

[717] Maurach: Bau, 23 und dann 181–199.

5.5 Schlusshypothese zur Dekontextualisierung der Pastoralbriefe

Mehr als eine Hypothese kann sich hier nicht anschließen, aber immerhin sei noch eine mögliche Erklärung gewagt: Im Zuge entstehender Paulus-briefsammlungen wurden die Briefe des Apostels aus ihrem ursprünglichen Kontext herausgelöst und fanden weitere Verbreitung.[718] Gemeindebriefe, die auf spezifische Situationen reagierten, bekamen von ihrer intendierten kommunikationspragmatischen Funktion differente, neue Wirkungsmög-lichkeiten. Wann diese Bewegung einsetzte, lässt sich nicht mehr genau festmachen, es scheint aber, dass Kol hier wesentlich Anteil hatte; 4,16 ist der erste deutliche Hinweis auf den Austausch von Paulusbriefen, 1Thess 5,27 oder auch Gal 1,2 dagegen können noch nicht in diese Richtung inter-pretiert werden.[719] Auf der Suche nach Paulusbriefen wurden also Briefe aus ihrer ursprünglichen Kommunikationssituation herausgelöst und publiziert, d.h. vervielfältigt und anderen zugänglich gemacht. Der literarische Kunst-charakter der Pastoralbriefe, der in ihrem anfänglichen Verbreitungsgebiet, der Gemeinde des Verfassers, bekannt war, war in dieser Situation nicht mehr erkennbar.[720] Damit teilen sie das Schicksal vieler fiktionaler Briefliteratur, auf das im ersten Hauptteil hingewiesen wurde. Wenn einige der pseudepigraphen Briefe ihren Ursprung in den Prosopopoiie-Übungen der Rhetorikschulen gehabt haben, so dürften ihre ersten Leser die Briefe kaum für echt gehalten haben. Im Zuge von Zusammenstellungen und Publikationen verschwand dieses Bewusstsein und viele Briefsammlungen galten so bis in die Neuzeit, z.T. bis heute als echt.[721] Der Gedanke bleibt eine Hypothese, aber m.E. ist diese nicht weniger begründet als die, dass die Tritopaulinen von Anfang an als echte Paulusbriefe rezipiert worden seien.

---

[718] Vgl. Lindemann: Rezeption, 342.

[719] Vgl. Standhartinger: Studien, 287f; auch Gamble: Books, 97, erwägt die Möglichkeit. Anders z.B. Prior: Paul, 53, wonach Paulus mit 1Thess 5,27 und Kol 4,16 auf „public dissemination" seiner Briefe gezielt habe.

[720] Vgl. Marshall: Past, 92. Allgemein zu diesem Schicksal antiker Briefe/Briefbücher vgl. Görgemanns: Art. Epistolographie, 1168.

[721] Der Briefwechsel zwischen Paulus und Seneca z.B. ist (gegen Lindemann: Rezeption, 342 Anm. 5) nicht „stets sofort [als literarische Fälschung] identifiziert worden", im Gegenteil wurde seine Echtheit erst seit dem Erweis der Unechtheit durch Erasmus in Frage gestellt, jedenfalls zeugt wohl Hieron. vir. ill. 12 von Hochschätzung, vgl. Römer: Briefwechsel, 45. Fürst: Einfüh-rung, 5 Anm. 3, führt gegenwärtige Ausleger an, die an der Echtheit festhalten. M.E. ist aber kaum anzunehmen, dass er mit Täuschungsabsicht geschrieben worden ist und die ersten Rezipienten ihn als echten Briefwechsel verstanden haben.

Rückblick: Briefromane erzählen

> This correspondence, by a meeting
> between some of the parties and a
> separation between the others, could
> not, to the great detriment of the
> Post Office revenue, be continued
> longer. *(Jane Austen)*[1]

So beginnt Jane Austen den Abbruch ihres nicht erschienenen Briefromans *Lady Susan.* An diesem Punkt angekommen, bricht auch der Verfasser des Paulusbriefromans ab: Paulus kann darauf hoffen, bald mit dem einen Briefpartner, mit Timotheus, zusammen zu sein, und teilt diesem mit, dass sich ein anderer Briefpartner, Titus, von ihm getrennt habe.

Dass die Pastoralbriefe ein Briefroman sind, war die Ausgangsvermutung vorliegender Arbeit, die durch die Frage angestoßen wurde, weshalb der Verfasser dieser Pseudopaulinen ein Buch von drei Briefen geschrieben hat. Die Frage ergab sich aus der Beobachtung einer doppelten Besonderheit der drei Briefe im Rahmen neutestamentlicher (Paulus-)Briefliteratur: Zum einen sind sie, anders als die übrigen neutestamentlichen Paulusbriefe, an Einzelpersonen adressiert; zum anderen sind sie erkennbar aufeinander bezogen, d.h. als Briefbuch konzipiert. Beide Charakteristika teilen die Pastoralen mit zeitgenössischen Briefbüchern, die aufgrund ihrer erzählerischen Momente als Briefromane verstanden werden können. Darüber hinaus verbindet sie eine Vorliebe für ‚unerfindliche‘ Kleinigkeiten und alltägliche Mitteilungen,[2] ebenso wie ihnen die anekdotenreiche Ausmalung bisher unbekannter oder nicht mehr bekannter Abschnitte aus der Vita einer bedeutenden, historischen Persönlichkeit gemein ist. Besonders die Zeit nach der bekannten öffentlichen Tätigkeit, die oftmals im historischen Dunkel verschluckt ist, erfreut sich der Thematisierung: ‚Was ist mit Themistokles und mit Aischines nach ihrer Verbannung aus Athen geschehen‘; ‚weshalb ist Euripides nach Makedonien gegangen‘; ‚was ist Paulus nach seiner Verhaftung widerfahren‘?

---

[1] Austen: Lady Susan, 101.

[2] Brox: Notizen, 76: „In jedem Plädoyer für die Echtheit wird auf den unbedingten Eindruck einer echten Ursprünglichkeit, großer Unmittelbarkeit, persönlicher Herzlichkeit und absoluter Unerfindlichkeit verwiesen, den die betreffenden Passagen bei jedem unbefangenen Leser erwecken." Vgl. auch das oben (S. 24f) angeführte Zitat von Wilamowitz-Moellendorff: Briefe, 496.

Ein weiterer Zug dieser Tendenz zur Intimität ist der oft zu beobachtende ausgesprochen polemische Charakter: Die Briefschreiber kämpfen gegen Diffamierungen und schrecken ihrerseits vor Invektiven gegen persönliche Feinde oder Anderslehrende nicht zurück. Für den Aischinesbriefroman konnte gezeigt werden, dass der Verfasser gegen eine (durch Demosthenes geprägte) aischineskritische Personaltradition anschreibt, die den Redner als Makedonengünstling stilisiert hatte.[3] Bei den Euripidesbriefen ließ sich dagegen eine solche Tradition nicht festmachen, es scheint eher so, als baue der Briefroman erst durch die Apologie das negative Bild des Dichters auf.[4] Der Briefroman um Sokrates und die Sokratiker stellt wiederum dar, wie die Anhänger des Sokrates nach dessen Tod zum einen zu einer Gemeinschaft werden, zum anderen wie sie z.T. bissig-polemisch darum streiten, was rechte Sokratesnachfolge sei.[5] Wenn Paulus in den Pastoralbriefen gegen Anderslehrende kämpft und seine Adressaten vor ihnen und vor den Auseinandersetzungen mit ihnen warnt, dann hat diese Polemik zunächst eine Bedeutung für das Paulusbild, das dadurch evoziert wird. Inwieweit hinter den Gegnern reale Konflikte stehen und ob sich aus den Hinweisen der Briefe konkrete Positionen erheben lassen, bedarf der Bestätigung durch andere Quellen. Wie das Beispiel der zuvor genannten Briefromane zeigt, lassen sich sowohl reine Fiktion als auch die Aufnahme aktueller Diskurse in den Texten finden. Allein von der Erwähnung auf reale Verhältnisse zu schließen, ist dagegen zu voreilig und berücksichtigt nicht hinreichend die literarische Gattung.

Wie die Formgeschichte gezeigt hat, ist die Erhebung der Gattung eines Textes notwendig zu seinem angemessenen Verständnis. Dabei darf freilich nicht aus den Augen verloren werden, dass die Bestimmung der Gattung selbst bereits ein Akt der Interpretation ist.[6] Briefromane bzw. fiktional(isiert)e Briefbücher sind in besonderem Maße solche Texte, die ,vorgeben' etwas zu sein, was sie nicht sind,[7] und die mit der Verwirrung der Leser und Leserinnen spielen. So ist die Klage von Autoren über die ,Fehlrezeption' ihrer Werke aus der Neuzeit geläufig und auch für die Antike nicht minder zu erwarten.[8]

Die vorliegende Arbeit sollte dazu beitragen, die Frage nach der Gattung der Pastoralbriefe neu zu stellen. Es soll nicht in Abrede gestellt werden, dass ihr Verfasser auf Paulusbriefe zurückgegriffen hat und diese auf die Gestaltung der drei Briefe eingewirkt haben. Die ,Fehlrezeption' setzte

---

[3] S.o. Kap. I 2.5.
[4] S.o. Kap. I 3.4.
[5] S.o. Kap. I 4.3–6.
[6] S.o. Kap. I 1.1.
[7] Vgl. Searle: Ausdruck, v.a. 87–90, s.o. Kap. II 5.3.1. Zu Plinius s.o. Kap. II 5.4.2.
[8] S.o. Kap. I 1.2.

jedoch m.E. in dem Moment ein, als man die Briefe von den Paulusbriefen her und als echte Paulusbriefe zu lesen begann. Auch nachdem in der neueren Forschung seit F.D.E. Schleiermacher erkannt worden ist, dass die Briefe keine echten Paulusbriefe sind, bleiben diese interpretationsleitend, insofern die Pastoralbriefe als Gebrauchsliteratur verstanden werden, die auf eine (in ihnen gespiegelte) Gemeindesituation reagierten. Die Maskerade der Briefe habe dann dazu gedient, ihre Autorität zu garantieren.

Dagegen sollte hier aufgezeigt werden, dass das kleine Briefbuch angemessener auf dem generischen Hintergrund des Briefromans zu verstehen ist. Dazu konnte v.a. auf die Untersuchungen von N. Holzberg und R. Pervo zurückgegriffen werden. Es erwies sich jedoch als notwendig, die von Holzberg vorgenommene Gattungstypologie zu erweitern. Da der neuzeitliche Briefroman nicht durch feste Gattungsmerkmale definiert werden kann,[9] ist ebenso wenig davon auszugehen, dass solche dem antiken Befund gerecht würden. Anhand von drei kurzen und drei ausführlichen Untersuchungen sind darauf die unterschiedlichen Erzähltechniken und der Aufbau von Personallegenden illustriert worden.[10] Es ließ sich zeigen, dass je nach kulturellen, gesellschaftlichen oder ideologischen Erfordernissen die Gattung variierbar ist.[11] Über die basale Bestimmung, dass ein Briefroman dadurch charakterisiert wird, dass Briefe das primäre Medium zum Aufbau einer Geschichte bilden,[12] scheint man m.E. nicht hinauszukommen. Statt einer Definition bleibt nur zu sagen: „Das, *und Ähnliches* nennt man ‚Briefromane‘."[13] Im zweiten Hauptteil wurden sodann Aufnahme und Veränderung der Gattung Briefroman durch den Verfasser der Pastoralbriefe dargestellt.

Zur Erfassung der Eigenart der Erzählweise in fiktionalen Briefbüchern, wie die Pastoralbriefe eines sind, galt es, sich die Grundfiktion vor Augen zu führen: Briefromane arbeiten mit dem Anschein des Einblicks in einen authentischen Briefverkehr. Deshalb wird in ihnen weniger erzählt als angedeutet, so dass die Lesenden nach und nach aus den Mitteilungen die Geschichten rekonstruieren müssen.[14] Abhängig vom jeweiligen Vorwissen können die Briefe dabei mehr oder weniger Erzählungen bergen: Sie stellen sicherlich eine anspruchsvollere Gattung dar, die „ein wachsames Ohr für jedes Wort, das eine ganze Geschichte in sich bergen kann", erfordert.[15] In der Forschungsliteratur zu den Pastoralbriefen zeigt sich die narrative Potenz etwa in den unterschiedlichen Verortungen, die diese Briefe in der

---

[9] S.o. Kap. I 1.2.
[10] S.o. Kap. I 1.3 und I 2–4.
[11] S.o. Kap. I 5.
[12] S.o. S. 37.
[13] In Abwandlung von Wittgenstein, s.o. S. 32 und S. 166.
[14] S.o. Kap. II 2–4.
[15] Sykutris: Briefe, 116, s.o. S. 163 Anm. 629.

Biographie des Paulus erfahren haben, oder in den Versuchen der Erklärung von einzelnen Sach- und Personalnotizen.[16]

Gegen die literarische Herleitung frühchristlicher Pseudepigraphie hat W. Speyer geltend gemacht, dass in den ersten drei Jahrhunderten Christen nur mit theologischen Streitfragen, Mission und Apologie beschäftigt gewesen seien – für die Produktion von „Unterhaltungsliteratur" „waren jene Zeiten zu ernst":[17] „Die Schriften der Christen dieser ersten Jahrhunderte wollten als Glaubenszeugnisse wirken und nicht als zweckfreie Literatur angesehen werden."[18]

Abgesehen von dem idealistischen Bild der frühen Christenheit, das hinter Speyers Konstruktion steht, ist auch dessen Literaturverständnis in Frage zu stellen. Keine Form von Literatur kann als ‚zweckfrei' gewertet werden, auch „eine rein künstlerisch gemeinte Erfindung"[19] entspringt den Idealen des Autors und kommuniziert diese. Für die Apostelgeschichte hat Pervo in seiner Arbeit *Profit with Delight* gezeigt, wie hier Unterhaltung und Belehrung ineinandergehen in der Rezeption des antiken Romans; A. Standhartinger hat vergleichbar anhand von *Joseph und Aseneth* illustriert, wie durch einen Roman ein bestimmtes Frauenbild vermittelt wird.[20] Bezüglich der Literatur der zweiten Sophistik, die in der älteren Forschung als solch weltfremde *art pour l'art* gewertet wurde, konnte Th. Schmitz im Anschluss an P. Bourdieus Konzeption der Reproduktion symbolischer Macht zeigen, inwieweit die Demonstration von Bildung in dieser Literatur Ideale und Gruppenzugehörigkeiten spiegelt, aufbaut und festigt.[21]

Die Erforschung der frühchristlichen griechischen Pseudepigraphie muss m.E. von zwei Voraussetzungen ausgehen: Zum einen sind deren Verfasser als Rezipienten und Produzenten griechischer Bildung und Kultur ernst zu nehmen, was beinhaltet, nicht *a priori* eine Distinktion zwischen ‚neutestamentlicher' oder frühchristlicher und paganer Literaturproduktion vorzunehmen. Das schließt zum anderen ein, jede Schrift gesondert darauf zu befragen, wie in ihr literarische Gestaltung und theologische Aussage aufeinander bezogen sind, statt eine homogene Kommunikationsstruktur für frühchristliche Schriften anzunehmen.[22]

Die Pastoralbriefe als fiktionale Briefe geben nun vor, reale Briefe des Paulus an Timotheus resp. Titus zu sein. Entsprechend besteht die Aufgabe der Auslegung darin herauszuarbeiten, ob sie – in der Sprache J. Searles –

---

[16] S.o. Einleitung Kap. 3; Kap. II 1.2; II 3; II 5.4.1.

[17] Speyer: Fälschung, 177.

[18] Speyer: Fälschung, 212.

[19] Speyer: Fälschung, 212.

[20] Vgl. Standhartinger: Frauenbild.

[21] Vgl. Schmitz: Bildung, v.a. 26–31.

[22] Vgl. auch Janßen: Namen, 260–263; 268.

als illokutionäre Sprechakte zu werten sind oder nur vorgeben, solche zu sein, ob sie (autoritative) Paränese sind oder auf eine andere Art wirken: „Fast jedes wichtige fiktionale Werk übermittelt eine ‚Botschaft' (bzw. mehrere ‚Botschaften'), die *durch* den Text, aber nicht *in* ihm übermittelt wird (bzw. werden)."[23]

M.E. dient die Maskerade nicht dazu, mit der Autorität des Paulus „diesen oder jenen zu kritisieren",[24] sondern die Briefe bieten bereits Hinweise darauf, dass sie nicht als genuine Paulusbriefe gelesen werden wollen.[25] Die in ihnen aufgebaute Autorenfiktion ist auf ihre Durchschaubarkeit angelegt, wenngleich der Autor auch auf Leser gehofft haben dürfte, die seine Fiktion nicht durchschauen, sind diese doch Zeugen seiner Kunstfertigkeit.[26]

Wenn die Briefe nicht als Paulusbriefe wirken wollen, stellt sich die Frage, was hinter ihrer Abfassung steht. Dazu muss zunächst danach gefragt werden, was das Wesentliche dieser Literaturform ist: Wozu bedarf es mehrerer Briefe, wozu reicht ein Brief nicht hin? Was ist es, das durch die Briefform unhintergehbar kommuniziert und nicht durch eine andere Gattung angemessener ausgedrückt werden kann? Zunächst ist der Brief die Literaturform der Anwesenheit in Abwesenheit. So zeigen denn die Pastoralbriefe einen Paulus, wie er sich aus der Ferne weiterhin um seine Gemeinden kümmert. Die Mehrzahl der Briefe zeigt sodann in diesem monologischen Briefroman den gleichen Schreiber an drei verschiedenen Punkten seiner Biographie und ermöglicht damit die Darstellung einer Entwicklung. Paulus erweist sich zwar in den ersten beiden Briefen als der gleiche, in seinem Gefängnisbrief allerdings ‚enthüllt er sich später als anders'.[27] Sichtbar wird solch eine Erzählbewegung jedoch erst dann, wenn die durch den Text zu erschließende Reihenfolge der drei Briefe wiederhergestellt wird (Tit–1Tim–2Tim).[28]

Es ist bereits früher aufgefallen, dass 1Tim und Tit viele Gemeinsamkeiten aufweisen und sich 2Tim von ihnen abhebt. Statt jedoch die Briefe auf verschiedene Autoren zu verteilen, wogegen neben der engen Verzahnung der Briefe auch ihre gemeinsame Sprache spricht, ergab sich aus den Beobachtungen der Spannungen und Widersprüche zwischen beiden ‚Briefblöcken' die Vermutung, dass diese eine Entwicklung des Paulus illustrieren sollen.[29] Ob diese Erzähltechnik des Gegeneinandersetzens von Briefblö-

---

[23] Searle: Ausdruck, 97, Hervorhebung im Original.
[24] S.o. das einleitende Zitat S. 13.
[25] S.o. Kap. II 5.3.
[26] S.o. S. 305 (Eco: Porträt, 242).
[27] S.o. S. 168; Kap. II 3.
[28] S.o. Kap. II 1; aber auch Kap. II 5.4.1.
[29] S.o. Kap. II 1.4.2 und II 5.

cken, wie sie häufiger in Briefromanen beobachtet werden kann[30], hinreichend ist, hier von einem ‚Bruch' zu reden, wie ich es vorgeschlagen habe, oder ob lediglich eine Akzentverschiebung stattfindet, bedarf eingehenderer Untersuchungen, als sie hier anhand der zwei Beispiele aus der Forschung zu den Tritopaulinen geboten werden konnten.[31] Mir scheint die festzustellende Erzählbewegung jedoch darauf hinzudeuten, dass die Aussagen der Briefe nicht direkt applizierbar sein sollten auf die Gemeindesituation und ebenso wenig direkt auswertbar zur Rekonstruktion derselben sind.

Dieser Eindruck entsteht jedoch dadurch, dass die Briefe an Paulusbriefen orientiert sind und von diesen her gelesen werden. So wird normalerweise danach gefragt, wie sie argumentieren, welche Theologie sie transportieren, welche Gemeindetraditionen sie bewahrt haben – ihre narrative Dimension gerät dagegen nur sporadisch in den Blick.[32] Nun hat W. Doty bereits früher die (authentischen) Paulusbriefe mit dem Briefroman in Verbindung gebracht und gezeigt, wie ihre Lektüre von solch narrativen Texten her neue Aspekte des paulinischen Theologietreibens und der Kommunikationsweise des Apostels mit seinen Gemeinden hervorheben kann.[33]

Die Tritopaulinen illustrieren ebenfalls die Art, wie Paulus mit seinen Gemeinden kommuniziert. Paulus erscheint hier nicht mehr als der um Autorität Kämpfende, sondern er verfügt über sie und kann entsprechend autoritative Worte an die Gemeinden richten; im Unterschied zu den originalen Paulinen jedoch nicht direkt, sondern vermittels seiner Beauftragten. ‚Was passierte, nachdem Paulus seine Gemeinden verlassen hatte?' mag die Ausgangsfrage für die Entstehung des Paulusbriefromans gewesen sein. Die Antwort, die der Verfasser gibt, lautet, dass Paulus seine Mitarbeiter als Delegaten in den Gemeinden zeitweise installierte, die zur Etablierung einer Gemeindeordnung (Tit) und zur Abwehr von Gegnern (1Tim) über eine abgeleitete apostolische Autorität verfügten und diese weitergaben (2Tim). Mit dieser Sicht auf die Praxis des Paulus prägte der Autor das Paulusbild der nachfolgenden Jahrhunderte. Die in den Tritopaulinen einsetzende Paulushagiographie machte aus Paulus einen religiösen ‚Helden', der zu sein er sich zeit seines Lebens geweigert hatte (vgl. z.B. 1Kor 3; 2Kor 10–13).[34] Mit der Rezeption der Pastoralbriefe als echte Paulusbriefe wurde der Blick von außen zu einem Selbstbild des Paulus.

---

[30] S.o. Kap. II 1.4.2 und 4.1.

[31] S.o. Kap. II 5.1.4 und 5.2.

[32] S.o. Einleitung Kap. 2.

[33] Vgl. Doty: Imaginings.

[34] Vgl. Georgi: Formen, 105f; die Auslegung von Phil 4,11–13 von Bormann: Philippi, 149–151 (s.o. S. 261 Anm. 438) sowie MacDonald: Emendation (s.o. S. 261 Anm. 442).

Den Schluss bildete eine hypothetische Erklärung, wie aus einem Paulusbriefroman echte Paulusbriefe werden konnten.[35] Es wäre kein Einzelfall, dass ein Briefroman für eine Sammlung authentischer Briefe gehalten wurde. Der Autorenintention steht oftmals ein „Annahme verweigert" durch die Lesenden entgegen, die die Werke nach eigenen Interessen und entsprechend ihrem Vorwissen lesen. V.a. solche Literatur, die die Lesenden verwirren will, rechnet zugleich damit, dass sie sich die Freiheit nehmen zu sagen: „Das ist wahr, das ist falsch. Das gefällt mir, das gefällt mir nicht", wie der anonyme Philosoph (Michel Foucault) eingangs dieser Arbeit einforderte.[36] Die Pastoralbriefe teilten das Schicksal vieler antiker Briefbücher, für echt gehalten zu werden. Auf der Suche nach biographischen Details waren solche Texte willkommen. Damit muss nicht das Urteil über die Früheren gefällt werden, dass sie besonders naiv gewesen seien. Im Gegenteil macht es gerade die grundsätzliche Lesehaltung aus, konsistente Ganzheit ohne Widersprüche zu konstruieren, die Spannungen in Texten und Textsammlungen durch Interpretationsakte zu erklären und die Lücken auszufüllen.[37] Zu solchem Lückenfüllen fordern Briefromane wie auch die Pastoralbriefe auf. Sie rechnen mit der Kreativität der Lesenden, ein passendes Paulusbild zu schaffen.

---

[35] S.o. Kap. II 5.5.
[36] Foucault: Der maskierte Philosoph, 131.
[37] Vgl. Martinez/Scheffel: Erzähltheorie, 126.

Quellen- und Literaturverzeichnis

Die in dieser Arbeit benutzten Abkürzungen richten sich i.allg. nach den *Abkürzungen Theologie und Religionswissenschaft nach RGG⁴*, hg. von der Redaktion der RGG⁴, Tübingen 2007.

Die Abkürzungen antiker Autoren und Werke folgen dem Verzeichnis des *DNP*. Zudem wurden für griechische Autoren *LSJ*, für lateinische Autoren *ThLL* und für altkirchliche Autoren wie frühjüdische Schriften *ThWNT* ergänzend herangezogen. Abweichend werden abgekürzt:

Act Tim   Acta Timothei
Act Tit   Acta Titi
IvEph.   Die Inschriften von Ephesus [8 Bd. (Inschriften griechischer Städte aus Kleinasien 11–17), hg. von Österreichische Akademie der Wissenschaften und Österreichisches archäologisches Institut, Bonn 1979–1984].
JosAs   Joseph und Aseneth
Sap. epist. Septem Sapientum epistulae (Zählung nach Dührsen, s.o. S. 58f).

1. Verzeichnis der Quellen und Hilfsmittel

1.1 Wörterbücher

Bauer/Aland Griechisch-deutsches Wörterbuch zu den Schriften des Neuen Testaments und der frühchristlichen Literatur von Walter Bauer, 6., völlig neu bearbeitete Auflage, hg. von Kurt Aland und Barbara Aland, Berlin/New York 1988.

Danker   A Greek-English Lexicon of the New Testament and other Early Christian Literature, revised and edited by Frederick William Danker, Chicago/London ³2000.

EWNT   Exegetisches Wörterbuch zum Neuen Testament, hg. von Horst Balz und Gerhard Schneider, 3 Bd., Stuttgart u.a. ²1992.

Lampe   A Patristic Greek Lexicon, hg. von G. W.H. Lampe, Oxford 1961.

LSJ   A Greek-English Lexicon Compiled by Henry George Liddell and Robert Scott. A New Edition Revised and Augmented Throughout by Sir Henry Stuart Jones with the Assistance of Roderick McKenzie. With a Revised Supplement, Oxford 1996.

Moulton/Milligan The Vocabulary of the Greek Testament Illustrated from the Papyri and Other Nonliterary Sources by James Hope Moulton and George Milligan, London 1930.

OLD   Oxford Latin Dictionary, hg. von P.G.W. Glare u.a., Oxford 1982.

Passow   Franz Passow: Handwörterbuch der griechischen Sprache, neu bearbeitet und zeitgemäß umgestaltet von V.Chr.Fr. Rost und F. Palm, 2 Bd. in 4 Abteilungen, Leipzig ⁵1841–1857.

Preisigke Wörterbuch der griechischen Papyrusurkunden mit Einschluß der griechischen Inschriften, Aufschriften, Ostraka, Mumienschilder usw. aus Ägypten von Friedrich Preisigke, hg. von Emil Rießling, 3 Bd., Heidelberg, später Berlin 1925–1931.

ThLL   Thesaurus Linguae Latinae, Leipzig/Stuttgart/München 1900ff.

| *ThWNT* | Theologisches Wörterbuch zum Neuen Testament, hg. von Gerhard Kittel und Gerhard Friedrich, 10 Bd., Stuttgart u.a. 1933–1979. |
| *Spicq* | Spicq, Ceslas: Theological Dictionary of the New Testament (übers. und hg. v. James D. Ernest), 3 Bd., Peabody 1994. |

1.2 Biblische und außerkanonische Schriften

Act Tim	Usener, Hermann (Hg.): Acta S. Timothei. Natalicia Regis Augustissimi Guilelmi imperatoris Germaniae ab universitate Fridericia Guilelmia Rhenana… (Programme der Universität Bonn), Bonn 1877.
Act Tit	Halkin, François (Hg.): La légende Crétoise de saint Tite, AnBoll 79 (1961), 241–256.
Lipsius	Acta Apostolorum Apocrypha post Constantinum Tischendorf denuo ediderunt Ricardus Adelbertus Lipsius et Maximilianus Bonnet, 2 Bd., Darmstadt 1959 (1891/1898/1903).
JosAs	Philonenko, Marc (Hg.): Joseph et Aséneth, introduction, texte critique, traduction et notes (StPB 13), Leiden 1968.
NA²⁷	Nestle, Eberhard/Kurt Aland u.a. (Hg.): Novum Testamentum Graece, Stuttgart ²⁷1993, 9. korrigierter Druck 2006.
NA²⁶	Nestle, Eberhard/Kurt Aland u.a. (Hg.): Novum Testamentum Graece, Stuttgart ²⁶1979, 7. revidierter Druck 1983.

Koptische Überlieferung des Neuen Testaments

Horner, G. (Hg.): The Coptic Version of the New Testament in the Northern Dialect Otherwise Called Memphitic and Bohairic, 4 Bd., Osnabrück 1969 (1898–1905).

Horner, G. (Hg.): The Coptic Version of the New Testament in the Southern Dialect Otherwise Called Sahidic and Thebaic, 7 Bd., Osnabrück 1969 (1911–1924).

Syrische Überlieferung des Neuen Testaments

Das Neue Testament in Syrischer Überlieferung, Bd. II. Die Paulinischen Briefe, Teil 3: 1./2. Thessalonicherbrief, 1./2. Timotheusbrief, Titusbrief, Philemonbrief und Hebräerbrief, hg. und untersucht von Barbara Aland/Andreas Juckel (ANTT 32), Berlin/New York 2002.

Vetus Latina

Vetus Latina. Die Reste der Altlateinischen Bibel. Epistulae ad Thessalonicenses, Timotheum, Titum, Philemonem, Hebraeos, Bd. 25/I, hg. von Hermann Josef Frede, Freiburg 1975–1982.

1.3 (spät)antike Briefromane[1]

zur Epistolographie

Hercher, Rudolf (Hg.): *Epistolographi Graeci*, Paris 1873.

---

[1] Eine ausführliche Bibliographie zu antiken Briefromanen bietet Beschorner: Briefbücher.

Malherbe, Abraham J. (Hg.): The Cynic *Epistles*. A Study Edition (SBL. Sources for Biblical Study 12), Atlanta, Georgia 1977.
– (Hg.): Ancient Epistolary *Theorists* (SBL. Sources for Biblical Study 19), Atlanta/Georgia 1988.

Aischines

Adams, Charles Darwin (Hg.): The Speeches of Aeschines (Loeb Classical Library), Cambridge/London 1988 (1919).
Blass, Friedrich (Hg.): Aeschines (BSGRT), Stuttgart ²1908, überarbeitet von Ulrich Schindel 1978 (288–314 = Briefe).
Bremi, Johann Heinrich (Hg.): Aeschines Rhetor/Aeschines der Redner (Griechische Prosaiker in neuen Übersetzungen 53), Stuttgart 1828/29 (331–356 = Briefe).
Dilts, Mervin R. (Hg.): Aeschines orationes (BSGRT), Stuttgart/Leipzig 1997.
Drerup, Engelbert (Hg.): Aeschinis quae feruntur epistolae, Leipzig 1904.
Martin, Victor/Guy de Budé (Hg.): Eschine. Discours, Bd. 2: Contre Ctésiphon. Lettres. Texte établi et traduit, Paris 1952 (1928) (120–143 = Briefe).
Scholia in Aeschinem edidit Mervin R. Dilts (BSGRT), Stuttgart/Leipzig 1992.

Alexander

Maróth, Miklós (Hg.): The Correspondence Between Aristotle and Alexander the Great. An Anonymous Greek Novel in Letters in Arabic Translation (Documenta et Monographiae 5), Piliscsaba 2006.
Merkelbach, Reinhold (Hg.): Die Quellen des griechischen Alexanderromans (Zet. 9), München ²1977 (1954) (230–252 = Text des Briefromans).
Thiel, Helmut van (Hg.): Leben und Taten Alexanders von Makedonien. Der griechische Alexanderroman nach der Handschrift L (TzF 13), Darmstadt 1974.

Chion

Düring, Ingemar (Hg.): Chion of Heraclea. A novel in letters (Acta Universitatis Gotoburgensis/Göteborgs Högskolas årsskrift 57,5), Göteborg 1951.
Malosse, Pierre-Louis (Hg.): Lettres de Chion d'Héraclée (Cardo. Etudes et Textes pour l'Identité Culturelle de l'Antiquité Tardive 1), Salerno 2004.

Euripides

Gößwein, Hanns-Ulrich (Hg.): Die Briefe des Euripides (BKP 55), Meisenheim am Glan 1975.
Kovacs, David (Hg.): Euripidea (Mn.S 132), Leiden/New York/Köln 1994.
Westermann, Anton (Hg.): Biographoi. Vitarum scriptores graeci minores, Braunschweig 1845, repr. Amsterdam 1964.
Scholia graeca in Euripidis tragoedias ex codicibus aucta et emendata edidit Wilhelm Dindorf, 4 Bd., Oxford 1863.

Hippokrates

Smith, Wesley D. (Hg.): Hippocrates. Pseudepigraphic Writings. Letters – Embassy – Speech from the Altar – Decree (Studies in Ancient Medicine 2), Leiden u.a. 1990.

Platon

Irmscher, Johannes (Hg.): Platon: Briefe (Quellen und Texte zur Geschichte der Philosophie), Berlin 1960.
Moore-Blunt, Jennifer (Hg.): Platonis epistulae (BSGRT), Leipzig 1985.

Sieben Weise

Long, Herbert S. (Hg.): Diogenis Laertii Vitae philosophorum, 2 Bd. (OCT), Oxford 1964.
Snell, Bruno (Hg.): Leben und Meinungen der Sieben Weisen, München ⁴1971.

Sokrates/Sokratiker

Allatius, Leon (Hg.): Socratis, Antisthenis et aliorum Socraticorum epistolae, Paris 1637.
Borkowski, Josef-Friedrich (Hg.): Socratis quae feruntur epistolae. Edition, Übersetzung, Kommentar (BzA 94), Stuttgart/Leipzig 1997.
Giannantoni, Gabriele (Hg.): Socratis et Socraticorum Reliquiae (Elenchos 18.1–4), 4 Bd., Bibliopolis 1990.
Köhler, Liselotte (Hg.): Die Briefe des Sokrates und der Sokratiker (Ph.Supplement 20,2), Leipzig 1928.
Malherbe, Abraham J. (Hg.): The Cynic Epistles. A Study Edition (SBL. Sources for Biblical Study 12), Atlanta, Georgia 1977, 27–34 (Introduction); 217–307 (Text: griech.-engl., Übers. von Stanley Kent Stowers [epist. 1–25] und David R. Worley [epist. 26–35]).
Orelli, J.C. (Hg.): Socrates et Socraticorum, Pythagorae et Pythagoreorum quae feruntur epistolae, Leipzig 1815.
Sykutris, Johannes (Hg.): Die Briefe des Sokrates und der Sokratiker (SGKA 18,2), Paderborn 1933.

Themistokles

Doenges, Norman A. (Hg.): The Letters of Themistokles (Monographs in Classical Studies), New York 1981.

1.4 (spät)antike Quellen

Achilleus

Arat Vita → Briefromane: Euripides

Alexanderroman

→ Briefromane

Apollonios

Vita Aischinis → Briefromane: Aischines

Aristipp

Mannebach, Erich (Hg.): Aristippi et Cyrenaicorum Fragmenta, Leiden 1961.

Aristophanes

Kassel, R./C. Austin (Hg.): Poetae Comici Graeci, Bd. III.2 Aristophanes, Berlin/New York 1984.
Newiger, Hans-Joachim (Hg.): Aristophanes, Neubearbeitung der Übersetzung von Ludwig Seeger und Anmerkungen von Hans-Joachim Newiger und Peter Rau, Darmstadt 1968.
Scholia in Aristophanem. Pars III. Ib Scholias recentiora in Aristophanis Ranas edidit Marcel Chantry, Groningen 2001.

Cicero

Shackleton Bailey David R. (Hg.): Cicero: Letters to Atticus, 4 Bd. (Loeb Classical Library), Cambridge/London 1999.

Diogenes- und Kratesbriefe

Müseler, Eike (Hg.): Die Kynikerbriefe, 2 Bd. (SGKA.NF, 1. Reihe, Bd. 6/7), Paderborn u.a. 1994.

Diogenes Laertios

Long, Herbert S. (Hg.): Diogenis Laertii Vitae philosophorum, 2 Bd. (OCT), Oxford 1964.

Reich, Klaus (Hg.): Diogenes Laertius: Leben und Meinungen berühmter Philosophen. Buch I–X, übersetzt von Otto Apelt. Unter Mitarbeit von Hans Günter Zekl neu herausgegeben sowie mit Vorwort, Einleitung und neuen Anmerkungen zu Text und Übersetzung versehen (PhB 53/54), Hamburg [2]1967.

Doxopatres

→ Rhetores Graeci

Ennius

Vahlen, Johannes (Hg.): Ennianae poesis reliquiae, Leipzig [2]1928.

Epiktet

Billerbeck, Margarethe (Hg.): Epiktet. Vom Kynismus (PhAnt 34), Leiden 1978.

Oldfather, William Abbott (Hg.): Epictetus. The Discourses as reported by Arrian, the Manual, and Fragments, 2 Bd. (Loeb Classical Library), London/Cambridge 1925/1928.

Epikur

Usener, Hermann (Hg.): Epicurea, Leipzig 1887.

Galen

Kühn, Karl Gottlob (Hg.): Claudii Galeni opera omnia (Medicorum Graecorum opera quae exstant), 20 Bd., Leipzig 1821–1833.

Gnomologium Vaticanum

Sternbach, Leo (Hg.): Gnomologium Vaticanum e Codice Vaticano graeco 743 (TK 2), Berlin 1963.

Homer

Scholia Graeca in Homeri Iliadem (Scholia vetera) recensuit Hartmut Erbse, 5 Bd., Berlin 1969–1977.

Scholia Graeca in Homeri Odysseam ex codicibus aucta et emendata edidit Wilhelm Dindorf, 2 Bd., Oxford 1855.

Julian

Bidez, Jean (Hg.): Imp. Caesaris Flavii Claudii Iuliani epistulae leges poematia fragmenta varia, Paris 1922.

Weis, Berthold K. (Hg.): Julian. Briefe, München 1973.

Krates
→ *Diogenes- und Kratesbriefe*

Kratinos
Kock, Theodor (Hg.): Comicorum Atticorum Fragmenta, Bd. 1. Antiquae comoediae fragmenta, Leipzig 1880.

Libanius
Foerster, Richard (Hg.): Libanii opera, 12 Bd., Leipzig 1903–1927.
Apelt, Otto (Hg.): Libanius. Apologie des Sokrates (PhB 101), Leipzig 1922.

Manilius
Fels, Wolfgang (Hg.): Marcus Manilius. Astronomica/Astrologie, Stuttgart 1990.

Martial
Barié, Paul/Winfried Schindler (Hg.): Martial. Epigramme, Darmstadt 1999.
Leary, T.J. (Hg.): Martial Book XIV. The Apophoreta. Text with Introduction and Commentary, London 1996.

Origenes
Vogt, Hermann (Hg.): Der Kommentar zum Evangelium nach Mattäus. Dritter Teil: Die Commentariorum series (BGrL 38), Stuttgart 1993.

Ovid
Holzberg, Niklas (Hg.): Ovid. Briefe aus der Verbannung. Tristia – Epistulae ex Ponto, übertragen von Wilhelm Willige, München/Zürich 1990.

Petron
Müller, Konrad/Wilhelm Ehlers (Hg.): Petronius. Satyrica/Schelmengeschichten, München 1965.

Philo
Cohn, Leopold/Paul Wendland (Hg.): Philonis Alexandri opera quae supersunt (editio minor), 6 Bd., Berlin 1896–1915.

Philodem
de vitiis = P.Herc. 253
Jensen, Christian (Hg.): Philodemi Περὶ κακιῶν / *de vitiis liber decimus* (BSGR), Leipzig 1911.

Photios
Henry, René (Hg.): Photius. Bibliothèque, 8 Bd. (Collection Byzantine), Paris 1959–1977.

Plutarch
Ziegler, Konrat (Hg.): Plutarch. Große Griechen und Römer, 6 Bd. (Die Bibliothek der Alten Welt), Zürich ²1979/80.

Pythagoras

Städele, Alfons (Hg.): Die Briefe des Pythagoras und der Pythagoreer (BKP 115), Meisenheim am Glan 1980.

Quintilian

Rahn, Helmut (Hg.): Marcus Fabius Quintilianus. Institutionis Oratoriae/Ausbildung des Redners, 2 Bd. (TzF 2/3), Darmstadt 1972/75.
Winterbottom, Michael (Hg.): Ps.-Quintilian. The Minor Declamations Ascribed to Quintilian (TK 13), Berlin/New York 1984.

Rhetores Graeci

Spengel, Leonard (Hg.): Rhetores Graeci, 3 Bd., Leipzig 1884–1886.
Walz, Christian (Hg.): Rhetores Graeci, 9 Bd., Stuttgart u.a. 1832–1836.

Salvian

Lagarrigue, Georges (Hg.): Salvien de Marseille. Œvres, Bd. 1. Les lettres, les livres de Timothée a l'église (SC 176), Paris 1971.

Satyros

Vita Euripidis = P.Oxy. 1176
Kovacs, David (Hg.): Euripidea (Mn.S 132), Leiden/New York/Köln 1994 (Text 4).
Arrighetti, Graziano (Hg.): Satiro. Vita di Euripide (Studi classici e orientali 13), Pisa 1964.

Seneca

Oltramare, Paul (Hg.): Sénèque: Questions naturrelles, 2 Bd., Paris 1929.
Rosenbach, Manfred (Hg.): Seneca. Philosophische Schriften, 5 Bd., Darmstadt 1999.

Sextus Empiricus

Flückiger, Hansueli (Hg.): Sextus Empiricus. Gegen die Dogmatiker = Adversus mathematicos libri 7–11 (Texte zur Philosophie 10), Sankt Augustin 1998.

Sophokles

Sophokles: Dramen. Griechisch und deutsch, hg. und übers. von Wilhelm Willige, überarbeitet von Karl Bayer. Mit Anmerkungen und einem Nachwort von Bernhard Zimmermann, München/Zürich [2]1985.
TrGF IV Radt = Tragicorum Graecorum Fragmenta, Bd. 4. Sophocles, editio correctior et addendis aucta. Editor Stefan Radt, Göttingen [2]1999.

Tertullian

Evans, Ernest (Hg.): Tertullian: Adversus Marcionem, 2 Bd., Oxford 1972.

Theon

→ *Rhetores Graeci*

Xenophon

Preiswerk, Rudolf (Hg.): Xenophon. Erinnerungen an Sokrates/Memorabilia, Stuttgart 1971.
Stärk, Ekkehard (Hg.): Xenophon. Das Gastmahl/Symposion, Stuttgart 1986.

1.5 neuzeitliche Briefbücher

Austen, Jane: Lady Susan – The Watsons – Sanditon, hg. von Margaret Drabble, London 1974.

Derrida, Jacques: Die Postkarte von Sokrates bis an Freud und jenseits (übers. von Hans-Joachim Metzger), 2 Bd., Berlin 1982/87.

Goethe, Johann Wolfgang: Die Leiden des jungen Werthers. Studienausgabe. Paralleldruck der Fassungen von 1774 und 1787, hg. von Matthias Luserke, Stuttgart 1999.

Montesquieu: Œuvres complètes (l'Intégrale), hg. v. Daniel Oster, Paris 1964.

Montesquieu: Persische Briefe, übers. von Adolf Strodtmann (1866) (Exempla Classica 94), Frankfurt a.M./Hamburg 1964.

Rilke, Rainer Maria: Briefe an einen jungen Dichter (1929), hg. von Franz Xaver Kappus, Frankfurt a.M. 1947.

Vargas Llosa, Mario: Cartas a un joven novelista (1997), dt. Briefe an einen jungen Schriftsteller, übers. von Clementine Kügler, Frankfurt a.M. 2004.

2. Literaturverzeichnis

Aageson, James W.: The Pastoral Epistles, Apostolic Authority, and the Development of the Pauline Scriptures, in: Stanley E. Porter (Hg.): The Pauline Canon (Pauline Studies 1), Leiden/Boston 2004, 5–26.

Abel, Karlhans: Das *Problem* der Faktizität der Senecanischen Korrespondenz, Hermes 109 (1981), 472–499.

–: *Seneca*. Leben und Leistung, ANRW II 32.2 (1985), 653–775.

Aland, Kurt: Das Problem der Anonymität und Pseudonymität in der christlichen Literatur der ersten beiden Jahrhunderte (1961), in: ders.: Studien zur Überlieferung des Neuen Testaments und seines Textes (ANTT 2), Berlin 1967, 24–34.

Allen, James: The Skepticism of Sextus Empiricus, ANRW II 36.4 (1990), 2582–2607.

Anonym: Le philosophe masqué, Le Monde 6.4.1980.

Anton, B.D. Paul: Exegetische Abhandlung der Pastoralbriefe Pauli … (1726/27), hg. von Johann August Majer, 2 Bd., Halle 1753/1755.

Arndt, Christiane: Antiker und neuzeitlicher Briefroman. Ein gattungstypologischer Vergleich, in: Niklas Holzberg (Hg.): Der griechische Briefroman. Gattungstypologie und Textanalyse (Classica Monacensia 8), Tübingen 1994, 53–83.

Attridge, Harold W.: The Epistle to the Hebrews (Hermeneia), Philadelphia 1989.

Bakhtin, Mikhail: Epic and Novel. Toward a Methodology for the Study of the Novel (1941), in: David Duff (Hg.): Modern Genre Theory (Longman Classical Readers), Harlow 2000, 68–81.

Bakirtzis, Charalambos: Paul and Philippi. The Archaeological Evidence, in: ders./Helmut Koester (Hg.): Philippi at the Time of Paul and after His Death, Harrisburg 1998, 37–48.

Bakirtzis, Charalambos/Helmut Koester (Hg.): *Philippi* at the Time of Paul and after His Death, Harrisburg 1998.

–/Helmut Koester: *Introduction*, in: dies. (Hg.): Philippi at the Time of Paul and after His Death, Harrisburg 1998, 1–4.

Baldensperger, Guillaume: Il a rendu témoignage devant Ponce Pilate, RHPhR 2 (1922), 1–25; 95–117.

Bandy, Anastasius C.: The Greek Christian Inscriptions of Crete. Bd. 1: IV–IX A.D. (Christianikai Ephigraphai tes Ellados 10.1), Athen 1970.

Barclay, John M.G.: There is Neither *Old* Nor Young? Early Christianity and Ancient Ideologies of Age, NTS 53 (2007), 225–241.

–: *Paul*, Philemon and the Dilemma of Christian Slave-Ownership, NTS 37 (1991), 161–186.

Barner, Wilfried: Neuphilologische Rezeptionsforschung und die Möglichkeiten der klassischen Philologie, Poetica 9 (1977), 499–521.

Barnett, Albert E.: Paul Becomes a Literary Influence, Chicago 1941.

Barrett, Charles Kingsley: The Pastoral Epistles in the New English Bible with Introduction and Commentary (NCB.NT), Oxford 1963.

Bartsch, Hans-Werner: Die Anfänge urchristlicher Rechtsbildungen. Studien zu den Pastoralbriefen (Theologische Forschung 34), Hamburg 1965.

Bassler, Jouette M.: Limits and Differentiation. The Calculus of Widows in 1 Timothy 5.3–16, in: Amy-Jill Levine/Marianne Blickenstaff (Hg.): A Feminist Companion to the Deutero-Pauline Epistles (Feminist Companion to the New Testament and Early Christian Writings 7), London/New York 2003, 122–146.

Bauckham, Richard: Pseudo-Apostolic Letters, JBL 107 (1988), 469–494.

Bauer, Walter: Rechtgläubigkeit und Ketzerei im ältesten Christentum (BHTh 10), Tübingen ²1964 (1934).

Baumeister, Theofried: Die Anfänge der Theologie des Martyriums (MBTh 45), Münster 1980.

Baur, Ferdinand Christian: Die sogenannten *Pastoralbriefe* des Apostels Paulus aufs neue kritisch untersucht, Stuttgart/Tübingen 1835.

–: *Paulus*, der Apostel Jesu Christi. Sein Leben und Wirken, seine Briefe und seine Lehre. Ein Beitrag zu einer kritischen Geschichte des Urchristentums, 2 Bd., 2. Aufl. nach dem Tode des Verfassers besorgt von Eduard Zeller, Leipzig 1866/1867.

Becker, Eve-Marie: Was ist ‚Kohärenz‘? Ein Beitrag zur Präzisierung eines exegetischen Leitkriteriums, ZNW 94 (2003), 97–121.

Becker, Jürgen: Paulus. Der Apostel der Völker, Tübingen ²1992.

Bengel, Johann Albrecht: Gnomon Novi Testamenti, in quo ex nativa verborum vi simplicitas, …, 2 Bd. (1742), hg. v. Ernst Bengel und Johannes Steudel, Tübingen ³1855.

Bengtson, Hermann/Robert Werner (Hg.): Die Staatsverträge des Altertums. Bd. 2 Die Verträge der griechisch-römischen Welt von 700 bis 338 v.Chr., München/Berlin 1962.

Bentley, Richard: A Dissertation upon the Epistles of Phalaris, Themistocles, Socrates, Euripides, and Others; And the Fables of Aesop, London 1697.

Berding, Kenneth: Polycarp and Paul. An Analysis of Their Literary and Theological Relationship in Light of Polycarp's Use of Biblical and Extra-Biblical Literature (SVigChr 62), Leiden/Boston/Köln 2002.

Berger, Klaus: Hellenistische *Gattungen* im Neuen Testament, ANRW II 25.2 (1984), 1031–1432; 1831–1885.

Beschorner, Andreas: Griechische *Briefbücher* berühmter Männer. Eine Bibliographie, in: Niklas Holzberg (Hg.): Der griechische Briefroman. Gattungstypologie und Textanalyse (Classica Monacensia 8), Tübingen 1994, 169–190.

–: *Untersuchungen* zu Dares Phrygius (Classica Monacensia 4), Tübingen 1992.

Bickermann, Elias/Johannes Sykutris: Speusipps Brief an König Philipp. Text, Übersetzung, Untersuchungen (BVSAW.PH 80.3), Leipzig 1928.

Bicknell, Peter: Socrates' Mistress Xanthippe, Apeiron 8 (1974), 1–6.

Billerbeck, Margarethe: Der Kyniker *Demetrius*. Ein Beitrag zur Geschichte der frühkaiserzeitlichen Popularphilosophie (PhAnt 36), Leiden 1979.

–: *Epiktet*. Vom Kynismus. hg. und übers. mit einem Kommentar (PhAnt 34), Leiden 1978.

Bing, Peter: The Bios-Tradition and Poets' Lives in Hellenistic Poetry, in: R.M. Rosen/J. Farrell (Hg.): Nomodeiktes. Greek Studies in Honor of Martin Ostwald, Michigan 1993, 619–631.

Blass, Friedrich: Die attische Beredsamkeit, Bd. 3.2, Leipzig 1898.

Blumenberg, Hans: Das Lachen der Thrakerin. Eine Urgeschichte der Theorie, Frankfurt a.M. 1987.

Bojorge, Horacio: El poncho de San Pablo. Una posible alusión a la sucesión apostólica en 2Tim 4,13, Revista Biblica 42 (1980), 209–224.

Bonz, Marianne Palmer: The Past as Legacy. Luke-Acts and Ancient Epic, Minneapolis 2000.

Booth, Wayne C.: A *Rhetoric* of Irony, Chicago 1974.

–: Die *Rhetorik* der Erzählkunst, 2 Bd., Heidelberg 1974.

Borkowski, Josef-Friedrich: Socratis quae feruntur epistolae. Edition, Übersetzung, Kommentar (BzA 94), Stuttgart/Leipzig 1997.

Bormann, Lukas: Autobiographische *Fiktionalität* bei Paulus, in: Becker, Eve-Marie/Peter Pilhofer (Hg.): Biographie und Persönlichkeit des Paulus (WUNT 187), Tübingen 2005, 106–124.

–: Triple *Intertextuality* in Philippians, in: Th.L. Brodie u.a. (Hg.): The Intertextuality of the Epistles. Explorations of Theory and Practice (New Testament Monographs 16), Sheffield 2006, 90–97.

–: *Philippi*. Stadt und Christengemeinde zur Zeit des Paulus (NT.S 78), Leiden/New York/Köln 1995.

Bornkamm, Günther: *Paulus*, Stuttgart u.a. 1969.

–: Die *Vorgeschichte* des sogenannten zweiten Korintherbriefes, in: ders., Geschichte und Glauben 2, Gesammelte Aufsätze 4 (BEvTh 53), München 1971, 162–194.

Borza, Eugene N.: In the Shadow of Olympus. The Emergence of Macedon, Princeton 1990.

Bovon, François: Canonical and Apocryphal Acts of Apostles, JECS 11 (2003), 165–194.

Bowersock, Glen Warren: Fiction as History. Nero to Julian (Sather Classical Lectures 58), Berkeley/Los Angeles/London 1994.

Bowie, Ewen: *Art.* Philostratos (5), DNP 9 (2000), 888–891 (übers. von G. Krapinger).

–: The *Readership* of Greek Novels in the Ancient World, in: James Tatum (Hg.): The Search for the Ancient Novel, Baltimore/London 1994, 435–459.

Brancacci, Aldo: Struttura compositiva e fonti della terza orazione ‚Sulla regalità' di Dione Crisostomo. Dione e l' ‚Archelao' di Antistene, ANRW II 36.5 (1992), 3308–3334.

Branham, Robert Bracht: A Truer Story of the Novel?, in: ders. (Hg.): Bakhtin and the Classics (Rethinking Theory), Evanston 2002, 161–186.

Braun, Julius W. (Hg.): Goethe im Urtheile seiner Zeitgenossen, Bd. 1 (1773–1786), Hildesheim 1969 (1883).

Braun, Martin: History and Romance in Graeco-Oriental Literature, Oxford 1938.

Brent, Allen: Ignatius' Pagan *Background* in Second Century Asia Minor, ZAC 10 (2007), 207–232.

–: *Ignatius* of Antioch and the Second Sophistic. A Study of an Early Christian Transformation of Pagan Culture (STAC 36), Tübingen 2006.

Brodersen, Kai: Hippokrates und Artaxerxes. Zu P.Oxy. 1184^v, P.Berol.Inv. 7094^v und 21137^v + 6934^v, ZPE 102 (1994), 100–110.

Brox, Norbert: *Lukas* als Verfasser der Pastoralbriefe?, JbAC 13 (1970), 62–77.

–: Zu den persönlichen *Notizen* der Pastoralbriefe, BZ.NF 13 (1969), 76–94.

–: Die Pastoralbriefe. 1Timotheus. 2Timotheus. Titus (RNT 7.2), Regensburg ^{4}1969.

–: Historische und theologische *Probleme* der Pastoralbriefe des Neuen Testaments. Zur Dokumentation der frühchristlichen Amtsgeschichte, Kairos 11 (1969), 81–94.

Bruck, Eberhard Friedrich: Totenteil und Seelgerät im griechischen Recht. Eine entwicklungsgeschichtliche Untersuchung zum Verhältnis von Recht und Religion mit Beiträgen zur Geschichte des Eigentums und des Erbrechts (Münchener Beiträge zur Papyrusforschung und antiken Rechtsgeschichte 9), München 1926.

Bruggen, Jakob van: Die geschichtliche Einordnung der Pastoralbriefe, Wuppertal 1981.

Brzoska, Julius: Art. Apollonios (86), PRE I 3 (= 2,1) (1895), 144.

Bultmann, Rudolf: *Art. Pastoralbriefe*, RGG^2 4 (1930), 993–997.

–: Die *Geschichte* der synoptischen Tradition (FRLANT 29), ^{6}1964.

–: *Theologie* des Neuen Testaments, Tübingen ^{4}1961.

Burchard, Christoph: Der dreizehnte Zeuge. Traditions- und kompositionsgeschichtliche Untersuchungen zu Lukas' Darstellung der Frühzeit des Paulus (FRLANT 103), Göttingen 1970.

Burnet, Régis: La pseudépigraphie comme procédé littéraire autonome. L'exemple des Pastorales, Apocrypha 11 (2000), 77–91.

Burridge, Richard A.: What are the Gospels? A Comparison with Graeco-Roman Biography (MSSNTS 70), Cambridge u.a. 1992.

Burstein, Stanley M.: SEG 33.802 and the Alexander Romance, ZPE 77 (1989), 275f.

Cadbury, Henry J.: Erastus of Corinth, JBL 50 (1931), 42–58.

Cai, Raphael, O.P. (Hg.): S. Thomae Aquinatis, doctoris angelici, super epistolas S. Pauli lectura, 2 Bd., Turin/Rom [8]1953.

Callahan, Allen Dwight: Dead Paul. The Apostle as Martyr in Philippi, in: Charalambos Bakirtzis/Helmut Koester (Hg.): Philippi at the Time of Paul and after His Death, Harrisburg 1998, 67–84.

Calvin, Johannes: Auslegung der kleinen Paulinischen Briefe (Johannes Calvins Auslegung der Heiligen Schrift. Neue Reihe, Bd. 17), hg. und übers. von Otto Weber, Neukirchen-Vluyn 1963.

Campenhausen, Hans Freiherr von: Kirchliches *Amt* und geistliche Vollmacht in den ersten drei Jahrhunderten (BHTh 14), Tübingen [2]1963.

–: *Polykarp* von Smyrna und die Pastoralbriefe (1951), in: ders.: Aus der Frühzeit des Christentums. Studien zur Kirchengeschichte des ersten und zweiten Jahrhunderts, Tübingen 1963, 197–252.

Cancik, Hildegard: Untersuchungen zu Senecas Epistulae morales (Spudasmata 18), Hildesheim 1967.

Cardman, Francine: Women, Ministry, and Church Order in Early Christianity, in: Ross Shepard Kraemer/Mary Rose d'Angelo (Hg.): Women and Christian Origins, New York/Oxford 1999, 300–329.

Chalon, Gérard: L'édit de Tiberius Julius Alexander. Etude historique et exégétique (Bibliotheca Helvetica Romana 5), Olten/Lausanne 1964.

Christ, Karl: Geschichte der römischen Kaiserzeit. Von Augustus bis zu Konstantin, München [3]1995.

Clarke, John R.: Art in the Lives of Ordinary Romans. Visual Representation and Non-Elite Viewers in Italy, 100 B.C.–A.D. 315, Berkeley/Los Angeles/London 2006.

Classen, Carl Joachim: A Rhetorical Reading of the Epistle to Titus, in: ders.: Rhetorical Criticism of the New Testament (WUNT 128), Tübingen 2000, 45–67.

Clay, Diskin: The Origins of the Socratic Dialogue, in: Paul A. Vander Waerdt (Hg.): The Socratic Movement, Ithaca/London 1994, 23–47.

Clemen, Carl: Die Einheitlichkeit der paulinischen Briefe an der Hand der bisher mit bezug auf sie aufgestellten Interpolations- und Compilationshypothesen geprüft, Göttingen 1894.

Cohn, Dorrit: Narratologische Kennzeichen der Fiktionalität, Sprachkunst 26 (1995), 105–112.

Collins, Raymond F.: 1 & 2 Timothy and Titus. A Commentary (The New Testament Library), Louisville/London 2002.

–: The *Image* of Paul in the Pastorals, Laval théologique et philosophique 31 (1975), 147–173.

–: *Timothy* and Titus. On Reading the Pastoral Epistles, in: Christoph Niemand (Hg.): Forschungen zum Neuen Testament und seiner Umwelt (FS Albert Fuchs) (Linzer Philosophisch-Theologische Beiträge 7), Frankfurt a.M. u.a. 2002, 367–381.

Cölln, Jan: Philologie und Roman. Zu Wielands erzählerischer Rekonstruktion griechischer Antike im »Aristipp« (Palaestra 303), Göttingen 1998.

Comfort, Philip W./David P. Barrett: The Complete Text of the Earliest New Testament Manuscripts, Grand Rapids 1999.

Conte, Gian Biagio: Proems in the Middle, Yale Classical Studies 29 (1992), 147–159.

Cook, David: 2Timothy IV.6–8 and the Epistle to the Philippians, JThS 33 (1982), 168–171.

Countryman, Louis William: The Rich Christian in the Church of the Early Empire. Contradictions and Accomodation, New York/Toronto 1980.

Crönert, Wilhelm: *Kolotes* und Menedemos. Texte und Untersuchungen zur Philosophen- und Literaturgeschichte (Studien zur Palaeographie und Papyruskunde 6), Leipzig 1906.

–: *Rezension* zu Sykutris, Gn. 12 (1936), 146–152.

Cullmann, Oscar: Die ersten christlichen Glaubensbekenntnisse (ThSt(B) 15), Zürich 1943.

D'Angelo, Mary Rose: Εὐσέβεια. Roman Imperial Family Values and the Sexual Politics of 4 Maccabees and the Pastorals, Bibl.Interpr. 11 (2003), 139–165.

Dahl, Nils Alstrup: Welche *Ordnung* der Paulusbriefe wird vom Muratorischen Kanon vorausgesetzt?, ZNW 52 (1961), 39–53.

–: The *Particularity* of the Pauline Epistles as a Problem in the Ancient Church, in: W.C. van Unnik u.a. (Hg.): Neotestamentica et Patristica (FS Oscar Cullmann) (NT.S 6), Leiden/New York/Köln 1962, 261–271.

Dalfen, Joachim: Platon. Gorgias, Übersetzung und Kommentar (Platon Werke VI 3), Göttingen 2004.

Dassmann, Ernst: Der *Stachel* im Fleisch. Paulus in der frühchristlichen Literatur bis Irenäus, Münster 1979.

–: Archeological *Traces* of Early Christian Veneration of Paul, in: William S. Babcock (Hg.): Paul and the Legacies of Paul, Dallas 1990, 281–306; 399–407.

Deißmann, [Gustav] Adolf: Zur ephesinischen *Gefangenschaft* des Apostels Paulus, Anatolian Studies Presented to Sir William Mitchell Ramsay (Publications of the University of Manchester 160), Manchester u.a. 1923, 121–127.

Deißmann, Gustav Adolf: *Licht* vom Osten. Das Neue Testament und die neuentdeckten Texte der hellenistisch-römischen Welt, Tübingen ⁴1923.

Delcourt, Marie: Biographies anciennes d'Euripide, AntClass 2 (1933), 271–290.

Dewey, Joanna: Textuality in an Oral Culture. A Survey of the Pauline Traditions, in: dies. (Hg.): Orality and Textuality in Early Christian Literature, Semeia 65 (1994), 37–74.

Dibelius, Martin: Der Brief des Jakobus (KEK 15), Göttingen ¹⁰1959.

–/Hans Conzelmann: Die Pastoralbriefe (HNT 13), Tübingen ³1955.

–/Heinrich Greeven: An die Kolosser, Epheser, an Philemon (HNT 12), Tübingen ³1953.

Dodds, E.R.: Plato Gorgias. A Revised Text with Interpretation and Commentary, Oxford 1959.

Doenges, Norman A.: The Letters of Themistokles (Monographs in Classical Studies), New York 1981.

Donelson, Lewis R.: *Pseudepigraphy* and Ethical Argument in the Pastoral Epistles (HUTh 22), Tübingen 1986.

–: The *Structure* of Ethical Argument in the Pastorals, BTB 18 (1988), 108–113.

Doody, Margaret Anne: The True Story of the Novel, New Brunswick 1996.

Döring, Klaus: *Art. Sokratiker*, DNP 11 (2001), 689–691.

–: *Exemplum* Socratis. Studien zur Sokratesnachwirkung in der kynisch-stoischen Popularphilosophie der frühen Kaiserzeit und im frühen Christentum (Hermes Erg. 42), Wiesbaden 1979.

–: *Sokrates*, die Sokratiker und die von ihnen begründeten Traditionen, UeberwegAntF 2,1 (1998), 139–364.

–: Der *Sokratesschüler* Aristipp und die Kyrenaiker (Mainzer Akademie der Wissenschaften und der Literatur. Abhandlungen der Geistes- und Sozialwissenschaftlichen Klasse 1988 Nr. 1), Stuttgart 1988.

Dornier, P.: Les Epîtres Pastorales (SBi), Paris 1969.

Dornseiff, Franz: Platons Buch ‚*Briefe*‘, Hermes 69 (1934), 223–226.

–: *Echtheitsfragen* antik-griechischer Literatur. Rettungen des Theognis, Phokylides, Hekataios, Choirilos, Berlin 1939.

Dörrie, Heinrich: *Art. Sokratiker*, KP 5 (1975), 257.

–: *Art. Sokratiker-Briefe*, KP 5 (1975), 257f.

–: *Art. Xanthippe* (4), PRE II 18 (= 9 A 2) (1967), 1335–1342.

–: *Platons Reisen* zu fernen Völkern. Zur Geschichte eines Motivs der Platon-Legende und zu seiner Neuwendung durch Lactanz, in: W. den Boer u.a. (Hg.): Romanitas et Christianitas (FS Janus Henricus Waszink), Amsterdam/London 1973, 99–118.

Doty, William G.: *Imaginings* at the End of an Era. Letters as Fictions, Semeia 69/70 (1995), 83–110.

–: *Letters* in Primitive Christianity (Guides to Biblical Scholarship: New Testament), Philadelphia 1973.

Downing, F. Gerald: A bas les aristos. The Relevance of Higher Literature for the Understanding of the Earliest Christian Writings, NT 30 (1988), 212–230.

Drerup, Engelbert: Aeschinis quae feruntur epistolae, Leipzig 1904.

–: *Rezension* zu Schwegler, Deutsche Literaturzeitung 36 (1915), 1280–1284.

Drijvers, Han J.W.: Abgarsage, NTApo 1(⁶1990), 389–395.

Droge, Arthur J.: Mori Lucrum. Paul and Ancient Theories of Suicide, NT 30 (1988), 263–286.

Duff, David (Hg.): Modern *Genre* Theory (Longman Classical Readers), Harlow 2000.

–: *Introduction*, in: ders. (Hg.): Modern Genre Theory (Longman Classical Readers), Harlow 2000, 1–24.

Duff, Jeremy: P⁴⁶ and the Pastorals. A Misleading Consensus?, NTS 44 (1998), 578–590.

Dührsen, Niels Christian: Die Briefe der Sieben Weisen bei Diogenes Laertios. Möglichkeiten und Grenzen der Rekonstruktion eines verlorenen griechischen Briefromans, in: Niklas Holzberg (Hg.): Der griechische Briefroman. Gattungstypologie und Textanalyse (Classica Monacensia 8), Tübingen 1994, 84–115.

Düring, Ingemar: Chion of Heraclea. A Novel in Letters. Edited with Introduction and Commentary (Acta Universitatis Gotoburgensis/Göteborgs Högskolas årsskrift 57,5), Göteburg 1951.

Ebel, Eva: Die Attraktivität früher christlicher Gemeinden. Die Gemeinde von Korinth im Spiegel griechisch-römischer Vereine (WUNT II 178), Tübingen 2004.

Ebner, Martin (Hg.): Aus Liebe zu Paulus? Die Akte Thekla neu aufgerollt (SBS 206), Stuttgart 2005.

Eckermann, Johann Peter: Gespräche mit Goethe in den letzten Jahren seines Lebens, hg. von Fritz Bergemann, Wiesbaden 1955.

Eco, Umberto: *Lector* in fabula. Die Mitarbeit der Interpretation in erzählenden Texten, München 1990.

–: *Porträt* des Älteren als Jüngerer Plinius, in: ders.: Über Spiegel und andere Phänomene, München ⁷2002, 223–243.

Ellis, Edward Earle: *Art. Pastoral Letters*, in: Gerald F. Hawthorne/Ralph P. Martin (Hg.): Dictionary of Paul and his Letters, Downers Grove/Leicester 1993, 658–666.

–: The *Making* of the New Testament Documents (Bibl.Interpr.S 39), Leiden/Boston/Köln 1999.

Engels, Johannes/Michael Weißenberger: Art. Aischines (2), DNP 1 (1996), 347–349.

Epp, Eldon Jay: The Oxyrhynchus New Testament Papyri. „Not without Honor Except in their Hometown"?, JBL 123 (2004), 5–55.

Erbes, K.: Zeit und Ziel der Grüße Röm 16,3–15 und der Mitteilungen 2Tim 4,9–21, ZNW 10 (1909), 128–147; 195–218.

Errington, Malcolm: Geschichte Makedoniens. Von den Anfängen bis zum Untergang des Königreiches, München 1986.

Fears, J. Rufus: The Cult of Virtues and Roman Imperial Ideology, ANRW II 17.2 (1981), 827–948.

Feldman, Louis H.: Pro-Jewish Intimations in Tacitus' Account of Jewish Origins, in: ders.: Studies in Hellenistic Judaism (AGJU 30), Leiden/New York/Köln 1996, 377–407.

Feldmeier, Reinhard: Der Mensch als Wesen der Öffentlichkeit. *De latenter vivendo* als Auseinandersetzung um die menschliche Daseins- und Handlungsorientierung, in: Ulrich Berner u.a. (Hg.): Plutarch. Ist „Leben im Verborgenen" eine gute Lebensregel?, eingeleitet, übersetzt und mit interpretierenden Essays versehen (SAPERE 1), Darmstadt 2000, 79–98.

–: *Paedeia salvatrix*. Zur Anthropologie und Soteriologie der *Tabula Cebetis*, in: Rainer Hirsch-Luipold u.a. (Hg.): Die Bildtafel des Kebes. Allegorie des Lebens, eingeleitet, übersetzt und mit interpretierenden Essays versehen (SAPERE 8), Darmstadt 2005, 149–163.

Fieger, Michael: Im Schatten der Artemis. Glaube und Ungehorsam in Ephesus, Bern 1998.

Fiore, Benjamin, S.J.: The Function of Personal Example in the Socratic and Pastoral Epistles (AnBib 105), Rom 1986.

–: The Pastoral Epistles in the Light of Philodemus' „On Frank Criticism", in: John T. Fitzgerald (Hg.): Philodemus and the New Testament World (NT.S 111), Leiden/Boston 2004, 271–293.

Fish, Stanley: Is There a Text in This Class? The Authority of Interpretive Communities, Cambridge 1980.

Fitton, J.W.: That Was No Lady, That Was..., CQ 20 (1970), 56–66.

Fitzgerald, John T./L. Michael White (Hg.): The Tabula of Cebes (SBL.TT 24/Graeco-Roman Religion Series 7), Chico 1983.

Foucault, Michel: Archäologie des Wissens, Frankfurt a.M. 1981.

–: Der maskierte Philosoph. Gespräch mit Christian Delacampagne, in: ders.: Schriften in vier Bänden/Dits et Ecrits. Bd. 4 1980–1988, hg. von Daniel Defert und François Ewald unter Mitarbeit von Jacques Lagrange, Frankfurt a.M. 2005, 128–137 (Übers. von Michael Bischoff).

Fowler, Alastair: Kinds of Literature. An Introduction to the Theory of Genres and Modes, Oxford 1982.

Frede, Dorothea: *Mündlichkeit* und Schriftlichkeit. Von Platon zu Plotin, in: Gerhard Sellin/François Vouga (Hg.): Logos und Buchstabe. Mündlichkeit und Schriftlichkeit im Judentum und Christentum der Antike (TANZ 20), Tübingen/Basel 1997, 33–54.

–: Die ungerechten *Verfassungen* und die ihnen entsprechenden Menschen (Buch VIII 543a–IX 576b), in: Otfried Höffe (Hg.): Platon Politeia (Klassiker Auslegen 7), Berlin 1997, 251–270.

Frenschkowski, Marco: *Art. Muratorisches Fragment*, RGG[4] 5 (2002), 1587f.

–: *Pseudepigraphie* und Paulusschule. Gedanken zur Verfasserschaft der Deuteropaulinen, insbesondere der Pastoralbriefe, in: Friedrich Wilhelm Horn (Hg.): Das Ende des Paulus. Historische, theologische und literaturgeschichtliche Aspekte (BZNW 106), Berlin/New York 2001, 239–272.

Friesen, Steven J.: Twice Neokoros. Ephesus, Asia and the Cult of the Flavian Imperial Family (RGRW 116), Leiden/New York/Köln 1993.

Frischer, Bernard: Shifting Paradigms. New Approaches to Horace's *Ars Poetica* (American Classical Studies 27), Atlanta 1991.

Fritz, Karl von: Rezension zu Stern: Aristotle and the World State (1968) und Bielawski/Plezia: Lettre di Aristote à Alexandre … (1970), Gn. 44 (1972), 442–450.

Funke, Hermann: Euripides, JbAC 8/9 (1965/1966), 233–279.

Fürst, Alfons: *Einführung*, in: ders. u.a. (Hg.): Der apokryphe Briefwechsel zwischen Seneca und Paulus. Zusammen mit dem Brief des Mordechai an Alexander und dem Brief des Annaeus Seneca über Hochmut und Götterbilder eingeleitet, übersetzt und mit interpretierenden Essays versehen (SAPERE 11), Tübingen 2006, 3–22.

–: *Pseudepigraphie* und Apostolizität im apokryphen Briefwechsel zwischen Seneca und Paulus, JbAC 41 (1998), 77–117.

– u.a. (Hg.): Der apokryphe *Briefwechsel* zwischen Seneca und Paulus. Zusammen mit dem Brief des Mordechai an Alexander und dem Brief des Annaeus Seneca über Hochmut und Götterbilder eingeleitet, übersetzt und mit interpretierenden Essays versehen (SAPERE 11), Tübingen 2006.

Gallé Cejudo, Rafael J.: Esquines *Ep.* 10 y el relato milesio, Excerpta Philologica 6 (1996), 35–44.

Gamble, Harry Y.: *Books* and Readers in the Early Church. A History of Early Christian Texts, New Haven/London 1995.

–: The Pauline *Corpus* and the Early Christian Book, in: William S. Babcock (Hg.): Paul and the Legacies of Paul, Dallas 1990, 265–280; 392–398.

Gärtner, Hans: *Art. Aischines* (2), KP 1 (1975), 190–191.

–: *Art. Philostratos* (5), KP 4 (1975), 780–783.

Gauger, Jörg-Dieter: Orakel und Brief. Zu zwei hellenistischen Formen geistiger Auseinandersetzung mit Rom, in: Charlotte Schubert/Kai Brodersen (Hg.): Rom und der Griechische Osten (FS Hatto H. Schmitt), Stuttgart 1995, 51–67.

Gauly, Bardo u.a. (Hg.): Musa Tragica. Die griechische Tragödie von Thespis bis Ezechiel. Ausgewählte Zeugnisse und Fragmente griechisch und deutsch (Studienhefte zur Altertumswissenschaft 16), Göttingen 1991.

Gavrilov, Alexander: Euripides in Makedonien, Hyperboreus 2,2 (1996), 38–53.

Gealy, F.D.: The First and Second Epistles to Timothy and the Epistle to Titus, Interpreter's Bible 11 (1955), 343–551.

Geffcken, Johannes: Zwei griechische Apologeten (Sammlung wissenschaftlicher Kommentare zu griechischen und römischen Schriftstellern), Leipzig/Berlin 1907.

Geisau, Hans von: *Art. Skiron*, KP 5 (1975), 230.

Gelzer, Thomas: Klassizismus, Attizismus und Asianismus, Le Classicisme à Rome aux premiers siècles avant et après J.C., EnAC 25 (1978), 1–41.

Genette, Gérard: Die *Erzählung*, München 1994.

–: *Fiktion* und Diktion, München 1992.

Georgi, Dieter: Die Aristoteles- und Theophrastausgabe des *Andronikus* von Rhodus. Ein Beitrag zur Kanonsproblematik, in: Rüdiger Bartelmus u.a. (Hg.): Konsequente Traditionsgeschichte (FS Klaus Baltzer) (OBO 126), Freiburg/Göttingen 1993, 45–78.

–: Der *Armen* zu gedenken. Die Geschichte der Kollekte des Paulus für Jerusalem, Neukirchen-Vluyn [2]1994 (1965).

–: The Early *Church*. Internal Jewish Migration or New Religion?, HThR 88 (1995), 35–68.

–: *Formen* religiöser Propaganda, Kontexte 3. Die Zeit Jesu (1966), 105–110.

–: Die *Gegner* des Paulus im 2. Korintherbrief. Studien zur religiösen Propaganda in der Spätantike (WMANT 11), Neukirchen-Vluyn 1964.

–: *Gott* auf den Kopf stellen. Überlegungen zu Tendenz und Kontext des Theokratiegedankens in paulinischer Praxis und Theologie, in: Jacob Taubes (Hg.): Religionstheorie und Politische Theologie. Bd 3 Theokratie, München u.a. 1987, 148–205.

Gibson, Roy K.: Pliny and the Art of (In)Offensive Self-Praise, Arethusa 36 (2003), 235–254.

Gigon, Olof: *Art. Abderiten*, LAW (1965), 2.

–: *Art. Sokratiker*, LAW (1965), 2825f.

–: Antike *Erzählungen* über die Berufung zur Philosophie, MH 3 (1946), 1–21.

–: *Sokrates*. Sein Bild in Dichtung und Geschichte (Sammlung DALP), Tübingen/Basel [3]1994 (1947).

Gill, Christopher/T.P. Wiseman (Hg.): Lies and Fiction in the Ancient World, Exeter 1993.

Gillman, John: Art. Timothy, ABD 6 (1992), 558–560.

Gineste, Bernard: „Genomenos en rhômè" (2 Tm 1,17): Onésiphore a-t-il „été à Rome?", RThom 96 (1996), 67–106.

Ginzberg, Louis: The Legends of the Jews, 7 Bd. Bd. 7 Index von Boaz Cohen, Philadelphia 1909–1938.

Glaser, Timo: *Erzählung* im Fragment. Ein narratologischer Ansatz zur Auslegung pseudepigrapher Briefbücher, in: Jörg Frey u.a. (Hg.): Pseudepigraphie und Verfasserfiktion in frühchristlichen Briefen (WUNT), Tübingen (erscheint 2009).

–: Vom *Nutzen* und Schaden klassischer Bildung (im Exil). Homerimitation in den Exilbriefromanen des *Aeschines orator* und *Werthers*, in: Angela Standhartinger u.a. (Hg.): Kunst der Deutung – Deutung der Kunst. Beiträge zu Bibel, Antike und Gegenwartsliteratur (FS Sieghild von Blumenthal) (Ästhetik – Theologie – Liturgik 45), Münster u.a. 2007, 39–49.

Glucker, John: Antiochus and the Late Academy (Hyp. 56), Göttingen 1978.

Goldstein, Jonathan A.: The Letters of Demosthenes, New York/London 1968.

Görgemanns, Herwig: Art. Epistolographie, DNP 3 (1997), 1166–1169.

Gößwein, Hanns-Ulrich: Die Briefe des Euripides (BKP 55), Meisenheim am Glan 1975.

Grant, Robert M.: *Lions* in Early Christian Literature, in: Abraham Malherbe u.a. (Hg.): The Early Church in its Context (FS Everett Ferguson) (NT.S 90), Leiden/Boston/Köln 1998, 147–154.

–: *Tatian* and the Bible, StPatr 1/TU 63 (1957), 297–306.

Grasmück, Ernst Ludwig: Exilium. Untersuchungen zur Verbannung in der Antike (RSWV 30), Paderborn u.a. 1978.

Gräßer, Erich: An die Hebräer (EKK XVII,3), Zürich/Neukirchen-Vluyn 1997.

Grignaschi, Mario: Les «rasā'il 'Aristātālīsa 'ilā-l-Iskandar» de Sālim abū-l-'Alā' et l'*activité* culturelle a l'époque omayyade, BEO 19 (1965/1966), 7–83.

–: La «Siyâsatu-l-'âmmiyya» et l'*influence* iranienne sur la pensée politique islamique, in: Monumentum H.S. Nyberg, Bd. 3 (= Acta Iranica II. Serie: Hommages et opera minora), Leiden/Theran-Liège 1975, 33–289.

–: Le *roman* épistolaire classique conservé dans la version arabe de Sâlim Abû-l-'Alâ', Muséon 80 (1967), 211–264.

Günther, Matthias: Die Frühgeschichte des Christentums in Ephesus (ARGU 1), Frankfurt a.M. u.a. [2]1998.

Gutas, Dimitri: Greek Thought, Arabic Culture. The Graeco-Arabic Translation Movement in Baghdad and Early 'Abbâsid Society (2nd–4th/8th–10th centuries), London 1998.

Güven, Suna: Displaying the *Res Gestae* of Augustus. Imperial Image for All, Journal of the Society for Architectural Historians 57 (1998), 30–45.

Hachmann, Erwin: Die Führung des Lesers in Senecas Epistulae morales (Orbis antiquus 34), Münster 1995.

Haefner, Alfred E.: Eine einzigartige Quelle für die Erforschung der antiken Pseudonymität (1934), in: Norbert Brox (Hg.): Pseudepigraphie in heidnischer und jüdisch-christlicher Antike (WdF 484), Darmstadt 1977, 154–162.

Häfner, Gerd: „Nützlich zur *Belehrung*" (2 Tim 3,16). Die Rolle der Schrift in den Pastoralbriefen im Rahmen der Paulusrezeption (HBS 25), Freiburg u.a. 1998.

–: Das *Corpus* Pastorale als literarisches Konstrukt, ThQ 187 (2007), 258–273.

–: Die *Gegner* in den Pastoralbriefen und die Paulusakten, ZNW 92 (2001), 64–77.

Haenchen, Ernst: Die Apostelgeschichte (KEK 3[16]), Göttingen [7]1977.

Hagedorn, Ursula u.a. (Hg.): Das Archiv des Petaus (P.Petaus) (WAAFLNW. PapyCol 7), Köln/Opladen 1969.

Hägg, Tomas: *Callirhoe* and *Parthenope*. The Beginnings of the Historical Novel, Classical Antiquity 6 (1987), 184–204.

–: *Eros* und Tyche. Der Roman in der antiken Welt, übers. von Kai Brodersen (Kulturgeschichte der antiken Welt 36), Mainz 1987.

–: *Orality*, Literacy, and the ‚Readership‘ of the Early Greek Novel, in: Roy Eriksen (Hg.): Contexts of Pre-Novel Narrative. The European Tradition (Approaches to Semiotics 114), Berlin 1992, 47–81.

–: Narrative *Technique* in Ancient Greek Romances. Studies of Chariton, Xenophon Ephesius, and Achilles Tatius (Skrifter Utgivna Av Svenska Institutet I Athen/Acta Instituti Atheniensis Regni Sueciae 8), Stockholm 1971.

Hahneman, Geoffrey Mark: The Muratorian Fragment and the Development of the Canon (Oxford Theological Monographs), Oxford 1992.

Halkin, François: La légende Crétoise de saint Tite, AnBoll 79 (1961), 241–256.

Halliwell, Stephen: The Republic's Two Critiques of Poetry (Book II 376c–398b; Book X 595a–608b), in: Otfried Höffe (Hg.): Platon Politeia (Klassiker Auslegen 7), Berlin 1997, 313–332.

Hamburger, Käthe: Die Logik der Dichtung, München 1987 (= [3]1977).

Hammond, N. (und G. Griffith): A History of Macedonia. Bd. 2: 550–336 B.C., Oxford 1979.

Hanson, Anthony Tyrrell: The Pastoral Epistles (NCBC), Grand Rapids/London 1982.

Harder, Annette: Euripides' Kresphontes and Archelaos. Introduction, Text and Commentary (Mn.S 87), Leiden 1985.

Harding, Mark: What Are They Saying About the *Pastoral Epistles*?, New York/Mahwah 2001.

–: *Tradition* and Rhetoric in the Pastoral Epistles (Studies in Biblical Literature 3), New York u.a. 1998.

Harnack, Adolf von: *Excerpte* aus dem Muratorischen Fragment (saec. XI. et XII.), ThLZ 23 (1898), 131–134.

–: Die *Mission* und Ausbreitung des Christentums in den ersten drei Jahrhunderten, Wiesbaden o.J. (Nachdruck von [4]1923).

Harris, Edward M.: Aeschines and Athenian *Politics*, New York/Oxford 1995.

–: *When* Was Aischines Born?, CP 83 (1988), 211–214.

Harris, William V.: Why Did the Codex Supplant the Book-Roll?, in: John Monfasani/Ronald G. Musto (Hg.): Renaissance Society and Culture (FS Eugene F. Rice, Jr.), New York 1991, 71–85.

Harrison, Percy N.: The Authorship of the Pastoral Epistles, ET 67 (1955/1956), 77–81.

Hasler, Victor: Die Briefe an Timotheus und Titus. Pastoralbriefe (ZBK.NT 12), Zürich 1978.

Hegermann, Harald: Der geschichtliche Ort der Pastoralbriefe, ThV 2 (1970), 47–64.

Heininger, Bernhard: Im *Dunstkreis* der Magie. Paulus als Wundertäter nach der Apostelgeschich-te, in: Eve-Marie Becker/Peter Pilhofer (Hg.): Biographie und Persönlichkeit des Paulus (WUNT 187), Tübingen 2005, 271–291.

–: Die *Rezeption* des Paulus im 1. Jahrhundert, in: Oda Wischmeyer (Hg.): Paulus. Leben – Um-welt – Werk – Briefe, Tübingen/Basel 2006, 309–340.

–: Einmal *Tarsus* und zurück (Apg 9,30; 11,25–26). Paulus als Lehrer nach der Apostelgeschichte, MThZ 49 (1998), 125–143.

–: Die religiöse *Umwelt* des Paulus, in: Oda Wischmeyer (Hg.): Paulus. Leben – Umwelt – Werk – Briefe, Tübingen/Basel 2006, 44–82.

Hempfer, Klaus W.: Art. Gattung, RLW 1 (1997), 651–655.

Herzer, Jens: Abschied vom Konsens? Die Pseudepigraphie der Pastoralbriefe als Herausforde-rung an die neutestamentliche Wissenschaft, ThLZ 129 (2004), 1267–1282.

Heubner, Heinz/Wolfgang Fauth: P. Cornelius Tacitus. Die Historien. Kommentar (Wissenschaft-liche Kommentare zu griechischen und lateinischen Schriftstellern), Bd. 5, Heidelberg 1982.

Heusch, Christine: Die Ethopoiie in der griechischen und lateinischen Antike. Von der rhetori-schen Progymnasmata-Theorie zur literarischen Form, in: Eugenio Amato/Jacques Schamp (Hg.): Ethopoiia. La représentation de caractères entre fiction scolaire et réalité vivante à l'époque impériale et tardive, Salerno 2005, 11–33.

Hill, C. E.: The Debate over the Muratorian Fragment and the Development of the Canon, West-minster Theological Journal 57 (1995), 437–452.

Hock, Ronald F.: *Cynics* and Rhetoric, in: Stanley E. Porter (Hg.): Handbook of Classical Rhetoric in the Hellenistic Period 330 B.C.–A.D. 400, Boston/Leiden 2001, 755–773.

–: *Simon* the Shoemaker as an Ideal Cynic, GRBS 17 (1976), 41–53.

–: A *Support* for His Old Age. Paul's Plea on Behalf of Onesimus, in: L. Michael White/O. Larry Yarbrough (Hg.): The Social World of the First Christians (FS Wayne A. Meeks), Minneapolis 1995, 67–81.

–/Edward N. O'Neil (Hg.): *The Chreia and Ancient Rhetoric*. Classrom Exercises (SBL. Writings from the Greco-Roman World 2), Atlanta 2002.

–/Edward N. O'Neil (Hg.): *The Chreia in Ancient Rhetoric*. Bd. 1: The Progymnasmata (SBL.TT 27/Graeco-Roman Religions Series 9), Atlanta 1986.

Hoepfner, Wolfram: Nikopolis. Zur Stadtgründung des Augustus, in: Evangelos Chrysos (Hg.): Nicopolis I. Proceedings of the First International Symposium on Nicopolis (23–29 September 1984), Preveza 1987, 129–133.

Holtz, Gottfried: Die Pastoralbriefe (ThHK 13), Berlin ⁴1986.

Holtzmann, Heinrich Julius: Lehrbuch der historisch-kritischen Einleitung in das Neue Testament, Freiburg i. Br. ²1886.

–: Die Pastoralbriefe. Kritisch und exegetisch behandelt, Leipzig 1880.

Holzberg, Niklas *(Hg.)*: Der griechische *Briefroman*. Gattungstypologie und Textanalyse (Classica Monacensia 8), Tübingen 1994.

–: Der griechische *Briefroman*. Versuch einer Gattungstypologie, in: ders. (Hg.): Der griechische Briefroman. Gattungstypologie und Textanalyse (Classica Monacensia 8), Tübingen 1994, 1–52.

–: *Einführung*, in: Ovid: Briefe aus der Verbannung. Tristia, Epistulae ex Ponto, lateinisch und deutsch, übertragen von Wilhelm Willige, München/Zürich 1990, 593–612.

–: Romanhafte *Erzählprosa* in der griechischen Literatur. Hinweis auf Möglichkeiten der Ergän-zungslektüre, Anregung 39 (1993), 243–254; 302–309.

–: *Historie* als Fiktion – Fiktion als Historie. Zum Umgang mit Geschichte im griechischen Ro-man, in: Charlotte Schubert/Kai Brodersen (Hg.): Rom und der Griechische Osten (FS Hatto H. Schmitt), Stuttgart 1995, 93–101.

–: *Horaz* – Dichter im Spannungsfeld zwischen Welt und Ich, Anregung 40 (1994), 24–37.

–: *Novel-like Works* of Extended Prose Fiction II, in: Gareth Schmeling (Hg.): The Novel in the Ancient World (Mn.S 159), Leiden/New York/Köln 1996, 619–654.

–: *Vorwort*, in: ders. (Hg.): Der griechische Briefroman. Gattungstypologie und Textanalyse (Classica Monacensia 8), Tübingen 1994, IX–XV.

Homeyer, Helen: Lukian. Wie man Geschichte schreiben soll (griechisch-deutsch), München 1965.

Hoogendijk, Francisca/Peter van Minnen: Drei Kaiserbriefe Gordians III. an die Bürger von Antinoopolis. P Vindob. G 25945, Tyche 2 (1987), 41–74.

Horst, Pieter W. van der: The Jews of Ancient Crete, JJS 39 (1988), 183–200.

Hose, Martin: Synesios und seine Briefe. Versuch der Analyse eines literarischen Entwurfs, Würzburger Jahrbücher für die Altertumswissenschaft.NF 27 (2003), 125–141.

Howell, Peter: A Commentary on Book One of the Epigrams of Martial, London 1980.

Hübner, Hans: An Philemon, an die Kolosser, an die Epheser (HNT 12), Tübingen 1997.

Hübner, Reinhard: Thesen zur Echtheit und Datierung der sieben Briefe des Ignatius von Antiochien, ZAC 1 (1997), 44–72.

Hug, Wolfgang: Erzählende Quellen. Grundmuster narrativer Geschichtsschreibung in Antike und Mittelalter, in: Siegfried Quandt/Hans Süssmuth (Hg.): Historisches Erzählen. Formen und Funktionen, Göttingen 1982, 77–103.

Hurtado, Larry W.: The Earliest Christian Artifacts. Manuscripts and Christian Origins, Grand Rapids 2006.

Illert, Martin: Die Abgarlegende/Das Christusbild von Edessa, griech./lat.-deutsch, übers. und eingeleitet (FChr 45), Turnhout 2007.

Imhof, Max: Sokrates und Archelaos. Zum 1. Sokratesbrief, MH 39 (1982), 71–81 und MH 41 (1984), 1–14.

Irmscher, Johannes/Georg Strecker: Die Pseudoklementinen, NTApo 2 ([6]1997), 439–488.

Jäger, Karoline: Die Christologie der Pastoralbriefe (Hamburger Theologische Studien 12), Münster 1996.

Jannidis, Fotis/Gerhard Lauer/Matias Martinez/Simone Winko: Autor und Interpretation, in: dies. (Hg.): Texte zur Theorie der Autorschaft, Stuttgart 2000, 7–29.

Janßen, Martina: Unter falschem Namen. Eine kritische Forschungsbilanz frühchristlicher Pseudepigraphie (ARGU 14), Frankfurt a.M. u.a. 2003.

Jeremias, Joachim: Die Briefe an Timotheus und Titus, in: ders./Hermann Strathmann: Die Briefe an Timotheus und Titus. Der Brief an die Hebräer (NTD 9), Göttingen [3]1937.

Jervell, Jacob: Die Apostelgeschichte (KEK [17]3), 1. Aufl. dieser Auslegung, Göttingen 1998.

Johnson, Allan Chester: Roman *Egypt* to the Reign of Diocletian (An Economic Survey of Ancient Rome, Bd. 2, hg. v. Tenney Frank), Baltimore 1936.

Johnson, Luke Timothy: The First and Second Letters to Timothy (AncB 35A), New York u.a. 2001.

–: *Letters* to Paul's Delegates. 1 Timothy, 2 Timothy, Titus, Valley Forge 1996.

Jost, François: The Epistolary Novel. An Unacted Drama, in: Joseph P. Strelka (Hg.): Literary Theory and Criticism. Bd. 1 Theory (FS René Wellek), Bern/Frankfurt a.M./New York 1984, 335–350.

Jouan, François/Danielle Auger: Sur le corpus des ‚Lettres d'Euripide', Mélanges Edouard Delebecque, Aix-en-Provence 1983, 183–198.

Joyal, Mark: *Aias* Lokros fr. 14 Radt. Sophocles or Euripides, SO 67 (1992), 69–79.

–: The Platonic *Theages*. An Introduction, Commentary and Critical Edition (Philosophie der Antike 10), Stuttgart 2000.

Jülicher, Adolf/Erich Fascher: Einleitung in das Neue Testament (Grundriss der Theologischen Wissenschaften III.1), Tübingen [7]1931.

Kaesser, Christian: Tweaking the Real. Art Theory and the Borderline Between History and Morality in Plutarch's *Lives*, GRBS 44 (2004), 361–374.

Kahle, Paul E. (Hg.): Bala'izah. Coptic Texts from Deir El-Bala'izah in Upper Egypt, Bd. 1, London 1954.

Karamesini-Oikonomidou, Mantos: He nomismatokopia tis Nikopoleos, Athen 1975.

Käsemann, Ernst: Das Formular einer neutestamentlichen Ordinationsparänese (1954), in: ders.: Exegetische Versuche und Besinnungen, Bd. 1, Göttingen ⁶1970, 101–108.

Keil, Josef: Zum Martyrium des heiligen Timotheus in Ephesus, Jahreshefte des Österreichischen Archäologischen Institutes in Wien 29 (1935), 82–92.

Kelly, John N. D.: A Commentary on the Pastoral Epistles. I Timothy. II Timothy. Titus (BNTC), London 1963.

Kidd, Reggie M.: Wealth and Beneficence in the Pastoral Epistles (SBL.DS 122), Atlanta 1990.

Kilpatrick, Ross S.: The Poetry of Criticism. Horace, *Epistles* II and *Ars Poetica*, Edmonton 1990.

Kim, Young Kyn: Palaeographical Dating of P⁴⁶ to the Later First Century, Biblica 69 (1988), 248–257.

Kindstrand, Jan Fredrik: The Stylistic Evaluation of Aeschines in Antiquity (AUU.Studia Graeca Upsaliensia 18), Uppsala 1982.

Klauck, Hans-Josef: Apokryphe *Apostelakten*. Eine Einführung, Stuttgart 2005.

–: Die antike *Briefliteratur* und das Neue Testament. Ein Lehr- und Arbeitsbuch, Paderborn u.a. 1998.

–: *Rezension* zu Rosenmeyer, BZ 46 (2002), 274f.

Kloocke, Kurt: Formtraditionen – Roman und Geschichte. Dargestellt am Beispiel des Briefromans, in: Hans-Werner Ludwig (Hg.): Arbeitsbuch Romananalyse (Literaturwissenschaft im Grundstudium 12), Tübingen ⁶1998, 189–207.

Knight, George W.: The Pastoral Epistles (NIGTC), Grand Rapids 1992.

Knoch, Otto: 1. und 2. Timotheusbrief, Titusbrief (NEB.NT 14), Würzburg 1988.

–: Die „*Testamente*" des Petrus und Paulus. Die Sicherung der apostolischen Überlieferung in der spätneutestamentlichen Zeit (SBS 62), Stuttgart 1973.

Knox, Bernard: Rezension zu Gößwein, Classical Journal 73 (1977), 179.

Koch, Dietrich-Alex: Kollektenbericht, ‚Wir'-Bericht und Itinerar. Neue (?) Überlegungen zu einem alten Problem, NTS 45 (1999), 367–390.

Koester, Helmut (Hg.): *Ephesos* – Metropolis of Asia. An Interdisciplinary Approach to its Archaeology, Religion, and Culture (HThS 41), Valley Forge 1995.

–: *Introduction* to the New Testament, Bd. 1 History, Culture, and Religion of the Hellenistic Age; Bd. 2 History and Literature of Early Christianity, New York/Berlin ²1995/2000.

– [Köster]: Ein *Jesus* und vier ursprüngliche Evangeliengattungen, in: ders./James M. Robinson: Entwicklungslinien durch die Welt des frühen Christentums, Tübingen 1971, 147–190.

–: *Paul* and Philippi. The Evidence from Early Christian Literature, in: Charalambos Bakirtzis/Helmut Koester (Hg.): Philippi at the Time of Paul and after His Death, Harrisburg 1998, 49–65.

Köhler, Liselotte: Die Briefe des Sokrates und der Sokratiker (Ph.Supplement 20,2), Leipzig 1928.

Kolb, Frank: Römische Mäntel: *paenula, lacerna*, μανδύη, MDAI.R 80 (1973), 69–167.

Kollmann, Bernd: Paulus als Wundertäter, in: Udo Schnelle/Thomas Söding (Hg.): Paulinische Christologie. Exegetische Beiträge (FS Hans Hübner), Göttingen 2000, 76–96.

Konstan, David: Friendship in the Classical World (Key Themes in Ancient History), Cambridge 1997.

–/Phillip Mitsis: Chion of Heraclea. A Philosophical Novel in Letters, in: Martha C. Nussbaum (Hg.): The Poetics of Therapy. Hellenistic Ethics in its Rhetorical and Literary Context, Apeiron 23,4 (1990), 257–279.

Korenjak, Martin: Abschiedsbriefe. Horaz' und Ovids epistolographisches Spätwerk, Mn. 58 (2005), 46–61; 218–234.

Koskenniemi, Heikki: Studien zur Idee und Phraseologie des griechischen Briefes bis 400 n.Chr. (AASF B 102.2), Helsinki 1956.

Kovacs, David: De Cephisophonte *Verna*, Ut Perhibent, Euripidis, ZPE 84 (1990), 15–18.

–: *Euripidea* (Mn.S 132), Leiden/New York/Köln 1994.

Kra, Pauline: Multiplicity of Voices in the *Lettres Persanes*, RBPH 70 (1992), 694–705.

Krämer, Hans: Die Ältere Akademie, UeberwegAntF 3 (²2004), 1–165.

Kraus, Thomas J.: Bücherleihe im 4. Jh.n.Chr. P.Oxy. LXIII 4365 – ein Brief auf Papyrus und die gegenseitige Leihe von apokryph gewordener Literatur, Biblos 50 (2001), 285–296.

Krauss, Samuel: Talmudische Archäologie, 3 Bd., Leipzig 1910–1912.

Krautz, Hans-Wolfgang: Nachwort, in: Epikur: Briefe, Sprüche, Werkfragmente. Griechisch-deutsch, übers. und hg. von Hans-Wolfgang Krautz, Stuttgart 2000, 143–172.

Krinzinger, Fritz: *Nikopolis*, in: Otto Brinna/Friedrich Ehrl (Hg.): Echo. Beiträge zur Archäologie des mediterranen und alpinen Raumes (FS Johannes B. Trentini) (Innsbrucker Beiträge zur Kulturwissenschaft 27), Innsbruck 1990, 187–190.

–: Nikopolis in der augusteischen *Reichspropaganda*, in: Evangelos Chrysos (Hg.): Nicopolis I. Proceedings of the First International Symposium on Nicopolis (23–29 September 1984), Preveza 1987, 109–120.

Kroll, Wilhelm: Die Kreuzung der Gattungen, in: ders.: Studien zum Verständnis der römischen Literatur, Stuttgart 1924, 202–224.

Kuch, Heinrich: Zur *Euripides-Rezeption* im Hellenismus, Klio 60 (1978), 191–202.

–: *Rezension* zu Gößwein, DLZ 98 (1977), 240–243.

–: Die *Herausbildung* des antiken Romans als Literaturgattung. Theoretische Positionen, historische Voraussetzungen und literarische Prozesse, in: ders. u.a. (Hg.): Der antike Roman. Untersuchungen zur literarischen Kommunikation und Gattungsgeschichte (Veröffentlichungen des Zentralinstituts für Alte Geschichte und Archäologie der Akademie der Wissenschaften der DDR 19), Berlin 1989, 11–51.

Kühn, J. H.: Art. Aischines (2), LAW (1965), 79f.

Kümmel, Werner Georg: Einleitung in das Neue Testament, Heidelberg [19]1978.

Kurek-Chomycz, Dominika A.: Is there an „Anti-Priscan" Tendency in the Manuscripts? Some Textual Problems with Prisca and Aquila, JBL 125 (2006), 107–128.

Kytzler, Bernhard (Hg.): Erotische Briefe der Antike. Aristainetos. Alkiphron. Ailianos. Philostratos. Theophylaktos Simokattes, München 1967.

Läger, Karoline: Die Christologie der Pastoralbriefe (Hamburger Theologische Studien 12), Münster 1996.

Lampe, Peter: Die stadtrömischen Christen in den ersten beiden Jahrhunderten. Untersuchungen zur Sozialgeschichte (WUNT II 18), Tübingen 1987.

–/Ulrich Luz: Nachpaulinisches Christentum und pagane Gesellschaft, in: Jürgen Becker u.a. (Hg.): Die Anfänge des Christentums. Alte Welt und neue Hoffnung, Stuttgart u.a. 1987, 185–216.

Lamping, Dieter: Art. Gattungstheorie, RLW 1 (1997), 658–661.

Längin, Hartmut: Erzählkunst und Philosophie in den Platon-Briefen, GrB 22 (1998), 101–115.

Latham, J. D.: The Beginnings of Arabic Prose Literature. The Epistolary Genre, in: A. F. L. Beeston u.a. (Hg.): Arabic Literature to the End of the Umayyad Period (The Cambridge History of Arabic Literature), Cambridge 1983, 154–179.

Latte, Kurt: Rezension zu Düring, Gn. 25 (1953), 45–47.

Lausberg, Marion: Cicero – Seneca – Plinius. Zur Geschichte des römischen Prosabriefes, Anregung 37 (1991), 82–100.

Lauterbach, Martin: Das Verhältnis der zweiten zur ersten Ausgabe von Werthers Leiden, Straßburg 1910.

Leary, T. J.: Martial Book XIV. The Apophoreta. Text with Introduction and Commentary, London 1996.

Lebrecht Schmidt, Peter: Catos Epistula ad M. Filium und die Anfänge der römischen Briefliteratur, Hermes 100 (1972), 568–576.

Lefkowitz, Mary R.: The *Lives* of the Greek Poets, London 1981.

–: *Satyrus* the Historian, Atti del XVII Congresso Internazionale di Papirologi, Neapel 1984, 339–343.

–: The Euripides *Vita*, GRBS 20 (1979), 187–210.

Leidl, Christoph G.: Historie und Fiktion. Zum Hannibalbrief (P.Hamb.129), in: Charlotte Schubert/Kai Brodersen (Hg.): Rom und der Griechische Osten (FS Hatto H. Schmitt), Stuttgart 1995, 151–169.

Leitch, Vincent B.: (De)Coding (Generic) Discourse, Genre 24 (1991), 83–98.

Lemieux, R.: Le temps et les temps dans les ‚Liaisons dangereuses' de Laclos, Etudes Françaises 8 (1972), 387–397.

Lenardon, Robert J.: The Saga of Themistokles (Aspects of Greek and Roman Life), London 1978.

Lesky, Albin (Hg.): Aristainetos. Erotische Briefe, Zürich 1951.

Létoublon, Françoise: La lettre dans le roman grec ou les liaisons dangereuses, in: Stelios Panayotakis/Maaike Zimmerman/Wytse Keulen (Hg.): The Ancient Novel and Beyond (Mn.S 241), Leiden/Boston 2003, 271–288.

Levine, Amy-Jill/Marianne Blickenstaff (Hg.): A Feminist Companion to the Deutero-Pauline Epistles (Feminist Companion to the New Testament and Early Christian Writings 7), London/New York 2003.

Lewis, D. M.: When Was Aischines Born?, Classical Review 8 (1958), 108.

Liebrand, Claudia: Briefromane und ihre ‚Lektüreanweisungen'. Richardsons *Clarissa*, Goethes *Die Leiden des jungen Werthers*, Laclos' *Les Liaisons dangereuses*, Arcadia 32 (1997), 342–364.

Lindemann, Andreas: Der Erste Korintherbrief (HNT 9/1), Tübingen 2001.

–: *Bemerkungen* zu den Adressaten und zum Anlaß des Epheserbriefes, ZNW 67 (1976), 235–251.

–: *Paulus* im ältesten Christentum. Das Bild des Apostels und die Rezeption der paulinischen Theologie in der frühchristlichen Literatur bis Marcion (BHTh 58), Tübingen 1979.

–: Die *Rezeption* des Paulus im 2. Jahrhundert, in: Oda Wischmeyer (Hg.): Paulus. Leben – Umwelt – Werk – Briefe, Tübingen/Basel 2006, 341–357.

Lips, Hermann von: Von den „Pastoralbriefen" zum „*Corpus* Pastorale". Eine Hallische Sprachschöpfung und ihr modernes Pendant als Funktionsbestimmung dreier neutestamentlicher Briefe, in: Udo Schnelle (Hg.): Reformation und Neuzeit. 300 Jahre Theologie in Halle, Berlin/New York 1994, 49–71.

–: *Glaube* – Gemeinde – Amt. Zum Verständnis der Ordination in den Pastoralbriefen (FRLANT 122), Göttingen 1979.

–: Die *Haustafel* als ‚Topos' im Rahmen der urchristlichen Paränese. Beobachtungen anhand des 1. Petrusbriefes und des Titusbriefes, NTS 40 (1994), 261–280.

Lipsius, Richard Adelbert: Die apokryphen Apostelgeschichten und Apostellegenden. Ein Beitrag zur altchristlichen Literaturgeschichte, Braunschweig 1883 (Bd. 1), 1887 (Bd. 2.1), 1884 (Bd. 2.2), 1890 (Ergänzungsheft).

Lohfink, Gerhard: Paulinische Theologie in der Rezeption der Pastoralbriefe, in: Karl Kertelge (Hg.): Paulus in den neutestamentlichen Spätschriften. Zur Paulusrezeption im Neuen Testament (QD 89), Freiburg u.a. 1981, 70–121.

Looks, Carsten: Das Anvertraute bewahren. Die Rezeption der Pastoralbriefe im 2. Jahrhundert (Münchener theologische Beiträge), München 1999.

Ludolph, Matthias: Epistolographie und Selbstdarstellung. Untersuchungen zu den ‚Paradebriefen' Plinius' des Jüngeren (Classica Monacensia 17), Tübingen 1997.

Ludwich, Arthur: Zum Apollonhymnos des Sokrates, Jahrbücher für classische Philologie 32 (1886), 811f.

Lukács, Georg: Die Theorie des Romans. Ein geschichtsphilosophischer Versuch über die Formen der großen Epik (1920), Neuwied/Berlin ²1974.

Luz, Ulrich: Erwägungen zur Entstehung des „Frühkatholizismus", ZNW 65 (1974), 88–111.

MacDonald, Dennis Ronald: A Conjectural *Emendation* of 1 Cor 15:31–32. Or the Case of the Misplaced Lion Fight, HThR 73 (1980), 265–276.

–: The *Legend* and the Apostle. The Battle for Paul in Story and Canon, Philadelphia 1983.

–: Apocryphal and Canonical *Narratives* about Paul, in: William S. Babcock (Hg.): Paul and the Legacies of Paul, Dallas 1990, 55–70; 330–337.

MacDonald, Margaret Y.: Rereading *Paul*. Early Interpreters of Paul on Women and Gender, in: Ross Shepard Kraemer/Mary Rose d'Angelo (Hg.): Women and Christian Origins, New York/Oxford 1999, 236–253.

–: Early Christian *Women* and Pagan Opinion. The Power of the Hysterical Woman, Cambridge 1996.

Malherbe, Abraham J. (Hg.): The Cynic *Epistles*. A Study Edition (SBL. Sources for Biblical Study 12), Missoula 1977.

– (Hg.): Ancient Epistolary *Theorists* (SBL. Sources for Biblical Study 19), Atlanta/Georgia 1988.

Maloney, Linda M.: The Pastoral Epistles, in: Elisabeth Schüssler Fiorenza (Hg.): Searching the Scriptures, Bd. 2. A Feminist Commentary, New York 1994, 361–380.

Malosse, Pierre-Louis: Ethopée et fiction épistolaire, in: Eugenio Amato/Jacques Schamp (Hg.): Ethopoiia. La représentation de caractères entre fiction scolaire et réalité vivante à l'époque impériale et tardive, Salerno 2005, 61–78.

Manger, Klaus: Klassizismus und Aufklärung. Das Beispiel des späten Wieland (Das Abendland. NF 18), Frankfurt a.M. 1991.

Mann, Golo: Der Brief in der Weltliteratur, Neue Rundschau 86 (1975), 631–649.

Manson, Michel: La *Pietas* et le sentiment de l'enfance à Rome d'après les monnaies, Revue belge de numismatique et de sigillographie 121 (1975), 21–80.

Maróth, Miklós: Correspondence Between Aristotle and Alexander the Great. The Earliest Piece of the *adab-Literature*, The Arabist 24/25 (2002), 101–109.

–: The Correspondence Between Aristotle and Alexander the Great. An Anonymous Greek *Novel* in Letters in Arabic Translation, AAH 45 (2005), 231–315.

–: Political *Theory* in Ps.-Callisthenes and an Anonymous Arabic Novel of Letters, Acta Classica Universitatis Scientiarum Debrecenensis 38/39 (2002/03), 159–168.

Marshall, I. Howard: Some Recent *Commentaries* on the Pastoral Epistles, ET 117 (2006), 140–143.

–: A Critical and Exegetical Commentary on the Pastoral Epistles (ICC), Edinburgh 1999.

Martels, Zweder R.W.M. von: The Discovery of the Inscription of the Res Gestae Divi Augusti, Res publica litterarum 14 (1991), 147–156.

Martin, Seán Charles: Pauli Testamentum. 2 Timothy and the Last Words of Moses (TG.T 18), Rom 1997.

Martin, Victor/Guy de Budé (Hg.): Eschine. Discours, 2 Bd., Paris 1927/1928

Martinez, Matias/Michael Scheffel: Einführung in die *Erzähltheorie*, München ⁶2005.

Marxsen, Willi: Einleitung in das Neue Testament. Eine Einführung in ihre Probleme, Gütersloh ⁴1978.

Mass, Edgar: Literatur und Zensur in der frühen Aufklärung. Produktion, Distribution und Rezeption der *Lettres Persanes* (Analecta Romanica 41), Frankfurt a.M. 1981.

Matthiessen, Kjeld: *Euripides* und sein Jahrhundert (Zet. 119), München 2004.

–: Die *Tragödien* des Euripides (Zet. 114), München 2002.

Maurach, Gregor: Der Bau von Senecas Epistulae Morales (BKAW II 30), Heidelberg 1970.

McCormick, Michael: The Birth of the Codex and the Apostolic Life-Style, Scriptorium 39 (1985), 150–158.

McKirahan, Voula Tsouna: The Socratic Origins of the Cynics and the Cyrenaics, in: Paul A. Vander Waerdt (Hg.): The Socratic Movement, Ithaca/London 1994, 367–391.

Meiggs, Russell/David Lewis (Hg.): A Selection of Greek Historical Inscriptions to the End of the Fifth Century B.C. (revised edition), Oxford 1989.

Meinardus, Otto F. A.: Cretan Traditions about St. Paul's Mission to the Island, OS 22 (1973), 172–183.

Merkelbach, Reinhold: Der *Brief* des Dareios im Getty-Museum und Alexanders Wortwechsel mit Parmenion, ZPE 77 (1989), 277–280.

–: Pseudo-Kallisthenes und ein *Briefroman* über Alexander, Aegyptus 27 (1947), 144–158.

–: Die *Quellen* des griechischen Alexanderromans. Zweite, neubearbeitete Auflage unter Mitwirkung von Jürgen Trumpf (Zet. 9), München 1977 (1954).

Merkle, Stefan: Die *Ephemeris* belli Troiani des Diktys von Kreta (Studien zur klassischen Philologie 44), Frankfurt a.M. u.a. 1989.

–: The *Truth* and Nothing but the Truth. Dictys and Dares, in: Gareth Schmeling (Hg.): The Novel in the Ancient World (Mn.S 159), Leiden/New York/ Köln 1996, 563–580.

–/Andreas Beschorner: Der *Tyrann* und der Dichter. Handlungssequenzen in den Phalaris-Briefen, in: Niklas Holzberg (Hg.): Der griechische Briefroman. Gattungstypologie und Textanalyse (Classica Monacensia 8), Tübingen 1994, 116–168.

Merz, Annette: *Amore Pauli*. Das Corpus Pastorale und das Ringen um die Interpretationshoheit bezüglich des paulinischen Erbes, ThQ 187 (2007), 274–294.

–: Die fiktive *Selbstauslegung* des Paulus. Intertextuelle Studien zur Intention und Rezeption der Pastoralbriefe (NTOA 52), Göttingen/Fribourg 2004.

Metzger, Bruce M.: A Textual *Commentary* on the Greek New Testament, London 1971.

–: The Early *Versions* of the New Testament. Their Origin, Transmission, and Limitations, Oxford 1977.

Meyer, Ernst: Art. Kreta, KP 3 (1975), 338–342.

Michaelis, Wilhelm: *Einleitung* in das Neue Testament. Die Entstehung, Sammlung und Überlieferung der Schriften des Neuen Testaments, Bern [2]1954.

–: Die *Gefangenschaft* des Paulus in Ephesus und das Itinerar des Timotheus. Untersuchungen zur Chronologie des Paulus und der Paulusbriefe (Neutestamentliche Forschung I 3), Gütersloh 1925.

Miething, Christoph: Die Erkenntnisstruktur in Montesquieus ‚Lettres Persanes‘, Archiv für das Studium der neueren Sprachen und Literaturen 223 (1986), 64–81.

Mignogna, Elisa: *Cimone* e Calliroe. Un „romanzo" nel romanzo. Intertestualità e valenza strutturale di Ps.-Eschine *epist.* 10, Maia 48 (1996), 315–326.

–: Calliroe e lo *Scamandro*, in: A. Stramaglia (Hg.): Eros. Antiche trame greche d'amore, Bari 2000, 85–96.

Millar, Fergus: The Emperor in the Roman World (31 BC–AD 337), London 1977.

Miller, James D.: The Pastoral Letters as Composite Documents (MSSNTS 93), Cambridge 1997.

Mitchell, Margaret M.: New Testament *Envoys* in the Context of Greco-Roman Diplomatic and Epistolary Conventions. The Example of Timothy and Titus, JBL 111 (1992), 641–662.

–: PTebt 703 and the *Genre* of 1 Timothy. The Curious Career of a Ptolemaic Papyrus in Pauline Scholarship, NT 44 (2002), 344–370.

Mitteis, Ludwig/Ulrich Wilcken: Grundzüge und Chrestomathie der Papyruskunde. Bd. I: Historischer Teil (Ulrich Wilcken); Bd. II: Juristischer Teil (Ludwig Mitteis), Leipzig/Berlin 1912.

Möllendorff, Peter von: *Aristophanes* (Olms Studienbücher Antike 10), Hildesheim/Zürich/New York 2002.

–: Grundlagen einer *Ästhetik* der Alten Komödie. Untersuchungen zu Aristophanes und Michail Bachtin (Classica Monacensia 9), Tübingen 1995.

Monceaux, Paul: Le manichéen Faustus de Milev. Restitucion de ses Capitula, Paris 1924.

Morello, Ruth/Roy K. Gibson (Hg.): Re-Imagining Pliny the Younger, Arethusa 36 (2003), Heft 2.

Morgenthaler, Robert: Statistik des neutestamentlichen Wortschatzes, Zürich [3]1982.

Morrison, Donald R.: Xenophon's Socrates as Teacher, in: Paul A. Vander Waerdt (Hg.): The Socratic Movement, Ithaca/London 1994, 181–209.

Mott, Steven Charles: Greek Ethics and Christian Conversion. The Philonic Background of Titus II 10–14 and III 3–7, NT 20 (1978), 22–48.

Moule, C. F. D.: The Problem of the Pastoral Epistles. A Reappraisal, BJRL 47 (1965), 430–452.

Müller, Peter (Hg.): Der junge Goethe im zeitgenössischen Urteil, Berlin 1969.

Müller, Wolfgang G.: Namen als intertextuelle Elemente, Poetica 23 (1991), 139–165.

Murphy-O'Connor, Jerome: 2 *Timothy* Contrasted with 1 Timothy and Titus, RB 98 (1991), 403–418.

–: *Paul.* A Critical Life, Oxford 1996.

Müseler, Eike: Die Kynikerbriefe. Bd. 1 Die Überlieferung; Bd. 2 Kritische Ausgabe mit deutscher Übersetzung (SGKA.NF 1. Reihe, Bd. 6 und 7), Paderborn u.a. 1994.

Nails, Debra: The People of Plato. A Prosopography of Plato and Other Socratics, Indianapolis 2002.

Nauta, Ruurd R.: Gattungsgeschichte als Rezeptionsgeschichte am Beispiel der Entstehung der Bukolik, AuA 36 (1990), 116–137.

Nesselrath, Heinz-Günther: Lukians Parasitendialog. Untersuchungen und Kommentar (UALG 22), Berlin/New York 1985.

Newmark, Kevin: Leaving Home Without It, Stanford French Review 11 (1987), 17–32.

Nimis, Stephen: In mediis rebus. Beginning Again in the Middle of the Ancient Novel, in: Stelios Panayotakis/Maaike Zimmerman/Wytse Keulen (Hg.): The Ancient Novel and Beyond (Mn.S 241), Leiden/Boston 2003, 255–269.

Nordheim, Eckhard von: Die Lehre der Alten. Bd. 1 Das Testament als Literaturgattung im Judentum der hellenistisch-römischen Zeit; Bd. 2 Das Testament als Literaturgattung im Alten Testament und im Alten Vorderen Orient (ALGHJ 13/18), Leiden 1980/1985.

Novacović, D.: Fabularni oblici u antičkoj epistolografiji [= Erzählformen in der antiken Epistolographie], Latina et Graeca 20 (1982), 69–121.

Noy, David u.a. (Hg.): Inscriptiones Judaicae Orientes. Bd. 1 Eastern Europe (TSAJ 101), Tübingen 2004.

Oberg, Eberhard: Das Lehrgedicht des Amphilochios von Ikonion, JbAC 16 (1973), 67–97.

Oberlinner, Lorenz: „Ein ruhiges und ungestörtes Leben führen". Ein Ideal für christliche Gemeinden?, BiKi 46 (1991), 98–106.

–: Die Pastoralbriefe. Erste Folge: Kommentar zum Ersten Timotheusbrief; Zweite Folge: Kommentar zum Zweiten Timotheusbrief; Dritte Folge: Kommentar zum Titusbrief (HThK XI 2/1–3), Freiburg u.a. 1994/1995/1996.

Ollrog, Wolf-Henning: Paulus und seine Mitarbeiter. Untersuchungen zu Theorie und Praxis der paulinischen Mission (WMANT 50), Neukirchen-Vluyn 1979.

Olrik, Axel: Epische Gesetze der Volksdichtung, ZDA 51 (1909), 1–12.

Osborne, Robert E.: Paul and the Wild Beasts, JBL 85 (1966), 225–230.

Oster, Richard E., Jr.: The Ephesian Artemis as an Opponent of Early Christianity, JbAC 19 (1976), 24–44.

Paschke, Boris A.: The cura morum of the Roman Censors as Historical Background for the Bishop and Deacon Lists of the Pastoral Epistles, ZNW 98 (2007), 105–119.

Pelling, Christopher: Truth and Fiction in Plutarch's Lives, in: Donald Andrew Russel (Hg.): Antonine Literature, Oxford 1990, 19–52.

Penwill, J.L.: The Letters of Themistokles. An Epistolary Novel?, Antichthon 12 (1978), 83–103.

Perry, Ben Edwin: The Ancient Romances. A Literary-Historical Account of their Origins (Sather Classical Lectures 37), Berkeley 1967.

Pervo, Richard I.: The „Acts of Titus". A Preliminary Translation, with an Introduction, Notes, and Appendices, SBL.SP 1996, 455–482.

–: Dating Acts. Between the Evangelists and the Apologists, Santa Rosa 2006.

–: Early Christian Fiction, in: John R. Morgan/Richard Stoneman (Hg.): Greek Fiction. The Greek Novel in Context, London/New York 1994, 239–254.

–: Profit With Delight. The Literary Genre of the Acts of the Apostles, Philadelphia 1987.

–: Romancing an Oft-Neglected Stone. The Pastoral Epistles and the Epistolary Novel, Journal of Higher Criticism 1 (1994), 25–47 [URL: http://www.depts.drew.edu/jhc/pervope.html].

Petersen, Norman R.: Rediscovering Paul. Philemon and the Sociology of Paul's Narrative World, Philadelphia 1985.

Pietersen, Lloyd K.: The Polemic of the Pastorals. A Sociological Examination of the Development of Pauline Christianity (JSNT.S 264), London/New York 2004.

–: Rezension zu Van Neste, JSNT 28.5 (2006), 105.

Pinault, Jody Rubin: Hippocratic Lives and Legends (Studies in Ancient Medicine 4), Leiden/New York/Köln 1992.

Pohlenz, Max: Zu den hippokratischen Briefen, Hermes 52 (1917), 348–353.

–: Paulus und die Stoa, ZNW 42 (1949), 69–104.

Ponsot, Hervé: Les Pastorales ... seraient-elles les premières lettres de Paul?, LV(L) 98 (1997), Nr. 231: S. 83–93; Nr. 232, S. 79–90; Nr. 233, S. 83–89.

Port, Wilhelm: Die Anordnung in Gedichtbüchern augusteischer Zeit, Ph. 81 (1926), 280–308; 427–468.

Porter, Stanley E.: Pauline Authorship and the Pastoral Epistles. Implications for Canon, Bulletin für Biblical Research 5 (1995), 105–123.

Portefaix, Lilian: ‚Good Citizenship‘ in the Household of God. Women's Position in the Pastorals Reconsidered in the Light of Roman Rule, in: Amy-Jill Levine/Marianne Blickenstaff (Hg.): A Feminist Companion to the Deutero-Pauline Epistles (Feminist Companion to the New Testament and Early Christian Writings 7), London/New York 2003, 147–158.

Price, Simon R. F.: Rituals and Power. The Roman Imperial Cult in Asia Minor, Cambridge 1984.

Prior, Michael: Paul the Letter-Writer and the Second Letter to Timothy (JSNT.S 23), Sheffield 1989.

Proust, Marcel: Werke I.3. Essays, Chroniken und andere Schriften, hg. v. Luzius Keller, Frankfurt a.M. 1992.

Puiggali, Jacques: La Lettre X du Pseudo-Eschine, Prudentia 20 (1988), 28–42.

–: La Lettre X du Pseudo-Eschine, Revue de philologie 77 (2003), 97–109.

Purcell, Nicholas: Art. Res gestae, in: The Oxford Classical Dictionary, hg. v. Simon Hornblower/Antony Spawforth, Oxford/New York [3]1996, 1309.

–: The Nicopolitan Synoecism and Roman Urban Policy, in: Evangelos Chrysos (Hg.): Nicopolis I. Proceedings of the First International Symposium on Nicopolis (23–29 September 1984), Preveza 1987, 71–90.

Quinn, Jerome D.: P[46] – The Pauline Canon?, CBQ 36 (1974), 379–385.

–: Paul's Last Captivity, in: E. A. Livingstone (Hg.): Studia Biblica 1978. III. Papers on Paul and Other New Testament Authors. Sixth International Congress on Biblical Studies, Oxford 3–7 April 1978 (JSNT.S 3), Sheffield 1980, 289–299.

–: The Letter to Titus. A New Translation with Notes and Commentary and an Introduction to Titus, I and II Timothy, The Pastoral Epistles (AncB 35), New York u.a. 1990.

–: Tertullian and I Timothy 5:22 on Imposing Hands. Paul Galtier Revisited, StPatr 21 (1989), 268–270.

–: The Last Volume of Luke. The Relation of Luke-Acts to the Pastoral Epistles, in: Charles H. Talbert (Hg.): Perspectives on Luke-Acts (Perspectives in Religious Studies. Special Studies Series 5), Danville/Edinburgh 1978, 62–75.

–/William C. Wacker: The First and Second Letters to Timothy (ECC), Michigan/Cambridge 2000.

Rabinowitz, Peter J.: Shifting Stands, Shifting Standards. Reading, Interpretation, and Literary Judgment, Arethusa 19.2 (1986), 115–134.

Radermacher, Ludwig: Rezension zu Drerup, Literarisches Zentralblatt für Deutschland 55 (1904), 1432f.

Radt, Stefan (Hg.): Tragicorum Graecorum Fragmenta, Bd. 4. Sophocles, editio correctior et addendis aucta, Göttingen [2]1999.

Raible, Wolfgang: Was sind Gattungen? Eine Antwort aus semiotischer und textlinguistischer Sicht, Poetica 12 (1980), 320–349.

Rathmayr, Reinhard: Der antike Mensch in der Jahreszeit des Winters (Studien zur Geschichtsforschung des Altertums 9), Hamburg 2001.

Reardon, Bryan P.: General Introduction, in: ders. (Hg.): Collected Ancient Greek Novels, Berkeley/Los Angeles/London 1989, 1–16.

Redalié, Yann: Paul après Paul. Le temps, le salut, la morale selon les épîtres à Timothée et à Tite (MoBi 31), Genf 1994.

Reichert, Angelika: Durchdachte Konfusion. Plinius, Trajan und das Christentum, ZNW 93 (2002), 227–250.

Reicke, Bo: Chronologie der Pastoralbriefe, ThLZ 101 (1976), 81–94.

Reinmuth, Eckart: Der Brief des Paulus an Philemon (ThHNT 11/II), Leipzig 2006.

Reiser, Marius: Sprache und literarische Formen des Neuen Testaments, Paderborn u.a. 2001.

Reuter, Rainer: Synopse zu den Briefen des Neuen Testaments. Teil II: Die Pastoralbriefe (ARGU 6), Frankfurt a.M. u.a. 1998.

Richards, William A.: Difference and Distance in Post-Pauline Christianity. An Epistolary Analysis of the Pastorals (Studies in Biblical Literature 44), New York u.a. 2002.

Riesner, Rainer: Once More. Luke-Acts and the Pastoral Epistles, in: Sang-Won (Aaron) Son (Hg.): History and Exegesis (FS Edward E. Ellis), London 2006, 239–258.

Ritter, Constantin: Neue Untersuchungen über Platon, München 1910.

Robbins, Gregory Allen: Art. Muratorian Fragment, ABD 4 (1992), 928f.

Roberts, Colin H.: The *Codex*, PBA 40 (1954), 169–204.

–/Theodore Cressy Skeat: The *Birth* of the Codex, London 1983.

Robinson, John Arthur Thomas: Redating the New Testament, Philadelphia 1976.

Roller, Otto: Das Formular der paulinischen Briefe (BWANT 58), Stuttgart 1933.

Roloff, Jürgen: Art. Pastoralbriefe, TRE 26 (1996), 50–68.

–: Der erste Brief an Timotheus (EKK 15), Zürich/Neukirchen-Vluyn 1988.

Römer, Cornelia: Der *Briefwechsel* zwischen Seneca und Paulus, NTApo 2 ([6]1997), 44–50.

–: *Philemonbrief* 13–15; 24–25, in: Bärbel Kramer u.a. (Hg.): Kölner Papyri 4 (ARWAW. Papy-Col 7), Opladen 1982, 28–31.

Rordorf, Willy: Nochmals: *Paulusakten* und Pastoralbriefe, in: D. van Damme/O. Wermelinger (Hg.): Lex orandi – Lex credendi. Gesammelte Aufsätze zum 60. Geburtstag von Willy Rordorf (Par. 36), Freiburg (Schweiz) 1993, 466–474.

–: In welchem *Verhältnis* stehen die apokryphen Paulusakten zur kanonischen Apostelgeschichte und zu den Pastoralbriefen?, in: D. van Damme/O. Wermelinger (Hg.): Lex orandi – Lex credendi. Gesammelte Aufsätze zum 60. Geburtstag von Willy Rordorf (Par. 36), Freiburg (Schweiz) 1993, 449–465.

Rosenmeyer, Patricia A.: Ancient Epistolary *Fictions*. The Letter in Greek Literature, Cambridge 2001.

–: The Epistolary *Novel*, in: John R. Morgan/Richard Stoneman (Hg.): Greek Fiction. The Greek Novel in Context, London/New York 1994, 146–165.

Rütten, Thomas: *Demokrit* – lachender Philosoph und sanguinischer Melancholiker. Eine pseudo-hippokratische Geschichte (Mn.S 118), Leiden 1992.

–: *Zootomieren* im hippokratischen Briefroman. Motivgeschichtliche Untersuchungen zur Verhältnisbestimmung von Medizin und Philosophie, in: Renate Wittern/Pierre Pellegrin (Hg.): Hippokratische Medizin und antike Philosophie. Verhandlungen des VIII. Internationalen Hippokrates-Kolloquiums im Kloster Banz/Staffelstein vom 23. bis 28. September 1993 (Medizin der Antike 1), Hildesheim/Zürich/New York 1996, 561–582.

Sadourny, Joele: A la recherche d'une politique ou les rapports d'Eschine et de Philippe de Macédoine de la prise d'Olynthe à Chéronée, REA 81 (1979), 19–36.

Saldarini, Antony: Last Words and Deathbed Scenes in Rabbinic Literature, JQR 68 (1977), 28–45.

Salomone, Serena: Sull' epistolario dello Ps. Eschine, Maia 37 (1985), 231–236.

Sansone, D.: Plato and Euripides, Illinois Classical Studies 21 (1996), 35–68.

Santos Otero, Aurelio de: Der Pseudo-Titus-Brief, NTApo 2 ([6]1997), 50–70.

Sauder, Gerhard: Art. Briefroman, RLW 1 (1997), 255–257.

Schaefer, Arnold: Demosthenes und seine Zeit, 3 Bd., Leipzig 1856–1858.

Schanz, M.: Sokrates als vermeintlicher Dichter. Ein Beitrag zur Erklärung des Phaidon, Hermes 29 (1894), 597–603.

Schenk, Wolfgang: Die Briefe an Timotheus I und II und an Titus (Pastoralbriefe) in der neueren Forschung (1945–1985), ANRW II 25.4 (1987), 3404–4438.

Schindel, Ulrich: Archaismus als Epochenbegriff. Zum Selbstverständnis des 2. Jhs., Hermes 122 (1994), 327–341.

Schirren, Thomas: Philosophos Bios. Die antike Philosophenbiographie als symbolische Form. Studien zur *Vita Apollonii* des Philostrat (BKAW II 115), Heidelberg 2005.

Schlarb, Egbert: Die gesunde *Lehre*. Häresie und Wahrheit im Spiegel der Pastoralbriefe (MThSt 28), Marburg 1990.

–: *Miszelle* zu 1 Tim 6,20, ZNW 77 (1986), 276–281.

Schleiermacher, Friedrich Daniel Ernst: Ueber den sogenannten ersten Brief des *Paulos* an Timotheos. Ein kritisches Sendschreiben an J.C. Gass (1807) (Kritische Gesamtausgabe, hg. von H. Fischer u.a., Bd. 5), Berlin 1995.

Schmeling, Manfred/Kerst Walstra: Art. Erzählung (1), RLW 1 (1997), 517–519.

Schmeller, Thomas: Schulen im Neuen Testament? Zur Stellung des Urchristentums in der Bildungswelt seiner Zeit. Mit einem Beitrag zur johanneischen Schule von Christian Cebulj (HBS 30), Freiburg i. Br. u.a. 2001.

Schmidt, Carl: ΠΡΑΞΕΙΣ ΠΑΥΛΟΥ. Acta Pauli. Nach dem Papyrus der Hamburger Staats- und Universitäts-Bibliothek (Veröffentlichungen aus der Hamburger Staats- und Universitäts-Bibliothek.NF 2), Glückstadt/Hamburg 1936.

Schmithals, Walter: Zur *Abfassung* und ältesten Sammlung der paulinischen Hauptbriefe, ZNW 51 (1960), 225–245.

–: *Art. Pastoralbriefe*, RGG[3] 5 (1961), 144–148.

–: Methodische *Erwägungen* zur Literarkritik der Paulusbriefe, ZNW 87 (1996), 51–82.

–: *Identitätskrise* bei Lukas und anderswo?, in: Cilliers Breytenbach/Jens Schröter (Hg.): Die Apostelgeschichte und die hellenistische Geschichtsschreibung (FS Eckhard Plümacher) (AGJU 57), Leiden/Boston 2004, 223–251.

Schmitz, Thomas: *Bildung* und Macht. Zur sozialen und politischen Funktion der zweiten Sophistik in der griechischen Welt der Kaiserzeit (Zet. 97), München 1997.

–: Moderne *Literaturtheorie* und antike Texte. Eine Einführung, Darmstadt 2002.

Schnabel, Eckhard J.: Die ersten Christen in Ephesus. Neuerscheinungen zur Frühchristlichen Missionsgeschichte, NT 41 (1999), 349–382.

Schneider, Johannes: Art. Brief, RAC 2 (1954), 564–585.

Schneider, Jost: Einführung in die Roman-Analyse, Darmstadt 2003.

Schnelle, Udo: Einleitung in das Neue Testament, Göttingen [4]2002.

Schober, Friedrich: Art. Nikopolis (2), PRE I 33 (= 17,1) (1936), 511–518.

Scholer, David M.: 1 Timothy 2.9–15 and the Place of Women in the Church's Ministry, in: Amy-Jill Levine/Marianne Blickenstaff (Hg.): A Feminist Companion to the Deutero-Pauline Epistles (Feminist Companion to the New Testament and Early Christian Writings 7), London/New York 2003, 98–121.

Schöllgen, Georg: Der *Abfassungszweck* der frühchristlichen Kirchenordnungen. Anmerkungen zu den Thesen Bruno Steimers, JbAC 40 (1997), 55–77.

–: Die *Didache* als Kirchenordnung. Zur Frage des Abfassungszweckes und seinen Konsequenzen für die Interpretation, JbAC 29 (1986), 5–26.

–: *Pseudapostolizität* und Schriftgebrauch in den ersten Kirchenordnungen. Anmerkungen zur Begründung des frühen Kirchenrechts, in: ders./Clemens Scholten (Hg.): Stimuli. Exegese und ihre Hermeneutik in Antike und Christentum (FS Ernst Dassmann) (JbAC.E 23), Münster 1996, 96–121.

Schottroff, Luise: Lydias ungeduldige Schwestern. Feministische Sozialgeschichte des frühen Christentums, Gütersloh 1994.

Schrage, Wolfgang: Ethik des Neuen Testaments (GNT 4), Göttingen [5]1989.

Schröter, Jens: Kirche im Anschluss an Paulus. Aspekte der Paulusrezeption in der Apostelgeschichte und in den Pastoralbriefen, ZNW 98 (2007), 77–104.

Schulz, Siegfried: Neutestamentliche Ethik (Zürcher Grundrisse zur Bibel), Zürich 1987.

Schüssler Fiorenza, Elisabeth: Zu ihrem Gedächtnis … Eine feministisch-theologische Rekonstruktion der christlichen Ursprünge, Gütersloh [2]1993.

Schütrumpf, Eckart: Konventionelle Vorstellungen über Gerechtigkeit. Die Perspektive des Thrasymachos und die Erwartungen an eine philosophische Entgegnung (Buch I), in: Otfried Höffe (Hg.): Platon Politeia (Klassiker Auslegen 7), Berlin 1997, 29–55.

Schwartz, Saundra: Rome in the Greek Novel? Images and Ideas of Empire in Chariton's Persia, Arethusa 36 (2003), 375–394.

Schwarz, Roland: Bürgerliches Christentum im Neuen Testament? Eine Studie zu Ethik, Amt und Recht in den Pastoralbriefen (ÖBS 4), Klosterneuburg 1983.

Schwegler, Karl: De Aeschinis quae feruntur epistolis. Dissertatio inauguralis quam ad summos in philosophia honores ab amplissimo philosophorum ordine Gissensi rite impetrandos scripsit, Gießen 1913.

Schwemer, Anna Maria: Prophet, Zeuge und Märtyrer. Zur Entstehung des Märtyrerbegriffs im frühesten Christentum, ZThK 96 (1999), 320–350.

Searle, John R.: Ausdruck und Bedeutung. Untersuchungen zur Sprechakttheorie, Frankfurt a.M. 1982.

Segal, Erich: Euripides. Poet of Paradox, in: ders. (Hg.): Oxford Readings in Greek Tragedy, Oxford 1983, 244–253.

Seibert, Jakob: Die politischen Flüchtlinge und Verbannten in der griechischen Geschichte, Bd. 1: Textteil; Bd. 2: Anmerkungsteil und Register (IdF 30), Darmstadt 1979.

Selden, Daniel L.: Genre of Genre, in: James Tatum (Hg.): The Search for the Ancient Novel, Baltimore/London 1994, 39–64.

Sellars, John: Simon the Shoemaker and the Problem of Socrates, CP 98 (2003), 207–216.

Sellin, Gerhard: Adresse und Intention des Epheserbriefes, in: Michael Trowitzsch (Hg.): Paulus, Apostel Jesu Christi (FS Günter Klein), Tübingen 1998, 171–186.

Skeat, Theodore Cressy: ‚Especially the Parchments'. A *Note* on 2 Timothy IV.13, JThS 30 (1979), 173–177.

–: The *Origin* of the Christian Codex, ZPE 102 (1994), 263–268.

Smith, Wesley D.: Hippocrates. Pseudepigraphic Writings: Letters – Embassy – Speech from the Altar – Decree (Studies in Ancient Medicine 2), Leiden u.a. 1990.

Snell, Bruno (Hg.): Leben und Meinungen der Sieben Weisen. Griechische und lateinische Quellen erläutert und übertragen, München ⁴1971.

Sonnabend, Holger: Art. Kreta, DNP 6 (1999), 828–833.

Speyer, Wolfgang: *Art. Pseudepigraphie* (I), DNP 10 (2001), 59f.

–: Die literarische *Fälschung* im heidnischen und christlichen Altertum. Ein Versuch ihrer Deutung (HAW I.2), München 1971.

Spicq, Ceslas: „*Loïs*, ta grand'maman" (*II Tim.*, I, 5), RB 84 (1977), 362–364.

–: Les Epîtres Pastorales, 2 Bd. (EtB), Paris ⁴1969.

–: *Pèlerine* et Vêtements. A propos de II Tim. IV, 13 et Act. XX, 33, Mélange Eugène Tisserant, Bd. 1 (StT 231), Città del Vaticano 1964, 389–417.

Spittler, Janet Elisabeth: *Animals* in the Apocryphal Acts of the Apostles. The Wild Kingdom of Early Christian Literature (WUNT II 247), Tübingen 2008.

Spree, Axel: Art. Leerstelle, RLW 2 (2000), 388f.

Spyridakis, Stylianos V.: *Inscriptiones* Creticae II,xiii.8. A Jewish Inscription?, HThR 82 (1989), 231f.

–: *Notes* on the Jews of Gortyna and Crete, ZPE 73 (1988), 171–175.

Standhartinger, Angela: *Eusebeia* in den Pastoralbriefen. Ein Beitrag zum Einfluss römischen Denkens auf das entstehende Christentum, NT 48 (2006), 51–82.

–: Das *Frauenbild* im Judentum der hellenistischen Zeit. Ein Beitrag anhand von ‚Joseph und Aseneth' (AGJU 26), Leiden/New York/Köln 1995.

–: „Wie die verehrteste *Judith* und die besonnenste Hanna." Traditionsgeschichtliche Beobachtungen zur Herkunft der Witwengruppen im entstehenden Christentum, in: Frank Crüsemann u.a. (Hg.): Dem Tod nicht glauben. Sozialgeschichte der Bibel (FS Luise Schottroff), Gütersloh 2004, 103–126.

–: *Studien* zur Entstehungsgeschichte und Intention des Kolosserbriefs (NT.S 44), Leiden/Boston/Köln 1999.

–: Die paulinische *Theologie* im Spannungsfeld römisch-imperialer Machtpolitik. Eine neue Perspektive auf Paulus, kritisch geprüft anhand des Philipperbriefs, in: Friedrich Schweitzer

(Hg.): Religion, Politik und Gewalt. Kongressband des XII. Europäischen Kongresses für Theologie 18.–22. September 2005 in Berlin (Veröffentlichungen der Wissenschaftlichen Gesellschaft für Theologie 29), Gütersloh 2006, 364–382.

–: *Witwen* im Neuen Testament, in: Adelheid M. von Hauff (Hg.): Frauen gestalten Diakonie. Bd. 1 Von der biblischen Zeit bis zum Pietismus, Stuttgart 2007, 141–154.

Stanzel, Franz K.: *Historie*, historischer Roman, historiographische Metafiktion, Sprachkunst 26 (1995), 113–123.

–: *Theorie* des Erzählens, Göttingen [5]1991.

Stark, Isolde: Strukturen des griechischen Abenteuer- und Liebesromans, in: Heinrich Kuch u.a. (Hg.): Der antike Roman. Untersuchungen zur literarischen Kommunikation und Gattungsgeschichte (Veröffentlichungen des Zentralinstituts für Alte Geschichte und Archäologie der Akademie der Wissenschaften der DDR 19), Berlin 1989, 82–106.

Stegemann, Wolfgang: Antisemitische und rassistische Vorurteile in Titus 1,10–16, KuI 11 (1996), 46–61.

Steimer, Bruno: Vertex traditionis. Die Gattung der altchristlichen Kirchenordnungen (BZNW 63), Berlin/New York 1992.

Stempel, Wolf-Dieter: Zur Frage der narrativen Identität konversationeller Erzählungen, in: Eberhard Lämmert (Hg.): Erzählforschung. Ein Symposion (Germanistische Symposien – Berichtsbände 4), Stuttgart 1982, 7–32.

Stephens, Susan A.: *Who* Read Ancient Novels?, in: James Tatum (Hg.): The Search for the Ancient Novel, Baltimore/London 1994, 405–418.

–/John J. Winkler (Hg.): Ancient Greek *Novels* – The Fragments. Introduction, Text, Translation, and Commentary, Princeton 1995.

Stern, S.M.: The Arabic Translations of the Pseudo-Aristotelian Treatise *de mundo*, Muséon 77 (1964), 187–204.

Stettler, Hanna: Die Christologie der Pastoralbriefe (WUNT II 105), Tübingen 1998.

Stirewalt, M. Luther, Jr.: Studies in Ancient Greek Epistolography (SBL.RBS 27), Atlanta 1993.

Stöcker, Christoph: Der 10. Aischines-Brief. Eine Kimon-Novelle, Mn. 33 (1980), 307–312.

Stoessl, Franz: Art. Mesatos, PRE.S 12 (1970), 866f.

Stoneman, Richard: *Alexander* the Great in the Arabic Tradition, in: Stelios Panayotakis u.a. (Hg.): The Ancient Novel and Beyond (Mn.S 241), Leiden/Boston 2003, 3–21.

–: The *Metamorphoses* of the *Alexander Romance*, in: Gareth Schmeling (Hg.): The Novel in the Ancient World (Mn.S 159), Leiden/New York/Köln 1996, 601–612.

Stowers, Stanley K.: Comment. What Does Unpauline Mean?, in: William S. Babcock (Hg.): Paul and the Legacies of Paul, Dallas 1990, 70–77; 337.

Strauch, Daniel: Römische Politik und Griechische Tradition. Die Umgestaltung Nordwest-Griechenlands unter römischer Herrschaft (Quellen und Forschungen zur antiken Welt 22), München 1996.

Strelan, Rick: Paul, Artemis, and the Jews in Ephesus (BZNW 80), Berlin/New York 1996.

Strobel, August: Schreiben des Lukas? Zum sprachlichen Problem der Pastoralbriefe, NTS 15 (1969), 191–210.

Stübe, Rudolf: Der Himmelsbrief. Ein Beitrag zur allgemeinen Religionsgeschichte, Tübingen 1918.

Studemund, Wilhelm: Ein Verzeichnis der zehn attischen Redner, Hermes 2 (1867), 434–449.

Sundberg, Albert C., Jr.: Canon Muratori. A Fourth-Century List, HThR 66 (1973), 1–41.

Susemihl, Franz: Geschichte der griechischen Litteratur in der Alexandrinerzeit, 2 Bd., Leipzig 1891/1892.

Swain, Simon: Hellenism and Empire. Language, Classicism, and Power in the Greek World AD 50–250, Oxford 1996.

Swift Riginos, Alice: Platonica. The Anecdotes Concerning the Life and Writings of Plato (CSCT 3), Leiden 1976.

Sykutris, Johannes: *Art. Epistolographie*, PRE.S 5 (1931), 185–220.

–: *Art. Sokratikerbriefe*, PRE.S 5 (1931), 981–987.

–: Die *Briefe* des Sokrates und der Sokratiker (SGKA 18,2), Paderborn 1933.

–: Die handschriftliche *Überlieferung* der Sokratikerbriefe, Philologische Wochenschrift 48 (1928), 1284–1295.

Tamez, Elsa: Die reichen Frauen und die Machtkämpfe im ersten Timotheusbrief, in: Frank Crüsemann u.a. (Hg.): Dem Tod nicht glauben. Sozialgeschichte der Bibel (FS Luise Schottroff), Gütersloh 2004, 558–578.

Thalheim, Theodor: Art. Aischines (15), PRE I 1 (= 1,1) (1894), 1050–1062.

Thiel, Helmut van: Einführung, in: Leben und Taten Alexanders von Makedonien. Der griechische Alexanderroman nach der Handschrift L, hg. und übers. von Helmut van Thiel (TzF 13), Darmstadt 1974, XI–XLVIII.

Thiessen, Werner: Christen in Ephesus. Die historische und theologische Situation in vorpaulinischer und paulinischer Zeit und zur Zeit der Apostelgeschichte und der Pastoralbriefe (TANZ 12), Tübingen/Basel 1995.

Thiselton, Anthony C.: The Logical Role of the Liar Paradox in Titus 1:12,13. A Dissent from the Commentaries in the Light of Philosophical and Logical Analysis, Bibl.Interpr. 2 (1994), 207–223.

Thomas, Christine M.: The *Acts of Peter*, Gospel Literature, and the Ancient *Novel*. Rewriting the Past, Oxford 2003.

–: *Stories* without Texts and without Authors. The Problem of Fluidity in Ancient Novelistic Texts and Early Christian Literature, in: Ronald F. Hock u.a. (Hg.): Ancient Fiction and Early Christian Narrative (SBL.SS 6), Atlanta 1998, 273–291.

Thraede, Klaus: Grundzüge griechisch-römischer Brieftopik (Zet. 48), München 1970.

Thurston, Bonnie: 1Timothy 5.3–16 and Leadership of Women in the Early Church, in: Amy-Jill Levine/Marianne Blickenstaff (Hg.): A Feminist Companion to the Deutero-Pauline Epistles (Feminist Companion to the New Testament and Early Christian Writings 7), London/New York 2003, 159–174.

Torm, Frederik: Die Psychologie der Pseudonymität im Hinblick auf die Literatur des Urchristentums (SLA 2), Gütersloh 1932.

Towner, Philip H.: The Goal of Our Instruction. The Structure of Theology and Ethics in the Pastoral Epistles (JSNT.S 34), Sheffield 1989.

Trebilco, Paul: The Early Christians in Ephesus from Paul to Ignatius (WUNT 166), Tübingen 2004.

Treu, Kurt: Der antike Roman und sein Publikum, in: Heinrich Kuch u.a. (Hg.): Der antike Roman. Untersuchungen zur literarischen Kommunikation und Gattungsgeschichte (Veröffentlichungen des Zentralinstituts für Alte Geschichte und Archäologie der Akademie der Wissenschaften der DDR 19), Berlin 1989, 178–197.

Trobisch, David: Die *Endredaktion* des Neuen Testaments. Eine Untersuchung zur Entstehung der christlichen Bibel (NTOA 31), Göttingen 1996.

–: Die *Entstehung* der Paulusbriefsammlung. Studien zu den Anfängen christlicher Publizistik (NTOA 10), Freiburg/Göttingen 1989.

Trummer, Peter: *Corpus* Paulinum – Corpus Pastorale. Zur Ortung der Paulustradition in den Pastoralbriefen, in: Karl Kertelge (Hg.): Paulus in den neutestamentlichen Spätschriften. Zur Paulusrezeption im Neuen Testament (QD 89), Freiburg u.a. 1981, 122–145.

–: *Mantel* und Schriften (2Tim 4,13), BZ 18 (1974), 193–207.

–: Die *Paulustradition* der Pastoralbriefe (BET 8), Frankfurt a.M./Bern/Las Vegas 1978.

Tudeer, L.O.Th.: Some Remarks on the Letters of Euripides, AASF B 11, Heft 9 (1921).

Ussher, R.G.: Love Letter, Novel, Alciphron, and ‚Chion‘, Hermathena 143 (1987), 99–106.

Van Neste, Ray: Cohesion and Structure in the Pastoral Epistles (JSNT.S 280), London 2004.

Vander Waerdt, Paul A.: Introduction, in: ders. (Hg.): The Socratic Movement, Ithaca/London 1994, 1–19.

Verheyden, Jos: The Canon Muratori. A Matter of Dispute, in: Jean-Marie Auwers/Henk Jan de Jonge (Hg.): The Biblical Canons (BEThL 163), Leuven 2003, 487–556.

Verner, David C.: The Household of God. The Social World of the Pastoral Epistles (SBL.DS 71), Chico 1983.

Vielberg, Meinolf: Klemens in den Pseudoklementinischen Rekognitionen. Studien zur literarischen Form des spätantiken Romans (TU 145), Berlin 2000.

Vielhauer, Philipp: Geschichte der urchristlichen Literatur. Einleitung in das Neue Testament, die Apokryphen und die Apostolischen Väter, Berlin/ New York 1975.

Villard, Pierre/M. Weiler: Une curieuse dermatose à Délos en 330 avant J.C., Histoire des sciences médicales 21 (1987), 77–83.

Villiers, P.G.R. de: A Pauline Letter and a Pagan Prophet, Acta Patristica et Byzantina 11 (2000), 74–92.

Viviano, Benedict T.: The Genres of Matthew 1–2. Light from 1 Timothy 1:4, RB 97 (1990), 31–53.

Vogels, Heinrich Josef: Das *Corpus* Paulinum des Ambrosiaster (BBB 13), Bonn 1957.

–: Die *Überlieferung* des Ambrosiasterkommentars zu den Paulinischen Briefen, NAWG.PH 7 (1959), 107–142.

Wagener, Ulrike: Die *Ordnung* des „Hauses Gottes". Der Ort von Frauen in der Ekklesiologie und Ethik der Pastoralbriefe (WUNT II 65), Tübingen 1994.

–: Die *Pastoralbriefe*, in: Luise Schottroff/Marie-Theres Wacker (Hg.): Kompendium Feministische Bibelauslegung, Göttingen 1998, 661–675.

–: An *Timotheus*. Zweiter Brief, in: Bibel in gerechter Sprache, hg. von Ulrike Bail u.a., Gütersloh 2006, 2193–2198; 2324.

Walzer, Richard: Arabische Aristotelesübersetzungen in Istanbul, in: ders.: Greek into Arabic. Essays on Islamic Philosophy (Oriental Studies 1), Oxford 1962, 137–141 (= Gn. 10 (1934), 277–280).

Warnecke, Heinz: Die tatsächliche Romfahrt des Apostels Paulus (SBS 127), Stuttgart 1987.

Weber, Ekkehard: Vorwort, in: Augustus. Res gestae divi Augusti/Meine Taten. Nach dem Monumentum Ancyranum, Apolloniense und Antiochenum lateinisch-griechisch-deutsch, übers. und hg. von Ekkehard Weber, Düsseldorf/Zürich 2004, 6–9.

Weber, Gregor: Poesie und Poeten an den Höfen vorhellenistischer Monarchen. συνῆσαν δὲ ἄρα καὶ τότε τοῖς βασιλεῦσι ποιηταί (Paus 1,2,3), Klio 74 (1992), 25–77.

Wehnert, Jürgen: Gestrandet. Zu einer neuen These über den Schiffbruch des Apostels Paulus auf dem Wege nach Rom (Apg 27–28), ZThK 87 (1990), 67–99.

Weinreich, Otto: Der Trug des Nektanebos. Wandlungen eines Novellenstoffes, Leipzig/Berlin 1911.

Weische, Alfons: Plinius d.J. und Cicero. Untersuchungen zur römischen Epistolographie in Republik und Kaiserzeit, ANRW II 33.1 (1989), 375–386.

Weiser, Alfons: Der zweite Brief an Timotheus (EKK XVI 1), Düsseldorf u.a. 2003.

Weiss, Bernhard: Die Briefe Pauli an Timotheus und Titus (KEK 11), Göttingen [7]1902.

Wengst, Klaus: Der Brief an Philemon (Theologischer Kommentar zum Neuen Testament 16), Stuttgart 2005.

Wennerberg, Hjalmar: Der Begriff der Familienähnlichkeit in Wittgensteins Spätphilosophie, in: Eike von Savigny (Hg.): Ludwig Wittgenstein. Philosophische Untersuchungen (Klassiker Auslegen 13), Berlin 1998, 41–69.

White, John Lee: Introductory *Formulae* in the Body of the Pauline Letter, JBL 90 (1971), 91–97.

–: New Testament Epistolary *Literature* in the Framework of Ancient Epistolography, ANRW II 25.2 (1984), 1730–1756.

Wigtil, David N.: The Ideology of the Greek ‚Res Gestae', ANRW II 30.1 (1982), 624–638.

Wilamowitz-Moellendorff, Ulrich von: Unechte *Briefe*, Hermes 33 (1898), 492–498.

–: Das Leben des *Euripides*, in: ders.: Euripides Herakles, Bd. 1 Einleitung in die griechische Tragödie, 4. unveränderter Abdruck, Darmstadt 1959 ([2]1895), 1–43.

–: *Lesefrüchte* Nr. CXIV, Hermes 40 (1905), 147–149.

–: *Phaidon* von Elis, Hermes 14 (1879), 187–193.

Wilckens, Ulrich: Der Brief an die Römer (EKK VI), 3 Bd., Zürich u.a. 1978/1980/1982.

Wills, Lawrence M.: The Jewish Novel in the Ancient World (Myth and Poetics), Ithaca/London 1995.

Wilson, Stephen G.: Luke and the Pastoral Epistles, London 1979.

Winter, Martin: Das Vermächtnis Jesu und die Abschiedsworte der Väter. Gattungsgeschichtliche Untersuchung der Vermächtnisrede im Blick auf Joh. 13–17 (FRLANT 161), Göttingen 1994.

Wischmeyer, Oda: *Paulus* als Ich-Erzähler. Ein Beitrag zu seiner Person, seiner Biographie und seiner Theologie, in: Eve-Marie Becker/Peter Pilhofer (Hg.): Biographie und Persönlichkeit des Paulus (WUNT 187), Tübingen 2005, 88–105.

–: *Themen* paulinischer Theologie, in: dies. (Hg.): Paulus. Leben – Umwelt – Werk – Briefe, Tübingen/Basel 2006, 275–304.

Witetschek, Stephan: Ephesische Enthüllungen, Bd. 1. Frühe Christen in einer antiken Großstadt. Zugleich ein Beitrag zur Frage nach den Kontexten der Johannesapokalypse (Biblical Tools and Studies 6), Leuven 2008.

Wittgenstein, Ludwig: Philosophische Untersuchungen (Ludwig Wittgenstein Werkausgabe Bd. 1, hg. von Joachim Schulte), Frankfurt a.M. [12]1999.

Wolf, Sonja: Die Augustusrede in Senecas Apocolocyntosis. Ein Beitrag zum Augustusbild der frühen Kaiserzeit (BKP 170), Königstein 1986.

Wolter, Michael: Die *Pastoralbriefe* als Paulustradition (FRLANT 146), Göttingen 1988.

–: *Paulus*, der bekehrte Gottesfeind. Zum Verständnis von 1. Tim 1:13, NT 31 (1989), 48–66.

Woodbury, Leonard: Socrates and the Daughter of Aristides, Phoenix 27 (1973), 7–25.

Wucherpfennig, Ansgar: Missionarische Kirche im Neuen Testament. Paulus, Lukas und die Pastoralbriefe als Stationen einer Entwicklung innerhalb des frühen Christentums, GuL 76 (2003), 434–445.

Zahn, Theodor: *Einleitung* in das Neue Testament, Bd. 1 Leipzig [3]1906.

–: *Geschichte* des Neutestamentlichen Kanons, Bd. 1.1/2.1, Erlangen/Leipzig 1890.

Zanker, Paul: Augustus und die Macht der Bilder, München 1987.

Zimmer, Christoph: Die Lügner-Antinomie in Titus 1,12, LingBibl 59 (1987), 77–99.

Zimmermann, Bernhard: Art. Mesatos, DNP 8 (2000), 15.

Zimmermann, Ruben: Unecht – und doch wahr? Pseudepigraphie im Neuen Testament als theologisches Problem, ZNT 6 (2003), 27–38.

Quellen- und Personen-/Sachregister

1. Quellenregister

1.1 Biblische Schriften

Dtn 33,1 205
3Kön 19,19–21 256
4Kön 2,8.13f 256
1Makk
2,60 261
15,22f 233
2Makk 4,25 290
Ps
21,22 261
62,13 259
64,6 187
78,9 187
89,1 205
Spr 24,12 259
PsSal 8,33 187
Mal 3,24 216
Jes 52,13–53,12 186
Ez 34,23 216
Dan 6,21 261

Mt 1f 295
Mk 14,32ff 251f
Lk
1–3 295
9,26 247
Apg
2,11 225, 242
13,13–14,19 217, 219, 223, 294
13,25 249
15 253, 295f
16,1 219, 302
16,2 219
16,3 302
16,8–12 258
16,23–40 221
17,7 214
18 262
18,2 303
18,18 303

18,24ff 227, 303
19f 178, 238, 259, 263, 307
19,22 228, 263
20f 271
20,3 224
20,4 227, 295
20,5–13 258
20,15ff 178, 228f, 263, 294f
20,24 249
21,29 263, 295
21,33 247
23,1–11 271
27 178, 241
27,7–14 229
28 23, 177f
28,1 234
28,14ff 248
28,20 247
Röm
1,1–16 246f
1,1–7 184
1,8–11 246f
1,13 247
1,16 189
1,30 206
2,5f 259
2,9f 189
15,19 229f, 253
15,23 247
15,24 227
16 224, 255, 262
16,2 227
16,3–5 263
16,3 303
16,23 263
16,25f 188, 196
1Kor
1,12 227
1,16 263

1.2 Jüdische und frühchristliche Schriften

Mart Pl
1 254, 279, 293
2 214, 293
5ff 293
Origenes
comm. in Mt 27,9 22
comm. in Mt 117 (916) 310
Philo
Abr 22; 27; 30; 216 292
Ebr 139 288
Flacc 74 290
Flacc 187 248
Gig 61 205
Hypothetica 11,3 208
Leg Gaj 282 233
Omn Prob Lib 84 133
Sobr 6–29 208

Vit Mos I 273 217
Polykarp epist. 9 252
Salvian epist. 9,15 13
Sokr. HE VII 38 233
Tertullian
apol. 6,3 257
de anima 10,4 159
de anima 52,3 153
de bapt. 18,1 206
de pall. 5f 256
de pudic. 18,9 206
Marc V 21,1 173, 311
scorp. 13 260
Test Jud 19,3 217
Test L 8,2 250
Theophilos ad Autol 3,14 281

1.3 Pagane Schriften

Achilleus Tatios Leukippe und Kleitophon
I 1–4 35
I 1–2 34, 165
I 4,3 165
VIII 6,11–15 70
VIII 12,8–9 70
Acta Alexandrinorum 4,2,1 270
Ailian
var. II 21 101
var. III 19 152
var. VII 10 139f
var. IX 7 135
var. IX 29 140
var. X 1 69
var. XIII 4 101
var. XIV 9 152
var. XIV 17 103
Aischines
epist. 1 74, 183f
epist. 2 68, 245
epist. 3 64, 265
epist. 5 97, 266–268
epist. 6 266
epist. 7 64, 168
epist. 8 266
epist. 10 64f, 70f
epist. 11 64, 168, 248
epist. 12 168f, 191
or. 1,49 77
or. 2,146–152 71, 78
or. 2, 179 78
or. 3,66.215 79

Alexander
epist. 5 53
epist. 11 53
Alkiphron epist. II 38 157
Andokides or. 2,11 104
Anthologia Graeca
V 80 223
VI 330 74
VII 43–51 103
VII 275 231
VII 654 232
IX 533 235
XI 224 67
XII 49 111
XVI 31 152
Apollonios Vita Aischinis 63–65 77f
Apuleius
apol. 25–41 159
apo. 90 22
met. IX 5–7 34
met. IX 14 299
Aristophanes
Equ. 83f 192
frg. 596 Kassel/Austin 100
Ran. 52–72 110
Ran. 83–85 (Sch.) 103
Ran. 1452f 100
Thesm. 21 106
Thesm. 101ff 101
Vesp. 1501f (Sch.) 101f
Aristoteles
poet. 1.1447b 11 144

2. Personen-/Sachregister